Wolfgang Krieger
Postsowjetische Identität?
Neue Wertvorstellungen und die Entwicklungen des Individuums
in den postsowjetischen Ländern

Вольфганг Кригер (ред.)
Постсоветская идентичность?
Новые ценностные установки и развитие индивидуальности
в странах постсоветского пространства

Postsowjetische Identität?

Постсоветская идентичность?

Neue Wertvorstellungen und die Entwicklungen des Individuums in den postsowjetischen Ländern

Новые ценностные установки и развитие индивидуальности в странах постсоветского пространства

Krieger, Wolfgang (Hrsg.)
Вольфганг Кригер (ред.)

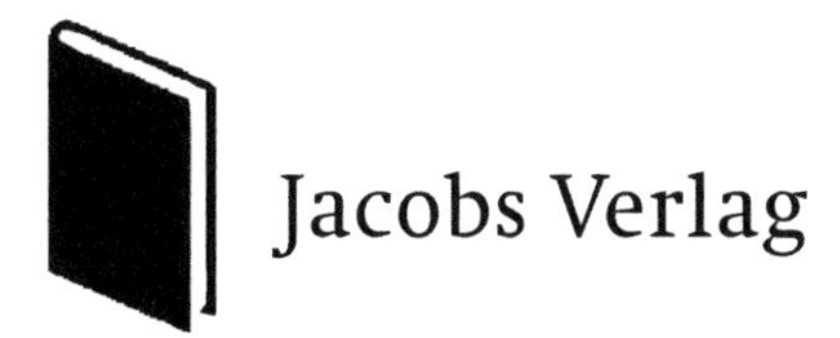

Jacobs Verlag

Herausgeber: Dr. phil. Wolfgang Krieger ist Professor für Erziehungswissenschaften an der Hochschule Ludwigshafen am Rhein

Редактор: Кригер Вольфганг, профессор, доктор философских наук, Высшее Учебное Заведение города Людвигсхафен на Рейне, область преподавания: педагогика

Bibliographische Information der Deutschen Nationalbibliothek
Die Deutsche Nationalbibliothek verzeichnet diese Publikation in der Deutschen Nationalbibliographie; detaillierte bibliographische Daten sind im Internet über http://dnb.d-nb.de abrufbar.

Библиографическая информация Немецкой библиотеки
Немецкая библиотека включает данную публикацию в состав Немецкой национальной библиографии; подробная информация доступна в интернете на сайте: http://dnb.ddb.de

Am Prinzengarten1, 32756 Detmold
ISBN 978-3-89918-281-1

Inhalt – Содержание

Identität in ausgewählten Lebensbereichen – Идентичность в избранных сферах жизни

Vorbemerkung und Ausblick auf die Beiträge des Buches

Wolfgang Krieger

Die kulturanthropologische Auseinandersetzung um das Bild des „Sowjetmenschen" hat sowohl in den ehemals sowjetischen Ländern als auch in einigen westlichen Ländern seit den Siebzigerjahren eine gewisse Tradition und sie ist nun, rund dreißig Jahre nach dem Ende der Sowjetzeit, noch immer keine abgeschlossene Diskussion. Sie bildet den Ausgangspunkt für die heutige Frage, ob und in welchem Umfang auch nach dem Ende der Sowjetrepubliken in den Mentalitäten der Bürger*innen ihrer Nachfolgestaaten der „Sowjetmensch" noch fortbestehe beziehungsweise welcher neue „Menschentypus" in den letzten Jahrzehnten nach dem Zerfall der Sowjetunion sich infolge der neuen wirtschaftlichen, politischen, sozialen und kulturellen Entwicklungen herausgebildet habe. Beide Fragen vereinen sich in der aktuellen Frage nach der Konstitution einer „postsowjetischen Identität", der in diesem Buch teils auf grundsätzliche Weise, teils in analytischer und beschreibender Weise nachgegangen wird. Mit dieser Thematik eng verbunden ist die Frage nach der Entstehung neuer Wertorientierungen beziehungsweise auch nach dem Fortbestehen sozialistischer Werte in den auch im kulturellen Wandel sich befindenden Gesellschaften des ehemals sowjetischen Ostens. Die Bedeutung von Wertorientierungen für die Entstehung einer neuen „postsowjetischen Identität" stellt in diesem Buch eine herausgehobene Thematik dar und ist zugleich in gewissem Umfang auch eine programmatische Ausrichtung der Analyse.

Die Veröffentlichung dieses Buches schließt an eine Internationale Konferenz zum Thema „Postsowjetische Identität" an, die vom 17. bis 21 September 2018 in Deutschland am Fachbereich für Sozial- und Gesundheitswesen der Hochschule Ludwigshafen am Rhein stattfand. An ihr nahmen Dozent*Innen aus Partnerhochschulen der Hochschule Ludwigshafen aus der russischen Föderation, aus Armenien, Albanien, Bosnien-Herzegowina und Deutschland teil. Sie beteiligten sich an Arbeitsgruppen und Workshops und hielten Vorträge zum Thema, die größtenteils in diesem Buch wiedergegeben und übersetzt werden. In der Folge schlossen sich weitere interessierte Autor*innen aus ehemals sowjetischen Ländern der Bearbeitung des Themas an, so dass im vorliegenden Buch nun Beiträge von russischen, albanischen, armenischen, bosnisch-herzegowinischen, deutschen, kirgisischen und litauischen Sozialwissenschaftler*innen veröffentlicht werden können.

Die besagte Konferenz trug den Titel „Postsowjetische Identität – neue Wertvorstellungen und die Entwicklungen des Individuums in den postsowjetischen Ländern" und setzte somit einen Akzent auf einen bestimmten sozialanthropologisch, soziologisch, kulturologisch und psychologisch gleichermaßen anerkannten Faktor in der Entwicklung von Identität, nämlich auf die identitätsbildende Bedeutung von

Wertorientierungen in der Kultur von Gesellschaften. Dieser Faktor steht neben anderen Faktoren der Selbstidentifikation wie dem leiblichen Selbstbewusstsein, den Zuschreibungen von Identität durch die sozialen Beziehungen eines Menschen, der Selbstverortung des Menschen in sozialen Zugehörigkeiten und vertrauten ökologischen Räumen etc. und er findet sein Fundament vor allem in traditionellen, politischen und religiösen Weltbildern, aus welchen heraus leitende Werte und Lebenssinn schaffende Einstellungen entstehen. Damit hatte sich die Konferenz einer gewissen Engführung des Identitätsthemas verschrieben, die freilich nicht gegenüber andersartigen Faktoren der Identitätsentwicklung in ausschließender Weise verbindlich werden sollte, aber doch vor allem die Betrachtung von Identität als Selbstidentifikation mit Wertorientierungen und Haltungen in den Vordergrund stellen wollte.

Diesem Selbstverständnis des thematischen Auftrages entsprechend wurde der Konferenz eine Reihe von Leitfragen an die Teilnehmer*innen vorangestellt, die hier kurz aufgeführt seien:

1. Sind nach dem Ende der Sowjetzeit neue Werte entstanden oder sind die Wertvorstellungen dieser Zeit noch immer am wichtigsten? Welche Werte aus dieser Zeit existieren weiter, welche neuen Werte etablieren sich?
2. Woher kommen diese neuen Werte, wodurch werden sie begründet? Gibt es neue Ideale?
3. Welche Visionen haben die Menschen heute vom guten Leben und von einem sinnvollen Leben?
4. Wodurch glauben die Menschen, etwas Wertvolles für andere Menschen, für die Gesellschaft tun zu können?
5. Welche Symbole kennzeichnen eine erfolgreiche Lebensführung und ein „gutes Image“ für den postsowjetischen Menschen? Gibt es Unterschiede zwischen den Geschlechtern?
6. Entsteht ein Wertepluralismus in dieser Gesellschaft oder zeichnet sich eine neue gesellschaftliche Homogenität im Wertbewusstsein der Individuen ab?
7. Gibt es Konflikte zwischen den Wertvorstellungen unterschiedlicher gesellschaftlicher Gruppen, gibt es Konflikte zwischen den Generationen?
8. Wie wünschen sich junge Menschen in der Zukunft zu werden? Gibt es Idole, mit denen sich junge Menschen identifizieren?
9. Welche Unterschiede können erkannt werden zwischen den Werten dieser Gesellschaft und denen im Westen zurzeit?
10. Wohin wird sich voraussichtlich die Gesellschaft in diesem Land in den nächsten Jahren entwickeln? (Dimensionen: soziale Gerechtigkeit, Ungleichheit, Eliten, interkulturelle Öffnung)
11. Wo können die größten Konfliktpotenziale in der Gesellschaft gesehen werden? Was eint und was spaltet die Gesellschaft?
12. Was sind die wichtigsten Veränderungen im Verhältnis von Individuum, Gesellschaft und Staat?

Die Artikel in diesem Buch nehmen zu ausgewählten Fragen aus dieser Liste Stellung und verbinden nicht selten Fragestellungen auch untereinander. Sie argumentieren sehr häufig stellungnehmend zur historischen Vergangenheit, sei es, um durch die Kontrastierung der Gegenwart zur Vergangenheit die Situation besondern prägnant zu profilieren, sei es, weil sich die Probleme der Gegenwart teilweise aus den Bedingungen der Vergangenheit herleiten lassen, sei es, um aus der vorsowjetischen Vergangenheit Wertsysteme wieder aufzugreifen, von deren Wiederbelebung man sich einen Gewinn für die Gegenwart und Zukunft erhofft. Der historische Vergleich ist daher ein fast durchgängiges Mittel zur Präzisierung der Identitätsproblematik und der Wertbildungsproblematik in der Gegenwart. An seiner Seite steht ein weiterer Vergleich, nämlich der zwischen dem Wertebewusstsein der westeuropäischen Kulturen und jenem der östlichen postsowjetischen Länder heute.

In diesem Buch wird die Suche nach einer Identität in Kulturen, die ihre sowjetischen Merkmale – so die implizte Vorannahme der Rede von einer "postsowjetischen Identität" – mehr oder minder verloren haben und auf dem Wege sind, neue Strukturen auszubilden und sich so selbst neu zu formieren, aus sehr unterschiedlichen Sichtweisen heraus betrieben. Das Buch versammelt Beiträge aus dem postsowjetischen und postkommunistischen Raum, konkret aus der russischen Föderation, aus Zentralasien, dem Kaukasus und dem Baltikum, ferner Autor*innen aus dem postkommunistischen Balkan, und schließlich aus dem europäischen Westen. Die Autor*innen aus diesen verschiedenen Ländern blicken auf das Alte wie das Neue teils als Insider mit den Augen der direkt Konfrontierten, die die Veränderungen in unmittelbarer Erfahrung verfolgt haben und bis in ihren Alltag hinein vielfältig von ihren Auswirkungen betroffen waren und die zugleich auch als Zeitzeugen der Vergangenheit mehr als alle anderen kompetent sind einen Vergleich zu ziehen; teils schauen sie – von westlichen Erwartungen und Sichtweisen geprägt – von außen auf eine wenig vertraute Welt und versuchen mit ihnen geläufigen Erklärungen die ihnen auffällig erscheinenden Phänomene des Fremden nach eigener Logik zu ordnen; teils verfügen sie über ähnliche Erfahrungen mit dem gelebten Sozialismus und mit der postkommunistischen Ära wie die Autor*innen aus den ehemals sowjetischen Ländern (so hier die Autor*innen aus dem Balkan) und erleben die postkommunistische Zeit danach in gewissem Maße als ähnlich zur postsowjetischen Lage im Osten, auch wenn ihr Blick durch das eigene Kulturbewusstsein Differenzen wahrnimmt, die einerseits von alternativen Perspektiven zeugen, andererseits aber auch das Vertraute im Fremden dem Fremdem im Vertrauten gegenüberzustellen erlauben. So wird – den unterschiedlichen Voraussetzungen entsprechend – eine Vielzahl von Sichtweisen artikuliert und das Thema dieses Buches aus sehr unterschiedlichen Perspektiven beleuchtet. Zugleich geraten auch infolge der Herkunft der Autor*innen aus verschiedenen Regionen landesspezifische Phänomene und Entwicklungen in den Blick, aus welchen sich Erklärungen für kulturelle Besonderheiten im Umgang mit den identitätsbildenden Faktoren finden lassen.

Das Buch versteht sich zugleich als ein Kompendium der Positionierungen in der Frage nach den Konstitutiva einer „postsowjetischen Identität" und als Kaleidsokop vielfältiger Schlaglichter auf die Entwicklungsgeschichte einer nun etwa dreißigjährigen Phase postsowjetischer Kultur- und Gesellschaftshistorie. Es ist nicht beabsichtigt, bestimmte Dimensionen dieser Geschichte systematisch nachzuzeichnen, diesen Dimensionen eine breite empirische Fundierung zu schaffen oder nationale und regionale Vergleiche zu ziehen. Diese Aufgaben sind in der Fachliteratur schon umfassend wahrgenommen worden und werden auch zukünftigen Studien überlassen bleiben. Vielmehr bescheiden wir uns im Großen und Ganzen mit dem Ziel, die Leser*innen dieses Buches an Erfahrungen und summarischen Interpretationen von

Sozialwissenschaftler*innen teilhaben zu lassen, die vor dem Hintergrund der Geschichte ihres Landes die Krisen des Zerfalls des sowjetischen Sozialismus einerseits, die Bewältigung der anstehenden Aufgaben dieser Phase andererseits untersuchen und ihre Auswirkungen auf die Entstehung neuer Wertorientierungen und im Blick auf die Entwicklung sozialer und kultureller Identität darstellen. Dabei setzen die Autor*innen unterschiedliche thematische Schwerpunkte, indem sie bestimmte Wertentwicklungen und identitätsbildende Orientierungen in den Vordergrund rücken und zum Gegenstand ihrer Analyse machen. In diesen ausgewählten Sichtweisen steht nicht zu erwarten, dass der je zugrunde liegende Begriff der Identität in allen Beiträgen als einheitlich zu erkennen ist. Schon deshalb verbietet sich hinsichtlich vieler Dimensionen der Vergleich zwischen den Beiträgen. Nichtsdestoweniger aber hoffen wir, dass die zahlreichen Phänomene, die zur Darstellung kommen, und die unterschiedlichen Facetten der Wahrnehmungen, die sich aus der Differenz der Perspektiven ableiten, den Leser*innen einen verwertbaren Fundus an Kenntnissen und nicht minder an neuen Fragen vermitteln, die sich hinsichtlich des Konstruktes der „postsowjetischen Identität" stellen lassen.

Die veröffentlichungsreife Fertigstellung der Texte und insbesondere die Übersetzungen aller Texte haben viel Zeit in Anspruch genommen; daher konnte eine zunächst für das Jahr 2019 geplante Herausgabe des Buches nicht eingehalten werden und wir mussten einige Autor*Innen um Verständnis bitten dafür, dass wir die Bearbeitungszeit der Buchvorlage doch erheblich verlängern mussten. Dadurch haben sich allerdings auch neue Chancen ergeben, weitere Beiträge in das Buch aufzunehmen. Wir danken allen Autor*innen heute für ihre Geduld.

Der Herausgeber dankt insbesondere den Übersetzerinnen Anna Zasuhin, Elena Elisowa, Larissa Bogacheva und Lubov Korn für ihr unermüdliches kooperatives Engagement, ihr nicht nachlassendes Durchhaltevermögen und ihre eifrigen Bemühungen um sinngemäß treffende Übersetzungen für beide Sprachen. Ohne ihr zuverlässiges Engagement und ihre zielführende kommunikative Kompetenz im Dialog mit den Autor*innen wäre dieses Buch nicht zustande gekommen.

Wir danken für unterstützende Leistungen bei der Übersetzung der Artikel ins Russische bzw. ins Deutsche Daria Filipenko, Nino Kapanadze, Laima Lukočiūtė, Natalie Rybnikov und Lusine Zakaryan, die einige Vorträge wie auch Diskussionen im Rahmen der Konferenz übersetzt haben und auch in vielerlei anderer Hinsicht bei der Durchführung der Konferenz hilfreiche Beiträge geleistet haben.

Ausblick auf die Beiträge des Buches

Das Buch ist in drei Teile gegliedert. Der erste und einführende Teil widmet sich der Einführung in einige allgemeine Grundlagen des Identitätsbegriffes und der Frage, welche Bedeutung der Rede von einer „postsowjetischen Identität" überhaupt zukommen kann. Die Beiträge zweier Autoren aus Armenien und Kirgisistan skizzieren vorwiegend aus einer soziologischen und kulturpsychologischen Sichtweise die Bedingungen einer postsowjetischen Identität in ihren Ländern und vermitteln einen Einblick in die fundamentalen Schwierigkeiten der postsowjetischen Selbstfindung in den Zeiten der Transformation.

Der zweite Teil des Buches beleuchtet die Bedeutung von Wertorientierungen für die Ausbildung einer postsowjetischen Identität aus der Sicht von Autor*innen verschiedener postkommunistischer Länder. Sie untersuchen den historischen und aktuellen Fundus der kulturspezifischen Identitätssymbolik, die gesellschaften Identifikationstendenzen, den gegenwärtigen Stand und die treibenden Kräfte des Wertewandels, aber beschreiben auch die Spannungen zwischen verschiedenen Typen kollektiver Identität und die bestehenden generationalen Konflikte.

Spezielle Teilidentäten des postsowjetischen Menschen heute stellt der dritte Teil des Buches vor. Hier geht es zum einen um einige Auffälligkeiten in der sogenannten „Medien-Identität" junger Menschen, in welchen die soziale Identität und die dominanten Wertorientierungen zum Ausdruck kommen, zum anderen um die Bedeutung der beruflichen Identität in Russland aus der Sicht von Studierenden und die Prioritäten bei der Berufswahl und schließlich um die Notwendigkeit einer balancierten Patchwork-Identität unter den aktuellen Bedingungen des Arbeitslebens.

Im Folgenden sollen nun die einzelnen Beiträge zusammenfassend vorgestellt werden.

Mit der Kernfrage des Buchtitels, in welchem Sinne der Begriff der „postsowjetischen Identität" gedeutet werden kann und mit welchen Inhalten er zu füllen ist, befasst sich der einführende Artikel von *Wolfgang Krieger*. Diese Frage enthält eine Reihe von verführerischen Anreizen sowohl hinsichtlich des Identitätsbegriffes, der nun lange schon in der Kritik steht, als auch hinsichtlich der Formel des „Postsowjetischen", dessen phänomenale Einheit zweifelhaft ist und von dem möglicherweise allenfalls im Plural gesprochen werden dürfte. Zu dieser Problematisierung gehört auch die skeptische Vermutung, dass in der Rede von postsowjetischer Identität Vorannahmen suggeriert werden, die angesichts der heutigen gesellschaftlichen Realtitäten nach drei Jahrzehnten Transformationsgeschichte, aber auch angesichts der so unterschiedlichen kulturellen und sozialen Vorgeschichte der verschiedenen ehemals sowjetischen bzw. kommunistischen Länder des Ostens nicht (mehr) haltbar sind.

Die implizite Logik beider Begriffe zu problematisieren, ist daher das erste Anliegen des Artikels von Krieger. Worin, inwieweit und weshalb Menschen mit sich identisch bleiben – die Antworten auf diese Fragen sind vielfältig und führen zu divergenten Begriffen und wissenschaftlichen Theorien zur Identität. Daher werden im Folgenden von Krieger Identitätsbegriffe aus verschiedenen humanwissenschaftlichen Disziplinen aufgegriffen und der Wandel der Identitätstheorien hin zu einem dynamischen Identitätsbegriff nachgezeichnet. Ihr Ertrag für ein mögliches Konzept der „postsowjetischen Identität" ist sehr wohl reichhaltig, doch bleibt eine erkenntnistheoretische wie semantische Relativierung der Rede von „postsowjetischer Identität" maßgeblich: „Identität" wie auch „das Postsowjetische" sind reduktive Konstruktionen im Sinne des Weberschen Idealtypus; sie bezeichnen keine natürlichen Entitäten oder empirisch verfügbaren Verhältnisse, sondern ein Instrument der Analyse, dass das Besondere ausgewählter sozialer Phänomene in Erscheinung treten lässt und eine sinnhafte Ordnung in der Komplexität der sozialen Ereignisse und Strukturen postuliert.

Artur Mkrtchyan widmet seinen Artikel der Frage nach den postsowjetischen Bedingungen möglicher Freiheit und spannt die Analyse dieser Bedingungen ein zwischen den Polen der Haftung am Vergangenen und dem Streben nach dem Zukünftigen, aber auch zwischen den Polen einer negativen Freiheit der Überwindung von Abhängigkeit und einer positiven Freiheit, sich an neue Ideale und Werte zu binden. Auch wenn diese Pole nicht nur für die Einschätzung der Freiheit in postsowjetischen Ländern maßgeblich sein mögen, so haben sie hier doch eine besondere Bedeutung, zum einen, weil in postsowjetischen Ländern mit eben jenem Vergangenen größtenteils gebrochen worden ist, zum anderen, weil vom Zukünftigen kaum eine Vision besteht und ein verbreiteter Pessimismus und Fatalismus ein anomisches Chaos schafft und jegliche Initiative erstickt. Mkrtchyan betrachtet nun die postsowjetische Situation im Besonderen für das kleine Land Armenien, dessen Befindlichkeit zwischen Krieg und Frieden die Entwicklung von Perspektiven schwächt und viele Menschen zur Emigration bewegt. Die gewünschte Europäisierung des Landes (im Aufbau einer Zivilgesellschaft und demokratischer und rechtsstaatlicher Institutionen) behindern aber auch innere Faktoren, die noch als das Erbe der Sowjetzeit und als die Wunden der Neunzigerjahre identifiziert werden können, von welchen sich einige ehemals sowjetischen Länder außerhalb Russlands bis heute nicht erholt haben.

Es ist offenbar, dass viele postsowjetischen Gesellschaften für die Anforderungen eines gesellschaftlichen Neuaufbaus schlecht gerüstet scheinen, es fehlt als sozialen Strukturen, die über die Familien- und Clangemeinschaften hinaus hoffnungsvolle Ressourcen der Solidarität schaffen und Keimzellen der bürgerlichen Gesellschaft bilden könnten. Zwischen dem Ganzen der Nation und dem Partikularen der familialen Einheiten liegt ein Vakuum sozialen Engagements, welches auch in den Sinn- und Wertbindungen der Identität der Bürger*innen als ein fehlendes Orientierungspotenzial zu Tage tritt. Es fehlt an einem Bewusstsein sozialer Verantwortung und sozialer Rücksichtnahme, an sozialen Regeln und Prinzipien, an sozialer Engagiertheit aus eigenen Wertbindungen heraus. Es fehlt an rechtlichen Regelungen und mehr noch an der Anerkennung gesetzlicher Vorschriften und am Interesse für den Sinn gesellschaftlicher Normen überhaupt. Der eröffnete „individuelle“ Freiraum verführt zu einer anything goes Haltung, die nicht von Bewusstsein der Verantwortung für das eigene Handeln begrenzt wird. Woher kommt dieser Mangel? Die Gründe hierfür liegen in der Vergangenheit. Sie sind teils schon der sich in der spätsowjetischen Zeit und vollends dann in den Neunzigerjahren sich ausbreitenden Anomie geschuldet, die offenbar nicht nur den wirtschaftlichen und kulturellen Verfall der Sowjetstaaten, sondern auch einen Verfall der Solidarität und sozialen Aufmerksamkeit hervorgebracht hat, dem bis heute nichts entgegengesetzt werden kann. Sie sind aber auch eine Folge der erlebten Armut in den Neunzigerjahren, der Stagnation der Lohnentwicklung, der anhaltenden Abwertung akademischer Berufe und der mangelnden Perspektivität von gebildeten Menschen. Mkrtchyan bezieht seine Analyse hier auf die Anomietheorie von Merton und erklärt die Desorganisation und Regellosigkeit der armenischen Sozialkultur als einen kollektiven Zustand der Ziel-Mittel-Dissonanz, also als eine Folge der Unerreichbarkeit der Wertsymbole mittels der legalen Ressourcen. Zu diesem Zustand gehört die zunehmende Konzentration des Kapitals auf die Oligarchen ebenso wie das Anwachsen der Wirtschaftskriminalität und das Konkurrenzdenken und die Missgunst zwischen den Bürger*innen. Wenn diese Entwicklungen korrigiert werden sollen, so braucht es nicht nur eine Abkehr von Pessimismus und ein neues Bewusstsein des „moralischen Individualismus“ und des Verhältnisses zwischen Staat und Zivilgesellschaft. Mkrtchyan setzt seine Hoffnung auf das

Bildungssystem; denn dies ist der wichtigste gesellschaftliche Ort, an welchem neues Wissen vermittelt und neue Werte erworben werden können. Allerdings setzt dies voraus, dass sich das System von seinen bisherigen autoritären Strukturen und seinem ethnisierenden Propagandaauftrag verabschiedet und die jungen Menschen in bürgerschaftlicher Verantwortung und globalem Denken fördert.

Bakitbek Maltabarov beschreibt den Zustand des kollektiven Bewusstseins in den ehemaligen Sowjetstaaten als von Spaltungen, Fragmentierung und Widersprüchen geprägt. Paradoxien prägen nicht nur die Gesellschaft und einzelne Gruppen, sondern den Menschen selbst in seiner Persönlichkeit. Sie sind das Erbe einer in sich selbst widersprüchlichen Wirklichkeit der Sowjetgesellschaft und der sukzessiven Unterminierung und letztlich des Zusammenbruchs einer Weltanschauung, die für Generationen den Zusammenhalt von Staat, Gesellschaft und Individuum garantiert hatte, und des Verlustes von Werten und Einstellungen, die offenbar immer weniger in der Lage waren, Perspektiven für die Zukunft zu begründen. Maltabarov zeigt auf, dass die Abkehr von den sozialistischen Werten nicht erst mit der Perestroika erfolgte; vielmehr erodierte schon seit den 80erjahren das sozialistische Fundament der Werte und Einstellungen angesichts der gesellschaftlichen und politischen Praxis, bis schließlich die Widersprüche zwischen den hochgehaltenen Ansprüchen und der gelebten Wirklichkeit so offenkundig wurden, dass der Zusammenbruch des Systems nicht mehr aufzuhalten war. Auf der Suche nach neuen Formen der Zugehörigkeit spielt seit mehr als dreißig Jahren (wie schon einmal zur Jahrhundertwende) nicht mehr die politische Ideologie, sondern der ethnisch-nationale Faktor nahezu auf der ganzen Welt eine dominierende Rolle. Nach dem Zusammenbruch der Sowjetunion war der Griff nach dem Konstrukt der nationalen oder ethnischen Identität der erste und am einfachsten zu etablierende Rettungsakt gegenüber der Gefahr des endgültigen Zerfalls der staatlichen Einheit. Maltabarov spricht von einem „Prozess der Materialisierung von nationaler Eigenart, Nationalwürde und Nationalkultur", der sich des Rückgriffs auf die Traditionen und Bräuche der Vorfahren bediente, der aber auch Separatismus und Intoleranz beförderte. Die nicht enden wollende schmerzhafte Geschichte des Zerfalls der Sowjetunion ist auch eine Geschichte der Beschwörungen nationaler Identitäten, die im Kern ethnozentrisch bis rassistisch motiviert sind. Maltabarov zeigt eine ganze Reihe von politischen Paradoxien nationaler Identitäten auf, in deren Folge internationale Beziehungen erschwert, wenn nicht zerstört werden, die eigene Wirtschaft ruiniert und Chauvinismus und Rassismus kultiviert werden. Hierzu gehört auch die Paradoxie des neuerlichen religiösen Bewusstseins in Kirgisistan, welches in der Sowjetzeit zwar nicht erloschen, aber doch kaum mehr bemerkbar gewesen war, nun aber – für manche auch aus opportunen Gründen zugunsten politischer oder ökonomischer Vorteile überraschend wiedererweckt – zu einem Symbol der nationalen Geschlossenheit aufblüht. Einer von Maltabarov u. a. durchgeführten Studie ist zu entnehmen, dass eine Mehrheit der kirgisischen Bevölkerung behauptet, durch ihre Eltern im sunnitischen Islam religiös erzogen worden zu sein, während ein Viertel seine ethnische Herkunft für die neue Religiosität verantwortlich macht. Andererseits besuchen dennoch mehr als 70 Prozent der Befragten Moscheen oder andere Orte der Religionsausübung gar nicht oder nur einmal im Monat. Zwischen der behaupteten Religiosität und der praktizierten Religionsausübung besteht also ein gravierender Unterschied. Zugleich sind dieselben Befragten besorgt über die zunehmende Religiosität der Jugend, über die Aktivitäten von Sekten und extremistische Tendenzen im Land. Die Ergebnisse machen deutlich, dass nicht nur ein erheblicher Druck auf identitäre Festlegungen besteht, sondern bei der Suche nach Identität viele Menschen auf eine Einheit aus Religion und Ethnie setzen, die allerdings weder mit der persönlichen Sozialisation noch mit neu gewonnenen Überzeugungen glaubhaft begründet werden kann.

Mit der Bedeutung von Wertorientierungen für den kulturellen Wandel in postsowjetischen Ländern befasst sich *Wolfgang Krieger* in gleich zwei Artikeln in diesem Buch. In seinem ersten Beitrag über Wertorientierungen und Wertewandel stellt er auf der Grundlage des World Value Survey von Inglehart und anderen (von 2014 und vorherigen Jahren) Ergebnisse zu verschiedenen postsowjetischen Ländern zusammen und ordnet verschiedene Indikatoren zentralen Parametern des Wertebewusstseins zu. Dem Inglehartschen Konzept von Moderne als eine auf Sicherheit ausgerichtete und Postmoderne als ein auf individuelle Freiheit hin orientierte Kulturformation folgend werden die untersuchten Werte größtenteils den Rubriken „materialistische“ oder „postmaterialistische Werte“ zugeordnet. In ihrer Kumulation drücken die so systematisierten Wertvariablen auch die Nähe/Ferne zu autokratischen versus demokratischen Gesellschaftsidealen aus. Im Blick sind dabei in erster Linie Werte zu den Bereichen Arbeit, Individualität und soziale Werte, Wirtschaft und Wohlstand, Konformität und Autonomie, Politisches Engagement und Engagement in sozialen Vereinen und Organisationen und Vertrauen und Kommunikationsklima. Die Analyse berücksichtigt nicht nur die auffälligsten Phänomene und Trends, sondern auch einige Differenzen zwischen den Ländern, den Generationen und den Untersuchungszeitpunkten. Auf Basis der Leithypothesen von Inglehart zur Erklärung des gesellschaftlichen Wertewandels (Knappheitshypothese und Sozialisationshypothese) kann die Abhängigkeit des Wertebewusstseins von der ökonomischen Lage des Landes in der jeweils vorigen Generation ermessen werden. Die Differenzen zwischen den Ländern zeigen aber auch – so die Kritik –, dass diese beiden Hypothesen für die (post)sowjetischen Verhältnisse keine ausreichende Erklärungsbasis darstellen, sondern weitere Hypothesen, etwa zur Bedeutung der aktuellen wirtschaftlichen Lage, zum Bildungsstand der Personen, zum Einfluss von Politik und Religion und zur Wirkung von militärischer Bedrohung durch Nachbarstaaten, eine Rolle spielen. Für die Mehrzahl der postsowjetischen Länder ist ferner zu beobachten, dass Politik und Gesellschaft auf der Suche nach einer neuen Identität auf vorsowjetische Traditionen zurückgreifen und daher Werte beschwören, die noch vor der Moderne etabliert waren. Diese mischen sich dann sehr unterschiedlich in die materialistischen oder postmaterialistischen Werte hinein und geben ihnen einen Kontext, der mit den Begriffen von Moderne und Postmoderne nicht angemessen repräsentiert ist. Dies gilt insbesondere für Wertbegriffe einer traditionalistischen muslimischen Großfamilienkultur (die erstaunlich postmodern erscheinen, aber auch kollektivistisch sind). Missverständnisse sind ferner zu erwarten durch die noch der Sowjetideologie entstammenden Interpretationen von Begriffen wie „Solidarität“ oder „Individualismus“ und einigen mehr. In der Summe lässt sich konstatieren, dass alle postsowjetischen Länder sich – wenn auch in unterschiedlichen Entwicklungsständen – in einer unsicheren Dynamik des Wertewandels befinden, in der sich materialistische, postmaterialistische und traditionalistische Wertsysteme widerspruchsvoll vermischen. Dabei bilden materialistische Orientierungen offenkundig das dominante Wertsystem, befeuert von dem anhaltenden Kampf um ökonomischen Fortschritt und gesellschaftliche Stabilität.

Sehr deutlich macht *Elena Elisowas* Beitrag die intergenerationale Spaltung der russischen Gesellschaft hinsichtlich des Weltbildes und der Moral. Der Beitrag von Elisowa richtet sein Augenmerk auf die Wertorientierungen der russischen Jugend heute, auf ihre Entstehungsbedingungen vor dem Hintergrund des Zerfalls der Sowjetunion und der Anomie der Gesellschaft wie auch als Folge der 1991 neu eröffneten Möglichkeiten in der transformativen Gesellschaft. Die neue Freiheit bot zum einen ungewohnte Möglichkeiten, sich selbst für das zu engagieren, was den Jugendlichen interessant und wertvoll erschien, sie brachte aber auch Anomie, Perspektivlosigkeit, den Verlust von Lebenssinn und den Zerfall einer Vision für die russische Gesellschaft hervor und nicht zuletzt auch die berufliche Überlastung der Eltern beförderte unter Jugendlichen die Verbreitung von Drogenkonsum, Kriminalität und moralischer Indifferenz. Das Schwinden der nationalen Wertschätzung der Bildungsgüter hatte auch zur Folge, dass die Bildungsmotivation der Jugendlichen sich verringerte, ihr Sprachvermögen und ihre Ausdrucksfähigkeit geschwächt und überhaupt die Verbindlichkeit kultureller Normen geschmälert wurde. Diese Phänomene können gedeutet werden als ein Verlust an kultureller, gesellschaftlicher und moralischer Kompetenz, dem, wie Elisowa es nennt, eine „Pragmatisierung der Lebenswerte" (процесс прагматизации жизненных ценностей) gegenübersteht. Sie drückt sich aus im Erstarken materieller Werte, insbesondere im Gewinnstreben, im Wohlstand und Konsum, in der Sicherheit der eigenen Familie und der Gesundheit. Diese Werte bilden sich auch in den Einstellungen ab, die die junge Generation den verschiedenen Berufen gegenüber zeigen; die Berufe des Business-Bereiches (Unternehmertum, Managment, Unternehmensberatung, Handel, Marketing, Werbung, PR und Bankenwesen) rangieren hier an oberster Stelle in der Wertschätzung. Andererseits engagieren sich nicht wenige Jugendliche auch ehrenamtlich in der Unterstützung sozial schwacher Gruppen und streben sichtlich danach, durch ein moralisch wertvolles Handeln ihrem Leben einen Sinn zu verleihen, den sie im Wertevakuum des Zynismus der 90erjahre nicht finden konnten. Elena Elisowa berichtet von einer soziologischen Studie mit dem Titel «Das Labor von Kryschtanovskaja» 2012-2013 und von Untersuchungen des Zentrums von Sulakschin 2015-2016, die zum einen das Fehlen einer sozialen Verortung der Jugend hinsichtlich ihrer Identität aufzeigen, in dem sich der Mangel an gesellschaftlichen Visionen und an der Entwicklung eines neuen postsowjetischen Weltbildes durch Politik, Wissenschaft und Medien in Russland widerspiegelt, zum anderen die gravierende Differenz zwischen Wertbegriffen der Jugend und jenen ihrer Eltern und Großeltern von immateriellen zu materiellen Werten hin, vom kulturellen Wissen hin zum technischen Wissen, von der Liebe zur Heimat hin zum egozentrischen Vorteilsdenken, in welches zwar noch die Familie, nicht mehr aber die eigene Gesellschaft einbezogen wird. Daher erreichen auch die nationalistischen Propagandabemühungen der Politik letztlich nicht mehr das Selbstbild der russischen Jugendlichen, auch wenn sie bei offiziellen Gelegenheiten dem Scheine nach noch nationalen Konformismus demonstrieren. Ihr Blick auf die politische Vergangenheit und auf den erlebten Legitimationsschwund von Staat und Politik überwindet zuweilen auch den Zynismus und etablierten Pragmatismus ihrer Eltern und ruft Werte der Freiheit, der sozialen Gerechtigkeit, der Chancengleichheit und des kulturellen Dialogs auf den Plan, die den Werten des westlichen Demokratiedenkens doch sehr ähnlich geworden sind.

Nomeda Sindaravičienė befasst sich in ihrem Artikel mit den Unterschieden zwischen den Generationen hinsichtlich der Wertorientierung und der Identifikationen mit der Sowjetzeit. Mit Beginn der Transformation existierten in Litauen (und wohl nicht nur dort) drei verschiedene Orientierungen nebeneinander, ein sowjetische, eine national und eine westlich ausgerichtete. Diese Orientierungen korrespondierten in gewissem Umfang mit den Generationen; quer zu den Generationen spielte aber das persönliche Schicksal und die eigene Rolle im sowjetischen System eine mindestens ebenso maßgebliche Rolle. Sindaravičienė unterscheidet zwischen der „alten Generation" der noch vor dem Ende des zweiten Weltkrieges Geborenen, die zwischen ihren vorigen, oft westlich oder religiös geprägten Wertvorstellungen und den sozialistischen Werten einen Konflikt erlebte, der „jüngeren Generation", die während des Krieges und bald danach geboren wurde und entweder im Aufbau der Sowjetgesellschaft wesentlich engagiert und ideologisch von ihr geprägt waren oder auch alles verloren hatten, sich immer bedroht fühlten und unauffällig bleiben mussten, der „verlorenen Generation", die nach den Sechzigerjahren geborgen wurde, die große Rezession erlebte und mit ihr den Glauben an den sozialistischen Lebenssinn und die bisherigen Wertorientierungen verlor, und die heutige „unabhängige Generation" der nach den Neunzigerjahren Geborenen, die im Wertevakuum der verlorenen Generation aufgewachsen ist und, ausgestattet mir mehr Freiheit als irgendeine Generation vor ihnen, eher verlegen vor der Aufgabe steht, sich neu zu orientieren. So bilden sich neue Typen von Orientierungen heraus mit neuen Prioritäten in Hinsicht auf Bildungsideale, soziales Engagement, Prestiges und sozialen Status und andere materialistische Werte. Auch eine Rückbesinnung auf vorsowjetische Traditionen, Religiosität, Familienkultur und nationale Größen auf der einen Seite und westliche politische, soziale, ökologische und demokratische Werte, Individualismus und eine ausgeprägte Konsumhaltung auf der anderen Seite kennzeichnen die neuen Orientierungen der jungen Generation.

Mit der Entwicklung einer staatsbürgerlichen Identität und ihren Rahmenbedingungen im nachrevolutionären Armenien befasst sich *Sona Manusyan.* Sie erläutert zunächst vor dem Hintergrund der Historie des Landes den Dominanzanspruch der ethnisch ausgerichteten Selbstwahrnehmung innerhalb der nationalen Identität der Armenier, demgegenüber das staatsbürgerliche Fundament vergleichsweise schwach ausgeprägt ist. Ob die ethnische Identifikation ein Garant für sozialen Zusammenhalt ist, wenn ein staatsbürgerliches Selbstverständlich kaum ausgeprägt ist, erscheint jedoch fraglich, zumal wenn zwischen den Generationen und sozialen Schichten doch erhebliche Differenzen hinsichtlich ihrer Wertvorstellungen und Lebensziele zu finden sind, die nun durch die Revolution noch verstärkt worden sind. Es war diese Erfahrung einer erfolgreichen Revolution gegen das alte, von Korruption, Vetternwirtschaft und Bürgerferne gekennzeichnete Regime, die nicht nur den Menschen, die die Revolution getragen haben, ein neues bürgerliches Selbstbewusstsein vermittelt hat, sondern allen Bürger*innen gezeigt hat, dass sie Regierungen selbst bestimmen und den Staat mitgestalten können. Dennoch müssen viele Dimensionen einen staatsbürgerlichen Selbstverständnisses, die in der armenischen Vergangenheit nie entstehen konnten, erst noch aus der Taufe gehoben werden – ein neues Verständnis bürgerlicher Verantwortung, von Solidarität und Teilhabe – und ein neues, von wechselseitigem Vertrauen getragenes Verhältnis zwischen Staat und Bürger*innen muss sich mit der Zeit etablieren.

Manusyan untersucht die konkurrierenden Selbstverständnisse verschiedener Gruppen entlang von sieben Gegensatzdimensionen, nämlich den Spannungsverhältnissen zwischen dem ethnischen und dem bürgerlichen Selbstverständnis, dem Traditionellen vs. Progressiven, dem Persönlichen vs. Öffentlichen, dem Institutionellen vs. dem Agenten, der Vergangenheit vs. der Zukunft, dem Diskurs vs. der Praxis und dem Selbstverständlichen vs. der Selbstreflexiven. Zum einen Seite führt die ethnische Fundierung des Nationalen immer wieder dazu, dass die Normen der nationalen Identität mit Intoleranz und hohem Konformitätsdruck verteidigt werden, auf der anderen Seite scheint das bürgerliche Selbstbewusstsein noch zu wenig ausgeprägt, um den nationalistischen Vereinfachungen die Ansprüche einer freiheitlichen, demokratischen und pluralen Solidarität entgegenzusetzen. Auch zwischen den Polen des Konservativen und des Progressiven wandeln – mit starken generationellen Bindungen – die Identitätsentwürfe der Bürger*innen, eingespannt zwischen dem Wunsch nach einer freieren Lebensführung und einer diese einschränkenden traditionellen Familienorientierung. Solche Widersprüche spiegeln sich auch in der Doppelmoral zwischen der nach außen gezeigten und privatim tatsächlich gelebten Praxis. Das ehemals durch Tradition wie auch durch die sowjetische Gesellschaftsmoral kontrollierte Individuum hat sich seit geraumer Zeit als trotzigen Widersacher gegenüber der Gesellschaft entworfen, der der gesellschaftlichen Realität, insbesondere den Institutionen mit sozialem Zynismus entgegentritt und jenseits dieser Realität sein Glück sucht. Es rächt sich heute durch einen rücksichtlosen Egoismus, blinden Konsumismus und uneingeschränkten sozialen Wettbewerb, dem offenbar jegliche Wahrnehmung öffentlicher Interessen fremd ist. Dieser Entwicklung kann, wenn die Druckmittel der Tradition und des Kollektivismus nicht mehr ausreichen, nur ein bürgerliches Bewusstsein entgegenwirken, das die Individuen nicht nur als Träger von Freiheitsrechten, sondern auch von Pflichten und Rücksichten sieht und hierauf eine neue Solidarität gründet. Ihm steht der Staat als Garant der Rechte, aber auch als Forderer der Rücksichten gegenüber.

Edina Vejo und *Elma Begagić* beleuchten die Situation der postsozialistischen Länder des Balkans nach dem Zerfall Yugoslawiens am Beispiel der Entwicklungen in Bosnien-Herzegowina. Wie in den anderen Staaten auch war die Suche nach einem neuen Selbstverständnis der Menschen und ihrer Gesellschaft vor allem geprägt von Tendenzen der Kontrastierung zur sozialistischen Vergangenheit. Auch hier boten die vorsozialistischen Traditionen, das ethnisch profilierte Kulturverständnis und nicht zuletzt auch die Religionen die naheliegendsten Ansätze zur Gewinnung eines neuen Identitätsrahmens, der genug Eigenes versprach, um sich von den zahlreichen anderen Balkangesellschaften zu unterscheiden. Die Identifizierung einer nationalen Identität mit diesen Bezugsgrößen erhöhte einerseits den Druck auf die Gesellschaft, maximale Homogenität herzustellen – was vor allem auf die Verteilung der Religionsgemeinschaften zwischen Kroatien und Bosnien-Herzegowina eine hoch selektive Dynamik hervorbrachte –, sie konnte allerdings in Bosnien-Herzegowina andererseits keine Einheitlichkeit hervorbringen, da die Gesellschaft zwischen westlicher Modernisierung und einer zunehmenden Islamisierung hin- und hergerissen ist. Ein Versuch, zwischen beiden Tendenzen eine Brücke zu schlagen, bildet das Bemühen um einen zwar traditonell begründeten, aber historisch angepassten Islam. Dieses

Bemühen soll – so die „moderne" Auffassung – als dialogischer Prozess, insbesondere mit der Jugend, seine Erfüllung finden.

In diesen verschiedenen Bestrebungen besteht zurzeit in jedem Falle ein Primat des Kollektivismus, sei er auf der Seite der Religion oder auf der Seite der westlichen Modernisierung. Wie schon einmal zur Zeit des jugoslavischen Sozialismus wird der bosnisch-herzegowinischen Gesellschaft in den laufenden Diskursen zur nationalen Identität eine „uniforme Kollektivität" aufgedrängt – Vejo und Begagić sprechen gar von der „Erstickung von Individualität" –, die der Entwicklung verantwortungsvoller Identität und Religiosität keinen Raum lässt. Vor allem die Suche nach einer nationalen Identität verhindert die Entwicklung einer pluralistischen Gesellschaft. Künftige Lösungen müssen im Raum dreier Kontinuen entwickelt werden, in der Bestimmung der Relation zwischen der Religion und der kollektiven Identifikation überhaupt, in der Bestimmung der Relation zwischen einem fundamentalistischen oder dialogischen Islam insbesondere und in der Bestimmung der funktionalen Indienstnahme der Religion als nationalistisches Symbol oder als Instrument eines intellektuellen Fortschritts in der bosnisch-herzegowinischen Gesellschaft.

Der soziale Wandel der Wertvorstellungen kennzeichnet auch den postsozialistischen Weg Albaniens und beeinflusst auf unterschiedliche Weise die neue Identität der Landsleute, so erklärt *Arlinda Ymeraj* in ihrem Artikel über soziale Werte im Übergang – im Falle Albaniens – und ihre Bedeutung für die Ausbildung einer staatsbürgerlichen Identität. Sie sieht diesen Wandel als eine Folge der Abwendung von den Werten der sozialistischen Verfassungen „gesellschaftliche Solidarität" und „Gleichheit" – ein in heutiger Bilanz unerfülltes Versprechen – hin zu demokratischen Werten, zum Schutz der Menschenrechte, zum Wohlstand für alle und zu sozialer Gerechtigkeit. Dass in den Jahren des Sozialismus das anfangs so begeisterungserfüllte Wertesystem vollständig zusammenbrechen konnte, hat seine Gründe u. a. im politischen Dogmatismus in den verschiedenen gesellschaftlichen Institutionen, in der politischen Kontrolle von Programmen und in den Einschränkungen individueller Spielräume bei ihrer Durchführung, aber auch in der Unterdrückung und in der Angst vor dem kontrollierenden System, die die persönliche Identifikation mit den Werten unterhöhlten. Hinzu kam die bevorzugende und somit keineswegs gleichheitsorientierte Belohnung jener Bürger*innen und Einrichtungen, die sich besonders konform mit der politischen Führung erwiesen – vice versa die Benachteiligung eigenständig ihr Leben gestaltender Personen.

Vor dem Hintergrund der wandlungsreichen Geschichte des Landes in den letzten dreißig Jahren und der höchst autoritären Staatsführung bis 1991 werden die komplexen Wertkonflikte der albanischen Gesellschaft verständlich. Die – trotz wirtschaftlichen Wachstums – noch immer steigende Armut und soziale Ungleichheit, das geringe durchschnittliche Bildungsniveau, die in sozialen Normen begründete Diskriminierung und Exklusion von Bevölkerungsgruppen, verbreitete Korruption und anhaltend hohe Arbeitslosigkeit beeinflussen den Wertediskurs in der Gesellschaft und das Wertebewusstsein der Bevölkerung. Falsche Erwartungen an die Einführung der freien Marktwirtschaft bezüglich einer schnellen Verbesserung der eigenen Lebenslage und die seit bald 30 Jahren nahezu stagnierende Entwicklung des Landes bewirken zudem eine von Frustration genährte Skepsis gegenüber dem liberalen und demokratischen Wertesystem und – erneut – ein wachsendes Misstrauen in die Rentabilität persönlichen Engagements für diese Gesellschaft.

Ymeraj glaubt, in der albanischen Gesellschaft derzeit hinsichtlich ihres dominierenden Selbstverständnisses drei soziale Gruppen zu erkennen, die „Heimatlosen", welche ohne hoffnungsvolle Aussichten in schlecht bezahlten Jobs oder in der illegalen Arbeit kaum mehr als ein Existenzminimum erarbeiten, die „Regelbrecher", welche die kapitalistischen Wohlstandziele mit illegalen oder kriminellen Mitteln zu erreichen trachten und in Albanien ein nicht geringen Teil der Staatsmacht tragen, und die „Träumer", loyale Staatsbürger*innen, die nicht aufhören, an ein neues demokratisches Albanien zu glauben, ihren Pflichten nachkommen und die eigentlich tragenden Kräfte einer Transformation in spe darstellen. Es liegt auf der Hand, dass – wenn schon nicht alle Werte – so doch die Normen der Lebensführung zwischen diesen drei Typen stark differieren. Kontrovers wird in Albanien diskutiert, ob die im Wechsel von der Planwirtschaft zur Marktwirtschaft veränderten Wertorientierungen die alten Werte der "Solidarität" und "Gleichheit" ersetzen müssten oder es möglich sei, sie beizubehalten und mit den neuen Werten auf bessere Weise zu erfüllen. Damit soziale Werte tatsächlich die Politik und das gesellschaftliche Leben in Albanien bestimmen können, ist es zunächst einmal notwendig, auf breiter Basis die soziale und staatsbürgerliche Bildung der Bürger*innen zu entwickeln.

In seinem zweiten Beitrag zur Bedeutung von Wertorientierungen für den kulturellen Wandel wendet sich *Wolfgang Krieger* der Frage zu, welche Werthaltungen in der medialen Selbstdarstellung junger Menschen in postsowjetischen Ländern in den social media zum Ausdruck kommen. In diesen Medien offenbaren junge Menschen heute mehr als anderer Stelle, wie sie sich selbst sehen, was ich ihnen wichtig ist, wie sie zu sich stehen und wer sie gerne sein möchten, womit sie sich identifizieren und welchen Kohorten und Kulturen sie sich zugehörig fühlen. Sie zeigen also in ihrer „Medien-Identität" zum einen ihre individuelle Besonderheit, zum anderen plurale Formen einer kollektiven Identität und bieten diese Selbstdarstellungen an auf einem quasi-öffentlichen „Markt" der sozialen Anerkennung, der über Akzeptanz oder Ablehnung der Identitätsformationen entscheidet. Sie unterwerfen sich in der Konstituierung ihrer Identität, zumindest sobald sie „ihre Leute" gefunden haben, nicht nur hinsichtlich des Symbolrepertoires, sondern auch hinsichtlich ihrer Identifikation mit Rollen, Einstellungen und Werten einem mehr oder minder heteronom konditionierenden Sanktionsmechanismus. Dieser erklärt womöglich, warum in stark konformistisch geprägten Gesellschaften auch in den Medien-Identitäten vor allem kollektivistische Selbstinszenierungen wahrscheinlich werden.

Stärker als in der westlichen Medienkultur fällt zum Ersten auf, dass junge Menschen in postsowjetischen Ländern hochgradig stereotyp „in einen kulturell sanktionierten Raum" von Konventionen eingebunden sind, dem ein je spezifischer Wertehorizont entspricht und der geteilt werden muss, wenn soziale Anerkennung erreicht werden soll, zugleich ein wenig überschritten, um aufzufallen. Der Autor stellt dar, dass der Umgang mit diesen Konventionen ein ambivalent riskantes Manövrieren zwischen konformer Erwartungserfüllung und individuellem Überraschungsgebaren darstellt, auch wenn man in der postsowjetischen Medienkultur hinsichtlich des Überraschungsmomentes meist eher von einem „Thema mit Variationen" sprechen muss. Zum Zweiten fällt auf, dass die Selbstdarstellung durch die eigene Repräsentation meist zusammen mit Statusymbolen erfolgt und damit eine Selbstüberhöhung verfolgt, die oft die Grenzen der Glaubwürdigkeit auch überschreitet und im Vagen lässt, ob die Inszenierung Reelles repräsentieren oder mit Fiktivem spielen soll. Dieses „Spiel" geht im Feld der Statussymbolik sehr weit und riskiert auch den Übergang zum Lächerlichen, in welchem erneut offenbleibt, ob das Gezeigte ernsthafter Angeberei oder der Selbstironie zu verdanken ist. Am Beispiel einiger „Präsentationsformen der Selbstkategorisierung" (Neue Körperlichkeit, Status-Identität, politische Identität und soziales Engagement, „Normalo"-Identitäten und Authentizität) illustriert Krieger, wie kollektive Normen Stil und Inhalt der Selbstdarstellungen prägen und welche Werthorizonte hinter der Selbstsymbolisierung zu vermuten sind. In der Wahl der Statussymbole bildet sich ein weiteres Mal die Dominanz materialistischer Wertorientierungen ab.

Am Beispiel der Ingenieursstudent*innen in Tomsk/Sibirien beschreiben *Igor Ardashkin, Marina Makienko* und *Alexander Umykhalo* die Veränderungen der beruflichen Identität von Ingenieuren der neuen Generation in Russland. Die Ergebnisse der zugrunde liegenden empirischen Studie lassen aber wohl auch Schlussfolgerungen zu, die allgemein zur Vision des neuen Berufslebens in Russland gehören. Die an drei Universitäten und 480 Personen durchgeführte Befragung befasst sich neben Fragen zur Berufswahl und zum Studium mit dem Bild des zukünftigen Ingenieurs und den Zukunftsvorstellungen zu diesem Beruf aus Sicht der Studierenden. Schon die Untersuchung der Motive zur Berufswahl lässt soziale Wertvorstellungen erkennen wie etwa das Hilfemotiv, die Gewährleistung der menschlichen Sicherheit oder die Lösung wirtschaftlicher Probleme. Geschätzt wird auch die berufliche Selbstbestimmung im Ingenieursberuf. Hauptmotive für die Berufswahl sind aber materielle Werte und das Prestige des Berufs. Die Erwartung, dass die Verantwortung des Ingenieurberufs gegenüber der Gesellschaft zunehmen wird und der künftige Ingenieur mehr Kreativität zeigen müsse, wird von vielen geteilt. In der prospektiven Sicht des Berufs treten Merkmale wie Verantwortungsbewusstsein, Fleiß, strategische Zielgerichtetheit und lebenslange Lernbereitschaft in den Vordergrund. Dieses Bild eines durchaus anspruchsvollen Berufs tritt dann aber in Kontrast zu den Visionen der beruflichen Zukunft: Die Mehrheit der Studierenden sieht die Zukunft als negativ oder gar bedrohlich und erwartet niedrige Gehälter. Die Hälfte der Studierenden zweifelt daran, ob sie je in diesem Beruf arbeiten werden. Optimistische und pessimistische Erwartungen zeigen sich als hoch abhängig von der sozialen Herkunft der Studierenden. Das Maß an beruflicher Unsicherheit wird aus Sicht der Befragten auch begründet durch das mangelnde Vertrauen in die sozioökonomische Situation, das Fehlen von gesellschaftlichen Entwicklungsstrategien und den mangelnden Dialog zwischen Politik und Gesellschaft über neue Herausforderungen im Beruf.

Der Artikel von *Yana Chaplinskya* befasst sich mit den aktuellen Problemen des Arbeitslebens in Russland und der Zerrissenheit der Lebensführung unter den Bedingungen einer zugemuteten „Patchwork-Identität". War es zuerst der Zerfall des Sowjetischen Kultur, des zugrunde liegenden Menschenbildes und der sie tragenden Wertvorstellungen, der die Menschen in Unsicherheit und Orientierungslosigkeit stürzte, so ist es heute die Dynamik der modernen russischen Gesellschaft, die perspektivischen Risiken der eigenen Lebensentscheidungen und die durch die Vielfalt und Widersprüchlichkeit der Informationen überfordernde Globalisierung, die bei den Menschen nicht nur ein hohes Maß an Unsicherheit und Stressbelastung hinterlassen, sondern auch den individuellen Sinnverlust und die Ungewissheit der eigenen Personalität weiter fortsetzen. Die modernen beruflichen und soziokulturellen Anforderungen zwingen den postsowjetischen Menschen in eine Patchwork-Identität hinein, die zu bewältigen er schlecht gerüstet ist. Mehr denn je stellt die Arbeit für die postsowjetischen Menschen hohe und vor allem unüberschaubare Anforderungen, während zugleich die Wahl des Berufes auf einem sehr schwankenden Grund der Vorkenntnisse, der Kompetenzerwartungen und der Zukunftsprognosen zu treffen ist. In der neuen Arbeitsgesellschaft ist jeder auf sich alleine gestellt und muss selbst die Wege finden, für sich und die Seinen eine Lebensbasis, ein Einkommen und eine gewissen existenzielle Sicherheit zu erwerben. Die Instabilität der Verhältnisse macht diese Bemühungen besonders anstrengend: Das Tempo der Veränderungen am Arbeitsmarkt, die Notwendigkeit, für das eigene Fortkommen zahlreiche und vor allem die richtigen Beziehungen zu pflegen und stets aufmerksam zu sein, um berufliche Chancen nicht zu verpassen, sich möglichst viele Qualifikationsnachweise zu erwerben, um für jede zu erwartende Situation des beruflichen Wandels gerüstet zu sein, stellen den Menschen fortlaufend unter Stress. Sie verlangen ihm ferner eine Rollenvielfalt ab, die es zu balancieren gilt – eine nicht minder schwierige Aufgabe.

Als eine „natürliche Art der Selbstverwirklichung" ist Arbeit von hoher Bedeutung für die Zufriedenheit des Menschen, sie darf aber nicht seinen gesamten Alltag einnehmen und bestimmen. Burnout und seelische Erkrankungen sind in Russland neue Phänomene, die vor allem auf eine überfordernde Arbeitssituation zurückgehen. Daher gilt es zum einen, die Arbeitsbelastung zu begrenzen und die Arbeit mit den eigenen Interessen, Stärken und dem individuellen Lebenssinn zu verbinden, zum anderen die Menschen mit einem reflexiven Vermögen auszustatten, das ihm erlaubt, sich selbst in seinem körperlichen und seelischen Wohlbefinden wie auch in den Belastungen aufmerksam zu beobachten und zu lernen, in und außerhalb der Arbeit im Dienste seines Wohlergehens für sich selbst zu sorgen. Chaplinskayas Artikel zeigt nicht nur den Einfluss eines humanistisch-individualistischen Denkens auf die jungen Menschen in Russland, sondern auch ihre Hoffnung, dass es durch aufmerksame Selbstbeobachtung und eine gelingende Sinnsuche möglich wird, wieder seine Mitte zu finden, die neuen beruflichen und soziokulturellen Anforderungen der postsowjetischen Gesellschaft zu bewältigen und „im Chaos eine Ordnung zu finden".

So schwierig es ist, am Ende eines Buches mit solch thematisch und perspektivisch unterschiedlichen Beiträgen eine Summe zu bilden, so versucht der Herausgeber doch die anfangs grundlegend gestellte Frage nach der Existenz und Fassbarkeit einer „postsowjetischen Identität" bilanzierend aufzugreifen und wenn schon nicht einheitliche Merkmale einer solchen Identität, so doch gemeinsame Rahmenbedingungen für die Erfüllung jener Aufgabe zu benennen, die die Erarbeitung einer neuen Identität für die postsowjetischen Länder darstellt. In vielfacher Bezugnahme auf die Autoren und Autorinnen dieses Buches beschreitet *Wolfgang Krieger* dabei in Folge zwei getrennte Wege:

Er rekapituliert zunächst die für die Länder der Sowjetunion gemeinsame Geschichte, deren politische und soziale Bedingungen durch den universellen Anspruch der Ideologie die kollektive kulturelle Identität der „Sowjetmenschen" , nicht nur im Gelingen des ideologischen Programms, sondern auch in seinen Zerwürfnissen und seinem Scheitern, geprägt haben. Im Dreischritt von der sowjetischen Identität über die „transformatorische Identität" zur postsowjetischen Identität werden die zentralen sozialen und politischen Strukturen und kulturpsychologischen Wirkungen der verschiedenen Stadien in der sowjetisch-postsowjetischen Entwicklung nachgezeichnet und setzen sich wie ein Puzzle allmählich zusammen zu einem Gesamtbild der Chancen und Lasten der Vergangenheit bei der Bewältigung der heute bestehenden Aufgaben der postsowjetischen Gesellschaften. Dabei zeigt sich: Der „neue Mensch" als Entwurf einer allgleichen kollektiven Identität des Sowjetmenschen war Fakt und unhinterfragte Selbstverständlichkeit und ist bis heute ein wirksames Fundament auch in der postsowjetischen Identitätsbildung, auch wenn es nicht geliebt, oft bestritten und als überwunden bezeichnet wird. Derlei Befangenheit widersetzt sich der Transformation und nur in ihrer Aufarbeitung können neue Positionen evolvieren.

Der zweite Weg verfolgt den Versuch einer Beantwortung der Frage nach den Wurzeln und Problemen einer möglichen postsowjetischen Identität über die Belichtung einzelner identitätsbildender Sektoren wie der „ethnischen und nationalen Identität", der „religiösen Identität", der „Genderidentität", der „beruflichen Identität" und der Konstruktion sogenannter „einfacher kollektiver Identitäten". Dies ist nicht möglich, ohne ein paar Aspekte gründlich zu vertiefen und sie so der Oberflächlichkeit purer Erwähnung zu entreißen. Krieger legt in allen Sektoren dar, dass vor allem die in Russland vorangetriebene Gegenreform, aber auch der in einigen Staaten erstarkende Totalitarismus die Öffnung zu neuen Identitätshorizonten vereitelt und ängstliche Tendenzen zur Selbstverschließung und damit Stagnation hingegen angetrieben werden. Die gleichen Kräfte verhindern das Wachstum von Toleranz und individueller Autonomie und die Etablierung demokratischer Strukturen in den Institutionen, ganz zu schweigen von der Entwicklung eines staatsbürgerschaftlichen Bewusstseins in der Bevölkerung. So bleiben die meisten Menschen auch dreißig Jahre nach dem Ende der Sowjetunion zurückgeworfen auf die bescheidenen Chancen, im Privaten, in der Familie, im Freundeskreis und allenfalls im Beruf ein erfülltes Leben führen zu können, während ihr Verhältnis zum Staat und zur Gesellschaft sich den Schäden der spätsowjetischen Ära noch immer kaum entziehen kann. Staatsbürgerlich vereint ist man nur in der *„negativen Identität"* (Gudkov), im Wissen, wer man *nicht* sein will, zu wem man *nicht* gehören will, was man zu beschimpfen und wogegen man sich zu wehren hat; an *positiven* zukunftsgerichteten Visionen, die die Bürger*innen zur Mitgestaltung des Staates und der Gesellschaft motivieren könnten und sich nicht darin genügen, die Vergangenheit zu verherrlichen, fehlt es aber eklatant. Dass es an solchen Visionen mangelt, hat eine Vielzahl von Gründen, hinsichtlich derer wohl alle postsowjetischen Staaten weitgehend unterschiedslos vereint sind, insofern sich diese Gründe aus der gemeinsamen Geschichte der ideologischen Bevormundungen, der Unterwerfung und Entpersönlichung der Sowjetzeit und all der sich hieraus ergebenden Deprivationen in menschlicher, sozial-kommunikativer, moralischer und auch lebenpraktischer Hinsicht, ableiten. Diese verlorenen Terrains wieder zu erobern, stellt die eigentliche Aufgabe der postsowjetischen Identität dar, ungeachtet der Frage, zu welchem Ergebnis diese Prozesse kommen werden.

Ludwigshafen am Rhein, im September 2020

Prof. Dr. Wolfgang Krieger

Предисловие и предварительный просмотр представленных в книге научных работ

Вольфганг Кригер

Культурно-антропологическая дискуссия об образе "советского человека" имеет определенную традицию как в бывших советских странах, так и в некоторых западных странах с 1970-х годов, и до сих пор не завершена, спустя около тридцати лет после окончания советской эпохи.

Она является отправной точкой для сегодняшнего вопроса о том, сохраняется ли и в какой степени "советский человек" в менталитете граждан государств-преемников Советского Союза после распада советских республик, или какой новый "тип человека" появился в последние десятилетия после распада Советского Союза в результате новых экономических, политических, социальных и культурных событий. Оба вопроса объединены в современном вопросе о формировании "постсоветской идентичности", который исследуется в этой книге частично фундаментально, частично аналитически и дескрип-тивно.

С этой темой тесно связан вопрос о появлении новых ценностных ориентаций и продолжающемся существовании социалистических ценностей в обществах бывшего Советского Востока, которые также претерпевают культурные изменения. Значимость ценностных ориентаций для формирования новой "постсоветской идентичности" является заметной темой этой книги, а также в определенной степени программной основой анализа.

Публикация этой книги является продолжением международной конференции по постсоветской идентичности, состоявшейся в Германии с 17 по 21 сентября 2018 года в Университете прикладных наук Людвигсхафена-на-Рейне на факультете социального обеспечения и здравоохранения. В мероприятии приняли участие лекторы из партнерских университетов Университета прикладных наук Людвигсхафена из Российской Федерации, Армении, Албании, Боснии-Герцеговины и Германии. Они участвовали в рабочих группах и семинарах и читали лекции по этой теме, большинство из которых воспроизводятся и переводятся в этой книге. Впоследствии к работе над этой темой присоединились и другие заинтересованные авторы из стран бывшего СССР, так что теперь в этой книге могут быть опубликованы труды российских, албанских, армянских, боснийско-герцеговинских, немецких, киргизских и литовских социологов.

Конференция прошла под названием "Постсоветская идентичность – новые ценности и развитие личности в постсоветских странах" и, таким образом, подчеркнула определенный социально-антропологический, социологический, культурно-психологический фактор развития идентичности, а именно, формирующее идентичность значимость ценностных ориентаций в культуре обществ. Этот фактор стоит в одном ряду с другими факторами самоиденти-фикации, такими как физическая уверенность в себе, атрибуция идентичности через социальные отношения человека, самолокация человека в социальных связях и привычных экологических пространствах и т.д., и он находит свою основу, прежде всего, в традиционных, политических и религиозных мировоззрениях, из которых возникают направляющие ценностные ориентации и жизненно важные установки.

Таким образом, конференция как бы взяла на себя обязательство в определенной степени сузить тему идентичности, которая, по общему признанию, не претендует на то, чтобы стать обязательной по отношению к другим факторам развития личности, но, тем не менее, хотела бы сосредоточить внимание прежде всего на восприятии идентичности как самоидентификации с ценностными ориентациями и установками.

В соответствии с этой самостоятельной концепцией тематической задачи конференции предшествовал ряд руководящих вопросов для участников, которые кратко перечислены ниже.

1. появились ли новые ценности после окончания советской эпохи или же ценности того времени по-прежнему являются самыми важными? Какие ценности из этого периода продолжают существовать, какие новые ценности устанавливаются?
2. Откуда берутся эти новые ценности, на чем они основаны? Есть ли новые идеалы?
3. Какие представления у людей сегодня о хорошей, наполненной смыслом жизни?
4. Как люди полагают, что они смогут сделать что-то ценное для других людей, для общества?
5. Какие символы характеризуют успешный образ жизни и "хороший имидж" постсоветского человека? Есть ли различия между полами?
6. формируется ли в этом обществе плюрализм ценностей или появляется новая социальная однородность в ценностном сознании людей?
7. существуют ли конфликты между ценностями различных социальных групп, есть ли конфликты между поколениями?
8. какими молодые люди хотят стать в будущем? Есть ли идеалы, с которыми молодые люди идентифицируются?
9. Какие различия могут быть выявлены между ценностями этого общества и ценностями Запада в настоящее время?
10. каково ожидаемое направление развития общества в этой стране в ближайшие годы? (Измерения: социальная справедливость, неравенство, элита, межкультурное развитие)
11. Где можно увидеть наибольший источник конфликта в обществе? Что объединяет и разделяет общество?
12. Каковы наиболее важные изменения во взаимоотношениях между индивидуумом, обществом и государством?

Авторы статей в этой книге комментируют выбранные вопросы из этого списка и часто комбинируют вопросы друг с другом. Очень часто они аргументированно высказываются по поводу исторического прошлого, либо для того, чтобы особенно лаконично охарактеризовать ситуацию, противопоставив настоящее и прошлое, либо потому, что проблемы настоящего могут быть частично выведены из условий прошлого, либо для того, чтобы вновь взять системы ценностей из досоветского прошлого, возрождение которых, как надеются, пойдет на пользу настоящему и будущему. Поэтому историческое сравнение является практически универсальным средством конкретизации проблем формирования идентичности и ценности в настоящем. Его сопровождает еще одно сравнение, а именно то, что между ценностным сознанием западноевропейских культур и ценностным сознанием восточных постсоветских стран сегодня.

В этой книге поиск идентичности в культурах, которые – таково предположение о "постсоветской идентичности" – более или менее утратили свои советские характеристики идут по пути формирования новых структур и, таким образом формируют себя сами, рассматриваются с совершенно разных точек зрения. В книге собраны материалы из постсоветского и посткомму-нистического пространства, в частности из Российской Федерации, Центральной Азии, Кавказа и стран Балтии, а также авторы с Балканских посткоммунистических стран и, наконец, с Европейского Запада. Авторы из этих разных стран смотрят и на старое, и на новое отчасти как инсайдеры глазами тех, кто непосредственно столкнулся с этим, кто следовал за изменениями на собственном опыте и был по-разному затронут их последствиями прямо в своей повседневной жизни, и кто, в то же время, как современные свидетели прошлого, более чем кто-либо другой компетентны проводить сравнения; отчасти они смотрят – под влиянием западных ожиданий и перспектив – извне на малознакомый мир и пытаются использовать знакомые объяснения, чтобы упорядочить феномены "чужого", который кажется им странным в соответствии с их собственной логикой. Некоторые из них имеют тот же опыт живого социализма и посткоммунистической эпохи, что и авторы из бывших советских стран (здесь авторы из балканских стран), и переживают посткоммунистический период в дальнейшем, как и в некоторой степени похожие на постсоветскую ситуацию на Востоке, даже если их собственное культурное сознание заставляет их воспринимать различия, которые, с одной стороны, свидетельствуют об альтернативных перспективах, но, с другой стороны, также позволяют им сопоставлять знакомое в инородном с знакомым в знакомом. Таким образом – в соответствии с различными предпосылками – формулируется множество перспектив, и тема этой книги рассматривается с самых разных точек зрения. В то же время тот факт, что авторы приезжают из разных регионов, выдвигает на первый план феномены и события, характерные для конкретных стран, из которых можно найти объяснение культурным особенностям в работе с факторами, формирующими идентичность.

Книга представляет собой одновременно сборник позиций по вопросу о составных элементах "постсоветской идентичности" и калейдоскоп разнообразных бликов по истории развития нынешнего тридцатилетнего этапа постсоветской культурно-социальной истории. Она не предназначена для систематического прослеживания определенных измерений этой истории, обеспечения широкой эмпирической основы для этих измерений или проведения национальных и региональных сравнений. Эти задачи уже всесторонне выполнены в литературе и будут оставлены на дальнейшее изучение. Скорее, мы придерживаемся скромной цели – дать возможность читателям этой книги поделиться опытом и обобщенными интерпретациями социологов, которые на фоне истории своей страны изучают, с одной стороны, кризисы распада советского социализма, а с другой – управление задачами, стоящими перед этой фазой, и представляют их влияние на возникновение новых ценностных ориентаций и с точки зрения развития социальной и культурной идентичности. При этом авторы устанавливают различные тематические приоритеты, выдвигая на первый план определенные ценностные ориентиры и идентификацию и делая их предметом своего анализа. В этих избранных перспективах не следует ожидать, что основополагающая концепция самобытности будет признана единообразной во всех вкладах. Только по этой причине невозможно провести сравнение между взносами по многим аспектам. Тем не менее, мы надеемся, что многочисленные представленные явления и различные аспекты восприятия, вытекающие из разницы в перспективах, обеспечат читателю полезный фонд знаний и не менее новые вопросы, которые могут быть заданы о построении "постсоветской идентичности".

Завершение работы над текстами, готовыми к публикации, и особенно перевод всех текстов заняло много времени; поэтому публикация книги, первоначально запланированная на 2019 год, не могла быть удержана, и нам пришлось обратиться к некоторым авторам с просьбой о понимании того, что нам пришлось значительно продлить время подготовки книги к изданию. Однако это также открыло новые возможности для включения в книгу дополнительных материалов. Сегодня мы хотели бы поблагодарить всех авторов за их терпение.

Редактор благодарит переводчиков Анну Засухину, Елену Елизову, Ларису Богачеву и Любовь Корн, в частности, за их неустанное сотрудничество, неустанную настойчивость и неустанные усилия по созданию точных переводов на оба языка. Без их надежной ангажированности и целеустремленной коммуникативной компетентности в диалоге с авторами эта книга была бы невозможна.

Мы хотели бы также поблагодарить Дарью Филипенко, Нино Капанадзе, Лайму Лукочюте, Натали Рыбников и Лусине Закарян за их поддержку в переводе статей на русский и немецкий языки, соответственно, они перевели некоторые презентации и дискуссии во время конференции, а также внесли свой вклад во многие другие способы организации конференции.

Перспективы в отношении содержания книги

Книга разделена на три части. Первая и вводная часть посвящена введению в некоторые общие основы понятия идентичности и вопросу о том, какое значение вообще может придаваться разговору о "постсоветской идентичности". В материалах двух авторов из Армении и Кыргызстана описываются условия постсоветской идентичности в их странах, главным образом, с социологической и культурно-психологической точек зрения, а также дается представление о фундаментальных трудностях постсоветского самопознания в период трансформации.

Во второй части книги освещается значение ценностных ориентаций для формирования постсоветской идентичности с точки зрения авторов из различных посткоммунистических стран. Они исследуют исторический и современный запас культурно-специфической символики идентичности, тенденции социальной идентификации, текущее состояние и движущие силы изменения ценностей, а также описывают напряженность между различными типами коллективной идентичности и существующими конфликтами поколений.

В третьей части книги представлена особая частичная идентичность сегодняшнего постсоветского человека. С одной стороны, речь идет о некоторых заметных особенностях в так называемой "медийной идентичности" молодежи, в которой также выражены доминирующие ценностные ориентации. С другой стороны, обсуждается важность профессиональной идентичности в России с точки зрения студентов и приоритетов при выборе карьеры, а также необходимость сбалансированной лоскутной (пэчворк) идентичности в современных условиях трудовой жизни.

Ниже в резюмированном виде будут представлены индивидуальные материалы.

Во вступительной статье *Вольфганга Кригера* рассматривается основной вопрос названия книги, в каком смысле термин "постсоветская идентичность" может быть истолкован и с каким содержанием он должен быть наполнен. Этот вопрос содержит ряд соблазнительных стимулов как в отношении концепции идентичности, которая уже давно подвергается критике, так и в отношении формулы "постсоветского", феноменальное единство которого сомнительно и о котором, возможно, можно говорить максимум во множественном числе. Эта проблематизация включает в себя и скептическое предположение о том, что в разговорах о постсоветской идентичности высказываются презумпции, которые (перестали) быть обоснованными в свете сегодняшних социальных реалий после трех десятилетий трансформации, а также в свете столь разных культурно-социальных историй различных бывших советских или коммунистических стран Востока.

Поэтому проблематизация неявной логики обоих понятий является первой задачей статьи Кригера. В чем, в какой степени и почему люди остаются идентичными самим себе – ответы на эти вопросы многообразны и приводят к расхождениям в концепциях и научных теориях идентичности. Таким образом, Кригер берет концепции идентичности из различных гуманитарных дисциплин и прослеживает изменение теорий идентичности в сторону динамической концепции идентичности. Их уступчивость возможной концепции "постсоветской идентичности", безусловно, богата, однако эпистемологи-ческая, равно как и семантическая релятивизация разговора о "постсоветской идентичности" остается решающей: "идентичность", как и "постсоветская", являются редуктивными конструкциями в смысле идеального типа Вебера; они обозначают не естественные сущности или эмпирически доступные условия, а скорее инструмент анализа, заставляющий проявиться специфику избранных социальных явлений и постулирующий осмысленный порядок в сложности социальных событий и структур.

Артур Мкртчян посвящает свою статью вопросу о постсоветских условиях возможной свободы и охватывает анализ этих условий между полюсами приверженности прошлому и стремления к будущему, а также между полюсами отрицательной свободы преодоления зависимости и положительной свободы приверженности новым идеалам и ценностям. Даже если эти полюса могут быть решающими не только для оценки свободы в постсоветских странах, они имеют здесь особое значение, с одной стороны, потому что в постсоветских странах прошлое в значительной степени разбито, а с другой – потому, что вряд ли существует какое-либо видение будущего, а широко распространенный пессимизм и фатализм порождают аномальный хаос и заглушают любую инициативу. Мкртчян сейчас смотрит на постсоветскую ситуацию, в частности, для маленькой страны Армении, чье душевное состояние между войной и миром ослабляет развитие перспектив и побуждает многих людей эмигрировать. Однако желаемой европеизации страны (в развитии гражданского общества и демократических и конституционных институтов) препятствуют и внутренние факторы, которые еще можно идентифицировать как наследие советской эпохи и как раны 1990-х годов, от которых некоторые бывшие советские страны за пределами России до сих пор не оправились.

Очевидно, что многие постсоветские общества кажутся плохо приспособленными к требованиям социальной реконструкции; чего не хватает социальным структурам, которые могли бы создать обнадеживающие ресурсы солидарности, выходящие за рамки семьи и клановых сообществ, и сформировать зародышевые клетки буржуазного общества. Между всей нацией и особенностями семейной ячейки существует вакуум социальных обязательств, который также проявляется как отсутствие ориентационного потенциала в смысле и ценностных связей идентичности граждан. Отмечается недостаточная осведомленность о социальной ответственности и социальном учете, о социальных правилах и принципах, о социальных обязательствах, основанных на собственных ценностных связях. Отсутствуют правовые нормы и, тем более, отсутствует признание правовых норм и интерес к значению социальных норм в целом. Индивидуальная" свобода, которая была открыта, соблазняет людей принять отношение ("вседозволенности"), "все идет", "всё что угодно“, которое не ограничивается чувством ответственности за свои собственные действия. Откуда этот недостаток? Причины этого лежат в прошлом.

Отчасти они уже обусловлены аномалией, которая распространилась в конце советского периода, а затем и полностью в 1990-е годы, что, по-видимому, привело не только к экономическому и культурному упадку советских государств, но и к падению солидарности и внимания общества, чему ничто не может противостоять и сегодня. Но они также являются следствием бедности, пережитой в 1990-х годах, стагнации тенденций в области заработной платы, продолжающейся девальвации академических профессий и отсутствия перспектив для образованных людей. Мкртчян ссылается здесь на теорию аномалии Мертона и объясняет дезорганизацию и нерегулярность армянской социальной культуры как коллективное состояние диссонанса мишеней, т.е.

как следствие недоступности ценностных символов посредством правовых ресурсов. Такое положение дел включает в себя растущую концентрацию капитала у олигархов, а также рост преступности среди "белых воротничков", конкуренцию и недовольство граждан. Если эти изменения будут исправлены, то необходимо будет не только отказаться от пессимизма и нового осознания "нравственного индивидуализма" и отношений между государством и гражданским обществом. Мкртчян возлагает свои надежды на систему образования, потому что это самое важное социальное место, где можно прививать новые знания и приобретать новые ценности. Однако это предполагает, что система попрощается со своими прежними авторитарными структурами и своей этнизирующей пропагандистской миссией, а также будет способствовать воспитанию у молодежи гражданской ответственности и глобального мышления.

Бакытбек Малтабаров описывает состояние коллективного сознания в бывших советских республиках, характеризующееся разобщением, раздроблнностью и противоречиями. Парадоксы формируют не только общество и отдельные группы, но и личность самого человека. Они являются наследием реальности советского общества, которая сама по себе противоречива, а также последовательного подрыва и, в конечном счете, крушения мировоззрения, которое на протяжении поколений гарантировало единство государства, общества и личности, и утраты ценностей и взглядов, которые, казалось бы, все меньше и меньше могли устанавливать перспективы на будущее. Малтабаров отмечает, что отход от социалистических ценностей произошел не только с перестройкой; скорее, социалистические основы ценностей и установок размывались перед лицом общественно-политической практики с 1980-х годов, пока, наконец, противоречия между принятыми высокими стандартами и живой реальностью не стали настолько очевидными, что коллапс системы уже не мог быть остановлен. В поисках новых форм принадлежности, на протяжении более тридцати лет (как это было уже на рубеже веков), доминирующую роль почти во всем мире играет не политическая идеология, а этно-национальный фактор. После распада Советского Союза захват конструирования национального или этнического самосознания был первым и наиболее легким для установления спасательного акта против опасности окончательного распада государственного единства. Малтабаров говорит о "процессе материализации национальной самобытности, национального достоинства и национальной культуры", который использовал возможности обращения к традициям и обычаям предков, но который также способствовал сепаратизму и нетерпимости. Бесконечная болезненная история распада Советского Союза – это также история ссылок на национальную идентичность, которые, по сути, являются этноцентричными по отношению к расовым мотивам. Малтабаров раскрывает целый ряд политических парадоксов национальной идентичности, в результате которых международные отношения усложняются, если не разрушаются, то разрушается их собственная экономика, культивируется шовинизм и расизм. Сюда же относится и парадокс обновления религиозного сознания в Кыргызстане, которое, хотя и не погасло в советское время, уже едва ли было заметно, но которое сейчас – на удивление пробужденное по каким-то случайным причинам в угоду политическим или экономическим преимуществам –

расцветает в символ национального единства. Исследование, проведенное Малтабаровым и др., показывает, что большинство кыргызского населения утверждает, что их родители воспитывались религиозно в суннитском исламе, в то время как четверть винит в новой религиозности свое этническое происхождение. С другой стороны, более 70 процентов опрошенных до сих пор посещают мечети или другие места поклонения либо вовсе не посещают, либо посещают их только раз в месяц. Поэтому существует серьезная разница между предполагаемой религиозностью и исповеданием религии. Вместе с тем, те же респонденты ростом религиозности молодежи, деятельностью сект и экстремистскими тенденциями в стране. Результаты показывают, что не только существует значительное давление на определение идентичности, но и то, что в поисках идентичности многие люди полагаются на единство религии и этнического происхождения, которое, однако, не может быть достоверно оправдано ни личной социализацией, ни вновь приобретенными убеждениями.

В двух статьях этой книги *Вольфганг Кригер* рассматривает значение ценностных ориентаций для культурных изменений в постсоветских странах. В своей первой статье о ценностных ориентациях и изменении стоимости, основанной на Мировом Ценностном Обследовании Ингелхарта (Inglehart) и других (с 2014 года и предыдущих лет), он компилирует результаты различных постсоветских стран и присваивает центральным параметрам ценностного сознания различные показатели. Следуя концепции Ингелхарта о современности как о ориентированном на безопасность и постмодернизме как о культурном образовании, ориентированном на индивидуальную свободу, исследуемые ценности в значительной степени отнесены к категориям "материалистических" или "постматериалистических ценностей". В их накоплении ценностные переменные, систематизированные таким образом, выражают также близость/отдаленность автократическим и демократическим идеалам общества. Основное внимание уделяется ценностям, связанным с работой, индивидуальностью и социальными ценностями, экономикой и процветанием, соответствием и автономией, политическими обязательствами и участием в общественных организациях и союзах, а также атмосферой доверия и общения. При анализе учитываются не только наиболее яркие явления и тенденции, но и некоторые различия между странами, поколениями и точками времени. На основе основных гипотез Ингелхарта, объясняющих изменение социальных ценностей (гипотеза дефицита и гипотеза социализации), можно оценить зависимость ценностного сознания от экономического положения страны в предыдущем поколении. Однако различия между странами также показывают – по мнению критиков – что эти две гипотезы не дают достаточных оснований для объяснения (пост)советских условий, но определенную роль играют и другие гипотезы, такие как значимость нынешней экономической ситуации, уровень образования людей, влияние политики и религии, а также влияние военных угроз со стороны сопредельных государств. Для большинства постсоветских стран можно также заметить, что политика и общество в своем стремлении к новой идентичности отступают от досоветских традиций и поэтому ссылаются на ценности, которые были установлены до современности. Затем они по-разному смешиваются с материалистическими или постматериалистическими ценностями и придают им контекст, неадекватно представленный концепциями современности и постмодернизма. Особенно это касается ценностных концепций традиционной мусульманской культуры расширенной семьи (которые выглядят на удивление постмодернистскими, но в то же время коллективистскими).

Недоразумений можно ожидать и от интерпретаций таких понятий, как "солидарность" или "индивидуализм" и некоторых других, которые до сих пор берут свое начало в советской идеологии. В целом можно констатировать, что все постсоветские страны находятся – хотя и на разных стадиях развития – в неопределенной динамике изменения стоимости, в которой противоречиво смешаны материалистическая, постматериалистическая и традиционалистическая системы ценностей. Очевидно, что материалистические ориентации являются доминирующей ценностной системой, подпитываемой продолжающейся борьбой за экономический прогресс и социальную стабильность.

Вклад *Елены Елизовой* очень четко показывает многогранное разделение различных поколений российского общества по отношению к мировоззрению и морали. Внимание Елизовой сосредоточено на ценностных ориентациях современной российской молодежи, на условиях, в которых она появилась на фоне распада Советского Союза и аномалии общества, а также как следствие новых возможностей, открывшихся в 1991 году в преобразующемся обществе. С одной стороны, новая свобода дала молодым людям необычные возможности приобщиться к тому, что казалось им интересным и ценным, но в то же время привела к аномалии, отсутствию перспектив, потере смысла жизни и распаду видения российского общества. И наконец, профессиональная перегрузка родителей способствовала распространению наркомании, преступности и морального безразличия среди молодых людей. Снижение национального уважения к образованию также привело к тому, что мотивация молодых людей к обучению снизилась, их языковые навыки и экспрессивность ослабли, а обязательный характер культурных норм в целом ослаб. Эти явления можно интерпретировать как потерю культурной, социальной и моральной компетентности, которой противостоит, как это называет Елизова, "прагматизация жизненных ценностей" (процесс прагматизации жизненных ценностей). Это выражается в укреплении материальных ценностей, особенно в стремлении к прибыли, процветанию и потреблению, безопасности собственной семьи и здоровью. Эти ценности также находят отражение в отношении молодого поколения к различным профессиям; профессии в сфере бизнеса (предпринимательство, менеджмент, управленческий консалтинг, торговля, маркетинг, реклама, PR и банковское дело) занимают здесь верхние строчки в списке ценностей. С другой стороны, немало молодых людей также вовлечены на добровольной основе в поддержку социально слабых групп и явно стремятся наполнить свою жизнь смыслом через морально ценные действия, которые они не смогли найти в ценностном вакууме цинизма 1990-х годов. Елена Елизова рассказывает о социологическом исследовании "Лаборатория Крыштановской" 2012-2013 гг. и об исследованиях Центра Сулакшина 2015-2016 гг., которые, с одной стороны, показывают отсутствие социальной локализации молодежи в отношении ее идентичности, в которой проявляется отсутствие социального видения и развитие нового постсоветского мировоззрения через политику, Наука и СМИ в России, а с другой стороны, серьезная разница между ценностями молодежи и их родителей и бабушек и дедушек, от нематериальных до материальных ценностей, от культурных знаний до технических знаний, от любви к Родине до эгоцентричного мышления о преимуществе, в которое еще входит семья, но уже не собственное общество. Поэтому националистические пропагандистские усилия политики, в конечном счете, уже не достигают самооценки российской молодежи, даже если она, казалось бы, все еще демонстрирует национальное соответствие по официальным поводам. Их взгляд на политическое прошлое, на утрату легитимности государства и политики порой преодолевает цинизм и укоренившийся прагматизм родителей и призывает к таким ценностям, как свобода, социальная справедливость, равные возможности и культурный диалог, которые стали очень похожи на ценности западной демократической мысли.

Номеда Синдаравичене в своей статье рассматривает различия между поколениями с точки зрения ценностной ориентации и идентичности с советской эпохой. В начале трансформации в Литве (и, вероятно, не только там) бок о бок существовали три разные ориентации: советская, национальная и западная. В какой-то степени эти ориентации соответствовали поколениям, но в советской системе личная судьба и собственная роль сыграли, по крайней мере, столь же решающую роль. Синдаравичене отличает "старое поколение" тех, кто родился до окончания Второй мировой войны, кто пережил конфликт между своими предыдущими, часто западными или религиозными ценностями и социалистическими ценностями, и "молодое поколение", которое родилось во время войны и вскоре после нее и которое либо было в значительной степени вовлечено в строительство советского общества, либо идеологически сформировалось, либо потеряло все, всегда чувствовало угрозу и должно было оставаться незаметным, Потерянное поколение", спасенное после 1960-х годов, пережило великий спад и вместе с ним утратило веру в социалистический смысл жизни и прежние ценностные ориентации, а сегодняшнее "независимое поколение" тех, кто родился после 1990-х годов, выросшее в ценностном вакууме потерянного поколения и наделенное большей свободой, чем любое предшествующее ему поколение, скорее стоит в нерешительности перед задачей переориентации. Появляются новые типы ориентаций, с новыми приоритетами в плане образовательных идеалов, социальной ответственности, престижа и социального статуса, а также других материалистических ценностей. Возврат к досоветским традициям, религиозности, культуре семьи и национальных великих, с одной стороны, и западным политическим, социальным, экологическим и демократическим ценностям, индивидуализму и ярко выраженному потребительскому отношению – с другой, также характеризуют новые ориентации молодого поколения.

Сона Манусян занимается вопросами развития гражданской идентичности и рамочными условиями ее формирования в постреволюционной Армении. На фоне истории страны она в первую очередь объясняет претензию на доминирование этнически ориентированного самосознания в рамках армянской национальной идентичности, в отличие от которого гражданская основа сравнительно слаба. Является ли этническая идентификация гарантом социальной сплоченности, когда гражданская самоидентификация едва ли выражена, однако представляется сомнительной, особенно когда между поколениями и социальными классами существуют значительные различия в отношении их ценностей и целей в жизни, которые в настоящее время усилились в результате революции. Именно этот опыт успешной революции против старого режима, для которого были характерны коррупция, кумовство и отчужденность, не только дал людям, проводившим революцию, новую буржуазную уверенность в себе, но и показал всем гражданам, что они могут сами определять правительства и участвовать в становлении государства. Тем не менее, многие аспекты гражданского самосознания, которые никогда не могли возникнуть в армянском прошлом, еще предстоит крестить – новое понимание гражданской ответственности, солидарности и участия – и со временем должны быть установлены новые отношения между государством и его гражданами, основанные на взаимном доверии.

Манусян рассматривает конкурирующие самопонимания различных групп по семи контрастным измерениям, а именно: напряженность между этническим и буржуазным самопониманием, между традиционным и прогрессивным, между личным и общественным, между институциональным и агентским, между прошлым и будущим, между дискурсом и практикой, между самопониманием и саморефлексивным. С одной стороны, этнические основы нации многократно приводят к тому, что нормы национальной идентичности отстаиваются с нетерпимостью и высоким давлением для их соблюдения; с другой стороны, буржуазная уверенность в себе все еще кажется слишком малоразвитой, чтобы противопоставить националистические упрощения требованиям либеральной, демократической и плюралистической солидарности. Даже между полюсами консерваторов и прогрессистов, идентичность граждан меняется – с прочными связями между поколениями – между стремлением к более свободному образу жизни и традиционной семейной ориентацией, которая это ограничивает. Такие противоречия также отражаются в двойных стандартах между практикой, демонстрируемой внешнему миру, и практикой, фактически проживаемой в частном порядке. Человек, ранее контролируемый как традицией, так и советской социальной моралью, уже некоторое время задумывается как вызывающий противник общества, который с социальным цинизмом противостоит социальной реальности, особенно институтам, и ищет своего счастья за пределами этой реальности. Сегодня она мстит беспощадным эгоизмом, слепым потребительством и неограниченной социальной конкуренцией, которым, по-видимому, чуждо любое восприятие общественных интересов. Когда давление традиций и коллективизма перестает быть достаточным, этому развитию может противостоять только буржуазное сознание, которое видит в человеке не только носителя прав на свободу, но и носителя обязанностей и соображений, и на этом может быть основана новая солидарность. Государство является не только гарантом прав, но и претендентом на рассмотрение.

Эдина Вехо и *Эльма Бегагич* проливают свет на положение постсоциалистических стран Балкана после распада Югославии на примере событий в Боснии и Герцеговине. Как и в других государствах, поиски нового самосознания народа и его общества характеризовались, прежде всего, тенденциями, контрастирующими с социалистическим прошлым. И здесь досоциалистические традиции, этнически профилированное понимание культуры и, не в последнюю очередь, религии предложили наиболее очевидные подходы к обретению новых рамок идентичности, у которых было много собственного, что отличало их от многочисленных других балканских обществ. С одной стороны, идентификация национальной идентичности с этими исходными параметрами усилила давление на общество с целью установления максимальной однородности – что создало весьма избирательную динамику, особенно в распределении религиозных общин между Хорватией и Боснией-Герцеговиной – но, с другой стороны, не смогло привести к однородности в Боснии-Герцеговине, так как общество разрывается между западной модернизацией и усиливающейся исламизацией. Попытка навести мосты между этими двумя тенденциями – это попытка создать ислам, основанный на традициях, но исторически адаптированный. Согласно "современной" точке зрения, эта попытка заключается в том, чтобы найти свое воплощение в процессе диалога, особенно с молодежью.

В этих различных начинаниях в настоящее время в любом случае существует примат коллективизма, будь то на стороне религии или на стороне западной модернизации. Как и во времена югославского социализма, в продолжающихся дискуссиях о национальной идентичности боснийско-герцеговинскому обществу навязывается "единая коллективность" – Вехо и Бегагич даже говорят об "удушении индивидуальности", что не оставляет места для развития ответственной идентичности и религиозности. Прежде всего, поиск национальной идентичности препятствует развитию плюралистического общества. Будущие решения должны быть выработаны в пространстве трех континентов, в определении отношений между религией и коллективной идентичностью в целом, в определении отношений между фундаменталистским или диалогическим исламом в частности, и в определении функционального использования религии в качестве националистического символа или инструмента интеллектуального прогресса в обществе Боснии и Герцеговины.

Социальные изменения в восприятии также знаменуют собой постсоциалистический путь Албании и по-разному влияют на новую идентичность соотечественников, объясняет *Арлинда Ймерай* в своей статье о социальных ценностях в переходный период – в случае Албании – и их значении для формирования гражданской идентичности. Она видит это изменение в результате отхода от ценностей социалистических конституций "социальной солидарности" и "равенства" – как это сейчас видно, осталось невыполненным обещанием, – к демократическим ценностям, защите прав человека, всеобщему процветанию и социальной справедливости. Тот факт, что в годы социализма изначально столь восторженная система ценностей могла полностью рухнуть, имеет свои причины, среди прочего, в политическом догматизме в различных социальных институтах, в политическом контроле над программами и в ограничении индивидуальной свободы в их реализации, а также в подавлении и страхе перед системой контроля, подрывающей личностную идентификацию с ценностями. К этому следует добавить преференциальное и, следовательно, ни в коем случае не эгалитарное вознаграждение тех лиц и институтов, которые оказались особенно соответствующими политическому руководству, – наоборот, дискриминация самостоятельно формирующих людей.

На фоне меняющейся истории страны за последние тридцать лет и высокого авторитарного государственного руководства вплоть до 1991 года становятся понятными сложные конфликты ценностей в албанском обществе. Несмотря на экономический рост, бедность и социальное неравенство продолжают расти, низкий средний уровень образования, дискриминация и отчуждение групп населения на основе социальных норм, широко распространенная коррупция и неизменно высокий уровень безработицы влияют на дискурс о ценностях в обществе и на осведомленность населения о ценностях. Ложные ожидания введения свободной рыночной экономики в отношении быстрого улучшения собственных условий жизни и развития страны, которая почти 30 лет находится в состоянии стагнации, также приводят к разочарованному скептицизму по отношению к либерально-демократической системе ценностей и – опять же – к растущему недоверию к прибыльности личных обязательств перед этим обществом.

Имерай считает, что в албанском обществе в настоящее время можно выделить три социальные группы с точки зрения их доминирующего самосознания – "Бездомные", которые, не имея перспектив на низко-оплачиваемую или нелегальную работу, зарабатывают чуть больше прожиточного минимума; "Нарушители правил", которые пытаются достичь капиталистических целей процветания незаконными или преступными методами; и в Албании – немалую долю государственной власти; "Мечтатели", преданные граждане, которые не перестают верить в новую демократическую Албанию, выполняют свои обязанности и являются реальной движущей силой преобразований. Очевидно, что если не все ценности, то нормы жизни между этими тремя типами сильно различаются. В Албании ведутся противоречивые дебаты по вопросу о том, должны ли ценностные ориентиры, измененные при переходе от плановой экономики к рыночной, заменить старые ценности "солидарности" и "равенства" или же их можно будет сохранить и лучше воплотить в жизнь с помощью новых ценностей. Для того чтобы социальные ценности действительно определяли политику и социальную жизнь в Албании, прежде всего, необходимо развивать социальное и гражданское воспитание населения на широкой основе.

В своем втором докладе о значении ценностных ориентаций для культурных изменений *Вольфганг Кригер* рассматривает вопрос о том, какие ценностные ориентации выражаются в самопредставлении молодежи постсоветских стран в социальных сетях. Сегодня больше, чем где бы то ни было, молодые люди используют эти средства массовой информации для того, чтобы рассказать о том, как они видят себя, что для них важно, что они чувствуют к себе и кем бы они хотели быть, с кем они себя идентифицируют и к каким когортам и культурам они себя относят. Таким образом, в своей "медийной идентичности" они показывают, с одной стороны, свою индивидуальную специфику, с другой стороны, множественные формы коллективной идентичности и предлагают эти автопорталы на квазиобщественном "рынке" социального признания, который принимает решение о принятии или отказе от формирования идентичности. Таким образом, в конституции их личности, по крайней мере, как только они нашли "свой народ", они подвергают себя более или менее гетерономически обусловленному механизму санкций, не только в отношении репертуара символов, но и в отношении их отождествления с ролями, отношениями и ценностями. Это, возможно, объясняет, почему в сильно конформистских обществах, прежде всего, коллективистская самореклама, скорее всего, будет иметь место и в идентичностях средств массовой информации.

Поразительнее, чем в западной медийной культуре, прежде всего то, что молодежь в постсоветских странах в высшей степени стереотипно интегрирована "в культурно-санкционированное пространство" конвенций, которым соответствует определенный ценностный горизонт и которые должны быть разделены, чтобы добиться социального признания, но которые в то же время должны быть немного превзойдены, чтобы выделяться на общем фоне.

Автор показывает, что работа с этими конвенциями – это амбивалентное рискованное маневрирование между соответствием ожиданиям и индивидуальным внезапным поведением, даже если в постсоветской медиакультуре обычно приходится говорить о "теме с вариациями" по отношению к моменту внезапности. Во-вторых, заметно, что самопредставление через собственное представление обычно происходит вместе с символами статуса и, таким образом, преследует самопреувеличение, которое часто выходит за рамки доверия и оставляет неясным, должна ли инсценировка представлять реальные вещи или играть с вымыслом. Эта "игра" заходит очень далеко в области статусной символики, а также рискует перейти к нелепому, в котором она вновь остается открытой, независимо от того, связано ли то, что показывается, с серьезным хвастовством или самоиронией. На примере некоторых "форм представления самокатегоризации" (новая физичность, статусная идентич-ность, политическая идентичность и социальная приверженность, "нормальная" идентичность и аутентичность) Кригер иллюстрирует, как коллективные нормы формируют стиль и содержание автопортретов и какие ценностные горизонты могут быть взяты за основу самосимволизации. Выбор символов статуса еще раз отражает доминирование материалистических ценностных ориентаций.

На примере студентов-инженеров г. Томска (Сибирь) *Игорь Ардашкин, Марина Макиенко* и *Александр Умыхало* описывают изменения в профессиональной идентичности инженеров нового поколения в России. Кроме этого, результаты данного эмпирического исследования, вероятно, также позволяют сделать выводы, которые, как правило, являются частью видения новой профессиональной жизни в России. Опрос, который проводился в трех университетах и среди 480 человек, посвящен вопросам выбора карьеры и учебы, а также имиджу будущего инженера и представлениям студентов о будущем этой профессии с их точки зрения. Даже изучение мотивов выбора профессии раскрывает социальные ценности, такие как желание помогать, обеспечение безопасности для людей или решение экономических проблем. Профессиональное самоопределение в инженерной профессии также ценится. Однако основными мотивами выбора профессии являются материальные ценности и престиж профессии. Ожидание того, что ответственность инженерной профессии перед обществом возрастет и что будущему инженеру придется проявить больше творческих способностей, разделяют многие. В перспективном видении профессии на первый план выходят такие характеристики, как чувство ответственности, трудолюбие, целеустрем-ленность и готовность учиться на протяжении всей жизни. Однако этот образ основательно требовательной профессии затем контрастирует с видением профессионального будущего: большинство студентов видят будущее как негативное или даже угрожающее и ожидают низких зарплат. Половина студентов сомневается, что они когда-нибудь будут работать в этой профессии. Оптимистичные и пессимистичные ожидания оказываются в большой зависимости от социального происхождения студентов. По мнению опрошенных, степень профессиональной незащищенности также оправды-вается отсутствием доверия к социально-экономической ситуации, отсутствием стратегий социального развития и диалога между политикой и обществом о новых вызовах в профессии.

Статья *Яны Чаплинской* посвящена актуальным проблемам трудовой жизни в России и фрагментации образа жизни в условиях ожидаемого "пэчворка идентичности". Если сначала это был коллапс советской культуры, подспудного образа человека и лежащих в его основе ценностей, погрузивших людей в неопределенность и дезориентацию, то сегодня именно динамика современного российского общества, перспективные риски собственных жизненных решений и глобализации, перегруженные разнообразием и противоречивостью информации, не только оставляют людям высокую степень неуверенности и стресса, но и продолжают индивидуальную потерю смысла и неуверенность в собственной личности. Современные профессиональные и социокультурные требования вынуждают постсоветского человека быть "фрагментарным" и с этими требованиями, с которым он плохо справляется. Более чем когда-либо работа на постсоветском пространстве предъявляет высокие и, прежде всего, непонятные требования, в то же время выбор профессии основывается на очень переменчивой основе прежних знаний, ожиданий от компетентности и прогнозов на будущее. В новом рабочем обществе каждый сам по себе и должен найти свой собственный способ зарабатывать на жизнь, получать доход и определенную экзистенциальную безопасность для себя и своих семей. Нестабильность обстоятельств делает эти усилия особенно напряженными: темп изменений на рынке труда, необходимость поддерживать многочисленные и, прежде всего, правильные отношения для собственного прогресса и быть постоянно бдительными, чтобы не упустить профессиональные возможности, получить как можно больше квалификаций, чтобы быть готовым к любой ожидаемой ситуации изменения профессии, постоянному воздействию стресса на людей. Эти усилия также требуют от них различных ролей, которые должны быть сбалансированы, что является не менее сложной задачей.

Как "естественный способ самореализации", работа имеет большое значение для удовлетворения человека, но она не должна брать на себя и определять всю его повседневную жизнь. Психические заболевания и эмоциональные расстройства – это новые явления в России, которые в основном вызваны переутомлением на рабочем месте. Поэтому, с одной стороны, необходимо ограничивать нагрузку и совмещать работу с собственными интересами, способностями и индивидуальным ощущением жизни, а с другой – вооружать людей рефлексивной способностью, позволяющей им внимательно наблюдать за собой как в физическом и психическом состоянии, так и в стрессах и нагрузках, учиться заботиться о себе на работе и за её пределами, в интересах своего блага. В статье Чаплинской показано не только влияние гуманистически-индивидуалистического образа мышления молодых людей в России, но и их надежда на то, что через внимательное самонаблюдение и успешный поиск смысла удастся вновь обрести свое равновесие, справиться с новыми профессиональными и социокультурными требованиями постсоветского общества и "найти порядок в хаосе".

Как бы трудно ни было в конце книги суммировать такие тематически и перспективно различные материалы,, редактор пытается подвести итог вопросу о существовании и восприятии "постсоветской идентичности", который был поставлен принципиально в начале, и назвать если не единообразные характеристики такой идентичности, то хотя бы общие базовые условия для выполнения задачи формирования новой идентичности для постсоветских стран. Во многих обращениях к авторам этой книги *Вольфганг Кригер* идет двумя отдельными путями:

Во-первых, он обобщает общую историю стран бывшего Советского Союза, политические и социальные условия которых сформировали коллективную культурную идентичность "советского народа" через всеобщее притязание на идеологию не только в успехе идеологической программы, но и в её разногласиях и неудачах. В трехступенчатом процессе от советской идентичности через "трансформационную идентичность" к постсоветской идентичности прослеживаются центральные общественно-политические структуры и культурно-психологические эффекты различных этапов советского и постсоветского развития, которые постепенно объединяются как пазл, для формирования общей картины возможностей и обременений прошлого в решении задач, стоящих перед постсоветскими обществами сегодня. В процессе становится понятно, что "новый человек", как образец всеохватывающей коллективной идентичности советского человека, был фактом и бесспорным делом, и до сих пор является эффективным фундаментом в постсоветском формировании идентичности, даже если его не любят, часто спорят и описывают как преодоленную. Такая предвзятость сопротивляется трансформации, и новые позиции могут эволюционировать, только смирившись с ней.

Второй путь преследует попытку ответить на вопрос о корнях и проблемах возможной постсоветской идентичности путем выявления таких формирующих индивидуальную идентичность секторов, как "этническая и национальная идентичность", "религиозная идентичность", "гендерная идентичность", "профессиональная идентичность" и построение так называемых "простых коллективных идентичностей". Это невозможно без тщательного изучения нескольких аспектов и, таким образом, отрыва от поверхностности простого упоминания. Кригер отмечает, что во всех секторах, прежде всего, проводимая в России контрреформа, но также и нарастающий в некоторых государствах тоталитаризм, препятствуют открытию новых горизонтов идентичности и, с другой стороны, подпитывают опасную тенденцию к самозакрытию, а значит, и к стагнации. Эти же силы препятствуют росту толерантности и индивидуальной автономии, созданию демократических структур в институтах, не говоря уже о формировании у населения чувства гражданственности. Таким образом, даже спустя тридцать лет после распада Советского Союза, большинство людей все еще отбрасывают назад свои скромные шансы на полноценную жизнь в частной жизни, в семье, в кругу друзей и, при необходимости, в профессии, в то время как их отношения с государством и обществом все еще едва ли могут избежать ущерба, нанесенного поздней советской эпохой. Человека объединяет как гражданина только "негативная идентичность" (Гудков), в познании того, кем не хочешь быть, к кому не хочешь принадлежать, что надо осуждать и от чего нужно защищаться; но есть явное отсутствие позитивных, ориентированных на будущее видений, которые могли бы мотивировать граждан к участию в формировании государства и общества, и которых недостаточно, чтобы прославлять прошлое.

Отсутствие такого видения обусловлено целым рядом причин, по которым все постсоветские государства, вероятно, объединены во многом неизбирательным образом, поскольку эти причины вытекают из общей истории идеологического патернализма, подчинения и деперсонализации советской эпохи и всех вытекающих из этого лишений в человеческом, социально-коммуникационном, нравственном, а также жизненно-практическом плане. Восстановление этих утраченных территорий – реальная задача постсоветской идентичности, вне зависимости от вопроса о результатах этих процессов.

Людвигсхафен на Рейне, сентябрь 2020 г.

Профессор, доктор Вольфганг Кригер

Zur Einführung

Введение

„Postsowjetische Identität“

Eine Einführung zur Logik des Identitätsbegriffes

Wolfgang Krieger

Die Rede von einer „postsowjetischen Identität“ ist voraussetzungsvoll. Sowohl der Begriff des „Postsowjetischen“ als auch der Begriff der „Identität“ enthalten Implikationen, die klare, einheitliche und feststehende Merkmale suggerieren. Der Begriff der „postsowjetischen Identität“ suggeriert, dass es auf der Basis des gemeinsamen Schicksals der Beendigung des Sowjetreiches eine alle betroffenen Nationen und Ethnien gemeinsame neue kollektive Identität gäbe. Der Begriff des „Postsowjetischen“ postuliert ferner eine Abgeschlossenheit der sowjetischen Epoche, der sowjetischen Kultur, des sowjetischen Lebensgefühls etc., die unhinterfragt vorauszusetzen sicherlich höchst oberflächlich wäre.

Hingegen ist die Feststellung sicher richtig, dass in allen betroffenen Ländern durch diese Veränderung ein Orientierungsverlust eingetreten ist, eine Krise des kollektiven Selbstbildes, eine Krise der Werte und der Lebensentwürfe, die neue Antworten auf die Frage nach einer eigenen sinnorientierten Identität unter veränderten sozialen, wirtschaftlichen und kulturellen Verhältnissen notwendig machte. Denn der Prozess der sogenannten „postsowjetischen Transformation hat nicht nur wirtschaftliche und politische Dimensionen, er hat auch eine Dimension der gesellschaftlichen Sinnschöpfung und des Wertebewusstseins einerseits wie auch der individuellen Neuorientierung an Lebensidealen und -plänen andererseits. Beides steht miteinander in engem Zusammenhang.

Die Anforderungen an die Transformation lassen sich zunächst in vier Hauptveränderungen kategorisieren: In der Schaffung eines neuen Staatswesens anstelle der sowjetischen Überstaates in einer Situation nahezu anomischer Instabilität, in der Ersetzung der Planwirtschaft durch eine liberale kapitalistische Marktwirtschaft, in der zumindest formalen Ablösung eines autoritären Einparteiensystems durch ein demokratisches Mehrparteiensystem und schließlich in der Umwandlung einer klassenlosen kommunistischen Gesellschaft in eine schichtendifferenzierte kapitalistische Gesellschaft. Mit diesen Veränderungen hängen weitere zusammen, etwa in der Entstehung von neuen Risiken der Lebenssicherung, von Wettbewerb und Konkurrenzverhältnissen, von staatlicher Versorgung zu freien Dienstleistungsbeanspruchung, vom autoritären Geführtwerden zu partizipativem Handeln etc. All diese Veränderungen sind nicht nur von gesellschaftlicher Bedeutung, sondern sie stellen auch individuell neue Anforderungen an die Konstitution der Persönlichkeit, die sich mit diesen neuen Verhältnissen erfolgreich zu arrangieren hat und das eigene Vorankommen wie auch den gesellschaftlichen Fortschritt nun mit anderen Mitteln zu unterstützen gefordert ist.

Es ist eine historische Binsenweisheit, dass kulturelle Orientierungen ebenso wie soziale Institutionen oder auch schlicht das materielle Lebensumfeld der Menschen nicht von jetzt auf nachher und auch nicht in wenigen Jahren, eher Jahrzehnten gänzlich aufgelöst und durch Alternativen ersetzt werden können. Alles, was Menschen schaffen, beruht auf der (Weiter)verarbeitung dessen, was ihnen zu Händen ist und was sie schon kennen. Niemand kann seine Geschichte einfach abstreifen wie einen Mantel und einen neuen Mantel anziehen, sondern er kann nur in kleinen Schritten restaurieren und ersetzen, was nicht mehr „haltbar" ist. Auch zu Beginn einer neuen Epoche fällt nichts vom Himmel, sondern alles muss neu erworben und erkämpft werden, muss etabliert und stabilisiert werden. Und selbst dort, wo es gelingen mag, das Vorige in sein Gegenteil zu verkehren, bleibt die Gegenwart geleitet von einer vorbestimmten Richtung des Kontrastierens, die sich wiederum dem Vorigen verdankt und dem, was an ihm als änderungsbedürftig galt. Es gibt nichts Neues, dessen Substanz und Ursache nicht letztlich das Alte ist.

1. Das Postsowjetische als Identitätsträger

Ob es noch sinnvoll ist, den Begriff des „Postsowjetischen" überhaupt zu benutzen, wird schon seit der Jahrtausendwende verschiedentlich in Frage gestellt. So wird beispielsweise der Begriff des „postsowjetischen Raums" schon länger kritisiert, da die geopolitische Einheitlichkeit des ehemals sowjetischen Raumes sich in den so zusammengefassten Ländern nicht mehr feststellen lässt.[1] Hier wird freilich postuliert, dass die sowjetische Einheitskonstruktion sich in der gegenwärtigen Lage dieser Länder immer noch, wenn auch in gewandelter Form, „postsowjetisch" fortsetzen würde. Das ist sicherlich angesichts der so unterschiedlichen Entwicklungen in den Ländern nicht mehr zutreffend. Sinnvoll ist der Begriff des „Postsowjetischen" aber sicherlich noch dann, wenn man ihn nicht aus der Gegenwart, sondern aus der Vergangenheit heraus begründet und zur Bezeichnung jener Länder und Kulturen verwendet, die ehemals der Sowjetunion angehörten, auch wenn man vom „Postsowjetischen" heute nur noch im Plural sprechen kann. Alle so bezeichneten Länder haben dennoch eine vereinigende Geschichte des „gemeinsamen Schicksals" und haben bis zum heutigen Tage auf den verschiedensten Ebenen das „Erbe" der Sowjetunion zu bewältigen.

Wenn also von einer „postsowjetischen Epoche" die Rede ist, so ist zunächst einmal nicht mehr behauptet, als dass eine vorige Epoche – mit bestimmten Strukturen und Eigenheiten – beendet worden ist und – wie könnte es anders sein – auf ihren Trümmern wohl eine neue Epoche im Begriff ist errichtet zu werden. Doch ist ein solches Bild verfänglich: Aus heutiger Sicht mögen für viele die Überbleibsel der Sowjetzeit nur wie Ruinen erscheinen, wie die Säulen, Tempel und Sarkophage des Forum Romanum, die sich Touristen im Bewusstsein historischer Distanziertheit als Relikte einer vergangenen Epoche betrachten. Sehr anders verhält es sich mit den Ruinen der Sowjetzeit: In den postsowjetischen Ländern leben die Menschen in den sowjetischen Ruinen und das Maß an historischer Distanz ist den pragmatischen Zwängen

[1] Vgl. etwa Halbach 2002.

entsprechend wohl eher gering.[2] Das Erbe der Sowjetzeit ist „in Gebrauch", im selbstverständlichen und daher oft auch unhinterfragten Gebrauch. Es mag Forscher*innen möglicherweise leicht fallen, die Merkmale der vergangenen Epoche zu beschreiben, denn über Jahrzehnte hinweg konnten sie beobachtet werden, konnten ihre Strukturen und Eigenheiten wahrgenommen, mit Begriffen erfasst, analysiert und in Kontroversen diskutiert werden[3] – doch, was danach kommt, ist erst einmal ein unbeschriebenes Blatt, ein Vakuum des Wissens und der Erklärungen, des Verstehens, der Vertrautheiten und der sicheren Einschätzung und es bleibt schwer zu begründen, welche Sprache der Beschreibung des Neuen und Veränderten angemessen wäre.

In einer solchen Phase der Ungewissheiten nach etwas zu suchen, das mit sich selbst identisch ist, nach einer Identität, ist im Grunde ein Paradox. Identisch im Sinne eines Bleibenden, einer Konstante, ist allenfalls der Zustand der Ungewissheit selbst. Dieser macht sich bemerkbar in immer wiederkehrenden Verlegenheiten, in der erlebten Konfrontation mit dem Uneinschätzbaren und im Ausbleiben zuverlässiger Lösungen für die anstehenden Probleme. Wenn darüber hinaus etwas gefunden werden soll, das sich zu einer festen Struktur etabliert hat, dann kann dies nur möglich sein im kontrastierenden Rückblick, also nach einer gewissen Zeitspanne seit der Beendigung der vorigen Epoche und nach aufmerksamer Beobachtung der Entstehungsprozesse neuer Strukturen. Diese Beobachtung selbst muss möglicherweise auch neu gelernt werden, will sie nicht voreingenommen durch die Sichtweisen der Vergangenheit nur darauf ausgerichtet sein, im Neuen das Alte wieder zu erkennen. Daher kann eine neue Epoche auch dann erst „gesehen" werden, wenn sie mit neuen Augen gesehen wird.

So stellt der Auftrag, die für dieses Buch programmatische Ausgangsfrage nach der Existenz und Eigenart einer „postsowjetischen Identität" und den ihr zugrunde liegenden kulturellen Wertorientierungen zu beantworten, möglicherweise angesichts der tatsächlichen kulturhistorischen Realität eine überfordernde Aufgabe dar. Mithin kann ein anderer Auftrag möglich sein zu bearbeiten, nämlich, den Stand der gesellschaftlichen Bewältigung einer Aufgabe zu dokumentieren, als die sich die Gewinnung einer neuen Identität nach dem Ende der sowjetischen Identität darstellt. Auch diese Aufgabe impliziert wiederum eine Ausgangsvoraussetzung, die zuerst zu konkretisieren wäre, bevor man sich der Aufgabe selbst zuwenden könnte. Vorausgesetzt wird, dass sich überhaupt eine „sowjetische Identität" konstruieren lässt, die ihre Plausibilität aus der Beobachtung der vergangenen gesellschaftlichen Realitäten in den Sowjetstaaten herzuleiten vermag. Dies geschieht in diesem Buch an vielen Stellen, an welchen neue Phänomene im Kontrast zur Vergangenheit dargestellt werden und die Suche nach neuen Lösungen der gesellschaftlichen Probleme in ihrer Gegensätzlichkeit zu alten Modalitäten artikuliert wird. Auch wenn die Beschreibung einer „sowjetischen Identität" hier nicht systematisch verfolgt warden kann, so klingt doch vielerorts an, was für sie konstitutiv war und im Prozess der Transformation verloren ging.[4]

---

[2] Vgl. Lahusen 2008, S. 311.

[3] Vgl. hierzu die Skizzen des „Sowjetmenschen" in der das Buch abschließenden Bilanz.

[4] Das Ringen um ein Verständnis der politisch-kulturellen Situation innerhalb der Sowjetstaaten und mithin um einen Begriff der „sowjetischen Identität" bzw. einer Anthropologie des „Sowjetmenschen" zeigt sich nicht nur in der russischen Soziologie seit der Entstehung

2. Zur Logik des Identitätsbegriffes

Die Rede von Identität hat Voraussetzungen in vielerlei Hinsicht und zweifellos ist die wichtigste Voraussetzung eine logische, ohne welche der Begriff der Identität in jedem Falle keinen Sinn haben könnte, nämlich die Voraussetzung, dass eine Sache oder eine Person mit sich selbst identisch sein kann, ohne dass diese Aussage nur den banalen Inhalt hat, dass man etwas zweimal mit demselben Begriff bezeichnen kann. Zumeist wird das Mit-sich-selbst-identisch-Sein auf den zeitlichen Aspekt bezogen: Identität behauptet die Stabilität von Merkmalen über die Zeit hinweg. Wir erklären sie uns gern durch Essentialisierung, durch einen „harten Kern" des Ich, durch „unsere Natur", unseren Charakter. „When people talk about identity," schreibt Suny, „however, their language almost always is about unity and internal harmony and tends to naturalize wholeness. It defaults to an earlier understanding of identity as the stable core. Almost unavoidably, particularly when one is unselfconscious about identity, identity-talk tends to ascribe behaviors to given characteristics in a simple, unmediated transference. One does this because one is that."[5]

Die Rede von Identität hat logisch nur einen Sinn, wenn eine Differenz vorausgesetzt wird, durch die zwei zu beobachtende Phänomene verglichen werden und sodann doch als dasselbe in gewisser Hinsicht erkannt werden können. Hierfür seien sechs Varianten aufgeführt:[6] sei es eine Differenz in der Zeit (etwas bleibt dasselbe oder kehrt wieder in einen Zustand zurück, den es schon einmal innehatte), sei es eine Differenz im Raum (etwas bleibt dasselbe, unabhängig von den Räumen und Situationen, in denen es auftaucht) sei es eine Differenz der Erscheinung auf unterschiedlichen phänomenalen Ebenen, in welchen doch ein Gemeinsames enthalten ist, sei es eine Differenz der Entitäten, die doch durch eine gemeinsame Geschichte vergleichbar sind, sei es eine Differenz zwischen der Erscheinung einer Sache oder Person und ihrer Herkunft, deren Wirksamkeit als unauflösbar gilt, mithin ihre Identität ausmacht, sei es eine Differenz zwischen zwei Beobachtungen, die etwas Verschiedenes als dennoch die gleiche Sache erscheinen lassen, weil es ein gemeinsames Merkmal gibt.

Veranschaulichen wir diese sechs Varianten der Differenz und das ihnen zuzuordnende Identitätsverständnis jeweils an einem Beispiel.

1. Herr Ivanov ist immer noch derselbe, so cholerisch und jähzornig, wie er schon als Kind war (Identität durch zeitliche Kontinuität),
2. Herr Ivanov ist derselbe, egal ob er zuhause herumschreit oder bei der Arbeit (Identität durch Unveränderlichkeit im Raum),
3. In beidem, sowohl in seinen Entscheidungen wie auch in seinen Fragen kann man erkennen, dass Herr Ivanov sich immer vom Prinzip der Gleichberechtigung leiten lässt (Identität durch eine übergeordnete Konstante),

---

des Levada-Zentrums, sondern auch in der deutschsprachigen Literatur schon bald nach dem Ende des Zweiten Weltkrieges, nämlich seit den Sechzigerjahren, als ein ernsthaftes Anliegen. Beispielhaft hierfür sind etwa Veröffentlichungen wie die von Klaus Mehnert 1958.

[5] Suny 1999, S. 144.

[6] Vgl. zur grundsätzlichen Problematik des Differenzgehaltes des Identitätsbegriffes auch die „Dualistische Theorie" der Personalen Identität von Swinburne 1984. Vgl. ferner auch den Abschnitt „The Logical Properties of Identity" (4.2) in Perry 2002.

4. Herr Ivanov ist durch und durch ein Moskauer Fußballer, denn er hat fünfzehn Jahre bei Spartak Moskau gespielt und ist immer dem Verein treu geblieben (Identität durch gemeinsames Schicksal bzw. Integration),
5. Auch wenn Herr Ivanov fünfzehn Jahre bei Spartak gespielt hat, so bleibt er doch ein Ukrainer in seinem Wesen (Identität durch Abgrenzung einer inneren Wesenheit),
6. Ob sie nun lang und dünn ist oder kurz und dick, wenn sie oben eine Öffnung hat und unten einen Fuß und man sie mit Wasser füllen kann, ist es eine Vase (Identität durch gemeinsame Merkmale).

Alle sechs Varianten – es mag noch weitere geben – zeigen, dass die Zuschreibungen von Identität zuvor die Setzung einer Nicht-Identität benötigen, also eine Unterscheidung voraussetzen. Kurzum: Ohne Differenz keine Identität.

Diese Setzung einer Nicht-Identität ist die Voraussetzung für den Vergleich der beiden Phänomene. Sie sind vereint in einem Dritten, welches ohne die Schaffung einer Differenz die beiden Phänomene noch gar nicht zu erkennen geben könnte. In unserem Beispiel ist die Beobachtung von Herrn Ivanov jenes Dritte, in welchem zwei Phänomene, etwa Herr Ivanov heute und gestern, hervortreten, indem die Einführung einer Beobachtung von zeitlicher Differenz seine Einheit spaltet. Diese Beobachtung einer zeitlichen Differenz ist regelrecht eine Operation des Unterscheidens jenes Dritten in zwei einander gegenübergestellte Phänomene, nämlich Herr Ivanov heute und Herr Ivanov gestern. Die Gegenüberstellung schafft die Basis für die Möglichkeit des Vergleiches, sie schafft dem Vergleich die Objekte einer weiteren Beobachtung, die nun ihrerseits weitere Unterscheidungen vollzieht.

Diese Betrachtung der Identität schließt an an die Logik des Unterscheidens von George Spencer-Brown in seinen „Gesetzen der Form".[7] Sie ist auch insofern für ein Konstrukt der „postsowjetischen Identität" bedenkenswert, als sie darauf hinweist, dass jede Operation des Unterscheidens und damit des Beobachtens auch einen „unmarked space", einen Raum des Nichtbeobachteten hinterlässt, d. h., indem sie etwas Bestimmtes beobachtet, gerade anderes von der Beobachtung ausschließt. Jeder Unterscheidung, die vollzogen wird, geht eine andere Unterscheidung voraus, in der entschieden wird, was beobachtet werden soll und was nicht. Insofern ist jede Unterscheidung „voreingenommen", „vorbelastet" durch eine nicht unbedingt bewusste Routine der Beobachtungsoperationen und einen nicht unbedingt reflektierten Beobachtungswillen.

Dieser Aspekt ist auch für die Suche nach identitätsrelevanten Parametern in Persönlichkeitsstrukturen, im sozialen Handeln, in sozialen Institutionalisierungsprozessen und in kulturellen Ausdrucksformen in Rechnung zu stellen. Wer nach Identität sucht, bringt schon einen Fundus an Hypothesen mit über Faktoren, die er für den Fortbestand der Person, der Gesellschaft, der Kultur als wahrscheinlich unverzichtbar vermutet und die seine Suche daher immer schon in bestimmte Wege leiten. Die Begriffe, denen das Postulat von Identität zugesprochen wird (Persönlichkeit, Gesellschaft, Kultur) sind es nicht zuletzt auch selbst, die jene Voreingenommenheit schon konstituieren; denn sie rekurrieren auf relativ konstant bleibende Parameter, grenzen Systeme ab von anderen Systemen und verpflichten so schon zur Suche nach dem

[7] Spencer-Brown 1994. Deutsch: 2008.

unveränderlichen Merkmal, das die Unterschiede ausmacht. „Identität" ist daher schon den Begriffen der Persönlichkeit, der Gesellschaft, der Kultur und vielen anderen Begriffen immanent, die in der Vielfalt der sich wandelnden Erscheinungen lebendiger Systeme das Stabile und Gleichbleibende auszeichnen.

Der Gebrauch des Begriffes Identität ist also auch hinsichtlich des Referenzobjektes vielfältig. Grundsätzlich kann man unterscheiden zwischen der Identität des Individuums und der Identität von Kollektiven (die auf Zuschreibungen des/der internen oder externer Beobachter*innen beruhen kann). Für den Begriff des „kollektiven Identität" ist ferner zu unterscheiden, ob die Zuschreibungen dem Kollektiv selbst oder der Zugehörigkeit eines Indidivuums zu einem Kollektiv gelten. Für letztere gilt, dass das Individuum so viele kollektive Identitäten haben kann, wie es Mitglied von Kollektiven ist. Die kollektiven Identitäten des Individuums bilden zusammen mit der individuellen Identität seine „personale Identität".[8]

Ein Beispiel: Von kollektiver Identität kann die Rede sein, wenn ein Kollektiv, etwa die Mitglieder einer bestimmten Ethnie, durch besondere Merkmale gekennzeichnet scheint. Beschrieben wird dann die „kollektive Identität" dieses Kollektivs. Freilich gelten dann diese Merkmale auch für jedes Mitglied. Nun ist die „kollektive Identität" Teil seiner „personalen Identität" und bezeichnet eine Zugehörigkeit zum Kollektiv. Desweiteren aber enthält die „personale Identität" auch die individuelle Identität im Sinne einer Vielzahl von Merkmalen, die in relativ einmaliger Kombination die Besonderheit des Individuums jenseits seiner kollektiven Identitäten beschreiben. Insofern Individuen mehreren Kollektiven zugehörig sind, kommen ihnen auch mehrere kollektive Identitäten zu,[9] welche sie in ihrer „personalen Identität" auf individuelle Weise gewichten und möglicherweise versuchen miteinander vereinbarlich oder für einander nützlich zu machen.

Die Konstruktionen kollektiver Identität lassen sich durch eine weitere Systematik hinsichtlich der wichtigsten Kriterien für die Zugehörigkeit unterscheiden. Sohst sieht ein historisches Entwicklungsmodell veschiedener Formen kollektiver Identität, die auf dem jeweils bestehenden Menschenbild der jeweiligen Epoche und den kulturell praktizierten Zuschreibungen von sozialen Zugehörigkeitsparametern beruhen. Für maßgeblich für die Art der Zugehörigkeitsattributionen hält er die zeitliche Orientierung der kollektiven Identität. Er unterscheidet eine „archaische Proto-Identität", die etwa bis 40.000 Jahre vor Christus verbreitet gewesen sein dürfte und deren Zuschreibungen unabhängig von zeitlichen Differenzierungen erfolgt sind und sich auf

---

[8] So etwa nach Sohst 2015.

[9] Krupkin charakterisiert den Begriff der „kollektiven Identität" wie folgt: „Kollektive Identität (soziale Identität) ist der psychosoziale Komplex einer Person, der die emotional wichtige Selbstzuordnung zu einer Gruppe/Gemeinschaft definiert sowie die Verhaltensregeln von Personen in dieser Gruppe, die Regeln für die Aufnahme von Personen in eine Gruppe und deren Ausschluss und die Kriterien für die Unterscheidung von „Freund / Feind" für diese Gruppe. [...] In einer Gruppe mit kollektiver Identität (im Folgenden – KI) sollte der Komplex, der dieses KI bestimmt, in der Psyche jedes seiner Teilnehmer vorhanden sein und zwischen den Gruppenmitgliedern in der gruppeninternen Kommunikation koordiniert werden. Aus allgemeinen Überlegungen geht hervor, dass jeder Einzelne im Allgemeinen ein „Bündel" kollektiver Identitäten hat, die an verschiedene Gemeinschaften „gebunden" sind, auf die er sich bezieht." (Krupkin 2014, S. 64)

die je aktuelle Zugehörigkeit zu einer Sippe oder Familie beschränkte, eine darauf folgende Abspaltung einer individuellen, wie sie etwa in der griechischen Antike in der „Erfindung des Individuums“ beobachtet werden kann, von einer „kollektiv-anzestral orientierten Identität“, für welche eine herkunfts- und damit vergangenheitsbezogene Orientierung kennzeichnend ist (etwa im Ahnenkult symbolisiert), sodann einer „präsentisch kollektiven und individuellen Identität“ ab etwa 1550, die die Zugehörigkeit durch gegenwartsbezogene Merkmale definiert, etwa durch die Nützlichkeit für die gegenwärtige Situation, wie sie der Utilitarismus des Hobbes'schen Rationalismus beispielweise beschwört, und schließlich einer „programmatisch zukunftsorientierten kollektiven wie auch individuellen Identität“, deren Zugehörigkeitsmerkmale auf der individuell gewollten Teilhabe an einem kollektiven Programm bzw. auf individuellen Zielen für einen zukünftig zu erreichenden Zustand beruht.[10]

Diese Typik bzw. „Entwicklungslogik“ der Identitätskonstruktionen lässt sich möglicherweise auch als analytisches Instrument zur Erklärung von Identitätsdifferenzen zwischen westlich-individualistischen Kulturen und östlich-kollektivistischen Kulturen heranziehen, da sie auf Merkmale rekurriert, die für die heutigen westeuropäischen Kulturen und die postsowjetischen Kulturen zumindest von sehr unterschiedlichem Gewicht sind, wenn nicht gar grundsätzlich differieren. So verweisen nationalistische und ethnizistische Identitätskonstruktionen stets in ihrem Kern auf den Typus einer „kollektiv-anzestral orientierten Identität“[11], während Identitätskonstruktionen, die dem Gedanken einer individuellen Selbstverwirklichung und einer dem gesellschaftlichen Fortschritt dienlichen Lebensweise dem Typus einer „programmatisch zukunftsorientierten Identität“ zuzurechnen sind. Allerdings muss davon ausgegangen werden, dass die von Sohst mit dem Anspruch einer epochalen Begrenztheit erarbeiteten Typen in den heutigen pluralen Gesellschaften wohl überall in durchmischter Form anzutreffen sind und eben dies auch den Pluralismus der aktuellen Identitätskonstruktionen ausmacht.

3. Phänomenologie der personalen Identität

Der Gebrauch des Begriffes Identität im Blick auf den Menschen taucht auf zwei Ebenen auf, zum einen auf einer *phänomenal empirischen Ebene*, geleitet von der Frage, womit identifizieren sich bestimmte Menschen, was verstehen sie als ihre Persönlichkeit, als ihre Eigenart oder auch als ihre Rolle, welche Eigenschaften schreiben sie sich zu, welche Interessen und welches Ideal zeichnen sie von sich; zum zweiten auf einer *interpretativ erklärenden Ebene*, die quasi den Hintergrund bildet für die erstere, geleitet von der Frage, was steht hinter diesen Identifikationen, was macht sie wertvoll, was begründet sie, welche Werte existieren hinter diesen Identifikationen, warum sind sie überhaupt wichtig und welches allgemeine Bild vom Menschen, vom Sinn des Lebens und von der Gesellschaft und ihrer Kultur ist in ihnen enthalten.

---

[10] Sohst 2015, 3 ff.

[11] „Anzestral“ im Sinne von „auf die Vorfahren zurückgehend“.

Die Beobachtungen auf beiden Ebenen sind ferner zu unterscheiden nach der Frage, wer der Beobachter ist, das betreffende Subjekt selbst oder ein äußerer Beobachter (von welchem man freilich viele unterscheiden müsste). „Identität" schreibt sich das Subjekt selbst zu, etwa in seinen Selbstkonzepten, aber „Identität" schreiben ihm auch andere zu. Insofern lässt sich folgendes Schema erstellen:

Ebenen	*Selbstbeobachtung*	*Fremdbeobachtung*
Phänomenal empirisch	Soziales Selbstkonzept Identifikationen mit… Rollenbewusstsein Wir-Gefühl Ideales Selbstkonzept, Selbstbewusstsein und Selbstwertschätzung	Soziale Identität / Kollektive Identität Zugehörigkeit zu … Eingenommene Rollen Status und Image soziale Anerkennung Attribution von Orientierungen
Interpretativ erklärend	Selbstverpflichtung Wertebewusstsein Menschenbild Lebenssinn	Interessen und Werte vertreten Kulturelles Wissen/ Kulturelle Sinnhorizonte

Verschiedene humanwissenschaftliche Disziplinen beschäftigen sich mit diesen Fragen und zwar in der Regel mit beiden Ebenen zugleich, auch wenn sie ihr Augenmerk mit unterschiedlichem Gewicht und Interesse auf die beiden Ebenen richten. Theoriebildend für das Konstrukt „Identität" ist vor allem einerseits die Soziologie, die Kulturologie und die Ethnologie engagiert und andererseits die Psychologie, daneben in bescheidenerem Maße auch die Politologie.[12] In allgemeiner Hinsicht erörtern diese Fragen auch die Philosophie und alle Formen der Anthropologie, die vor allem für die interpretativ erklärende Ebene generelle Argumente beiträgt, insofern die Frage „wer ist der Mensch" auch immer die Frage nach dem Potenzial des individuellen „Wer-bin-ich" enthält. Es sollen hier in Blick auf dieses Thema nur zwei dieser disziplinären Sichtweisen herausgegriffen werden, nämlich die soziologische und die psychologische.[13]

Soziologie. Soziologisch interessiert am Phänomen der Identität vor allem die einheitsstiftende Wirkung identifikatorischer Konstrukte. Es wird zum Ersten postuliert, dass die Zugehörigkeit zu einer sozialen Gruppe, sei es einer Nation, sei es einer Berufsgruppe, einer Szene, sei es einer konkreten Familie, den Mitgliedern eine

---

[12] Weitere Zugänge zum Begriff der „Identität" wie etwa durch das Recht werden im Folgenden nicht berücksichtigt.

[13] Eine hervorragende Übersicht über die multidisziplinären Ansätze von Identitätstheorien findet sich in der Dissertation von Bernadette Müller 2009, in Teilen veröffentlich in Müller 2011.

gemeinsame Spezifität verleiht und somit zu einem Symbol ihrer sozialen oder kollektiven Identität werden kann.[14] Zum Zweiten untersucht die Soziologie, hier oft im Verein mit der Psychologie, die Frage, welche sozialisatorischen Einflüsse von sozialen Kohorten, sozialen Schichten und Teil- und Subkulturen auf die Ausbildung von subjektiven, sozial ausgerichteten Einstellungen und Haltungen bestehen und durch Identifikation identitätsbildend sind. Zum Dritten entwirft die Soziologie Zeitdiagnosen, die eine übergeordnete epochale Identität gesellschaftlicher Mitglieder in einer bestimmten Kultur annehmen lässt.[15]

Der Begriff „Identität" taucht daher in Verbindung mit zahlreichen Etiketten auf wie in „nationaler Identität", „ethnischer Identität", „kollektiver Identität", aber auch spezifizierender Weise etwa in „Lehreridentität", aber auch „heterosexuelle Identität", „avantgardistische Identität", „moralische Identität" und ferner auch „postmoderne Identität" oder „traditionalistische Identität" und vieles mehr. Auch der hier verwendete Begriff der „postsowjetischen Identität" benutzt eine Etikette, nämlich das Merkmal „des Post-Sowjetischen", dem offenbar eine erklärende Qualität für die Besonderheit einer bestimmten beobachtbaren Identität zukommt. Es scheinen vor allem drei Kategorien geläufig zu sein, mittels derer Identitäten ausgezeichnet werden bzw. die man für bedeutsam genug hält, dass Menschen sich dadurch als mit sich selbst identisch wahrnehmen.

- *Zugehörigkeit zu einer Gruppe.* In diesem Sinne etwa versteht George Herbert Mead „soziale Identität" als ein Konglomerat von sozialen, also rollengebundenen Teil-Identitäten, die ein Individuum einnimmt. Ihr stellt er die „personale Identität" gegenüber als die einmalige Konstellation von individuellen Merkmalen einer Person und die biographisch einmalige Synthese von Rollenarrangements und Selbstkonzepten eines Individuums.[16]
- *Fundamentale Orientierungen, Überzeugungen und Haltungen.* Biologische und psychische Merkmale, die weitgehend kontinuierlich sind, mit welchen sich ein Individuum identifiziert und die in vielfacher Hinsicht für die eigene Lebensführung relevant werden zeigen zum einen dem jeweiligen Subjekt, zum anderen aber auch seinen externen Beobachtern an, „wofür jemand steht".
- *Epochale Homogenität.* Insbesondere die Kultursoziologie erstellt immer wieder Zeitdiagnosen, die ein Konstrukt gesellschaftlicher Identität von hohem Allgemeinheitsgrad beinhaltet. Beispiele in Deutschland sind die Diagnosen einer „Risikogesellschaft" von Ulrich Beck (1986), oder einer „Erlebnisgesellschaft" von Gerhard Schulze (1992) oder auch der „beschleunigten Gesellschaft" nach Fuchs, Iwer und Micali (2018), die ein „überfordertes Subjekt" generiert.[17] Ob der Begriff einer „post-sowjetischen Identität", wenn er überhaupt sinnvoll ist, so verstanden werden

---

[14] Vgl. Anselm Strauss 1968, „Zugehörigkeit als symbolischer Sachverhalt", S. 161 ff.

[15] Zur Implikation von Identitätskonstrukten in Zeitdiagnosen vgl. etwa Prisching 2018, S. 124 ff.

[16] Vgl. Mead 1973, 1980.

[17] Siehe aktuell auch die Übersicht über Kulturpsychologische Gegenwartsdiagnosen von Chakkharath und Weidemann 2018.

kann, dass er eine epochal homogene Identität bezeichnet, wird zu prüfen sein.

Psychologie. Vor allem persönlichkeitspsychologische, entwicklungspsychologische und sozialpsychologische Zugänge haben sich mit dem Begriff der Identität befasst, zum einen in der Entwicklung des Konstruktes „Ich-Identität" als der Summe von Selbstattributionen und -identifikationen eines Individuums, zum anderen in Hinsicht auf die entwicklungs- und lernpsychologischen Aspekte bei der Übernahme von Identifikationen und der Ausbildung von Selbstkonzepten. Einerseits spezifiziert sich also der psychologische Blick auf Phänomene des Bewusstseins einer Selbst-Identität, andererseits auf die Bedingungen zur Entwicklung dieses Bewusstseins in der Sozialisation und Erziehung junger Menschen.

Die psychologische Perspektive fokussiert vornehmlich die Fragen, in welcher Weise sich Menschen selbst „Identität" zuschreiben und was dies für ihr Selbstverständnis bedeutet, wie die Selbstkonzepte und Idealkonzepte in der Entwicklung des Individuums entstehen[18] und welche biographischen und sozialen Faktoren für die Selektion von Identitätsangeboten entscheidend sind. „Identität" wird also vor allem als Ergebnis einer Selbstsicht des Menschen verstanden, der bestimmte Dimensionen der Selbstreflexion zugrunde liegen. Für die Selbstzuschreibung von Identität ist wesentlich, dass es der Person gelingt, in diesen Dimensionen relativ konstante Selbstwahrnehmungen und relative konstante Identifikationen vorzufinden. Der Psychologe Hilarion G. Petzold hat in diesem Sinne fünf sogenannte „Säulen der Identität" entworfen, auf welchen die Zuschreibung von Menschen beruht, dass sie sich als eine einzigartige und stabile Persönlichkeit sehen können. Zu diesen fünf Säulen gehört das Erleben der eigenen Leiblichkeit und der eigenen Bedürfnisse, das soziale Netzwerk bzw. die sozialen Bezüge (soziale Zugehörigkeit), Arbeit und Leistung (die Identifikation mit der eigenen Tätigkeit), die materielle Sicherheit (materielle Ressourcen und vertrauter ökologischer Raum) und Werte und Normen (Wertorientierungen und Lebenssinn).[19] Die fünf Säulen bezeichnen zum einen Bereiche, in welchen die Person wesentliche Bezugspunkte findet, um sich selbst zu identifizieren; sie bezeichnen zum anderen aber auch die für die Identitätsentwicklung schicksalhaften Felder der Sozialisation, in welchen sich die spezifischen Identitätsangebote, also die Potenziale, sich mit etwas zu identifizieren, vorgehalten werden.

Erik H. Erikson hat den Begriff der Ich-Identität benutzt, um die biographische Einmaligkeit des Individuums zu bezeichnen, die er vor allem als Ergebnis der Bewältigung von universellen Entwicklungskrisen verstanden hat, die aber auch wesentlich davon abhängt, inwieweit andere das Selbstbild einer Person anerkennen.[20] Insofern ist auch in diesem Konzept die Entwicklung und Bewährung von Identität sozial vermittelt. Erikson sah vor allem die Jugendphase als die entscheidende Phase der Identitätsfindung an, in der relative dauerhaft stabile Positionen der Ich-Identität herausgebildet werden. Inzwischen ist die Annahme einer homogenen

---

[18] Die Selbstkonzeptforschung hat in Deutschland anschließend an die seit den Fünfzigerjahren in den USA schon bestehende Forschungstradition etwa ab Mitte der Siebzigerjahre in Deutschland ihren Anfang genommen und etwa zwei Jahrzehnte lang einen Boom erlebt. Vgl. erstmalig Neubauer 1976 und dann sehr umfassend Filipp 1979.

[19] Petzold 1984.

[20] Erikson 1974, vgl. insbesondere „Das Problem der Ich-Identität", S. 123-212.

kontinuierlichen Ich-Identität[21] in der Psychologie vielfach kritisiert worden und die Auffassung hat sich durchgesetzt, dass unter den pluralen und widersprüchlichen Bedingungen der Postmoderne einheitsstiftende Kriterien der Konstitution des Selbstbildes und der eigenen Identitätsdarstellung nicht mehr sicherzustellen sind, sondern Individuen auf unterschiedliche soziale und kulturelle Anforderungen mit situativen Identitäten reagieren. Hierfür gibt es keine traditionellen oder konsensuellen Lösungskonzepte. Ihre Individualität entwickeln sie vielmehr so in eigenständiger „Identitätsarbeit", in welcher sie versuchen, Balancen zwischen ihren Teil-Identitäten zu arrangieren, die ihnen noch ein Mindestmaß an Selbstgleichheit und persönlichem Stil gewährleisten.

4. Der Identitätsbegriff im Wandel

Seit den Neunzigerjahren ist der Begriff einer „Patchwork-Identität"[22] entstanden, der dem traditionellen Verständnis von Identität als einem konstanten Sich-selbst-treu-Bleiben und somit auch für andere Berechenbar-Bleiben widersprach und das Individuum nun als ein chamaeleonhaftes Wesen vorstellte, welches sich opportun den wechselhaften Anforderungen einer sozialen Umwelt anpasst und sich so in eine strategisch vorteilhafte Position bringt, die den Erwartungen und Erfolgskriterien anderer gegenüber möglichst angepasst war.

Dieser vor allem von Heiner Keupp konstruierte Begriff hatte – wohl nicht zuletzt wegen seines gegenüber einem „modernen"[23] Begriff des selbst-identischen Subjekts schockierenden Widerspruchs – eine erhebliche Wirkung in der Fachdiskussion in der Jugendsoziologie. Zugleich war dieses sozialpsychologisch hergeleitete Konstrukt gut anschlussfähig an die identitätstheoretischen Entwürfe des Symbolischen Interaktionismus von George Herbert Mead und Erving Goffman und ihre Weiterentwicklung von Lothar Krappmann in Deutschland. Die pragmatistische Experimentalität sozialen Handelns, die schon William James und George Herbert Mead in den Vordergrund gerückt hatten, schien nun vollends gegenüber der Tugend individueller Charakterstärke den Sieg errungen zu haben; die Selbstdarstellung der Individuen hatte den Anspruch auf einen maximal möglichen Ausdruck individueller Orientierungen und Haltungen offenbar vollkommen verloren und war zu einem strategischen Manöver, ja Täuschungsmanöver im Umgang mit den Erwartungen anderer geworden. Keupp nannte dies das „impression management". Was man traditionell noch als „Charakterschwäche" kritisiert hätte, schien nun eine Erfolgskonzept eines „Identitäts-Marketings" auf einem Markt der sozialen Anerkennungsmechanismen. Diese Sichtweise von Identität wird regelrecht paradigmatisch in den heutigen „Medien-Identitäten" von jungen Menschen in den sozialen Medien. Selbstdarstellung in einer Vielfalt von Rollen und Outfits, Situationen und Beziehungen gespickt mit einem

[21] Hiervon zu unterscheiden ist das Gefühl des Individuums, nicht nur körperlich, sondern auch durch die Erinnerbarkeit seiner Erfahrungen und seiner Gefühle, hinsichtlich seines Wissens, seiner Haltungen und Orientierung Kontinuität zu besitzen (vgl. Strauss 1968, S. 156 ff.).
[22] Vgl. Keupp 1997, 2002.
[23] Vgl. Simmel 1904.

Quantum an Originalität und Kreativität, symbolische Anwandlungen aus der Welt der Stars, der realen und virtuellen Heroen, eventuell zugleich durch Selbstironie wieder infragegestellt, kennzeichnen den Habitus vor allem junger Menschen. Es ist augenscheinlich, wie dieser Habitus das Programm der Postmoderne erfüllt, indem die entlehnte Symbolik kaum mehr aus einem feststehenden Repertoire geschöpft wird, sondern aus dem symbolischen Fundus quasi aller Kulturen und Epochen zitiert werden kann, und indem den in der Selbstdarstellung aufgegriffenen Identifikationen keine wirkliche Verbindlichkeit und Kontinuität zukommt. Kurzum: Der Habitus solcher Selbstdarstellung präsentiert sich als ein Spiel und er spielt, wie jedes Spiel, auch mit der Versuchung ernst genommen zu werden.

Werfen wir einen kurzen Blick auf jene soziologische Identitätstheorie von Erving Goffman (1973) und Lothar Krappmann (1988), die einen solchen dynamischen Identitätsbegriff möglich gemacht hatte.

Lothar Krappmann hat – ausgehend von Meads Identitätskonzept – vier Grundqualifikationen des Individuums benannt, die für ein angemessenes Rollenhandeln erforderlich sind, nämlich 1.) die Fähigkeit zur *Rollenübernahme* und zur Empathie in das Selbstverständnis anderer Rolleninhaber als Träger von Absichten, Denkweisen, Interessen und Emotionen, 2.) die Fähigkeit zur *Rollendistanz*, d. h. zu einem reflektierenden Umgang mit Rollenerwartungen im Einklang mit den eigenen Bedürfnissen und dem Selbstbild, 3.) die *Ambiguitätstoleranz* als die Fähigkeit, mit dem eigenen Rollenverständnis in Widerspruch stehende Erwartungen, die in Folge von kulturellen oder sozialen Differenzen möglich sind, wahrzunehmen und im eigenen Handeln zu berücksichtigen und 4.) die Fähigkeit zur *Identitätsdarstellung*, d. h. zum Ausdruck des eigenen Verständnisses von der personalen Identität.

Gerade letzteres, Identitätsdarstellung, findet bei Jugendlichen und jungen Menschen – so meine These – inzwischen aber bereits selbst in einem „kulturell sanktionierten Raum" statt, insbesondere in neuen sozialen Medien, d. h. oftmals mittels der Nutzung von Klischees, die eben nicht eine überraschende originelle, vom Erwartbaren abweichende Individualität zulassen, sondern vereinnahmt sind von einem homogenen Identifikationsrepertoire, aus dem die jungen Menschen die Symbole ihrer Identität schöpfen müssen, wenn sie Anerkennung erfahren wollen. Hier gibt es meines Erachtens zum Ersten eine Differenz zwischen dem Osten und dem Westen, aber auch zum Zweiten eine Differenz zwischen den Generationen sowohl in Ost und West.

Es war wiederum Krappmann, der den Begriff „Identität" dynamisiert hat mit seiner Annahme, dass die „präsentierte Identität" keine universelle, konstante Form hat, sondern in Abhängigkeit zu den Interaktionspartnern modifiziert wird.[24] Somit ist es möglich, dass Personen ihre Identität in bestimmten Situationen vollkommen anders darstellen als in anderen Situationen, etwa am Arbeitsplatz ganz anders als im Freundeskreis, in den neuen sozialen Medien ganz anders als innerhalb der Familie. Gerade diese Feststellung macht es nun schwierig, von einer allgemeinen „postsowjetischen Identität" zu sprechen, denn in all ihren Manifestationen spielt eine Rolle, vor welchem Publikum eine solche Identität dargestellt wird. Dennoch ist es vielleicht

[24] Vgl. etwa Krappmann 1988, S. 7.

möglich, hinter der Vielfalt phänomenaler postsowjetischer Identitäten eine Allgemeinheit einer interpretativ erklärenden postsowjetischen Identität zu finden.

Zu beachten ist ferner, dass „Identität“ immer auch eine „ausgehandelte Identität“ ist, also auf einem Anpassungsprozess in der Verwendung von bestimmten Symbolen in bestimmten Kontexten beruht. „Symbolische Identität“ muss von anderen verstanden werden, sie muss gewissermaßen auf einer gemeinsamen Sprache aufbauen, die a) von den Kommunikationspartnern als eine Sprache der Selbstdarstellung erkannt wird und b) deren Symbole im einzelnen verstanden, bestimmten Kontexten und Konnotationen zugeordnet werden können. Sie ist allerdings auch strategischen Erfolgsbedingungen unterworfen. Sie ist ein symbolisches Angebot an die Kommunikationspartner*innen, um eigene Ziele zu erreichen, insbesondere um sozialen Gruppierungen und Statusklischees zugeordnet zu werden und um Anerkennung zu erhalten, vielleicht auch Macht und Einfluss zu erlangen. Insofern korrespondiert der Prozess der Aushandlung von Identität mit der Willkür einer kollektiven „Kultur des Gefallens und Anerkennens“, auf welche der Einzelne keinen Einfluss nehmen kann. Andererseits spiegelt die Identitätspräsentation des Einzelnen gerade deshalb auch jene kollektive Kultur, ihre Klischees und ihre Wertorientierungen wider, in welche die Selbstdarstellung des Einzelnen eingebettet ist. Insofern besteht zwischen der individuellen Selbstdarstellung und der “Identitätskultur” einer Gesellschaft in gewissem Umfang ein determinativer Zusammenhang, der es zum einen gestattet, auch unter den Bedingungen der Postmoderne eine “kollektive Identität” als kulturellen Gehalt zu rekonstruieren, zum anderen erlaubt, in den individuellen Selbstdarstellungen eine kulturelle Kriterienbasis für die Verstehens- und Akzeptanzvermutung herauszuarbeiten.

5. “Postsowjetische Identität” als Idealtypus im Sinne Webers

Der Begriff der „Identität“ beansprucht von sich aus eine Logik der Generalisierung und alles, was über eine Identität ausgesagt wird, erstarrt gewissermaßen zum Unveränderlichen, zum Allgegenwärtigen und zum „harten Kern“ des bewegten Lebens allein dadurch, dass das Merkmal des Mit-sich-selbst-Gleichen ihm zugesprochen wird. Insofern ist der Begriff der „Identität“ auf eine ganz andere Weise voraussetzungshaft als der Begriff des „Postsowjetischen“, da er nicht an der Fraglichkeit einer historischen Analyse zu prüfen ist, sondern an der Angemessenheit des generalisierenden Behauptens selbst.

Zugleich macht die Verwendung des Begriffes der „postsowjetischen Identität“ doch einen Sinn, wenn man sich der Konstruktqualität des Begriffes bewusst ist und „postsowjetische Identität“ nicht als einen Begriff zur treffenden Beschreibung der gesamten gesellschaftlichen Realität versteht, sondern ihn im Sinne Max Webers als idealtypischen Begriff[25] verwendet, durch welchen wesentliche, meist neue Merkmale der sozialen Wirklichkeit – möglicherweise mit überzeichnender, ja utopischer Prägnanz – herausgehoben und in ein ordnendes System eingebracht werden. Der Idealtypus ist, wie Weber sagt, eine “gedankliche Konstruktion”, keine empirisch

[25] Vgl. Weber 1995.

vorfindliche Ausprägung einer Form, sondern ein durchaus einseitig übersteigerndes Beobachtungsprodukt, welches im Wirrwarr des unüberschaubaren Konzertes der Phänomene das Stimmige herausstellt. Der Idealtypus steht zur Wirklichkeit in einem selektiven Vehältnis, er schneidet heraus, was sich zu einer Einheit unter der Prämisse einer voraus angenommenen Sinnhaftigkeit zusammenfügen lässt.

Gewonnen wird dadurch zum einen ein Instrument, ein Medium zur Analyse der sozialen Realität, quasi ein spezifischer Blick auf das Gegebene, der Besonderheiten in Erscheinung treten lässt, die ohne ihn nicht sichtbar würden, zum anderen ein richtungsweisender Ansatzpunkt für Hypothesen, der die Basis für Forschungskonzepte und für kulturvergleichende Betrachtungen bilden kann.[26] Der Idealtypus ist ein Instrument des Vergleichens, er kann der empirischen Wirklichkeit in vergleichender Weise gegenübergestellt werden, um einzelne Phänomene infolge ihrer Ähnlichkeit mit dem Gesetzten hervortreten zu lassen und sie dadurch zu bestätigenden Momenten der idealtypischen Konstruktion zu qualifizieren. In diesem Sinne verstehen wir die Konstruktion einer „postsowjetischen Identität“ als eine idealtypische Begrifflichkeit,

Der Idealtypus der „postsowjetischen Identität“ ist zum einen jene Folie, die an die beobachtete Wirklichkeit der postsowjetischen Realität angelegt wird, um zu entdecken, was sich zu einem stimmigen und damit hintergrundsreichen Typus zusammenfügen lässt, er ist aber auch selbst der Revision durch die Praxis des Vergleichens ausgesetzt, insofern das, was mittels seiner Anwendung zum Vorschein kommt, auch auf ganz anderes hindeuten kann als das vorab Angenommene. Insofern unterliegt der Idealtypus einem Mechanismus der hermeneutischen Selbstkorrektur; die Prüfung der Ähnlichkeiten kann auch etwas entdecken lassen, was dem Kriterium des Ähnlichen gar nicht entspricht, sondern den Forschenden aus anderen Gründen “ins Auge springt” und sie womöglich veranlasst, den Idealtypus um Neues zu bereichern oder zu korrigieren. Daher soll der Idealtypus nicht als ahistorisches Instrument der Analyse verstanden werden, sondern als eine in der Auseinandersetzung mit der zu analysierenden Wirklichkeit mitwachsende Konstruktion.

Der Idealtypus erlaubt, eine sinnhafte Stimmigkeit (im Sinne von Webers Begriff der Rationalität) sozialer Phänomene ausfindig zu machen, indem er vorab schon annimmt und sich dementsprechend formiert, dass soziale Phänomene aufeinander derart Einfluss nehmen, dass sich eine solche Stimmigkeit über die Zeit hinweg herausbildet. Sie unterliegen einer Rationalität gegenseitiger Vereinbarlichkeit, die sich den Zwängen gesellschaftlicher Selbstorganisation verdankt.[27] Dies postulieren wir ebenfalls, wenn wir den Begriff einer „postsowjetischen Identität“ als idealtypisches Instrument den Analysen in diesem Buch zugrunde legen.

Die Entwicklung solcher Stimmigkeit braucht Zeit, wie jegliche Selbstorganisationsprozesse Zeit benötigen, um ein funktionierendes strukturelles Ergebnis hervorzubringen. Diese Zeit umfasst im Blick auf die Chance, unter den Bedingungen der neuen Realität in den postsowjetischen Gesellschaften soziokulturelle Formationen hervorzubringen, die gesellschaftlich als „erfolgreich” wahrgenommen werden können, nun drei Jahrzehnte seit dem Ende der Sowjetunion. Es lässt sich daher

---

[26] Vgl. Dieckmann 1967, S. 29 f.
[27] Vgl. Schmid 1994.

annehmen, dass in der Bewältigung der Krisen und der Kompensation der Verluste im gesellschaftlichen Leben und in den kulturellen Errungenschaften neue Sinnschöpfungen und Ordnungen im Entstehen begriffen sind, die sich zumindest wahrnehmen lassen.

Sicherlich bleibt der Begriff der „postsowjetischen Realität“ in jenem Sinne immer „verfänglich“, dass er mit der epochalen faktischen Wirklichkeit postsowjetischer Staaten heute gleichgesetzt wird und damit in den Anspruch gestellt wird, einen „Realtypus“ möglicher sozialer Wirklichkeit zu kennzeichnen. Auch bleiben real- und idealtypische Anwendungen des Begriffs nicht selten vermischt oder werden ohne systematisch konsequente Abgrenzung in eins gesetzt. In solcher Praxis werden gewissermaßen die Eigenheiten des „Blickes“ mit jenen der beobachteten Wirklichkeit vertauscht, die Heuristik mit den analytischen Ergebnissen selbst verwechselt, der idealtypische Begriff wird ontologisiert. Wissenschaftliche Sorgfalt muss aber darauf zielen, in ihren beschreibenden, ordnenden und analysierenden Operationen und in der Verbindlichkeit all ihrer Aussagen über die Wirklichkeit die Grenzen eines idealtypischen Begriffs zu beachten und sich der relativierenden Konstruktivität ihres begrifflichen Instrumentariums bewusst zu bleiben. Dies ist eine Aufgabe stetiger Rückbesinnung auf den Ausgangspunkt der idealtypischen „Kreation“, bei deren Erfindung noch die entdeckende Eigenleistung klar wahrgenommen und die Beschränkung des eigenen Blicks beim „Heraussehen“ des Typischen unschwer zu reflektieren war.

Bei der Lektüre dieses Buches tut daher der Leser, die Leserin sicherlich gut daran, die beschreibenden und erklärenden Aussagen zur postsowjetischen Identität auf ihre idealtypischen Vorannahmen hin zu untersuchen und die impliziten typologisierenden Raster soweit als möglich zu identifizieren, die die wissenschaftliche Beobachtung geleitet haben. Er/sie wird dabei feststellen, dass in den verschiedenen Beiträgen in diesem Buch keineswegs das immer gleiche Modell des Idealtypus bzw. die gleichen Typologien zur Anwendung gebracht werden, vielmehr eine der wesentlichen Leistungen der wissenschaftlichen Produktivität gerade darin besteht, im Anschluss an die schon bestehenden immer neue idealtypische Semantiken hervorzubringen und zur Diskussion zu stellen. In diesem Sinne wünschen wir dem kritischen Leser, der kritischen Leserin eine spannende und den Blick immer neu schärfende Lektüre.

Literaturverzeichnis

Chakkharat, Pradeep/Weidemann, Doris (Hrsg.)(2018): Kulturpsychologische Gegenwartsdiagnosen: Bestandsaufnahmen zu Wissenschaft und Gesellschaft. Bielefeld: transcript.

Diekmann, Johann (1967): Die Rationalität des Weberschen Idealtypus. *Soziale Welt* 18. Jahrg., H. 1 (1967), S. 29-40.

Erikson, Erik H. (1974): Identität und Lebenszyklus. Drei Aufsätze. 2. Aufl. Frankfurt am Main: Suhrkamp.

Filipp, Sigrun-Heide (Hrsg.)(1979): Selbstkonzept-Forschung. Probleme, Befunde, Perspektiven. Stuttart: Klett-Cotta.

Halbach, U. (2002): Der „nicht mehr postsowjetische“ Raum? Rußland in der Wahrnehmung kaukasischer und zentralasiatischer Staaten vor und nach dem 11. September (SWP-Studie, S 24). Berlin: Stiftung Wissenschaft und Politik. SWP Deutsches Institut für Internationale Politik und Sicherheit.
Internet: https://mbm-resolving.org/urn:nbn:de:0168-ssoar-261717

Lahusen, Thomas (2008): Decay or Indurance: The Ruins of Socialism. In: Lahusen, Thomas/Solomon, Peter H. (eds.): What is Soviet now? Identities, legacies, memories. Berlin: Lit.

Mead, George Herbert (1980): Die soziale Identität. (1913) In. Gesammelte Aufsätze, Bd. 1. Hrsg. von Hans Joas. Frankfurt am Main: Suhrkamp , S. 241-249

Mead, George Herbert (1973): Geist, Identität und Gesellschaft. (1934) Frankfurt am Main: Suhrkamp.

Mehnert, Klaus (1958): Der Sowjetmensch. Versuch eines Porträts nach zwölf Reisen in die Sowjetunion 1929-1957. 11. Aufl. Stuttgart: Deutsche Verlags-Anstalt.

Müller, Bernadette (2009): Identität. Soziologische Analysen zur gesellschaftlichen Konstitution der Individualität. Dissertation Universität Graz, Österreich.

Müller, Bernadette (2011): Empirische Identitätsforschung. Personal, soziale und kulturelle Dimensionen der Selbstverortung. Wiesbaden: Springer VS.

Neubauer, Walter F. (1976): Selbstkonzept und Identität im Kindes- und Jugendalter. München/Basel: Reinhardt.

Keupp, Heiner; Höfer, Renate (Hrsg.) 1997: Identitätsarbeit heute. Klassische und aktuelle Perspektiven der Identitätsforschung. Frankfurt am Main: Suhrkamp.

Keupp, Heiner; u. a.2002: Identitätskonstruktionen. Das Patchwork der Identitäten in der Spätmodeme. 2. Aufl.Reinbek: Rowohlt.

Krappmann, Lothar (1988): Soziologische Dimensionen der Identität. Stuttgart.

Krupkin, P. (2014): Politisch kollektive Identität in der postsowjetisch russischen Föderation. *PolitBook* 2014 (1), S. 61-86. Internet: https://cyberleninka.ru/article/n/politicheskie-kollektivnye-identichnosti-v-postsovetskoy-rossiyskoy-federatsii/viewer

Perry, John (2002): Identity, Personal Identity and the Self. Indianapolis/Cambridge: Hackett.

Prisching, Manfred (2018): Zeitdiagnose. Methoden, Modelle, Motive. Weinheim: Beltz Juventa.

Petzold, H.G. (1984) Vorüberlegungen und Konzepte zu einer integrativen Persönlichkeitstheorie. *Integr. Ther.* 10, S. 73–115.

Schmid, Michael (1994): Idealisierung und Idealtyp. Zur Logik der Typenbildung bei Max Weber. In: Wagner, G./Zipprian, H. (Hrsg.): Max Webers Wissenschaftslehre. Interpretation und Kritik. Frankfurt: Suhrkamp, S. 415–444.

Simmel, Georg (1904): Kant und der Individualismus. In: Simmel, Georg: Aufsätze und Abhandlungen 1901-1908, Band I. (Georg Simmel. Gesamtausgabe, Band 7) Frankfurt am Main: Suhrkamp 1995, S. 273-282.

Spencer-Brown, George (2008): Laws of Form. 1994. Portland OR: Cognizer Company. Deutsch: Gesetze der Form. Leipzig: Bohmeier.

Sohst, Wolfgang (2015): Die Entdeckung der Individualität. Eine kleine Geschichte der menschlichen personalen Identität. Vortrag vom 26.01.2015. Internet: http://www.momo-berlin.de/files/momo_daten/dokumente/Sohst_MoMo-Vortrag_Januar2015.pdf

Strauss, Anselm (1968): Spiegel und Masken. Die Suche nach Identität. Frankfurt a.M.: Suhrkamp.

Swinburne, Richard (1984): Personal Identity: the Dualist theory. In: Shoemaker, Sydney/Swinburne, Richard: Personal Identity. Oxford: Basil Blackwell, pp. 1-66.

Suny, Richard Grigor (1999): Provisional Stabilities. The Politics of Identities in Post-Soviet Eurasia. *International Security,* Vol. 24, No. 3 (Winter 1999/2000), pp. 139–178.

Weber, Max (1995): Die Objektivität sozialwissenschaftlicher und sozialpolitischer Erkenntnis. Schutterwald: Wissenschaftlicher Verlag, 1995 (Original: J.C.B. Mohr, Tübingen 1904).

"Постсоветская идентичность"
Введение в тему логики концепции идентичности

Вольфганг Кригер

Говорить о "постсоветской идентичности" предопределено. Как понятие "постсоветский", так и понятие "идентичность" содержат последствия, предполагающие четкие, единообразные и фиксированные характеристики. Концепция "постсоветской идентичности" предполагает наличие новой коллективной идентичности, общей для всех заинтересованных народов и этнических групп, основанной на общей судьбе прекращения советской империи. Термин "постсоветский" также постулирует уединение советской эпохи, советскую культуру, советское отношение к жизни и т.д., что, безусловно, было бы весьма поверхностным и не вызывало бы сомнений.

С другой стороны, можно с уверенностью сказать, что во всех заинтересованных странах эти изменения привели к утрате ориентации, кризису коллективного самосознания, кризису ценностей и жизненных планов, что обусловило необходимость поиска новых ответов на вопрос о значимой идентичности в изменившихся социальных, экономических и культурных условиях. Поскольку процесс так называемой "постсоветской трансформации" имеет не только экономические и политические измерения, но и измерение социального созидания смысла и осознания ценностей, с одной стороны, и индивидуальной переориентации на жизненные идеалы и планы – с другой. Оба тесно связаны друг с другом.

Требования к трансформации можно первоначально разделить на четыре основных изменения, выразившиеся в создании нового государства на месте советского супергосударства в ситуации почти атомной нестабильности, в замене плановой экономики либеральной капиталистической рыночной экономикой, в хотя бы формальной замене авторитарной однопартийной системы демократической многопартийной системой и, наконец, в превращении бесклассового коммунистического общества в стратифи-цированное капиталистическое общество. Эти изменения связаны с другими факторами, такими как возникновение новых рисков для безопасности жизни, конкуренции и соперничества, от предоставления государственных услуг до бесплатного пользования услугами, от превращения в авторитарного лидера до действий с участием населения и т.д. Все эти изменения не только имеют социальное значение, но и ставят новые индивидуальные требования к конституции личности, которая должна успешно справиться с этими новыми условиями и которая теперь призвана поддерживать свой собственный прогресс и социальный прогресс другими способами.

Исторический трюизм заключается в том, что культурные ориентации, а также социальные институты или даже просто материальная среда обитания людей не могут быть полностью растворены отныне, а не через несколько лет, а скорее через десятилетия, и заменены альтернативами. Все, что люди создают, основано на (дальнейшей) обработке того, что у них есть под рукой и что они уже знают. Никто не может просто снять свою историю, как пальто, и надеть новое пальто, но он может только восстановить и заменить мелкими шажками то, что больше не является "прочным". Даже в начале новой эпохи с неба ничего не падает, но все должно быть приобретено заново, за что нужно бороться, должно быть установлено и стабилизировано. И даже там, где возможно превратить предыдущее в свою противоположность, настоящее остается ориентированным на предопределенное направление контраста, которое, в свою очередь, обязано своим существованием предыдущему и тем, что считалось нуждающимся в изменении. Нет ничего нового, чья сущность и причина, в конце концов, не старая.

1. Постсоветское как носитель идентичности

Вопрос о том, целесообразно ли использовать термин "постсоветский" вообще, неоднократно ставился под сомнение с начала тысячелетий. Например, термин "постсоветское пространство" долгое время подвергался критике, поскольку геополитическое единство бывшего советского пространства уже не может быть определено в странах, объединенных таким образом.[1] Правда, здесь постулируется, что советское строительство единства в нынешней ситуации в этих странах все равно продолжится "постсоветским", пусть и в измененном виде. Это, безусловно, уже не так, учитывая столь разные события в странах. Но термин "постсоветский", безусловно, все еще имеет смысл, если он основан не на настоящем, а на прошлом и используется для обозначения тех стран и культур, которые когда-то принадлежали Советскому Союзу, даже если сегодня можно говорить о "постсоветском" только во множественном числе. Все обозначенные таким образом страны, тем не менее, имеют объединяющую историю "общей судьбы" и по сей день вынуждены справляться с "наследием" Советского Союза на самых разных уровнях.

Итак, когда мы говорим о "постсоветской эпохе", мы не претендуем ни на что большее, чем на то, что закончилась предыдущая эпоха – с определенными структурами и особенностями, и – как иначе – новая эпоха строится на ее развалинах. Но такой образ завораживает: с сегодняшней точки зрения, остатки советской эпохи могут показаться многим не более чем руинами, как колонны, храмы и саркофаги Романского форума, которые туристы, осознавая свою историческую отчужденность, рассматривают как реликвии прошлой эпохи. Ситуация с руинами советской эпохи сильно отличается: в постсоветских странах люди живут в советских руинах, и степень исторической дистанции, вероятно, достаточно низкая, в соответствии с прагматическими ограничения-

[1] Ср. приблизительно Хальбах 2002.

ми.[2] Наследие советской эпохи "в употреблении", в самоочевидном и поэтому зачастую бесспорном использовании. Исследователям может быть легко описать характеристики прошедшей эпохи, потому что в течение десятилетий их можно было наблюдать, их структуры и особенности можно было воспринимать, понимать в терминах, анализировать и обсуждать в противоречивых выражениях[3] – но то, что приходит после этого – это пустая доска, вакуум знаний и объяснений, понимания, знакомства и определенной оценки, и по-прежнему трудно обосновать, какой язык будет подходящим для описания нового и изменившегося.

Поиск чего-то идентичного с самим собой, идентичности, в такой фазе неопределенности, по сути, является парадоксом. Идентичное в смысле постоянного, постоянного, в лучшем случае само состояние неопределенности. Это становится заметным в повторяющихся смущениях, в пережитом противостоянии с непредсказуемым и в отсутствии надежных решений имеющихся проблем. Если, кроме того, будет найдено что-то, что зарекомен-довало себя как фиксированная структура, то это возможно только в контрастной ретроспективе, т.е. по прошествии определенного периода времени с момента окончания предыдущей эпохи и после внимательного наблюдения за процессами формирования новых структур. Само это наблюдение, возможно, также придется выучить заново, если оно не должно быть предвзятым по отношению к взглядам прошлого и не должно быть направлено исключительно на признание старого в новом. Поэтому новую эпоху также можно "увидеть" только тогда, когда ее видят новыми глазами.

Таким образом, задача ответа на исходный программный вопрос этой книги о существовании и характере "постсоветской идентичности" и культурно-ценностных ориентациях, на которых она базируется, может оказаться ошеломляющей с точки зрения актуальной культурно-исторической реальности. Следовательно можно работать над другой задачей, а именно документировать состояние социальной справки с другой задачей, нежели получение новой идентичности после окончания советской идентичности. Эта задача также предполагает наличие отправной точки, которая сначала должна быть конкретизирована, прежде чем можно будет обратиться к самой задаче. Предпосылкой является то, что можно вообще построить "советскую идентич-ность", способную вывести ее правдоподобность из наблюдения за социальными реалиями прошлого в советских государствах. Это происходит во многих местах этой книги, где новые явления представлены в отличие от прошлого, а поиск новых решений социальных проблем артикулируется в их противопоставлении старым модальностям. Даже если описание "советской идентичности" здесь не может быть систематизировано, во многих местах можно разглядеть, что было для нее составляющим и что было потеряно в процессе трансформации.[4]

---

[2] См. Лахузен 2008, стр. 311.

[3] Ср. эскизы "Советского человека" в бухгалтерском балансе, завершающем книгу

[4] Борьба за понимание политико-культурной ситуации внутри советских государств и, таким образом, за концепцию "советской идентичности" или антропологии "советского человека" вызывает серьезную озабоченность не только в российской социологии с момента создания Левада-центра, но и в немецкоязычной литературе

2. Логика концепции идентичности

Говоря об идентичности во многих отношениях имеет предлоги, и, несомненно, самым важным предлогом является логика, без которой понятие идентичности в любом случае может не иметь смысла, а именно предлог того, что вещь или человек могут быть идентичны самим себе, без этого утверждения, имеющего лишь банальное содержание быть способным обозначить что-то дважды одним и тем же термином. В большинстве случаев идентичность с самим собой связана с временным аспектом: Идентичность утверждает стабильность характеристик с течением времени. Нам нравится объяснять это себе через эссенциализацию, через "жесткое ядро" эго, через "нашу природу", наш характер. "Когда люди говорят об идентичности, – пишет Сюни, – их язык почти всегда говорит о единстве и внутренней гармонии и имеет тенденцию натурализовать целостность". По умолчанию, это не означает более раннего понимания идентичности как стабильного ядра. Почти неизбежно, особенно когда человек находится в бессознательном сознании относительно своей идентичности, идентичность-разговоры имеют тенденцию приписывать поведение данным характеристикам в простом, неопосредованном переносе. Один так делает, потому что один так и есть".[5]

Говорить об идентичности логически имеет смысл только в том случае, если предполагается различие, в результате которого сравниваются два явления, которые необходимо наблюдать, и затем их можно распознать как одно и то же в определенном смысле. Шесть вариантов перечислены здесь:[6] Будь то разница во времени (что-то остается прежним или возвращается в состояние, в котором оно уже было), будь то разница в пространстве (что-то остается прежним, независимо от пространств и ситуаций, в которых оно появляется), будь то разница во внешнем виде на разных феноменальных уровнях, в которых содержится что-то общее, будь то разница сущностей, которые, тем не менее, сопоставимы общей историей, будь то различие между внешним видом вещи или человека и ее происхождением, эффективность которого считается неразрывной, составляя, таким образом, ее идентичность, или различие между двумя наблюдениями, которые заставляют нечто различающееся выглядеть одной и той же вещью, тем не менее, потому что существует общая характеристика.

Давайте проиллюстрируем эти шесть вариантов различий и понимания идентичности, которые должны быть им приписаны, примером.

1. Господин Иванов все тот же, холерик и вспыльчивый, что и в детстве (идентичность через временную преемственность).
2. Г-н Иванов одинаков, кричит ли он дома или на работе (идентичность через неизменность в пространстве).

вскоре после окончания Второй мировой войны, а именно с 1960-х годов. Примером тому являются такие публикации, как Клаус Мехнерт в 1958 году.

[5] Suny 1999, стр. 144.

[6] О фундаментальной проблеме дифференциального содержания понятия идентичности см. также "Дуалистическую теорию" личной идентичности Свинберна 1984; см. также раздел "Логические свойства идентичности" (4.2) в Perry 2002.

3. Как в своих решениях, так и в вопросах можно видеть, что г-н Иванов всегда руководствуется принципом равенства (идентичность через высшую константу).
4. Г-н Иванов – российский футболист, играющий за московский "Спартак" на протяжении пятнадцати лет и всегда остающийся лояльным к клубу (идентичность через общую судьбу или интеграцию).
5. Несмотря на то, что господин Иванов пятнадцать лет играл за "Спартак", он остается украинцем по своей сути (идентичность по демаркации внутреннего существа).
6. Длинная и тонкая или короткая и толстая, если в верхней части есть отверстие, а в нижней части – ножка, и ее можно наполнить водой, то это ваза (идентичность по общим характеристикам).

Все шесть вариантов – а их может быть и больше – показывают, что атрибуция идентичности требует предварительного установления неидентичности, т.е. предполагает проведение различия. Короче говоря: без разницы нет личности.

Такая постановка вопроса о неидентичности является предпосылкой для сопоставления этих двух явлений. Они объединены в одну треть, которая без создания разницы еще не могла бы раскрыть эти два феномена. В нашем примере замечание г-на Иванова – это то третье, в котором два явления, такие как г-н Иванов сегодня и вчера, выходят на первый план в том смысле, что введение наблюдения временной разницы расщепляет его единство. Это замечание о временном различии в буквальном смысле слова является операцией по разделению этой третьей стороны на два противоположных явления, а именно: господина Иванова сегодня и господина Иванова вчера. Сопоставление создает основу для возможности сравнения, оно дает сравнение объектов дальнейшего наблюдения, которое в свою очередь теперь делает дальнейшие различия.

Это рассмотрение идентичности следует из логики дифференциации Джорджа Спенсера-Брауна в его "законах формы".[7]

Стоит также рассмотреть конструкцию "постсоветской идентичности" в том смысле, что она указывает на то, что каждая операция дифференциации и, следовательно, наблюдения также оставляет "незамеченное пространство", пространство незамеченного, т.е., наблюдая что-то конкретное, она точно исключает из наблюдения что-то другое. Каждому проводимому разграничению предшествует другое разграничение, в котором решается, что должно соблюдаться, а что нет. В этом отношении каждое различие является "предвзятым", "необязательно предвзятым" из-за неосознанной рутины проведения наблюдательных операций и необязательно отраженного желания наблюдать.

Этот аспект необходимо также учитывать при поиске параметров, связанных с идентичностью, в структурах личности, в социальной деятельности, в процессах социальной институционализации и в культурных формах выражения. Любой, кто ищет идентичность, уже приносит с собой фонд гипотез о факторах, которые, по его мнению, вероятно, необходимы для продолжения существования человека, общества и культуры, и которые, следовательно, всегда направляют их поиск определенными способами. Понятия, которым приписывается

[7] Спенсер-Браун 1994. Немецкий: 2008.

постулат идентичности (личность, общество, культура), сами по себе являются понятиями, составляющими эту предвзятость, поскольку они относятся к параметрам, которые остаются относительно постоянными, отличают системы от других систем и, таким образом, обязывают нас искать неизменную характеристику, которая делает различия. Поэтому "идентичность" уже имманентна в понятиях личности, общества, культуры и многих других понятиях, характеризующих стабильность и постоянство в многообразии изменяющихся явлений живых систем.

Поэтому использование термина "идентичность" в отношении объекта ссылки также является разнообразным. В принципе, можно различать идентичность индивида и идентичность коллективов (которая может быть основана на атрибуциях внутреннего или внешнего наблюдателя (наблюдателей)). Что касается концепции "коллективной идентичности", то необходимо провести дополнительное различие в отношении того, относятся ли восхождения к самому коллективу или к членству индивидуума в коллективе. В последнем случае человек может иметь столько коллективных идентичностей, сколько он является членом коллектива. Коллективная идентичность индивида вместе с индивидуальной идентичностью формируют его или ее "личную идентичность".[8]

Например, можно сказать, что коллективная идентичность существует в тех случаях, когда коллектив, например, члены той или иной этнической группы, как представляется, характеризуется особыми чертами. Затем описывается "коллективная идентичность" этого коллектива. Конечно же, эти характеристики тогда относятся и к каждому члену. Теперь "коллективная идентичность" является частью его "личной идентичности" и описывает членство в коллективе. Кроме того, "личностная идентичность" содержит также индивидуальную идентичность в смысле множества характеристик, которые в относительно уникальной комбинации описывают особую природу индивида, выходящую за рамки его коллективной идентичности[9]. Поскольку отдельные лица принадлежат к нескольким коллективам, они также имеют несколько коллективных идентичностей, которые они индивидуально взвешивают в своей "личной идентичности" и, возможно, пытаются сделать их совместимыми или полезными друг для друга.

---

[8] Например, согласно Сохст 2015.

[9] Коллективная идентичность (social identity) – это психосоциальный комплекс человека, задающий эмоционально важное для него самоотнесение к какой-либо группе/общности, а также определяющий правила поведения людей в этой группе, правила приема людей в группу и исключения их из нее, критерии деления «свой/чужой» для данной группы. [...] В группе с коллективной идентичностью (далее – КИ) определяющий данную КИ комплекс должен присутствовать в психике каждого ее участника, будучи согласовываемым между членами группы во внутригрупповой коммуникации. Из общих соображений понятно, что каждый индивид имеет в общем-то «пучок» коллективных идентичностей, «завязанных» на разные сообщества, к которым он имеет отношение. (Krupkin 2014, с. 64)

Конструкции коллективной идентичности можно отличить путем дальнейшего систематического подхода к наиболее важным критериям принадлежности. Сохст видит историческую модель развития различных форм коллективной идентичности, основанную на существующем в соответствующую эпоху образе человека и культурно-практичных атрибуциях социальных параметров принадлежности. Он считает, что временная ориентация коллективной идентичности имеет решающее значение для типа признаков принадлежности. Он различает "архаичную протоидентичность", которая может быть найдена в возрасте до 40 лет. За тысячу лет до Христа, атрибуты которого были сделаны независимо от временных дифференциаций и ограничивались текущим членством в клане или семье, последующее разделение индивидуальной идентичности, как можно наблюдать в греческой античности в "изобретении личности", от "коллективно-анзестральной ориентированной идентичности", для которой характерна ориентация, связанная с происхождением и, таким образом, с прошлым (символизируемая, например, в поклонении предкам), затем "нынешняя коллективная и индивидуальная идентичность", начиная примерно с 1550 г., которая определяет принадлежность через черты, связанные с настоящим, такие как полезность для нынешней ситуации, вызванная, например, утилитаризмом рационализма Гоббса, и, наконец, "программно ориентированная перспективная коллективная и индивидуальная идентичность", черты принадлежности которой основаны на индивидуально желаемом участии в коллективной программе или программе работы, или индивидуальные цели государства, которые должны быть достигнуты в будущем.[10]

Эта типология или "логика развития" конструкций идентичности, возможно, также может быть использована в качестве аналитического инструмента для объяснения различий в идентичности между западными индивидуалистическими культурами и восточными коллективистскими культурами, поскольку она относится к характеристикам, которые, по крайней мере, имеют очень разный вес, если не фундаментально иной, для сегодняшних западноевропейских культур и постсоветских культур. Так, националистические и этнистические конструкции идентичности всегда в своей основе относятся к типу "коллективно-анзестрально-ориентированной идентич-ности",[11] в то время как конструкции идентичности, основанные на идее индивидуальной самореализации и образе жизни, служащем социальному прогрессу, относятся к типу "программно ориентированной на будущее идентичности". Однако следует предположить, что те типы, которые Sohst развил с претензией на ограниченность эпохи, можно встретить повсюду в смешанной форме в сегодняшних плюралистических обществах, и что это также представляет собой плюрализм существующих конструкций идентичности.

---

[10] Сохст 2015, с. 3 и далее.

[11] "Анзестраль" в смысле "вернуться к предкам".

3. Феноменология личной идентичности

Использование понятия идентичности в отношении человека возникает на двух уровнях, с одной стороны, на феноменальном эмпирическом уровне, руководствуясь вопросом о том, с чем определенные люди отождествляют себя, что они понимают как свою личность, как свою идиосинкразию или даже как свою роль, какие характеристики они приписывают себе, какие интересы и какой идеал они черпают из себя. Во-вторых, на интерпретационном, пояснительном уровне, который составляет основу первой, руководствуясь вопросом о том, что стоит за этими идентичностями, что делает их ценными, что их оправдывает, какие ценности существуют за этими идентичностями, почему они вообще важны и какова общая картина человека, смысла жизни, а также общества и его культуры, которые в них содержатся.

Наблюдения на обоих уровнях также должны различаться в зависимости от того, кто является наблюдателем, сам субъект или внешний наблюдатель (которых, конечно, много). Субъект приписывает "идентичность" себе, например, в своих понятиях о себе, но "идентичность" приписывается ему и другими. В связи с этим может быть составлена следующая схема:

Уровни	Самоконтроль	Внешний контроль
Феноменальный эмпирический	Социальная самооценка Идентификация с... Осознание роли Мы чувствуем Идеальная самооценка Уверенность в себе и самоуважение	Социальная идентичность/ Колективная идентичность Принадлежащий... Роли приняты Статус и изображение общественное одобрение Распределение ориентаций
толковательный пояснительный	Самообслуживание Осознание ценности Образ человека смысл жизни	Представление интересов и ценностей Культурные знания/ Культурные горизонты смысла

Различные гуманитарные дисциплины занимаются этими вопросами, как правило, на обоих уровнях одновременно, даже если они концентрируют свое внимание на двух уровнях с разным весом и интересом. Социология, культурология и этнология, как и психология и, в более скромной степени, политология,[12] в теории конструирования "идентичности". В общем смысле, эти вопросы обсуждаются также философией и всеми формами антропологии,

[12] Другие подходы к понятию "идентичность", например, посредством закона, не рассматриваются в следующих документах

которая, прежде всего, вносит общий вклад в толковательно-разъяснительный уровень, поскольку вопрос "кто есть человек" всегда включает в себя вопрос о потенциале личности "кто я". Что касается этой темы, то здесь будут выбраны только две из этих дисциплинарных точек зрения, а именно: социологическая и психологическая.[13]

Социология. Социологов интересует феномен идентичности, прежде всего, объединяющий эффект идентификации конструкций. Первый постулат о том, что принадлежность к социальной группе, будь то нация, профессия, сцена или конкретная семья, придает ее членам общую специфику и, таким образом, может стать символом их социальной или коллективной идентичности.[14] Во-вторых, социология, здесь часто в сочетании с психологией, исследует вопрос о том, какие социализирующие воздействия социальных когорт, социальных слоев, субкультур и субкультур влияют на формирование субъективных, социально-ориентированных установок и позиций и формируются через идентификацию. В-третьих, социология выстраивает диагнозы времени, позволяющие предположить эпохальную идентичность членов общества в той или иной культуре.[15]

Поэтому термин "идентичность" появляется в связи с многочисленными обозначениями, такими как "национальная идентичность", "этническая идентичность", "коллективная идентичность", но также и более конкретно, например, в связи с "идентичностью учителя", но также и с "гетеросексуальной идентичностью", "авангардной идентичностью", "моральной идентичностью", а также с "постмодернистской идентичностью" или "традиционалистской идентичностью" и многим другим. Термин "постсоветская идентичность", используемый здесь, также использует ярлык, а именно характеристику "постсоветской", которая, очевидно, имеет объясняющее качество для специфики определенной наблюдаемой идентичности. По-видимому, существуют три категории, в частности, по которым различаются идентичности или которые считаются достаточно значимыми для того, чтобы люди воспринимали себя как идентичные им самим.

- Членство в группе. В этом смысле Джордж Герберт Мид, например, понимает "социальную идентичность" как конгломерат социальных, т.е. ролевых суб-идентификаций, которые берет на себя индивидуум. Он противопоставляет это "личностной идентичности" как уникальному созвездию индивидуальных особенностей человека и биографически уникальному синтезу ролевых механизмов и самосознаний личности.[16]
- Фундаментальные ориентации, убеждения и взгляды. Биологические и психологические характеристики, которые во многом являются непре-

[13] Прекрасный обзор многодисциплинарных подходов к теориям идентичности можно найти в диссертации Бернадетты Мюллер 2009 года, частично опубликованной в Мюллере 2011 года.
[14] Ср. Ансельм Штраус 1968, "Принадлежность как символический факт", с. 161 и далее.
[15] О значении идентификационных конструкций в диагностике времени см. Prisching 2018, с. 124 и далее.
[16] Ср. Мид 1973, 1980.

рывными, с которыми индивидуум идентифицируется и которые во многом становятся актуальными для его собственного образа жизни, указывают, с одной стороны, соответствующему субъекту, а с другой стороны, его внешним наблюдателям на то, "за что кто-то выступает".

- Эпохальная однородность. Социология культуры, в частности, неоднократно ставит диагнозы времени, включающие конструирование социальной идентичности высокой степени обобщения. Примерами в Германии являются диагнозы "общества риска" Ульриха Бека (1986), или "общества опыта" Герхарда Шульце (1992), или даже "ускоренного общества" после Фукса, Ивера и Микали (2018), которое порождает "обремененный налогом субъект". [17] Придется ли рассматривать понятие "постсоветской идентичности", если оно вообще имеет смысл, для обозначения эпохально однородной идентичности.

Психология. Прежде всего, подходы в психологии личности, психологии развития и социальной психологии рассматривали понятие идентичности, с одной стороны, при разработке конструкции "эго-идентичности" как суммы Я-вкладов и Я-идентификаций личности, с другой стороны, в отношении психологических аспектов развития и обучения при принятии идентификаций и формировании Я-концепций. Таким образом, с одной стороны, психологический взгляд конкретизирует феномены сознания самоидентификации, с другой стороны, условия развития этого сознания в социализации и воспитании молодежи.

Психологическая перспектива фокусируется, прежде всего, на вопросах о том, как люди приписывают себе "идентичность" и что это значит для их самосознания, как в развитии личности [18] возникают понятия о себе и идеальные концепции, и какие биографические и социальные факторы имеют решающее значение для выбора предложений по идентичности. Таким образом, "идентичность" понимается, прежде всего, как результат само-ощущения личности, основанного на определенных измерениях саморефлексии. Для самоидентификации необходимо, чтобы человеку удавалось находить относительно постоянные представления о себе и относительно постоянную идентичность в этих измерениях. В этом смысле психолог Илларион Г. Петцольд разработал пять так называемых "столпов идентичности", на которых атрибуция людей основывается на том, что они могут видеть себя уникальной и стабильной личностью[19]. К этим пяти столпам относятся опыт собственной физичности и потребности, социальная сеть или социальные ориентиры (социальная принадлежность), работа и произво-дительность (отождествление с собственной деятельностью), материальная обеспеченность (материальные ресурсы и знакомое экологическое пространство), а также ценности и нормы

---

[17] См. также обзор современных диагнозов культурной психологии Чакхарата и Вайдемана 2018 года.

[18] Следуя традиции исследований, уже существовавшей в США с 1950-х годов, самоконцептуальные исследования в Германии начались примерно в середине 1970-х годов и переживали бум в течение примерно двух десятилетий. Ср. первый Нойбауэр 1976 года, а затем очень всесторонне Филипп 1979 года.

[19] Петцольд 1984.

(ценностные ориентиры и смысл жизни). С одной стороны, пять столпов обозначают области, в которых человек находит существенные ориентиры для самоиденти-фикации; с другой стороны, они обозначают также области социализации, которые являются роковыми для развития идентичности, в которых зарезервированы конкретные предложения идентичности, т.е. потенциал идентифи-кации с чем-то.

Эрик Х. Эриксон использовал понятие эго-идентичности для описания биографической уникальности личности, которую он понимал, прежде всего, как результат преодоления кризисов всеобщего развития, но которая также во многом зависит от того, в какой степени другие распознают самосознание человека.[20] В этом отношении развитие и доказательство идентичности также является социально опосредованным аспектом данной концепции. Эриксон видел прежде всего юношескую фазу как решающий этап в поиске идентичности, в котором формируются относительно устойчивые позиции эго-идентичности[21]. В то же время предположение об однородной, непрерывной эго-идентичности подверглось широкой критике в психологии и получило признание, что в условиях множественности и противоречивости постмодернизма единые критерии формирования самосознания и собственной репрезентации идентичности уже не могут быть гарантированы, а индивиды реагируют на различные социальные и культурные требования ситуативными идентичностями. Для этого не существует ни традиционных, ни консенсуальных концепций решения. Скорее, они развивают свою индивидуальность в независимой "работе над идентичностью", в которой они пытаются уравновесить свои суб-идентичности, которые до сих пор гарантируют им минимум самоконтроля и личностного стиля.

4. Концепция идентичности в изменении

С 1990-х годов возникла концепция "patchwork идентичности"[22], которая противоречила традиционному пониманию идентичности как постоянного остающегося верным себе и, следовательно, предсказуемого для других, и теперь представляла индивида как хамелеона, который приспосабливается к изменяющимся требованиям социальной среды и, таким образом, ставит себя в стратегически выгодное положение, максимально приближенное к ожиданиям и критериям успеха других людей.

Эта концепция, построенная, прежде всего, Хайнером Кеппом, имела – вероятно, не в последнюю очередь, из-за своего шокирующего противоречия по сравнению с "современной"[23] концепцией самоидентичного субъекта –

[20] Эриксон 1974, см., в частности, "Проблема идентичности эго", стр. 123-212.
[21] От этого следует отличать ощущение того, что человек обладает преемственностью не только физически, но и через память о своих переживаниях и чувствах, в отношении своих знаний, своих взглядов и ориентации (ср. Штраусс 1968, с. 156 и далее).
[22] См. Кепп 1997, 2002.
[23] Ср. Симмел 1904.

значительный эффект в экспертной дискуссии в области социологии молодежи. В то же время, эта социально-психологически выведенная конструкция была хорошо связана с теоретико-идентификационными проектами символического взаимодействия Джорджа Герберта Мида и Эрвинга Гоффмана и их дальнейшим развитием Лотаром Краппманом в Германии. Прагматический экспериментализм социального действия, который уже вывел на первый план Уильяма Джеймса и Джорджа Герберта Мида, теперь, казалось бы, полностью восторжествовал над добродетелью индивидуальной силы характера; саморепрезентация индивидуумов, по-видимому, полностью утратила претензию на максимально возможное выражение индивидуальных ориентаций и установок и стала стратегическим маневром, даже обманчивым маневром, в удовлетворении ожиданий других людей. Кепп назвал это "управление впечатлениями". То, что традиционно критиковалось как "слабость характера", сейчас, казалось бы, является успешной концепцией "маркетинга идентичности" на рынке механизмов социального признания. Этот взгляд на идентичность становится сегодня парадигмой в "медийных идентичностях" молодых людей в социальных сетях. Саморепрезентация в различных ролях и нарядах, ситуации и отношения, приправленные квантом оригинальности и творчества, символические адаптации из мира звезд, реальные и виртуальные герои, возможно, в то же время вновь подвергаемые сомнению самоиронией, характеризуют привычку, особенно у молодых людей. Очевидно, что этот обычай реализует программу постмодернизма в том смысле, что заимствованная символика едва ли когда-либо заимствовалась из фиксированного репертуара, но может цитироваться из символического фонда практически всех культур и эпох, а также в том смысле, что идентификация, принятая в автопортале, не имеет реальной приверженности и преемственности. Короче говоря: привычка такого самопредставления представляет себя как игру и, как и любая игра, играет с соблазном быть принятым всерьез.

Рассмотрим вкратце социологическую теорию идентичности Эрвинга Гоффмана (1973) и Лотара Краппманна (1988), которая сделала возможной такую динамичную концепцию идентичности.

Лотар Краппманн, основываясь на концепции идентичности Мида, выделил четыре основные квалификации личности, необходимые для соответствующего ролевого действия, а именно: 1) способность брать на себя роли и сопереживать самооценке других обладателей ролей как носителей намерений, образа мышления, интересов и эмоций; 2) способность дистанцироваться от роли, т.е. к рефлексивному подходу к ролевым ожиданиям в соответствии с собственными потребностями и представлениями о себе, 3) терпимость к двусмысленности как к способности воспринимать ожидания, противоречащие собственному ролевому пониманию, которое возможно в результате культурных или социальных различий, и учитывать их в своих действиях, и 4) способность представлять идентичность, т.е. выражать собственное понимание личной идентичности.

Именно последнее, репрезентация идентичности, которая – согласно моему тезису – уже происходит среди подростков и самой молодежи в "культурно санкционированном пространстве", особенно в новых социальных сетях, т.е. зачастую посредством использования клише, которые не допускают удивительно оригинальной индивидуальности, отклоняющейся от того, что ожидается, а присваиваются однородным репертуаром идентичности, из которого молодые люди должны черпать символы своей идентичности, если они хотят, чтобы их узнали. Я считаю, что здесь есть разница, прежде всего, между Востоком и Западом, а также между поколениями на Востоке и Западе.

Именно Краппманн в очередной раз динамизировал понятие "идентичность", предполагая, что "представленная идентичность" не имеет универсальной, постоянной формы, а видоизменяется в зависимости от партнеров по взаимодействию.[24] Таким образом, возможно, что люди представляют свою идентичность в одних ситуациях совершенно иначе, чем в других, например, на работе совершенно иначе, чем в кругу друзей, в новых социальных сетях совершенно иначе, чем в семье. Именно это наблюдение затрудняет разговор об общей "постсоветской идентичности", поскольку во всех ее проявлениях важно учитывать аудиторию, перед которой представлена такая идентичность. Тем не менее, за разнообразием феноменальной постсоветской идентичности, возможно, стоит обобщение интерпретируемой постсоветской идентичности.

Следует также отметить, что "идентичность" всегда является также "согласованной идентичностью", т.е. основанной на процессе адаптации при использовании определенных символов в определенных контекстах. "Символическая идентичность" должна быть понята другими, она должна быть основана, как бы, на общем языке, который а) признан партнерами по коммуникации как язык саморепрезентации и б) чьи символы могут быть подробно поняты, приписаны определенным контекстам и коннотациям. Однако она также зависит от стратегических условий для достижения успеха. Это символическое предложение для партнеров по коммуникации для достижения их собственных целей, особенно для того, чтобы быть отнесенными к социальным группам и статусным клише и получить признание, возможно, даже власть и влияние. В этом отношении процесс переговоров о самобытности соответствует произволу коллективной "культуры симпатии и признания", на которую индивидуум не может влиять. С другой стороны, представление личности как личности отражает именно по этой причине коллективную культуру, ее клише и ценностные ориентации, в которых заложено самопредставление личности. В этом отношении в определенной степени существует определяющая связь между индивидуальной саморепрезентацией и "культурой идентичности" общества, которая, с одной стороны, позволяет реконструировать "коллективную идентичность" в качестве культурного содержания даже в условиях постмодернизма, а с другой стороны, позволяет разработать культурные критерии, на основе которых можно предположить, что в индивидуальной саморепрезентации будут выработаны понимание и принятие.

---

[24] Ср., например, Краппманн 1988, стр. 7.

5. "Постсоветская идентичность" как идеальный тип в смысле Вебера

Понятие "идентичность" претендует на себя как на логику обобщения, и все, что говорится об идентичности, закрепляется, так сказать, за неизменным, за вездесущим и за "твердым ядром" насыщенной событиями жизни просто тем, что ей приписывается характерная черта быть похожим на себя. В этом отношении понятие "идентичность" предопределено совершенно иначе, чем понятие "постсоветское", поскольку оно должно быть проверено не сомнительностью исторического анализа, а адекватностью самого обобщающего утверждения.

В то же время использование термина "постсоветская идентичность" имеет смысл, если знать о конструктивном качестве термина и не понимать "постсоветскую идентичность" как термин для правильного описания всей социальной реальности, а использовать его в смысле Макса Вебера как идеал-типичный термин[25], посредством которого существенные, обычно новые черты социальной реальности – возможно, с преувеличенной, даже утопической лаконичностью – подчеркиваются и внедряются в упорядочивающую систему. Идеальный тип – это, как говорит Вебер, "ментальная конструкция", а не эмпирическая, существующая форма, и скорее продукт наблюдения, который во что бы то ни стало односторонне преувеличен, что подчеркивает то, что связно в путанице неуправляемого концерта феноменов. Идеальный тип стоит в селективном отношении к реальности, он вырезает то, что может быть собрано вместе, чтобы сформировать единство под предпосылкой ранее предполагаемого значения.

Это, с одной стороны, инструмент, средство анализа социальной реальности, конкретный взгляд на данную ситуацию, так сказать, позволяющий обнаружить особенности, которые не были бы заметны без него, а с другой стороны, трендовая отправная точка для гипотез, которые могут лечь в основу концепций исследований и сравнительных культурных наблюдений.[26] Идеальный тип является инструментом сравнения; его можно сравнительно противопоставить эмпирической реальности, чтобы выделить отдельные явления в результате их сходства с законом и тем самым квалифицировать их для подтверждения моментов идеально-типичного построения. В этом смысле мы понимаем построение "постсоветской идентичности" как идеал-типичное понятие,

Идеальный тип "постсоветской идентичности" – это, с одной стороны, та фольга, которая применяется к наблюдаемой реальности постсоветской реальности для того, чтобы обнаружить то, что может быть собрано воедино, чтобы сформировать когерентный и, таким образом, богатый фоном тип, но она также сама подвержена пересмотру через практику сравнения, поскольку то, что выявляется через ее применение, может также указывать на нечто совершенно отличное от того, что предполагалось ранее. В этом отношении идеальный тип подчиняется механизму герменевтической самокоррекции; изучение сходства

---

[25] См. Вебер 1995.

[26] Ср. Дикманн 1967, стр. 29 f.

может выявить и то, что вообще не соответствует критерию подобия, но "бросается в глаза" исследователю по другим причинам и, возможно, заставляет его обогащать или корректировать идеальный тип чем-то новым. Поэтому идеальный тип следует понимать не как исторически-независимый инструмент анализа, а скорее как растущую конструкцию в противостоянии с анализируемой реальностью.

Идеальный тип позволяет найти осмысленную согласованность (в смысле концепции рациональности Вебера) социальных явлений, заранее предполагая и формируя соответственно, что социальные явления влияют друг на друга таким образом, что такая согласованность развивается с течением времени. Они подчиняются рациональности взаимной совместимости, которая обусловлена ограничениями социальной самоорганизации.[27] Мы также постулируем это, когда используем концепцию "постсоветской идентичности" в качестве идеал-типичного инструмента для анализов в этой книге.

Разработка такой согласованности требует времени, так же как и любой процесс самоорганизации требует времени для получения функционирующего структурного результата. Учитывая возможность создания социокультурных формаций в условиях новой реальности в постсоветских обществах, это время включает в себя три десятилетия с момента распада Советского Союза, которые могут быть социально восприняты как "успешные". Поэтому можно предположить, что при преодолении кризисов и компенсации потерь в социальной жизни и культурных достижениях появляются новые творения смысла и порядка, которые, по крайней мере, можно воспринимать.

Конечно, понятие "постсоветская реальность" всегда остается "запоминающимся" в том смысле, что оно приравнивается к эпохальной фактической реальности постсоветских государств сегодня и при этом претендует на характеристику "реального типа" возможной социальной реальности. Кроме того, риэлто-типичные и идеал-типичные области применения этого термина часто остаются запутанными или помещаются в одну без систематической последовательной демаркации. В такой практике характеристики "взгляда", так сказать, чередуются с характеристиками наблюдаемой реальности, эвристика путается с самими аналитическими результатами, идеал-типичный термин онтологизируется. Однако научное усердие должно быть направлено на то, чтобы в описательных, упорядочительных и аналитических операциях, а также в обязательном характере всех его высказываний о реальности соблюдать границы идеально-типичной концепции и оставаться в курсе релятивизирующей конструктивности ее концептуальных инструментов. Это задача постоянного вспоминания отправной точки идеально-типичного "творения", в изобретении которого еще отчетливо ощущался собственный вклад открытия, а ограничение собственного взгляда при "внимательном рассмотрении" типичного не представляло труда для размышления.

Поэтому, читая эту книгу, читателю, несомненно, будет полезно рассмотреть описательные и пояснительные высказывания о постсоветской идентичности с точки зрения их идеально-типичных предположений и выявить, насколько это

---

[27] См. Шмид 1994.

возможно, неявные типологизирующие сетки, которыми руководствовались ученые. Он/она обнаружит, что различные материалы, представленные в этой книге, никоим образом не применяют одну и ту же модель идеального типа или одну и ту же типологию, но что одно из существенных достижений научной продуктивности заключается именно в том, чтобы породить новую идеально-типичную семантику, следующую за уже существующими и выставляющую их на обсуждение. В этом смысле мы желаем критическому читателю увлекательного и постоянно захватывающего чтения.

Список литературы

Чакхарат, Прадип/Вайдеман, Дорис (Eds.) (2018): Kulturpsychologische Gegenwarts-diagnose: Bestandsaufnahmen zu Wissenschaft und Gesellschaft. Билефельд: транскрипт.

Дикманн, Иоганн (1967): Рациональность идеального типа Вебера. Социальный мир 18-й год, Н. 1 (1967), стр. 29-40.

Эриксон, Эрик Х. (1974): Идентичность и жизненный цикл. Три эссе. Второе издание. Франкфурт-на-Майне: Суркамп.

Филипп, Сигрун-Хайде (ред.) (1979): Исследования самосознания. Проблемы, результаты, перспективы. Клетт-Котта.

Хальбах У. (2002): "Больше не постсоветское" пространство? Россия в восприятии государств Кавказа и Центральной Азии до и после 11 сентября (SWP исследование, с. 24). Берлин: Stiftung Wissenschaft und Politik. SWP Германский институт международных отношений и безопасности. Интернет: https://mbm-resolving.org/ urn:nbn:de:0168-ssoar-261717

Lahusen, Thomas (2008): Decay or Indurance: The Ruins of Socialism (Распад или Страхование: Руины социализма). В: Лахусен, Томас/Соломон, Питер Х. (ред.): Что теперь советское? Личности, наследие, воспоминания. Берлин: Литва.

Мид, Джордж Герберт (1980): Социальная идентичность. (1913) В. Собрание сочинений, том 1. ред. Ханса Йоаса. Франкфурт-на-Майне: Суркамп, С. 241-249.

Мид, Джордж Герберт (1973): Разум, идентичность и общество. (1934) Франкфурт-на-Майне: Суркамп.

Мехнерт, Клаус (1958): Советский человек. Попытка портрета после двенадцати поездок в Советский Союз 1929-1957 годов. 11-е изд. Штутгарт: Дойче Верлагс-Анштальт.

Мюллер, Бернадетта (2009): Идентичность. Социологический анализ социальной конституции личности. Диссертационный университет Граца, Австрия.

Мюллер, Бернадетта (2011): Эмпирическое исследование идентичности. Личностные, социальные и культурные аспекты самолокализации. Висбаден, Германия: Спрингер В.С.

Нойбауэр, Вальтер Ф. (1976): Самосознание и идентичность в детстве и юности. Мюнхен/Базель: Райнхардт.

Кепп, Хайнер; Хёфер, Рената (ред.) 1997: Работа над идентичностью сегодня. Классические и современные перспективы исследования идентичности. Франкфурт-на-Майне: Суркамп.

Кепп, Хайнер; среди прочих 2002: Конструкции идентичности. Лоскутное одеяло идентичности в позднем модернизме. 2-е изд. Рейнбек: Ровохольт.

Краппманн, Лотар (1988): Социологические измерения идентичности. Штутгарт.

Крупкин, П. (2014): Политическая коллективная идентичность на постсоветском пространстве Российской Федерации. PolitBook 2014 (1), S. 61-86. Интернет:

https://cyberleninka.ru/article/n/politicheskie-kollektivnye-identichnosti-v-postsovetskoy-rossiyskoy-federatsii/viewer.

Перри, Джон (2002): Идентичность, личность и Я. Индианаполис/Кембридж: Хакетт.

Пришивание, Манфред (2018): временная диагностика. Методы, модели, мотивы. Белц Ювента.

Петцольдб, Х.Г. (1984) Предварительные соображения и концепции для интегративной теории личности. Интеграл. 10, стр. 73-115.

Шмид, Михаэль (1994): Идеализация и идеальный тип. О логике формирования типа в Max Weber. В: Вагнер, Г./Ципприан, Х. (ред.): Теория науки Макса Вебера. Интерпретация и критика. Франкфурт: Суркамп, С. 415-444.

Симель, Георг (1904): Кант и индивидуализм. In: Simmel, Georg: Essays and Treatises 1901-1908, том I. (Георг Зиммель. Гезамтаусгабе, том 7) Франкфурт-на-Майне: Suhrkamp 1995, стр. 273-282.

Спенсер-Браун, Джордж (2008): Формовые законы. 1994 г. Портленд ИЛИ: Компания Коньяйзер. Немецкое издание: Законы формы. Лейпциг: Богмайер.

Сохст, Вольфганг (2015): Открытие индивидуальности. Краткая история человеческой личности. Лекция от 26.01.2015. Интернет: http://www.momo-berlin.de/files/momo_daten/dokumente/Sohst_MoMo-Vortrag_Januar2015. pdf.

Штраус, Ансельм (1968): Зеркала и маски. Поиск личности. Франкфурт А.М.: Суркамп.

Свинберн, Ричард (1984): Личная идентичность: теория дуализма. В: Сапожник, Сидней/Свинберн, Ричард: Личная идентичность. Бэзил Блэквелл, стр. 1-66.

Солнечный, Ричард Григор (1999): Предварительная стабильность. Политика идентичности в постсоветской Евразии. Международная безопасность, том 24, № 3 (зима 1999/2000), стр. 139-178.

Вебер, Макс (1995): Объективность социологических и социально-политических знаний. Шуттервальд: Wissenschaftlicher Verlag, 1995 (Оригинал: J.C.B. Mohr, Tübingen 1904).

Postsowjetische Identität im Prisma der Freiheit

Artur Mkrtichyan

Vergangenheit und Zukunft: Zur Notwendigkeit einer Synthese

Die Art und Weise, wie die postsowjetischen Staaten in die Weltgesellschaft integriert sind, bestimmt nicht unerheblich den allgemeinen Inhalt der weltgeschichtlichen Prozesse unserer Zeit. Daher sind die Probleme dieser Integration keine strikt private Angelegenheit jedes neuen Staates, und ihre Lösung sollte auf den von der Weltgemeinschaft akzeptierten universellen Werten beruhen. Die Etablierung einer globalen Zusammenarbeit in der Welt, in der der Erfolg der Strategien autonomer Persönlichkeiten zunehmend vom Erfolg vieler anderer Persönlichkeiten abhängt, ist eine direkte Folge der Herausbildung einer einheitlichen sozioökonomischen Weltkultur und beinhaltet die Koordination räumlich unterschiedlicher, aber gleichzeitig stattfindender globaler Ereignisse. Von nun an gibt es eine globale Kultur, die nicht im Raum lokalisiert, sondern zeitlich synchronisiert ist, in deren Rahmen es keinen Platz mehr für Begriffe wie Zentrum und Peripherie gibt und in dem alle Ereignisse, unabhängig davon, wo sie stattfinden, gleichwertig werden. Jeder tritt mit seiner Vergangenheit in diese Kultur ein, aber alle haben eine gemeinsame Zukunft.

Durch den kombinierten Einfluss von Vergangenheit und Zukunft ist jeder Mensch sowohl einzigartig als auch universell, was es den Menschen wiederum ermöglicht, in die neue globale Kultur einzutreten und dabei seine frühere kulturelle Identität zu bewahren. Auf dieser Grundlage können die Gefahren des Totalitarismus vermieden werden, wie z. B. der Aufstieg des Fundamentalismus, der weitgehend auf die Überkultivierung der Vergangenheit und auf das Misstrauen gegenüber einer gemeinsamen Zukunft zurückzuführen ist. Gleichzeitig spielen natürlich auch die erfolglosen Versuche der Entwicklungsländer, jenes westliche Niveau der wirtschaftlichen Entwicklung zu erreichen, das zum Wertewandel führte, eine wichtige Rolle. Infolgedessen begannen einige, statt nach neuen Werten in der gemeinsamen Zukunft der Weltgesellschaft zu suchen, diese in ihrer eigenen Vergangenheit zu suchen, d. h. sie konnten das Problem der kreativen Synthese ihrer eigenen Vergangenheit und der gemeinsamen Zukunft nicht lösen.

Es versteht sich von selbst, dass die Ungewissheit dieser Zukunft, und oft auch der Gegenwart, ihre Ziellosigkeit, eine solche Synthese stark behindert. Und hier müssen wir zugeben, dass diese Unsicherheit auch im gesamten postsowjetischen Raum vorhanden ist. Daher sollten die Erfahrungen mit dem Aufbau einer demokratischen Gesellschaft in Armenien einer wissenschaftlichen Analyse unterzogen werden, deren Ergebnisse zur Untersuchung der Gesetzmäßigkeiten und Mechanismen der demokratischen Transformation kleiner posttotalitärer Länder beitragen und es ihnen ermöglichen würden, praktische Empfehlungen für die Steuerung der Tendenzen von Transformationsprozessen zu entwickeln.

"De-Sovietisierung" ist nicht unbedingt Europäisierung

Die sowjetische Gesellschaft war stabil, weil unter totalitären Gesellschaftsordnungen die menschlichen Bedürfnisse relativ leicht zu befriedigen waren, da die individuelle Zielstrebigkeit dem Ganzen untergeordnet war. Sie beschränkte sich auf das universelle Ziel des Aufbaus des Kommunismus und das Prinzip des Ausgleichs, und ein entsprechend manipuliertes kollektives Bewusstsein hielt diese Bedürfnisse gering, verhinderte die Entwicklung des "Individualismus", die Emanzipation des "Individuums" und setzte strenge Grenzen für das, was ein Individuum in einer bestimmten sozialen Stellung legitimerweise erreichen konnte. Dabei schöpften alle den Sinn ihres Lebens aus dem Gefühl der Zugehörigkeit zu einer "großen" gemeinsamen Sache. Doch der allmähliche Zusammenbruch des totalitären Systems verursachte eine "Individuation" und verwischte die moralischen Grenzen, die durch die frühere Ethik des Kollektivismus und die Macht der totalitären Kontrolle gezogen wurden. So haben viele alte Traditionen und Kommunikationsstereotypen ihre Wirksamkeit und Macht über die postsowjetische Persönlichkeit verloren.

Es ist jedoch wichtig, dass die soziale Ordnung die Verfahrensregeln der Kommunikation befolgt, durch die das Unregulierte geregelt und ein soziales Risikomanagement durchgeführt wird. Es sind tradierte Verfahren (z. B. politische Wahlen), die die Komplexität reduzieren und die Beherrschbarkeit systemischer Abweichungen und aller Arten von Konflikten garantieren, die sich aus dem Wirken positiver Rückkopplungen in der Gesellschaft ergeben. Vor allem ist es notwendig, soziale und kulturelle Erwartungen miteinander in Einklang zu bringen, indem das Individuum durch seine Beziehung zu bestimmten Rollen, Programmen und Werten identifiziert wird.

In Armenien wurden die Schwierigkeiten der Übergangszeit durch die extremen Lebensbedingungen, die durch den Karabach-Krieg und die Blockade durch Aserbaidschan und die Türkei verursacht wurden, noch verschärft. Die Gesellschaft befand sich in einem "Weder-Krieg-noch-Frieden"-Zustand.[1] Diese Lage macht den offiziell verkündeten Kurs der Europäisierung des Landes, der nicht nur die Angleichung der nationalen Gesetzgebung an die europäischen Normen, sondern auch die tatsächliche Umsetzung dieser Normen im öffentlichen Leben bedeutet, zum bloßen Mythos. Die Aufgabe befindet sich vielmehr im Übergang von einer rein mythologischen zu einer tatsächlichen Gesellschaftsordnung, die nach europäischen Modellen und Normen aufgebaut ist. Und um dieses Problem zu lösen, ist es vor allem notwendig, die staatliche Politik im Bereich der Schulbildung und der öffentlichen Verwaltung (die ein konkreter Mechanismus zur Umsetzung dieser Politik ist) zu ändern.

Echte Europäisierung bedeutet Bildung einer zivilen Kultur, Aufbau demokratischer und rechtsstaatlicher Institutionen. Die europäische Integration impliziert die Möglichkeit der Bildung einer gemeinsamen zivilen Kultur als Konzept institutioneller Kulturen. Das Problem wird durch die Schulbildung gelöst, denn Kultur entsteht in der Tat durch den Transfer von Wissen (Informationen) und Werten (allgemein anerkannte gesellschaftliche Erwartungen) durch Bildung und Ausbildung von Generation zu Generation. Unter modernen Bedingungen ist die Bildung kultureller

---

[1] Vgl. zum Konzept der "Weder-Krieg-noch-Frieden-Gesellschaft" Mkrtichyan 2005; ferner Dijkzeul 2008.

Einheit weitgehend das Ergebnis der homogenisierenden Wirkung eines einheitlichen Schulsystems mit der entsprechenden Logik der Identitätsbildung.

In der Tat wird die Ordnung und kulturelle Ausrichtung von Identifikationsprozessen weitgehend durch die Schulbildung umgesetzt, die für die Typisierung, Massenvereinheitlichung und weite Verbreitung von Kultur- und Bildungsstandards sorgt. Deshalb ist im System unserer Schulbildung eine radikale strukturelle Neuordnung der Ausrichtung der Bildungsarbeit notwendig, um die Bildung einer neuen, den Bedingungen der postsowjetischen Realität angemessenen Identität zu fördern. Diese Entwicklung wird u. a. häufig durch das inhärent autoritäre Schulsystem behindert, dessen Versuche der "De-Sovietisierung" auf Ethnisierung abzielen und nicht auf die Förderung einer aktiven Bürgerschaftsposition, die für die jüngere Generation unter den Bedingungen der staatlichen Unabhängigkeit notwendig ist.[2]

Der allgemeine Pessimismus als Weg zur "autoritären Demokratie"

Die Untersuchung der in Armenien stattfindenden Prozesse offenbart eine Reihe von Problemen, die allen postsowjetischen Gesellschaften eigen sind, was bedeutet, dass die Entwicklung von Mechanismen zur Lösung dieser Probleme von allgemeinem Interesse ist.

Schon die anfängliche Betrachtung der Probleme der Transformation erlaubt es, sie auf drei Haupttypen zu reduzieren: Probleme der Wirtschaftsplanung, Probleme der Institutionalisierung und kulturpsychologische Probleme. Viele Forscher messen den wirtschaftlichen Problemen eine vorrangige Bedeutung bei, aber unserer Meinung nach ist es die letztere Art von Problemen, die die ersten beiden Arten weitgehend bestimmt. Und die Unterschätzung dessen hat in vielen postsozialistischen Ländern zu der vom rumänischen Philosophen Andrei Marga beschriebenen Situation geführt, in der "die Wirtschaft in Stagnation verharrt, die öffentliche Verwaltung lahmgelegt ist, das politische Leben völlig durcheinander ist und von der Kultur nichts anderes erwartet wird als der Ruf nach Freiheit".[3] Daher liegt der Schwerpunkt unserer Aufmerksamkeit auf der philosophischen Analyse der Probleme der kulturellen und psychologischen Transformation der postsowjetischen Identität.

Die Etablierung demokratischer Ordnungen im postsowjetischen Raum ist untrennbar mit der Herausbildung einer demokratischen Denkweise verbunden. Der Wandel des öffentlichen Bewusstseins ist durch das Aufeinanderprallen von alten Stereotypen und innovativen Ideen, konservativen Ideologien und haltlosen Utopien gekennzeichnet, er ist instabil und fällt leicht in die Extreme von Masseneuphorie und allgemeiner Verzweiflung. Unter solchen Bedingungen wird das Wertesystem des Individuums widersprüchlich, und diese Widersprüche manifestieren sich unweigerlich in seinen Ansichten und seinem Verhalten. Die in Armenien durchgeführten soziologischen Untersuchungen bezeugen auch die Existenz ernsthafter Probleme

---

[2] Vgl. Mkrtichyan 2007.

[3] Marga 1997, S. 417.

sozialpsychologischer Natur in der postsowjetischen armenischen Gesellschaft.[4] Zunächst einmal muss festgestellt werden, dass die Erwartungen der Mehrheit von Befragten bezüglich der Zukunft in vielerlei Hinsicht pessimistisch sind. Und die Gründe für diesen Pessimismus sollten in den Lebensbedingungen der Menschen gesucht werden.

Der allgemeine Pessimismus als soziales Phänomen wird durch bestimmte Umstände des öffentlichen Lebens bedingt, die sicherlich verändert werden können. Bereits zu Beginn des letzten Jahrhunderts analysierte der armenische Soziologe und Absolvent der Berliner Universität Jervand Frangian diese Gründe und offenbarte ihren vergänglichen Charakter. Sobald individueller Pessimismus in den sozio-ökonomischen und politischen Bedingungen auftaucht, die seine Entwicklung begleiten, manifestiert er sich sofort in der Sphäre der öffentlichen Psychologie. Frangian schrieb: "In der Geschichte, im Leben der Nationen gibt es Epochen, in denen die vorherrschenden sozio-politischen und moralisch-ökonomischen Bedingungen ein fruchtbarer Boden für die Manifestation der pessimistischen Seite eines Menschen sind, die in seiner Seele sitzen. In der Regel geschieht es in der Zeit des Zusammenbruchs der Hoffnungen, des nationalen Zerfalls, in der Zeit der Reaktion und der Enttäuschung, in der Zeit der Zersetzung der wirtschaftlichen, politischen und sozialen Lage, in der Zeit, in der es keine gemeinsamen Ideale gibt, in der Zeit, in der es keine göttlichen Ideen gibt, die die Stütze der suchenden und durstigen menschlichen Seele sind."[5] Frangians Analyse der Ursachen des Pessimismus ist auch in unserer Zeit sehr relevant, da die gegenwärtige Situation der armenischen Gesellschaft eng mit der öffentlichen Situation des frühen 20. Jahrhunderts zusammenhängt, als am Vorabend der Erlangung der nationalen Unabhängigkeit große und leider meist tragische Veränderungen in der Struktur der nationalen Existenz stattfanden. Wirtschaftlicher und moralischer Niedergang, unvollendete Kriege und innenpolitische Spannungen, Instabilität und Existenzgefährdung verursachten nach wie vor Massenfrustration, Enttäuschung und in der Folge Emigration in einem unannehmbar großen Ausmaß.

Wir können daraus schließen, dass die weit verbreitete Enttäuschung und der Pessimismus in der postsowjetischen Gesellschaft als eine Ableitung der spezifischen Bedingungen der sozio-politischen und wirtschaftlichen Situation erscheint, in der wir uns alle als Folge der Niederlage der Sowjetunion im Kalten Krieg und des Beginns einer neuen Umverteilung der Welt befanden. Und hier geht es nicht um die betroffene Psychologie des Einzelnen, wir sind auf Veränderungen unvorbereitet, vor allem in sozialer Hinsicht. Unsere Gesellschaft war im Hinblick auf die Probleme der postsowjetischen Zeit unstrukturiert. Diese Unstrukturiertheit und damit die Ungewissheit intrasystemischer sozialer Prozesse ist noch nicht überwunden, was die postsowjetische Gesellschaft unfähig macht, die Komplexität der Einflüsse aus dem systemischen Umfeld angemessen zu reduzieren, und häufig zu funktionalen Widersprüchen und verschiedenen Konflikten führt, die von Familienkonflikten bis zum ungelösten Karabach-Konflikt reichen, der sich sehr stark auf die Verbreitung pessimistischer Ideen auswirkt, denn der tragischste Grund für Pessimismus ist die Kriegsgefahr.

---

[4] Vgl. Mkrtichyan/Vermishyan/Balasanyan 2016.

[5] Frangian 1911, S. 142 (in armenischer Sprache).

Unter solchen Umständen äußert sich die Unzufriedenheit mit der Gegenwart natürlich auch als Unsicherheit über die Zukunft. Es ist genau diese Art sozialpsychologischer Atmosphäre der Übergangszeit, die in der armenischen Gesellschaft in der Sphäre des öffentlichen Bewusstseins vorherrscht. Sie manifestiert sich sowohl im Alltagsleben als auch in den Aktivitäten der oberen Machtebenen und verbreitet sich rasch über die Massenmedien. Infolgedessen wird die Gesellschaft im politischen Sinne immer weniger zusammenhaltend. Daher bildet sich eine "autoritäre Demokratie" mit einer inhärent widersprüchlichen Wertedynamik heraus.

Anomie und Emigration

Natürlich gibt es noch viele andere Faktoren, die vom unmittelbaren Zustand der öffentlichen Stimmung im Allgemeinen und des allgemeinen Pessimismus im Besonderen, von den spezifischen sozialen Bedingungen im Leben der Menschen zeugen, aber um die Ursachen für die Veränderungen der Grundlagen des gesellschaftlichen Lebens zu ermitteln, ist es notwendig, auf eine andere, tiefere und substantiellere Ebene der Analyse überzuwechseln. Und hier müssen wir zugeben, dass unser gesellschaftliches Leben durch ein hohes Maß an Desorganisation der Regulierung sozialer Prozesse durch offiziell festgelegte Normen gekennzeichnet ist und offensichtliche Anzeichen der Anomie aufweist, weil die Menschen nicht alle anerkannten Ziele mit rechtlichen, institutionellen Mitteln erreichen können. In der heutigen transformierten Gesellschaft, die durch spontane Veränderungen kultureller Ziele und institutioneller Mittel zu ihrer Erreichung entstanden ist, werden bestimmte Ziele ohne entsprechende Akzeptanz institutioneller Verhaltensweisen extrem stark betont.

Nach dem amerikanischen Soziologen Robert Merton, der die Anomie als normativen Konflikt in der kulturellen Struktur der Gesellschaft interpretierte, umfasst die vorherrschende Kultur allgemein anerkannte und miteinander verbundene Ziele, die aus bestimmten kulturellen Zielen, Absichten und Interessen bestehen und als legitime Ziele für die Gesellschaft fungieren.[6] Diese Ziele sind von unterschiedlicher Bedeutung, prägen unterschiedliche Einstellungen und inspirieren die Menschen, sie zu verfolgen. Kultur enthält auch Möglichkeiten für Menschen, ihr Verhalten in einer für sie akzeptablen Weise zu regulieren und zu kontrollieren. Diese beiden unterschiedlichen Elemente des kulturellen Rahmens sind miteinander verbunden, und wenn sie zu unkoordiniert sind, kommt es zu einer Situation kultureller Dissonanz, in der die Menschen die Ziele und die Mittel zu ihrer Erreichung unterschiedlich akzeptieren. Der Konflikt zwischen kulturell vorgegebenen universellen Zielen und den Mitteln zu ihrer Erreichung führt zur Anomie. Andererseits ist eine der wichtigsten sozialhistorischen Ursachen der Anomie die Veränderung der früheren Rolle der vermittelnden Beziehung zwischen dem Staat und dem einzelnen Bürger von Gruppen und Institutionen. Die ehemals feste Struktur öffentlicher Ziele, allgemein akzeptierter Normen und Verhaltensmuster wird gelockert, den Menschen wird das Gefühl der Gruppensolidarität genommen, die sozialen Bindungen, die ihrer persönlichen Identifikation zugrunde liegen, schwächen sich ab, und die Wirksamkeit der kollektiven Kontrolle wird gestört, was zum Wachstum verschiedener Arten abweichenden

[6] Merton 1957.

Verhaltens in der Gesellschaft führt. Letztere finden nämlich dort statt, wo die soziale Integration gering ist und die Sozialisation der Menschen mangelhaft ist, was es ihnen erlaubt, die institutionellen Mittel zur Verwirklichung der Ziele zu vernachlässigen.

Dies erklärt das Verhalten vieler Mitglieder der postsowjetischen Gesellschaften, das sehr oft nur technischen Zweckmäßigkeitserwägungen unterliegt. Die technisch wirksamsten Mittel, ob legitimiert oder nicht, werden in der Kultur gewöhnlich dem institutionell vorgeschriebenen Verhalten vorgezogen. Das postsowjetische Individuum wird durch den Willen in ein System neuer sozialer Beziehungen einbezogen, in dem die Institutionen und Gruppen, die seine Verbindung zur Gesellschaft vermitteln, ihre früheren Regulierungsfunktionen verloren haben. Monetärer und materieller Erfolg ist zu einem allgemein anerkannten Hauptziel geworden, einem Indikator für das persönliche Wohlergehen. Die zunehmende Individualisierung führt die Menschen aus dem Rahmen der kollektiven moralischen Kontrolle heraus und entwertet die regulative Rolle alter sozialer Normen, Stereotypen und Traditionen. Kurz gesagt, die alten Normen und Werte entsprechen nicht mehr der Realität, während neue Normen und Werte erst im Entstehen begriffen sind und sich noch nicht im öffentlichen Bewusstsein der postsowjetischen Gesellschaft etabliert haben. Infolgedessen erweist sich eine Person als sozial desorientiert, und die Strategie ihres Verhaltens ist grundsätzlich unsicher.

Heute befinden sich auch viele Mitglieder der armenischen Gesellschaft in einer derart unsicheren sozialen Lage, haben eine negative Einstellung zu den Normen und gesetzlichen Vorschriften, die das öffentliche Leben regeln sollen, oder stehen ihnen schlicht und einfach gleichgültig gegenüber. Die Verletzung der Stabilität gesellschaftlicher Positionen, der Zerfall ihrer früheren Hierarchie (z. B. rapider Rückgang des Ansehens des Lehrerberufs und erhöhter Respekt vor den Händlern) führten zu struktureller Unsicherheit im öffentlichen System. Der Verlust der kollektiven Solidarität, der persönlichen Identifikation mit dem Ganzen, hat sich direkt auf die Zunahme abweichenden Verhaltens ausgewirkt, das sich am deutlichsten im sozialen und wirtschaftlichen Bereich manifestiert, wo persönliches Interesse, unterschiedslose Privatisierung und Marktbeziehungen die alten Grenzen fast vollständig zerstört haben. Während der Krieg, das Vorhandensein einer unmittelbaren gemeinsamen Bedrohung, die Nation bis zu einem gewissen Grad zusammengehalten hat, haben die sozialen Spannungen innerhalb der Gesellschaft zugenommen, seit die Bedrohung nachgelassen hat. Die prinzipielle Invarianz des Verhaltens hat dramatisch zugenommen und die normative und strukturelle Unsicherheit der Gesellschaft, die die Anomie ständig reproduziert, wächst mit ihr zusammen. Die Hauptbedingung der Anomalie – der Widerspruch zwischen den Bedürfnissen und Interessen der Bürger auf der einen Seite und den Möglichkeiten ihrer Befriedigung auf der anderen – wird ständig reproduziert. Die Situation ist so, dass das Verfolgen des eigenen Ziels oft impliziert, dass andere ihre eigenen Ziele nicht erreichen. Daher herrscht im öffentlichen Leben, unter Bedingungen allgemeiner Spannung, allmählich eine generelle Haltung des persönlichen Vorteils und der Missgunst einer Person gegenüber einer anderen. Dieses Prinzip erfordert dringend die Abkehr von alten moralischen Haltungen und gleichzeitig hat die neue, der modernen kapitalistischen Gesellschaft angemessene Moral des Individualismus noch nicht an Stärke gewonnen, die neben der Propaganda für die Freiheit der individuellen Wahl auch verlangt, dass die Menschen die Verantwortung für diese Wahl tragen.

Alle Gesellschaften unterscheiden sich erheblich im Grad der Integration von Volksbräuchen, Moral und institutionellen Anforderungen. Dasselbe gilt für bestimmte Bereiche der Gesellschaft. Die Anomie ist im wirtschaftlichen Bereich der armenischen Gesellschaft besonders stark ausgeprägt, in dem Bereich, der am stärksten von kardinalen Strukturveränderungen betroffen ist, die die traditionellen Beschränkungen beseitigt haben. In diesem Bereich ist die Anomie in der Tat fast zu einem "normalen" Phänomen geworden. Und der Grund dafür ist, dass sich unsere wirtschaftliche Lebensweise rasch verändert und ihre moralische und rechtliche Regulierung im Rückstand ist. Als Ergebnis des Widerspruchs zwischen den vorhandenen Bedürfnissen, Interessen und realen Möglichkeiten, diese zu erfüllen, entsteht ständig Anomie.

In der armenischen Gesellschaft hat sich eine relativ starke Bedeutung des Reichtums als Hauptsymbol des Erfolgs herausgebildet und ist nun fest verankert, ohne dass legitime Wege zur Erreichung dieses Ziels angemessen betont werden. Ehrliche Arbeit wird allmählich abgewertet. Und nicht nur der Mangel an Arbeitsplätzen, sondern auch die winzigen, unproduktiven Löhne, die die meisten armenischen Arbeiter erhalten, verhindern die Festigung der Wirtschaft und damit die Entwicklung aller Bereiche des öffentlichen Lebens. Niedrige Einkommen der Bevölkerung schränken die Konsumnachfrage stark ein, was die Bildung eines vollwertigen Binnenmarktes einschränkt, was wiederum verhindert, dass die Industrie der Republik auf das erforderliche Niveau angehoben wird und damit neue Arbeitsplätze geschaffen werden können. Das Ergebnis ist ein Teufelskreis.

Innovatives Verhalten auf der einen Seite und Massenemigration auf der anderen Seite haben sich in der postsowjetischen Gesellschaft ausgebreitet. Im ersten Fall führten der Mangel an legalen Mitteln, die zur Erreichung der Ziele erforderlich sind, die enormen Unterschiede in den Fähigkeiten der verschiedenen sozialen Gruppen zur Bildung informeller Strukturen, halbkrimineller Clans, die ihre Ziele mit illegalen Mitteln verfolgen, was zu einem enormen Ungleichgewicht zwischen der Wirtschaft und ihrem Schattenteil führte. Die formale Struktur der Gesellschaft bietet verschiedenen sozialen Gruppen nicht die gleichen Möglichkeiten, rechtlich allgemein anerkannte Ziele zu erreichen, und sie verursacht somit funktionale Verletzungen des Sozialsystems, die zur Bildung inoffizieller Strukturen führen, durch die diese Ziele verfolgt werden. Eine innovative Form der Anpassung manifestiert sich durch den Einsatz nicht-institutioneller Mittel, um Reichtum und Macht zu erlangen. Darüber hinaus nehmen die Möglichkeiten einer solchen Nutzung mit zunehmender gesellschaftlicher Hierarchiestufe zu und unterscheiden sich erheblich in den Tätigkeitsbereichen der Menschen. So erklärt sich das beharrliche Bestreben der Abweichler, in öffentliche und staatliche Strukturen einzudringen, die solche Chancen auf allen möglichen und unmöglichen Wegen bieten. Infolgedessen wird das öffentliche Leben teilweise kriminalisiert, öffentliche Beamte bürokratisieren das System der Staatsverwaltung künstlich, erneuern und zementieren den ehemaligen verwaltungs- und kommando-totalitären Führungsstil, der die demokratische Transformation der armenischen Gesellschaft im Allgemeinen und die Entwicklung der Volkswirtschaft im Besonderen verhindert.

Im zweiten Fall handelt es sich um eine Massenemigration der Bevölkerung mit allen sich daraus ergebenden Folgen und Auswirkungen auf sämtliche Bereiche des öffentlichen Lebens.[7] Offensichtlich behindert sie auch die erfolgreiche Umsetzung von Transformationsfragen erheblich, verursacht zerstörerische Veränderungen in der sozialen Struktur unserer Gesellschaft und ruiniert die Grundlagen der Volkswirtschaft sowie das Wissenschafts- und Produktionspotential des Landes. Unter den Bedingungen der tiefen sozialen Krise, die wir erleben, sehen viele Menschen in der Migration den einzigen Ausweg aus dieser Situation. Migration entstand als Folge politischer und wirtschaftlicher Veränderungen in unserem Leben, begleitet von einem verheerenden Erdbeben, dem Karabach-Krieg und wirtschaftlichem Ruin. Aufgrund der Blockade von Transportwegen und nicht gelingender Privatisierung haben der Zusammenbruch der Industrie, die Inflation und die hohe Arbeitslosenquote die soziale und wirtschaftliche Substanz des öffentlichen Lebens deformiert. Arbeitslose Angestellte und Arbeiter, Wissenschaftler und Ingenieure standen am Rande der Armut. Die Folge war der *Braindrain*, die Abwanderung von intellektuellem und wissenschaftlichem Personal aus dem Land. Das Ansehen der kreativen intellektuellen Arbeit ist gesunken, sie wird nicht gefördert und hat auf dem Arbeitsmarkt wenig Wert. Infolgedessen verliert unsere Gesellschaft qualifizierte Fachkräfte, ihr wissenschaftliches Potenzial nimmt ab, die Republik verliert allmählich die Möglichkeit des wissenschaftlich-technischen Fortschritts und der gesellschaftlichen Entwicklung, denn ohne kulturelles und wissenschaftliches Potenzial ist es unmöglich, einen gesunden demokratischen Staat aufzubauen, ohne dieses Potenzial sind wir zu Rückständigkeit und Abhängigkeit verdammt.

Diese Analyse ermöglicht es uns, den gegenwärtigen Übergangszustand unserer Gesellschaft zu diagnostizieren: Strukturell ist die Gesellschaft unbestimmt, während sie kulturell anomisch und von Pessimismus geprägt ist. Das Chaos des Pessimismus wiederum hindert die Menschen daran, eine aktive bürgerliche Position im laufenden Transformationsprozess einzunehmen.

Die Lösung dieses Problems erfordert eine enge Zusammenarbeit zwischen den Behörden und dem Volk, und der Weg zur Überwindung der Situation der Anomie besteht nicht in der Rückkehr zur totalitären Vergangenheit und der Wiederherstellung der früheren repressiven Institutionen der sozialen Kontrolle, sondern in der frühzeitigen Entwicklung neuer ideologischer und erzieherischer Prozesse, die die Bürger an jenen ethischen Werten des "moralischen Individualismus" orientieren, die mit der Idee des Patriotismus verbunden sind. Dabei kommt unseren Intellektuellen eine vorrangige Rolle zu. Sie haben die Aufgabe, die kulturelle Harmonisierung und strukturelle Festigung der armenischen Gesellschaft voranzutreiben und ihre Rolle als Vermittler der Beziehungen zwischen Volk und Staat erfolgreich umzusetzen. Schließlich ist es die Kultur, die den Einzelnen dazu inspirieren kann, die Gesamtheit der kulturell verkündeten Ziele und der vorgeschriebenen Methoden zur Erreichung dieser Ziele emotional zu akzeptieren.

Das Gebot der Stunde ist es, den Pessimismus zu überwinden und der Gesellschaft eine neue, optimistische kulturelle Perspektive der nachhaltigen Entwicklung zu geben, in deren Rahmen individuelle und nationale Werte eng und harmonisch vereint werden sollten. Es ist daher notwendig, neue Brücken zu schaffen, neue soziale Organisationen, Vereinigungen und demokratische Institutionen, neue Institutionen und Gruppen, die die Bürger mit dem Staat verbinden sollten, die in der Lage sind, eine

[7] Vgl. Mkrtichyan 2015.

moralische Kontrolle über das Verhalten ihrer Mitglieder auszuüben und ihren Schutz gegenüber dem Staat zu gewährleisten.

Soziale Integration drückt sich durch Identität aus. Deshalb ist der Prozess der Formierung der „Wir"–Gruppe sehr wichtig für die Errichtung der sozialen Ordnung. Dieser Prozess kann nicht mehr durch alte Traditionen legitimiert werden; sein Erfolg ist heute eng mit der Einbeziehung der Staatsbürger in die Prozesse der Staatsführung verbunden. Zu diesem Zweck ist es notwendig, eine neue Identität des Armeniers, die Identität eines Bürgers eines unabhängigen Staates zu bilden. Dieses Problem ist eine der dringendsten Staatsangelegenheiten, deren Lösung zu den vorrangigen Aufgaben unseres Staates gehört. Die Entwicklung des zivilen Sektors in Armenien erfolgt jedoch zumeist in Form von spontanem zivilem Aktivismus.[8]

Postsowjetische Freiheit

Die Bedeutung des Themas erschöpft sich nicht darin, die Notwendigkeit der staatlichen Unterstützung für die Institutionen der Zivilgesellschaft festzustellen und zu begründen. Unsere Untersuchung wäre unvollständig ohne die eigentliche philosophische Analyse, die das Ende der methodischen Kette des Aufstiegs vom Konkreten zum Abstrakten darstellt. Es ist dieser methodische Ansatz, der die Grundlage unseres Artikels bildet, daher enthält sein letzter Teil philosophische Überlegungen zu den Problemen der postsowjetischen Identität.

Das Hauptproblem besteht darin, dass sich der sowjetische Mensch in der Vergangenheit als Teil eines Systems fühlte, gewissermaßen als "Rädchen" in einem komplexen Getriebe, dessen Aufgabe allein darin bestand, seine Funktionen als "Rädchen" genau auszuführen. Das System lieferte das für eine solche Tätigkeit notwendige Minimum und gab ihr eine gewisse Bedeutung, die Bedeutung der Tätigkeit als eines Teils des allmächtigen Ganzen. Der Zusammenbruch der früheren totalitären Verbindungen, der mit der sozialen und wirtschaftlichen Krise einherging, führte zu einer paradoxen Situation, in der ein Mensch, der endlich Freiheit erlangt hat, nicht mehr weiß, wie er damit umgehen soll. Der Mensch fühlt sich in einem starren, geschlossenen System mit geringer Berufswahl und begrenzten Möglichkeiten für sozialen Aufstieg sicherer und freier als in einem unsicheren, mobilen, offenen System mit universellen Normen, die für alle formal gleich sind. Plötzlich findet sich der postsowjetische Mensch außerhalb der Einschränkungen, die ihm seine persönliche Freiheit verweigern, und sieht sich seinen eigenen Problemen allein und hilflos gegenüber, ohne das Gefühl von Sicherheit. Die früheren Verbindungen, die ihn an die Gesellschaft banden, waren zerstört; neue Verbindungen waren noch nicht entstanden. Die Bedeutungslosigkeit der Vergangenheit und die Hoffnungslosigkeit der Zukunft lassen Gefühle der Isolation, Hilflosigkeit und Angst entstehen, die oft nicht bewusst werden. Auf dieser Grundlage entsteht die von Fromm bekannte "Flucht vor der Freiheit",[9] wenn eine Person, die versucht, ihre Isolation zu überwinden, ihre Freiheit verweigert, sich etwa freiwillig den Behörden unterwirft, in Konformismus

---

[8] Ishkanyan 2015.

[9] Fromm 1941.

verfällt, sich der Realität entzieht usw. Es gibt eine eigentümliche Rückkehr zur Auflösung im Allgemeinen, die, zumindest um den Preis des Freiheitsverzichts, der Gegenwart einen Sinn geben würde.

Der Begriff der Freiheit ist ein mehrdimensionaler, in dem sich die einzelnen Dimensionen nicht aufeinander reduzieren lassen. Der Grund dafür sollte im Wesen der Freiheit selbst gesucht werden, die ein mehrstufiger Prozess ist, der eine Vielzahl unterschiedlicher Erscheinungsformen beinhaltet. Der Wille, der sich mit dem Ganzen identifiziert und dem es an eigener Gewissheit mangelt, ist mit einer negativen Freiheit der totalen Identität ausgestattet, die frei von jeglichen schöpferischen Impulsen ist.[10] Das "Ego" eines totalitären Menschen, und damit seine inhärente Spannung, ist wie durch eine Narkose eingeschläfert, der Mensch ist ruhig und zufrieden. Dieses "Ich" ist eine Ableitung der Funktion, die innerhalb eines systemischen Ganzen ausgeübt wird, es ist standardisiert und nicht personalisiert. Daraus folgt, dass es keine "unersetzlichen Menschen" gibt, nur das System selbst und die mit ihm identifizierten Individuen sind unantastbar. Auch die Freiheit des postsowjetischen Menschen ist im Wesentlichen negativ; sie ist bei weitem nicht vollständig. Der Mensch wird von den Fesseln des Ganzen, von der Ungewissheit des Ganzen befreit und handelt als eine relativ autonome persönliche Instanz, die ihre eigenen Probleme löst. Die schwere Last dieser negativen "Freiheit von" kann er jedoch nicht allein tragen, denn der Prozess der Individualisierung ist außerhalb des Kontexts der Sozialität undenkbar und impliziert somit zwei Alternativen der Entwicklung: zurück zur Auflösung im totalitären Ganzen oder vorwärts in Richtung Konsolidierung und Kooperation autonomer Individuen, die bereits eine Voraussetzung für den Übergang zur nächsten Stufe der Freiheit ist.

Der Mensch tritt allmählich in das System der neuen sozialen Beziehungen ein, das der neuen, positiven Stufe der Freiheit innewohnt, wenn im Vordergrund die aktive Selbstverwirklichung in der gemeinsamen Konstruktion einer heterogenen, schöpferischen Gesamtpersönlichkeit steht. Das Ganze wird nicht totalitär gebildet, sondern dank der Selbstbestimmung und Individualität seiner Teile dezentralisiert, durch direkte Koordinierung der horizontalen Strukturen auf der Grundlage einer freien Wahl. Wie L.A. Abrahamyan in Anlehnung an Kant schreibt, "besteht Freiheit im positiven Sinne aus der Fähigkeit zu freiwilligen (Spontan-)Aktivität".[11] Die Freiheit besteht hier nicht darin, Abhängigkeiten loszuwerden (negative Freiheit!), sondern darin, diese Abhängigkeiten zu schaffen. Es handelt sich um die schöpferische Freiheit, für die nicht die Funktion eines Menschen wichtig ist, sondern sein schöpferisches Talent, sein Liebeszauber, seine freundliche Treue usw. Jeder Mensch ist unersetzlich, als Ganzes unauflösbar. Er ist sowohl sozial geschützt als auch individuell frei.

Natürlich ist der Weg von der negativen Freiheit zur positiven Freiheit ein Übergangsprozess. Während der Westen aufgrund seiner Errungenschaften auf diesem Weg weit vorangekommen ist, ist der postsowjetische Teil der Weltgesellschaft gerade erst in ihn eingetreten. Auf der Grundlage der soziologischen Forschungen der postsowjetischen armenischen Gesellschaft stellt G. Poghosyan fest: "Das öffentliche Bewusstsein ist sowohl für die Ideologie des Egalitarismus als auch für die neue

---

[10] Berlin 2001, S. 183.

[11] Abramyan 2004, S. 6.

Ideologie des Liberalismus empfänglich. Der Wert der Freiheit steht im Konflikt mit dem Wert der sozialen Gerechtigkeit und des Wohlergehens für alle."[12] Zur Überwindung dieses Widerspruchs sollten sich die Menschen sowohl von der totalen Enttäuschung über ihre Vergangenheit als auch von der Zielanomie der Zukunft befreien, sich an die eigene Vergangenheit erinnern und sich am Allgemeinmenschlichen ausrichten. Nur wenn man sich an die Vergangenheit erinnert, kann man sich Ziele für die Zukunft setzen. Nur durch die Verwirklichung der Ziele kann Freiheit erreicht und eine wohlhabende und stabile Gegenwart geschaffen werden.

Die Aufgabe besteht nicht darin, Vergangenheit und Zukunft voneinander zu lösen, sondern sie auf neue und kreative Weise miteinander zu verbinden, unter Berücksichtigung der gegenwärtigen Prozesse der Globalisierung und der Herausbildung der Weltgesellschaft. Es ist notwendig zu verstehen, dass nicht Vernichtung und Vergessen, sondern die Transformation der ererbten totalitären Kultur im Lichte der universellen Werte der Weltgesellschaft, die Unterwerfung ihrer Vergangenheit unter die Imperative der Zukunft dieser Gesellschaft Bedingungen für die Überwindung der Schwierigkeiten der Ära der negativen Freiheit und den Übergang zur Ära der schöpferischen Freiheit schaffen wird.

Ein Mensch ist frei in seinem Wesen, wenn er die Herausforderung der Zeit annimmt und auf sie reagiert. Vergangenheit und Zukunft sind in den Leitfäden der ewig vergehenden Gegenwart miteinander verflochten. Diese Fäden zu entwirren bedeutet, einen Bezugspunkt des Lebens zu verlieren und sich in der Position eines Tieres wiederzufinden, das fest an seine Situation gebunden ist. Die historische Erinnerung an die Vergangenheit ist die Grundlage der kreativen Phantasie, die in die Zukunft gerichtet ist, Erinnerung und Phantasie schaffen die Gegenwart. Deshalb ist die Unsicherheit der Gegenwart, des oben erwähnten postsowjetischen Menschen, entweder durch die Vergessenheit der Vergangenheit oder durch die Ziellosigkeit der Zukunft bedingt, und meist durch beides. Die totalitäre Realität war oft schrecklich, aber ohne ständiges Hinterfragen, ohne ein historisches Bewusstsein für die Fehler der Vergangenheit ist es unmöglich, solche Fehler in der Gegenwart zu vermeiden. Der kommunistische Mythos war eine Utopie, aber der Mensch kann überhaupt nicht ohne jegliches Streben nach Zukunft leben, denn er braucht eine gewisse semantische Konstanz der Erkenntnis, die in den ewig verschwindenden Momenten der Gegenwart schwer zu finden ist, weil sonst eine Situation geschaffen wird, in der "qualitätsvolles Leben” durch eine quantitative Präsenz und die wirkliche Freiheit zu "sein" nur durch ihre Fiktion im Anschein des "Habens" ersetzt wird.[13] Es ist also unmöglich, die Vergangenheit von der Zukunft und die Zukunft von der Vergangenheit zu befreien, denn sie sind in der Gegenwart und für die Gegenwart vereint. Ohne sie hätte diese Gegenwart für die Menschen keine Bedeutung, was aufgrund der Gewissheit des Menschen als semantisches Wesen unmöglich ist.

So ist der komplexe und schmerzhaft schwierige, ungleichmäßige Übergang vom negativen zum positiven Stadium der menschlichen Freiheit der geistige Inhalt unserer Zeit am Anfang des Jahrtausends. Auf dem Weg zu diesem Übergang und zur Erreichung eines neuen Entwicklungsniveaus ist die Menschheit den Imperativen der Einheit und der Errichtung eines wahren Systems der Weltgesellschaft unterworfen.

---

[12] Pogosyan 2003, S. 451.

[13] Samokhvalova 2001, S. 63.

Jedes Land sollte zu diesem Prozess der Bildung einer neuen Zivilisation beitragen, die auf den Prinzipien des Friedens und der Zusammenarbeit beruht. Deshalb kann das, was in einem Teil des Erdballs geschieht, die im anderen Teil Lebenden nicht gleichgültig lassen. Die im postsowjetischen Raum stattfindenden Transformationsprozesse sind von weltweiter Bedeutung, und ihre erfolgreiche Durchführung wird es uns ermöglichen, unsere Pflicht sowohl vor unseren Nachkommen als auch vor der gesamten Menschheit zu erfüllen. Unsere Schwierigkeiten und Probleme wirken sich direkt oder indirekt auf den Verlauf des Weltgeschehens aus. Die Lage in der Welt macht es dringend erforderlich, dass wir die Prinzipien der staatlichen Souveränität, Rechtssicherheit und Legitimität neu definieren. Sie wirft auch Fragen der persönlichen und kollektiven Identität auf, die sich für die Vergangenheit nicht mehr lösen lassen. Daher ist es die Verwirklichung der auf universellen Werten beruhenden Einheit zwischen dem Privaten und dem Öffentlichen, die gegenwärtig in den Vordergrund der aktuellen Fragen gerückt wird. Und da jeder dieses Problem auf seine Weise löst, hat jeder seine eigene Gegenwart.

Zum Schluss

Wir brauchen also einen neuen, kreativen Ansatz. Wir müssen unsere eigene Geschichte im Hinblick auf universelle Ziele neu überdenken. Wenn unsere Aktivitäten in globaler Zusammenarbeit mit den Aktivitäten anderer aufgebaut werden, wenn der individuelle Erfolg Teil des Erfolges des Universums sein wird und umgekehrt, wenn die Menschen nach dem Verständnis handeln, dass sie in globale Netzwerke von Interaktionen eingebunden sind, nicht nur für sich selbst, sondern auch füreinander da sind, dass trotz der Unterschiede in der Vergangenheit die Zukunft eine für alle ist, dann können wir über die kommende Zeit der positiven Freiheit der individuellen Kreativität sprechen. Schließlich gilt es, Mittel zu schaffen, um das eigene Besondere zu einer gemeinsamen Sache zu machen, um Vergangenheit und Zukunft in der Gegenwart zu verbinden.

Literatur

Abrahamyan, L.A. (2004): On the Kantian Concept of Practical Mind. In: Hovhannisyan, S.G. (Hrsg.): Philosophische Reflexionen (Sammlung wissenschaftlicher Artikel). Eriwan, S. 3-15 (auf Russisch verfasst).

Berlin, Jesaja (2001): Freiheitsphilosophie. Europa, Moskau: Neue Literaturrezension (auf Russisch verfasst).

Dijkzeul, Dennis (2008): Towards a Framework for the Study of "No War, No Peace" Societies. *Working Papers*, No. 2, Swisspeace Publications.

Frangian, Jervand (1911): Der Philosoph des Pessimismus. Eriwan (auf Armenisch verfasst).

Fromm, Erich (1941): Escape from Freedom. New York.

Ishkanian, Armine (2015): Self-Determined Citizens? New Forms of Civic Activism and Citizenship in Armenia. *Europe-Asia Studies*, 67 (8), S. 1203-1227.

Marga, Andrei (1997): Grenzen und Dilemmata der Transformation. In: Nassehi, Armin (Hrsg.): Nation, Ethnie, Minderheit: Beitrage zur Aktualität ethnischer Konflikte. Georg Weber zum 65. Geburtstag. Köln; Weimar; Wien: Böhlau, S. 409-426.

Merton, Robert (1957): Social theory and social structure. New York.

Mkrtichyan, Artur (2005): Human Rights as an “Attractor” of Europeanization Processes of Transcaucasia “Neither War No Peace” Societies. In: Mihr, Anja/ Mkrtichyan, Artur/Mahler, Claudia/Toivanen, Reetta (eds.): Armenia: A Human Rights Perspective for Peace and Democracy. Potsdam: Universitätsverlag Potsdam, S. 10-16.
Mkrtichyan, Artur (2007): Armenian Statehood and the Problems of European Integration as Reflected in School Education. In: Darieva, T./Kaschuba, W. (eds.): Representations on the Margins of Europe. Frankfurt am Main, New York: Campus, S. 190-204.
Mkrtichyan, Artur (2015): Towards the New Armenian Networks: Theoretical Considerations. In: Mkrtichyan, A. (ed.): Armenians around the World: Migration and Transnationality. Frankfurt am Main, Berlin, Bern, Bruxelles, New York, Oxford, Wien: Peter Lang, S. 11-20.
Mkrtichyan, Artur/Vermishyan, Harutyun/Balasanyan, Sona (2016): Independence Generation: Youth Study 2016 – Armenia. Yerevan: Friedrich Ebert Stiftung.
Poghosyan, G.A. (2003): Armenische Gesellschaft im Wandel. Eriwan (auf Russisch verfasst).
Samokhvalova, V.I. (2001): Massenkultur und der kleine Mann. *Philosophische Wissenschaften*, Nr. 1, S. 55-66 (auf Russisch verfasst).

Постсоветская идентичность в призме проблемы свободы

Артур Ервандович Мкртичян

Прошлое и будущее: О необходимости синтеза

От того, как протекает интеграция постсоветских государств в мировое общество, зависит во многом общее содержание мировых исторических процессов современности. Следовательно, проблемы этой интеграции не являются сугубо частным делом каждого нового государства, и их решение должно исходить из принятых мировым сообществом общечеловеческих ценностей. Установление в мире глобальной кооперации, при которой успех стратегий автономных деятелей все в возрастающей мере зависит от успеха многих других деятелей является прямым следствием становления единой мировой социоэкономической культуры и предполагает координацию пространственно различных, но одновременных глобальных событий. Отныне складывается не локализированная в пространстве, но синхронизированная во времени глобальная культура, в рамках которой нет больше места таким понятиям как центр и периферия и все события, независимо от того, где они происходят, становятся равнозначимыми. Каждый входит в эту культуру со своим прошлым, но будущее у всех общее.

Благодаря совместному влиянию прошлого и будущего каждый одновременно и уникален, и универсален, что в свою очередь обусловливает и возможность вхождения людей в новую глобальную культуру, и сохранение их прежней культурной самобытности. На этой основе можно избегнуть возникающие на пути становления мирового общества опасности тоталитаризма, такие как рост фундаментализма, возникновение которого во многом обусловлено чрезмерным культивированием прошлого и недоверием в отношении общего будущего. При этом, конечно, важную роль играют приведшие к перемене ценностей неудачные попытки развивающихся стран достичь западного уровня экономического развития. В результате, вместо того чтобы искать новые ценности в совместном будущем мирового общества, некоторые стали искать его в собственном прошлом, то есть они не смогли решить проблему творческого синтеза своего частного прошлого и общего будущего. Само собой разумеется, что неопределенность этого будущего а зачастую и настоящего, его бесцельность, сильно препятствуют подобному синтезу. И тут надо признать, что подобная неопределенность вовсю проявляет себя также и на всем постсоветском пространстве. Поэтому опыт становления в Армении демократического общества необходимо подвергнуть научному анализу, результаты которого способствовали бы изучению закономерностей и механизмов демократической трансформации небольших посттоталитарных стран и позволили бы разработать для них практические рекомендации по управлению тенденциями трансформационных процессов.

"Десоветизация" не есть обязательно европеизация

Советское общество было устойчивым, так как при тоталитарных общественных порядках человеческие потребности обеспечивались относительно просто, ибо индивидуальная целеустремленность подчинялась целому. Она ограничивалась всеобщей целью построения коммунизма и принципом уравниловки, а соответствующим образом манипулированное коллективное сознание удерживало эти потребности на низком уровне, препятствуя развитию "индивидуализма", освобождению "личности" и устанавливая строгие границы тому, чего законно мог добиваться индивид в данном общественном положении. Тем самым каждый черпал смысл своей жизни в чувстве сопричастности "великому" общему делу. Но постепенный развал тоталитарной системы вызвал "индивидуацию" и размыл моральные границы, установленные прежней этикой коллективизма и силой тоталитарного контроля. Старые традиции и коммуникационные стереотипы потеряли свою действенность и власть над постсоветской личностью.

Однако, для социального порядка важно соблюдение процедурных правил коммуникации, посредством которых и осуществляется урегулирование неурегулированного, управление социальным риском. Именно традированные процедуры (например: политические выборы) редуцируют комплексность и создают гарантию регулируемости системных отклонений и разного рода конфликтов, возникающих на основе действия в социуме положительных обратных связей. И прежде всего необходимо совмещение социально-культурных ожиданий путем идентификации личности через ее соотнесение к определенным ролям, программам и ценностям.

В Армении трудности переходного периода усуглубились чрезвычайно экстремальными условиями жизни, вызванными Карабахской войной и блокадой со стороны Азербайджана и Турции. Общество оказалось в состоянии „ни войны ни мира".[1] Такое положение превращает в миф официально провозглашенный курс на европеизацию страны, которая означает не только приведение национального законодательства в соответствие с европейскими нормами, но и фактическую реализацию этих норм в общественной жизни. Задача – в переходе от сугубо мифологического к фактическому социальному порядку, построенному по европейским образцам и стандартам. И для решения этой задачи, прежде всего, необходимо изменить государственную политику в сфере школьного образования и государственное управление, являющееся конкретным механизмом реализации этой политики.

Подлинная европеизация означает формирование гражданской культуры, становление институтов демократии и правового государства. Европейская интеграция предполагает возможность формирования общей гражданской культуры как концепта институционных культур. Проблема решаема через школьное образование, ибо культура, в сущности, формируется в результате переноса знания (информации) и ценностей (общепринятых социальных ожиданий) от поколения к поколению посредством обучения и воспитания. В

---

[1] См. о концепции "общества ни войны, ни мира" Mkrtichyan (2005), Dijkzeul (2008).

современных условиях становление культурного единства в значительной мере является следствием гомогенизирующего действия единой школьной системы с соответствующей логикой формирования идентичности.

Действительно, упорядочивание и культурная направленность процессов идентификации реализуется во многом благодаря школьному обучению, обеспечивающему типизацию, массовую унификацию и широкое распространение культурно-образовательных стандартов. Поэтому именно в системе нашего школьного образования необходима коренная структурная перестройка направленности воспитательной работы с тем, чтобы способствовать становлению новой идентичности, адекватной условиям постсоветской реальности. Этому становлению, среди прочих факторов, зачастую препятствует и авторитарная по своей сути система школьного образования, попытки „десоветизации“ которой осуществляются в направлении ее этнизации, а не воспитания у подрастающего поколения необходимой в условиях государственной независимости активной гражданской позиции.[2]

Всеобщий пессимизм как путь к "авторитарной демократии"

Изучение происходящих в Армении процессов выявляет ряд проблем, свойственных всем постсоветским обществам, а значит, разработка механизмов решения этих проблем имеет всеобщий интерес.

Уже первоначальное рассмотрение проблем переходного периода позволяет свести их к трем основным типам: проблемы экономического плана, проблемы институционализации и культурно-психологические проблемы. Многие исследователи отводят экономическим проблемам первостепенное значение, однако на наш взгляд, именно последний тип проблем во многом обусловливает первые два типа. И недооценка этого привела во многих постсоциалистических странах к описанной румынским философом Андреем Маргой ситуации, когда “экономика увязла в стагнации, публичное управление покалечено, политическая жизнь полностью запутана, а от культуры кроме призыва к свободе ничего другого не ожидалось“.[3] Поэтому в фокусе нашего внимания оказывается философский анализ проблем культурно-психологической трансформации постсоветской идентичности.

Утверждение демократических порядков на постсоветском пространстве неразрывно связано с формированием у людей демократического склада и образа мысли. Трансформирующееся общественное сознание характеризуется столкновением старых стереотипов и инновационных идей, консервативных идеологий и беспочвенных утопий, оно нестабильно и легко впадает в крайности массовой эйфории и всеобщего отчаяния. В таких условиях ценностная система личности становится противоречивой, и эта противоречивость неизбежно проявляется в его взглядах и поведении. Проведенные в Армении

[2] См. Mkrtichyan 2007.
[3] Marga 1997, S. 417.

социологические опросы также свидетельствуют о наличии в постсоветском армянском обществе серьезных проблем социально-психологического характера.[4] В первую очередь надо констатировать, что ожидания большинства опрошенных респондентов в отношении будущего во многом являются пессимистичными. И причины этого пессимизма следует искать в жизненных условиях людей.

Всеобщий пессимизм как социальное явление обусловливается определенными обстоятельствами общественной жизни, которые, конечно же, можно изменить. Еще в начале прошлого века армянский социолог, выпускник Берлинского университета Ерванд Френгян проанализировал эти причины и выявил их преходящий характер. Как только индивидуальный пессимизм оказывается в сопутствующих его развитию социально-экономических и политических условиях, он тут же проявляется и в сфере общественной психологии. Френгян писал: "В истории, в жизни народов есть эпохи, когда господствующие социально-политические и морально-экономические условия являются плодородной почвой для проявления сидящей в душе человека пессимистической стороны. Это бывает, как правило, при крушении надежд, национальном упадке, во времена реакции и разочарования, в момент разложения экономико-политического и социального положения, в то время, когда нет общих идеалов, когда отсуствуют божественные идеи, являющиеся опорой для ищущей и жаждущей души человека".[5] Френгяновский анализ причин пессимизма весьма актуален и в наше время, ибо сегодняшная ситуация армянского общества тесно перекликается с общественной ситуацией начала 20-го столетия, когда в канун обретения национальной независимости происходили большие и, к сожалению, большей частью трагические изменения в структуре национального бытия. Экономический и моральный упадок, неоконченная война и внутриполитическая напряженность, нестабильность и угроза существованию и сегодня вызывают массовую фрустрацию, разочарование и как следствие всего этого – миграцию недопустимо большого масштаба.

Можно заключить, что широкое распространение в постсоветских обществе разочарования и пессимизма предстает как производная от конкретных условий общественно-политической и экономической ситуации, в которой мы все оказались в результате поражения СССР в "холодной войне" и начала нового передела мира. И дело тут не в пораженческой психологии отдельных людей, мы оказались неготовыми к переменам в первую очередь социально. Наше общество было неструктурированно в отношении проблем постсоветского периода.

Эта неструктурированность, а значит и неопределенность внутрисистемных социальных процессов все еще не преодолена, что делает постсоветское общество неспособным на адекватное редуцирование сложности воздействий со стороны системного окружения и зачастую приводит к функциональным противоречиям и разного рода конфликтам, начиная от конфликтов семейных до неразрешенного до сих пор Карабахского конфликта, который очень сильно влияет на распространение пессимистических представлений, ибо самая траги-

---

[4] См. Mkrtichyan; Vermishyan; Balasanyan 2016.

[5] Френгян 1911, с. 142 (на арм.).

ческая причина пессимизма – это угроза войны.

В таких условиях, конечно же, неудовлетворенность настоящим проявляется и как неуверенность в отношении грядущего будущего. Именно подобная социально-психологическая атмосфера переходного периода воцарилась и в армянском обществе в сфере общественного сознания. Она проявляется как в быту, так и в деятельности верхних эшелонов власти, быстро распространяясь посредством средств массовой коммуникации. В результате общество становится в политическом смысле все менее и менее сплоченным. Как следствие, формируется "авторитарная демократия" с присущим ей противоречивым характером динамики ценностей.

Аномия и эмиграция

Конечно же, можно отметить и множество других факторов, свидетельствующих о прямой обусловленности общественных настроений вообще, и всеобщего пессимизма в частности, конкретными социальными условиями жизни людей, но для выявления глубинных причин происходящих в основах общественного бытия преобразований необходимо перейти на другой, более глубокий и существенный уровень анализа. И тут мы вынуждены признать, что наша общественная жизнь характеризуется большой степенью дезорганизации регулирования общественных процессов официально установленными нормами и обнаруживает явные признаки аномичности, так как люди не могут законными, институциональными средствами достичь всеми признанных целей. В сегодняшнем, возникшем в результате спонтанного изменения культурных целей и институциональных средств их достижения трансформирующемся обществе исключительно сильно акцентируются определенные цели без соответствующего акцептирования институцио-нальных способов поведения.

Согласно американскому социологу Роберту Мертону, трактовавшему аномию как нормативный конфликт в культурной структуре общества, господствующая культура заключает в себе общепризнанные и взаимосвязанные цели, состоящие из определенных культурных целей, намерений и интересов, выступающих в качестве законных целей для общества.[6] Эти цели варьируют по значимости, формируя к себе различное отношение и вызывая у людей определенную устремленность к их осуществлению. Культура содержит также призванные регулировать и контролировать поведение людей приемлемые для нее способы достижения этих целей. Эти два различных элемента культурной структуры взаимосвязаны, и при слишком большой степени их несогласованности возникает ситуация культурного диссенса, когда люди по-разному акцептируют цели и средства достижения этих целей. В результате конфликта между культурно предписанными всеобщими целями и средствами их достижения возникает аномия. С другой стороны, одна из главных социально-исторических причин аномии кроется в изменении прежней роли опосред-

[6] См. Merton 1957.

ствующих взаимоотношения государства и индивида-гражданина групп и институтов. Расшатывается прежняя фиксированная структура общественных целей, общепринятых норм и образцов поведения, люди лишаются чувства групповой солидарности, лежащие в основе их личностной идентификации общественные связи слабеют и нарушается действенность коллективного контроля, что ведет к росту в обществе разных видов девиантного поведения. Ведь последние имеют место там, где невысока социальная интеграция, где налицо несовершенство социализации людей, позволяющее им пренебрегать институциональными средствами реализации целей.

Именно этим объясняется поведение многих членов постсоветских обществ, которое очень часто подчиняется лишь соображениям технической целесообразности. Наиболее эффективные с технической точки зрения средства, узаконенные или же не узаконенные в культуре, обычно предпочитаются институционально предписанному поведению. Волей-неволей постсоветский человек включается в систему новых социальных отношений, при которых опосредующие его связь с обществом институты и группы утратили свои прежние регулятивные функции. Денежно-материальный успех стал общепризнанной главной целью, показателем личного благополучия. Возрастающая индивидуализация выводит людей из рамок коллективного морального контроля, обесценивает регулятивную роль старых социальных норм, стереотипов, традиций. Одним словом, старые нормы и ценности уже не соответствуют реальности, а новые только еще формируются и пока не утвердились в общественном сознании постсоветского общества. Вследствие этого человек оказывается социально дезориентированным, и стратегия его поведения принципиально неопределена.

Сегодня очень многие члены армянского общества также оказались в подобном неопределенном социальном положении, негативно относятся к призванным урегулировать общественную жизнь нормам и юридическим правилам, или же они по-просту безразличны к ним. Нарушение стабильности социальных позиций, распад их прежней иерархизации (например: стремительное понижение престижа профессии учителя и повышение уважения к торговцам) обусловили структурную неопределенность общественной системы. Потеря коллективной солидарности, личной идентификации с целым непосредственно влияют на рост отклоняющегося поведения, который наиболее отчетливо проявляется в социально-экономической сфере, где личный интерес, повальная приватизация и рыночные отношения почти полностью разрушили старые ограничения. И если война, наличие непосредственной общей угрозы в какой-то мере сплачивала нацию, то после ослабления этой угрозы социальная напряженность внутри общества усилилась. Принципиальная инвариантность поведения резко возросла, а с нею вместе растет и постоянно воспроизводящая аномию нормативная и структурная неопределенность общества. У нас постоянно воспроизводится основное условие аномии – противоречие между потребностями и интересами граждан с одной стороны, и возможностями их удовлетворения с другой. Ситуация такова, что часто преследование собственной цели предполагает недостижение своих целей другими. Поэтому в общественной жизни, в условиях всеобщего напряжения постепенно воцаряется принцип личной выгоды и недоверия человека человеку. Этот принцип настоятельно требует отказаться от старых моральных установок, и в то же время еще не окрепла адекватная современному капиталистическому обществу новая мораль индивидуализма, которая наряду с пропагандой свободы индивидуального выбора требует от людей также и несение ответственности за этот выбор.

Все общества существенно различаются по степени интеграции народных обычаев, нравов и институциональных требований. То же самое справедливо и в отношении отдельных сфер общества. Особенно сильно аномия обнаруживает себя в экономической сфере армянского общества, в сфере наиболее затронутой кардинальными структурными переменами, ликвидировавшими традиционные ограничения. В этой сфере аномия действительно стала почти что "нормальным" явлением. И причина этого в том, что экономический уклад нашей жизни ускоренно меняется, а его морально-правовое урегулирование отстает. В результате противоречия между наличными потребностями, интересами и реальными возможностями их удовлетворения постоянно возникает аномия.

В армянском обществе появилось и прочно сохраняется сильное акцентирование богатства как основного символа успеха без соответствующего акцентирования законных способов его достижения. Честный труд обесценен. И не только отсутствие рабочих мест, но также мизерная, не стимулирующая производительный труд зарплата, которую получает большинство трудящихся армян препятствует становлению экономики, а значит и развитию всех сфер общественной жизни. Низкие доходы населения сильно ограничивают потребительский спрос, что препятствует становлению полноценного внутреннего рынка, а это, в свою очередь, мешает поднять на требуемый уровень промышленность республики и тем самым создать новые рабочие места. В итоге получается порочный круг.

В нашем постсоветском обществе распространились инновационное поведение, с одной стороны, и массовая миграция, с другой. В первом случае отсутствие необходимых для достижения целей легальных средств, огромная разница возможностей различных общественных групп привело к формированию неофициальных структур, полукриминальных кланов, которые нелегальными средствами преследуют свои цели, в результате чего образовался огромный дисбаланс между экономикой и теневой ее частью. Сформированная официальная структура общества не обеспечивает различным социальным группам принципиально одинаковую возможность легального достижения общепризнанных целей и тем самым вызывает приводящие к образованию нацеленных на них неофициальных структур функциональные нарушения социальной системы. Инновационная форма адаптации проявляется в виде использования неинституциональных средств для достижения богатства и власти. Причем возможности такого использования возрастают вместе с повышением уровня социальной иерархии и существенно отличаются по сферам деятельности людей. Отсюда – настойчивое стремление девиантов всеми возможными и невозможными способами проникнуть в предоставляющие такие возможности общественные и государственные структуры. В результате общественная жизнь отчасти криминализируется, государственные чиновники искусственно бюрократизируют систему государственного управления, насаждая и углубляя в ней прежний административно-командный тоталитарный стиль руководства, что препятствует демократической трансформации армянского общества вообще и развитию национальной экономики в частности.

Во втором случае имеет место массовая миграция населения со всеми вытекающими отсюда и затрагивающими все сферы общественной жизни последствиями.[7] Очевидно, что она также в сильной мере мешает успешной реализации трансформационных задач, вызывает разрушительные изменения социальной структуры нашего общества и разваливает основу национальной экономики, научно-производственный потенциал страны. В условиях переживаемого нами глубокого общественного кризиса многие люди видят в миграции единственный выход из ситуации. Миграция возникает как следствие политических и экономических перемен нашей жизни, сопроводившихся разрушительным землетрясением, Карабахской войной и экономической разрухой. Обусловленный блокадой транспортных путей и неэффективной приватизацией развал промышленности, инфляция и непомерно высокий уровень безработицы изменили социально-экономическое содержание общественной жизни. Оставшиеся без работы служащие и рабочие, ученые и инженерно-технические работники оказались на грани нищеты. Так происходит "brain drain", утечка интеллектуально-научных кадров из страны. Престиж созидательного интеллектуального труда упал, он не стимулируется и мало ценится на рынке труда. В результате наше общество теряет квалифицированных специалистов, убывает ее научный потенциал, республика постепенно лишается возможности научно-технического прогресса и социального развития, ибо без культурного и научного потенциала невозможно построить здоровое демократическое государство, без него мы обречены на отсталость и зависимость.

Произведенный анализ позволяет нам поставить диагноз нынешнего переходного состояния нашего общества. В структурном отношении оно неопределенно, а в культурном – аномично и характеризуется пессимизмом. Хаос пессимизма мешает людям занять в происходящем процессе трансформации активную гражданскую позицию.

Для решения этой проблемы требуется тесное сотрудничество властей и народа, и путь преодоления ситуации аномии – не в возврате к тоталитарному прошлому и реставрации прежних репрессивных институтов социального контроля, а в скорейшем развитии новых идеолого-воспитательных процессов, ориентирующих граждан на увязанные с идеей национального патриотизма ценности этики "морального индивидуализма". Первоочередную роль в этом деле обязана сыграть наша интеллигенция, на которую возлагаются задачи культурной гармонизации и структурного сплочения армянского общества, успешного исполнения своей роли опосредствующего отношения народа и государства звена. Ведь именно культура может побудить индивидов к эмоциональному акцептированию совокупности культурно провозглашенных целей и

---

[7] См. Mkrtichyan 2015.

предписанных методов достижения этих целей.

Веление времени – освободиться от пессимизма и задать обществу новую, оптимистическую культурную перспективу устойчивого развития, в рамках которой индивидуальные и общенациональные ценности должны быть тесно и гармонично объединены. Поэтому возникла необходимость создать новые опосредующие звенья, новые общественные организации, ассоциации и демократические учреждения, новые институты и группы, призванные связать граждан с государством, способные осуществлять функции морального контроля поведения своих членов и обеспечить их защиту перед лицом государства.

Социальная интеграция выражается в формах и посредством идентичности. И поэтому для утверждения социального порядка весьма важен процесс формирования „Мы" – группы. Процесс этот не может более легитимироваться посредством старых традиций, его успех отныне тесно связан с включением (Inclusion) граждан государства в процессы управления своим государством. Для этого необходимо формирование новой идентичности армянина, идентичности гражданина независимого государства. Эта проблема является важнейшей государственной задачей, решение которой относится к приоритетным функциям нашего государства. Однако, развитие гражданского сектора в Армении происходит по большей части в форме стихийного гражданского активизма.[8]

Постсоветская свобода

Установлением и обоснованием необходимости государственной поддержки институтов гражданского общества суть вопроса не исчерпывается. Наш анализ был бы неполным без собственно философского анализа, который является завершением методологической цепочки восхождения от конкретного к абстрактному. Именно такой методологический подход положен в основу нашей статьи, следовательно, ее заключительная часть содержит философское осмысление проблем постсоветской идентичности.

Главная проблема тут заключается в том, что раньше советский человек чувствовал себя частичкой системы, своего рода "колесиком" целостного механизма, смысл деятельности которого заключался в аккуратном исполнении функций этого "колесика". Система обеспечивала необходимый для подобной деятельности минимум и придавала ей определенный смысл, смысл деятельности частички всемогущего целого. Сопутствующийся же социально-экономическим кризисом распад прежних тоталитарных связей вызвал парадоксальную ситуацию, когда человек, получив наконец-то свободу, не знает как с ней обходиться. Человек чувствует себя более защищенным и свободным в жесткой закрытой системе с малым выбором занятий и ограниченными возможностями социального продвижения, чем в условиях неопределенности, в подвижной открытой системе с универсальными нормами, формально равными

[8] Срав. Ishkanian 2015.

для всех. Внезапно оказавшись вне отрицающих его личную свободу ограничений, постсоветский человек оказался перед своими собственными проблемами одиноким и беспомощным, лишенным чувства обеспеченности. Связывавшие его с обществом прежние звенья разрушены, новые пока не сформировались. Бессмысленность прошлого и безнадежность будущего рождают чувства изолированности, беспомощности и беспокойства, которые зачастую и не осознаются. На этой основе возникает известное еще по Фромму "бегство от свободы",[9] когда человек, пытаясь преодолеть свою изолированность, отказывается от свободы, добровольно подчиняясь авторитетам, впадая в конформизм, уходя от действительности и т. п. Имеет место своеобразное возвращение к растворению в целом, которое хотя бы и ценой отказа от свободы придало бы настоящему смысл.

Понятие свободы многомерно, нередуцируемо до его отдельных составляющих. Причину этого следует искать в самой сущности свободы, которая суть многоступенчатый процесс, заключающий в себя многообразие различных проявлений. Идентифицирующая сама себя с целым и лишенная частной определенности воля наделена негативной свободой тотального тождества, лишенной всяких творческих импульсов.[10] "Эго" тоталитарного человека, а с ним вместе и присущее ему напряжение как бы усыплены наркозом, человек спокоен и доволен. Это "Эго" суть производная от выполняемой внутри системного целого функции, оно стандартизировано и не персонифицированно. Отсюда вытекает, что "незаменимых людей нет", незыблимы лишь система сама и идентифицируемые с нею личности. Свобода постсоветского человека также является по сути негативной, она далеко не полна. Человек освобожден от уз целого, неопределенно-всеобщего и выступает в качестве относительно автономной частной определенности, самолично решающей свои проблемы. Однако он не может в одиночку нести тяжелое бремя этой негативной "свободы от", ибо процесс индивидуализации немыслим вне контекста социальности, а значит, предполагает две альтернативы развития: назад к растворению в тоталитарном целом или же вперед в направлении солидаризации и кооперации автономных личностей, что уже является предпосылкой перехода к следующей ступени свободы.

Человек постепенно включается в систему новых социальных отношений, присущих новой, позитивной ступени свободы, когда на первый план выступает активно самореализирующаяся в совместном с себе подобными свободном конструрировании неоднородного целого творческая личность. Целое образуется не тоталитарно, а благодаря самоопределенности, индивидуальности своих частей оно формируется децентрализированно, путем основанного на свободном выборе непосредственного координирования горизонтальных структур. Как пишет Л. А. Абрамян, ссылаясь на Канта, ”свобода в положительном смысле состоит в способности к самопроизвольной (спонтанной) деятельности”.[11] Свобода здесь не в избавлении от зависимостей (негативная свобода!), а в творении этих зависимостей. Это – творческая свобода, для которой

---

[9] Fromm 1941.
[10] Срав. Берлин 2001, с. 183.
[11] Абрамян 2004, с. 6.

важна не функция человека, а его творческий талант, любовное обаяние, дружеская верность и т. д. Каждый человек незаменим, нерастворим в целом. Он и социально защищен, и индивидуально свободен.

Конечно же, путь от негативной свободы к свободе позитивной являет собой переходный процесс. Если Запад в силу своих достижений вышел вперед на этом пути, то постсоветская часть мирового общества только-только вступает на него. На основе социологических исследований постсоветского армянского общества Г. Погосян констатирует: "Общественное сознание проявляет восприимчивость как к идеологии эгалитаризма, так и к новой идеологии либерализма. Ценность свободы входит в противоречие с ценностью социальной справедливости и благосостояния для всех".[12] Преодолевая это противоречие, люди должны освободиться как от тотальной разочарованности в своем прошлом, так и от целевой аномии будущего, должны помнить свое и ориентироваться на общечеловеческое. Только помня прошедшее, можно задавать цели будущему. Только реализуя цели, можно достичь свободы и создать благополучное и стабильное настоящее.

Задача не в том, чтобы освободить прошлое и будущее друг от друга, а в том, чтобы по-новому, творчески увязать их друг с другом, учитывая при этом текущие процессы глобализации и становления мирового общества. Необходимо понять, что не уничтожение и забвение, а именно преобразование унаследованной тоталитарной культуры в свете общечеловеческих ценностей мирового общества, подчинение своего прошлого императивам будущего этого общества создаст условия для преодоления трудностей эры негативной свободы и перехода к эре творческой свободы.

Человек свободен в своем бытие, если он принимает вызов времени и отвечает на него. Прошлое и будущее переплетаются в путеводные нити вечно преходящего настоящего. Распутать эти нити – означает лишиться жизненного ориентира и оказаться в положении привязанного к ситуации животного. Историческая память прошлого является основой направленной в будущее творческой фантазии, память и фантазия творят настоящее. Именно поэтому упомянутая выше неопределенность настоящего, постсоветского человека обусловливается либо забвением прошлого, либо бесцельностью будущего, а чаще всего и тем и другим одновременно. Тоталитарная реальность была зачастую ужасной, но без постоянного вопрошания о ней, без исторического осознания прошлых ошибок невозможно избежать подобных ошибок в настоящем. Коммунистический миф был утопией, но жить вообще без всякой устремленности в будущее человек не в состоянии, так как он нуждается в некотором смысловом постоянстве целесознания, которое трудно найти в вечно исчезающих моментах настоящего, так как иначе создается ситуация, когда "качественная жизнь заменяется количественным присутствием, реальная свобода «быть» – фикцией ее, создаваемой видимостью «иметь»".[13] Так что нельзя освободить прошлое от будущего и будущее от прошлого, ибо они соединены в настоящем и ради настоящего. Без них это настоящее не имело бы для людей смысл, что в силу определенности человека в качестве смысло-

---

[12] Погосян 2003, с. 451.

[13] Самохвалова 2001, с. 63.

полагающего существа невозможно.

Таким образом, сложный и мучительно трудный, неоднозначный переход от негативной к позитивной ступени человеческой свободы составляет духовное содержание нашего времени конца тысячелетия. На пути этого перехода и достижения нового уровня развития человечество подчинено императивам единения и становления подлинной системы мирового общества. Каждая страна должна внести свой вклад в этот процесс формирования новой цивилизации, основанной на принципах мира и сотрудничества. Поэтому то, что происходит в одной части мирового пространства не может оставить равнодушным живущих в другой части. Трансформационные процессы, происходящие на постсоветском пространстве имеют мировую значимость и их успешное осуществление позволит нам выполнить свой долг как перед нашими потомками, так и перед всем человечеством. Наши трудности и проблемы прямо или косвенно влияют на ход мировых событих. Ситуация в мире настоятельно требует по-новому определить принципы государственного суверенитета, правовой гарантированности и легитимности. Она ставит также проблемы личной и коллективной идентичности, решить которые прежним способом уже невозможно. Поэтому именно реализация базирующегося на общечеловеческих ценностях единства частного с общим выдвигается в настоящее время на первый план злободневных проблем современности. А так как каждый решает эту проблему по-своему, то и настоящее у всех свое, своеобразное.

Заключение

Итак, нужен новый, творческий подход. Надо переосмыслить собственную историю с точки зрения всеобщих задач. Когда наша деятельность будет строиться в глобальной кооперации с деятельностью других, когда индивидуальный успех станет частью успеха всеобщего и наоборот, когда люди начнут действовать в соответствии с пониманием, что они включены в глобальные сети взаимодействий, существуют не только для себя, но и друг для друга, что несмотря на разницу прошлого, будущее у всех одно общее, тогда можно будет говорить о наступлении времени позитивной свободы индивидуального творчества. Ведь творить – это значит превносить свое особенное в общее, соединять прошлое и будущее в настоящем.

Список литературы

Абрамян, Л. А. (2004): О кантовском понятии практического разума. *Философские рефлексии* (сборник научных статей под редакцией С. Г. Оганесяна), Ереван, сс. 3-15.

Берлин, Исайя (2001): Философия свободы. Европа, Москва: Новое литературное обозрение.

Dijkzeul, Dennis (2008): Towards a Framework for the Study of "No War, No Peace" Societies. Working Papers, No. 2, Swisspeace Publications.

Франгян, Ерванд (1911): Философ пессимизма. Ереван (на арм.).

Fromm, Erich (1941): Escape from Freedom. New York.

Ishkanian, Armine (2015): Self-Determined Citizens? New Forms of Civic Activism and Citizenship in Armenia. *Europe-Asia Studies*, 67 (8).

Marga, Andrei (1997): Grenzen und Dilemmata der Transformation: In: Nassehi, Armin (Hrsg.): Nation, Ethnie, Minderheit: Beitrage zur Aktualität ethnischer Konflikte; Georg Weber zum 65. Geburtstag. Köln; Weimar; Wien: Böhlau, S. 409-426.

Merton, Robert (1957): Social theory and social structure. New York.

Mkrtichyan, Artur (2005): Human Rights as an "Attractor" of Europeanization Processes of Transcaucasia "Neither War No Peace" Societies. In: Mihr, Anja/Mkrtichyan Artur/Mahler, Claudia/Toivanen, Reetta (eds.): Armenia: A Human Rights Perspective for Peace and Democracy. Potsdam: Universitätsverlag Potsdam, pp. 10-16.

Mkrtichyan, Artur (2007): Armenian Statehood and the Problems of European Integration as Reflected in School Education. In: Darieva, T. / Kaschuba, W. (eds.): Representations on the Margins of Europe. Frankfurt am Main, New York: Campus, pp. 190-204.

Mkrtichyan, Artur (2015): Towards the New Armenian Networks: Theoretical Considerations. In: Mkrtichyan, A. (ed.): Armenians around the World: Migration and Transnationality. Frankfurt am Main, Berlin, Bern, Bruxelles, New York, Oxford, Wien: Peter Lang, pp. 11-20.

Mkrtichyan, Artur/Vermishyan, Harutyun/Balasanyan, Sona (2016): Independence Generation: Youth Study 2016 – Armenia. Yerevan: Friedrich Ebert Stiftung.

Погосян, Г. А. (2003): Армянское общество в трансформации. Ереван.

Самохвалова, В. И. (2001): Масскульт и маленький человек. *Философские науки,* No. 1, сс. 55-66.

Die paradoxe Natur des postsowjetischen Menschen als soziologischer Untersuchungsgegenstand

Bakitbek A. Maltabarov

> Die Forschung der Soziologie soll zeigen, wie man sich selbst einschätzen sollte – nicht als isolierte Person, sondern als Person im Meer der Menschheit; sie soll uns dabei helfen, uns in der Geschichte und in ihrer Perspektive zu positionieren, um die Faktoren besser verstehen und bewerten zu können, die sowohl unser Verhalten als auch das Verhalten anderer Leute beeinflussen.
>
> *C. W. Mills (1916 – 1962) – Amerikanischer Soziologe*

Der Begriff des „Menschen" wird in der Soziologie als eine Einheit von Biologischem und Sozialem verstanden. Er wird deshalb in vielen Theorien und Teildisziplinen der Sozialwissenschaft verwendet, wie etwa in der Soziologie der Persönlichkeit. Der Begriff „Individuum" wird eher in der Psychologie verwendet, obwohl auch die Soziologie nicht selten darauf zurückgreift, insbesondere wenn Identitäts- oder Interaktionsprobleme in kleinen Gruppen analysiert werden [10, 201].

Die heutige Soziologie arbeitet mit den Begriffen „Mensch", „Individuum", „Persönlichkeit", „Gesellschaft" und dem Grundgehalt nach ähnlichen, aber unterschiedlich interpretierten Begriffen, die oft als Synonyme betrachtet werden: „Bildung", „Entwicklung", „Erziehung", „Sozialisation". Wird die Person jedoch nur aus sozialer Sicht betrachtet, ist der Begriff „Persönlichkeit" am gebräuchlichsten. In den Fällen also, in denen die Person als Subjekt sozialer Beziehungen betrachtet wird, beschäftigt sich mit der Person diejenige Teildisziplin der Soziologie, die als Soziologie der Persönlichkeit bezeichnet wird [9, 321].

Der gegenwärtige Zustand des kollektiven Bewusstseins sowohl in der GUS als auch in Kirgisistan selbst ist dadurch gekennzeichnet, dass dieses nicht nur gespalten, fragmentiert und widersprüchlich, sondern oft auch paradox ist. Im kollektiven Bewusstsein koexistieren weiterhin miteinander unvereinbare Einstellungen und reifen weiter heran. Diese stehen einander konfrontativ gegenüber und beanspruchen oftmals für sich, die einzige sich bietende Rettungsmöglichkeit zur Überwindung der Krise zu sein, in der sich sowohl Kirgisistan als auch die GUS befinden. Sinn einer soziologischen Analyse kann es nicht sein, sich auf diese Debatte einzulassen, sondern Klarheit darüber zu erlangen, dass diese Debatte perspektivlos ist, bis nicht eine Antwort auf eines der grundlegenden Probleme unserer Zeit gefunden ist: Die Frage, warum nämlich nicht nur die Gesellschaft, nicht nur viele soziale Gruppen und Schichten, sondern auch der Mensch selbst als Persönlichkeit bewusstseinsmäßig gespalten ist, stellt ein einzigartig widersprüchliches Phänomen dar, das in vielerlei Hinsicht das gegenwärtige Erscheinungsbild des Landes verkörpert.

Das Paradoxe an der Situation liegt darin, dass dieser Widerspruch gerade in einer Person, in einem bestimmten Individuum konzentriert ist, wenn dieses gleichzeitig sich gegenseitig ausschließenden Überzeugungen vertraut und an deren Wert für sein eigenes und für das gesellschaftliche Leben glaubt. Ein solcher Ansatz ermöglicht es, das Bewusstsein und das Verhalten eines Individuums zu charakterisieren, das sich in der Konfrontation, ja im Kampf mit sich selbst befindet und dies auf die öffentliche Bühne überträgt.

Der Zerfall der UdSSR führte zum Zusammenbruch einer etablierten Lebensweise und zum Überdenken der Einstellungen und Werte von Hunderten von Millionen Menschen. Verschwunden ist nicht nur das riesige Land, das ein Sechstel des Erdoberfläche einnahm, sondern auch die Grundlage der Weltanschauung, auf die sich die Menschen in ihrer Interaktion mit der Gesellschaft, mit staatlichen und industriellen Organisationen, mit ihren Kollegen, Freunden, Nachbarn am jeweiligen Wohnort, kurz mit ihrem gesamten Umfeld verlassen haben. Die Erkenntnis, dass es notwendig war, den Zustand der sowjetischen Gesellschaft zu verändern, war nicht nur für die Perestroika charakteristisch, sondern auch schon davor. Denn gerade die Erwartung von Veränderungen, das Streben nach diesen, waren es doch, welche die gesellschaftlichen Bewegungen hervorriefen, die sich in der zweiten Hälfte der 80er Jahre des zwanzigsten Jahrhunderts deutlich zeigten.

All dies führte zu einem Bewusstseinswandel bei den Menschen, zu einer offensichtlichen oder auch versteckten Abkehr von vielen Werten und Einstellungen, mit denen die Menschen zuvor ihr ganzes Leben lang gelebt hatten. Aber ihre Weltanschauung als Kern ihres Bewusstseins blieb eher konservativ: Sie sammelte und vereinte weiterhin zugleich ein Bekenntnis zur Vergangenheit wie auch eine Zustimmung zur Gegenwart und wiederum Kritik an ihr sowie Verunsicherung hinsichtlich der Zukunft beziehungsweise an den Möglichkeiten zur Verwirklichung von Zielen, Absichten und Interessen.

Zu Beginn des 21. Jahrhunderts ist der ethnische, nationale Faktor einer der bestimmenden im modernen Leben der gesamten Menschheit. Der ethnische Faktor manifestiert sich immer stärker in der Aktivierung von Forderungen nach nationalstaatlicher Souveränität, die nach Ansicht vieler nationaler Führungspersönlichkeiten die Bestrebungen und Erwartungen vieler Nationen und Völker widerspiegeln. Auf den ersten Blick klingt das recht plausibel. Seit mehr als 30 Jahren kommt es in Nordirland zu Auseinandersetzungen auf ethno-konfessioneller Basis und Großbritannien ist es bis zum heutigen Tag nicht gelungen, eine zufriedenstellende Lösung für diese Konflikte zu finden. Gleichzeitig erhielt Schottland in diesem Land durch die Bemühungen der nationalistischen Kräfte sein Parlament und das gleiche Problem ist in Wales noch immer aktuell. In Spanien behaupten sich seit Jahren nationale Minderheiten – Basken und ein Teil der Katalanen. Erstere fordern die Schaffung eines unabhängigen Staates auf Teilen des spanischen und französischen Hoheitsgebiets, letztere eine größere Unabhängigkeit von der Zentralregierung. Unruhig ist es auch in Rumänien und in Transsilvanien, wo Autonomie weniger von Ungarn gefordert wird (deren Anzahl auf diesem Gebiet recht hoch ist), sondern von den dort lebenden Rumänen, die glauben, dass ihre Zugehörigkeit zum Habsburger Reich bis zum Jahr

1918 sie grundlegend von der Bevölkerung Moldawiens und der Walachei unterscheide. In Sri Lanka, wo Tamilen um die Unabhängigkeit gegen die sri-lankische Regierung kämpfen, dauert der blutige Konflikt bereits seit einem Vierteljahrhundert an. Wie eine offene Wunde ist für die Kurden ihr Kampf für die Unabhängigkeit (das 37 Millionen Menschen umfassende Volk verteilt sich auf mehrere Staaten – Türkei, Iran, Syrien, Irak). Der Konflikt zwischen den beiden Atommächten Indien und Pakistan hat die Aufmerksamkeit der gesamten Weltgemeinschaft und sämtlicher Weltmächte erregt.

Es gibt auch einige als exzentrisch zu bezeichnenden Ereignissen in diesem nationalen und separatistischen Prozess, wie zum Beispiel den Wunsch einiger Nationalisten in der Provinz Quebec (Kanada) in Neukaledonien (dem Protektorat Frankreichs), die Unabhängigkeit zu erlangen [8, 423].

Auch im Staat Texas (USA) ist es unruhig. Der Präsident der nationalistischen Bewegung von Texas, Daniel Miller, sagt, die Unabhängigkeit von Texas sei der einzige Weg, Texanern zu ermöglichen, auf texanische Art und Weise ihre Probleme zu lösen, trennte sich doch Texas im Jahr 1936 von Mexiko und war ganze neun Jahre eine unabhängige Republik, bis es sich als deren 28. Staat den USA anschloss [6, 18].

Insgesamt wurden allein im Jahr 1998 etwa 50 politische Großereignisse mit ethnischem Hintergrund verzeichnet, was sowohl das Schicksal einzelner Nationen und Staaten oder einzelner ihrer Regionen als auch das der Welt insgesamt stark beeinflusst. Die Tatsache, dass der ethnische Faktor eine wichtige Rolle bei der Lösung der Probleme des staatlichen Systems spielt, wird durch den Zusammenbruch der UdSSR, Jugoslawiens und der Tschechoslowakei belegt. Es gibt mehrere Gründe für ihr Verschwinden von der politischen Weltkarte. Die einen sprechen von der unvermeidlichen Auflösung von Imperien, andere von den Fehlern der politischen Führung dieser Länder, die Dritten von einer Welle des Nationalismus als neues Phänomen des gesellschaftlichen Lebens, dem man sich nicht entgegenstellen kann.

Bei dieser Analyse des Anstiegs ethnisch-nationaler Spannungen ist eine wachsende Zahl von Soziolog*innen geneigt, eine ernsthafte, gründliche und umfassende Bewertung nicht nur des ethnischen Faktors im Allgemeinen, sondern auch der nationalen Identität für unumgänglich zu halten. In diesem Zusammenhang ist es angebracht, sich an die Überzeugung von L.N. Gumiljow zu erinnern, wonach es „im menschlichen Leben nichts Unbeständigeres gibt als die soziale Lage und die sozialen Beziehungen“, der Mensch aber gleichzeitig „seine ethnische Zugehörigkeit nicht ändern kann und würde er noch so viele Anstrengungen unternehmen und wäre sein Wunsch danach noch so groß“. Seiner Ansicht nach ist nichts einflussreicher als das, was letztlich das Bewusstsein und das Verhalten des Menschen bestimmt, nämlich das „ethnische Element der Menschheit“, das die Tendenz hat, sich zu aktualisieren, sich neu zu positionieren und letztlich die Richtung zu bestimmen, in die sich die Menschheit entwickelt [2, 9-10].

Der postsowjetische Raum ist ein einzigartiges Feld, das die epochalen Veränderungen nach dem Zusammenbruch eines großen Landes zeigt. Derzeit ist auf dem Gebiet der ehemaligen Sowjetunion objektiv gesehen ein Prozess der Materialisierung von nationaler Eigenart, Nationalwürde und Nationalkultur im Gange. Viele Nationen und Völker wurden sozusagen wiedergeboren und richteten sich nach ihrer Kultur, ihrer Sprache, nach den Bräuchen und Traditionen ihrer Vorfahren aus. Die spezifisch nationalen Formen der Bewirtschaftung haben an Bedeutung gewonnen. Doch der Wunsch der Menschen nach nationaler Identität war nicht immer mit dem bestehenden Wunsch vereinbar, mit anderen zusammenzuleben und mit diesen in Frieden zu leben, da sich nationalistisch gesinnte Politiker machtvoll in diesen Prozess einmischten und im Kampf um die Macht die geistigen Werte durch ehrgeizige Aussagen und Erklärungen über allerlei Arten von „Souveränität, „Unabhängigkeit" und „Selbstständigkeit" zu ersetzen suchten.

Im Verhalten der politischen Führer, die den Aufbau des Wohlergehens ihrer Nation (und in den meisten Fällen ihres persönlichen Wohls) zum Nachteil der Würde und des Wohlbefindens anderer Völker zu ihrem Credo erklärt haben, manifestiert sich das Gebaren nationaler Marodeure. Was sind die Erklärungen des georgischen Präsidenten in den frühen 1990er Jahren, Herrn Gamsachurdias, der offen den Slogan „Georgien den Georgiern!" proklamierte, oder seines Kollegen, des ersten Präsidenten von Aserbaidschan Elchibey, der in jenen Jahren die gleiche Politik verfolgte, nur unter dem Slogan „Russen – nach Rjasan, Tataren – nach Kasan!". Ähnliches, wenn auch in dezenter Form, ereignete sich auch in anderen Republiken und nationalen Regionen [8].

Nationalistische Ideen faszinierten einen Teil der Bevölkerung, wenn auch keinen so großen, wie deren Schöpfer dies gerne gesehen hätten. Was gelten die emotionalen Äußerungen des LDPR-Führers W. Schirinowski, Zentralasien müsse eine Kolonie Russlands werden und der russische Soldat müsse seine Stiefel im Indischen Ozean waschen, man solle sich mit der Ukraine schon befassen, Kasachstan solle als nächstes in den Blick genommen werden und was dergleichen mehr ist?

Soziologische Studien russischer wie kirgisischer Soziolog*innen zeigen, dass Menschen unterschiedlicher Nationalitäten im täglichen Umgang, bei der Arbeit und zu Hause trotz der klischeehaften Äußerungen von Führern nationaler politischer Parteien und Bewegungen ein hohes Maß an Vertrauen und Toleranz beweisen. Die Menschen sehen die Grundlage für das Zusammenleben in Spiritualität, in Kultur und in der Entwicklung ihrer Identität und nicht in einem offenen oder geheimen politischen Kampf, der nur ehrgeizigen Politikern oder irgendwelchen ambitionierten Populisten, Präsidenten oder anderen Führern Dividenden einbringen wird.

Die nationalistischen Stimmungen sind auch insofern gefährlich, als ihre Träger ihre wahren Ziele und Absichten sorgfältig verbergen. In den Fokus der Öffentlichkeit werden demagogische Diskussionen über die Landessprache, über die „zerstörte" Nationalkultur gestellt, was geeignet ist, einen Teil der Bevölkerung für einige Zeit zu desorientieren. Diese nationalistische Stimmung wird auch nicht zuletzt durch einige para- und antiwissenschaftliche Konzepte und Ansichten gefördert, die im 20. Jahrhundert enorme Verbreitung gefunden haben.

Zu ihrer „wissenschaftlichen" Begründung werden die unterschiedlichsten Ideen herangezogen. So wird etwa die Position von Carl Gustav Jung als primordialistisches Konzept von Ethnizität interpretiert, dem zufolge ethnische (und damit kulturelle) Identität nicht konstruiert, sondern vererbt wird. Dieser Ansatz gibt Anlass, über die Exklusivität des nationalen „Ich" zu sprechen, dient als Grundlage für die Konfrontation mit anderen Völkern, erzeugt ethnische Spannungen und sogar Nationalitätenkonflikte [8, 422].

Es gibt gravierende Zweifel und Einwände gegenüber dem Konzept von W.A. Tischkow, welches die Künstlichkeit und Unwissenschaftlichkeit des Begriffes „Nation“ sowie die Notwendigkeit, den westlichen Standard des „Nationalstaates“ anzuerkennen, unter Beweis stellt. [7] Es fällt schwer, dieser Aussage zuzustimmen: Erstens, weil man von den Realitäten ausgehen muss, die sich entwickelt haben, und aus jener realen Erfahrung, die nicht nur in westlichen Ländern vorhanden ist. Anders ausgedrückt: Das Denken sollte auf dem Leben basieren, nicht auf Fantasien und Wünschen, und seien sie noch so attraktiv. Daher ist es schwierig, die Vorstellung der Nation als „imaginäre Gemeinschaft“ zu teilen.

Zweitens: Wie gut die amerikanischen, französischen und spanischen Methoden zur Lösung nationaler Probleme auch immer sein mögen, sie spiegeln doch stets nur ihre je eigene Spezifik und ihre Verfahren zur Beeinflussung schwieriger nationaler Wechselbeziehungen wider. Fremde Erfahrung einfach „mechanisch“ zu nutzen, ist, wovon sich nicht nur Politiker*innen bei der Analyse unterschiedlichster Anleihen überzeugen konnten, eine äußerst umstrittene, wenn nicht gar gefährliche Strategie. Drittens sollte nicht den politischen Doktrinen der UdSSR, in der, wie auch der Autor zugestehen muss, viel zugunsten nationaler Minderheiten getan wurde, die Schuld an nationalen Zusammenstößen zugesprochen werden. Denn es gab in anderen Ländern keine solchen Doktrinen, doch Auseinandersetzungen (und zwar sehr akute) um nationale Interessen waren und bleiben dort Realität.

Der nationalistische Rausch vergeht sogar bei jenen Menschen, die sich zeitweise auf kurzsichtige, aber gefährliche Versprechungen der politischen Handlungsträger einließen. Es ist nicht nur unzutreffend, sondern auch absurd, die Völker als affiziert vom Geschwür des Nationalismus und Chauvinismus darzustellen. Es ist notwendig, die Spreu vom Weizen zu trennen und einzusehen, dass der Mythos von einem universellen nationalen Rausch oft nur der Vertuschung ehrgeiziger Ziele im Kampf um die Macht dient.

Natürlich bedarf die nationale Identität jeder Nation einer gründlichen und eingehenden Analyse. Gleichzeitig kann kein Zweifel daran bestehen, dass sich etwa die Besonderheiten bei der Manifestation des nationalen „Ichs“ in den baltischen Ländern erheblich von ähnlichen Bewegungen in Zentralasien und diese wiederum von der Situation im Kaukasus unterscheiden. Jedoch ist die Anhänglichkeit an nationale Werte zweifellos der wichtigste Bestandteil der nationalen Identität der meisten Nationen, die innerhalb der Grenzen der ehemaligen UdSSR leben. Die „Realitäten von Nationen“ behaupten sich als existentiell notwendig, da eine individuelle soziale Identität ohne eine nationale Identität unmöglich ist.

Bis zu einem gewissen Grad sind nationale Widersprüche auf die Tatsache zurückzuführen, dass zentripetale Tendenzen gegenüber zentrifugalen vorherrschen und, was paradox ist, eher zu Letzteren beitragen als diese einzudämmen. Anführer ethnischer Schichten und Gruppen sind mit der bestehenden „nationalen Rangordnung“, die ihrer Meinung nach ein Hindernis für das normale Funktionieren ihrer Völker war, nicht mehr zufrieden. Ihre Haltung wird durch einen entsprechenden Komplex an ideologischen Argumenten, Erklärungs- und Rechtfertigungsmechanismen sowie propagandistischen Maßnahmen zur Beseitigung der bestehenden Ungleichheit zwischen den Nationen und zur Überzeugung der Menschen von der Legitimität ihrer nationalen Ansprüche untermauert. Diese nationalen Ansprüche kommen oft im

Gewande von Nationalismus, Chauvinismus und Rassismus daher, obwohl es unter den heutigen Bedingungen womöglich gar keine klaren Anzeichen für Unterdrückung oder Gewalt gibt. Natürlich ist den nationalen Beziehungen aufgrund der Interessensunterschiede verschiedener Völker eine ganze Palette an Widersprüchen eigen [1]. Und diese Widersprüche entstehen nicht nur auf der Ebene von Nationalstaaten, nationalen Gemeinschaften und ethnischen Gruppen (d. h. auf der Makroebene), sondern auch auf der zwischenmenschlichen Ebene und auf der Ebene kleiner Gruppen (d. h. auf der Mikroebene). Einige von ihnen wirken ständig, andere sind situativ, die einen sind konstruktiv, andere destruktiv.

Eine Analyse der mehrdeutigen, widersprüchlichen Prozesse im Bereich der internationalen und interethnischen Beziehungen ermöglicht es uns, einige Formen von Paradoxien der nationalen Identität zu identifizieren, die die spezifischen Merkmale von deren Funktionieren im postsowjetischen Raum am besten charakterisieren. In gewissem Maße manifestieren sich diese Formen des Paradoxons in fast allen Arten ethnischer Interaktion.

Eine Analyse der Paradoxien des nationalen Selbstbewusstseins erlaubt zwei weitere Schlussfolgerungen, wie der Soziologe Zh. T. Toshchenko betont [8, 423].

Erstens werden diese Paradoxien weitgehend von solchen Ideen gestützt (die sich leider auch auf theoretischer Ebene entwickelt haben), wenn die Interessen der Nation und nicht die Interessen der Person als zentrale Bezugspunkte für die Entwicklung eines Volkes herangezogen werden. Bei aller scheinbarer Attraktivität ist eine solche Position mit tragischen Konsequenzen behaftet: Sie führt zu nichts anderem als Hass, Blutvergießen und auf viele Jahre hinaus vergiftetem Denken, was insbesondere in Berg-Karabach, Tadschikistan, Transnistrien, Georgien und an anderen Brennpunkten deutlich wurde.

Zweitens verschärft sich das tragische Moment an dem Paradoxon, wenn eine scheinbar sinnvolle Haltung – die Interessen der Nation über alles zu stellen – zur Staatspolitik wird. Bei einer solchen Haltung kehrt sich die Priorität der Interessen einer Nation schließlich dahingehend um, dass eine andere Nation, ein anderer Staat die „Rechnung" präsentiert bekommt, was nicht nur zur Unterbrechung von Wirtschaftsbeziehungen und zu einer Verschlechterung der diplomatischen Beziehungen führt, sondern auch zur Verbreitung nationalistischer Denkweisen, zur Beleidigung der nationalen Identität anderer Völker und zur Wiederbelebung und Kultivierung von Chauvinismus und Rassismus.

Genau dieses „Hybrid" an Verschiebungen im öffentlichen Bewusstsein und deren Manifestation in bestimmten Situationen ist es auch, das es ermöglicht, von einer paradoxen Natur von Bewusstsein und Verhalten zu sprechen. Man sollte besonders betonen, dass die Paradoxie des Bewusstseins und des Verhaltens vielfältig ist und viele Gesichter hat. In der Soziologie wurde dieses Hybrid als das neue Konzept vom paradoxen Menschen eingeführt.

Der paradoxe Mensch als Phänomen des Zeitalters taucht in einem völlig widersprüchlichen Gewand vor uns auf, stellt der Soziologe Zh. T. Toshchenko fest, da die Gründe, die zu Paradoxen führen, nicht eindeutig sind und nicht einer einzigen Ordnung angehören. Dennoch kann man mit voller Überzeugung behaupten, dass es gerade der paradoxe Mensch ist, der das moderne Zeitalter verkörpert, er ist ein mächtiger destabilisierender Faktor. Die Gefahr dieses Phänomens besteht auch darin, dass der paradoxe Mensch ein sehr willkommenes Objekt für die Manipulation des öffentlichen Bewusstseins [8, 424] darstellt.

Die verfügbaren Informationen legen nahe, dass der paradoxe Mensch ein unausbleibliches Merkmal der Übergangszeit ist. Er kann nicht beseitigt oder ignoriert werden. Es ist notwendig, ihn zu erkennen und dieses Wissen zu nutzen, um brennende Fragen der Entwicklung Kirgisistans im gegenwärtigen Stadium zu beantworten. Eine Analyse der verfügbaren Daten, einschließlich soziologischer Daten, ermöglicht es uns, verschiedene Arten von paradoxem Bewusstsein und Verhalten von Menschen detailliert zu beschreiben.

Paradoxa zeigen sich deutlicher im historischen Gedächtnis und im Bereich der Moral sowie der Religion. Zu den Paradoxen des religiösen Bewusstseins gehört ein massenhaftes Zurschaustellung des Glaubens an Gott, vor allem bei jener Kategorie von politischen Anführern und Geschäftsleuten, die seinerzeit die kommunistische Parteischule abgeschlossen hatten, in den Reihen der KPdSU waren und sich für Atheisten hielten, und nun mit allem Anschein von Ernsthaftigkeit versuchen, sich der Wählerschaft als Gläubige zu präsentieren.

Laut der Staatlichen Kommission für Religionsangelegenheiten bei der Regierung der Kirgisischen Republik wurden im Jahr 2017 3.233 religiöse Verbände und Organisationen registriert, darunter 2.822 dem Islam, 397 dem Christentum, 1 dem Judentum, 1 dem Buddhismus zugehörige sowie 12 Vertreter neuer religiöser Strömungen und Glaubensrichtungen [3].

Nach Angaben des Nationalen Statistischen Komitees wurde im Januar 2018 eine religiöse Identifizierung auf der Grundlage der ethnischen Zugehörigkeit vorgenommen, wonach etwa 93% der Bevölkerung der Republik traditionelle Anhänger der sunnitischen Ausrichtung des Islams sind: Kirgisen – 73,3% der Bevölkerung; Usbeken – etwa 14,7% der Gesamtbevölkerung und mehr als 5% waren Uiguren, Dunganen, Kasachen, Tataren, Tadschiken, Baschkiren, Türken, Tschetschenen, Darginen usw. 5,9% der Bevölkerung in Kirgisistan waren (russisch) orthodoxe Christen, hauptsächlich Russen, Ukrainer und Belarussen. Mehr als 1,1% der Bevölkerung des Landes sind Vertreter neuer religiöser Bewegungen [5, 54].

Unter der Leitung von Prof. K. Isajew wurde mit Unterstützung des Amtes des Präsidenten der Kirgisischen Republik an der Kirgisisch-Türkischen Universität „Manas“ und mit finanzieller Unterstützung dieser Universität eine soziologische Studie durchgeführt, an der eine landesweite Stichprobe aus der Bevölkerung der Republik mit insgesamt 2.000 Befragten teilnahm. Im Rahmen der soziologischen Umfrage ermittelten wir die Einstellung der Befragten zur Religion und stellten dabei insbesondere die folgende Leitfrage: „Glauben Sie an Gott?“ So zeigen die Ergebnisse der Umfrage, dass 95,2% der Befragten an Gott bzw. Allah glauben. Und 0,7% der Befragten antworteten, dass sie nicht an Gott bzw. Allah oder eine andere Gottheit glauben. 3,6% der Befragten schwankten zwischen Glauben und Unglauben und 0,5% der Befragten taten sich schwer mit einer Antwort (siehe Tabelle 1).

Tabelle 1. Glauben Sie an Gott?

Nr.	Antwortmöglichkeiten	In Prozent
1.	Ja	**95,2**
2.	Ich schwanke zwischen Glauben und Unglauben.	**3,6**
3.	Nein	**0,7**
4.	Ich tue mir schwer mit einer Antwort.	**0,5**
5.	Insgesamt	**100**

Nachdem wir die Beziehung der Befragten zu Gott erhellt hatten, wollten wir herausfinden, warum die Befragten diese Religion für die ihre halten. Dazu stellten wir die Frage: „Welche Religion betrachten Sie als die Ihre?" Die Umfrageergebnisse zeigen, dass 90,4% der Befragten den Islam als ihre Religion ansehen und 9% der Befragten das Christentum, während nur 0,7% der Befragten, was der Meinung von 12 Personen entspricht, andere Religionsrichtungen angeben, die zu neuen religiösen Organisationen gehören. Jeder Befragte identifizierte persönlich seine Religionszugehörigkeit und bestimmte für sich selbst, welche Religion er als die seine betrachtet (siehe Abbildung 1).

Abbildung 1. Welche Religion betrachten Sie als die Ihre?

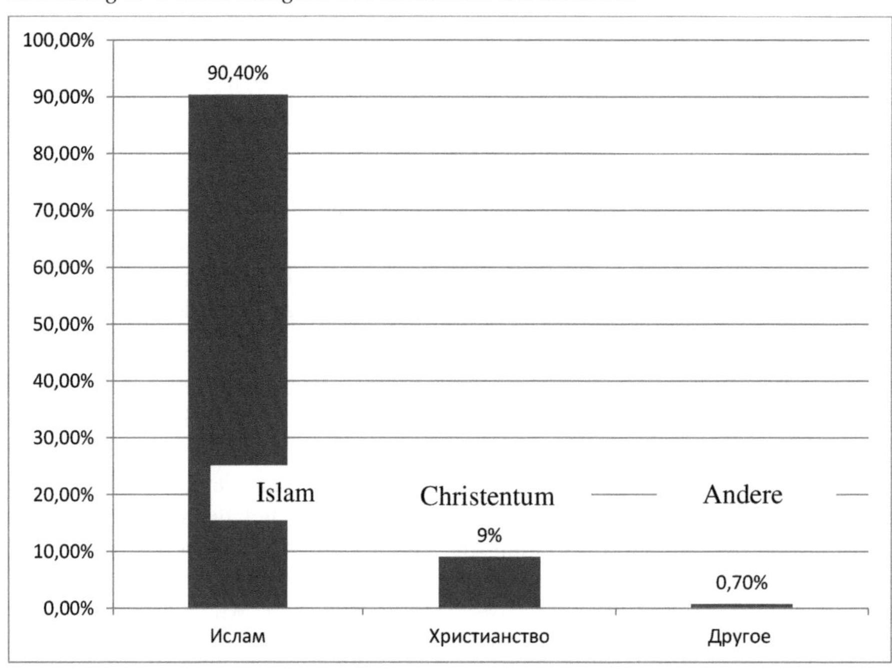

Bildung und Sozialisierung einer Person werden in erster Linie von der Familie beeinflusst, d. h. von der Einstellung der Eltern zur Religion, die sich im Wesentlichen auf das religiöse Bewusstsein der Familienmitglieder auswirkt sowie auf die Herausbildung der Religiosität in der Gesellschaft, die wiederum als soziale Norm angesehen wird, als erworbener Status eines Menschen. Im Rahmen der soziologischen Studie stellten wir den Respondenten die folgende Frage, um dieses Phänomen zu identifizieren: *„Warum betrachten Sie diese Religion als die Ihre?“*

Wie Tabelle 2 zeigt, hat mehr als die Hälfte (55,4%) der Befragten geantwortet, ihre Eltern hätten sich zur jeweiligen Religion bekannt und sie seien im Geiste dieser Religion erzogen worden. Die Familie als soziale Institution gilt als die Grundlage für die Sozialisation des Einzelnen von der Geburt bis zur Herausbildung seiner Persönlichkeit.

Jeder vierte Befragte (24%) gab an, seine ethnischen Wurzeln würden zu dieser Religion führen. Dass sie selbst durch das Lesen religiöser Bücher zu dieser Religion gekommen seien, gaben 8,2% der Befragten an. 7,3% der Befragten gaben an, sich nicht mit der Frage auseinandergesetzt zu haben, und 2,5% der Befragten wählten die Antwortmöglichkeit „Anderes“. 2,6% der Befragten taten sich schwer mit einer Antwort (siehe Tabelle 2).

Tabelle 2: *Warum betrachten Sie diese Religion als die Ihre?*

Nr	Antwortmöglichkeiten	In Prozent
1.	Meine Eltern bekennen sich zu dieser Religion und ich bin auch zu dieser erzogen worden.	**55,4**
2.	Meine ethnischen Wurzeln führen zu dieser Religion.	**24,0**
3.	Ich kam selbst durch das Lesen religiöser Bücher zu dieser Religion.	**8,2**
4.	Ich habe mich mit der Frage nicht auseinandergesetzt.	**7,3**
5.	Anderes	**2,5**
6.	Ich tue mir schwer mit einer Antwort.	**2,6**
7.	Insgesamt	**100**

Um zu ermitteln, wie häufig die Befragten Moscheen, Kirchen, Gebetshäuser oder andere religiöse Orte besuchen, haben wir die folgende Frage gestellt: „Wie oft besuchen Sie religiöse Orte?“ Die Antworten auf diese Frage sehen folgendermaßen aus: 4,9% der Befragten besuchen täglich religiöse Orte. Fast jede vierte Person (24%) besucht jede Woche Moscheen, Kirchen, ein Gebetshaus oder andere religiöse Orte, und einmal im Monat besuchen 11,8% der Befragten ihrem Glauben zugehörige religiöse Orte. 9,6% der Befragten besuchen Moscheen, Kirchen, ein Gebetshaus oder andere religiöse Orte einmal im Halbjahr und 12,4% der Befragten tun dies einmal im Jahr. 32,7% der Befragten besuchen keine Moscheen, Kirchen, Gebetshäuser oder andere religiöse Orte.

Wie aus der folgenden Abbildung zu ersehen ist, belegen die höchste Position diejenigen, die einmal pro Woche religiöse Stätten aufsuchen. Diese Befragten sind Moslems, die jede Woche zum Freitagsgebet die Moschee besuchen (siehe Abbildung 2).

Abbildung 2: Wie oft besuchen Sie religiöse Orte?

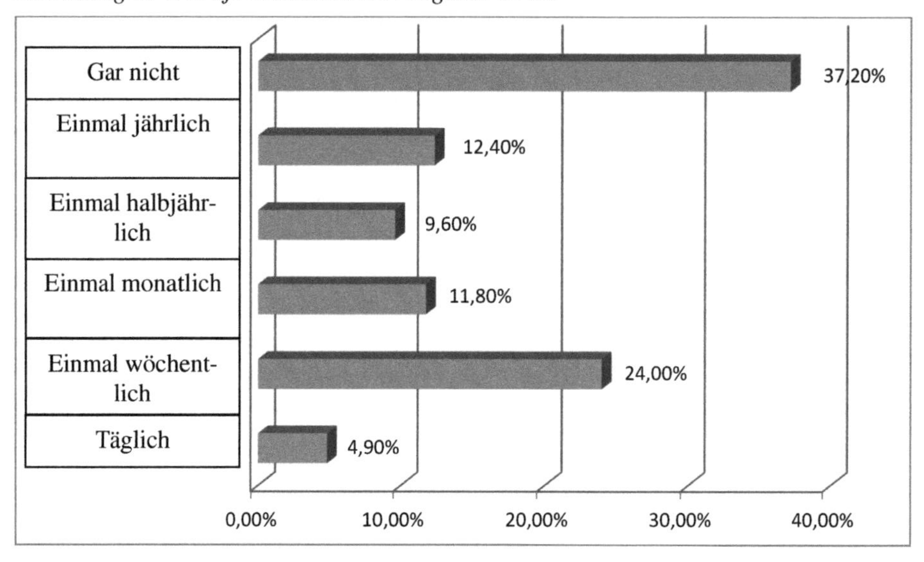

Um Probleme in Bezug auf Religion zu identifizieren, haben wir den Befragten eine offene Frage gestellt, damit sie die Probleme erläutern konnten, die sie im Bereich der Religion stören. Da die Frage offen war, konnten die Befragten mehrere Varianten ihrer Antwort niederschreiben, sodass die Summe aller Antworten 157,2% betrug.

Wenn wir uns mit den Ergebnissen der Umfrage vertraut machen, so sehen wir, dass an erster Stelle die Befragten (57,1%) mit der Antwort stehen, sie seien über die Intensivierung der Aktivitäten verschiedener Sekten und deren zunehmenden Einfluss sowie destruktive religiöse Tendenzen besorgt. Etwa die Hälfte der Befragten (48,3%) ist sehr besorgt über das Problem des religiösen Extremismus. 19,8% der Befragten bereitet die schwache Arbeit von Führungskräften religiöser Organisationen Sorgen. 7,7% der Befragten stört das Problem, dass Religion politisiert wird, d. h. sie glauben, dass sie der Einfluss der Religion auf die politische Elite stark beunruhigt. Z. B. sind bei Beginn groß angelegter politischer Kampagnen einige politische Führer nicht abgeneigt, sich der Religion zu bedienen, um eigennützige Ziele in der Politik zu erreichen. 0,9% der Befragten wählte die Antwortoption „Anderes" und jeder 33. Befragte tat sich schwer mit einer Antwort fand es schwierig (siehe Tabelle 3).

Tabelle 3: Welche Probleme stören Sie am meisten an der Religion?

Nr.	Antwortmöglichkeiten	Antworten in %
1	Intensivierung der Aktivitäten verschiedener Sekten und deren zunehmender Einfluss	**57,1%**
2	Religiöser Extremismus	**48,3%**
3	Zunehmende Religiosität unter der jungen Generation	**20,4%**
4	Schwache Arbeit von Führungskräften religiöser Organisationen	**19,8%**

5	Einfluss der Religion auf die politische Elite	7,7%
6	Anderes	0,9%
7	Tue mir schwer mit einer Antwort.	3,0%
8.	Insgesamt	157,2%

Damit erschöpft sich noch nicht die Vielfalt der Aspekte im religiösen Bewusstsein und Verhalten der Menschen. In der soziologischen Literatur werden ihre Stile, Formen und Erscheinungsformen ebenso untersucht wie ihre Marginalität, Isolation, Assimilation etc., die wiederum neue Facetten der paradoxen Natur der Persönlichkeit aufzeigen. Zu den Paradoxen gehört auch die Tatsache, dass durch die religiöse Wiedergeburt nicht Beziehungen von Brüderlichkeit, Liebe und Humanität triumphieren, sondern im Gegenteil die schnelle moralische und psychologische Verrohung und die Auflösung des sozialen Gefüges auf der Ebene des Alltags, wie der russische Religionswissenschaftler L. N. Mitrokhin zu Recht betont [8, 215].

Die Analyse des gegenwertigen Zustandes des religiösen wie kollektiven Bewusstseins und Verhaltens ermöglicht es, von einer Vielfalt paradoxer Persönlichkeitstypen zu sprechen.

Die Übergangszeit hat diese Ambivalenz aufgedeckt, ein genaueres Bild von dem gezeichnet, was wir jetzt sind. Und gerade diese Offenheit und das Verständnis der Situation macht Hoffnung, dass eine korrekte Beurteilung der kirgisischen Gesellschaft auch die Möglichkeit bietet, im 21. Jahrhundert die sozialen Missstände in Kirgisistan zu überwinden.

Die Persönlichkeit wirkt als Produkt historischer Entwicklung, als Ergebnis des aktiven Handels und der Kommunikation. Die Persönlichkeitsmerkmale hängen immer von sozioökonomischen, soziokulturellen und subjektiven Verhaltensmerkmalen, der Art des Menschen und der gegenwärtigen Lebensqualität ab. Eine Persönlichkeit fungiert nicht nur als Objekt, sondern auch als Subjekt sozialer Beziehungen in der modernen Informationsgesellschaft. Sie ist geprägt von Autonomie, verfügt über die Fähigkeit, sich der Gesellschaft zu widersetzen und neue öffentlich notwendige Funktionen und Verhaltensmuster herauszubilden. Persönliche Unabhängigkeit und schöpferische Tätigkeit setzen dabei jedoch nicht nur Selbstbewusstsein und die Fähigkeit zur Reflexion voraus – Selbstanalyse, Selbsteinschätzung, Selbstkontrolle –, sondern auch deren Abstimmung mit den objektiven Bedingungen des gesellschaftlichen Lebens von Kirgisistan.

So führten die auf nationalistischer Grundlage entstandenen Widersprüche zu den blutigsten Auseinandersetzungen am Ende des 20. und zu Beginn des 21. Jahrhunderts, säten Feindseligkeit und Misstrauen, erschwerten ungeheuer das Leben vieler Länder und Regionen der Welt. Die Krisengebiete, die in der Welt entstanden sind, sind dies größtenteils durch Versuche, nationalistische Ambitionen zu verwirklichen, die oft weder mit der Realität selbst abgestimmt wurden noch mit dem Bemühen darum, diese Realität auf wirksame und rationale Weise zu verändern. Daher existierte das Paradox des ethnischen Bewusstseins nicht nur in der Vergangenheit, sondern es existiert weiterhin, sowohl in Kirgisistan als auch in der GUS insgesamt in der heutigen Phase ihrer Entwicklung.

Literaturverzeichnis

1. Abdulatinov, R.G.: Priroda i paradoksy nazionalnogo. „Ja“. – M., 1991. Абдулатипов Р.Г. Природа и парадоксы национального “Я”. – М., 1991.
2. Gumilev, L.N./Ermolaev, V.Ju: Gore ot illusij. Alma-Mater, 1992. No79. – S. 9-10. Гумилев Л.Н. Ермолаев В.Ю. Горе от иллюзий // Алма-матер. 1992. – С. 9-10.
3. Ikh arkhiva gosudarstvenoj komissii po delam religij pri Pravitelstve KR am 1.3.2018. Их архива государственной комиссии по делам религий при Правительстве КР от 1.03.2018 г.
4. Mitrokhin, L.N.: Religia i kultura. M. 2006, 364 S. Митрохин Л.Н. Религия и культура. - М., 2006. – 364 с.
5. Nazionalnij sostav naselenia 2013-2017 statisticheskij ekhegodnik Kirgiskoj Respubliki. Nazionalnij statisticheskij komitet Kirgiskoj Respubliki. Bischkek, 2018, S. 54. Национальный состав населения. 2013-2017 статистический ежегодник Кыргызской Республики. Национальный статистический комитет Кыргызской Республики.– Бишкек, 2018. – С. 54.
6. Rasedinenie shati Ameriki. Grosit li superdershave sudba SSSR? // MK – Kirgisistan. No 17 (397) – 13-19 Mai 2009, S. 18. Разъединеные штаты Америки. Грозит ли супердержаве судьба СССР? // МК – Кыргызстан. No17 (397). – 13-19 мая 2009 г. – С. 18.
7. Tishkov, V.A.: Hazia – eto metafora. Drushbi narodov. 2000. – No 7. Тишков В.А. Нация – это метафора // Дружбы народов. 2000. – No7.
8. Toshenko, Sh.T.: Paradoksalnij chelovek: monographia. 2. Isd. Pererab. i. dop. – M.: Juniti-Dana, 2008. 543 S. Тощенко Ж.Т. Парадоксальный человек: монография – 2-е изд., перераб. и доп. – М.: ЮНИТИ-ДАНА, 2008. – 543 с.
9. Toshenko, Sh. T.: Soziologia lichnosti. V kn. Soziologia. M.: Juniti-Dana, 2005. – 640 S. Тощенко Ж.Т. Социология личности. В кн. Социология. - М.: ЮНИТИ-ДАНА, 2005 – 640 с.
10. Filatova, O.G.: Obshaia sociologia. M.: Gardariki, 2005. – 464 S. Филатова О.Г. Общая социология. - М.: Гардарики, 2005. – 464 с.

Парадоксальный постсоветский человек как объект изучения социологии

Бакытбек А. Малтабаров

> Изучение социологии должно показать, как оценивать себя не как изолированную личность, а как человека в море человечества; помочь расположить себя в истории и перспективе, чтобы точнее понять и оценить те факторы, которые влияют как на ваше поведение, так и на поведение других людей.
>
> *Ч.Р. Миллс (1916-1962), американский социолог*

В социологии под понятием «человек» понимается единство биологического и социального, поэтому используется это понятие во многих отраслевых социологических теориях, например в социологии личности. Понятие «индивид» больше применяется в психологии, хотя и социология нередко прибегает к нему, особенно когда анализируются проблемы идентичности или взаимодействия в малых группах [10, 201].

Социология на современном этапе оперирует понятиеми «человек», «индивид», «личность», «общество», а также близкими по смыслу, но поразному трактуемыми терминами, нередко рассматриваемыми как синонимы: «формирование», «развитие», «воспитание», «социализация». Но когда человек интересует нас только с социальных позиций, тогда наиболее приемлемо употребление понятия «личность». Поэтому в тех случаях, когда человек рассматривается как субъект социальных отношений, этим занимается та отрасль социологической науки, которая и называется социологией личности [9, 321].

Современное состояние общественного сознания как в СНГ, и в самом Кыргызстане, характерно то, что оно не только расколото, раздроблено, противоречиво, но и зачастую парадоксально. В общественном сознании зреют и продолжают существовать взаимоисключающие ориентации, которые противопоставляются друг другу и нередко претендующие на то, чтобы быть единственными спасительными средствами выхода из того кризиса, в котором оказались как Кыргызстан, так и СНГ. Смысл социологического анализа состоит не в том, чтобы включиться в этот спор, а разобраться в том, почему он бесперспективен, пока не будет найден ответ на одну из фундаментальных проблем нашего времени: почему не только общество, не только многие социальные группы и слои, но и сам человек как личность расколот в своем сознании, представляет уникально противоречивое явление, которое во многом олицетворяет сегодняшний облик страны.

Парадоксальность ситуации состоит в том, что именно в человеке, в личности, в конкретном индивиде сосредоточивается эта противоречивость, когда он одновременно доверяет взаимоисключающим утверждениям, верит в ценность их для своей и общественной жизни. Такой подход дает возможность охарактеризовать сознание и поведение индивида, как находящегося в конфронтации с самим собой, в борьбе с самим собой, что затем переносится и на общественное поприще.

Распад СССР привел к краху устоявшегося образа жизни, пересмотру ориентаций и ценностей сотни миллионов людей. Исчезла не только великая страна, занимающуюся шестую часть суши – исчезла база того мировоззрения, на которую опирались люди в своем взаимодействии с обществом, с государственными и производственными организациями, со своими коллегами, друзьями, соседями по месту жительства, со всем окружающим миром. Осознание того, что необходимо изменить состояние советского общества, было характерно уже не только для перестройки, но и до нее. Ведь именно ожидание перемен, стремление к ним и породили те общественные движения, которые наглядно показали себя во второй половине 80-х гг. XX века.

Все это привело к тому, что произошло изменение сознания людей, явный или скрытый отказ от многих ценностей и установок, с которыми ранее люди жили в течение своей жизни. Но мировоззрение как ключевое звено в сознании достаточно консервативно: оно продолжает аккумулировать в себе приверженность к прошлому, одобрение и критику настоящего и неуверенность в будущем, вернее, в способах реализации цели, намерений и интересов.

В начале XXI в. этнический, национальный фактор является одним из определяющих в современной жизни всего человечества. Этнический фактор все больше и больше проявляет себя в активизации требований национально-государственной суверинизации, которая по мнению многих национальных лидеров, отражают устремления и чаяния многих наций и народов. На первый взгляд это звучит достаточно правдоподобно. Более 30 лет происходят столкновения на этноконфессиональной основе столкновения в Северной Ирландии, и Великобритания до сих пор не может найти удовлетворяющее всех решение этого вопроса. Одновременно в этой стране стараниями националистических сил получила свой парламент Шотландия, и на очереди такая же проблема стоит в Уэльсе. В Испании в течение многих лет заявляют о себе национальные меньшинства – баски и отчасти каталонцы. Первые требуют создания независимого госсударства на части испанских и французских территорий, вторые – большей самостоятельности от центра. Неспокойно и в Румынии, в Трансильвии, где требуют автонономии не столько венгры (их число достаточно велика на этой территории), сколько местные румыны, полагающие, что пребывание их в империи Габсбурсов до 1918 г. серьезно отличает их от населения Молдовы и Валахии. Кровавый конфликт уже в течение четверти века протекает в Шри-Ланке, где тамилы борются за независимость против ланкийского правительства. Незарубцевавшейся раной для курдов является их борьба за независимость (37-миллионный народ расчленен между несколькими государствами – Турцией, Ираном, Сирией, Ираком). Конфликт между двумя ядерными державами Индии и Пакистана, привлек внимание всего мирового сообщества и мировых держав.

В этом национальном и сепаратистском процессе есть и некоторые эксцентрические события, вроде стремления некоторых националистов в провинции Квебек (Канада), в Новой Каледонии (протекторат Франции) получить независимость [8, 423]. Неспокойно и в штате Техас (США). Президент Техасского националистического движения Дэнил Миллер говорит, о том, что независимость Техаса – единственный путь дать техасцам решать их проблемы потехасски, так в 1936 г. отделился от Мексики и целых девять лет был независимой республикой, пока не присоединился к США в качестве 28-го штата [6, 18].

В целом только в 1998 г. было зафиксировано около 50 крупных политических событий, имеющих этническую окраску, что достаточно серьезно влияет на судьбы как отдельных наций и государств или отдельных его регионов, но также и во всем мире. О том, что этнический фактор играет серьезную роль в решении проблем государственного устройства, говорит распад СССР, Югославии, Чехословакии. Причин их исчезновения с политической карты мира несколько. Одни говорят о неизбежности распада империй, другие – об ошибках политического руководства этих стран, третьи – о волне национализма как новом явлении общественной жизни, которому невозможно противостоять.

Анализируя всплеск этнонациональной напряженности, все больше социологов склоняются к необходимости серьезной, глубокой и всесторонней оценке не просто этнического фактора вообще, а национального самосознания. В этой связи уместно напомнить утверждение Л.Н. Гумилева, что «в жизни человеческой нет ничего более нестабильного, чем социальное положение и социальные отношения», но в тоже время «никакими усилиями и желаниями человек не может сменить свою этническую принадлежность». По его мнению, нет ничего влиятельнее того, что, в конечном счете, определяет сознание и поведение человека, – это «этническая стихия человечества», которая имеет тенденцию актуализироваться, перестраиваться и в конечном счете определять направления развития человечества [2, 9-10].

Постсоветское пространство представляет собой уникальное поле, демонстрирующее эпохальные сдвиги, которые происходят после распада великой страны. В настоящее время на территории бывшего СССР идет объективный процесс материализации национальной самобытности, национального достоинства и национальной культуры. Многие нации и народности как бы заново возродились и потянулись к своей культуре, языку, к обычаям и традициям предков. Стали более значимыми национальные формы хозяйствования. Но стремление людей к национальной самобытности не всегда согласуется с существующим желанием жить вместе и жить в мире с другими, так как в этот процесс мощно включились националистически настроенные политики, которые в борьбе за власть пошли на подмену ценностей духовного порядка амбициозными заявлениями и декларациями о разного рода «суверенитетах», «независимостях» и «самостоятельностях».

Налицо проявление национального мародерства в поведении политических руководителей, которые объявили своим кредо строить благополучие своей нации (а в большинстве случаев свое личное благосостояние) в ущерб достоинству и благополучию других народов. Чего стоят декларации президента Грузии начала 1990-х гг. Гамсахурдиа, открыто провозгласившего лозунг «Грузия для грузин!», или его коллеги, первого президента Азербайджана Эльчибея, реализующего в те же годы такую же политику, но под лозунгом «Русские – в Рязань, татары – в Казань!». Нечто подобное, но в более стертом виде происходило в других республиках и национальных районах [8].

Националистические идеи увлекли часть населения, хотя и не столь большую, как того хотели их творцы. Чего только стоят эмоциональные высказывания лидера ЛДПР В. Жириновского о том, что Средняя Азия должна стать колонией России, а русский солдат должет омыть свои сапоги на берегу индиского океана, разберемся с Украиной, следующим будет Казахстан и др.

Социологические исследования как российских, так и кыргызских социологов показывают, что в повседневном общении, на работе и в быту люди разных национальностей демонстрируют большой уровень доверия друг другу и толерантности вопреки кликушествующим заявлениям лидеров национальных политических партий и движений. Основы для совместного сосуществования люди видят в духовности, культуре, развитии своей самобытности, а не в открытой или скрытой политической борьбе, которая приносит дивиденды только амбициозным политикам или желающим протиснуться хотя бы в какие-нибудь лидеры, президенты и вожди.

Националистические настроения опасны еще и тем, что их носители тщательно скрывают свои истинные цели и намерения. На поверхность выносятся демагогические рассуждения о национальном языке, о «погубленной» национальной культуре, что способно на некоторое время дезориентировать часть населения. Этим националистическим настроениям не в малой степени способствует и некоторые паранаучные и антинаучные концепции и взгляды, подучившие огромное распространение в XX в.

Для их «научного» обоснования привлекаются самые различные идеи. Так, позицию К. Юнга трактуют как примордиалистскую концепцию этничности, согласно которой этническая (а следовательно и культурная) идентичность не конструируется, а наследуется. Такой подход дает основания говорить об исключительности национального «Я», служит основой для противопоставления другим народам, порождает этническую напряженность и даже национальные конфликты [8,422].

Вызывает серьезные сомнения и возражения концепция В.А. Тишкова, доказывающего искусственность и ненаучность понятия «нация», а также необходимость признания западного стандарта «нация-государство» [7]. С данным утверждением трудно согласиться.

Во-первых, потому что необходимо исходить из реалий, которые сложились, и из того реального опыта, который имеется не только в западных странах. Иначе говоря, в основе рассуждений должна быть жизнь, а не фантазии и пожелания, пусть даже и привлекательные. Поэтому трудно согласиться с трактовкой нации как «воображаемой общности».

Во-вторых, как бы ни были хороши американские, французские, испанские способы решения национальных проблем, они отражают свою специфику и свои приемы воздействия на непростые национальные взаимоотношения. А использовать механически чужой опыт, как убедились не только политики при анализе самых различных заимствований, дело чрезвычайно спорное, если не сказать опасное. В-третьих, не надо считать виновниками национальных коллизий политические доктрины СССР, в котором немало было сделано, как признает и автор, для национальных меньшинств. Ведь таких доктрин не было в других странах, но столкновения (и очень острые) национальных интересов там были и остаются реальностью.

Националистический угар проходит даже у тех людей, которые на время поддались на близорукие, но опасные посулы политических деятелей. Представлять народы пораженными язвой национализма и шовинизма не только ошибочно, но и нелепо. Надо отделить семена от плевел и понять, что миф о всеобщем национальном дурмане является хорошим прикрытием амбициозных целей в борьбе за власть.

Конечно, национальное самосознание каждого народа нуждается в обстоятельном и глубоком анализе. При этом несомненно, что специфика проявления национального «Я» в странах Балтии весьма существенно отличается от аналогичных проблем в Центральной Азии, так же как в последних – от ситуации в Закавказье. Однако приверженность национальным ценностям – бесспорно важнейший компонент национального самосознания большинства наций, проживающих в границах бывшего СССР. «Реальности нации» утверждают себя как существенно необходимые, поскольку индивидуальная социальная идентичность невозможна без идентичности национальной.

В определенной степени национальные противоречия обусловлены тем, что центростремительные тенденции превалируют над центробежными и, что является парадоксальным, скорее способствуют последним, чем сдерживают их. Лидеры этнических слоев и групп уже не удовлетворены существующим «национальным ранжированием», которое, по их мнению, было препятствием для нормального функционирования их народов. Их позиция подкрепляется соответствующим комплексом идеологических аргументов, механизмами объяснения, оправдания и пропаганды мер по устранению существующего неравенства наций и убеждением людей в законности их национальных притязаний. Эти национальные притязания нередко рядятся в одежды национализма, шовинизма, расизма, хотя в современных условиях явных признаков угнетения или насилия может и не быть. Конечно, национальным отношениям из-за различия интересов разных народов присуща целая гамма противоречий [1].

И эти противоречия возникают не только на уровне национальных государств, национальных общностей, этнических групп (т.е. на макро-уровне), но и на межличностном уровне, на уровне малых групп (т.е. микро-уровне). Одни из них постоянно действующие, другие ситуативны, одни конструктивны, другие деструктивны.

Анализ неоднозначных, противоречивых процессов, происходящих в сфере межнациональных, межэтнических отношений, позволяет выявить несколько форм парадоксов национального самосознания, наиболее полно характеризующих специфические особенности их функционирования на постсоветском пространстве. В той или иной мере эти формы парадоксальности проявляются почти во всех типах этнического взаимодействия. Анализ парадоксов национального самосознания позволяет сделать еще два вывода – отмечает социолог Ж.Т. Тощенко [8, 423].

Во-первых, эти парадоксы в значительной степени поддерживаются такими идеями (которые, к сожалению, развивались и на уровне теоретического знания), когда за ключевые точки отсчета в развитии народа принимаются не интересы человека, а интересы нации. При всей кажущейся привлекательности такая позиция чревата трагическими последствиями: она ни к чему не ведет, кроме как к ненависти, потокам крови и на долгие годы отравленному мышлению, что особенно наглядно проявилось в Нагорном Карабахе, в Таджикистане, Приднестровье, Грузии и других «горячих» точках.

Во-вторых, трагизм парадокса усиливается тогда, когда внешне целесообразная установка – интересы нации превыше всего – становится государственной политикой. При такой постановке вопроса приоритет интересов одной нации в конце концов оборачивается предъявлением «счета» к другой нации, к другому государству, что приводит не только к разорванным экономическим связям, ухудшившимся дипломатическим отношениям, но и к распространению националистического мышления, оскорблению национальной самобытности других народов, возрождению и культивированию шовинизма и расизма.

Именно этот «гибрид» сдвигов в общественном сознании, его проявление в конкретных ситуациях и позволяют говорить о парадоксальности сознания и поведения. Следует особо подчеркнуть, что парадоксальность сознания и поведения многолика, многообразна. Тем самым он ввел в социологию новое понятие парадоксальный человек.

Парадоксальный человек как явление эпохи предстает перед нами во всем противоречивом обличье, – отмечает социолог Ж.Т.Тощенко – так как причины, порождающие парадоксы, не являются однопорядковыми и однозначными. Но, тем не менее, можно с полной уверенностью утверждать, что именно парадоксальный человек олицетворяет современную эпоху, он является мощным дестабилизирующим фактором. Опасность этого явления заключается также и в том, что парадоксальный человек представляет собой очень удобный объект манипулирования общественным сознанием [8, 424].

Имеющаяся информация позволяет утверждать, что парадоксальный человек – это непременный атрибут переходного периода. Его нельзя изжить, игнорировать. Его необходимо познать и использовать это знание для ответа на злободневные вопросы развития Кыргызстана на современном этапе. Анализ имеющихся данных, в том числе и социологических, позволяет дать развернутую характеристику различных типов парадоксального сознания и поведения людей.

Парадоксы с большей очевидностью проявляются и в исторической памяти, и в области нравственности, и в области религии. К парадоксам религиозного сознания относятся массовая демонстрация приверженности к Богу, особенно той категорией политических лидеров, бизнесменов, которые в свою очередь закончили партийную школу, были в рядах КПСС и считали себя атеистами, и серьезным видом пытаются показать себя верующим перед электоратом.

По данным Государственной комиссии по делам религий при Правительстве Кыргызской Республики в 2017 г. было зарегистрировано 3233 религиозных объединений и организаций, в том числе ислама – 2822, христианства – 397, иудаизма 1, буддизма 1 и 12 представители новых релгиозных течений и верований [3].

По данным Национального статистического комитета на январь 2018 г. провели религиозную идентификацию на основе этнической принадлежности, так традиционными приверженцами ислама суннитского направления являются около 93% населения республики: кыргызы – 73,3% населения; узбеки – около 14,7% от всего населения и более 5% составили уйгуры, дунгане, казахи, татары, таджики, башкиры, турки, чеченцы, даргинцы и др. Православия в Кыргызстане придерживались 5,9% населения, в основном это русские, украинцы и белорусы. Более 1,1% населения страны являются представителями новых религиозных движений [5, 54].

Под руководством проф. К. Исаева при поддержке аппарата Президента Кыргызской Республики на базе Кыргызско-Туреского университета «Манас» и при финсовой поддержке данного вуза, было проведено социологическое исследование, в которой объектом исследования выступили население республики в количестве 2000 респондентов, согласно общереспубликанской выборке. В ходе социологического опроса мы выявили отношение респондентов к религии, в частности мы задали наводяший вопрос: «Верите ли Вы в Бога?». Так, результаты опроса показывают, что 95,2% респондентов верят в Бога / Аллаха. А 0,7% респондентов, ответили, что они не верят в Бога/Аллаха и др. Колеблюсь между верой и неверием ответили 3,6% респондентов и на данный вопрос затруднились ответить 0,5% опрощенных (см. таблицу 1).

Таблица 1. Верите ли в Вы Бога?

№	Вариант ответов	В процентах
1.	Да	**95,2**
2.	Колеблюсь между верой и неверием	**3,6**
3.	Нет	**0,7**
4.	Затрудняюсь ответить	**0,5**
5.	Всего	**100**

После выснения отношения к Богу, мы хотели выяснить почему опрощенные респонденты эту религию считают своей. Для этого мы задали вопрос: «Какую религию Вы считаете своей?». Результаты опроса показывают, что 90,4% респондента считают ислам своей религией, 9% респондентов считают своей религией христианство и только 0,7% респондента, которые выражают мнение 12 человек, отметили другие направления религии, которые относятся к новым религиозным организациям. Каждый респондент сам лично идентифицировал свою религиозную принадлежность и сами определяли какая религия является для них своей (см. диаграмму 1).

Диаграмма 1. Какую религию Вы считаете своей?

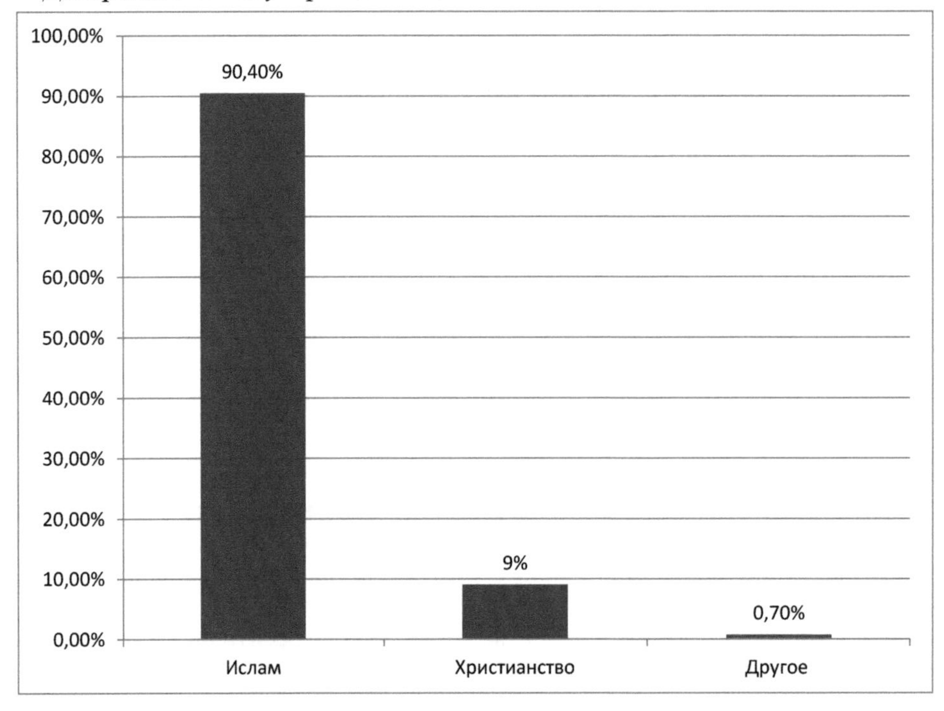

На формирование и социализацию человека влияет в первую очередь семья, то есть отношение родителей к религии, которая в основном влияет на религиозное сознание членов семьи и на формирование религиозности в обществе, которая рассматривается как социальная норма, как приобретенный статус человеком. В ходе социологического исследования, чтобы выявить это явление, респондентам мы задали такой вопрос: *«Почему эту религию считаете своей?»*.

Из таблицы 2 видно результаты опроса, так более половины (55,4%) респондентов ответили, что их родители исповедовали эту религию и в духе этой религи они были воспитаны. Поэтому семья как социальный институт является основой для социализации индивида с периода рождения и до становления личностью.

Каждый четвертый опрощенный (24%) ответил, что их этнические корни ведут к этой религии. Мы сами через религиозные книги пришли к этой религии, счтают 8,2% респондентов. Об этом вопросе не задумывались ответили 7,3% опрощенных и 2,5% респондентов ответили другие варианты ответа и на этот вопрос затруднились ответить 2,6% респондентов (см. таблицу 2).

Таблица 2. Почему эту религию считаете своей?

№	Вариант ответов	*В процентах*
1.	Мои родители исповедуют эту религию и меня тоже воспитали к этому	**55,4**
2.	Мои этнические корни исповедуют эту религию	**24,0**
3.	Я сам читая религиозные книги пришел к этой религии	**8,2**
4.	Об этом не задумывался	**7,3**
5.	Другое	**2,5**
6.	Затрудняюсь ответить	**2,6**
7.	Всего	**100**

Чтобы выявить частоту посещения респондентами мечети, церкви, дом молитв и других религиозных мест, мы задали следующий вопрос: «Как часто Вы посещаете религиозные места?». Ответы на данный вопрос выглядят следующим образом, так каждый день посещают религиозные места 4,9% респондентов.

Диаграмма 2. Как часто Вы посещаете религиозные места?

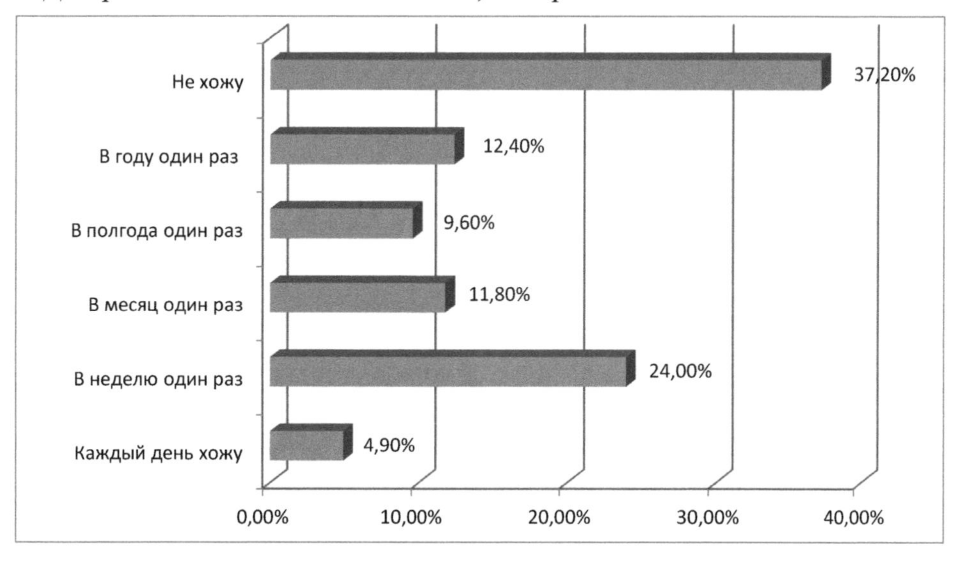

Каждую неделю посещают мечети, церкви, дом молитв и другие религиозные места почти каждый четвертый опрощенный (24%) и один раз месяц 11,8% респондентов посещают присущие им верованию религиозные места.

Из опрощенных каждый десятый (9,6%) респондентов один раз в полгода и один раз в год по мнению 12,4% респондентов посещают мечети, церкви, дом молитв и другие религиозные места. Не посещают и не ходят в мечети, церкви, дома молитвы и другие религиозные места 32,7% респондентов. В данном диаграмме самая высокая позиция у тех, которые ходят один раз в неделю в религиозные места. Эти респонденты-мусульмане, которые каждую неделю посещают мечеть для совершения пятничного намаза (см. подробне диаграмму 2).

Для выявления проблем в вопросе религии, мы дали респондентам открытый вопрос, чтобы они написали те проблемы, которые их беспокоят в религии. Так как, вопрос был открытый, респонденты могли написать несколько вариантов ответа, поэтому сумма всех ответов составил 157,2%.

Ознакомимся с результатами опроса, так на первую позицию вышел ответ 57,1% респондентов, о том, что их очень беспокоят активизация деятельности и усиление влияния различных сект и деструктивные религиозные направления. Около половины опрощенных очень беспокоит проблема религиозного экстремизма, который составил, мнение 48,3% респондентов. Слабая работа руководств руководителей религиозных организаций беспокоят 19,8% респондентов. Так, 7,7% респондентов беспокоят проблема, когда религия становится политизированной, т.е. они считают, что их очень беспокоят влияние религии на политическую элиту. Когда начинаются крупно-масштабные политические кампании некоторые политические лидеры не прочь воспользоваться религией, для достижения корыстных целей в политике. Респонденты, которые представляют 0,9%, ответили другие варианты и каждый тридцать третий опрощенный (3%) затруднились ответить на данный вопрос (см. таблицу 3).

Таблица 3. Какие проблемы в религии в основном беспокоят Вас?

№	Варианты ответов	Ответы в процентах
1	Активизация деятельности и усиление влияния различных направлений сект	**57,1%**
2	Религиозный экстремизм	**48,3%**
3	Рост религиозности среди молодого поколения	**20,4%**
4	Слабая работа руководств руководителей религии	**19,8%**
5	Влияние религии на политическую элиту	**7,7%**
6	Другое	**0,9%**
7	Затрудняюсь ответить	**3,0%**
8.	Всего	**157,2%**

Этим не исчерпывается многообразие в религиозной сознании и поведении людей. В социологической литературе исследуются такие их стили, формы и виды, как маргинальность, изоляционизм, ассимиляция и т.д., которые, в свою очередь, демонстрируют новые лики парадоксальности личности. К числу парадоксов можно отнести и тот факт, что в результате религиозного возрождения происходит, не торжество отношений братства, любви, гуманизма, а наоборот, стремительное нравственно-психологическое одичание, распад социальной ткани на бытовом уровне, справедливо отмечает одни из ведущих российских исследователей религии JI.H. Митрохин [8, 215].

Анализ современного состояния как религиозного, так и общественного сознания и поведения позволяет говорить о многообразии парадоксальных типов личности. Переходный период обнажил эту противоречивость, сделал более определенной картину того, что мы сейчас собой представляем. Именно эта открытость, понимание сложившегося положения вселяют надежду, что правильно поставленный диагноз кыргызскому обществу и даст возможность преодолеть социальные недуги в XXI веке.

Личность выступает как продукт исторического развития, как результат активной предметной деятельности и общения. Свойства личности всегда зависят от общественно-экономических, социально-культурных и предметно-деятельностных особенностей, его образа и качества жизни на современном этапе.

Личность выступает не только как объект, но и как субъект социальных отношений в современном информационном обществе. Она характеризуется автономностью, способностью противопоставлять себя обществу, формировать новые общественно необходимые функции и образцы поведения. Вместе с тем, личная независимость, творческая активность, предполагают не только наличие самосознания, способности к рефлексии – самоанализу, самооценке, самоконтролю, но и их согласование с объективными условиями общественной жизни Кыргызстана.

Таким образом, противоречия, возникшие на националистической почве, приводили к самым кровопролитным столкновениям в конце двадцатого столетия и в начале XXI, сеяли вражду и недоверие, неимоверно осложняли жизнь многих стран и регионов мира. Зоны нестабильности, возникшие в мире, в значительной мере появились в результате попыток реализовать националистические амбиции, которые нередко не согласовывались ни самой реальностью, ни с заботой об эффективном и рациональном изменении этой реальности. Поэтому, парадоксальность этнического сознания не только существовала, но она и существует как Кыргызстане, так и в целом СНГ на современном этапе своего развития.

Список литературы

1. Абдулатипов Р.Г. Природа и парадоксы национального “Я”. – М., 1991.
2. Гумилев Л.Н. Ермолаев В.Ю. Горе от иллюзий // Алма-матер. 1992. - №79. – С. 9-10.
3. Их архива государственной комиссии по делам религий при Правительстве КР от 1.03.2018 г.
4. Митрохин Л.Н. Религия и культура. - М., 2006. – 364 с.
5. Национальный состав населения. 2013-2017 статистический ежегодник Кыргызской Республики. Национальный статистический комитет Кыргызской Республики.– Бишкек, 2018. – С. 54.
6. Разъединеные штаты Америки. Грозит ли супердержаве судьба СССР? // МК – Кыргызстан. - №17 (397). – 13-19 мая 2009 г. – С. 18.
7. Тишков В.А. Нация – это метафора // Дружбы народов. 2000. - №7.

8. Тощенко Ж.Т. Парадоксальный человек: монография – 2-е изд., перераб. и доп. – М.: ЮНИТИ-ДАНА, 2008. – 543 с.
9. Тощенко Ж.Т. Социология личности. В кн. Социология. – М.: ЮНИТИ-ДАНА, 2005 – 640 с.
10. Филатова О.Г. Общая социология. - М.: Гардарики, 2005. – 464 с.

Wertvorstellungen, Identität und Identifikationen

Ценностные установки, идентичность и идентификации

Wertorientierungen und Wertewandel in postsowjetischen Ländern
Ein internationaler Vergleich

Wolfgang Krieger

Im Jahre 2018 sind in Deutschland zwei kulturphilosophische Werke erschienen, die auf den ersten Blick zumindest zwei genau gegenteilige Diagnosen thematisieren, nämlich das Buch von Andreas Reckwitz mit dem Titel „Die Gesellschaft der Singularitäten“ und das Buch von Thomas Bauer „Die Vereindeutigung der Welt“. Während Reckwitz die spätmoderne Gesellschaft als ein problematisches Konglomerat von sich höchst different selbst verwirklichenden Individuen sieht, vertritt Bauer die These, dass unsere spät- oder postmoderne Zeit von einer Tendenz zur Standardisierung und geringer Toleranz gegenüber Abweichungen gekennzeichnet sei. Offenbar ein Widerspruch. Wer aber genau hinschaut, erkennt, dass beide Autoren sehr wohl auch die andere Seite ihrer These sehen und sich eine Logik des Zusammenspiels beider Tendenzen finden lässt, die den scheinbaren Widerspruch auflösen kann. Die spannende Frage ist, in welcher übergeordneten Logik Singularität und Gleichheit auf einander angewiesen sind.

Die Frage „Respektiert unsere Kultur die Einmaligkeit und Verschiedenheit der Individuen oder versucht sie, Verschiedenheit zu reduzieren und zu sanktionieren?“ lässt sich auch für die Wertorientierungen postsowjetischer Kulturen stellen. Zweifellos markiert die Einstellung zum Anrecht auf Individualität auf der einen Seite und zur Forderung nach Konformität auf der anderen Seite eine erhebliche Differenz zwischen westeuropäischen humanistisch und demokratisch geprägten Kulturen und östlichen sowjetisch konformistisch geprägten Kulturen. In der Beschreibung dieser Differenz ist hinsichtlich der „Transformation” von besonderem Interesse, inwieweit sich postsowjetische Kulturen in den letzten Jahren zum einen von sowjetischen mentalen Fixierungen lösen und neue Wertbezüge haben finden können, zum anderen sich von westlichen Orientierungen haben beeinflussen lassen. Beiden Fragen wollen wir hier nachgehen, indem wir zum Ersten die Unterschiede zwischen Wertorientierungen in Deutschland und verschiedenen postsowjetischen Ländern am Beispiel der Untersuchungen von Ronald Inglehart und anderen im Rahmen des World Values System herausarbeiten wollen und zum Zweiten in einem weiteren Beitrag zur „Medien-Identität” die Symbolik der Identitätsdarstellungen junger Menschen in postsowjetischen Ländern aus Ausdruck ihrer Wertorientierungen und ihres Selbstbildes untersuchen.

1. Kulturvergleichende Untersuchungen zum gesellschaftlichen Wertewandel

Die Menschen in den meisten, wenn nicht allen postsowjetischen Ländern stehen vor dem Problem eines jahrzehntelang durch Verschwiegenheit, durch die offizielle Historiographie und die propagandistische Überblendung eines mehr oder minder verzerrten gesellschaftlichen Realitätsbildes, welches nun im Nachhinein auch kaum mehr eine Chance lässt, eine halbwegs sichere korrektive Rekonstruktion der Verhältnisse entlang der eigenen Biographie oder von Ereignisberichten und von Dokumenten zu gewährleisten. Deshalb sind es vor allem und fast nur die eigenen Erfahrungen der älteren Generation, ihre Dissonanzerlebnisse in der noch sowjetisch geprägten Biographie und ihre Kontrasterfahrungen und neuen Herausforderungen in der Zeit der Transformation und der Gegenwart, aus welchen die Impulse zur Korrektur der bisherigen Geschichtsschreibung und zur Beschreibung der faktischen damaligen gesellschaftlichen Realität hervortreten können.[1] Zugleich stellt sich auch die Frage, was es Neues zu hoffen geben könnte, welche Zukunft man sich wünschen könnte. Nun kann diese Generation, so wenig wie jede andere Generation, nicht den Fallen der Befangenheit durch die eigene Sozialisation entgehen und ihre Maßstäbe zur Beurteilung der Gegebenheiten einfach über Bord werfen und durch andere Maßstäbe ersetzen. Daher kann es keinen „nüchternen" Blick auf die Vergangenheit geben, sondern allenfalls einen dialektisch geschärften, der selbst Ausdruck einer erlebten Identitätskrise ist, in welche die Konflikte der Sowjetzeit eingeschrieben sind. Wenn sich heute die Mehrheit der älteren Generation vor allem als Opfer des damaligen totalitären Regimes, nicht aber als Unterstützer der politischen Verhältnisse, allenfalls als gezwungene, versteht, dann liegt dieses Selbstbild, so sollte man meinen, in einem gewissen Widerspruch zur quasi nostalgischen Gesundbetung der sowjetischen Verhältnisse in der Gesellschaft, die seit den Neunzigern von den gleichen Leuten betrieben wird, die sich doch auch als Opfer des Systems bezeichnen.[2] Befangenheit zeigt sich möglicherweise auch im Begriff der sozialen Werte, so wie er im Rahmen des sozialistischen Ideals als Prinzip der Solidarität vermittelt worden war, einer Solidarität, die nicht den Gedanken sozialer Gerechtigkeit in den Vordergrund stellte, sondern das Ziel der Geschlossenheit der Gesellschaft und der Einheitlichkeit der Individuen.[3] Wenn heute dieser Begriff der sozialen Werte mit ganz anderen moralischen Kriterien gefüllt und unter die Leitvorstellung einer sozialen Gerechtigkeit unter Bedingungen individueller Ungleichheit gestellt wird, steht er regelrecht im Gegensatz zur sozialistischen Solidaritätsmoral, denn er postuliert Unterschiede, die es im sozialistischen Gesellschaftsmodell nicht geben durfte. Der Begriff der „Solidarität" dürfte nicht der einzige sein, der Missverständnisse in der west-

---

[1] Einige der in diesem Buch versammelten Autor*innen gehören dieser spätsowjetischen Generation noch an, die sowohl die Ära Breschnews wie auch die Zeit des Zusammenbruchs der Sowjetunion und der Transformation erlebt haben, und ihre Wahrnehmung der heutigen Probleme der Gesellschaft dokumentiert zugleich die erlebten Widersprüche in der spätsowjetischen Zeit, die das System bis zur Implosion zermürbt haben.

[2] Vgl. Elisowa in diesem Buch. Zur politischen Nutzung der Nostalgie, um den Mangel an neuen Werten zu kaschieren und zugleich die Bevölkerung der Deutungsmacht der Nationalisten zu unterwerfen, vgl. etwa die Beiträge in Boele, Noordenbos, Robbe 2019.

[3] Der Begriff der „sozialen Gerechtigkeit" spielt bis zu Beginn der Perestroika in der sowjetischen Politik und auch im öffentlichen Diskurs kaum eine Rolle. Zur Zeit der Perestroika wird er allerdings zu einem der wichtigsten Legitimationsbegriffe für die neue Politik. Er hält damit Einzug in die neuere Geschichte der politischen Kultur in Russland und bleibt ein argumentativer Bezugspunkt für den öffentlichen Diskurs auch dann, wenn er in der Propaganda der Regierungspartei Einheit kaum mehr Verwendung findet. Zur Randständigkeit des Gerechtigkeitsbegriffes in der Sowjetzeit und ihrer neuen Bedeutsamkeit in der Perestroika vgl. Plotnikov 2019, S. 386 und Kuhr-Korolev 2019.

östlichen Kommunikation über Werte hervorbringt;[4] vielmehr ist in der Verständigung über Wertorientierungen zwischen Ost und West mit einer nicht nur semantischen, sondern auch pragmatischen Differenz paradigmatischen Ausmaßes zu rechnen.

In den Wertorientierungen, die Menschen in sich tragen und die einen wesentlichen Teil ihrer Identität ausmachen, spiegeln sich unter anderem auch die politischen und kulturellen Grundpositionen jenes Gesellschaftssystems wider, in dem sie aufgewachsen sind. Die postsowjetischen Gesellschaften haben hinsichtlich der kultivierten Wertebasis ihre Vergangenheit zum größten Teil bewahrt und in ihre Gegenwart hinein weitergetragen. Daher bilden diese Wertorientierungen noch immer ein starkes Fundament für das Selbstverständnis der Bürger*innen in den postsowjetischen Ländern, auch wenn de jure seit der Verfassung von 1993 Marktwirtschaft, Demokratie, Pluralität und Prinzipien der Individualität ein verändertes Gesellschaftssystem markieren, welches eine demokratischen Wertewandel auch im Bewusstsein der Bürger*innen nahelegen würde.[5] Wie schwer sich etwa die russische Gesellschaft und mehr noch die russische Politik tut, das Postulat der Einheitlichkeit der Individuen, das ein halbes Jahrhundert lang offenbar als unverzichtbares Fundament der sozialistischen (normativen) Anthropologie fungierte, zu überwinden, lässt sich noch unschwer in der Ablehnung und Pathologisierung jeglicher Abweichung von Mehrheitsnormalität und in einer auch praktizierten Intoleranz gegenüber „den Anderen“ erkennen, sei es bezüglich ihrer sexuellen Orientierung, bezüglich veränderter Geschlechtsrollen, bezüglich der Religionsausübung, bezüglich jugendlicher Subkulturen, alternativer Lebensgemeinschaften oder anderer Formen einer abweichenden Lebensführung. Diese Bindungen an ein konformistisches Wertebewusstsein beschränken zum einen den Raum für die soziale und personale Identitätsentwicklung, sie grenzen zugleich abweichende Identitätsformationen aus der Gemeinschaft aus und sanktionieren sie – nicht nur durch soziale Stigmatisierung, sondern auch durch Restriktionen und Diffamierung. Daher unterliegt die Entwicklung von sozialer und personaler Identität in postsowjetischen Ländern, wenn auch in sehr unterschiedlichem Maße, einem an teils alten sowjetischen Wertbegriffen, teils an neuen ethnozentrischen Stereotypen orientierten Bedingungsrahmen, der die Entfaltung von Individualität ebenso behindert wie die jener Werte, die ein Anrecht auf Differenz vertreten.

---

[4] Wir werden in einem Exkurs in diesem Artikel ferner auch auf Missverständnisse hinsichtlich des Begriffes „Individualismus“ hinweisen.

[5] Klicperova-Baker und Kostal sprechen von einem verbreiteten „post-kommunistischen Syndrom“, in dem sich in vielen postsowjetischen Ländern auch nach der Einrichtung von demokratischen Institutionen die sozialistische Mentalität und totalitäre, anti-demokratische Haltungen fortsetzen (Klicperova/Kostal 2018, S. 28f.). Für Russland hat der Geograph Nikolaj Petrov in seiner Würdigung der Arbeiten von Lev Gudkov (dem Leiter des berühmten LEVADA-Zentrums) die Entwicklung der letzten 30 Jahre pointiert zusammengefasst unter die Formel „Vom Homo Sovieticus zum … Homo Sovieticus“ (Petrov 2017, S. 315). Dies war auch die Bilanz von Gudkov selbst am Ende der fast dreißigjährigen Studien des Sowjetmenschen zum Postsowjetmenschen: „Der schlichte Austausch von Symbolen ändert nichts an der Struktur der Gesellschaft und am Selbstverständnis, an den Verhaltensnormen und den Werten ihrer Mitglieder.“ (Gudkov 2017, S. 33)

***

Wenn weltweit vergleichende Studien zu Wertorientierungen in verschiedenen Nationen durchgeführt werden, so muss nicht nur der Tatsache Rechnung getragen werden, dass die gleichen Begriffe von Werten in Abhängigkeit von der Kultur der Länder recht unterschiedliche Bedeutung haben können, sondern auch, dass nicht unbedingt Operationalisierungen, die zugleich als Indikatoren für einen bestimmten Wertbegriff verwendet werden sollen, in der einen oder anderen Kultur überhaupt mit einem Wertbezug wahrgenommen werden. Summarische Begriffe wie „europäische Werte" oder „postmaterialistische Werte" sind nicht unbedingt in anderen Kulturen bekannt und, sofern sie bekannt sind, kann die ihnen zugepsrochene Bedeutung erheblich differieren.[6] Auch sind Wertehierarchien keineswegs von universeller Allgemeinheit, wie oft vermutet wird; auch wenn es überall Werte geben mag, durch die andere, höher eingeschätzte Werte geschützt werden sollen, so ist die darin enthaltene implizite „Instrumentalität" der untergeordneten ein Ergebnis kulturspezifischer Deutungen und keine logisch zwingende Notwendigkeit. Auch Wertehierarchien, nicht allein Wertbegriffe, sind kulturelle Deutungsmuster; daher ist eine Verständigung über „Wertmeinungen", mehr noch ein Vergleich, stets ein voraussetzungsvolles Unternehmen. Auch hinsichtlich des Verständnisses von Demokratie und der sie tragenden Werte kann es divergierende Auffassungen geben. Jede normative Positionierung, so unerlässlich sie im Wertkontext auch immer sein mag, muss daher in ihrer Kontingenz relativiert werden.[7] Dies sollte beachtet werden, wenn wir im Folgenden ein System von Wertorientierungen vorstellen, das für weltweit vergleichende Forschungen zugrunde gelegt worden ist.

Für die wissenschaftliche Auseinandersetzung mit Wertorientierungen und Phänomenen des gesellschaftlichen Wertewandels waren und sind die Forschungsarbeiten des amerikanischen Soziologien Ronald Inglehart wegweisend, die ihren Anfang in den Siebzigerjahren genommen haben. Mit seiner These von der „stillen Revolution"[8] von den materialistischen Werten hin zu postmaterialistischen begründete Inglehart die Annahme eines mit zunehmendem Wohlstand freigesetzten Potenzials sogenannter „postmaterialistischer Wertorientierungen". Dieses Potenzial kann erst entstehen, wenn die dem Bedürfnis nach existenzieller Sicherheit entsprechenden materialistischen Werte an Gewicht verloren haben, weil ein hohes Maß an Sicherheit bereits erreicht ist und für selbstverständlich gehalten wird. Der Theorie des postmaterialistischen Wertewandels von Inglehart liegt ferner die These zugrunde, dass wirtschaftliche, politische und kulturelle Entwicklungen miteinander Hand in Hand gehen und dass Phänomene der gesellschaftlichen Modernisierung wie Industrialisierung, Urbanisation und Bildungsexpansion Veränderungen der sozialen und wirtschaftlichen

[6] So wurde etwa in einer Studie der FOM (Stiftung Öffentliche Meinung) von 2014 festgestellt, dass der Begriff „europäische Werte" 36% der russischen Bevölkerung überhaupt nicht vertraut ist. Einige identifizierten den Begriff mit den touristischen Attraktionen Europas. Dieses Ergebnis deutet darauf hin, dass entweder der Großteil der Bevölkerung am öffentlichen Wertediskurs nicht teilnimmt oder dass dieser nicht (mehr) existiert. Nur 21% finden es im Übrigen richtig, wenn man in Russland die europäischen Werte teilt, 29% finden es hingegen falsch (vgl. https://fom.ru/Mir/11422).

[7] Vgl. Schubert 1916.

[8] So der Titel seines bekannten Buches von 1977 (vgl. Inglehart 1977). Entwickelt hat Inglehart diese These bereits in Inglehart 1971.

Lebensverhältnisse nach sich ziehen, die eine neue Sicht auf die Gesellschaft und die ihr zugrunde liegenden Tugenden hervorbringen. Aus der fortschreitenden Modernisierung gehen „postmoderne Werte“ (Inglehart setzt sie mit postmaterialistischen Werten gleich) hervor wie Demokratisierung, Gleichberechtigung, das Recht auf Selbstdarstellung/Selbstverwirklichung, Inkomformität und Abweichung, auf Partizipation und Solidarisierung, das Streben nach größtmöglicher individueller Freiheit usw., die ihrerseits die Liberalisierung und Demokratisierung des Staatswesens und der Institutionen weiter vorantreiben.

2. Der „World Values Survey“ von Ronald Inglehart als Instrument der Werteerfassung

Aufbauend auf der seit 1978 bestehenden European Value Study (EVS), durchgeführt von der European Value Systems Study Group (EVSSG)[9], entwickelte Inglehart sein System des „World Values Survey" (WVS), welches er erstmals 1981 zur Erhebung von sozialen Wertorientierungen in 22 Ländern zur Anwendung brachte. Auf der Basis dieses Wertesystems von Inglehart und seiner Weiterentwicklungen wird bis heute im Abstand von wenigen Jahren immer wieder ein „World Values Survey“ (WVS) erstellt, der die Ergebnisse von etwa vier Jahren zu ausgewählten Ländern aus allen Kontinenten zusammenfasst.[10] Die Erhebung der Wertorientierungen erfolgt mit dem Instrument der standardisierten schriftlichen Befragung, indem das Maß an Zustimmung zu den Items materialistischer vs. postmaterialistischer Wertindikatoren festgestellt wird. Der WVS umfasst neben den gängigen sozialen Parametern Fragen zu sozialen Beziehungen und dem ihnen zugrunde liegenden Vertrauen, zur Einschätzung der Lebenszufriedenheit und Gesundheit, zur Einschätzung der Vertrauenswürdigkeit und Fairness von Menschen und Institutionen, zur Eigenständigkeit in der Lebensführung, zu Geschlechterklischees, zum Sicherheitserleben und zu Bedrohungen in der gegenwärtigen Gesellschaft, zu Visionen über die künftige Gesellschaft und zur Bewertung von Erziehungszielen, zur politischen Meinung und Engagiertheit, zur Mitgliedschaft in sozialen Vereinigungen, zum Verständnis von Demokratie und ihrer Bewertung und zur demokratischen Praxis im eigenen Land, zur Freiheit der Wahlen und der Beachtung von Menschenrechten, zur eigenen Identifikation mit der Nation und mit sozialen Gruppen und einiges mehr. Wir wollen zunächst das Modell des Wertewandels von Inglehart in seinen Grundzügen vorstellen. Ingleharts Modell beruht auf zwei Erklärungshypothesen:[11]

1. Die Knappheitshypothese. Sie postuliert, dass die in der eigenen Kindheit und Jugend erlebte sozioökonomische Situation und die ihrzufolge befriedigten oder unbefriedigten Bedürfnisse maßgeblich für die Bedeutung materieller Bedürfnisse werden. In den frühen Jahren erlebte „Knappheit“ führt zu einer starken Bindung an

---

[9] Siehe https://europeanvaluesstudy.eu/

[10] Eine neue Studie über den Zeitraum 2017-2020 (siebtes Erhebungsstadium) wird im Jahre 2021 erwartet (vgl. http://www.worldvaluessurvey.org/wvs.jsp). Der neuen Studie werden Erhebungen aus 78 Ländern zugrunde liegen (http://www.worldvaluessurvey.org/ WVSEventsShow.jsp?ID=413).

[11] Vgl. Inglehart 1997, S. 23, S. 53.

materialistische Werte, da diese wesentliche Parameter existenzieller und sozialer Sicherheit repräsentieren. Zugrunde gelegt wird dabei das Modell der Bedürfnishierarchie von Maslow (1954). Werden hingegen – etwa in einer günstigen Wohlstandslage – materielle Bedürfnisse in hohem Maße befriedigt, so ist der Weg frei für die Entstehung postmaterieller Wertorientierungen. Die Annahme, dass postmaterielle Werteorientierungen bei weitgehender Befriedigung physischer Bedürfnisse und Sicherheitsbedürfnisse ohne weitere Veranlassung selbstredend entstehen, bezeichnet die modernisierungstheoretische Grundlage von Ingleharts Konzept.

2. *Die Sozialisationshypothese.* Sie besagt, dass die eigenen Wertpräferenzen durch die Sozialisation in den frühen Lebensjahren bis hin zur Adoleszenz geprägt werden; sie werden durch Imitation (vor allem der Elterngeneration) und kognitives Lernen erworben und stabilisieren sich schnell, so dass ein späterer Wandel im Erwachsenenalter unwahrscheinlich wird. Gelernte Wertorientierungen halten zumeist ein Leben lang und überstehen möglicherweise auch schwere biographische Wertekrisen. Zugleich existieren quasi latent bereits neue Wertorientierungen, die aber erst in der Nachfolgegeneration evident werden. Daher braucht es in der Regel einen Generationswechsel, um die Hinwendung zu postmaterialistischen Werten zu ermöglichen. Der Wandel der Wertorientierungen in der Gesellschaft vollzieht sich also nicht linear, sondern in kritischen Übergängen.

Ingleharts Analyse setzt zunächst mit einer Gegenüberstellung von „Moderne" und „Postmoderne" an. Sein Verständnis von Moderne[12] ist primär ökonomisch ausgerichtet und geht vornehmlich von den bürgerlichen Werten bzw. den Werten der protestantischen Ethik aus. Rationalisierung, Kosten-Nutzen-Optimierung und Effektivierung bilden sich darin ab und treten beispielsweise in den Maximen der Industrialisierung in Erscheinung. Das Leitmotiv der bürgerlichen Werte stellt die Sicherung der eigenen Existenz und der Familie und des materiellen Wohlstandes dar. Im Begriff der „Postmoderne" finden sich hingegen Prinzipien demokratischer Rationalität, des wertschätzenden Umgangs mit Differenz und humanistische Leitvorstellungen der Selbstverwirklichung und der individuellen Freiheit. Die Postmoderne richtet sich in ihren Werten aus an der Akzeptanz von Diversität und an der Auffassung, dass Menschen ein weitgehendes Recht auf Selbstverwirklichung unter den Bedingungen von Diversität zukommt. Sie repräsentiert ferner das Konzept der aktiven Zivilgesellschaft, d. h. sie propagiert die autonomen, politisch und sozial engagierten Bürger*innen, die Fähigkeit der Gesellschaft zur bürgerlichen Selbstorganisation[13] und zur Verteidigung und Weiterentwicklung der demokratischen Strukturen und der Rechtsstaatlichkeit, ihre kritische Distanz zur politischen Führung und eine Kultur der gewaltfreien Kommunikation. Das Wohlfahrtsinteresse geht daher über den Rahmen

---

[12] Elemente der aufklärungsphilosophischen Moderne finden sich kaum wieder in seinem Begriff der Moderne; größtenteils werden sie hingegen maßgeblich für seine Vorstellung der „Postmoderne". Es soll daher darauf hingewiesen werden, dass der philosophische Begriff der „Postmoderne" nicht mit jenem von Inglehart übereinstimmen.

[13] An eben jener Fähigkeit der Selbstorganisation fehlt es den postsowjetischen Ländern allerdings erheblich, weil die Geschichte des bürgerlichen Engagements in der Sowjetzeit nur wenige organisierte Formen der zivilen Bewegungen aufzuweisen hatte. Am bekanntesten ist heute die polnische Solidarność-Bewegung, es gab aber auch in der Tschechoslowakei, in Ungarn und in der DDR politisch engagierte Bürgerbewegungen. Zur Schwäche der bürgerlichen Selbstorganisation in den postsowjetischen Ländern vgl. etwa Howard 2003.

der eigenen Familie hinaus und richtet sich auf die gesamte Gesellschaft, wenn nicht sogar auf die Weltbevölkerung und die Zusammenarbeit zwischen den Nationen. Inglehart markiert eine Reihe von Merkmalen der Moderne, denen er solche der Postmoderne gegenüberstellt. Die wichtigsten seien hier kurz aufgeführt:

Moderne Werte (Effizienz, rationale Kontrolle und existenzielle Sicherheit als Leitmotiv moderner Werte)

- Primat der eigenen Sicherheit, der der Familie und der Nation (daher nationale Solidarität, Ethnozentrismus, Xenophobie)
- Rationalisierung aller gesellschaftlichen Bereiche
- Rationalisierung der Wissenschaft
- Rationalisierung der Werte, weg von den traditionellen religiösen und solidarischen Werten zu utilitaristischen Werten
- Hohes Maß an Informationsbeschaffung
- Bildungsprogress und Spezialisierung
- Massenmedien und breiter Medienkonsum
- Konsumismus als Wohlstandsklischee
- Verstädterung (urbanization)
- Soziale Mobilität im Dienste effektiver Berufsausübung
- Konkurrenz und Misstrauen
- Effektive hierarchisch strukturierte Kommunikation
- Autoritarismus, geringe Bedeutung von Freiheit und von Menschenrechten
- Politisch: Effektive Verwaltung, standardisierte Routinen, Bürokratismus
- Ökonomisch: Industrialisierung, hohe Produktivität, Gewinnmaximierung
- Motivational: Erfolgs- und Leistungsmotivation, Konkurrenzmotivation

Postmoderne Werte (ökonomische Sicherheit vorausgesetzt: individuelle Freiheit, Demokratisierung und Partizipation als Leitmotive)

- Lebensqualität (nun wichtiger als ökonomische Sicherheit)
- Maximierung individueller Freiheit und Selbstbestimmung
- Freiheit der Rede/freie Meinungsäußerung
- Selbstdarstellung statt Abhängigkeit von Autoritäten
- Gleichberechtigung der Geschlechter
- Demokratisierung des Staatswesens und der Institutionen
- Anerkennung universeller Menschenrechte
- Inklusivität
- Partizipation, Ablehnung hierarchischer Strukturen
- Dialogische Kommunikation und Konsensbildung
- Toleranz von Diversität
- Betrachtung kultureller Differenz als stimulierend und interessant, statt bedrohlich
- Interesse für das Abweichende und für exotische Dinge
- Ablehnung rigider Normen (Religion, sex. Konformität etc.) und Normenkonformität
- Umweltschutz und Artenvielfalt
- ästhetische Zufriedenheit

Inglehart setzt seine dichotomische Konstruktion von Moderne und Postmoderne fort mit der Dichotomie von Materialismus und Postmaterialismus. Den Kern moderner bzw. postmoderner Wertorientierungen bilden nun nach Inglehart „materialistische" bzw. „postmaterialistische" Werte. Nach seiner Auffassung steht im Zentrum der menschlichen Wertorientierungen grundsätzlich das Bedürfnis nach Sicherheit. Diese drückt sich in vier unterschiedlichen Bereichen durch spezifisch materialistische oder postmaterialistische Vorstellungen für Indizien oder Garanten von Sicherheit aus: im Bereich der Politik, im Bereich der Ökonomie, im Bereich der Reproduktionsnormen und im Bereich der Religion. Bedingungen der Unsicherheit in diesen Bereichen bringen andere Werte hervor als Bedingungen der Sicherheit. Am Beispiel einer Tabelle von Inglehart (1997) sei diese Systematik veranschaulicht.

Security and Insecurity: Two Contrasting Value Systems

Survival is seen as	
Insecure	*Secure*
1. Politics	
Need for strong leaders Order Xenophobia/Fundamentalism	De-emphasis on political authority Self-expression, participation Exotic/new are stimulating
2. Economics	
Priority to economic growth Achievement motivation Individual vs. state ownership	Qualitiy of life = top priority Subjective well-being Diminishing authority of both private and state ownership
3. Sexual/Family Norms	
Maximale reproduction – but only in two-parents heterosexual family	Individual sexual gratification Individual self-expression
4. Religion	
Emphasis on higher power Absolute rules Emphasis on predictability	Diminishing religious authority Flexible rules, situational ethics Emphasis on meaning and purpose of life

Nach: Inglehart 1997, S. 43 (Tabelle 1.1)

Die Entwicklung hin zu postmaterialistischen Werten ist geprägt von Tendenzen hin zu mehr Eigenständigkeit und Partizipation und der Schwächung der Macht von Autoritäten und Massenloyalität. Beide Tendenzen liegen auf der Linie der Demokratisierung. Eine weitere damit verbundene Tendenz ist die Durchsetzung und Anerkennung von Individualität und die Schwächung des Drucks auf Konformität. Mit diesen Tendenzen sind ebenfalls demokratische Maximen verbunden, etwa der Anspruch auf Toleranz, auf Minderheitenrechte, auf Personenrechte und auf Pluralismus. Das Abweichende, Andere, Exotische erhält nicht nur einen Anspruch auf Duldung, sondern es wird sogar mit einem besonderen Interesse belegt. Auch die Auffassungen des menschlichen Glücks individualisieren sich, indem sie frei sind, den Boden gesellschaftlich konsensueller Ideologien und konformer Erfolgskriterien zu verlassen und subjektive Maßstäbe des Wohlstands für das Individuum zu beanspruchen.

3. Wertorientierungen in postsowjetischen Ländern im World Values Survey

Werfen wir nun zunächst einen Blick auf die Ergebnisse des WVS für Russland gemäß der Studie von 2014 von Inglehart u. a. und vergleichen sie jeweils mit den Ergebnissen anderer postsowjetischer Staaten als auch mit den Ergebnissen zu Deutschland.[14]

Arbeit – als das wichtigste Mittel, finanzielle und existenzielle Sicherheit zu gewährleisten – gilt in Russland (Untersuchung 2010) als der bedeutendste Bereich im Leben, und auch in der Erziehung der Kinder steht die Fähigkeit, hart arbeiten zu lernen, mit 87% Erstwahlen an oberster Stelle aller Erziehungsziele. Auch in den anderen postsowjetischen Ländern, gilt diese Fähigkeit zu fördern als das oberste Ziel der Erziehung (in Estland einen Prozentwert unter dem Wert der Vermittlung eines Verantwortungsgefühls). Im Vergleich zu Deutschland, wo nur 18% diese Fähigkeit als das oberste Erziehungsziel erachten, zeigt sich ein eklatanter Unterschied. Auch anderen Arbeitstugenden wie Erwerb von Verantwortungsgefühl und Durchhaltevermögen wird in Russland und in anderen postsowjetischen Ländern eine hohe Bedeutung zugemessen, während zwei Drittel der Befragten das Erlernen von Unabhängigkeit in der Erziehung oder von Kreativität und Vorstellungskraft nicht für wichtig halten. Selbständigkeit und Unabhängigkeit gilt in den zentralasiatischen Ländern und in Georgien weit mehr als in Russland und Belarus. Dass sich die russische Gesellschaft faktisch von Werten der sowjetischen Solidarität weg entwickelt hat zu einer „Ellbogengesellschaft", dokumentiert das Ergebnis, dass es 77% nicht für wichtig halten, dass Kinder lernen, selbstlos und bescheiden zu sein. In Belarus und Georgien ist allerdings die Zahl dieser Personen noch deutlich geringer.

[14] Die Leser*innen finden auf den Folgeseiten eine tabellarische Übersicht zu ausgewählten Ergebnissen der WVS von 2014 für einige postsowjetische Länder. Da nicht in jeder Erhebungsepoche Bürger*innen aus allen Ländern befragt werden können, ist die Auswahl auf acht postsowjetische Länder begrenzt. Ferner werden die Ergebnisse für Deutschland in der Tabelle zum Zweck des Vergleiches aufgeführt. Ergänzend kann die Analyse von Schröder 2012 empfohlen werden, die sich auf Ergebnisse aus Russland und der Ukraine konzentriert.

Ergebnisse des World Values Survey von 2014 (Inglehart u.a. 2014) für ausgewählte Länder

	Var WVS	Item	Deutschland	Estland	Russland	Belarus	Armenien	Georgien	Azerbaidjan	Usbekistan	Kirgisistan
Bedeutung bestimmter Bereiche für das eigene Leben sehr wichtig / ziemlich wichtig*	V4	Familie*	77 / 18	88 / 10	85 / 13	88 / 10	97 /2	**98 / 1**	94 / 5	97 / 2	96 / 3
	V5	Freunde*	51 / 39	51 / 39	35 / 46	43 / 42	53 / 40	**74 / 23**	41 / 38	52 / 38	30 / 61
	V6	Freizeit*	32 / 5	**41 / 42**	29 / 45	37 / 39	27 / 50	32 / 40	21 / 44	30 / 36	24 / 44
	V7	Politik*	10 / 34	5 / 23	7 / 20	8 / 23	9 / 24	10 / 35	8 / 18	**16 / 29**	12 / 50
	V8	Arbeit*	40 / 40	53 / 29	45 / 29	45 / 32	71 / 22	**73 / 16**	67 / 16	71 / 13	64 / 30
	V9	Religion*	13 / 25	8 / 18	14 / 27	16 / 32	57 / 32	**85 / 12**	40 / 33	34 / 39	39 / 45
Eigener Zustand sehr gut / ziemlich gut	V10	Glücksgefühl*	23 / 60	13 / 64	15 / 58	11 / 53	31 / 51	21 / 48	27 / 53	**64 / 31**	39 / 60
	V11	Gesundheit*	**28 / 39**	12 / 36	5 / 39	4 / 29	11 / 30	14 / 29	16 / 50	25 / 48	18 / 57
Bedeutung von Erziehungszielen für die Kinder wichtig, sollte erworben werden	V12	Unabhängigkeit, Selbständigkeit	**73**	54	38	39	28	62	58	58	61
	V13	Hart arbeiten können	18	87	85	88	82	91	74	**93**	85
	V14	Verantwortungsgefühl	81	**88**	76	80	80	**88**	79	75	76
	V15	Phantasie, Vorstellungsvermögen	29	**37**	17	12	6	9	13	4	15
	V16	Toleranz und Respekt	67	**84**	64	60	57	67	72	80	58
	V17	Sparsamkeit	38	**77**	50	55	28	25	53	33	41
	V18	Durchhaltevermögen	60	**70**	45	35	33	25	40	57	52
	V19	Starker religiöser Glaube	12	19	14	14	38	64	19	6	25
	V20	Selbstlosigkeit, Bescheidenheit	6	**42**	23	14	24	15	28	23	29
	V21	Gehorsam	13	**63**	35	34	24	19	6	24	39
	V22	Selbstentfaltung, Selbstdarstellung	39	**63**	32	30	20	12	54	8	13
Mitgliedschaften, aktiv und inaktiv	V25	Kirche oder religiöse Organisation	**48**	14	6	11	3	21	3	4	19
	V26	Sport- oder Freizeitverein	**37**	18	6	9	3	1	3	3	25
	V27	Verein für Kunst, Musik, Kultur	15	14	4	6	2	2	2	13	**20**
	V28	Gewerkschaft	12	6	10	**44**	2	1	5	2	23
	V29	Politische Partei	7	6	3	2	10	2	10	2	**20**
	V30	Umweltorganisation	7	2	1	1	1	0	0	3	**13**
	V31	Berufsverband	9	8	3	5	2	1	1	1	**14**
	V32	Humanitäre Organisation	13	5	2	3	1	0	2	1	**18**
	V33	Verbraucherorganisation	2	1	1	1	1	0	1	8	**15**
	V34	Selbsthilfeorganisation	5	3	2	1	1	0	1	1	**17**

Erläuterungen:

* Die Angaben enthalten die zwei positiven Antworten zur Frage, ihnen gegenüber stehen zwei negative Antworten, die hier nicht dargestellt werden.

Die hier verwendeten Zahlen sind aufgerundet bei Werten ab 0,6 und abgerundet bei Werten bis 0,5. Höchstwerte werden fett gedruckt, die geringsten Werte grau unterlegt.

	Var WVS	Item	Deutschland	Estland	Russland	Belarus	Armenien	Georgien	Azerbaidjan	Usbekistan	Kirgisistan
Hätte ich nicht gern zum Nachbarn	V36	Drogenabhängige	66	87	93	95	96	90	96	**98**	90
	V37	Menschen anderer Rasse	15	25	17	23	32	32	**58**	15	28
	V38	AIDS Kranke	24	49	54	61	77	68	**94**	84	73
	V39	Ausländer/Gastarbeiter	21	37	32	33	18	33	**40**	12	31
	V40	Homosexuelle	22	47	66	72	93	87	**94**	65	77
	V41	Menschen anderer Religion	14	20	14	18	**57**	36	34	15	34
	V42	Alkoholiker	70	79	84	88	**92**	78	85	84	80
	V43	Unverheiratete Paare	9	13	8	7	33	26	**58**	51	48
	V44	Menschen anderer Sprache	13	16	19	18	16	20	**26**	7	**26**
Wenn Arbeit knapp ist, sollten Landsleute bevorzugt werden?	V46	Landsleute sollten zuerst eingestellt werden	15	78	73	65	82	83	**86**	44	54
Wem kann man vertrauen vollständig / einigermaßen*	V24	den meisten Menschen	**45**	39	28	33	11	9	15	14	36
	V102	Familienmitgliedern*	76 / 19	89 / 09	87 / 9	87 / 11	96 / 3	91 / 8	65 / 21	**97 / 2**	95 / 2
	V103	Nachbarn*	14 / 59	19 / 52	18 / 54	18 / 50	15 / 60	27 / 59	16 / 35	**47 / 39**	29 / 54
	V104	Bekannten*	18 / 70	24 / 66	20 / 62	17 / 65	20 / 59	15 / 63	16 / 35	**33 / 41**	20 / 48
	V105	Menschen beim ersten Kontakt*	2 / 29	1 / 21	2 / 19	2 / 20	0 / 16	1 / 15	1 / 9	2 / 12	**3 / 13**
	V106	Menschen anderer Religionen*	3 / 46	2 / 36	4 / 32	**4 / 37**	1 / 14	4 / 34	5 / 27	3 / 16	4 / 19
	V107	Menschen anderer Nationalität*	4 / 48	3 / 49	**5 / 32**	4 / 39	1 / 25	4 / 49	5 / 22	4 / 23	5 / 23
	V108	den Kirchen*	9 / 28	16 / 43	21 / 42	30 / 43	43 / 36	**64 / 23**	10 / 36	48 / 31	21 / 30
	V109	dem eigenen Militär*	11 / 52	19 / 50	16 / 47	25 / 49	59 / 29	28 / 50	44 / 31	**76 / 18**	21 / 43
	V110	der Presse*	6 / 38	2 / 42	3 / 30	5 / 34	3 / 24	2 / 20	8 / 43	**46 / 36**	12 / 44
	V111	dem Fernsehen*	5 / 42	7 / 58	5 / 36	8 / 38	4 / 28	2 / 25	16 / 48	**52 / 35**	19 / 48
	V112	den Gewerkschaften*	5 / 40	6 / 44	4 / 22	8 / 37	1 / 11	1 / 17	9 / 36	**34 / 28**	15 / 38
	V113	der Polizei*	22 / 59	20 / 57	5 / 27	10 / 44	5 / 33	8 / 42	20 / 40	**55 / 28**	15 / 40
	V114	den Gerichten*	17 / 54	14 / 50	5 / 28	12 / 43	3 / 26	4 / 29	29 / 36	**54 / 28**	11 / 39
	V115	der Regierung*	5 / 39	7 / 46	7 / 40	15 / 41	5 / 34	4 / 28	47 / 33	**75 / 20**	13 / 45
	V116	den politischen Parteien*	2 / 21	1 / 26	3 / 23	5 / 30	2 / 20	1 / 19	9 / 31	**45 / 29**	8 / 43
	V117	dem Parlament*	5 / 38	3 / 37	3 / 27	10 / 39	2 / 23	3 / 26	33 / 31	**59 / 26**	11 / 44
	V118	staatl. Institutionen, Verwaltung*	5 / 49	6 / 64	5 / 41	13 / 53	6 / 27	5 / 42	19 / 44	**58 / 30**	13 / 49
	V119	den Universitäten*	18 / 60	32 / 53	8 / 49	19 / 56	10 / 45	8 / 48	23 / 47	**55 / 30**	14 / 49
	V120	den Großkonzernen*	2 / 23	4 / 51	3 / 30	7 / 48	3 / 32	3 / 34	15 / 43	**36 / 30**	13 / 43
	V121	den Banken*	3 / 20	13 / 52	6 / 33	11 / 40	15 / 42	3 / 32	21 / 39	**45 / 30**	25 / 41

Erläuterungen:

* Die Angaben enthalten die zwei positiven Antworten zur Frage, ihnen gegenüber stehen zwei negative Antworten, die hier nicht dargestellt werden

Die hier verwendeten Zahlen sind aufgerundet bei Werten ab 0,6 und abgerundet bei Werten bis 0,5. Höchstwerte werden fett gedruckt, die geringsten Werte grau unterlegt

Individualität und soziale Werte. Werte für Selbstausdruck wie Phantasie und Kreativität werden in Russland von 17% der Befragten für wichtig gehalten, in den anderen postsowjetischen Ländern von teilweise noch weit weniger Befragten. Allerdings ist die Zahl der bejahenden Befragten in Estland mehr als doppelt so hoch für diesen Wert. Selbstentfaltung und Selbstdarstellung halten 32% der Befragten in Russland für wichtig. Hier liegen die Ergebnisse in den Ländern des Kaukasus mit Ausnahme von Aserbaidschan und in den zentralasiatischen Ländern niedriger, während sie in Estland wiederum bei etwa dem doppelten Prozentwert liegen. Soziale Werte wie Selbstlosigkeit, Toleranz und Respekt befinden sich in Russland auf einem mittleren Niveau im Vergleich zu den anderen postsowjetischen Ländern. Auffällig ist, dass in Estland sowohl die Werte für Selbstausdruck als auch die sozialen Werte ein Niveau erreichen, das die Ergebnisse in Russland ebenso wie die Ergebnisse in Deutschland erheblich übersteigt. Diese Ergebnisse für Estland deuten an, dass das Land sich mit postmaterialistischen Werten engagiert auseinandersetzt. Allerdings ist auch der traditionalistische Wert für Gehorsam mir 63% sehr hoch.

Wirtschaft und Wohlstand. 69% der Befragten in Russland halten ein deutliches Wirtschaftswachstum für das wichtigste Ziel der Gesellschaftsentwicklung (V60), gefolgt von 34%, die sich wünschen, dass die Menschen in ihrer Arbeit mehr Selbstbestimmung haben können. Der Kampf gegen steigende Preise (37%) rangiert gleich nach dem Wunsch nach Stabilität im Staatswesen (45%) (V62). Die Bedeutung von finanziellem Wohlstand ist bei den unter 30Jährigen erheblich höher als bei den 30- bis 50Jährigen (V71). Dasselbe gilt hinsichtlich des Gewichtes von Erfolg und sozialer Anerkennung (V75). Was die Sorge um die Umwelt betrifft, so scheint überraschenderweise die Generation der über 50Jährigen deutlich besorgter als die jüngeren Generationen (V78). Dennoch rangiert der Erhalt der Umwelt in allen Generationen vor dem Ziel ökonomischen Wachstums und der Sicherung von Arbeit (V81). Das sowjetische Erbe herrscht auch hinsichtlich der Bewertung des Wirtschaftssystems fort: Noch immer wünscht sich die Hälfte der Generation über 50 den Staat als Eigner von Unternehmen (32% sind sogar ganz entschieden für diese Priorität) und auch bei den jüngeren Generationen ist dieser Wunsch noch wenig verändert (V97). Motivationen zum „Selbstunternehmertum“ sind in der jungen Generation zwar gestiegen, wohl auch infolge der jugendpolitischen Programme hierzu, haben aber die „Romantik“ der Arbeit in Staatsunternehmen noch keineswegs geschwächt.

Konformität und Autonomie. Die Bedeutung von Konformität nimmt bei den unter 30Jährigen erheblich ab (V77); auch Tradition und Religion verlieren an Gewicht (V79). Der Anteil von Personen unter 30Jahren in Russland, die sich als weitgehend autonome Individuen sehen, hat sich gegenüber den 50Jährigen etwa verdoppelt – wenn auch noch immer mehr als die Hälfte der jüngeren Befragten dies nicht so sehen (V216). Nur wenig allerdings wächst in der jüngeren Generation die Überzeugung, dass die Bevölkerung mehr Verantwortung für sich selbst beanspruchen sollte; noch immer vertreten mehr als zwei Drittel der Bevölkerung in allen Generationen die Auffassung, der Staat sollte mehr Verantwortung übernehmen (V98). Mehr Respekt vor Autoritäten wünschen sich 57% (V69), 67% sehnen sich nach einem starken Führer, der auf Parlament und Wahlergebnisse keine Rücksicht nehmen muss (V127); dennoch wünschen sich genauso viele auch ein demokratisches System (V130). In den Ergebnissen der WVS-Umfrage von 2006[15] waren es in Russland nur 62% gewesen, die ein demokratisches System befürworteten (allerdings in der Ukraine schon 88%); 54% der Russ*innen und 68% der Ukrainier*innen befanden, dass ihr Staatssystem nicht oder nur wenig demokratisch sei, nur 23% bzw. 25% betrachteten es als demokratisch. Zum Vergleich: In Deutschland sahen 28% den Staat im Jahre 2006 als nicht oder nur wenig demokratisch an, 70% hingegen als demokratisch.

Politisches Engagement. Staatsverdruss und ein umfassendes Misstrauen gegenüber dem Staat, dem Parlament, dem Fernsehen und der Presse wie auch gegenüber dem Rechtssystem prägen in der russischen Bevölkerung das politische Klima und lassen ein hohes Maß an Staatsferne in Erscheinung treten. Insgesamt ist das Interesse an Politik in der russischen Gesellschaft sehr schwach ausgeprägt. Fast ein Drittel der Generation der unter 30Jährigen geht grundsätzlich nicht wählen; bei den über 50Jährigen sind es hingegen nur 11%, bei den 30- bis 50Jährigen 17%. Umgekehrt: Während jeder zweite wahlberechtigte über 50Jährige wählen geht, ist es bei den bis 30Jährigen nicht einmal jeder vierte (V226). 63% erklären, dass sie nie eine Petition unterschreiben würden (V85) und nie an einer friedlichen Demonstration teilnehmen würden (V87), 78% würden sich nie einem Boykott anschließen (V86), 76% nie einem Streik (V88). Nur 0,5% der Russ*innen sind aktiv in politischen Parteien engagiert, 2,3% als passive Mitglieder (V29). Dabei findet sich politisches Interesse in der Generation der über 50Jährigen häufiger als in den jüngeren Generationen (V84). Das Engagement in politischen Parteien ist allgemein in postsowjetischen Ländern gering (etwa auf dem gleichen Level wie in Russland), allerdings sind deutlich mehr Menschen in Armenien und Aserbaidschan (10%), und herausragend in Kirgisistan (20%) einer Partei zugehörig.

Das Engagement in sozialen Vereinen und Organisationen liegt allgemein in postsowjetischen Ländern auf einem sehr niedrigen Niveau (zwischen 1 und 3%). Auch hier bildet Kirgisistan eine überraschende Ausnahme, zumal seine Werte weit über jenen in Deutschland liegen. 18% engagieren sich in humanitären Organisationen, 17% in Selbsthilfeorganisationen, 15% in Verbraucherorganisationen, 14% in Berufsverbänden.

Vertrauen und Kommunikationsklima. Dass in der russischen Bevölkerung ein Klima der Angst herrscht, belegen die Zahlen zur Frage, vor welchen Situationen man sich fürchtet. Dabei richten sich die Ängste keineswegs nur auf äußere Bedrohungen, sondern auch auf politische Instabilität im eigenen Land. Weit mehr als die Hälfte der Befragten geben an, dass sie sich sehr oder einigermaßen fürchten vor Krieg (67%) (V183) oder auch (61%) vor einem Bürgerkrieg (V185) oder vor terroristischen Anschlägen (77%) (V184). Auch dass man postalisch oder im Internet vom Staat überwacht und ausspioniert wird, glaubt ein Drittel der Befragten (V185). Das Vertrauen in das Rechtssystem (V114) und in die Polizei (V113) ist mit Ausnahmen Usbekistans und Kirgisistans in allen postsowjetischen Ländern gering und liegt weit unter dem Niveau in Deutschland. Russland und Armenien zeigen hier die schlechtesten Werte. Das allgemeine Vertrauen in andere Menschen (V24) ist in Russland ebenfalls relativ gering; nur 28% Prozent bejahen, dass man im Allgemeinen anderen Menschen vertrauen kann. Allerdings liegen in den Ländern des Kaukasus und Usbekistan die Prozentwerte noch weit niedriger. In Deutschland sind es 48%. Nur die Werte in

[15] Vgl. Schröder 2012, S. 113 ff.

Kirgisistan und in Estland reichen in etwa noch an die Ergebnisse für Deutschland heran. Auch bei der Frage, ob man Menschen schon beim ersten Kontakt trauen könnte, werden diese Ergebnisse noch einmal bestätigt. Das Vertrauen in die eigene Familie ist in postsowjetischen Ländern hingegen mit Werten zwischen 87 und 97% deutlich höher als in Deutschland (76%). Eine Ausnahme bildet Aserbaidschan mit nur 65%. Das Vertrauen in Nachbarn und Bekannte liegt in Russland geringfügig höher als in Deutschland; es ist am stärksten in Usbekistan ausgeprägt. Das Vertrauen in Menschen anderer Religionen oder anderer Nationalität fällt in allen Ländern relativ gering aus. Seine niedrigsten Werte finden sich in Armenien.

Geringere Werte für Vertrauen sind in den postsowjetischen Ländern allein schon wegen der Dominanz materialistischer Werte zu erwarten, da Konkurrenz und der Kampf um Ressourcen selbstredend Vertrauen minimieren. Allerdings wird dieser Effekt noch durch die sozialpsychologischen Nachwirkungen der spätsowjetischen Zeit, die Erfahrungen mit Korruption und anarchischen Verteilungskämpfen in den ersten Jahren der Transformation weiter verstärkt, so dass man sowohl die geringen Werte für das allgemeine Vertrauen in die Menschen, wie auch die kompensativ hohen Werte für das Vertrauen in die eigene Familie als historische Folge der Sowjetzeit interpretieren muss.[16]

4. Wertewandel und Identität – Global cultural map

Da die Daten des WVS in vierjährigen Abständen regelmäßig erhoben worden sind dabei der Großteil der Länder intermittierend immer wieder berücksichtigt worden ist, lassen sich aus dem Längsschnitt-Vergleich der Ergebnisse auch Erkenntnisse über den Wertewandel in den Ländern erkennen. Für die Darstellung von Identität ist unter anderem die Fähigkeit zum Ausdruck der Individualität und die kulturelle Akzeptanz bzw. Erwünschtheit von Selbstausdruck maßgeblich, die in den Werten des Selbstausdrucks zur Darstellung kommt. In den Studien zum World Value Survey von Inglehart und Welzel wurden von 1996 an international vergleichend in einer Dimension als Gegensatzpaar *Werte des Überlebens* (survival values) und *Werte des Selbstausdrucks* (self expresson values) in der anderen Dimension als Gegensatzpaar *traditionelle* versus *säkular-rationale Werte* (traditional vs. secular-rational values) erhoben und die Ergebnisse über alle untersuchten Länder hinweg – zusammengefasst in neun Kulturräume – kartographisch dargestellt (global cultural map).[17] So ist die Position jedes Landes sowohl innerhalb des Wertefeldes der neun Kulturräume als auch in Relation zu den Positionen anderer Länder erkennbar. In den Ergebnissen von 1996 bis 2014 können ferner die Entwicklungen der Wertepositionen der Länder im Spektrum von Überlebenswerten vs. Selbstausdruckswerten bzw. im Spektrum traditioneller versus säkular-rationaler Werte verfolgt werden. Das Wertespektrum wird in einer Spanne zwischen -2,5 und +2,5 dargestellt.

---

[16] Vgl. Sandholtz/Taagepera 2005, S. 116. Siehe auch unsere Erörterung hierzu in der abschließenden Bilanz in diesem Buch.

[17] http://www.worldvaluessurvey.org/WVSContents.jsp?CMSID=Findings; ferner: https://www.iffs.se/media/1906/culturemap_may2015.jpeg

In diesen Studien zur Global Cultural Map werden die meisten postsowjetischen Länder in den Kulturraum der orthodoxen Kirche eingeordnet (so Russland, Belarus, Moldawien, Ukraine, auch einige Länder des südlichen Balkans, soweit sie nicht mehrheitlich islamisch sind). In der Gesamtauswertung zeigen die Länder im Kulturraum der orthodoxen Kirche 2008 zusammen mit den Ländern des islamischen Kulturraums die extremsten Ausprägungen materialistischer Werte und die höchste Ferne von Selbstausdruckswerten, sie sind aber weniger traditionalistisch orientiert als die Länder des islamischen Kulturraums.

Global Cultural Maps 1996, 2008, 2014 im Vergleich[18]

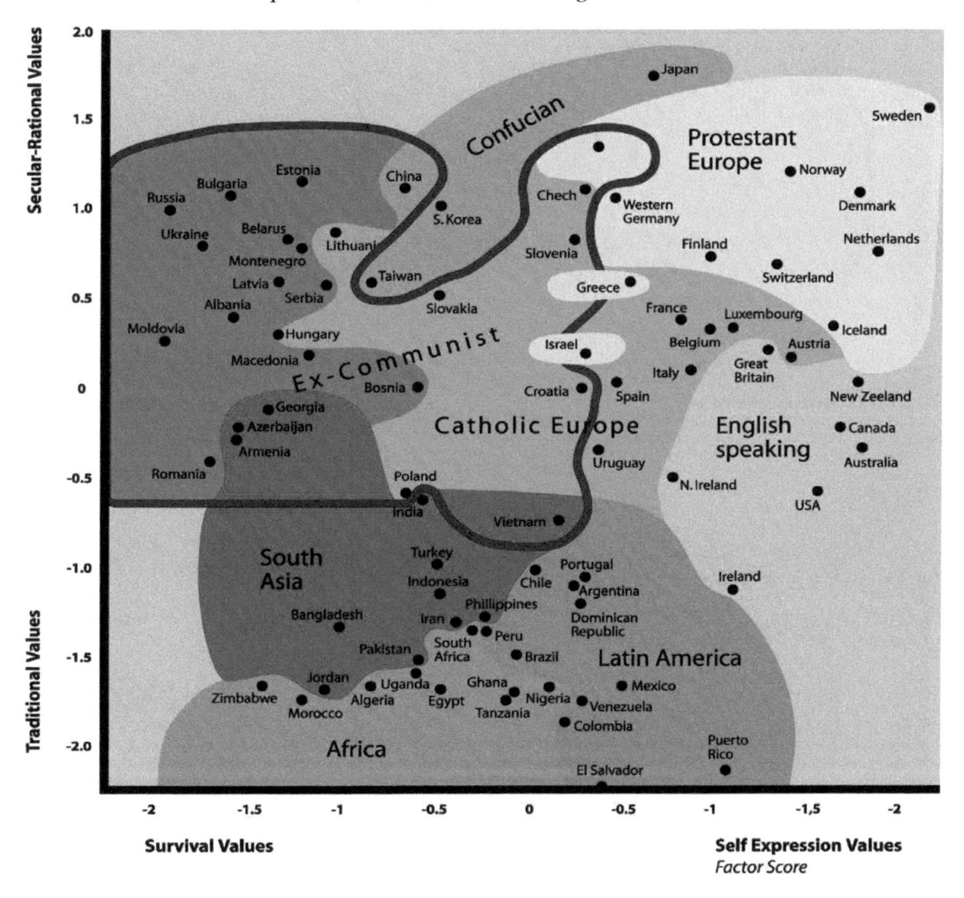

[18] https://www.worldvaluessurvey.org/WVSContents.jsp?CMSID=Findings&CMSID=Findings

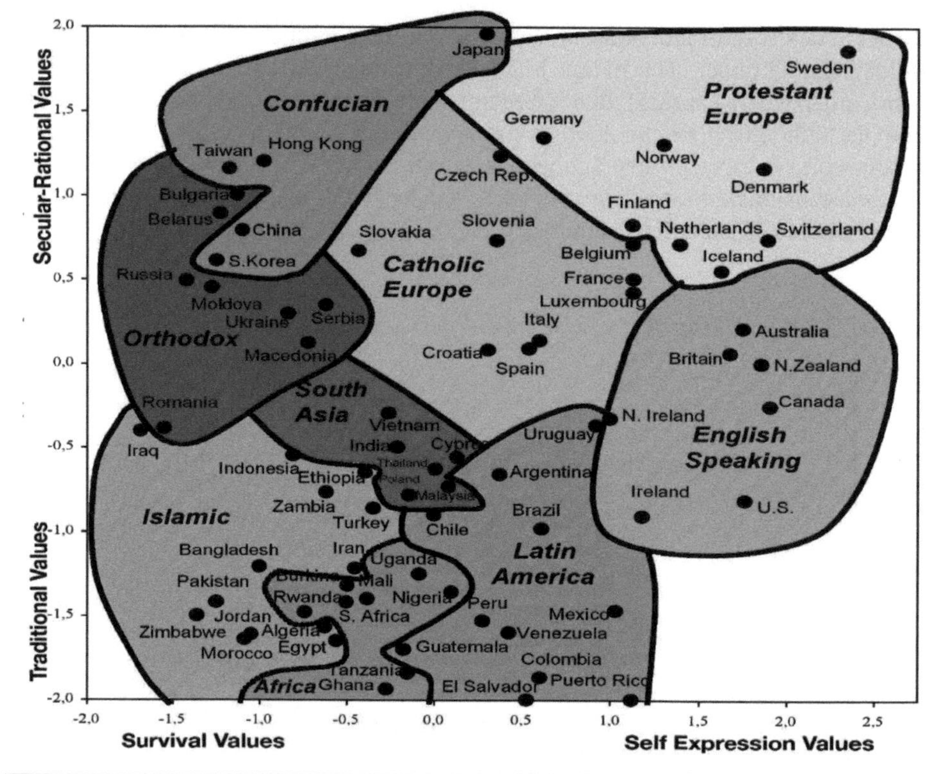
Secular-Rational Values
Traditional Values
Survival Values
Self Expression Values
2,0
1,5
1,0
0,5
0,0
-0,5
-1,0
-1,5
-2,0
-2,0
-1,5
-1,0
-0,5
0,0
0,5
1,0
1,5
2,0
2,5
Confucian
Protestant Europe
Catholic Europe
Orthodox
South Asia
Islamic
Latin America
English Speaking
Africa
Japan
Sweden
Germany
Norway
Denmark
Taiwan
Hong Kong
Czech Rep.
Bulgaria
Belarus
China
Slovakia
Slovenia
Finland
Netherlands
Switzerland
S.Korea
Belgium
Iceland
Russia
France
Moldova
Ukraine
Serbia
Luxembourg
Italy
Australia
Macedonia
Croatia
Spain
Britain
N.Zealand
Romania
Canada
N. Ireland
Iraq
Vietnam
India
Cyprus
Uruguay
Indonesia
Ethiopia
Thailand
Poland
Argentina
Malaysia
Ireland
Zambia
Turkey
Chile
Brazil
U.S.
Bangladesh
Iran
Uganda
Pakistan
Mali
Rwanda
Nigeria
Peru
Jordan
S. Africa
Mexico
Zimbabwe
Algeria
Egypt
Venezuela
Morocco
Guatemala
Colombia
Tanzania
Ghana
El Salvador
Puerto Rico

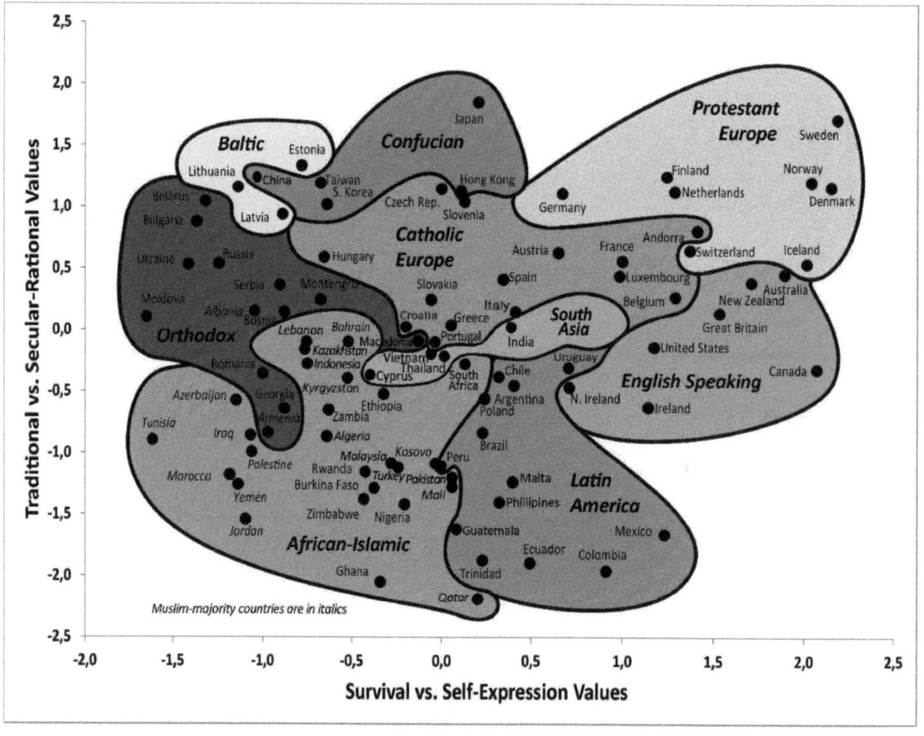
Traditional vs. Secular-Rational Values
Survival vs. Self-Expression Values
2,5
2,0
1,5
1,0
0,5
0,0
-0,5
-1,0
-1,5
-2,0
-2,5
-2,0
-1,5
-1,0
-0,5
0,0
0,5
1,0
1,5
2,0
2,5
Baltic
Confucian
Protestant Europe
Catholic Europe
Orthodox
South Asia
English Speaking
Latin America
African-Islamic
Japan
Estonia
Sweden
Lithuania
China
Taiwan
S. Korea
Hong Kong
Finland
Norway
Netherlands
Denmark
Belarus
Bulgaria
Latvia
Czech Rep.
Slovenia
Germany
Andorra
Ukraine
Russia
Hungary
Austria
France
Switzerland
Iceland
Serbia
Montenegro
Spain
Luxembourg
Australia
Slovakia
Moldova
Albania
Bosnia
Croatia
Greece
Italy
Belgium
New Zealand
Lebanon
Bahrain
Macedonia
Portugal
India
Great Britain
Kazakhstan
Vietnam
United States
Indonesia
Thailand
Uruguay
Romania
Cyprus
South Africa
Chile
Canada
Kyrgyzstan
Azerbaijan
Georgia
Ethiopia
Argentina
Poland
N. Ireland
Ireland
Armenia
Zambia
Tunisia
Iraq
Algeria
Brazil
Kosovo
Malaysia
Peru
Palestine
Morocco
Rwanda
Turkey
Pakistan
Malta
Burkina Faso
Mali
Yemen
Philipines
Zimbabwe
Nigeria
Jordan
Guatemala
Mexico
Ecuador
Colombia
Ghana
Trinidad
Qatar
Muslim-majority countries are in italics

Unter „traditionellen Werten“ wird die Bedeutung von Religion, von Eltern-Kind-Beziehungen, von Respekt vor Autoritäten und von traditionellen Familienwerten verstanden. Mit traditionellen Werten korrespondiert ein hohes Maß an nationalistischen Haltungen und konservativer Familienvorstellungen; daher werden Scheidung, Abtreibung, auch Euthanasie und Selbsttötung moralisch abgelehnt. Im Gegensatz zu diesen stehen „säkular-rationale Werte“, die ihre Präferenzen nicht auf Religion, traditionelle Familienwerte und Autorität legen, sondern auf eine relativ selbständige und selbstverantwortliche Lebensführung. Scheidung und Abtreibung werden unter bestimmten Bedingungen akzeptiert, eventuell auch die Beendigung des eigenen Lebens.

Wirtschaftliche und physische Sicherheit bilden das Leitmotiv der „Überlebenswerte“. Diese korrespondieren mit einer relativ ethnozentrischen Sichtweise, Vertrauen und Toleranz gegenüber sozialen Abweichungen sind wenig ausgeprägt. Im Gegensatz zu diesen stehen die „Werte des Selbstausdrucks“; sie korrespondieren mit Werten des Umweltschutzes, mit einer höheren Toleranz gegenüber Ausländern und LGBT und der Gleichstellung der Geschlechter; demokratische Werten der Partizipation wie der Teilnahme an Entscheidungsprozessen im wirtschaftlichen und politischen Leben wird hohe Priorität eingeräumt.

In der Dimension Überlebenswerte (minus) vs. Selbstausdruckswerte (plus) liegen 1996 die Länder Russland, Moldawien und Ukraine am äußersten Rand des Spektrums der Überlebenswerte (zwischen -1,7 und -1,8), noch deutlich hinter konservativen islamischen Staaten im arabischen und afrikanischen Raum und den Staaten des Kaukasus, deren Werte zwischen -1,4 und -1,6 liegen. Die Länder des Baltikums liegen zwischen -1,0 und -1,3. Im Jahre 2008 liegen die Überlebenswerte für Russland noch bei etwa -1,4, für Moldawien und Belarus bei etwa -1,3, für die Ukraine bereits nur noch bei -0,9. Zu diesem Zeitpunkt haben postkommunistische Länder in Zentraleuropa und im Balkan teilweise schon den Nullpunkt hin zu Werten des Selbstausdrucks überschritten.[19] Im Zeitraum zwischen 2010 und 2014 fallen die Werte für Moldawien zurück auf -1,7, für Belarus auf -1,4, für die Ukraine auf -1,4, während sie in Russland zunächst stagnieren, dann 2015 auf -1,2 steigen. Im Baltikum liegen die Werte 2015 nun zwischen -0,7 und -1,2 (-0,7 Estland, -0.8 Lettland, -1.2 Litauen), tendieren also geringfügig stärker zu Werten des Selbstausdrucks. Die christlichen Länder des Kaukasus weisen nun Werte um -0,8 auf, Aserbaidschan allerdings von -1,2, die muslimischen zentralasiatischen Länder zeigen eine geringere materialistische Orientierung, Kasachstan mit -0,7 und Kirgisistan mit -0,5.

Diese summarische Betrachtung lässt erkennen, dass die Entschiedenheit für materialistische Werte in den Ländern Russland, Moldawien, Belarus und Ukraine zwar im Zeitraum von 1996 bis 2008 geringfügig abgenommen hat, danach aber wieder angestiegen ist. Man kann diese Entwicklung möglicherweise als Reaktion auf die sich verschlechternde wirtschaftlich Lage dieser Länder und die Resignation der Bevölkerung hinsichtlich der Liberalisierung der Länder verstehen. Der relativ starke Abfall der Werte in der Ukraine um 2008 deutet auf eine Phase der ernsthaften Auseinandersetzung mit Selbstausdruckswerten hin, die allerdings im zweiten Jahrzehnt

[19] Allerdings ist 2014 für die Länder des Balkans wieder ein Rückfall in postmaterialistische Werte mit Ausprägungen von -0.2 (Kroatien) über -0,9 (Serbien) bis -1,1 (Albanien) zu bemerken.

der 2000er Jahre ebenfalls wieder schwindet. Auch die Stagnation der Selbstausdruckswerte in Russland in der Zeit des fünften Erhebungsstadiums deutet vermutlich auf eine zwar geringe, aber doch konstante Auseinandersetzung mit postmateriellen Werten hin, die aber nicht die Kraft besitzt, einen Umschwung zu bewirken. Deutlicher zeichnen sich diese Veränderungen in den Ländern des Baltikums ab, in welchen materialistische Werte sukzessiv an Bedeutung verlieren, während postmaterialistische Werte eine Zunahme verzeichnen. Offenbar ist – trotz aller struktureller Schwierigkeiten und mentaler Unsicherheiten – im Baltikum die Hinwendung zu westlichen Werten und zugleich die Abwendung von der sowjetischen Vergangenheit und vom aktuellen Russland von erheblicher Bedeutung für den Wertewandel.

In der Dimension Traditionelle Werte (minus) vs. Säkular-rationale Werte (plus) weist 1996 Russland einen Wert von 1,0 auf, die Ukraine von 0,8 und Moldawien von 0,3; 2008 liegen die Werte für Russland, die Ukraine und Moldawien im Wertebereich zwischen 0,3 und 0,5, sind also deutlich abgefallen (nur Belarus hat von 0,8 im Jahre 1996 auf 0,9 m Jahre 2008 einen leichten Anstieg zu verzeichnen, gleichauf mit Finnland und der Schweiz). Damit zeichnet sich ab den 2000er Jahren eine Tendenz zur „Traditionalisierung“ in diesen postsowjetischen Ländern ab. Eine gegenteilige Entwicklung nehmen die Länder des Baltikums; hier erhöht sich der Wert von 1996 für Litauen von 0,8 auf 1,2 im Jahre 2014, der für Estland von 1,2 auf 1,4. So erreichen diese Werte das Niveau der west- und nordeuropäischen Länder. Die muslimischen zentralasiatischen Länder zeigen sich hingegen stark traditionalistisch orientiert (2014: Kirgisistan -0,4 Kasachstan -0,2), ein Effekt, der wohl nicht zuletzt der wachsenden Bedeutung der Religion zuzuschreiben ist. Noch traditionalistischer sind allerdings die Länder des Kaukasus orientiert, deren Werte 2014 zwischen -0.6 und -0,8 liegen. Die kulturell wachsende Bedeutung des Westens in diesen Ländern steht in einem spannungsreichen Widerspruch zum verhärteten Traditionalismus, der wesentlich der geopolitisch bedingten Abgrenzung von den umliegenden Ländern und der Erfahrung militärischer Bedrohung zu verdanken ist.

Für die Identitätsbildung der Menschen in diesen Ländern geben diese Wertdimensionen einen wesentlichen Orientierungsrahmen vor. Sie zeigen die Identifikationsmöglichkeiten an, die für die Ausbildung einer sozialen Identität zur Verfügung stehen, und deuten den Umfang der Spielräume an, die sich für die Entwicklung der personalen Identität bieten. Die Bedeutung des Individuums stellt sich in den verschiedenen postsowjetischen Ländern sehr unterschiedlich dar. Sie wird sowohl von traditionalistischen Orientierungen als auch von der Bedeutung der Überlebenswerte begrenzt. Letztere ist in allen postsowjetischen Ländern stark ausgeprägt, insofern der Kampf um materielle Sicherheit in diesen Ländern nach wie vor den Lebensalltag prägt. Die Erstarkung traditionalistischer Orientierungen im zentralasiatischen, kaukasischen und europäischen Teil des postsowjetischen Raumes in den letzten 20 Jahren stellt eine weitere Einschränkung der Entwicklung von Individualität und der Ermöglichung des Selbstausdruckes dar. In dieser Hinsicht bieten die Länder des Baltikums unter allen postsowjetischen Ländern die wohl größten Chancen zur Akzeptanz individualistischer und pluralistisch-demokratischer Werte.

5. Ergebnisse

Die Studien von Inglehart u. a. zum WVS von 2014[20] zu Russland, Estland, Armenien, Georgien, Aserbaidschan, Kirgisien und Usbekistan zeigt in einer 12-Item Index-Analyse (Y001), dass in summarischer Betrachtung die Entschiedenheit für materialistische Werte sich in der Generation der unter 30Jährigen gegenüber jener der älteren Generationen ein wenig abgeschwächt hat, während postmaterialistische Werte in geringem Maße zugenommen haben.[21] Allerdings liegt auch in dieser Generation das Gewicht der materialistischen Werte beim Dreifachen des Gewichtes der postmaterialistischen Werte, so dass von einem wirklichen Wandel noch nicht die Rede sein kann. Eine 4-Item-Analyse (Y002) zum postmaterialistischen Index macht aber deutlich, dass diese jüngere Generation sich viel deutlicher in einem Mischzustand und damit in einer Ambivalenz befindet als die älteren Generationen. In der Summe ist in allen Generationen jedoch eine klare Dominanz von materialistischen Wertorientierungen zu erkennen.

Untersuchungen zu Wertorientierungen der Bevölkerungen in postsowjetischen Staaten ergeben zwar kein einheitliches Bild, belegen aber doch durchweg, dass diese Länder als „Übergangsländer" in der Entwicklung von materialistischer zu postmaterialistischer Wertorientierung zu verstehen sind. Finanzielle und existenzielle Sicherheit, Karriere und Status dominieren in den Wertorientierungen auch der jüngeren Generation.[22] In den Ländern des Baltikums, in Georgien, in der Ukraine und in Kirgisistan[23] sind in höherem Maße postmaterialistische Werte repräsentiert als in den übrigen Ländern. Dies hat sowohl mit der Wahl der Regierungsform zu tun als auch mit einer stärkeren Orientierung am Westen. Deutlich wird diese Differenz etwa auch in der Studie von Buhbe 2017 zum Wertevergleich von pro-westlichen und prorussischen Probanden in der Ukraine vor allem hinsichtlich der Bedeutung von Demokratie und Recht, aber auch vom Schutz menschlichen Lebens, menschlicher Freiheit und Selbstverwirklichung.[24] Zu beobachten ist zugleich, dass sich die politische Regression in ein traditionalistisches Werteverständnis, welches zur Fundamentierung des Nationalismus genutzt wird (wie in Russland etwa), nicht nur als Modernisierungshemmung auswirkt, in dem sie irrationalen Entscheidungskriterien für die gesellschaftliche Entwicklung den Vorrang gibt, sondern auch die Entwicklung von postmaterialistischen Werten hemmt, wenn auch ein Teil der jüngeren Generation und eine begrenzte liberalistische Elite solche Wertorientierungen schon zeigen. Die Spanne der Wertdifferenzen reicht also nicht nur über das für „Übergangsländer" typische Spektrum von materialistischen und postmaterialistischen Werten, sondern

---

[20] Vgl. http://www.worldvaluessurvey.org/WVSDocumentationWV6.jsp

[21] Dabei sind die maximalen Ausprägungen materialistischer Werte in den muslimischen Ländern Zentralasiens wie des Kaukasus weniger häufig zu finden als in Russland und den christlichen kaukasischen Ländern. Vermutlich wirken religiöse Werte und Großfamilienwerte hier mäßigend.

[22] Dieses Ergebnis belegen auch zahlreiche in einer Übersicht von Werteanalysen russischer Wissenschaftler zwischen 1999 und 2008 zur russischen Jugend dargestellte Untersuchungen in Aihara/Ueda 2016.

[23] Vgl.Haerpfer/Kizilova 2019, Haerpfer/Kizilova 2020.

[24] Vgl. Buhbe 2017, S. 14, S. 17 ff.

sogar noch weiter zurück in traditionalistischen Gesellschafts- und Kulturnormen.[25] Zugleich finden sich – teils in einem oppositionellen Raum (etwa in Russland), teils auch als offizielle Leitorientierungen (so im Baltikum) – Forderungen zur Anerkennung postmaterialistischer Werte, die die Präsenz eines zumindest ansatzweise bestehenden postmaterialistischen Wertebewusstseins in der öffentlichen Meinung belegen.

Hier kommt zweifellos der Jugend und den jungen Erwachsenen eine besondere Bedeutung als Träger des Wertewandels zu. In allen postsowjetischen Ländern zeigen im Durchschnitt Jugendliche und in der Regel auch die jüngste Generation der Erwachsenen eine (wenn auch geringfügig) stärkere Zustimmung zu postmaterialistischen Werten.[26] Bestätigt wird das postmaterialistische Potenzial der Jugend in Russland auch durch eine aktuelle Studie von Nemirovskiy/Nemirovskaya[27], die zeigt, dass es den jungen Erwachsenen in Russland mehr als den älteren darum geht, mehr Freizeit zu haben und nicht das ganze Leben nur der Arbeit zu widmen – das auch dann, wenn hierfür Einkommensverluste hinzunehmen wären. Jüngere Menschen zeigen auch ein stärkeres Bedürfnis nach mehr Selbständigkeit in der Arbeit bis hin zu dem Wunsch, ein eigenes Unternehmen zu haben, das man „auf eigene Faust und auf eigenes Risiko" führt. Sie erwarten mehr als die Älteren „Selbstfindung in der Arbeit" und streben nach Selbstverwirklichung.[28] Auch wenn die Steigerungsraten in dieser Untersuchung nicht gerade gravierend erscheinen, so deuten sie doch eine Tendenz an, dass sich jüngere Menschen stärker von fremdbestimmter Arbeit und dem vor allem in der mittleren Generation praktizierten Prinzip „soviel Arbeit wie möglich – soviel Einkommen wie möglich" lösen wollen. Dass aus Sicht der jungen Generation dem Sinngehalt der beruflichen Tätigkeit eine höhere Bedeutung zukommen muss, belegt auch die Studie „Orientierungen und Werte junger Russen" (Ориентиры и ценности молодых россиян) des FOM (Stiftung Öffentliche Meinung) von 2016.[29] Die Werte „Selbstverwirklichung und Entwicklung" bzw. „eine interessante Arbeit und berufliche Weiterentwicklung" und „Kreativität" werden bei den 18-22 Jährigen etwas stärker gewichtet als bei den 28-30 Jährigen.[30] Die jüngere Gruppe ist ferner eher bereit, auf eine gute Bezahlung im Beruf zu verzichten, wenn ihnen der gewählte Beruf gefällt.

---

[25] Wir sehen daher Ingleharts These, dass im Postmodernismus eine neuerliche Aufwertung traditioneller Werte, die im Zuge der Modernisierung ihren Wert verloren hatten, erfolgt (Inglehart 1997, S. 23), zwar als bestätigt an, erachten diese Tendenz aber nun gerade nicht als Ausdruck einer emanzipatorischen Entwicklung, sondern als einer Regression in vormoderne Wertmuster kollektiver Kohäsion, die mit humanistischen und demokratischen Wertorientierungen konfligieren.

[26] Vgl. auch Manusyan in diesem Buch.

[27] Nemirovskiy/Nemirovskaya 2020, S. 6, Tabelle 2.

[28] Nemirovskiy/Nemirovskaya 2020, S. 6, Tabelle 1.

[29] Internet: https://fom.ru/TSennosti/13083.Vgl. den hiesigen Beitrag von Chaplinskaya.

[30] Vgl. https://fom.ru/TSennosti/13083

6. Exkurs zu „Selbstausdruck“ und „Individualismus“

Hinsichtlich der Kategorie Selbstausdruck bzw. Selbstdarstellung (*self expression*) besteht in der internationalen Fachdiskussion keine Einigkeit in der Frage, ob man Selbstausdruck als einen sozialen oder einen unsozialen Wert verstehen soll. Autor*innen, die den Begriff in die Nähe von „Egoismus“ und „mangelnder sozialer Rücksichtnahme“ rücken, betrachten diesen Wert als unsozial und nicht wünschenswert. Aus der Sicht anderer – so auch im Rahmen des WVS von Inglehart u. a. – wird Selbstausdruck als ein sozialer Wert betrachtet, der auf Altruismus und einer starken sozialen Orientierung aufbaut und das Recht auf soziale Abweichung und die Verpflichtung zur Toleranz anerkennt, im Sinne einer sozialen Form des modernen Individualismus.[31] Diese Haltung korrespondiert mit einem starken sozialen Vertrauen und dem Ziel, dass Menschen trotz erheblicher Verschiedenheit in Frieden miteinander leben und aus der Differenz Gewinn ziehen können.

Die Begriffe der Individualisierung bzw. des Individualismus werden vielfältig benutzt und bilden gerade in soziologischen, politologischen und kulturologischen Fachsprachen eine universelle Formel zur Bezeichung von verschiedenen Indikatoren für individuelle Freiheit und kollektive Unabhängigkeit. Allerdings ist die Relation dieser Indikatoren zu leitenden Motiven der Sicherheit bzw. des Selbstverwirklung nicht einheitlich; daher müssen Indikatoren für Individualismus hinsichtlich ihrer Nähe zu materialistischen vs. postmaterialistischen Wertorientierungen differenziert werden. Zu unterscheiden ist mit Loek Halman[32] zwischen einem „utilitaristischen Individualismus”, welcher die persönlichen Interessen und das eigene Wohlergehen ins Zentrum der Handlungsorientierungen legt und in diesem Sinne tatsächlich mit einer egoistischen Haltung zu identifizieren ist, und einem „expressiven Individualismus”, welcher die Besonderheit der eigenen Person zum Ausdruck bringt und einen Anspruch auf Selbstverwirklichung verkörpert, der aber zugleich allen Anderen auch zu gewähren ist. Beide Formen bezeichnen einen Individualismus, der kollektiven Ansprüchen gegenüber als Widerstand auftritt, jedoch sind sie mit sehr verschiedenen Motiven verbunden. So zeigt sich der utilitaristische Individualismus mit seiner auf existenzielle Sicherheit und eigenes Wohlergehen ausgerichteten Motivation als Teil materialistischer Wertorientierungen, während sich der expressive Individualismus als Darstellungsform der Einmaligkeit der Person und des Anspruchs auf prozessuale Autonomie in individuellen Entscheidungen als Teil postmaterialistischer Wertorientierungen offenbart.[33]

Diese Unterscheidung ist auch deshalb von besonderer Bedeutung, weil gerade in manchen postsowjetischen Staaten seitens politischer Instanzen und mancher Soziolog*innen der „Individualismus“ auf den utilitaristischen Begriff beschränkt wird und mit dem Argument abgelehnt wird, er propagiere einen ungezügelten Egoismus und zerstöre die gesellschaftliche Kohäsion. So werden das Anrecht auf Individualität und die Motivation zur Selbstverwirklichung als egoistische Ansprüche verunglimpft und zugleich werden konforme Standards zur Kontrolle abweichender Ansprüche

---

[31] Vgl. Welzel 2011.
[32] Vgl. Halman 1995 und 1996.
[33] Vgl. Bréchon 2017, S. 233.

eingesetzt. Da es für die Herleitung dieser Standards keine übergeordneten legitimierten Kriterien gibt, wird zumeist auf (vermeintlich) traditionelle Regeln verwiesen.

Eine andere Variante stellt die These dar, dass auch in der sowjetischen Zeit ein dem offiziellen Kollektivismus gegenüber subversiver Individualismus bestanden hätte, der am Ende gar zum Verfall des Systems geführt hätte. Die sowjetische Gesellschaft sei nur dem Scheine nach kollektiv integriert gewesen, während in der alltäglichen Realität die Bürger*innen oft Mittel und Wege gefunden hätten, die sowjetischen Institutionen zu umgehen und ihre partikularen Interessen durchzusetzen. „Auf der Oberfläche der offiziellen 'großen Wahrheit' war sie" so schreibt Nikolai Genov, „ideologisch und institutionell von kollektivistischen Mustern dominiert. Auf der Ebene der alltäglichen Interaktionen dominierte aber die individualistische 'kleine Wahrheit'. Die Entwicklung in den achtziger Jahren zeigte auf allen Ebenen des wirtschaftlichen, politischen und kulturellen Lebens klar, dass die 'kleine' individualistische Wahrheit dabei war, die 'große' Wahrheit der offiziellen kollektivistischen Ideologie und Politik zu besiegen."[34] Der hier benutzte Begriff von Individualismus beruht vornehmlich auf der Durchsetzung persönlicher Interessen einerseits, auf der Feststellung einer wachsenden persönlichen Entscheidungsautonomie in Beruf und Freizeit andererseits; Genov sieht diesen Individualismus nicht als Ergebnis der Transformation, sondern als Folge der Erstarkung der Zivilgesellschaft und der Ausdifferenzierung der Bildungsmöglichkeiten in der spätsowjetischen Gesellschaft in und vor den Achtzigerjahren. Er konstatiert dennoch, dass sich „Millionen von Menschen ... mit den kollektivistischen Mustern identifizierten" und sich „diese vererbte Widersprüchlichkeit ... an den gravierenden Problemen der Privatisierung, an der Bildung demokratischer politischer Institutionen und Pluralisierung der Kultur in Russland nach 1990 ablesen (ließe)."[35]

Das Verständnis von Individualität in der Sowjetgesellschaft wirkt auf ambivalente Weise im postsowjetischen Denken weiter fort, zum einen hinsichtlich seiner generell negativen Konnotationen als westlicher Legitimationsbegriff für Pluralismus, zum andern aber auch hinsichtlich eines gelegentlichen Gebrauchs dieses Begriffes zur Bezeichnung einer interindividuellen Differenz, die auch in den Sowjetstaaten genutzt und gewürdigt wurde, nämlich Differenz durch „Talent" (und heroische Willenskraft). Herausragende Leistungen wurden in der sozialistischen Produktivitätsideologie als Symbole des gesellschaftlichen Fortschritts gewürdigt und alle Genossen und Genossinnen standen unentwegt unter dem Druck der staatlichen Erwartungen gegenüber ihrer Leistungsfähigkeit, der in den staatlichen Produktivätszielen, konkretisiert in Plansoll, Abgabesoll und Normerhöhungen etwa, zum Ausdruck kam. Zugleich wurde die Übererfüllung der planwirtschaftlichen Ziele häufig mit persönlichen oder kollektiven Privilegen belohnt, die paradoxerweise auch mit finanziellen Gewinnen verbunden sein konnten. Es etablierte sich ein Managementsystem des „sozialistischen Wettbewerbs" und eine Kultur der Auszeichnungen auf der einen Seite, der öffentlichen Beschämungen und Zuchthausstrafen (bei Mindererfüllung) auf der anderen Seite, die in hohem Maße *individuelle* Verantwortlichkeit für den Leistungserfolg deklarierte.

---

[34] Genov 2003, S. 4.
[35] Ebda.

Die Wertschätzung der Talente innerhalb der sowjetischen Ideologie galt nun keineswegs der Anerkennung eines in der Person liegenden Potenzials schlechthin, in welchem die Spanne des Menschenmöglichen offenbar wird (dies ist die humanistische Variante), sondern sie stand in einer instrumentellen Funktion gegenüber dem Anspruch, die Überlegenheit des sozialistischen Systems in der Konkurrenz zu anderen Gesellschaftssystemen nach innen und außen zu demonstrieren (Systemkonkurrenz). Das Talent, also die individuell hervorstechende Begabung einzelner Subjekte, stellte nur den fruchtbaren Boden dar, auf welchem unter den maximal förderlichen Bedingungen der sozialistischen Gesellschaft Höchstleistungen erzielt werden konnten. Dass die Subjekte im Gegenzug zu der ihnen zugedachten Förderung und der darin sich darstellenden gesellschaftlichen Anerkennung wie auch in der Erwartung einer weiteren gesellschaftlicher Anerkennung im Falle des Erfolges – durch Auszeichnungen etwa oder durch wachsende Bekanntheit – motiviert waren und sich verpflichtet sahen, den ganzen Einsatz ihrer Kräfte der Förderung des vermuteten Talentes zukommen zu lassen, lag im Kalkül des Systems. Besondere Führungsfähigkeiten und tiefere Kenntnisse des ideologischen Konzeptes dienten nicht zuletzt auch der Legitimation der Privilegien der politischen Elite innerhalb eines Systems der Gleichheit, wie sich insbesondere anlässlich der Legitimationskrise der Nomenklatura ab 1988 und der Einsetzung von „Privilegienkommissionen" in Russland herausstellte.[36] Auch die Fähigkeit zu politischen „Höchstleistungen" wurde individuell legitimiert durch ein Talent, welches freilich von Generation zu Generation mehr und mehr selbst schon Ausdruck der glanzvollen Entwicklung der kommunistischen Gesellschaft war.

In die heutige Wahrnehmung des Begriffes von Individualität in postsowjetischen Ländern geht also eine gewisse Vertrautheit mit diesen Vorstellungen zur (gesellschaftlichen) Bedeutung interindividueller Differenz mit ein, die mit westlich humanistischen Auffassungen teils in Konkurrenz stehen, teils verschmelzen. Die Idee des „sozialistischen Wettbewerbs" zwischen den Arbeiterkollektiven lebt auffällig fort in einer öffentlichen *Kultur der Wettkämpfe* in den Medien, keineswegs nur in Sport, Kunst und Technik, sondern in schier allen Handlungsfeldern des Menschen von der Kochkunst über die Tierdressur bis zur Wohnungsrenovierung. Talentierte Individuen und professionelle Teams wetteifern im Fernsehen zum Beweis ihrer herausragenden Fähigkeiten vor einem begeisterten solidarischen Publikum. Die Bewunderung für das Außergewöhnliche wächst, der gesellschaftlicher Mehrwert – jenseits des Konsums – wird allerdings immer weniger herausgestellt. In jedem Falle zeigt sich in dieser Tendenz ein Übergang vom „system-utilitaristischen" Begriff des Individualismus zum westlich humanistischen „expressiven Individualismus", der zumindest subversive Wirkungen auf das öffentliche Bewusstsein über den Wert der Selbstverwirklichung erwarten lässt.

---

[36] Vgl. Ahlberg 1991.

7. Kritik der Theorie des Wertewandels von Inglehart

Die Erklärungskraft des Modells von Inglehart ist durch eine Reihe von Studien inzwischen relativiert worden, auch wenn das Modell in vielen Fällen seine Stärken erweisen konnte. So haben Klages (1984)[37], Duch und Taylor (1993; 1994) wie auch Warwick (1998) die Bedeutung des Bildungsniveaus der Jugend für Entwicklungen hin zum Postmaterialismus herausgestellt – ein Parameter, der in Ingleharts Konzept bis dahin unberücksichtigt blieb. Andere Studien (Clarck & Dutt, 1991; Clarke et. al., 1999; Duch und Taylor 1993; 1994) haben die Bedeutung von Erfahrungen der Proband*innen mit Arbeitslosigkeit, Inflation und weiteren Parametern wirtschaftlicher Depression als hochwirksamen Faktor in der Prädiktion postmaterialistischer Werte belegt. Offensichtlich gibt es unzählige Faktoren im Bereich der persönlichen Erfahrung mit wirtschaftlich prekären Situationen und im Bereich des persönlichen Anspruchsniveaus, die die Ablösung vom Primat materialistischer Werte erschweren. Die Entstehung postmaterialistischer Wertorientierungen hängt auch nicht nur mit der frühen Sozialisation zusammen, sondern auch mit der aktuellen wirtschaftlichen Situation des Einzelnen. Dies zu erkennen schmälert jedoch nicht die Verdienste von Inglehart u. a. um die Entwicklung eines doch relativ aussagekräftigen Modells in diesem schwierigen Sachgebiet. Allerdings weisen die Einwände und Ergänzungen darauf hin, dass sowohl die historische ökonomische Lage eines Landes in der Gegenwart (und nicht nur in Jugendzeit der vorigen Generation) als auch der gedankliche Horizont der Bevölkerung und damit der Gehalt ihrer geistesgeschichtlichen Entwicklung von nicht unwesentlicher Bedeutung für ein Umschwenken auf postmaterialistische Werte sind. Einen grundsätzlichen Vorbehalt gegenüber vielen modernisierungstheoretisch fundierten Wertewandelkonzepten muss man in Erwägung ziehen, insofern all diese Konzepte von den Erfahrungen in westlichen Kulturen abgeleitet sind und damit eine Vorgeschichte voraussetzen, die nicht unbedingt von anderen Kulturen geteilt wird. Tendenzen, die unter dem Stichwort „westernization“ beobachtet werden können, müssen nicht notwendigerweise die Folge einer allgemeinen Gesetzmäßigkeit der Kulturentwicklung darstellen; sie können auch schlicht ein Effekt der Nachahmung sein.

---

[37] Klages betrachtet zudem materialistische und postmaterialistische Werte nicht als Gegensätze in logischer Widersprüchlichkeit, sondern glaubt durch seine Studien erkennen zu können, dass es auch „Wertsynthesen“ gibt, die aus beiden Werterepertoires schöpfen. Allerdings hat auch Inglehart konzediert, dass der Postmaterialismus keine Gegenrichtung sei, sondern auf dem Materialismus aufbaue (vgl. Inglehart 1997, S. 35). Das Problem der Inglehartschen Systematik bleibt der Ausgang von einer dichotomen Struktur Moderne / Postmoderne, die zugleich Weiterentwicklung, Konkurrenz und Widerspruch beinhalten soll. Offenbar ist der Realität von Wertorientierungen nicht unbedingt mit Mitteln der Logik beizukommen, auch nicht mit Mitteln der dialektischen Logik. Die Konstruktion von „Wertsynthesen“ von Klages kann verstanden werden als Versuch, der Logik von Kompatibilität zu entgehen und Wertwandel als ein Phänomen bloßer Konglomeration, wenn auch innovativer, zu beschreiben. Allerdings gibt es Hinweise, dass unter komplexen Entscheidungsanforderungen Werte nur dann nützlich sein können, wenn sie nach Prioritäten geordnet sind. Andernfalls können Entscheidungen nur auf der Basis von Konformität gefällt werden (vgl. Roßteutscher 2004). Zum Vergleich der Ansätze von Inglehart und Klages siehe etwa Rödder 2006.

Eine Untersuchung von Pavlović 2015[38] über die Verbreitung materieller vs. postmaterieller Werte im postkommunistischen Osteuropa zeigt auf, dass nicht nur die in jungen Jahren erlebte wirtschaftliche Situation, sondern auch die *aktuelle* wirtschaftliche Lage erheblichen Einfluss auf die Chancen der Entwicklung von postmateriellen Werten nimmt. Das gilt auch für die postsowjetischen Staaten: Anhaltende wirtschaftliche Krisen, stagnierende Wohlstandsentwicklung, wachsende soziale Ungleichheit und politische Regression lähmen die Fortentwicklung des Übergangs. Die vor allem in Russland und Belarus verbreitete Wahrnehmung des westlichen Liberalismus als Schwäche und Dekadenz stigmatisiert zudem postmaterialistische Ansprüche im eigenen Land als unangebrachte oder gar krankhafte Phänomene. Wer sich ihnen anschließt, wird nicht nur nicht verstanden, sondern gerät in den Strudel der Abwertungen. Seine Ansprüche werden oft nicht allein durch materialistische Werte abgewiesen und abgewertet, sondern auch durch traditionalistische Konventionen und nationalistische Ontologismen. Dieser „materialistisch-ideologische Widerstand“ verhindert auch, dass die Wirkung von Bildung auf das Wertebewusstsein, die etwa in den Studien von Warwick und von Duch und Taylor herausgestellt worden ist, zum Zuge kommt. Für zumindest einige postsowjetische Länder liegen damit die Chancen, mit postmaterialistischem Wertedenken überhaupt konfrontiert zu werden, allein in Medienberichten und in der Internetkommunikation oder auch in originären Erfahrungen bei Reisen etwa ins westeuropäische Ausland oder in entsprechenden Kontakten zu Personen aus dem Westen. Eine Entwicklung postmaterialistischer Werte „von innen" ist unter den gegebenen ökonomischen Umständen im Verein mit nationalistischen und kollektivistischen Wertprioritäten unwahrscheinlich.

Pavlović betont in seiner Analyse ferner, dass die Gegenüberstellung von Personen mit vorwiegend materialistischen vs. postmaterialistischen Orientierungen leicht übersehen lässt, dass in vielen Ländern die Mehrheit der Befragten einen Mischtypus repräsentiert, der sowohl materialistische wie postmaterialistische Werte vertritt und sie verschiedenen Lebensbereichen oder -situationen zuschreibt. Stellt man nicht *reine* Materialisten *reinen* Postmaterialisten gegenüber oder zählt man nicht personenunabhängig die Zustimmungen von materialistischen und postmaterialistiscnen Werten ab, sondern betrachtet das Mischverhältnis der Zustimmungen *innerhalb* der Person, zeigt sich gerade für die postkommunistischen Länder Osteuropas das hohe Maß an Ambivalenz für die unterschiedlichen Wertorientierungen. Pavlović stellt fest: “The story of a value change in the recent decade in Eastern Europe seems to be a story of a mixed type value profile. If a certain trend in value change in the observed period is present and persistent, it is identifiable in the enlargement of the mixed type category …"[39] Man kann diese Beobachtung möglicherweise als Hinweis auf ein latentes Wachstum postmaterialistischer Orientierungen innerhalb eines im main stream dominierenden materialistischen Denkgebäudes verstehen. Wie Pavlović zeigt, kann ein hohes nationales Bildungsniveau im Verein mit einer gut funktionierenden Demokratie die Voraussetzungen schaffen, um diese postmaterialistischen Orientierungen aus der Latenz zu heben.[40]

---

[38] Vgl. Pavlovic 2015.
[39] Pavlović 2015, S. 6.
[40] Ebda, S. 9.

Literatur

Ahlberg, René (1991): Das sowjetische Privilegiensystem: Entstehung und Auflösung. *Osteuropa* 41, No. 12 (Dezember 1991), pp. 1135-1157.

Aihara, Tsugio/Ueda, Ekaterina (2009): Value Orientation of Russian Youth in the Post Soviet Era. *Yamaguchi Prefectural University Academic Intelligence,* 2, pp. 60–76.

Bauer, Thomas (2018): Die Vereindeutigung der Welt. Über den Verlust an Mehrdeutigkeit und Vielfalt. Stuttgart/Ditzingen: Reclam.

Boele, Otto/Noordenbos, Boris/Robbe, Ksenia (2019): Post-Soviet Nostalgia: Confronting the Empire's Legacy. Routledge.

Bréchon, Pierre (2017): Individualization and Individualism in European Societes. In: Bréchon, Pierre/Gonthier, Frédéric (eds.): European Values. Trends and Divides Over Thirty Years. (European Values Studies, Volume: 17). Leiden/Boston: Brill, S. 232-253. Internet: https://doi.org/10.1163/9789004341067_015

Buhbe, Matthes (Ed.)(2017): How Ukrainians Perceive European Values. Main Results of an Empirical Survey. Gorshenin Institut. Berlin: Friedrich-Ebert-Stiftung, Dept. of Central and Eastern Europe.

Clarke, H. D./Dutt, N. (1991). Measuring Value Change in Western Industrialized Societies: The Impact of Unemployment. *American Political Science Review*, 85, pp. 905-920.

Clarke, H./Kornberg, A./McIntyre, C./Bauer-Kaase, P./Kaase, M. (1999). The Effect of Economic Priorities on the Measurement of Value Change: New Experimental Evidence. *American Political Science Review*, 93, pp. 637-647.

Duch, R. M./Taylor, M. (1993). Postmaterialism and the Economic Condition. *American Journal of Political Science*, 37, pp. 747-779.

Duch, R. M./Taylor, M (1994). A Reply to Abramson and Inglehart's Education, Security and Postmaterialism. *American Journal of Political Science*, 38, pp. 815-824.

Genov, Nikolai (2003): Tendenzen der sozialen Entwicklung Russlands Individualisierung einer vermeintlich kollektivistischen Gesellschaft. *Aus Politik und Zeitgeschichte* B 16–17/2003, S. 3-10.

Gudkov, Lev (2017): Wahres Denken. Analysen, Diagnosen, Interventionen. Hrsg. v. Manfred Sapper und Volker Weichsel. Berlin: Edition Osteuropa.

Haerpfer, Christian/Kizilova, Kseniya (2020): Values and Transformation in Central Asia. In: Mihr, Anja (Ed.): Transformation and Development. Studies in the Organization for Security and Cooperation in Europe (OSCE) Member States. OSCE Academy Bishkek, Kyrgysztan, pp. 7-28.

Haerpfer, Christian W./Kizilova, Kseniya (2019): Post-Soviet Eurasia. In: Haerpfer, Christian/Bernhagen, Patrick/Welzel, Christian/Inglehart, Ronald F. (Eds.): Democratization. 2nd edition. Oxford, United Kingdom: Oxford Press, S. 341-363.

Halman, Loek (1996): "Individualism in individualized society? Results from the European values surveys". *International Journal of Comparative Sociology*, pp. 195-214:

Halman, Loek and Ester, Peter (1995): "Modernization and the Nature of Individualism". In: *Sociale Wetenschappen,* 38, pp. 28-53.

Howard, Marc Morjé (2003): *The Weakness of Civil Society in Post-Communist Europe*. Cambridge, UK: Cambridge University Press.

Inglehart, Ronald (1971): The Silent Revolution in Europe: Intergenerational Change in Post-Industrial Societies. *The Amer. Political Science Review* 65 (1971), pp. 991-1017.

Inglehart, Ronald (1977): The Silent Revolution. Changing Values and Political Styles among Western Publics. Princeton: Princeton University Press 1977.

Inglehart, Ronald (1997): Modernization and Postmodernization: Cultural, Economic and Political Change in 43 Societies. Princeton: Princeton University Press. *Deutsch:* Modernisierung und Postmodernisierung: Kultureller, wirtschaftlicher und gesellschaftlicher Wandel in 43 Gesellschaften, Frankfurt a.M. 1998.

Inglehart, R., C. Haerpfer, A. Moreno, C. Welzel, K. Kizilova, J. Diez-Medrano, M. Lagos, P. Norris, E. Ponarin & B. Puranen et al. (eds.). (2014): World Values Survey: Round Six – Country-Pooled Datafile. Madrid: JD Systems Institute. Internetversion: www.worldvaluessurvey.org/WVSDocumentationWV6.jsp.

Klages, Helmut (1984): Wertorientierungen im Wandel. Rückblick, Gegenwartsanalyse, Prognosen. Frankfurt a.M.

Klicperova-Baker, Martina/Kostal, Jaroslav (2018): Democratic Values in the Post-Communist Region: The Incidence of Traditionalists, Skeptics, Democrats, and Radicals. In: Lebedeva, Nadezhda/Dimitrova, Radosveta/Berry, John (Eds.): Changing Values and Identities in the Post-Communist World. Cham: Springer International, S. 27-51.

Kuhr-Corolev, Corinna (2019): Gerechte Herrschaft. Überlegungen zur Personalisierung von Herrschaft in Russland seit 1989. In: Ders. (Hrsg.): Gerechtigkeit in Russland. München: Wilhelm Fink, S. 393-422.

Nemirovskiy, V.G./Nemirovskaya, A.V. (2020): Der soziokulturelle Kontext der Konkurrenzfähigkeit junger Menschen in einer großen Region in Sibirien. *Russland-Analysen* 383, S. 2-6. (Originalversion: Nemirovskiy, V.G., Nemirovskaya, A.V. (2019): Social competitiveness of the youth and their perceptions of the socio-cultural environment (based on research in a large Siberian Region). *Journal of Siberian Federal University. Humanities & Social Sciences*, 12, 2019, Nr. 2, pp. 206-216.)

Pavlović, Zoran (2015): Individual and Country Level Determinants of (Post)Materialist Values in Eastern Europe. *European Quarterly of Political Attitudes and Mentalities - EQPAM*, Volume 4, No.2, April 2015, pp. 1-11.

Petrov, Nikolaj (2017): Vom Homo Sovieticus zum … Homo Sovieticus. In: Gudkov, Lev (2017): Wahres Denken. Analysen, Diagnosen, Interventionen. Berlin: Edition Osteuropa, S. 315-318.

Plotnikov, Nikolaj (2019): Einleitung: Gerechtigkeitsdiskurse der postsowjetischen Zeit. In: Ders. (Hrsg.); Gerechtigkeit in Russland. München: Wilhelm Fink, S. 365-392.

Reckwitz, Andreas (2018): Die Gesellschaft der Singularitäten. Zum Strukturwandel der Moderne. Frankfurt am Main: Suhrkamp.

Rödder, Andreas (2006): Vom Materialismus zum Postmaterialismus. Ronald Ingleharts Diagnosen des Wertewandels, ihre Grenzen und Perspektiven. *Zeithistorische Forschungen/Studies in Contemporary History* 3 (2006), S. 480-485.
Internet: https://zeithistorische-forschungen.de/autoren/andreas-roedder

Roßteutscher, Sigrid (2004): Von Realisten und Konformisten – Wider die Theorie der Wertsynthese. *KZfSS Kölner Zeitschrift für Soziologie und Sozialpsychologie* 56, S. 407-431.

Sandholtz, W./Taagepera, R. (2005): Corruption, Cultur and Communism. *International Review of Sociology*, 15(1), pp. 109-131.
Internet: https://escholarship.org/content/qt8zs139dj/qt8zs139dj.pdf

Schröder, Hans-Henning (2012): Russland und Deutschland im Wertevergleich. *Osteuropa* 6-8, 2012, S. 101-124.

Schubert, Sophia (2016): Inwiefern universal? Zum Demokratiebegriff in der vergleichenden Demokratieforschung. In: De La Rosa, Sybille/Schubert, Sophia/Zapf, Holger (Hrsg.): Transkulturelle politische Theorie. Wiesbaden: Springer, S. 285–303.

Warwick, P. V. (1998). Disputed Cause, Disputed Effect – The Postmaterialist Thesis Re-Examined. *Public Opinion Quarterly,* 62, pp. 583-609.

Welzel, Christian (2011): How Selfish Are Self-Expression Values? A Civicness Test. *Journal of Cross-Cultural Psychology,* 41 (2), pp. 152-174.

Ценности и их изменение в постсоветских странах
Международное сравнение

Вольфганг Кригер

В 2018 году в Германии были опубликованы две культурно-философские работы, в которых на первый взгляд обращается внимание, по крайней мере, на два совершенно противоположных диагноза, а именно книга Андреаса Реквитца "Общество сингулярностей" и книга Томаса Бауэра "Объединение мира". В то время как Реквитц рассматривает позднее современное общество как проблемный конгломерат весьма разнообразных самореализующихся личностей, Бауэр утверждает, что наше позднее или постмодернистское время характеризуется тенденцией к стандартизации и низкой толерантностью к отклонениям. Очевидно, противоречие. Но если присмотреться, то можно увидеть, что оба автора действительно видят обратную сторону своего тезиса, и что можно найти логику взаимодействия обеих тенденций, способную разрешить явное противоречие. Волнующий вопрос заключается в том, в какой степени сингулярность и равенство логики вышестоящего начальства зависят друг от друга.

Вопрос "Уважает ли наша культура уникальность и разнообразие людей или она пытается уменьшить и санкционировать разнообразие? Несомненно, что отношение к праву на индивидуальность, с одной стороны, и требование соответствия, с другой, знаменуют собой значительную разницу между западноевропейскими гуманистически и демократически сформировавшимися культурами и восточно-советскими конформистскими культурами. В описании этой разницы особый интерес представляет то, насколько постсоветские культуры смогли освободиться от советской ментальной фиксации и найти новые ценностные ориентиры в последние годы, с одной стороны, под влиянием западных ориентаций, с другой. Мы хотим продолжить рассмотрение обоих вопросов, во-первых, путем изучения различий между ценностными ориентациями в Германии и в различных постсоветских странах на примере исследований Рональда Инглехарта и других в рамках системы мировых ценностей, и, во-вторых, путем изучения символики репрезентаций идентичности молодых людей в постсоветских странах от выражения их ценностных ориентаций и их самопредставления в рамках дальнейшего вклада в " идентичность средств массовой информации".

1. Сравнительные культурные исследования изменения социальных ценностей

В большинстве, если не во всех постсоветских странах, люди сталкиваются с проблемой картины социальной реальности, десятилетиями искаженной тайной, официальной историографией и пропагандистским угасанием более или менее искаженной картины социальной реальности, что теперь, оглядываясь назад, едва ли оставляет шансов гарантировать наполовину надежную корректирующую перестройку условий по собственной биографии или по отчетам и документам о событиях. Поэтому, прежде всего и почти исключительно опыт старшего поколения, его диссонансный опыт в еще советской биографии и опыт контрастности и новых вызовов в период трансформации и настоящего, из которых могут возникнуть импульсы для коррекции историографии прошлого и для описания фактической социальной реальности того времени[1]. В то же время возникает вопрос о том, на что можно надеяться, какое будущее можно пожелать. Теперь это поколение, как ни одно другое, не может вырваться из ловушек предвзятости собственной социализацией и просто выбросить свои стандарты оценки обстоятельств за борт и заменить их другими стандартами. Поэтому не может быть "трезвого" взгляда на прошлое, а в лучшем случае диалектически заостренного, что само по себе является выражением пережитого кризиса идентичности, в который вписаны конфликты советской эпохи. Если сегодня большинство старшего поколения видит себя в первую очередь жертвой тоталитарного режима того времени, а не сторонником политических условий, в лучшем случае, вынужденным, то это самосознание, можно подумать, лежит в определенном противоречии с квазиностальгической здоровой молитвой о советских условиях в обществе, которую с 1990-х годов несут те же самые люди, которые называют себя жертвами системы[2]. Концепция социальных ценностей, как она была передана в социалистическом идеале как принцип солидарности, солидарности, которая не подчеркивает идею социальной справедливости, а, скорее, цель сплоченного общества и единства личности, также может быть предвзятой[3]. Сегодня, когда

---

[1] Некоторые авторы, собравшиеся в этой книге, до сих пор принадлежат к этому позднему советскому поколению, пережившему и брежневскую эпоху, и период распада Советского Союза, и трансформации, и свое восприятие сегодняшних проблем общества, документы, в то же время противоречия, возникшие в позднесоветский период, деморализовавшие систему до точки взрыва.

[2] Ср. Элисова в этой книге. О политическом использовании ностальгии для сокрытия отсутствия новых ценностей и в то же время подчинения населения интерпретационной силе националистов, ср. например, вклады в Boele, Noordenbos, Robbe 2019.

[3] До начала перестройки понятие "социальная справедливость" едва ли играло роль в советской политике, а также в публичном дискурсе. Однако во времена перестройки она стала одной из важнейших концепций легитимации новой политики. Таким образом, она проникает в новейшую историю политической культуры России и остается аргументированной точкой отсчета для общественного дискурса, даже если едва ли используется в пропаганде правящей партии "Эйнхейт". О маргинализации концепции справедливости в советское время и ее новом значении в перестройке см. Плотников 2019, с. 386 и Кур-Королев 2019.

эта концепция социальных ценностей наполнена совершенно иными моральными критериями и поставлена под руководящую идею социальной справедливости в условиях индивидуального неравенства, она прямо противоречит социалистической морали солидарности, поскольку постулирует различия, которые не были допущены в социалистической модели общества. Понятие "солидарности", вероятно, не единственное, которое порождает недопонимание в западно-восточной коммуникации о ценностях[4]; скорее, в понимании ценностных ориентаций между Востоком и Западом следует ожидать разницы в парадигматических измерениях, причем не только семантических, но и прагматических.

Ценностные ориентиры, которые люди несут в себе и которые составляют существенную часть их идентичности, отражают, среди прочего, основные политические и культурные позиции социальной системы, в которой они выросли. С точки зрения культивированной ценностной базы постсоветские общества в большинстве своем сохранили свое прошлое и перенесли его в настоящее. Поэтому эти ценностные ориентации до сих пор составляют прочный фундамент для самооценки граждан в постсоветских странах, даже если де-юре после конституции 1993 года о рыночной экономике, демократии, плюрализме и принципах индивидуальности отмечается изменение социальной системы, что предполагало бы демократическую смену ценностей также в сознании граждан.[5] Как тяжело российскому обществу, а тем более российской политике, преодолевать постулат единства личности, который на протяжении полувека, по-видимому, служил незаменимым фундаментом социалистической (нормативной) антропологии, по-прежнему можно легко распознать в неприятии и патологии любого отклонения от нормы большинства и в нетерпимости по отношению к "другим", будь то в отношении их сексуальной ориентации, изменения гендерных ролей, отправления религиозных обрядов, молодежных субкультур, альтернативных общин или других форм девиантного образа жизни. С одной стороны, эти связи с конформистским чувством ценностей ограничивают пространство для развития социальной и личностной идентичности, в то же время исключая и санкционируя девиантные формирования идентичности из общины – не только через социальную стигматизацию, но и через ограничения и диффамацию. По этой причине развитие социальной и личностной идентичности в постсоветских странах подчинено, хотя и в разной

---

[4] В экскурсе в этой статье мы также укажем на недоразумения, связанные с термином "индивидуализм".

[5] Клицперова-Бекер и Костал говорят о широко распространенном "посткоммунистическом синдроме", при котором социалистический менталитет и тоталитарные, антидемократические установки продолжают существовать во многих постсоветских странах даже после создания демократических институтов (Клицперова/Костал 2018, с. 28 и далее). Для России географ Николай Петров в своей оценке творчества Льва Гудкова (директор знаменитого Центра "ЛЕВАДА") подвел итоги развития последних 30 лет, указав на это по формуле "От Homo Sovieticus к ... Homo Sovieticus" (Петров 2017, с. 315). К такому же выводу пришел и сам Гудков в конце почти тридцатилетних исследований советского человека о постсоветском человеке: "Простой обмен символами ничего не меняет ни в структуре общества, ни в самосознании, ни в нормах поведения, ни в ценностях его членов. (Гудков 2017, стр. 33)

степени, рамкам условий, ориентированных отчасти на старые советские представления о ценностях, отчасти на новые этноцентрические стереотипы, которые препятствуют развитию индивидуальности в той же мере, что и те ценности, которые представляют собой право на различие.

***

При проведении сравнительных исследований, посвященных ценностным ориентирам в разных странах мира, важно учитывать не только тот факт, что одни и те же понятия ценностей могут иметь совершенно разные значения в зависимости от культуры стран, но и тот факт, что операционализация, которая также предназначена для использования в качестве показателей той или иной конкретной концепции ценностей, вовсе не обязательно воспринимается с ценностным ориентиром в той или иной культуре. Такие обобщенные термины, как "европейские ценности" или "постматериалистические ценности", не обязательно известны в других культурах, и если они известны, то значение, приписываемое им, может значительно отличаться.[6] Как часто предполагается, иерархия ценностей не является универсальной; даже если повсюду могут существовать ценности, от которых следует защищать другие, более высокие ценности, подразумеваемая "инструментальность" содержащихся в ней подчиненных является результатом интерпретаций, специфичных для данной культуры, а не логически обоснованной необходимостью. Ценностные иерархии, а не только понятия ценности, являются также культурными моделями интерпретации; поэтому понимание "ценностных мнений", а тем более сравнение, всегда является необходимым условием. Мнения относительно понимания демократии и ценностей, лежащих в ее основе, могут также расходиться. Поэтому любое нормативное позиционирование, каким бы незаменимым оно ни было в ценностном контексте, должно быть релятивизировано в непредвиденных обстоятельствах.[7] Об этом следует помнить, когда мы представляем ниже систему ценностных ориентиров, которая использовалась в качестве основы для проведения сравнительных исследований во всем мире.

Исследовательская работа американского социолога Рональда Инглехарта, начатая в 1970-х годах, была и остается новаторской для научного исследования ценностных ориентаций и явлений изменения социальных ценностей. Своим тезисом о "молчаливой революции"[8] от материалистических ценностей к постматериалистическим Инглехарт обосновывал предположение о том, что потенциал так называемых "постматериалистических ценностных ориентаций" будет высвобождаться с ростом благосостояния. Этот потенциал может

---

[6] Например, исследование, проведенное Фондом "Общественное мнение" в 2014 году, показало, что 36% населения России совсем не знакомо с термином "европейские ценности". Некоторые отождествляют этот термин с туристическими достопримечательностями Европы. Этот результат свидетельствует о том, что либо большинство населения не участвует в общественном дискурсе о ценностях, либо его (более) нет. Кстати, только 21% считают правильным разделять европейские ценности в России, а 29% считают неправильным (см. https://fom.ru/Mir/11422).

[7] Ср. Шуберт 1916.

[8] Это название его известной книги 1977 года (см. Инглехарт 1977 года). Инглехарт уже разрабатывал эту диссертацию в Инглехарте в 1971 году.

возникнуть только тогда, когда материалистические ценности, соответствующие потребности в экзистенциальной безопасности, потеряют свой вес, так как высокая степень безопасности уже достигнута и воспринимается как само собой разумеющееся. Теория Инглехарта об изменении постматериалистических ценностей также основывается на тезисе о том, что экономическое, политическое и культурное развитие идет рука об руку и что такие явления социальной модернизации, как индустриализация, урбанизация и расширение образования, влекут за собой изменения в социальных и экономических условиях жизни, которые порождают новый взгляд на общество и лежащие в его основе добродетели. Прогрессивная модернизация порождает "постмодернистские ценности" (Инглехарт приравнивает их к постматериалистическим), такие как демократизация, равенство, право на самовыражение/самореализацию, некомпетентность и девиацию, участие и солидарность, стремление к максимальной индивидуальной свободе и т.д., которые, в свою очередь, способствуют дальнейшему продвижению либерализации и демократизации государства и его институтов.

2. "Обзор мировых ценностей" “World Values Survey” Рональда Инглехарта в качестве инструмента для записи значений

На основе Европейского исследования ценностей (EVS), которое существует с 1978 года и проводится Европейской группой по изучению систем ценностей (EVSSG), [9] Инглехарт разработал свою систему "Обследования мировых ценностей" (WVS), которую он впервые использовал в 1981 году для исследования социальных ценностных ориентаций в 22 странах. На основе этой системы ценностей, разработанной компанией Инглехартом, и ее дальнейших разработок, каждые несколько лет по-прежнему проводится "Обзор мировых ценностей" (ОМЦ), в котором подводятся итоги примерно за четыре года для отдельных стран со всех континентов.[10] Изучение стоимостных ориентаций проводится с помощью инструмента стандартизированного письменного исследования путем определения степени согласия со статьями материалистических и постматериалистических стоимостных показателей. В дополнение к обычным социальным параметрам, WVS включает вопросы о социальных отношениях и доверии, на которых они основаны, об оценке удовлетворенности жизнью и здоровьем, об оценке доверия и справедливости в отношениях людей и учреждений, о независимости в образе жизни, о гендерных клише, об опыте безопасности и угрозах в современном обществе, о видении будущего общества и оценке целей в области образования, о политических взглядах и приверженности, о членстве в общественных объединениях, о понимании

---

[9] См. https://europeanvaluesstudy.eu/.

[10] Новое исследование, охватывающее период 2017-2020 годов (седьмой этап обследования), ожидается в 2021 году (см. http://www.worldvaluessurvey.org/wvs.jsp). Новое исследование будет основано на обследованиях, проведенных в 78 странах (http://www.worldvaluessurvey.org/WVSEventsShow.jsp?ID=413).

демократии и ее оценки и демократической практики в своей собственной стране, о свободе выборов и соблюдении прав человека, о собственной идентификации с нацией и социальными группами и многое другое.

Прежде всего, мы хотели бы представить основные особенности модели изменения стоимости Инглехарта. Модель Инглехарта основана на двух объяснительных гипотезах.[11]

> 1. *Одна из них – гипотеза о дефиците.* Она постулирует, что социально-экономическая ситуация, сложившаяся в детском и подростковом возрасте, и удовлетворенные или неудовлетворенные в результате этого потребности становятся решающими для определения значимости материальных потребностей. Нехватка, испытываемая в первые годы, приводит к сильной привязанности к материалистическим ценностям, поскольку они представляют собой важнейшие параметры экзистенциального и социального обеспечения. Основой для этого является модель иерархии потребностей Маслоу (1954). С другой стороны, если материальные потребности в значительной степени удовлетворены – например, в благоприятной для процветания ситуации, – то путь к появлению постматериалистических ценностных ориентаций очевиден. Теоретической основой концепции Инглехарта является предположение о том, что постматериальные ценностные ориентации возникают естественным образом, когда физические потребности и потребности безопасности удовлетворяются в значительной степени без какой-либо дополнительной причины.
>
> 2. *Вторая – гипотеза о социализации.* В ней говорится, что собственные ценностные предпочтения формируются в процессе социализации в ранние годы жизни вплоть до подросткового возраста; они приобретаются через подражание (особенно родительским поколением) и когнитивное обучение и быстро стабилизируются, делая маловероятными последующие изменения во взрослой жизни. Изученные ценностные ориентации обычно длятся всю жизнь и могут даже пережить серьезный биографический ценностный кризис. В то же время новые ценностные ориентации уже существуют как бы латентно, но проявляются они только в последующем поколении. Поэтому для перехода к постматериалистическим ценностям обычно требуется смена поколений. Изменение ценностных ориентаций в обществе происходит не линейно, а в критических переходах.

Анализ Инглехарта начинается с сопоставления "современности" и "постмодернизма".[12] Его понимание современности в первую очередь ориентировано на экономику и основано, прежде всего, на буржуазных ценностях или ценностях протестантской этики. Рационализация, оптимизация затрат и эффективность находят в этом свое отражение и проявляются, например, в макси-

---

[11] Инглехарт 1997, стр. 23, стр. 53.

[12] Элементы Просвещенно-философской современности вряд ли найдутся в его концепции современности, но по большей части они становятся решающими для его идеи "постмодернизма". Поэтому следует отметить, что философская концепция "постмодернизма" не соответствует концепции Инглехарта.

мизации индустриализации. Лейтмотивом буржуазных ценностей является обеспечение собственного существования, а также семейного и материального благополучия. Понятие "постмодернизм", напротив, включает в себя принципы демократической рациональности, ценностного подхода к различиям и гуманистических направляющих идей самореализации и свободы личности. Ценности постмодернизма основываются на принятии разнообразия и представлении о том, что люди имеют широкое право на самореализацию в условиях разнообразия. Она также представляет собой концепцию активного гражданского общества, т.е. пропагандирует автономных, политически и социально активных граждан, способность общества организовываться как объединение граждан[13] и защищать и развивать демократические структуры и верховенство права, его критическую дистанцию от политического руководства и культуру ненасильственного общения. Поэтому интересы благосостояния выходят за рамки собственной семьи и направлены на все общество, если не на мировое население и сотрудничество между странами. Инглехарт выделяет ряд черт современности, которые он сопоставляет с чертами постмодернизма. Наиболее важные из них кратко перечислены ниже:

Современные ценности (эффективность, рациональный контроль и экзистенциальная безопасность как лейтмотив современных ценностей)

- Приоритет собственной безопасности, безопасности семьи и нации (отсюда и национальная солидарность, этноцентризм, ксенофобия),
- Рационализация всех сфер жизни общества
- Рационализация науки
- Рационализация ценностей, переход от традиционных религиозных и солидарных ценностей к утилитарным ценностям
- Высокий уровень закупок информации
- Образовательный прогресс и специализация
- Средства массовой информации и широкое потребление СМИ
- Потребительство как клише процветания
- Урбанизация
- Социальная мобильность для эффективной профессиональной практики
- Конкуренция и недоверие
- Эффективная иерархически структурированная коммуникация
- Авторитаризм, низкое значение свободы и прав человека
- Политические: Эффективное управление, стандартизированные процедуры, бюрократия.
- Экономические: Индустриализация, высокая производительность, максимизация прибыли

---

[13] Однако постсоветские страны в значительной степени лишены этой самой способности к самоорганизации, поскольку история гражданской активности в советское время имела лишь несколько организованных форм гражданских движений. Самым известным сегодня является польское движение "Солидарность", но были и политически активные гражданские движения в Чехословакии, Венгрии и ГДР. О слабости буржуазной самоорганизации в постсоветских странах см., например, Говард 2003.

- Мотивация: мотивация к успеху, мотивация к выступлению, мотивация к соревнованиям

Постмодернистские ценности (обеспечение экономической безопасности: индивидуальная свобода, демократизация и участие как руководящие принципы)

- Качество жизни (сейчас важнее экономической безопасности)
- Максимизация индивидуальной свободы и самоопределения
- Свобода слова/свобода выражения мнений
- Самореклама вместо зависимости от власти
- Гендерное равноправие
- Демократизация государства и институтов
- Признание универсальных прав человека
- Эксклюзивность
- Участие, отказ от иерархических структур
- Диалоговая коммуникация и достижение консенсуса
- Терпимость к многообразию
- Считая культурные различия стимулирующими и интересными, а не угрожающими
- Интерес к девиантным и экзотическим
- Отказ от жестких стандартов (вероисповедание, соответствие половой принадлежности и т.д.) и соответствие стандартам
- Охрана окружающей среды и биоразнообразие
- Эстетическое удовлетворение

Инглехарт продолжает дихотомическое построение модернизма и постмодернизма дихотомией материализма и постматериализма. Согласно Инглехарту, "материалистические" или "постматериалистические" ценности сегодня составляют ядро современных или постмодернистских ценностных ориентаций. По его мнению, базовая потребность в безопасности лежит в основе ценностных ориентаций человека. Это выражается в четырех различных областях посредством специфических материалистических или постматериалистических представлений о признаках или гарантиях безопасности: в области политики, в области экономики, в области репродуктивных норм и в области религии. Условия отсутствия безопасности в этих районах порождают иные ценности, чем условия безопасности. Пример таблицы Инглехарта (1997) иллюстрирует эту систему.

Security and Insecurity: Two Contrasting Value Systems

Survival is seen as	
Insecure	*Secure*
2. Politics	
Need for strong leaders Order Xenophobia/Fundamentalism	De-emphasis on political authority Self-expression, participation Exotic/new are stimulating
2. Economics	
Priority to economic growth	Qualitiy of life = top priority

Achievement motivation Individual vs. state ownership	Subjective well-being Diminishing authority of both private and state ownership
3. Sexual/Family Norms	
Maximale reproduction – but only in two-parents heterosexual family	Individual sexual gratification Individual self-expression
4. Religion	
Emphasis on higher power Absolute rules Emphasis on predictability	Diminishing religious authority Flexible rules, situational ethics Emphasis on meaning and purpose of life

Inglehart 1997, S. 43 (Tab. 1.1)

Развитие в сторону постматериалистических ценностей характеризуется тенденциями к большей автономии и участию, ослаблением власти и массовой лояльности. Обе тенденции согласуются с демократизацией. Другая связанная с этим тенденция заключается в обеспечении соблюдения и признания индивидуальности и ослаблении давления в целях обеспечения соответствия. Эти тенденции также связаны с демократическими максимумами, такими как претензии на терпимость, права меньшинств, личные права и плюрализм. Девиант, отличающийся экзотикой, не только имеет право на терпимость, но даже пользуется особым интересом. Понятия человеческого счастья также индивидуализируют себя, будучи свободными в том, чтобы оставить основание для социально согласованных идеологий и конформистских критериев успеха и претендовать на субъективные стандарты благополучия человека.

3. Ценностные ориентиры в постсоветских странах в Обзоре мировых ценностей / World Values

Теперь давайте сначала посмотрим на результаты WVS для России по исследованию 2014 года Инглехарта и др. и сравним их с результатами других постсоветских государств, а также с результатами для Германии.[14]

Работа – как важнейшее средство обеспечения финансовой и экзистенциальной безопасности – считается важнейшим направлением в жизни России (опрос 2010 г.), а умение научиться усердно трудиться также находится на первом месте среди всех образовательных целей в воспитании детей, за что проголосовали 87% впервые проголосовавших. Также и в других постсоветских странах содействие этой способности считается важнейшей целью

[14] На следующих страницах читатели* найдут табличный обзор избранных результатов WVS 2014 года для некоторых постсоветских стран. Поскольку не представляется возможным проводить собеседования с гражданами всех стран в каждый исследуемый период, отбор ограничивается восемью постсоветскими странами. Кроме того, результаты по Германии приведены в таблице для сравнения. Кроме того, можно порекомендовать анализ Шредера 2012 года, в котором основное внимание уделяется результатам из России и Украины.

образования (в Эстонии этот показатель на процент ниже, чем значение обучения чувству ответственности). По сравнению с Германией, где только 18% считают эту способность высшей образовательной целью, есть поразительная разница. Другим достоинствам работы, таким как обретение чувства ответственности и настойчивости, также придается большое значение в России и других постсоветских странах, в то время как две трети респондентов не считают важным обучение самостоятельности в образовании или творчество и воображение. Независимость и автономия гораздо важнее в странах Центральной Азии и Грузии, чем в России и Беларуси. Тот факт, что российское общество фактически перешло от ценностей советской солидарности к "локтевому обществу", документально подтвержден тем, что 77% детей не считают важным учиться быть бескорыстными и скромными. Однако в Беларуси и Грузии число таких людей еще значительно меньше.

Индивидуальность и социальные ценности. Ценности для самовыражения, такие как воображение и творчество, считаются важными 17% респондентов в России и гораздо меньше респондентов в других постсоветских странах. Однако число утвердительных респондентов в Эстонии более чем в два раза превышает это значение. Саморазвитие и самовыражение считают важными 32% респондентов в России. Здесь результаты ниже в странах Кавказа, за исключением Азербайджана и стран Центральной Азии, в то время как в Эстонии они снова примерно в два раза превышают процентное значение. Социальные ценности, такие как самоотверженность, терпимость и уважение, в России находятся на среднем уровне по сравнению с другими постсоветскими странами. Поразительно, что в Эстонии и ценности самовыражения, и социальные ценности достигают уровня, значительно превышающего результаты как в России, так и в Германии. Эти результаты для Эстонии свидетельствуют о том, что страна привержена постматериалистическим ценностям. Тем не менее, традиционалистическое значение послушания также очень высоко – 63%.

Экономика и процветание. Важнейшей целью социального развития 69% опрошенных в России считают значительный экономический рост (V60), за ним следуют 34%, желающих, чтобы люди могли больше самоопределяться в своей работе. Борьба с ростом цен (37%) идет вразрез со стремлением к стабильности в государственной системе (45%) (V62). Важность финансового процветания значительно выше среди лиц в возрасте до 30 лет, чем среди лиц в возрасте 30-50-х годов (V71). То же самое относится и к весу успеха и социального признания (V75). Что касается заботы об окружающей среде, то, как ни удивительно, поколение старше 50 лет, похоже, гораздо больше заботится об окружающей среде, чем молодые поколения (V78). Тем не менее, сохранение окружающей среды во всех поколениях имеет приоритет над целью экономического роста и обеспечения занятости (V81). Советское наследие также продолжает превалировать с точки зрения оценки экономической системы: Половина поколения старше 50 лет все еще хочет, чтобы государство было собственником предприятий (32% даже очень сильно поддерживают этот приоритет), и даже среди молодого поколения это желание не сильно изменилось (V97). Мотивация к "самопредпринимательству" среди подрастающего поколения возросла, вероятно, также в результате программ молодежной политики в этом направлении, но ни в коей мере не ослабила "романтизм" работы на государственных предприятиях.

Соответствие и автономия. Значение соответствия значительно снижается среди лиц моложе 30 лет (V77); традиции и религия также теряют в весе (V79). Доля людей в возрасте до 30 лет, считающих себя в значительной степени автономными, в России увеличилась примерно вдвое по сравнению с 50-летними – хотя более половины опрошенных молодых людей до сих пор не видят этого (V216). Однако молодое поколение лишь немного больше убеждено в том, что население должно взять на себя больше ответственности; более двух третей населения во всех поколениях по-прежнему считают, что государство должно взять на себя больше ответственности (V98). Больше уважения к власти желают 57% (V69), 67% стремятся к сильному лидеру, который не должен беспокоиться о парламенте и результатах выборов (V127); тем не менее, как и многие хотели бы видеть демократическую систему (V130). По результатам опроса BBC 2006[15] года только 62% россиян высказались за демократическую систему (хотя 88% украинцев были таковыми); 54% россиян и 68% украинцев считали свою государственную систему недемократичной или лишь слегка демократичной, лишь 23% и 25% соответственно считали ее демократической. Для сравнения: в Германии 28% в 2006 году считали государство недемократичным или лишь слегка демократичным, в то время как 70% считали его демократичным.

Политические обязательства. Недовольство государством, парламентом, телевидением и прессой, а также правовой системой характеризуют политический климат в российском населении и порождают высокую степень отчужденности от государства. В целом, интерес к политике в российском обществе очень слаб. Почти треть поколения в возрасте до 30 лет не голосует принципиально; напротив, только 11% из числа тех, кому за 50, и 17% из 30-50. И наоборот, в то время как каждый второй человек старше 50 лет, имеющий право голоса, участвует в голосовании, среди лиц моложе 30 лет этот показатель составляет менее одного к четвертому (V226). 63% заявляют, что никогда не подпишут петицию (V85) и никогда не примут участие в мирной демонстрации (V87), 78% никогда не присоединятся к бойкоту (V86), 76% никогда не присоединятся к забастовке (V88).

[1515] Ср. Шрёдер 2012, стр. 113 и далее.

Результаты World Values Survey 2014 года (Inglehart 2014) для ряда стран

	Var WVS	Item	Германия	Эстония	Россия	беларусь	Армения	Георгия	Азербайджа	Узбекистан	Кыргызстан
важность определённых областей	V4	семья*	77 / 18	88 / 10	85 / 13	88 / 10	97 /2	**98 / 1**	94 / 5	97 / 2	96 / 3
для собственной жизни	V5	друзья*	51 / 39	51 / 39	35 / 46	43 / 42	53 / 40	**74 / 23**	41 / 38	52 / 38	30 / 61
очень важный / очень важный*	V6	свободное время*	32 / 5	**41 / 42**	29 / 45	37 / 39	27 / 50	32 / 40	21 / 44	30 / 36	24 / 44
	V7	политика*	10 / 34	5 / 23	7 / 20	8 / 23	9 / 24	10 / 35	8 / 18	**16 / 29**	12 / 50
	V8	работа*	40 / 40	53 / 29	45 / 29	45 / 32	71 / 22	**73 / 16**	67 / 16	71 / 13	64 / 30
	V9	религия*	13 / 25	8 / 18	14 / 27	16 / 32	57 / 32	**85 / 12**	40 / 33	34 / 39	39 / 45
Собственное состояние	V10	счастье*	23 / 60	13 / 64	15 / 58	11 / 53	31 / 51	21 / 48	27 / 53	**64 / 31**	39 / 60
очень хорошо / очень хорошо	V11	здоровье*	**28 / 39**	12 / 36	5 / 39	4 / 29	11 / 30	14 / 29	16 / 50	25 / 48	18 / 57
Важность воспитательных	V12	независимость, автономия	**73**	54	38	39	28	62	58	58	61
целей для детей	V13	Способность усердно работать	18	87	85	88	82	91	74	**93**	85
важно, должно	V14	чувство ответственности	81	**88**	76	80	80	**88**	79	75	76
быть приобретено	V15	Воображение, воображение	29	**37**	17	12	6	9	13	4	15
	V16	Терпимость и уважение	67	**84**	64	60	57	67	72	80	58
	V17	Бережливость	38	**77**	50	55	28	25	53	33	41
	V18	Устойчивость	60	**70**	45	35	33	25	40	57	52
	V19	Сильная религиозная вера	12	19	14	14	38	64	19	6	25
	V20	самоотверженность, скромность	6	**42**	23	14	24	15	28	23	29
	V21	Подчинение	13	**63**	35	34	24	19	6	24	39
	V22	саморазвитие, самовыражение	39	**63**	32	30	20	12	54	8	13
Членство	V25	церковь или религиозная организация	**48**	14	6	11	3	21	3	4	**19**
активный и неактивный	V26	Спортивно-развлекательный клуб	**37**	18	6	9	3	1	3	3	**25**
	V27	Ассоциация искусства, музыки и культуры	15	14	4	6	2	2	2	13	**20**
	V28	профсоюзная организация	12	6	10	**44**	2	1	5	2	23
	V29	политическая партия	7	6	3	2	10	2	10	2	**20**
	V30	Экологическая организация	7	2	1	1	1	0	0	3	**13**
	V31	Профессиональное объединение	9	8	3	5	2	1	1	1	**14**
	V32	Гуманитарная организация	13	5	2	3	1	0	2	1	**18**
	V33	Организация потребителей	2	1	1	1	1	0	1	8	**15**
	V34	Организация самопомощи	5	3	2	1	1	0	1	1	**17**

Объяснения:

* Цифры содержат два положительных ответа на вопрос, они контрастируют с двумя отрицательными ответами, которые здесь не показаны.

Цифры, используемые здесь, округлены вверх для значений от 0,6 и вниз для значений до 0,5. Максимальные значения печатаются жирным шрифтом, минимальные - серым.

	Var WVS	Item	Германия	Эстония	Россия	беларусь	Армения	Георгия	Азербайджан	Узбекистан	Кыргызстан
Я бы не хотел соседа	V36	наркозависимые	66	87	93	95	96	90	96	**98**	90
	V37	люди других рас	15	25	17	23	32	32	**58**	15	28
	V38	больные СПИДом	24	49	54	61	77	68	**94**	84	73
	V39	иностранцы/гостевые рабочие	21	37	32	33	18	33	**40**	12	31
	V40	гомосексуалисты	22	47	66	72	93	87	**94**	65	77
	V41	люди другой религии	14	20	14	18	**57**	36	34	15	34
	V42	алкоголики	70	79	84	88	**92**	78	85	84	80
	V43	неженатые пары	9	13	8	7	33	26	**58**	51	48
	V44	люди с иностранными языками	13	16	19	18	16	20	**26**	7	**26**
при дефиците рабочей силы предпочтение должно отдаваться жителям страны	V46	соотечественников надо нанимать в первую очередь	15	78	73	65	82	83	**86**	44	54
Кому можно доверять	V24	большинство граждан*	**45**	39	28	33	11	9	15	14	36
полный / в некоторой степени*	V102	члены семьи*	76 / 19	89 / 09	87 / 9	87 / 11	96 / 3	91 / 8	65 / 21	**97 / 2**	95 / 2
	V103	соседи*	14 / 59	19 / 52	18 / 54	18 / 50	15 / 60	27 / 59	16 / 35	**47 / 39**	29 / 54
	V104	друзья*	18 / 70	24 / 66	20 / 62	17 / 65	20 / 59	15 / 63	16 / 35	**33 / 41**	20 / 48
	V105	люди при первом контакте*	2 / 29	1 / 21	2 / 19	2 / 20	0 / 16	1 / 15	1 / 9	2 / 12	**3 / 13**
	V106	люди других религий*	3 / 46	2 / 36	4 / 32	**4 / 37**	1 / 14	4 / 34	5 / 27	3 / 16	4 / 19
	V107	лица других национальностейt*	4 / 48	3 / 49	**5 / 32**	4 / 39	1 / 25	4 / 49	5 / 22	4 / 23	5 / 23
	V108	церкви*	9 / 28	16 / 43	21 / 42	30 / 43	43 / 36	**64 / 23**	10 / 36	48 / 31	21 / 30
	V109	собственные вооруженные силы*	11 / 52	19 / 50	16 / 47	25 / 49	59 / 29	28 / 50	44 / 31	**76 / 18**	21 / 43
	V110	вести *	6 / 38	2 / 42	3 / 30	5 / 34	3 / 24	2 / 20	8 / 43	**46 / 36**	12 / 44
	V111	телевидение*	5 / 42	7 / 58	5 / 36	8 / 38	4 / 28	2 / 25	16 / 48	**52 / 35**	19 / 48
	V112	профсоюзные организации*	5 / 40	6 / 44	4 / 22	8 / 37	1 / 11	1 / 17	9 / 36	**34 / 28**	15 / 38
	V113	полиция*	22 / 59	20 / 57	5 / 27	10 / 44	5 / 33	8 / 42	20 / 40	**55 / 28**	15 / 40
	V114	суды*	17 / 54	14 / 50	5 / 28	12 / 43	3 / 26	4 / 29	29 / 36	**54 / 28**	11 / 39
	V115	правительство*	5 / 39	7 / 46	7 / 40	15 / 41	5 / 34	4 / 28	47 / 33	**75 / 20**	13 / 45
	V116	политические партии*	2 / 21	1 / 26	3 / 23	5 / 30	2 / 20	1 / 19	9 / 31	**45 / 29**	8 / 43
	V117	парламент*	5 / 38	3 / 37	3 / 27	10 / 39	2 / 23	3 / 26	33 / 31	**59 / 26**	11 / 44
	V118	государств. учреждения, администрация*	5 / 49	6 / 64	5 / 41	13 / 53	6 / 27	5 / 42	19 / 44	**58 / 30**	13 / 49
	V119	университеты*	18 / 60	32 / 53	8 / 49	19 / 56	10 / 45	8 / 48	23 / 47	**55 / 30**	14 / 49
	V120	крупные компании*	2 / 23	4 / 51	3 / 30	7 / 48	3 / 32	3 / 34	15 / 43	**36 / 30**	13 / 43
	V121	банки*	3 / 20	13 / 52	6 / 33	11 / 40	15 / 42	3 / 32	21 / 39	**45 / 30**	25 / 41

Объяснения:

* Цифры содержат два положительных ответа на вопрос, они контрастируют с двумя отрицательными ответами, которые здесь не показаны.

Цифры, используемые здесь, округлены вверх для значений от 0,6 и вниз для значений до 0,5. Максимальные значения печатаются жирным шрифтом, минимальные - серым.

Только 0,5% россиян активно участвуют в политических партиях, 2,3% – пассивные члены (V29). В то же время, политический интерес чаще проявляется в поколении старше 50 лет, чем в молодом поколении (V84). В целом, вовлеченность в политические партии в постсоветских странах низка (примерно на том же уровне, что и в России), но значительно больше людей в Армении и Азербайджане (10%), а выдающиеся в Кыргызстане (20%) принадлежат к той или иной партии.

В постсоветских странах участие в общественных объединениях и организациях, как правило, находится на очень низком уровне (от 1 до 3%). Удивительным исключением является и Кыргызстан, тем более что его показатели намного выше, чем в Германии. 18% работают в гуманитарных организациях, 17% – в организациях самопомощи, 15% – в организациях потребителей, 14% – в профессиональных ассоциациях.

Доверительный и коммуникационный климат. О том, что среди российского населения существует атмосфера страха, свидетельствуют цифры ответа на вопрос о том, каких ситуаций люди боятся. Страхи ни в коем случае не направлены только на внешние угрозы, но и на политическую нестабильность внутри страны. Более половины опрошенных говорят, что они очень или очень боятся войны (67%) (V183) или даже (61%) гражданской войны (V185) или террористических актов (77%) (V184). Треть опрошенных (V185) также считают, что за ними наблюдает и следит государство по почте или в Интернете. Доверие к правовой системе (V114) и милиции (V113) находится на низком уровне во всех постсоветских странах, за исключением Узбекистана и Кыргызстана, и намного ниже уровня Германии. Россия и Армения демонстрируют здесь худшие ценности. Общее доверие к другим людям (V24) также относительно низкое в России; только 28% утверждают, что в целом можно доверять другим людям. Однако в странах Кавказа и Узбекистана процентные показатели значительно ниже. В Германии этот показатель составляет 48%. Только значения в Кыргызстане и Эстонии примерно сопоставимы с результатами в Германии. Эти результаты также подтверждаются, когда речь заходит о том, можно ли доверять людям при первом контакте. Напротив, доверие к собственной семье значительно выше в постсоветских странах, где оно составляет от 87 до 97%, чем в Германии (76%). Исключение составляет Азербайджан – всего 65%. Доверие к соседям и знакомым несколько выше в России, чем в Германии; оно наиболее выражено в Узбекистане. Доверие к людям других религий или национальностей относительно низкое во всех странах. Самые низкие его значения находятся зафиксированы в Армении.

Более низкие ценности доверия можно ожидать в постсоветских странах просто из-за доминирования материалистических ценностей, так как конкуренция и борьба за ресурсы естественным образом минимизируют доверие. Однако этот эффект еще более усиливается социально-психологическими последствиями позднего советского периода, опытом борьбы с коррупцией и анархическим распределением в первые годы трансформации, поэтому как низкие ценности общего доверия к людям, так и компенсационно высокие ценности доверия к собственной семье должны трактоваться как историческое следствие советской эпохи.[16]

4. Изменение ценностей и идентичности – глобальная культурная карта

Поскольку данные ОПС собирались регулярно в четырехлетние интервалы, большинство стран учитывались с перерывами, продольное сравнение результатов также дает информацию об изменении значений в странах. Способность выражать свою индивидуальность и культурное признание или желание самовыражения, которые находят отражение в ценностях самовыражения, имеют решающее значение для представления самобытности. В исследованиях Инглехарта и Вельцеля для обзора мировых ценностей, начиная с 1996 года, выживающие ценности и ценности самовыражения были исследованы в одном измерении как пара противоположностей, а в другом – как пара противоположностей: традиционные в сравнении со светскими рациональными значениями. Таким образом, позиция каждой страны может быть определена как в рамках ценностной области девяти культурных областей, так и по отношению к позициям других стран. В результатах с 1996 по 2014 год можно также проследить развитие ценностных позиций стран в спектре значений выживания в сравнении с ценностями самовыражения или в спектре традиционных в сравнении со светскими-рациональными значениями. Спектр значений показан в диапазоне от -2,5 до +2,5.

В этих исследованиях на "Глобальной культурной карте"[17] большинство постсоветских стран классифицируется как культурное пространство Православной Церкви (такие как Россия, Беларусь, Молдова, Украина, а также некоторые страны Южных Балкан, если они не являются преимущественно исламскими). В общей оценке, страны в области культуры Православной Церкви в 2008 году вместе со странами исламской культурной зоны демонстрируют наиболее экстремальные проявления материалистических ценностей и наибольшую отдаленность от ценностей самовыражения, но они менее традиционно ориентированы, чем страны исламской культурной зоны.

Под "традиционными ценностями" понимаются религия, отношения между родителями и детьми, уважение к авторитету и традиционные семейные ценности. Высокая степень националистических настроений и консервативных идей семьи соотносится с традиционными ценностями, поэтому развод, аборт, а также эвтаназия и самоубийство морально отвергаются.

---

[16] Ср. Сандхольц/Таагепера 2005, стр. 116; см. также наше обсуждение этого вопроса в окончательном балансе в этой книге.

[17] http://www.worldvaluessurvey.org/WVSContents.jsp?CMSID=Findings; ferner: https://www.iffs.se/media/1906/culturemap_may2015.jpeg

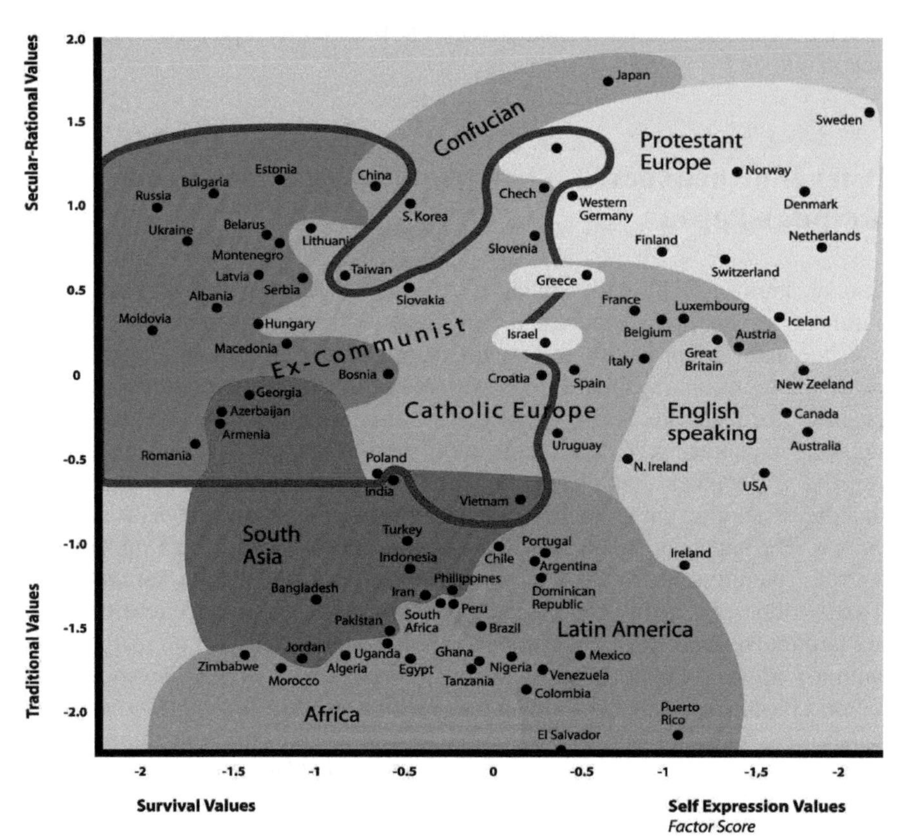
Secular-Rational Values
Traditional Values
Survival Values
Self Expression Values
Factor Score
Confucian
Protestant Europe
Ex-Communist
Catholic Europe
English speaking
South Asia
Latin America
Africa
Japan
Sweden
Norway
Denmark
Netherlands
Finland
Switzerland
Iceland
China
S. Korea
Taiwan
Russia
Bulgaria
Estonia
Ukraine
Belarus
Lithuania
Montenegro
Latvia
Serbia
Albania
Moldovia
Hungary
Macedonia
Bosnia
Georgia
Azerbaijan
Armenia
Romania
Chech
Western Germany
Slovenia
Slovakia
Greece
Israel
France
Luxembourg
Belgium
Austria
Italy
Great Britain
New Zealand
Croatia
Spain
Canada
Australia
Uruguay
N. Ireland
USA
Poland
India
Vietnam
Turkey
Indonesia
Bangladesh
Iran
Philippines
Peru
Pakistan
South Africa
Brazil
Chile
Portugal
Argentina
Dominican Republic
Ireland
Jordan
Zimbabwe
Morocco
Algeria
Uganda
Egypt
Ghana
Nigeria
Tanzania
Mexico
Venezuela
Colombia
Puerto Rico
El Salvador

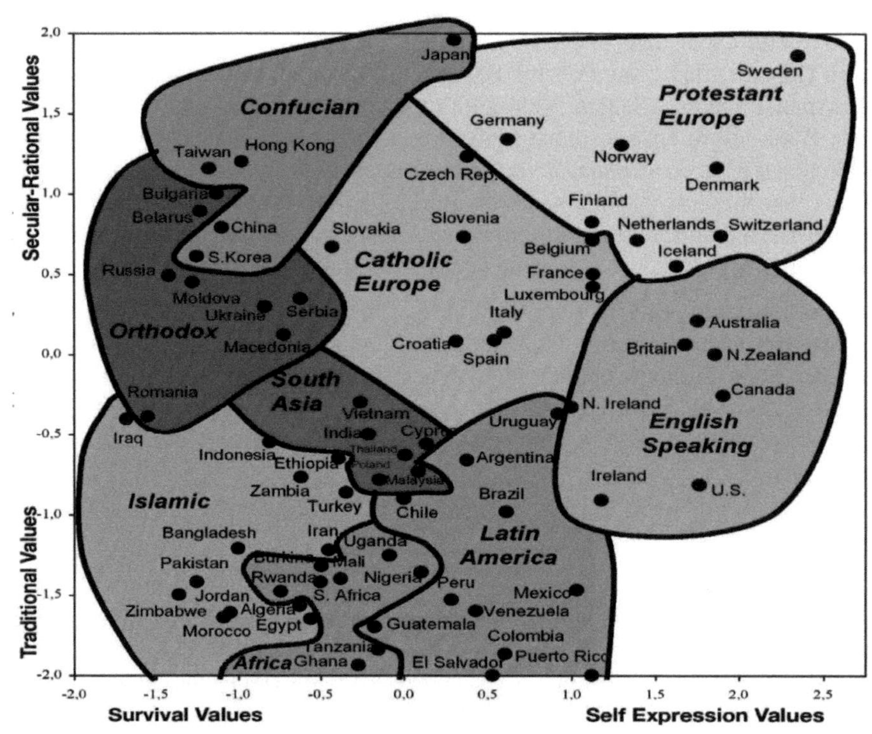
Secular-Rational Values
Traditional Values
Survival Values
Self Expression Values
Confucian
Protestant Europe
Catholic Europe
Orthodox
South Asia
English Speaking
Islamic
Latin America
Africa
Japan
Sweden
Germany
Norway
Denmark
Taiwan
Hong Kong
Czech Rep.
Finland
Bulgaria
Belarus
China
Slovakia
Slovenia
Netherlands
Switzerland
S.Korea
Belgium
Iceland
Russia
France
Moldova
Ukraine
Serbia
Luxembourg
Italy
Australia
Macedonia
Croatia
Spain
Britain
N.Zealand
Romania
Canada
Iraq
Vietnam
N. Ireland
India
Uruguay
Indonesia
Ethiopia
Argentina
Zambia
Ireland
Islamic
Turkey
Chile
Brazil
U.S.
Bangladesh
Iran
Uganda
Pakistan
Mali
Rwanda
Nigeria
Peru
Jordan
S. Africa
Mexico
Zimbabwe
Algeria
Venezuela
Morocco
Egypt
Guatemala
Colombia
Tanzania
Ghana
El Salvador
Puerto Rico

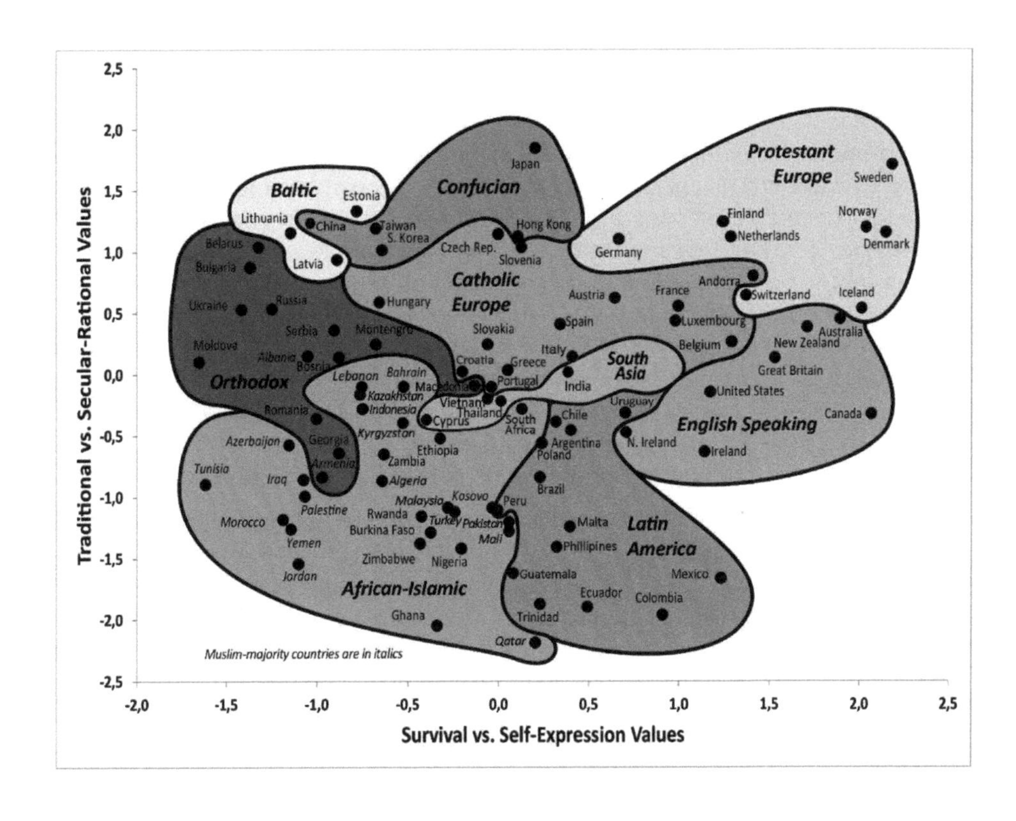

Global Cultural Maps 1996, 2008, 2014 для сравнения[18]

В отличие от них, это "светские-рациональные ценности", которые ставят свои предпочтения не на религию, традиционные семейные ценности и власть, а на относительно независимый и самодостаточный образ жизни. Развод и аборт принимаются при определенных условиях, возможно, даже при прерывании собственной жизни.

Экономическая и физическая безопасность являются лейтмотивом "ценностей выживания". Они соответствуют относительно этноцентричному взгляду, доверие и терпимость к социальным отклонениям не очень выражены. В отличие от них, это "ценности самовыражения"; они соответствуют ценностям охраны окружающей среды, большей терпимости к иностранцам и ЛГБТ и гендерному равенству; демократическим ценностям участия, таким как участие в процессах принятия решений в экономической и политической жизни, придается высокий приоритет.

По показателям выживаемости (минус) в сравнении с показателями самовыражения (плюс) страны России, Молдовы и Украины находятся на крайнем краю спектра значений выживаемости в 1996 году (от -1,7 до -1,8), все еще значительно отставая от консервативных исламских государств Арабского и

[18] https://www.worldvaluessurvey.org/WVSContents.jsp?CMSID=Findings&CMSID=Findings

Африканского регионов и государств Кавказа, значения которых находятся в диапазоне от -1,4 до -1,6. Страны Балтии находятся между -1,0 и -1,3. В 2008 г. показатели выживаемости для России все еще составляли около -1,4, для Молдовы и Беларуси – около -1,3, для Украины уже только -0,9. На данный момент посткоммунистические страны Центральной Европы и Балкан в некоторых случаях уже перешли нулевую точку по отношению к показателям самовыражения[19]. В период с 2010 по 2014 год значения для Молдовы снижаются до -1,7, для Беларуси до -1,4, для Украины до -1,4, в то время как в России они изначально стагнируют, а затем поднимаются до -1,2 в 2015 году. В странах Балтии значения в 2015 году находятся в диапазоне от -0,7 до -1,2 (-0,7 Эстонии, -0,8 Латвии, -1,2 Литвы), таким образом, несколько больше склоняются к значениям самовыражения. Христианские страны Кавказа в настоящее время показывают значения около -0,8, Азербайджан, однако, из -1,2, мусульманские страны Центральной Азии показывают более низкую материалистическую ориентацию, Казахстан с -0,7 и Кыргызстан с -0,5.

Данный сводный анализ показывает, что, хотя приверженность материалистическим ценностям в России, Молдове, Беларуси и Украине несколько снизилась в период 1996-2008 годов, после этого она вновь возросла. Такое развитие событий можно рассматривать как реакцию на ухудшение экономической ситуации в этих странах и отставку населения в сторону либерализации стран. Относительно резкое падение значений в Украине около 2008 года указывает на период серьезного изучения ценностей самовыражения, хотя это также затухало во второй декаде 2000-х годов. Стагнация ценностей самовыражения в России на пятом этапе исследования, по-видимому, также указывает на небольшую, но постоянную конфронтацию с постматериальными ценностями, которая, однако, не способна привести к повороту событий. Эти изменения более очевидны в странах Балтии, где материалистические ценности постепенно теряют свое значение, в то время как постматериалистические ценности возрастают. Очевидно, что, несмотря на все структурные трудности и ментальную неопределенность, поворот к западным ценностям, и в то же время отход от советского прошлого и от нынешней России, имеет большое значение для изменения ценностей в странах Балтии.

В измерении Традиционные значения (минус) в сравнении со светскими (плюс), Россия имеет значение 1,0 в 1996 г., Украина – 0,8, Молдова – 0,3; в 2008 г. значения для России, Украины и Молдовы находятся в диапазоне от 0,3 до 0,5, т.е. значительно снизились (только в Беларуси зафиксирован незначительный рост с 0,8 в 1996 г. до 0,9 м в 2008 г., наравне с Финляндией и Швейцарией). Таким образом, с 2000-х годов в этих постсоветских странах стала проявляться тенденция к "традиционализации". В странах Балтии наблюдается обратная тенденция: значение 1996 г. для Литвы выросло с 0,8 до 1,2 в 2014 г., для Эстонии – с 1,2 до 1,4, таким образом, эти значения достигают уровня западноевропейских и североевропейских стран. Мусульманские страны Центральной Азии, с другой стороны, демонстрируют сильную традицио-

---

[19] Однако в 2014 году балканские страны вновь продемонстрируют рецидив постматериалистических ценностей со значениями от -0,2 (Хорватия) до -0,9 (Сербия) и -1,1 (Албания).

налистскую ориентацию (2014 г.: Кыргызстан -0,4, Казахстан -0,2), что, вероятно, не в последнюю очередь связано с возрастающим значением религии. Однако страны Кавказа еще более традиционно ориентированы: в 2014 году их значения будут составлять от -0,6 до -0,8. Растущее культурное значение Запада в этих странах находится в напряженном противоречии с закоренелым традиционализмом, который в основном обусловлен геополитически обусловленным отделением от окружающих стран и опытом военной угрозы.

Эти ценностные аспекты обеспечивают важнейшую ориентационную основу для формирования идентичности людей в этих странах. Они указывают на возможности идентификации, имеющиеся для формирования социальной идентичности, и объем имеющихся возможностей для развития личной идентичности. В разных постсоветских странах значение человека сильно варьируется. Оно ограничено как традиционалистскими ориентациями, так и важностью ценностей выживания. Последнее ярко выражено во всех постсоветских странах, поскольку борьба за материальную безопасность продолжает формировать повседневную жизнь в этих странах. Усиление традиционалистских ориентаций в центральноазиатской, кавказской и европейской частях постсоветского пространства за последние 20 лет представляет собой еще одно ограничение развития индивидуальности и возможности самовыражения. В этом отношении среди всех постсоветских стран балтийские страны, вероятно, предлагают наибольшие возможности для принятия индивидуалистических и плюралистических демократических ценностей.

5. Результаты[20]

Исследования Инглехарта, проведенные в 2014 г. в России, Эстонии, Армении, Грузии, Азербайджане, Кыргызстане и Узбекистане, среди прочих, показывают в 12-пунктном индексном анализе (Y001), что, в целом, решение о материалистических ценностях несколько ослабилось в поколении до 30 лет по сравнению с более старшим поколением, в то время как постматериалистические ценности несколько возросли[21]. Однако даже в этом поколении вес материалистических ценностей в три раза больше, чем у постматериалистических, так что реальных изменений пока нет. Однако анализ постматериалистического индекса (Y002), состоящего из 4 пунктов, ясно показывает, что это молодое поколение гораздо более явно находится в смешанном состоянии и, следовательно, амбивалентно, чем старшее поколение. В целом, однако, явное доминирование материалистических ценностных ориентаций прослеживается во всех поколениях.

Хотя исследования ценностных ориентаций населения постсоветских государств не дают единой картины, они последовательно показывают, что эти

---

[20] См. http://www.worldvaluessurvey.org/WVSDocumentationWV6.jsp.

[21] Максимальное выражение материалистических ценностей менее распространено в мусульманских странах Центральной Азии, таких как Кавказ, чем в России и христианских странах Кавказа. Предположительно, религиозные ценности и ценности расширенной семьи оказывают здесь сдерживающий эффект.

страны следует понимать как "переходные страны" в развитии от материалистической к постматериалистической ценностной ориентации. Финансовая и экзистенциальная безопасность, карьера и статус доминируют и в ценностных ориентациях молодого поколения.[22] В странах Балтии, Грузии, Украине и Кыргызстане[23] постматериалистические ценности представлены в большей степени, чем в других странах. Это связано как с выбором формы правления, так и с более сильной ориентацией на Запад. Это различие также очевидно, например, в исследовании Бухбе 2017 года, в котором сравниваются ценности прозападных и пророссийских испытуемых в Украине, в частности, в отношении важности демократии и права, а также защиты человеческой жизни, свободы человека и самореализации.[24] В то же время можно заметить, что политический регресс в традиционалистское понимание ценностей, используемое для закладки фундамента национализма (как, например, в России), не только действует как препятствие модернизации, отдавая приоритет иррациональным критериям принятия решений для социального развития, но и тормозит развитие постматериалистических ценностей, хотя часть подрастающего поколения и ограниченная либеральная элита уже проявляют такие ценностные ориентации. Таким образом, диапазон ценностных различий распространяется не только на спектр материалистических и постматериалистических ценностей, типичных для "стран с переходной экономикой", но и еще дальше возвращается к традиционалистским социальным и культурным нормам.[25] В то же время существуют – отчасти в оппозиционном пространстве (например, в России), отчасти и в качестве официальных руководящих ориентиров (как в странах Балтии) – требования признания постматериалистических ценностей, доказывающие наличие в общественном мнении хотя бы рудиментарного постматериалистического ценностного сознания.

В этом контексте молодежь и молодые люди, несомненно, имеют особое значение как носители изменений в ценностях. Во всех постсоветских странах в среднем молодежь и, как правило, самое молодое поколение взрослых демонстрируют (хотя и незначительно) более сильное согласие с постматериалистическими ценностями[26]. Постматериалистический потенциал молодежи в России подтверждается и недавним исследованием Немировского/Немировской[27], которое показывает, что молодежь в России больше обеспокоена, чем

---

[22]Этот результат также подтверждается многочисленными исследованиями, проведенными в Айхаре/Уеде в 2016 году, которые были представлены в обзоре ценностного анализа российской молодежи, проведенного российскими учеными в период с 1999 по 2008 год.

[23] См. Хаерпфер/Кизилова 2019, Хаерпфер/Кизилова 2020.

[24] Ср. Buhbe 2017, с. 14, с. 17 и далее.

[25] Поэтому мы видим тезис Инглехарта о том, что постмодернизм – это переоценка традиционных ценностей, утративших свою ценность в ходе модернизации (Inglehart 1997, p. 23), как это было подтверждено, но мы рассматриваем эту тенденцию не как выражение эмансипаторного развития, а скорее как регрессию к предмодернистским ценностным моделям коллективной сплоченности, противоречащим гуманистическим и демократическим ценностным ориентациям.

[26] См. также Манусяна в этой книге.

[27] Немировский/Немировская 2020, с. 6, табл. 2.

старшие, тем, что у нее больше свободного времени и она не посвящает всю свою жизнь работе – даже если это означает потерю дохода. Молодые люди также проявляют большую потребность в большей самостоятельности в своей работе, в том числе желание иметь свой собственный бизнес, которым они управляют "по своей собственной инициативе и на свой страх и риск". Они ожидают большего, чем пожилые люди "самопознания на работе" и стремятся к самореализации[28]. Даже если темпы роста в этом исследовании не кажутся очень серьезными, они указывают на тенденцию к тому, что молодые люди хотят больше оторваться от работы, определяемой извне, и на принцип "как можно больше работать – как можно больше зарабатывать", который практикуется, прежде всего, в среднем поколении. О том, что с точки зрения молодого поколения смыслу профессиональной деятельности необходимо придавать большее значение, свидетельствует и исследование проведенное в 2016 году Фондом "Общественное мнение"[29]. Ценности "самореализация и развитие" или "интересная работа и профессиональное развитие" и "творчество" у 18-22-летних несколько сильнее, чем у 28-30-летних[30]. Младшая группа также более охотно отказывается от хорошей зарплаты на своей работе, если им нравится выбранная профессия.

6. Отступление от "самовыражения" и "индивидуализма"

Что касается категории "самовыражение", то в ходе международной дискуссии экспертов не удалось достичь консенсуса по вопросу о том, следует ли понимать самовыражение как социальную или антиобщественную ценность. Авторы, ставящие этот термин в один ряд с "эгоизмом" и "отсутствием социального учета", считают это значение асоциальным и нежелательным. С точки зрения других – в том числе и WVS Инглехарта и др. – самовыражение рассматривается как социальная ценность, основанная на альтруизме и сильной социальной ориентации, признающая право на социальную девиацию и обязанность к толерантности, в смысле социальной формы современного индивидуализма.[31] Такое отношение соответствует сильному социальному доверию и цели, которая заключается в том, чтобы люди могли жить в мире друг с другом, несмотря на значительные различия, и могли извлекать выгоду из различий.

Термины индивидуализация или индивидуализм используются по-разному и, особенно в социологической, политологической и культурной терминологии, образуют универсальную формулу для обозначения различных показателей индивидуальной свободы и коллективной независимости. Однако связь этих показателей с руководящими мотивами безопасности или самоустранения неоднородна, поэтому показатели индивидуализма необходимо дифференцировать в зависимости от их близости к материалистическим и постматериа-

---

[28] Немировский/Немировская 2020, с. 6, табл. 1.
[29] Интернет: https://fom.ru/TSennosti/13083.Vgl. также вклад Чаплинской в эту книгу
[30] См. https://fom.ru/TSennosti/13083.
[31] Vgl. Welzel 2011.

листическим ценностным ориентациям. Лук Халман[32] различает "утилитарный индивидуализм", в котором личные интересы и собственное благополучие ставятся во главу угла и в этом смысле могут быть отождествлены с эгоистическим отношением, и "экспрессивный индивидуализм", выражающий особую природу собственной личности и воплощающий притязания на самореализацию, которые в то же время должны быть дарованы всем остальным. Обе формы обозначают индивидуализм, который проявляется как сопротивление коллективным притязаниям, но они связаны с совершенно разными мотивами. Так, утилитарный индивидуализм с мотивацией, ориентированной на экзистенциальную безопасность и собственное благополучие, проявляется как часть материалистических ценностных ориентаций, а экспрессивный индивидуализм как форма репрезентации уникальности личности и претензии на процессуальную автономию в индивидуальных решениях проявляется как часть постматериалистических ценностных ориентаций.[33]

Это различие также имеет особое значение, поскольку в некоторых постсоветских государствах, в частности, политические власти и некоторые социологи ограничивают "индивидуализм" утилитарной концепцией и отвергают его, аргументируя это тем, что он пропагандирует необузданный эгоизм и разрушает социальную сплоченность. Таким образом, право на индивидуальность и мотивы самореализации принижаются как эгоистичные притязания и в то же время для контроля отклоняющихся от нормы притязаний используются конформистские стандарты. Поскольку нет никаких важнейших законных критериев для вывода этих стандартов, обычно делается ссылка на (предположительно) традиционные правила.

Другой вариант – тезис о том, что даже в советское время был бы подрывной индивидуализм в оппозиции к официальному коллективизму, что в конечном итоге привело бы к краху системы. Советское общество было лишь на первый взгляд коллективно интегрировано, в то время как в повседневной реальности граждане часто находили способы и средства обойти советские институты и отстаивать свои особые интересы. На поверхности официальной "большой истины" б – пишет Николай Генов, – в ней идеологически и институционально доминировали коллективистские образцы". Однако на уровне повседневных взаимодействий преобладала индивидуалистическая "маленькая правда"[34]. События 1980-х годов ясно показали на всех уровнях экономической, политической и культурной жизни, что "малая" индивидуалистическая истина собирается победить "большую" истину официальной коллективистской идеологии и политики. Используемая здесь концепция индивидуализма основывается, прежде всего, на утверждении личных интересов, с одной стороны, и на установлении растущей личной автономии принятия решений в профессиональном и досуговом времени – с другой; Генов видит в этом индивидуализме не результат трансформации, а следствие укрепления гражданского общества и дифференциации образовательных возможностей в позднесоветском обществе в 1980-е гг. и до 1980-х гг. Тем не менее, он отмечает, что "миллионы людей ...

[32] См. Халман 1995 и 1996 гг.
[33] См. Брехон 2017, стр. 233.
[34] Генов 2003, с. 4.

отождествляли себя с коллективистскими шаблонами" и что "это унаследованное противоречие ... можно увидеть в серьезных проблемах приватизации, в формировании демократических политических институтов и плюрализме культуры в России после 1990 года".[35]

Понимание индивидуальности в советском обществе продолжает оказывать амбивалентное воздействие на постсоветское мышление, с одной стороны, в отношении его в целом негативных коннотаций как западной концепции легитимации плюрализма, а с другой – в отношении эпизодического использования этого термина для обозначения межличностного различия, которое также использовалось и ценилось в советских государствах, а именно различия через "талант" (и героическую силу воли). В социалистической идеологии производительности труда выдающиеся достижения признавались символами социального прогресса, и все товарищи постоянно находились под давлением со стороны государства ожиданий их выполнения, что выражалось, например, в государственных целях производительности труда, конкретизированных в задачах, налоговых заданиях и нормах повышения. В то же время перевыполнение запланированных экономических целей часто вознаграждалось личными или коллективными привилегиями, которые, как это ни парадоксально, могли быть также связаны с финансовой выгодой. Была создана система управления "социалистическим соревнованием" и культура наград, с одной стороны, и публичного унижения и тюремного заключения (за неуспеваемость), с другой, что в значительной степени декларировало индивидуальную ответственность за успешную работу.

Признание талантов в советской идеологии ни в коей мере не было направлено на признание потенциала, присущего человеку как таковому, в котором раскрывается диапазон того, что человечески возможно (это гуманистический вариант), а имело инструментальную функцию по отношению к претензии продемонстрировать превосходство социалистической системы в конкуренции с другими социальными системами как внутри, так и извне (системная конкуренция). Талант, т.е. индивидуально выдающиеся таланты отдельных субъектов, представлял собой лишь плодородную почву, на которой в максимально благоприятных условиях социалистического общества можно было бы достичь наивысших результатов. По расчетам системы, в обмен на предназначенное для них продвижение и социальное признание, а также в ожидании дальнейшего социального признания в случае успеха – например, посредством наград или растущей популярности – субъекты были мотивированы и чувствовали себя обязанными посвятить все свои усилия продвижению предполагаемых талантов. Особые лидерские качества и глубокое знание идеологической концепции служили не в последнюю очередь легитимации привилегий политической элиты в рамках системы равенства, что особенно проявилось во время кризиса легитимности номенклатуры, начиная с 1988 г., и создания в России "комиссий по привилегиям".[36] Способность добиваться политических "высших достижений" также индивидуально легитимировалась талантом, который, конечно же, сам по себе все больше и больше становился

---

[35] Здесь же.
[36] См. Альберг 1991.

выражением славного развития коммунистического общества из поколения в поколение.

Таким образом, современное восприятие понятия индивидуальности в постсоветских странах включает в себя определенное знакомство с этими понятиями (социального) значения межличностных различий, которые частично конкурируют с западными гуманистическими взглядами, частично сливаются с ними. Идея "социалистического соревнования" между рабочими коллективами живет заметно в общественной культуре медийного соревнования не только в спорте, искусстве и технике, но и почти во всех областях человеческой деятельности, от приготовления пищи до обучения животных и ремонта дома. Талантливые люди и профессиональные команды соревнуются на телевидении, чтобы доказать свое выдающееся мастерство перед восторженной, солидной аудиторией. Восхищение необыкновенным растет, но социальная добавленная стоимость – помимо потребления – все меньше и меньше подчеркивается. В любом случае, эта тенденция свидетельствует о переходе от "системно-утилитарной" концепции индивидуализма к западному гуманистическому "экспрессивному индивидуализму", от которого можно ожидать, по крайней мере, подрывного эффекта на общественное сознание о ценности самореализации.

7. Критика теории Инглехарта об изменении ценностей

С тех пор объяснительная сила модели Инглехарта была релятивизирована в ряде исследований, даже если во многих случаях модель доказала свои сильные стороны. Клагес[37] (1984), Дуч и Тейлор (1993; 1994) и Уорвик (1998), например, подчеркивают важность образовательного уровня молодежи для развития в направлении постматериализма – параметра, который ранее не учитывался в концепции Инглехарта. Другие исследования (Clarck & Dutt, 1991; Clarke et al., 1999; Duch & Taylor 1993; 1994) продемонстрировали важность опыта респондентов в отношении безработицы, инфляции и других параметров экономичес-

---

[37] Более того, Клагес не рассматривает материалистические и постматериалистические ценности как противоположности в логическом противоречии, но считает, что его исследования показывают, что существуют также "синтезы ценностей", которые извлекаются из обоих ценностных репертуаров. Однако Инглехарт также признал, что постматериализм не является контрнаправлением, а основывается на материализме (ср. Inglehart 1997, p. 35). Проблема систематики Инглехарта остается отправной точкой дихотомического структурного модернизма/постмодернизма, который должен содержать в себе одновременно дальнейшее развитие, конкуренцию и противоречие. Очевидно, что к реальности ценностных ориентаций не обязательно подходить с помощью логики, даже не диалектической. Построение Клагезом "синтеза ценностей" можно понимать как попытку уйти от логики совместимости и описать изменение ценностей как явление просто конгломерации, хотя и более инновационное. Однако есть указания на то, что при сложных требованиях к решению значения могут быть полезны только в том случае, если они упорядочены в соответствии с приоритетами. В противном случае решения могут приниматься только на основании соответствия (см. Roßteutscher 2004). Для сравнения подходов Инглехарта и Клагеса см., например, Rödder 2006.

кой депрессии как высокоэффективного фактора в предсказании постматериалистических ценностей. Очевидно, что в области личного опыта в экономически нестабильных ситуациях и в области личных устремлений существует бесчисленное множество факторов, которые затрудняют отстранение от примата материалистических ценностей. Появление постматериалистических ценностных ориентаций связано не только с ранней социализацией, но и с текущим экономическим положением индивида. Признание этого, однако, не умаляет заслуг Инглеахрта, например, в разработке относительно значимой модели в этой трудной области. Однако возражения и дополнения указывают на то, что как историческое экономическое положение страны в настоящее время (и не только в молодости предыдущего поколения), так и интеллектуальный горизонт населения, а значит и содержание их интеллектуально-исторического развития, имеют немаловажное значение для перехода к постматериальным ценностям. Необходимо рассмотреть основополагающую оговорку в отношении многих концепций изменения ценностей, основанных на теории модернизации, поскольку все эти концепции вытекают из опыта западных культур и, таким образом, предполагают предысторию, которая необязательно является общей для других культур. Тенденции, которые можно наблюдать под ключевым словом "вестернизация", необязательно являются следствием общей закономерности культурного развития; они также могут быть просто эффектом подражания.

Исследование, Проведенное Павловичем в 2015 г. исследование о распространении материальных ценностей по отношению к постматериальным ценностям в посткоммунистической Восточной Европе показывает, что не только экономическая ситуация в предыдущие годы, но и нынешняя экономическая ситуация оказывает значительное влияние на шансы развития постматериалистическинх ценностей. Это относится и к постсоветским государствам: Продолжающиеся экономические кризисы, стагнация процветания, рост социального неравенства и политический регресс парализуют дальнейшее развитие переходного процесса. Широко распространенное восприятие западного либерализма как слабости и упадка, особенно в России и Беларуси, также стигматизирует постматериалистические утверждения дома как неуместные или даже патологические явления. Любой, кто к ним присоединяется, не только не понимает, но и попадает в водоворот девальваций. Их претензии часто отвергаются и обесцениваются не только материалистическими ценностями, но и традиционалистическими конвенциями и националистическими онтологизмами. Это "материалистическое-идеологическое сопротивление" также предотвращает влияние образования на ценностное сознание, что было подчеркнуто, например, в исследованиях Уорика и Дача и Тейлора. По крайней мере, для некоторых постсоветских стран шансы столкнуться с постматериалистическим ценностным мышлением вообще лежат исключительно в сообщениях СМИ и в интернет-коммуникациях, или в оригинальном опыте поездок в другие западно-европейские страны или в соответствующих контактах с людьми с Запада. Развитие постматериалистических ценностей "изнутри" в данных экономических условиях в сочетании с националистическими и коллективистскими ценностными приоритетами мало-вероятно.

Павлович далее подчеркивает в своем анализе, что при сопоставлении лиц с преимущественно материалистической и постматериалистической ориентацией легко упускается из виду тот факт, что во многих странах большинство опрошенных представляют смешанный тип, который олицетворяет как материалистические, так и постматериалистические ценности и приписывает их различным областям или жизненным ситуациям. Если не противопоставлять чистых материалистов чистым постматериалистам, или не считать согласия материалистических и постматериалистических ценностей независимо от личности, а учитывать смешанное соотношение согласований внутри личности, то становится очевидной высокая степень амбивалентности для различных ценностных ориентаций, особенно для посткоммунистических стран Восточной Европы. Павлович заявляет: "История изменения стоимости в последнее десятилетие в Восточной Европе, похоже, является историей смешанного профиля стоимости". Если определенная тенденция в изменении значения в наблюдаемом периоде присутствует и сохраняется, то она идентифицируется при расширении категории смешанного типа ... "[38] Это наблюдение, наверное, можно понимать как указание на скрытый рост постматериалистических ориентаций внутри материалистической мыслительной конструкции, доминирующей в основном потоке. Как показывает Павлович, высокий уровень национального образования в сочетании с хорошо функционирующей демократией могут создать условия для того, чтобы вывести эти постматериалистические ориентации из их латентности.[39]

Список литературы

Ahlberg, René (1991): Das sowjetische Privilegiensystem: Entstehung und Auflösung. *Osteuropa* 41, No. 12 (Dezember 1991), pp. 1135-1157.

Aihara, Tsugio/Ueda, Ekaterina (2009): Value Orientation of Russian Youth in the Post Soviet Era. *Yamaguchi Prefectural University Academic Intelligence,* 2, pp. 60–76.

Bauer, Thomas (2018): Die Vereindeutigung der Welt. Über den Verlust an Mehrdeutigkeit und Vielfalt. Stuttgart/Ditzingen: Reclam.

Boele, Otto/Noordenbos, Boris/Robbe, Ksenia (2019): Post-Soviet Nostalgia: Confronting the Empire's Legacy. Routledge.

Bréchon, Pierre (2017): Individualization and Individualism in European Societes. In: Bréchon, Pierre/Gonthier, Frédéric (eds.): European Values. Trends and Divides Over Thirty Years. (European Values Studies, Volume: 17). Leiden/Boston: Brill, pp. 232-253. Internet: https://doi.org/10.1163/9789004341067_015

Buhbe, Matthes (Ed.)(2017): How Ukrainians Perceive European Values. Main Results of an Empirical Survey. Gorshenin Institut. Berlin: Friedrich-Ebert-Stiftung, Dept. of Central and Eastern Europe.

Clarke, H. D./Dutt, N. (1991). Measuring Value Change in Western Industrialized Societies: The Impact of Unemployment. *American Political Science Review*, 85, pp. 905-920.

Clarke, H./Kornberg, A./McIntyre, C./Bauer-Kaase, P./Kaase, M. (1999). The Effect of Economic Priorities on the Measurement of Value Change: New Experimental Evidence. *American Political Science Review*, 93, pp. 637-647.

[38] Павлович 2015, с. 6.

[39] Здесь же, с. 9.

Duch, R. M./Taylor, M. (1993). Postmaterialism and the Economic Condition. *American Journal of Political Science*, 37, pp. 747-779.

Duch, R. M./Taylor, M (1994). A Reply to Abramson and Inglehart's Education, Security and Postmaterialism. *American Journal of Political Science*, 38, pp. 815-824.

Genov, Nikolai (2003): Tendenzen der sozialen Entwicklung Russlands. Individualisierung einer vermeintlich kollektivistischen Gesellschaft. *Aus Politik und Zeitgeschichte* B 16–17/2003, S. 3-10.

Gudkov, Lev (2017): Wahres Denken. Analysen, Diagnosen, Interventionen. Hrsg. v. Manfred Sapper und Volker Weichsel. Berlin: Edition Osteuropa.

Haerpfer, Christian/Kizilova, Kseniya (2020): Values and Transformation in Central Asia. In: Mihr, Anja (Ed.): Transformation and Development. Studies in the Organization for Security and Cooperation in Europe (OSCE) Member States. OSCE Academy Bishkek, Kyrgysztan, pp. 7-28.

Haerpfer, Christian W./Kizilova, Kseniya (2019): Post-Soviet Eurasia. In: Haerpfer, Christian/Bernhagen, Patrick/Welzel, Christian/Inglehart, Ronald F. (Eds.): Democratization. 2nd edition. Oxford, United Kingdom: Oxford Press, pp. 341-363.

Halman, Loek (1996): "Individualism in individualized society? Results from the European values surveys". *International Journal of Comparative Sociology,* pp. 195-214:

Halman, Loek and Ester, Peter (1995): "Modernization and the Nature of Individualism". In: *Sociale Wetenschappen,* 38, pp. 28-53.

Howard, Marc Morjé (2003): *The Weakness of Civil Society in Post-Communist Europe*. Cambridge, UK: Cambridge University Press.

Inglehart, Ronald (1971): The Silent Revolution in Europe: Intergenerational Change in Post-Industrial Societies. *The Amer. Political Science Review* 65 (1971), pp. 991- 1017.

Inglehart, Ronald (1977): The Silent Revolution. Changing Values and Political Styles among Western Publics. Princeton: Princeton University Press 1977.

Inglehart, Ronald (1997): Modernization and Postmodernization: Cultural, Economic and Political Change in 43 Societies. Princeton: Princeton University Press. *Deutsch:* Modernisierung und Postmodernisierung: Kultureller, wirtschaftlicher und gesellschaftlicher Wandel in 43 Gesellschaften, Frankfurt a.M. 1998.

Inglehart, R., C. Haerpfer, A. Moreno, C. Welzel, K. Kizilova, J. Diez-Medrano, M. Lagos, P. Norris, E. Ponarin & B. Puranen et al. (eds.). (2014): World Values Survey: Round Six – Country-Pooled Datafile. Madrid: JD Systems Institute. Internet-Version: www.worldvaluessurvey.org/WVSDocumentationWV6.jsp.

Klages, Helmut (1984): Wertorientierungen im Wandel. Rückblick, Gegenwartsanalyse, Prognosen. Frankfurt a.M.

Klicperova-Baker, Martina/Kostal, Jaroslav (2018): Democratic Values in the Post-Communist Region: The Incidence of Traditionalists, Skeptics, Democrats, and Radicals. In: Lebedeva, Nadezhda/Dimitrova, Radosveta/Berry, John (Eds.): Changing Values and Identities in the Post-Communist World. Cham: Springer International, pp. 27-51.

Kuhr-Corolev, Corinna (2019): Gerechte Herrschaft. Überlegungen zur Personalisierung von Herrschaft in Russland seit 1989. In: Ders. (Hrsg.): Gerechtigkeit in Russland. München: Wilhelm Fink, S. 393-422.

Nemirovskiy, V.G./Nemirovskaya, A.V. (2020): Der soziokulturelle Kontext der Konkurrenzfähigkeit junger Menschen in einer großen Region in Sibirien. *Russland-Analysen* 383, S. 2-6. (Originalversion: Nemirovskiy, V.G., Nemirovskaya, A.V. (2019): Social competitiveness of the youth and their perceptions of the socio-cultural environment (based on research in a large Siberian Region). *Journal of Siberian Federal University. Humanities & Social Sciences*, 12.2019, Nr. 2, pp. 206-216.)

Pavlović, Zoran (2015): Individual and Country Level Determinants of (Post)Materialist Values in Eastern Europe. *European Quarterly of Political Attitudes and Mentalities - EQPAM*, Volume 4, No.2, April 2015, pp. 1-11.

Petrov, Nikolaj (2017): Vom Homo Sovieticus zum … Homo Sovieticus. In: Gudkov, Lev (2017): Wahres Denken. Analysen, Diagnosen, Interventionen. Berlin: Edition Osteuropa, S. 315-318.

Plotnikov, Nikolaj (2019): Einleitung: Gerechtigkeitsdiskurse der postsowjetischen Zeit. In: Ders. (Hrsg.); Gerechtigkeit in Russland. München: Wilhelm Fink, S. 365-392.

Reckwitz, Andreas (2018): Die Gesellschaft der Singularitäten. Zum Strukturwandel der Moderne. Frankfurt am Main: Suhrkamp.

Rödder, Andreas (2006): Vom Materialismus zum Postmaterialismus. Ronald Ingleharts Diagnosen des Wertewandels, ihre Grenzen und Perspektiven. *Zeithistorische Forschungen/Studies in Contemporary History* 3 (2006), S. 480-485.
Internet: https://zeithistorische-forschungen.de/autoren/andreas-roedder

Roßteutscher, Sigrid (2004): Von Realisten und Konformisten – Wider die Theorie der Wertsynthese. *KZfSS Kölner Zeitschrift für Soziologie und Sozialpsychologie* 56, S. 407–431.

Sandholtz, W./Taagepera, R. (2005): Corruption, Cultur and Communism. *International Review of Sociology*, 15 (1), pp. 109-131.
Internet: https://escholarship.org/content/qt8zs139dj/qt8zs139dj.pdf

Schröder, Hans-Henning (2012): Russland und Deutschland im Wertevergleich. *Osteuropa* 6-8, pp. 101-124.

Schubert, Sophia (2016): Inwiefern universal? Zum Demokratiebegriff in der vergleichenden Demokratieforschung. In: De La Rosa, Sybille/Schubert, Sophia/Zapf, Holger (Hrsg.): Transkulturelle politische Theorie. Wiesbaden: Springer, S. 285–303.

Warwick, P. V. (1998). Disputed Cause, Disputed Effect – The Postmaterialist Thesis Re-Examined. *Public Opinion Quarterly,* 62, pp. 583-609.

Welzel, Christian (2011): How Selfish Are Self-Expression Values? A Civicness Test. *Journal of Cross-Cultural Psychology,* 41 (2), pp. 152-174.

Die Bildung von Wertorientierungen der russischen Jugend im postsowjetischen Raum

Elena I. Elisowa

Die 90er Jahre des 20. Jahrhunderts waren für die russische Gesellschaft nicht nur von verschiedenen politischen und wirtschaftlichen Schocks gezeichnet, sondern auch von komplizierten Prozessen im geistigen Leben durchdrungen, mit welchen eine Krise der Identifikationen einherging, die durch die Systemänderungen der grundlegenden Wertorientierungen der Gesellschaft hervorgerufen wurde und die mit einem Prozess der Neubewertung der Ereignisse der russischen Geschichte, vor allem ihrer sowjetischen Periode, verbunden war. Die neue Hinwendung an die Geschichte deckte die weißen Flecken in den Kenntnissen und Vorstellungen der sowjetischen Menschen aufgrund des langjährigen Verschweigens komplexer Probleme durch die offizielle Historiographie auf. So gilt als charakteristisches Merkmal des öffentlichen Bewusstseins in Russland am Ende des 20. Jahrhunderts die verschärfte Aufmerksamkeit gegenüber der eigenen Geschichte. Die Folge der Reformpolitik, der Lockerung der internationalen Beziehungen und der Annäherung an andere Länder war eine deutliche Veränderung im System der öffentlichen Werte und Ideale.

Unter Wertorientierungen werden in der Regel die grundlegenden Prinzipien der Familienbildung, der Gesellschaft und des Staates verstanden, die von den meisten Bürgern akzeptiert werden. Durch die Einsetzung moralischer Kriterien bei der Bewertung der Beziehungen nicht nur zwischen den Menschen und ihren Gemeinschaften, sondern auch zwischen den Staaten, fungiert das Wertesystem wie ein Netz von Koordinaten, außerhalb derer die Identität jeder Zivilisation verloren geht.

Die Sichtweisen zum Zerfall der Sowjetunion sind in der russischen Gesellschaft ziemlich widersprüchlich. Einige vermissen aufrichtig – mit Nostalgie – die Vergangenheit, die anderen freuen sich über das Ende „des Reiches des Bösen". Laut einer statistischen Umfrage für das Jahr 2016 schätzen in Russland 64% der Befragten, die in der UdSSR leben, die Lebensqualität in der Sowjetunion höher ein als heute. Befragte unter denjenigen, die sich an das Leben in der UdSSR nicht erinnern können (die Altersgruppe von 18 bis 24 Jahren), denken, dass das Leben nach dem Zusammenbruch der UdSSR besser geworden sei. Diese Meinung in Russland teilen 63% der befragten Jugendlichen.[1]

Wir glauben, die Grundlage der Nostalgie vieler Menschen in Russland ist nicht das Streben, zum Monopol der „Führungsmacht" zurückzukehren, sondern ihr Engagement für eine Reihe von bedingungslosen Werten und Idealen, die heute verschwunden sind, so dass die Mehrheit der Bürger des modernen Russland dies bedauern und ihre Wiederherstellung wünscht. Diejenigen, die die Gesetze der Geschichte und ihre Unumkehrbarkeit verstehen, betrachten es als wichtig, die Errungenschaften der sowjetischen Zeiten als Gedächtnis, Erfahrung und als soziale

[1] RIA News 17/08/16 http://ria.ru/society/20160817-ja.

Technologien zu bewahren, die in einer neuen Form und unter neuen Bedingungen wiederbelebt werden sollten.

In diesem Artikel möchte ich detailliert auf die neuen Werte der heutigen Jugend in Russland eingehen. Für den Bericht haben wir uns der Forschungsmaterialien bezüglich des Studiums von Wertorientierungen der jüngeren Generation bedient. Es ist üblich, drei miteinander verbundene und sich gegenseitig ergänzende Wertsysteme zu unterscheiden: religiöse Werte, soziale Werte, allgemeinmenschliche (persönliche) Werte. Die Verteilung dieser Werte nach dem Bedeutungsgrad für den Menschen charakterisiert seine Weltanschauung. In den Sowjetzeiten nahmen soziale Werte in unserem Land eine dominierende Position ein, und die religiösen Werte waren ganz oder teilweise nivelliert. Für die meisten Jugendlichen nehmen die allgemeinmenschlichen Werte eine führende Position ein. In der Struktur dieser ethischen Werte ist das Streben nach materiellen Bedürfnissen genauso groß wie der Wille zum Leben oder der Wunsch zu lieben und geliebt zu werden. In einer solchen Situation kann es möglich sein, dass die auf eine einzelne Person gerichtete Orientierung sich zum Schaden sozial bedeutsamer Qualitäten entwickelt. Daraus folgt, dass die Struktur der Bildung der Weltanschauung bei der russischen Jugend eine bedeutende Transformation erlebt hat.

Die Entstehung verschiedener informeller Jugendguppierungen in den 80er Jahren des 20. Jahrhunderts hat zu einem Anstieg der Jugendkriminalität, der Alkohol- und Drogensucht unter den Jugendlichen und zum Anstieg von gewaltsamen Verbrechen geführt, die mit einer Haltung der nationalen Intoleranz verbunden sind. Mit dem Wachstum der Jugendverbrechen wird auch das Wachstum von dysfunktionalen Familien in Verbindung gesehen, was den Trend der Schwächung der erzieherischen Rolle jenes so wichtigen sozialen Instituts, welches die Familie in Russland darstellt, anzeigt. Laut Statistiken lebten in den russischen Städten Ende des 20. Jahrhunderts an jedem Bahnhof von 6 bis 15 Kinder ohne Familie. Im Jahr 2007 wurden in den Medien[2] Ergebnisse veröffentlicht, die zeigen, dass die Zahlen der einberufbaren Rekruten infolge von Gesundheitsproblemen um 614.000 geschrumpft ist; unter ihnen hatten ungefähr 20.000 Rekruten Untergewicht.

Vertreter der älteren Generation behaupten nicht selten, dass Anfang des 21. Jahrhunderts viele russische Teenager – im Vergleich zu ihren Altersgenossen, die zwei bis drei Jahrzehnte früher geboren sind – dumm, aggressiv und zynisch geworden seien. In der Weltliteratur sind viele Bücher über die Konflikte von Generationen zu finden. Nach unseren Beobachtungen nehmen die Missverständnisse zwischen Erwachsenen und Jugendlichen immer weiter zu und die Verantwortung dafür tragen vor allem Erwachsene. Wenn es in der Familie keinen freundlichen Kontakt zwischen Eltern und Kindern gibt und wenn junge Eltern zu beschäftigt sind und den Kindern keine Aufmerksamkeit mehr schenken wollen, füllt die Straße den Mangel an Kommunikation auf, wo sich negative Verhaltensmuster herausbilden.

In den letzten Jahren spricht man vermehrt über die Verringerung der Qualität der Kenntnisse von Absolventen der Schulen und Hochschulen, nicht immer beobachtet man den Wissensdurst als Anreiz für das Studium. Kulturelle Standards ändern sich

---

[2] Artikel von I. Schapovak „Soldaten – Kontraktsoldaten sind zwanzigmal gesünder als Wehrpflichtige" in der Zeitung „Argumente und Fakten" № 28, 12.-18. Juli 2007.

auch. Gelesen werden jetzt weniger die Bücher von Tolstoi oder Lermontov, d. h. die in der literarischen Sprache geschriebenen Bücher. Zum häufigsten Lesestoff der Jugendlichen wurden jetzt Posts, Tweets und Comments in den sozialen Netzen, was zur Vereinfachung der russischen Sprache und zum Verlust der ehemaligen literarischen Normen führt. Die Erweiterung des öffentlichen Raumes der Sprache führt unvermeidlich zu einem Rückgang der kulturellen Normen, der Anforderungen an die Alphabetisierung und der stilistischen Qualität der Texte.

Die Bildung, die den weltweiten Trends und Realitäten des heutigen Lebens angemessen entspricht, ist unter diesen Bedingungen von entscheidender Bedeutung. Es ist bekannt, dass seit der Antike die Menschen die Bedeutung der Erziehung ihrer Jugend berücksichtigt haben, nicht nur um die Kontinuität der Traditionen, Bräuche, sondern auch um die Integrität ihres Landes zu bewahren; denn wenn der Staat die Erziehung der Jugend nicht wahrnehmen will, dann wollen nach kurzer Zeit die dort aufgewachsenen Jugendlichen in einem solchen Staat auch nicht mehr leben.

Der Anfang der 90er Jahre des 20. Jahrhunderts kann in Russland als „Epoche der Umwandlungen" bezeichnet werden: Plötzlich wurde sehr viel von dem, was früher überhaupt verboten war, erlaubt. Zugleich blieb dem Augenschein nach das Leben in vieler Hinsicht unverändert gegenüber dem früheren – Innenräume von Geschäften, Autos auf den Straßen, Außenseiten von Gebäuden und Passanten sind im Großen und Ganzen in der Zeit von 1991 bis 2000 „sowjetisch" praktisch geblieben.

Die Gründe für die Entstehung neuer Wertorientierungen in der Gesellschaft liegen in der Lebensänderung der Menschen nach 1991, zu den Hauptveränderungen im Alltagsleben gehören folgende:

1. *Es wurde das möglich, was vorher unmöglich war.* Alle begannen laut darüber zu sprechen, worüber man früher nur in der Küche geflüstert oder überhaupt nicht gesprochen hatte. Plötzlich stellte es sich heraus, dass fast niemand die Sowjetmacht unterstützt hatte, sondern nur den Anschein der Unterstützung erweckt hatte, um seine Arbeit nicht zu verlieren oder nicht ins Gefängnis zu geraten.

2. *Die Öffnung der Kirchen, die Freiheit der Religion.* Offiziell haben Kirchen ihre Tätigkeiten aufs Neue begonnen; jetzt wurde für den Besuch der Kirche niemand mehr bestraft und verspottet.

3. *Pro-Kommunistische Meetings.* 1991 verloren die Kommunisten die Macht und sie gerieten in eine ungewohnte Rolle – die Rolle der Opposition; es blieb ihnen nichts anderes übrig, als protestierend durch die Straßen zu ziehen.

4. *Offiziell wurde ohne Einschränkungen die Führung von Geschäftsunternehmen erlaubt.* Einige Veränderungen in diesem Bereich wurden 1987 entwickelt, als in der UdSSR Geschäftsunternehmen und Genossenschaften möglich wurden, aber vollständig und endgültig wurde das Führen von Geschäften erst nach 1991 legalisiert.

5. *Änderung der Medieninhalte.* Der Höhepunkt der Entwicklung des Fernsehens als Massenmedium in Russland lag ohne Übertreibung Anfang der 90er Jahre. Nach dem Zusammenbruch der UdSSR verschwand die Zensur und im Fernsehen entstanden viele Sendungen – sowohl analytisch-intellektuelle als auch unterhaltende.

6. *Es gab ungelöste Wohnungsprobleme.* Viele Familien lebten sehr eingeschränkt in Gemeinschaftsräumen oder auch zwei bis drei Generationen in kleinen Ein-/ Zweizimmerwohnungen, „Chruschtschowka" genannt. In den 90er Jahren wurden diese Wohnungsprobleme teilweise gelöst, aber bis jetzt sind sie nicht hundertprozentig aufgehoben.

7. *Es wurde auch erlaubt, ins Ausland zu fahren.* Nach dem Zerfall der UdSSR fuhren Tausende der russischen Bürger ins Ausland.

8. *Anfang der 90er Jahre wurden massenweise ausländische Spiel- und Zeichentrickfilme gesendet.* Im Fernsehen liefen westliche Actionfilme, Komödien und Melodramen, Kinder fanden Spaß beim Durchsehen der Disney-Cartoons.

Die oben genannten Phänomene brachten Änderungen hervor, von welchen einige in der soziologischen Studie „Labor von Kryschtanovskaja" 2012-2013 in Russland festgehalten sind. Während der Studie wurde versucht, die sozialen Identifikationen der Jugend in 26 russischen Städten zu bestimmen und es wurde festgestellt, dass die Jugend ernste Probleme mit der sozialen Selbstidentifizierung aufweist. Denn es gibt keine etablierte Vision mehr für die Struktur der russischen Gesellschaft und den Platz der Jugend darin.

Zum Vergleich: Jedes Kind in der UdSSR wusste, dass die Gesellschaft, in der es lebt, aus drei Sozialschichten besteht: Arbeiterklasse, Bauern und Intelligenz. Die Ideologie der sozialen Struktur wurde ins Bewusstsein von sowjetischen Leuten seit ihrer Kindheit eingeführt. Jeder wusste, zu welcher sozialen Schicht er gehörte. Doch die Jugend von heute nutzt nicht mehr das dreifache Modell der Gesellschaft. Auch wenn die Verwendung von alten Klischees noch vorkommt, so werden sie mit unterschiedlichem Inhalt ausgefüllt. So ist der Arbeiter nicht mehr vom Arbeitnehmer zu unterscheiden. Das Wort „Arbeiterklasse" wird von modernen Jugendlichen nicht mehr benutzt. Der „Bauer" wurde durch „Farmer" ersetzt, von dessen Leben die „Großstadtpflanzen" keine Ahnung haben, oder durch den Unternehmer, der Agrobusiness macht. Vertreter der Intelligenz verwandelten sich aus einer Basiskategorie eher in eine moralische Kategorie. Unter einem Intelligenten verstehen die modernen jungen Leute eine hochmoralische und unglaublich höfliche Person. In diesem Fall zählen sich die Jugendlichen selbst allerdings zu dieser Gruppe von Menschen überhaupt nicht.

Es ist zu bemerken, dass in Russland Ende des 20. und Anfang des 21. Jahrhunderts keine bemerkenswerten Maßnahmen zur Bildung eines neuen Weltbildes anstelle des früheren getroffen wurden. Eine Ausnahme bildet das Konzept der „Mittelschicht", die von den russischen Politikwissenschaftlern aus dem Kontext der westlichen Soziologie übernommen wurde und auf die russischen Verhältnisse übertragen wurde. Doch das Konzept der „einfachen Menschen" hatte das ausländische Konzept der „Mittelschicht" verdrängt und rief sehr viel stärker positive Emotionen in der Jugend hervor.

Einen enorm großen Platz nimmt im Bewusstsein der Jugend der Begriff des „Politikers" (der Beamte, der Abgeordnete) ein, obwohl die Anzahl dieser sozialen Gruppe in der Bevölkerung des Landes geringer als ein Prozent ist.

Bezüglich des Berufsbereichs zählen die modernen russischen Jugendlichen Geschäftsleute und Unternehmer zu den zehn am häufigsten erwähnten sozialen

Positionen. Dabei ist der Kontext der Erwähnung dieser Gruppe in der Regel positiv, was generell eine respektvolle Beziehung der Jugend dem Geschäft gegenüber zum Ausdruck bringt. Charakteristisch ist, dass das Wort „Oligarch“ nicht in das Lexikon der jungen Leute aufgenommen ist, aber, wenn doch einmal das Wort gebraucht wird, dann nur im negativen Kontext. In diesem Fall spricht man von der semantischen Differenz der Wörter „Unternehmer/Geschäftsmann“ und „Oligarch“: die ersteren (die Geschäftsleute) sind reale Leute, die in der Nähe leben, ihre Tätigkeit ist mit Arbeit und Risiko verbunden. Die zweite Kategorie von Menschen – Oligarchen – sind hingegen abstrakte Wesen, TV-Gestalten oder Anekdotenfiguren. Es ist üblich, über Oligarchen zu scherzen oder sie ihrer Diebstahlaktionen anzuklagen. Die Entwicklung der Kategorie «Unternehmer/Geschäftsmann" bestätigt auch die Tatsache, dass viele neue mit Geschäften verbundene Berufe entstanden sind: Das sind sowohl Geschäftstrainer, als auch Unternehmensberater und -lehrer, selbstverständlich auch Manager.

Zu einer anderen schnell zunehmenden Gruppe gehören Berufe, die mit Computern und Internet zu tun haben. Das Bloggen gilt als eine selbständige Tätigkeit, um Gewinne zu generieren. Die Arbeit im IT-Sektor scheint für Jugendliche interessant und attraktiv zu sein, obwohl sie diese Arbeit oft nicht als Hauptberuf ausüben, sondern als möglichen zusätzlichen Gewinn. Die dritte Gruppe von Berufen, die für die Jugend attraktiv sind, sind Marketing-, Public Relation Fachleute und Werbetreibende. Teilnahme an Public Relations, am Marketing und an soziologischen Studien, die Organisation von Veranstaltungen, Feiern, Design und Formgebung sind neue Arten des möglichen Verdienstes für die Studenten. Diese neuen Berufe sehen modern und viel attraktiver aus im Vergleich zu den früheren Formen der Teilzeitarbeit von Studenten wie Kellner, Lagerist, Austräger, Küchenhilfe oder Putzfrau.

Im Rahmen der Studie war ein erstaunliches Phänomen entdeckt worden: Arbeitende junge Menschen zählten sich zu der Zahl der „Arbeitslosen“. Dies lag daran, dass sie ihre Gewinne als mäßig einschätzten und nicht mit einem ständigen Arbeitsplatz und einer Karriere-Wachstum-Perspektive verbunden wahrnahmen. Dieses Problem bezieht sich auf die Kategorie der arbeitenden Jugend (sowohl mit Hochschulbildung als auch ohne), in der der Lehrer zum Privatlehrer wird, der Journalist zum Freelancer, der Jurist zum Berater, der Programmierer zum IT-Fachmann mit Fernauftrag usw. Verträge oder Vereinbarungen über einen Part-time-Job (Teilzeitarbeit mit einem freien Zeitplan), solche immer mehr verbreiteten Formen der Beschäftigung verstärken bei den modernen Menschen die Suche nach Stabilität. Das an der Universität erworbene berufliche Diplom gibt den Menschen keinen Beruf mehr, der eine Grundlage für ihr Wohlbefinden für viele Jahre schaffen könnte.

Ausgerechnet dieses Gefühl der extremen Unsicherheit, die Erwartung einer grundlegenden Veränderung der Lebensverbesserung, einer größeren Zuverlässigkeit und Sicherheit ist ein charakteristisches Merkmal der Jugend der 2010er Jahre unseres Jahrhunderts.

Für Hauptprobleme Russlands halten junge Menschen Korruption und Diebstahl, Armut und Ungerechtigkeit, Bürokratie und Eigenmächtigkeit von Beamten sowie Alkoholismus und Drogensucht. Die Jugend wird wütend nicht über Armut als solche, sondern über die *unfaire* Armut (die Person, die ehrlich das ganze Leben gearbeitet hat, muss als Bettler leben).

Eine negative Einstellung zur Macht charakterisiert im Allgemeinen alle Jugendgruppen. Im politischen Bewusstsein gibt es in der Jugend Ideen über die totale „Unehrlichkeit“ und „Unfähigkeit“ der Macht, ihrer „Korruption“ und über ihre Tätigkeit „nur im Interesse der persönlichen Bereicherung“. Junge Menschen vertiefen sich in ihre Alltagsprobleme und werden in die Politik erst dann einbezogen, wenn ihre eigenen Interessen verletzt werden. Das totale Misstrauen gegenüber den Machthabenden – das ist, was alle Gruppen der Jugend vereinigt.

Der beliebteste Service für ein junges Publikum sind soziale Netzwerke: 85,2% der jungen Leute haben erklärt, dass das inländische Netzwerk „vKontakte“ ohne Konkurrenz sei.

Die Angaben der soziologischen Studien lassen uns ferner feststellen, dass der Sport unter den Freizeitaktivitäten für die Jugend am beliebtesten ist. Sport und Besuche der Sportwettkämpfe und das Ansehen von Sportübertragungen dominieren unter allen Freizeitaktivitäten.

Die ehrenamtliche Tätigkeit ist auch zu einer aktuellen Form der Freizeit in der Jugendumgebung geworden. Darunter versteht man freiwillige Hilfe gegenüber den sozial schwachen Gruppen von Menschen. Trotz des natürlichen Wunsches, Geld zu verdienen, engagiert sich die Jugend gerne bei der unentgeltlichen Hilfe bei der Beseitigung der Folgen einer Naturkatastrophe, hilft den älteren Menschen und kleinen Kindern. Es liegt klar auf der Hand, dass das positive Bild der ehrenamtlichen Tätigkeit aufs Engste mit dem Bedürfnis nach Heldentaten verbunden ist. Das Streben der Jugendlichen etwas Gutes zu tun lässt sich deshalb leicht erklären: Der Zynismus und Merkantilismus der letzten Jahre haben im öffentlichen Bewusstsein solche Missverhältnisse geschaffen, dass hier ein Bedarf an Entschädigung entstanden ist.

In den modernen soziologischen Studien wird nicht selten die Frage gestellt, wer als Vorbild für die moderne russische Jugend gelten könnte. Diese Frage ist sehr wichtig, denn das, wem man nachahmen und dem man gleichen will, kann auch das weitere Leben, das Schicksal eines Menschen und seine Wertorientierungen prägen. Die Analyse der Ergebnisse der durchgeführten Forschungen lassen uns feststellen, dass die überwiegende Mehrheit der russischen Menschen behauptet, dass sie keine Vorbilder oder Idole hätten. Verbreitet ist die Parole aus der Bibel: „Mach dir kein Idol“.

Die Jugend respektiert nur die Leute aus ihrer Umgebung und die Menschen, die sie auf dem TV-Bildschirm sieht. Zwischen der Mikrowelt von Eltern und Freunden und der Makrowelt der TV-Stars und Politiker klafft ein Abgrund. Die Welt des mittleren Niveaus – hochqualifizierte Fachleute, ehrenhafte Persönlichkeiten in der Region – scheint leer geworden zu sein. Dies deutet darauf hin, dass die russische Jugend keine Anziehungskraft spürt, um gewissenhaft und ehrlich zu arbeiten und dadurch einen guten Ruf zu erlangen. Idole der modernen Jugend sind größtenteils Politiker und Businessleute. Zu den beliebten Gestalten gehören keine Wissenschaftler, Ärzte, Lehrer oder Ingenieure. Die Geschmacksrichtungen der Jugend werden viel mehr als von Menschen aus den eigenen sozialen Netzwerken von TV-Persönlichkeiten geformt und von Bloggern. Trotz der zahlreichen Proteststimmungen bleibt Präsident Wladimir Putin der beliebteste Politiker Russlands.

Aus all dem Gesagten kann man folgendes zusammenfassen:

1. Die Bildung neuer Wertentwicklungen in der russischen Gesellschaft erfolgt unter den Bedingungen des postsowjetischen Raumes. In erster Linie vollziehen sich diese in der jungen Generation der letzten Jahrzehnte. So wurde die Jugend der 1980er Jahre am Beispiel des sowjetischen Modells sozialisiert und trotz der bereits neuen Erscheinungen war sie doch der Nachfolger der sowjetischen Ideologie, die sowohl durch das Bildungssystem als auch durch die Massenmedien verbreitet wurde. In den 90er Jahren erlebte man einen massiven Verfall der langjährigen Normen und den Verzicht auf das traditionelle Wertesystem. In der Tat erfolgte die Entwicklung der Jugend unter den Umständen einer Werte-Anomie und der Umwandlung praktisch aller hinsichtlich der Sozialisierung bedeutsamen Institutionen. Die pädagogische Funktion wurde im Bildungssystem beseitigt und Familien standen vor der Notwendigkeit, ihr Geld unter den Bedingungen des so genannten «wilden Marktes» zu verdienen.

2. Zu Anfang des 21. Jahrhunderts nahmen neoliberale Tendenzen ihren Anfang in Russland und das gesetzlich verankerte Verbot einer gemeinsamen staatlichen Ideologie und Zensur beeinflusste den Prozess der Bildung junger Menschen aufgrund der traditionellen Werte. Die Kommerzialisierung des Bildungssystems schritt erheblich voran und der Beitritt Russlands zum Bologna Prozess im Jahr 2003 führte zu qualitativen Veränderungen im Bildungssektor.

3. Das zweite Jahrzehnt des 21. Jahrhunderts wurde durch einige stark ausgeprägte außenpolitische Ereignisse gekennzeichnet, in deren Folge sich bemerkenswerte Änderungen in der Rhetorik der politischen Elite vollzogen haben. Immer öfter hörte man patriotische Aufrufe, die Mahnung an das nationale Selbstbewusstsein und die nationale Einheit. Jedoch sind keine sichtbaren Änderungen im Leben der Menschen entstanden und das Bewusstsein der russischen Jugend, trotz des Anstiegs von patriotischen Stimmungen, entwickelt sich in einem westlich orientierten Paradigma.

4. Die folgenden, von den Mitarbeitern des Zentrums von Sulakschin erarbeiteten Parameter der zugrunde liegenden Werte repräsentieren den Grad der Präferenz dieser Werte und ihrer Antipoden, was die Identifizierung der Wertmatrix der einen oder der anderen Zivilisation, des Volkes oder der sozialen Gruppe ermöglicht:

1. Arbeit – Miete – Besitztum;
2. Kollektivismus – Individualismus – Egoismus;
3. immaterielle Vermögensgegenstände – Sachanlagen – Ersparnisse;
4. Innovationen – Konservatismus – Reaktionsfähigkeit;
5. Altruismus – Rationalismus – Eigeninteressen;
6. Toleranz – Ablehnung von anderen – Menschlichkeit;
7. Empathie – Gleichgültigkeit –Verachtung;
8. Kreativität – Passivität des Geistes – Dogmatismus;
9. Liebe, Familie, Kinder – Leidenschaft – sexuelle Perversion;
10. Wert des menschlichen Lebens – Vernachlässigung des Lebens – Sadismus;
11. Perfektionismus – Vernachlässigung – Streben nach Zerstörung;
12. Spirituelle Befriedigung – körperliche Befriedigung – Hedonismus.

5. Eine Expertenumfrage, die von den Mitarbeitern dieses Zentrums auf der Grundlage der Messung solcher Wertparameter durchgeführt wurde, ermöglicht es, ein Wert-Motivations-Bild sowohl der gesamten russischen Gesellschaft als auch der

einzelnen Gruppen zu entwickeln. Nach dieser Technik wurde die Studie im Jahr 2015 in Bezug auf die ganze russische Gesellschaft im Allgemeinen durchgeführt, und im Jahr 2016 – in Bezug auf die junge Generation des modernen Russland. Die durchschnittliche Einschätzung des Ausmaßes der oben genannten Wertorientierungen der Jugend und der Gesellschaft ist insgesamt auf Bild 1 zu sehen.

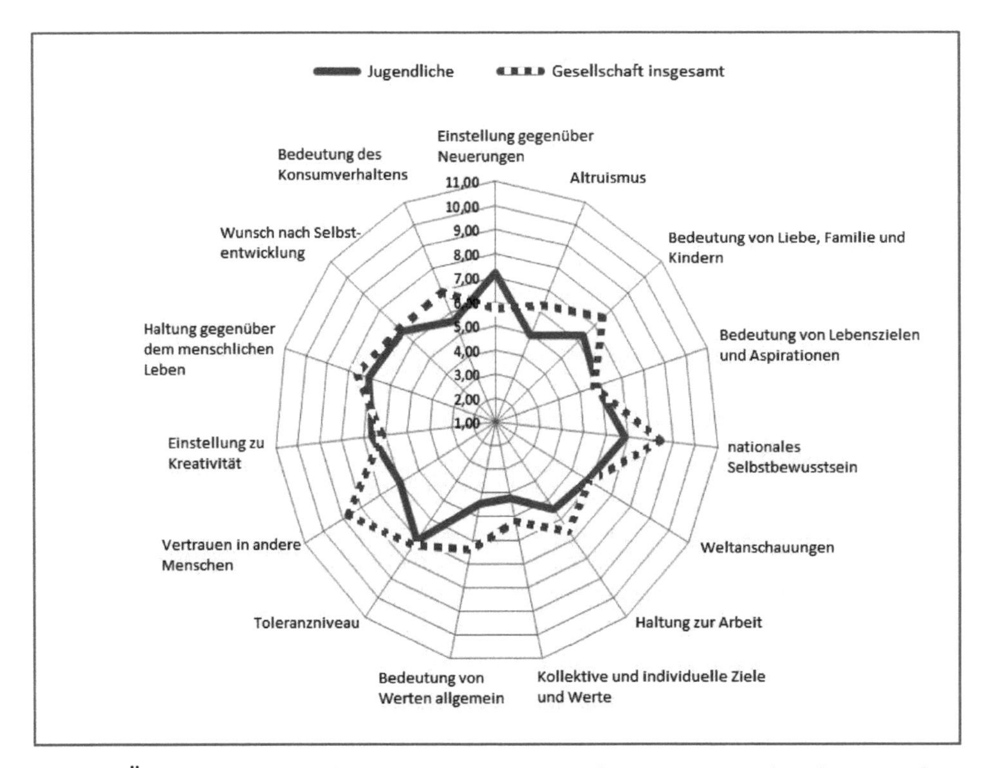

Bild. 1. Übereinstimmung der Wertorientierungen der Russen mit dem kategorialen Muster einer „idealen" Person (auf der 11-Punkt-Skala, in welcher 1 die minimale Übereinstimmung, 11 die maximale darstellt)[3]

Die angebotene Expertenbewertung zeigt eine sichtbare systematische Verschiebung der Wertorientierungen der Jugend. Offensichtlich unterscheidet sich die junge Generation von der Generation ihrer Eltern in einem großen Maße, auch die Verschiebung in Bezug auf die Werte im Bereich der Wahl zwischen dem Materiellen und Immateriellen ist auch zu erklären. Die Orientierung auf geistige Werte hin geht in der jungen Generation allmählich verloren und das Streben nach materieller Akkumulation wird verstärkt. Die meisten Experten sind überzeugt, dass junge Leute einige vorteilhafte Eigenschaften besitzen, während andere Eigenschaften gewisse Nachteile mit sich bringen. Zu den positiven zählen die Experten meistens Mobilität, Kommunikationsfähigkeit, Aktivität, Lernfähigkeit, Computerkompetenz, Technologiekenntnisse, Anpassungsfähigkeit und Optimismus. Als "Minus-Eigenschaften"

[3] Nach http://fom.ru/TSennosti/12055

werden niedriges Erziehungs- und Moralniveau, geringes kulturelles Wissen, Verlust an Gelehrsamkeit und ein Mangel an Erfahrung genannt.

So sind solche Werte wie Pflege der kulturellen und geschichtlichen Dimension des eigenen Landes, der Kollektivität, der Liebe zum Heimatland nicht unter den Prioritäten der modernen Jugend zu finden, während diese Eigenschaften für die ältere Generation von großer Bedeutung sind. In diesem Fall können wir nicht über eine Kontinuität von Generationen sprechen; die russische Jugend hat vielmehr traditionell anerkannte Werte kaum gelernt und in diesem Sinne ist die Einheit des Systems „Persönlichkeit – Gesellschaft“ erschüttert worden.

Es ist zu bemerken, dass die Besonderheit Russlands immer in der Existenz einer deutlichen Orientierung auf sozialen Paternalismus hin bestanden hat. Vom Staat oder vom Arbeitgeber erwartet man in Russland mehr als in vielen westlichen Ländern. Auch den Druck durch Staat oder Arbeitgeber erträgt man länger als in den westlichen Staaten. Allerdings ist der soziale Paternalismus nicht nur ausschließlich für Russland typisch; er ist auch in verschiedenen Formen in den Ländern Süd- und Mitteleuropas und Ostasiens vertreten.

Nach vielen Jahrzehnten abgesperrt hinter einem „eisernen Vorhang“ treten die Russen mit Müh und Not in eine Außenwelt mit einer am Rohstoffmarkt orientierten Wirtschaft, mit Brain Drain, mit ansteigender Kriminalität und Korruption.

Derzeit beobachtet man in Russland einen sichtbaren Prozess der Pragmatisierung der Lebenswerte und eine bedeutsame Erhöhung der Rolle des finanziellen Faktors im modernen Leben. Gesundheit, Familie und materielle Sicherheit nehmen die ersten drei Plätze in den Wertorientierungen der Russen ein.

Zur gleichen Zeit unterstreichen die Soziologen das Wachstum des Potenzials an wertvollem Konsens, d. h. eine Zunahme von Menschen, die sich mit folgenden Schlüsselwerten identifizieren: den Werten des Lebens, der Freiheit, der Arbeit, der Sicherheit, des Kulturdialogs und der Chancengleichheit. Trotz materieller Schwierigkeiten entscheiden sich die meisten Menschen in Russland, darunter auch die Jugendlichen, in der Alternative „Freiheit oder Wohlstand“ für die Freiheit.

Literatur

1. Beresowaja, L.G., Berlyakova, N.P. (2002): Einführung in die Geschichte der Russischen Kultur. Moskau.
2. Weil, P. Denis/Sechziger, A. (1996): Die Welt der sowjetischen Person. Moskau.
3. Gorschkov, M.K./Scheregi, F.E. (2013): Die Jugend Russlands: Retrospektive und Aussichten. http://www.civisbook.ru/files/File/molodeg_perspektivy.pdf
4. Daten der FOM-Umfrage, 2015 Jahr, http://fom.ru/TSennosti/12055
5. Daten der Umfragen des Zentrums Yuri Levada, VCIOM und FOM.
6. Europa-Asia: Pro und Contra, gestern und heute ("Runder Tisch"). *Fragen der Philosophie* 1995, Nr. 6.
7. Kapustin, M.P. (1987): Das Ende der Utopie? Vergangenheit und Zukunft des Sozialismus. Moskau.
8. Kozlova, T.Z. (2002): Bewertung der Jugend von der älteren Generation. Philosophie des Alters: Alterslehre. Schriftenreihe «Symposium», Ausgabe 24. Konferenz-Material-Kollektor. St. Petersburg: St. Petersburger philosophische Gesellschaft, S. 104-105.

9. Kultur, Kultur und Bildung („Runder Tisch“). *Fragen der Philosophie* 1997, Nr. 2.
10. Kulturwissenschaft. Unter der Redaktion von A.N. Markova. Moskau, 2001.
11. Bericht des Lehrstuls für Soziologie der Jugend der soziologischen Fakultät der Moskauer staatlichen Universität M.V. Lomonossov zum Forschungsprojekt "Politische Tätigkeit der Jugend", Moskau 2008.
12. Pastuchov V.V. (1992): Die Zukunft Russlands ergibt sich aus der Vergangenheit. *Polis* 1992, № 5-6.
13. Pomeranz G. (1993): Aktuelle Probleme der Kultur des 20. Jhdts. Moskau.
14. Das Risiko der historischen Wahl in Russland ("Runder Tisch"). *Fragen der Philosophie* 1993, № 7.
15. Jurevich, A.V./Jurevich, M.A. (2012): Dynamik des psychologischen Zustandes der russischen Gesellschaft: Sachverständige Einschätzung. Moral der modernen russischen Gesellschaft: Psychologische Analyse. Redaktion: A. L. Zhuravlev, A.V. Yurevich. – Moskau: Verlag "Institut für Traumapsychologie", S. 21-41.
16. http://rusrand.ru/ideology/partija-novogo-tipa

Формирование ценностных установок российской молодежи в условиях постсоветского пространства

Елена И. Елизова

90-е годы XX века явились для российского общества насыщенными не только различными политическими и экономическими потрясениями, но и сложными процессами в духовной жизни, среди которых выделяется кризис идентификации, обусловленный изменениями системы основных ценностных ориентаций общества и связанный с процессом переоценки событий отечественной истории, прежде всего ее советского периода. Обращение к истории обнаружило наличие в знаниях и представлениях советских людей множества белых пятен вследствие многолетнего замалчивания официальной историографией сложных проблем, негативных явлений в историческом прошлом. Таким образом, характерная черта общественного сознания в России в конце XX века – обостренное внимание к собственной истории. Следствием проведения политики реформ, смягчения международных отношений, сближения со странами Запада явились заметные перемены в системе общественных ценностей и идеалов.

Под ценностями обычно понимаются основные принципы устройства семьи, общества и государства, разделяемые большинством граждан. Вводя нравственные критерии в оценки отношений не только между людьми и их сообществами, но и государствами, система ценностей служит сеткой координат, вне которой утрачивается идентичность любой цивилизации.

Отношение в российском обществе к распаду Советского союза довольно неоднозначное. Кто-то искренне жалеет и с ностальгией вспоминает о прошедшем времени, кто-то с удовлетворением радуется тому, что «империя зла» приказала долго жить.

Согласно данным статистического опроса на 2016 год, в России 64% опрошенных, живших в СССР, оценили качество жизни в Советском Союзе выше, чем в настоящее время. Респонденты из числа тех, кто не помнит жизни в СССР – возрастная группа от 18 до 24 лет, — считают, что жить стало лучше после распада СССР. Такого мнения в России придерживаются 63% опрошенной молодежи. (РИА Новости 17/08/16 http://ria.ru/society/20160817...)

Мы полагаем, что основой ностальгии многих россиян по СССР является не стремление вернуться к монополии "руководящей и направляющей силы", а их приверженность ряду безусловных ценностей и идеалов, которые на сегодня утрачены, при том что большинство граждан современной России жалеют об этом и хотели бы их восстановления.

Те, кто понимает законы истории и её необратимость, считают важным сохранить достигнутое в советское время как память, опыт и социальные технологии, которые следует возродить в новой форме и в новых условиях.

В своем выступлении хотелось бы остановиться подробнее на новых ценностных установках современной молодежи в России. Для доклада нами были использованы материалы исследований, касающихся изучения ценностных ориентаций подрастающего поколения. Принято выделять три взаимосвязанные и взаимодополняющие друг друга ценностные системы: религиозные ценности, социальные ценности, общечеловеческие (личностные) ценности. Распределение этих ценностей по степени важности для человека характеризует его мировоззрение. В период существования Советского Союза социальные ценности занимали в нашей стране доминирующее положение, а религиозные ценности были полностью или частично нивелированы. В настоящее время среди значительной части молодежи общечеловеческие ценности занимают лидирующие позиции. В структуре этих этических ценностей стремление к удовлетворению материальных потребностей так же велико, как воля к жизни или желание любить и быть любимым. В такой ситуации весьма вероятно формирование эгоистической направленности личности в ущерб социально значимым качествам. Из этого следует, что структура формирования мировоззрения у российской молодежи подверглась значительной трансформации.

Появление в 80-х годах различных неформальных молодежных объединений привело к росту подростковой преступности, наркомании, алкоголизма среди подростков, появлению преступлений насильственного характера, связанных с национальной нетерпимостью. С ростом подростковой преступности связан и рост неблагополучных семей, что свидетельствует о тенденции ослабления в России воспитательной роли такого важного социального института, каким являлась семья. Согласно статистике, в городах на каждом вокзале проживало от 6 до 15 беспризорных детей. В 2007 году в СМИ (статья И. Шаповала «Солдаты – контрактники в 20 раз здоровей призывников», опубликованная в газете «Аргументы и факты»№ 28 12-18 июля 2007 года) приводились цифры, что по состоянию здоровья не призваны на военную службу около 614 тыс. молодых россиян, призывного возраста, среди них около 20 тысяч призывников имеют недостаточный вес.

Представители старшего поколения отмечают, что многие российские подростки начала XXI века стали бездуховными, агрессивными и циничными в отличие от своих сверстников, родившихся на 2-3 десятилетия ранее.

В мировой литературе о конфликте поколений написано много книг. По нашим наблюдениям область непонимания между взрослыми и молодежью все более расширяется и вина в этом, прежде всего, взрослых. Когда в семье нет контакта между родителями и детьми, и когда молодые родители слишком заняты собой и не хотят уделять внимания своим детям, то улица восполняет недостаток общения, формируя негативную управленческую матрицу.

В последние годы отмечается снижение качества знаний выпускников школ и вузов, далеко не всегда стимулом учебы является стремление к знаниям. Меняются культурные стандарты. Читают теперь не только и не столько

Толстого или Лермонтова, т.е. книги, написанные литературным языком. Основным «чтивом» молодых людей стали посты, твиты и коменты в социальных сетях, что ведет к упрощению русского языка, отходу от прежних литературных норм. Расширение публичного пространства с неизбежностью ведет к падению культурных норм, требований к грамотности и стилистической стройности текстов.

Важнейшее значение в этих условиях имеет образование, адекватное мировым тенденциям и реалиям сегодняшней жизни. Известно, что с глубокой древности люди осознавали важность воспитания своей молодежи, чтобы сохранить не только преемственность традиций, обычаев, но и сохранить целостность своей страны, ибо если государство не может, или не хочет осуществлять воспитание молодежи, то в скором времени подросшая молодежь не захочет жить в таком государстве.

Самое начало 90-х годов XX века можно охарактеризовать как "эпоху перемен": вдруг стало возможным очень многое из того, что раньше было категорически запрещено.

Вместе с этим, чисто визуально жизнь оставалась во многом похожей на прежнюю – интерьеры магазинов, автомобили на улицах, внешний вид зданий и прохожих оставались во многом "советскими" практически на протяжении всех девяностых годов.

Причины появления новых ценностных установок в обществе кроются в изменении жизни людей после 1991 года, к которым можно отнести следующие:

1. Стало возможным то, что раньше было нельзя. Все стали вслух говорить о том, о чем ещё раньше говорили только шепотом на кухне или не говорили вовсе. Вдруг выяснилось, что советскую власть почти никто не поддерживал, а только делал вид, чтобы не потерять работу или не попасть в тюрьму.
2. Открытие церквей, свобода вероисповедания. Официально стали работать церкви, теперь за посещение церкви никого не наказывали и не высмеивали.
3. Прокоммунистические митинги. В 1991 году коммунистов отстранили от власти и они оказались в весьма непривычной для себя роли – роли оппозиции, и им ничего не оставалось, как выходить на уличные акции протеста.
4. Официально и полностью разрешили бизнес. Какие-то сдвиги в этой сфере наметились уже в 1987 году, когда в СССР разрешили частное предпринимательство и кооперативы, но полностью и окончательно бизнес легализовали только после 1991 года.
5. Изменение контента СМИ. Начало девяностых годов без преувеличения стало пиком развития телевидения как такового вообще. После распада СССР пропала цензура, и на на ТВ стало появляться множество передач — как аналитически-интеллектуальных, так и развлекательных.
6. Оставались нерешенными жилищные проблемы**,** многие семьи продолжали жить в коммунальных комнатах или просто по 2-3 поколения в

маленьких 1-2 комнатных хрущёвках. В девяностые годы начали предлагать решение этих проблем, но и сейчас эти проблемы остаются нерешенными на 100%.

7. Появилась возможность выезжать за границу. После распада СССР тысячи российских граждан поехали за границу.
8. В начале 1990-х массово пришли заграничные художественные и мультипликационные фильмы. По ТВ стали показывать западные боевики, комедии и мелодрамы, дети полюбили диснеевские мультфильмы.

Указанные выше явления обусловили изменения, зафиксированные в социологическом исследовании, проведенном «Лабораторией Крыштановской» в 2012-2013 годах в России. В ходе исследования была предпринята попытка определения социальной идентификации молодежи в 26 российских городах и было выявлено, что молодежь испытывает серьезные проблемы с социальной самоидентификацией. Нет устоявшегося видения структуры российского общества и своего места в ней.

Для сравнения: каждый ребенок в СССР знал, что общество, в котором он живет, состоит из рабочего класса, крестьянства и интеллигенции. Идеологема социальной структуры внедрялась в сознание советских людей с детства. Каждый знал, к какой социальной ячейке он относится. Современная молодежь больше не использует трехчленную конструкцию общества. Употребление старых клише теперь если и происходит, то с другим наполнением. Так, рабочий стал неотличим от работника, работающего человека. Словосочетание «рабочий класс» вовсе не используется современными молодыми людьми. Крестьянин заместился фермером, о жизни которого городская молодежь почти ничего не знает, или бизнесменом, который занимается агробизнесом. Интеллиген из базовой группы превратился в категорию скорее нравственную, нежели структурную. Интеллигент в понимание нынешнего молодого человека – существо высокоморальное и невероятно вежливое. В этой трактовке категорию «интеллигенция» молодые люди к себе не применяют вовсе.

Следует отметить, что в российском государстве конца XX-начала XXI века не предпринималось заметных усилий по формированию новой картины мира взамен утерянной. Исключение составляет концепция «среднего класса», которая была выхвачена российскими политологами из контекста западной социологии и внедрена на российской почве. Однако понятие «обычный человек» вытеснило зарубежный концепт «средний класс» и вызывает гораздо больше положительных эмоций в молодежной среде.

Непропорционально большое место в оперативной памяти молодежи занимает «политик» (чиновник, депутат), несмотря на то, что численность этой группы в населении страны занимает менее 1%.

Что касается профессиональной сферы, то у современной российской молодежи в десятку наиболее упоминаемых социальных статусов входят предприниматели и бизнесмены. Причем контекст упоминания этой группы, как правильно, позитивный, что свидетельствует об уважительном отношении молодежи к бизнесу в целом. Характерно, что слово «олигарх» не входит в лексикон молодых людей, но если и упоминается, то исключительно в негативном контексте. Таким образом, можно говорить о семантической дифференциации категорий «бизнесмен» и «олигарх»: первые присутствуют в жизни респондентов, это реальные люди, живущие рядом, их деятельность связана с трудом и риском. Вторые же — существа абстрактные, телевизионные образы или персонажи анекдотов. Про олигархов принято или шутить, или обвинять их в том, что они «наворовали». О развитии статуса «предприниматель» говорит и то, что возникает множество новых профессий, связанных непосредственно с бизнесом: это и бизнес-тренеры, и бизнес-консультанты, и бизнес-инструкторы, ну и конечно, менеджеры.

Другой бурно растущей группой являются профессии, связанные с компьютерами и Интернетом. Блогер рассматривается как самостоятельное занятие, способное приносить доход. Работа в IT-секторе представляется молодым людям интересной и привлекательной, хотя часто используется не в качестве основной профессии, а в качестве возможного дополнительного заработка.

Третья группа профессий, привлекательная для молодежи, – это маркетологи, пиарщики и рекламщики. Участие в пиар-кампаниях, в маркетинговых и социологических исследованиях, организация мероприятий, праздников, дизайн и оформление – возможный доход для студента. Эти новые профессии выглядят современно и гораздо привлекательнее таких старых форм частичной занятости студентов, как работа официантом, грузчиком, посудомойкой или уборщицей.

В ходе исследования было обнаружено удивительное явление: работающие молодые люди относили себя к числу «безработных». Это связано с тем, что они воспринимают свои заработки как случайные и не связанные с постоянным местом работы, с перспективой карьерного роста. Эта проблема касается категории работающей молодежи (как с высшим образованием, так и без него), где педагог становится репетитором, журналист — фрилансером, юрист — консультантом, программист — айтишником на удаленном заработке и пр. Контракты или договоренности о временной работе, *part-time job* (работа по совместительству со свободным графиком) — такие все более распространяющиеся формы занятости обрекают современного человека на поиски стабильности. Специальность, получаемая в вузе, не дает им профессии, которая могла бы создать основу для их благополучия на долгие годы.

Именно это ощущение крайней неопределенности, ожидание какого-то принципиального изменения жизни к лучшему, к большей надежности и уверенности в завтрашнем дне является характерной особенностью молодежи 10-х годов нашего столетия.

Основными проблемами России молодые люди считают коррупцию и воровство, бедность и несправедливость, бюрократизм и произвол чиновников, а также алкоголизм и наркоманию. Молодежь возмущает не бедность как таковая, а несправедливая бедность (Человек, честно проработавший всю жизнь, живет, как нищий).

Негативное отношение к власти в целом характеризует все слои молодежи. В политическом сознании молодежи присутствуют представления о тотальной «нечестности» и «некомпетентности» власти, ее «коррумпированности», о работе «исключительно в интересах личного обогащения». Молодые люди углубляются в свои бытовые проблемы и включатся в политику, только если будут ущемляться их базовые интересы. Тотальное недоверие к власти – вот что объединяет все группы молодежи.

Самым популярным сервисом для молодой аудитории являются социальные сети: 85,2% молодых людей заявили о том, что пользуются ими, вне конкуренции – отечественная сеть «ВКонтакте».

Данные социологических исследований позволяют утверждать, что спорт является самым массовым способом проведения свободного времени для молодых людей. Занятия спортом и посещение спортивных состязаний, просмотр спортивных передач лидируют среди всех форм досуга.

Актуальной формой проведения досуга в молодежной среде стало также волонтерство – безвозмездная и добровольная помощь социально слабым группам людей. Несмотря на естественное желание заработать, молодежь с удовольствием участвует в безвозмездной помощи в устранении последствий какого-либо стихийного бедствия или катастрофы, помощи старикам и детям. Очевидно, что позитивный образ волонтерства прямо связан с потребностью в героях и героических поступках. Заряд на добро – в целом, хорошее дело. И тяга многих молодых людей к совершению добрых дел имеет вполне ясные причины: цинизм и меркантильность последних лет создали такой перекос в общественном сознании, что возникла потребность в компенсации.

В социологических исследованиях последних лет часто задается вопрос о том, кто является кумирами для современной российской молодежи. Этот вопрос очень важен, ведь то, на кого хочет быть похожим человек, определяет его дальнейшую судьбу, ценностные установки и предпочитаемые способы решения проблем.

Анализ результатов проведенных исследований позволяет утверждать, что подавляющее большинство опрошенных респондентов утверждают, что у них нет ни кумиров, ни авторитетов. Широко распространена библейская фраза «Не сотвори себе кумира».

Молодежь уважает только представителей своего ближайшего окружения и людей, которых она видит на телеэкране. Между микромиром родителей и друзей и макромиром телезвезд и политиков зияет пропасть. Мир среднего уровня – уважаемых профессионалов, общественных деятелей регионального масштаба не наполнен. Это говорит о том, что российская молодежь не видит для себя возможности получить всеобщее уважение и приобрести материальный достаток, честно работая в рамках своей профессии. Кумиры современной молодежи – представители политики и шоу-бизнеса. Среди популярных персонажей нет ни одного, кто представлял бы профессии ученого, врача, учителя или инженера. Вкусы молодежи в значительно большей степени формируются телеперсонами, чем людьми из блогосферы и социальных сетей. Несмотря на доминирующие протестные настроения, президент В.В. Путин остается самым популярным политиком России.

Резюмируя сказанное выше, приходим к следующим выводам:

1. В условиях постсоветского пространства происходит формирование новых ценностных установок в российском обществе, в первую очередь, это относится к молодому поколению последних десятилетий. Так, молодежь 80-х годов XX века социализировалась еще в рамках советской модели, и, несмотря на формирующиеся уже новые веяния, являлась преемником советской идеологии, транслируемой как средствами системы образования, так и в СМИ. В 90-е годы произошел резкий слом многолетних устоев, отказ от традиционной системы ценностей. Фактически, становление молодежи происходило в условиях ценностной аномии и перестройки практически всех значимых с точки зрения процесса социализации институтов. Воспитательная функция из системы образования была устранена, а семьи поставлены перед необходимостью зарабатывать деньги в условиях так называемого «дикого рынка».

2. К началу XXI века в России воплотились в жизнь неолиберальные каноны, а конституционный запрет на общую для страны идеологию и цензуру существенно затруднил процесс становления молодых людей в русле традиционных ценностей. Активно началась коммерциализация системы образования, а присоединение России к Болонскому процессу в 2003 году повлекло за собой качественные изменения в образовательной сфере.

3. Второе десятилетие текущего века ознаменовалось яркими внешнеполитическими событиями, в связи с которыми произошли заметные изменения в риторике политических элит. Все чаще стала слышна апелляция к патриотизму, национальному самосознанию, единению. Однако существенных перемен в жизнеустройстве страны не последовало, и сознание российской молодежи, несмотря на всплеск патриотических настроений, все так же формируется в западноцентричной парадигме.

4. Разработанные сотрудниками Центра Сулакшина следующие так называемые реостаты базовых ценностей отражают степень предпочтения этих ценностей и их антиподов, что делает возможным выявление ценностной матрицы той или иной цивилизации, народа, социальной группы:

1. Труд — рента — присвоение;
2. Коллективизм — индивидуализм — эгоизм;
3. Нематериальные ценности — материальные ценности — накопительство;
4. Инновации — консерватизм — реакционность;
5. Альтруизм — рационализм — корысть;
6. Терпимость — неприятие иного — человеконенавистничество;
7. Сопереживание — безразличие — презрение;
8. Креативность — пассивность ума — догматизм;
9. Любовь, семья, дети — страсть, секс — извращения;
10. Ценность человеческой жизни — пренебрежение жизнью — садизм;
11. Стремление к совершенству — нетребовательность — стремление к разрушению;
12. Духовное удовлетворение — физическое удовлетворение — гедонизм.

5. Экспертный опрос, проведенный сотрудниками данного Центра на основе методологии ценностных реостатов, позволяет выработать ценностно-мотивационный портрет, как всего российского социума, так и отдельных его групп. По данной методике исследование проводилось в 2015 году относительно всего российского общества в целом, а в 2016 году – применительно к молодому поколению современной России. Усредненная оценка степени выраженности вышеперечисленных ценностей молодежи и социума в целом представлена на рисунке 1.

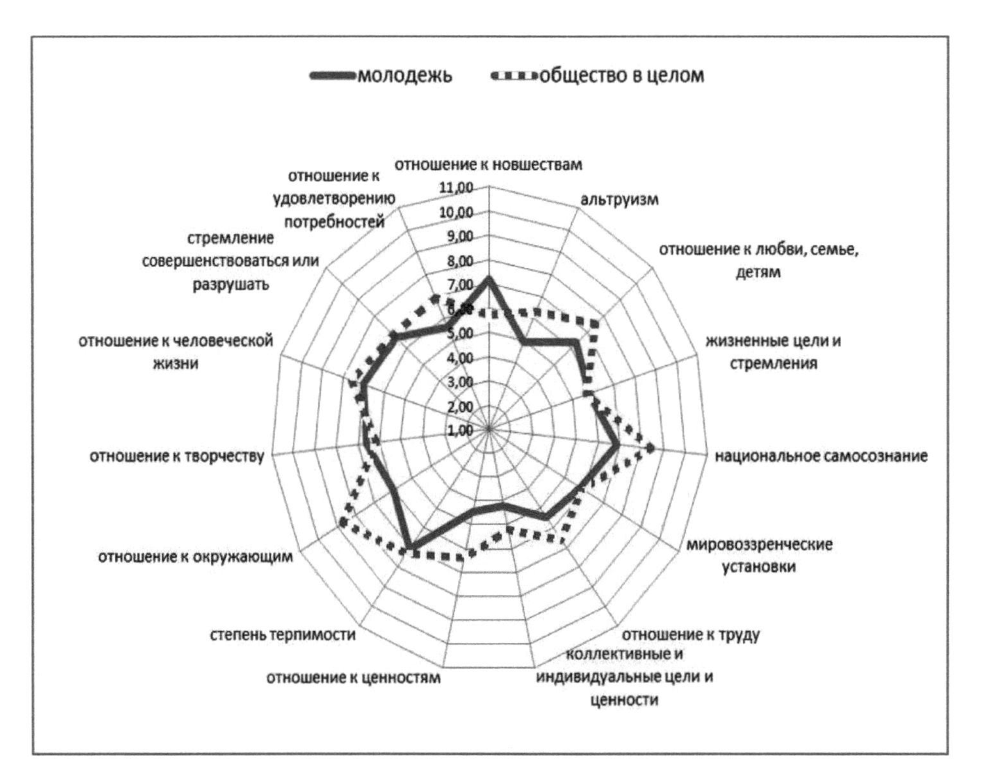

Рис. 1. Соответствие ценностных характеристик россиян категориальному образцу человека «идеального» (по 11-тибалльной шкале, где 1 — минимальное соответствие, 11 — максимальное)

Предлагаемая экспертная оценка демонстрирует видимое системное смещение ценностных ориентаций молодежи. Очевидно, что молодое поколение значительно отличается от поколения своих родителей, закономерен сдвиг и отношении к ценностям в сфере выбора между материальным и нематериальным. Ориентация на духовность молодым поколением постепенно утрачивается, а стремление к накопительству усиливается. Большинство экспертов уверены, что молодые люди по одним своим качествам опережают старшее поколение, по другим — уступают.

«В плюс» молодежи эксперты засчитывают чаще всего мобильность, коммуникабельность, активность, обучаемость, компьютерную грамотность, владение технологиями, адаптивность и оптимизм. «В минус» — низкий уровень воспитания, нравственности, культуры, эрудиции, отсутствие опыта.

Таким образом, такие ценности как уважение к культуре и истории своей страны, коллективизм, любовь к Родине не входят в число приоритетных в сознании современной молодежи, являясь важными для старшего поколения. В этом случае не произошло преемственности поколений, российская молодежь не усвоила органично базовые традиционные ценности, нарушилось единство системы «личность-общество».

Следует отметить, что особенностью России всегда было наличие отчетливых установок на социальный патернализм. От государства или от работодателя в России ждут больше, чем во многих западных странах, Но и терпеть от государства или работодателя готовы тоже больше, чем в среднем на Западе. Однако, социальный патернализм – не уникальная характеристика исключительно российского общества: он в разных формах присутствует в странах Южной и Центральной Европы, Восточной Азии.

Много десятилетий отгороженные от мира железным занавесом, мы входим в мир с большим трудом – с экономикой, ориентированной на сырьевой рынок, с утечкой умов, с высокой преступностью и коррупцией.

В настоящее время в России наблюдается очевидный процесс прагматизации жизненных ценностей, резкого повышения роли материально-денежного фактора в современной жизни. Здоровье, семья и материальная обеспеченность занимают первые три места в ценностных ориентациях россиян.

Вместе с тем социологи отмечают рост потенциала ценностного консенсуса, т.е. увеличение числа людей, одобривших следующую совокупность ключевых ценностей: жизнь, свобода, работа, безопасность, диалог, равенство возможностей. Несмотря на материальные трудности в альтернативе СВОБОДА – МАТЕРИАЛЬНОЕ БЛАГОПОЛУЧИЕ значительная часть российских граждан выбирает свободу.

Список литературы

1. Березовая Л.Г., Берлякова Н.П. Введение в историю русской культуры. М., 2002.
2. Вайль П., Генис А. Шестидесятые: мир советского человека. М., 1996.
3. Горшков М.К., Шереги Ф.Э. Молодежь России: ретроспектива и перспектива. 2013 / http://www.civisbook.ru/files/File/molodeg_perspektivy.pdf
4. Данные опроса ФОМ, 2015 год, http://fom.ru/TSennosti/12055
5. Данные опросов Центра Юрия Левады, ВЦИОМ и ФОМ.
6. Евразийство: за и против, вчера и сегодня («Круглый стол»)//Вопросы философии. 1995, № 6.
7. Капустин М. П. Конец утопии? Прошлое и будущее социализма. М., 1987.
8. Козлова Т.З. Оценка старшим поколением молодёжи.//Философия старости: геронтософия. Серия «Symposium», Выпуск 24./Сборник материалов конференции. — Санкт-Петербург: Санкт-Петербургское философское общество, 2002. С. 104-105.
9. Культура, культурология и образование. («Круглый стол»)//Вопросы философии. 1997, № 2.

10. Культурология. Под ред. А.Н. Марковой. М., 2001.
11. Отчет кафедры социологии молодежи социологического факультета МГУ им. М. В. Ломоносова по исследованию «Политическая активность молодежи», 2008 г.
12. Пастухов В. В. Будущее России вытекает из прошлого//Полис. 1992, №№ 5-6.
13. Померанц Г. Актуальные проблемы культуры XXвека. М., 1993.
14. Риск исторического выбора в России («Круглый стол»)//Вопросы философии. 1993, № 7.
15. Юревич А.В., Юревич М.А. Динамика психологического состояния российского общества: экспертная оценка//Нравственность современного российского общества: психологический анализ/Отв. ред. А.Л. Журавлев, А.В. Юревич. — М.: Издательство «Институт психологии РАН», 2012. С. 21–41.
16. http://rusrand.ru/ideology/partija-novogo-tipa

Postsowjetische Identität

Neue Wertvorstellungen und die Entwicklung des Individuums in den postsowjetischen Ländern am Beispiel Litauens

Nomeda Sindaravičienė

Um das Ende der Sowjetzeit zu beschreiben und die Entstehung von neuen Werten zu erklären, muss man sehr gut das System der Sowjetzeit kennen. Mit diesem Artikel versuche ich die wichtigsten Ursachen aufzudecken, warum es in Litauen sowohl solche Menschen gibt, die sich noch immer nach der sowjetischen Zeit zurücksehnen, als auch solche, die die Sowjetzeit in jeder Hinsicht hassen. Weiterhin will ich das soziokulturelle Potenzial aufzeigen für die Chance, dass solche unterschiedlichen Individuen heute neue Wertvorstellungen entwickeln können.

Nach dem Ende der Sowjetzeit waren nebeneinander drei populäre Richtungen des Denkens verbreitet: sowjetisch, national und westlich ausgerichtete. Die vormals wichtigsten Werte der Sowjetzeit in Litauen galten den Arbeitertugenden, dem „großen Heimatkrieg“ und seinen Veteranen, der klassischen Kunst, der russischen Sprache und den guten Beziehungen mit Russland. Im Jahre 2015 hat das Institut für internationale Beziehungen und politische Lehre der Universität Vilnius[1] ein Forschungsprojekt über die Entstehung von neuen Wertvorstellungen durchgeführt. Das Forschungsprojekt „Die unabhängige Generation: postsowjetisch oder postmodern?“ konnte aufzeigen, dass von der Mehrheit der Befragten die Sowjetzeit keinesfalls als durchweg schlecht abgelehnt wurde, sondern sogar als weitgehend gut bewertet wurde. Nur bei den Wörten „Freiheit“ und „Kontrolle“ waren verschiedentlich kritische Bemerkungen erschienen. (Hier muss allerdings erwähnt werden, dass junge Menschen nicht befragt wurden.) Es wurde auch festgestellt, dass viele Befragte die Begriffe „Ideologie“ und „System“ offenbar verwechselten. Die Menschen hatten nicht an kommunistische und marxistische Ideologien geglaubt, aber doch gestanden viele ein, dass sich mit dem System vormals gut leben ließ. Nach dem Ende der Sowjetzeit wollten sie jedoch die Annehmlichkeiten dieses Lebens nicht mehr anerkennen, weil es als eine Schande empfunden wurde, so gelebt zu haben. Mit der Zeit aber trauten sich immer mehr zu sagen, dass es in der Sowjetzeit leichter zu leben war. Alle hatten damals Arbeit und pflegten sich keine Gedanken über die Ereignisse in der Welt zu machen, zum einen, weil die außersowjetische Welt weit weg war, zum anderen, weil darüber auch kaum Informationen bestanden. Eine solche Beurteilung, dass das Leben leichter war, mag für das praktische Alltagsleben nachvollziehbar sein. Aber für die älteste Generation war es sehr schwer, über ihre Werte zu sprechen. Denn sie hatten eigene Werte aus den Kontexten der Kirche und der Religion, die mit den Werten des Systems in Konflikt standen. Die jüngeren Generationen, die nach dem Krieg geboren waren, hatten die sowjetische Schule besucht und waren in der

[1] Ramonaitė/Kavaliauskaitė 2015.

Sowjetzeit sozialisiert worden: Sie erkannten in den Wertbindungen des Systems keine Unterdrückung. Danutė Gailienė[2] unterscheidet in der Geschichte Litauens Menschen, die von der Unterdrückung gewusst haben, und solche, die davon nichts gewusst haben, selbst dann, wenn die Verwandten im Exil leben mussten. Hierfür gab es mehrere Ursachen: Zum einen versuchten die Eltern die Kinder davor zu bewahren, dass sie nicht zu viel und nicht das Falsche ausplauderten. Zum anderen war es für sie selbst emotional sehr schwer, die Unterdrückung zu ertragen, und so versuchten sie alles zu verdrängen.

Zur Frage, warum nun für einige die Sowjetzeit als gut erschien, lassen sich folgende Fakten ins Feld führen. Der Lebenssinn dieser Generation war durch das System gebildet worden. Die einen wurden zu „Systemkindern" ernannt, weil sie selbst das System errichtet hatten. Die anderen, denen Haus, Grund und Boden genommen worden war, fühlten sich minderwertig, lebten fortgesetzt in Angst und entwickelten das Selbstbewusstsein, unbedeutend und wertlos zu sein und möglichst unsichtbar leben zu sollen. Wieder andere besaßen keinen Grund und Boden zuvor und wollten sich zusammen mit dem System ein neues Leben schaffen. Sie hatten die Hochschulen abgeschlossen, wurden Ingenieure, Ärzte, Lehrer und bekamen vom System kostenlose Wohnungen, Gärten, Möglichkeiten zu Reisen, usw. Alle Menschen in der Sowjetzeit erhielten keine Nachrichten aus den westlichen Ländern und sie durften nicht über das westliche Leben sprechen. Sie mussten vielmehr stets und allerorten bestätigen, dass das Sowjetsystem das Beste sei und das Beste für die Menschen tun würde. So wurden den Menschen optimistische Kunst gezeigt und, besonders im Kino, heroische Menschen und glückliche Arbeiter. Dies war Propaganda für das System. Aber es war zugleich eine Inspiration und die Menschen waren eigenartig stolz darauf, diesem System anzugehören.

Ein Beispiel: Viele Menschen glaubten daran, dass die Kolchosordnung die beste Form der Arbeitsorganisation sei. Sie hatten daran mitgewirkt, Kolchosen zu organisieren und produktiv zu halten. Als nun durch eine neue Regierung das alte System zerstört worden war. war dies für diese Menschen eine Katastrophe, weil sie engagiert die Kolchosordnung wie auch das Sowjetsystem selbst miterrichtet hatten. Sie sehnten sich zurück zu diesem System und erlebten das heutige System als nicht zu ihnen gehörig. Dies ist der Grund dafür, dass noch immer diese erste postsowjetische Generation nicht auf die heutige Regierung vertraut. Sie haben keinen Anlass, neue Werte schaffen, weil sie sich über ihr ganzes Leben mit den Werten des Systems identifiziert hatten. Wenn nun plötzlich jemand sagt, dass die Sowjetzeit nur der größte Fehler der Geschichte war, dann erleben sie die Abwertung dieses Systems als eine persönliche Beleidigung, weniger noch als den Zusammenbruch selbst können sie diese Interpretation akzeptieren und können denen, die so sprechen, nicht vergeben.

Kann man hier wirklich schon von einer unabhängigen Generation sprechen? Und welche Werte hatte sie? Ainė Ramonaite[3] bezeichnet die letzte Sowjetgeneration als die „verlorene Generation". Bevor sie geboren wurde, blühte die Sowjetzeit auf, überall konnte man Fortschritte wahrnehmen. In den siebziger und achtziger Jahren mussten sie jedoch die große Rezession erleiden und diese Generation wusste nicht, wofür sie sich begeistern sollte. Diese Zeit erschien vielmehr als ein Vakuum von Sinn und

[2] Gailienė 2011.

Werten. Die alte Ordnung war nicht mehr fähig zu begeistern und nach dem faktischen Ende der Sowjetzeit war klar geworden, dass das Sowjetsystem nur eine Irreführung der Massen war. Aber der Zusammenbruch gab nicht zu erkennen, woher man neue Werte oder Ideen ableiten sollte. Es gab nur wenige kleine Gruppierungen, zu welchen nur Einzelne gehörten, z. B. die Bewegung der ethnischen Kulturen oder auch kirchliche Gruppen. Die Masse der Menschen suchte schmerzlich nach neuem Lebenssinn und ein Teil von ihnen ertränkte ihre Suche im Alkohol und in Drogen oder suchte eine Lösung in einer möglichst einfachen Lebensführung, sie suchten bescheiden nach der Lebensfreude im Alltag.

Die heutige, tatsächlich unabhängige Generation ist nun noch mehr verloren – so meint Ainė Ramonaitė.[3] Während man mit einer alten Dame drei Stunden über Politik sprechen kann, so vermutet sie, könne man mit den jungen Leute nur zehn Minuten darüber sprechen, weil sie sich dafür nicht interessieren und am öffentlichem Leben nicht teilnehmen. Man fühlt hingegen Zynismus bei der jungen Generation. Woher kommt dieser? Von den Eltern, die ihnen keine alten Werte überlieferten und keine neuen schaffen konnten. Deswegen existieren weiterhin auch heute noch in der Gesellschaft zwei einander widersprechende Orientierungen zugleich: die eine, die neue Werte schaffen möchte und sich nicht nach den Sowjetzeiten zurücksehnt, und die andere, die nichts Neues will, aber überall in der Gegenwart nur Schlechtes sieht und schwarz sieht für die Zukunft. Zwischen diesen beiden Welten bewegen wir uns.

Existiert Litauen nun in einem Wertevakuum? Ronald Inglehart[4] hat die Kulturen der östlichen Länder auf ihre Wertorientierungen hin untersucht und überprüft, welche Länder in dieser Hinsicht einander ähnlich sind. Die von 2010 bis 2014 durchgeführte Untersuchung wurde veröffentlicht und zeigte das Ergebnis, dass die Wertorientierungen der Länder Belarus und China jenen in Litauen am nächsten kommen. Die Methodologie von Inglehart ist sehr kompliziert, in die beiden sich kreuzenden Achsen, die er zeichnet, treten viele Werte ein. Seine Forschung zeigt, dass die staatsbürgerlichen Nordländer in der Schaffung neuer Werte besonders aktiv sind. Sie sind auch die postmodern orientierten Länder. Es gibt ferner konservative, weniger reiche Länder, denen sehr reiche, postmoderne Länder gegenüberstehen. Litauen gehört weder zu den einen noch zu den anderen, sondern ist von beiden Polen – zusammen mit China – am weitesten entfernt. Das heisst, Litauen ist nicht traditionell, aber auch nicht postmodern orientiert. Einige Werte sind hier schon nicht mehr aktuell, andere gibt es noch nicht. Die litauischen Werteentwicklungen "hängen in der Luft". Die neuen Werte scheinen noch nicht entdeckt zu sein, vielmehr existiert vor allem die Sorge zu überleben.

Doch es gibt auch eine positive Seite. Die Menschen, die heute an Universitäten studieren, sind sehr selbstbewusst, postmodern orientiert, sie sprechen gut englisch und zeigen einen westlichen Lebensstil. Was aber kann man tun, dass sie sich auch weiterhin für ein Leben in Litauen entscheiden? Nicht der Staat, das Gemeinwesen, scheint ihnen wichtig zu sein, sondern in erster Linie ihre Selbstdarstellung. Für diese sind sie bereit viel zu tun, es ist nur eine sekundäre Frage, ob sie auch mit Litauen etwas zu tun hat.

---

[3] Interviu Ramonaite 2015.
[4] Vgl. Savicka 2015.

Litauen ist klein und das könnte ein Vorteil sein; Denn ein kleines Land ist dynamisch und selbst eine kleine Idee kann sich schell zu einer bewegenden Kraft entwickeln. Aber man muss einen Schlüssel finden für das Problem, dass die jungen Leute in Litauen bleiben und dass zwischen den beiden Generationen eine Synergie entstehen kann.

Bei der Suche nach neuen Werten darf nicht übersehen werden, dass auch diejnigen Persönlichkeiten, die für die Geschichte Litauens sehr bedeutsam waren, einen grossen Einfluss auf die Schaffung neuer Werte hatten. Es waren zum einen Persönlichkeiten mit sowjetischem Hintergrund, vornehmlich jene Schriftsteller, die in der Sowjetzeiten nicht in Litauen gelebt haben. Und zum anderen Persönlichkeiten, die sehr national und kirchlich geprägt waren und um die Freiheit Litauens gekämpft haben. Von solchen Persönlichkeiten gehen heute neue Werte aus, Werte, die mit der Religion verbunden sind, nationalistisch-konservative Werte wie auch liberale Werte. Und diese Werte prägen auch heute die litauische Identität.

Die Identität des Menschen ist sehr eng mit der Kultur seines Umfeldes verbunden. Es wurde schon darauf hingewiesen, dass in der Sowjetzeit in Litauen im Theater, Kino, Fernsehen, in der Kunst und in der Musik optimistische Stimmungen hervorgebracht wurden. Unsere Architekten, Schauspieler, Musiker und andere Künstler waren bestrebt, die litauische Schaffenskraft zum Ausdruck zu bringen, sie haben auf diese Weise den nationalen Interessen entsprochen und zugleich jedoch nicht dem Geist der Sowjetunion widersprochen.

Am Ende der Sowjetzeit zeigten sich überraschende Veränderungen in allen Feldern der Kunst. So sind wertvolle erste Rockmusikbewegungen entstanden, die grosse Bedeutung für die junge Leute hatten. Die Kunst wurde in allen Sparten risikofreudiger, freier und moderner. Mit der Kunst änderte sich auch die Identität mancher Litauer, denen nun die Freiheit zum Experimentieren und die Abweichung von konventionellen Mustern wichtiger wurden.

Es gibt jedoch auch eine andere Seite der kulturellen Entwicklung. In der modernen Kulturindustrie wird durch TV-Shows, social media und andere kollektiv zugängliche Formen von Medien eine Massenkultur hervorgebracht, eine Form der kulturellen „Energetisierung“, die vor allem junge Menschen zu Fans fixer Ideen werden lässt und die Gefahr des Fanatismus in sich birgt. Dieser wiederum verstärkt die Abhängigkeit den sozialen Medien und vom Fernsehkonsum. Die mediale Verbreitung der nationalen Identität erfolgt vornehmlich in diesen Formen und man sieht nationale Identität und Massenkultur zu einer Einheit verbunden. Die Schaffung menschlicher Identität ist ein endloser Prozess, wir sind immer damit beschäftigt, sie zu bestätigen, sie zu entwickeln und sie uns neu anzueignen. Kontinuität ist dabei ein wichtiger Garant für die traditionelle Identität – und für Tradition und Geschichte selbst. Das Bedürfnis nach einer traditionellen Identität ist auch in Litauen erhalten geblieben. Besonders stark fühlt man Tradition und Geschichte im Leben der Familien. Bis heute feiert man unverändert die Feste, die eng mit der Geschichte Litauens verbunden sind, z. B. „Vasario 16“ (16. Februar – Tag der Unabhängigkeit).

Wenn man zurückschaut in die Sowjetzeit, erinnert man sich, dass in dieser hinsichtlich der Identität ein eigener Typus entstanden ist: Homo sovieticus. Dieser Termin ist lebendig bis heute. Er beschreibt eine bestimmte Gruppe von Menschen, die Angst vor der Zukunft haben und sich nicht auf eine andere als die sowjetische

Zukunft einstellen können. Diese Leute suchen noch verzweifelt nach ihrer künftigen Identität. Sie haben 50 Jahre in Litauen gelebt, aber sie sprechen nur Russisch. Sie verkörpern das unverrückbare Wesen des Sowjetsystems, das mit der Zeit zu einem Teil der öffentlichen Identität geworden ist. Nach dem Ende der Sowjetzeiten haben solche Menschen ihre Identität, die Anerkennung ihrer Werte und ihren Lebensstandard verloren. Ihre sowjetische Identität beruht auf einer nostalgischen Verklärung der Geschichte, sie schauen zurück in die Vergangenheit, um die Gegenwart zu verstehen.

Nach Meinung von Evalda Jakaitienė[5] werden in der Gegenwart nicht neue Werte, sondern Ideale der Profitorientierung gebildet. Heutzutage stehen auf die Einzelperson bezogene Ideale wie das erfolgreiche Unternehmertum, körperliche Kraft und die Beherrschung technologischen Denkens im Vordergrund. Aus diesen neuen Idealen konstituiert sich ein neus Identitätsbild und aus ihnen entstehen bei den Menschen die Visionen vom guten Leben: Verfügen über reichlich Geld oder über eine gute Arbeitsstelle, wo man viel verdient. Es gibt offenbar zur Zeit einen Teil der Menschen, die überhaupt nicht wissen, wieviel Geld sie brauchen. Wegen des Geldes suchen nicht wenige Litauer Arbeit in anderen Ländern. Sie suchen keine „gute“ Arbeitsstelle, sondern vor allem jene, wo man viel verdient. Zur Zeit will man in Litauen keine Mittelschicht anerkennen, weil die Menschen, die zu ihr gehören könnten, zu wenig verdienen. Der Wegfall einer Mittelschicht ist die Folge der aktuellen großen „sozialen Schere“ zwischen Arm und Reich.

Trotz einiger negativer gesellschaftlicher Phänomene haben das Selbstbewusstsein der Menschen und der Stolz auf ihre Nationalität erheblich zugenommen. Die Anerkennung der Menschenwürde und das Verschwinden des Minderwertigkeitsbewusstseins sind die Hauptmerkmale des neuen unabhängigen Lebens in Litauen. Mehr und mehr sprechen die Leute über die Notwendigkeit der Entwicklung einer wertebasierten Gesellschaft. Was ist der richtige Weg zu einer „wertorientierten Gesellschaft“? Am Ende der Sowjetzeit galt in Litauen zunächst die Entwicklung von Sozialarbeit, von Hilfe- und sozialen Einrichtungen als dringlich. Denn früher gab es keine „sozial Bedürftigen“, weil die Sowjetzeit solche Notlagen nicht sehen wollte. Es gab auch keine „behinderten Menschen“. Somit existierte auch keine Sozialarbeit. Nun wurden Einrichtungen der Caritas wiedereröffnet, wo sich die Menschen ehrenamtlich engagieren konnten. Auch das Ehrenamt existierte ja nicht in der Sowjetzeit. Gegenwärtig kennt Litauen auch die Sozialarbeit als Beruf. Sozialeinrichtungen und soziale Begleitung für alle Bedürftigen sollen sichergestellt werden. Gegenüber dem Bedarf an sozialer Unterstützung sind die Menschen nicht mehr gleichgültig. Viermal pro Jahr organisieren soziale Einrichtungen etwa ein Projekt mit dem Titel „Nahrungsmittelbank“. Das Ziel des Projektes ist, dass jeder Mensch in Litauen für die Versorgung von Bedürftigen Nahrungsmittel kauft und sie den sozialen Einrichtungen zur Verfügung stellt. Das Projekt ist sehr erfolgreich.

In vielerlei Hinsicht ist ein Wachstum des bürgerlichen Engagements zu bemerken. Das ist möglich, weil es in der Gesellschaft immer mehr Menschen gibt, die den Weg zu einer erfolgreichen Lebensführung gefunden haben. Die Varianten der erfolgreichen Lebensführung lassen sich durch drei Typen kennzeichnen: Ich will diese bezeichnen als „Mentalität“, „Lage“ und „Performanz“. In jedem Typus zeigen die

[5] Jakaitienė 2013.

Menschen einen eigenen Lebensstil. Mit dem Typus „Mentalität" findet man Menschen, die originäre Einstellungen, eigene Werte, individuelle Lebensziele und reflektierte Weltbilder haben. Der Lebensstil des Menschen des Typus „Lage" ist auf Bildung, Einkommen und Berufsprestige ausgerichtet. Die Menschen, die den Typus „Performanz" als ihren Lebensstil beanspruchen, drücken dies vor allem in ihrem Statusverhalten, ihrem Konsum, ihrem Erscheinungsbild und ihrer äußerlichen Ausstattung aus. Sie interessieren sich für das, worüber andere sprechen, etwa darüber, was für ein Auto sie haben, wie sie aussehen, welche Orte sie besuchen können. In diesen drei Typen finden sich sowohl Frauen als auch Männer. In den Dimensionen dieser Typologie bewegt sich derzeit die litauische Identität.

Die Veränderungen der Wirtschaft, Technologie und Sozialpolitik in den letzten Jahren hatten auch erheblichen Einfluss auf die Wertentwicklung in Litauen. Die Werte wie Religiosität, Arbeitsmotivation, politisches Engagement, Konfliktkultur, Erziehung der Kinder, Toleranz der Homosexualität etc. zeigen neue Entwicklungen an. Die Akzente liegen auf solchen Werten, die die wirschaftlichen Erfolge, das Streben nach Innovation und die soziale Mobilität der Personen fördern. Die Modernisierung hat vor allem die jungen Menschen beeinflusst. Sie sind weltlicher und rationaler orientiert und an diesen Orientierungen sind auch die Werte ausgerichtet.

Solche neuen Phänomene könnten zu einem Wertepluralismus führen. Aber nach den Forschungsdaten über Werte zeigen sich die Litauer an die Familie gebunden, fleissig, selbständig, sparsam, verantwortlich. Noch immer gibt es in der Erziehung der Kinder zu wenig Toleranz, Vertrauen und Respekt. Und wenn die Kinder erwachsen sind, setzt sich der Mangel an solchen Werten fort. Diese Tatsache bildet ein psychologisches Kernproblem, welches manchmal zu den Konflikten zwischen den Wertvorstellungen unterschiedlicher gesellschaftlicher Gruppen und Generationen führt. Schließlich kann sich das Leben auf verschiedene Arten entwickeln, der Mensch kann nicht zu einem „wirtschaftlich erfolgreichen Wesen" werden ohne zu wissen, dass das Wichtigste die Beziehung zwischen Menschen ist, der Respekt voreinander. Wenn wir litauische Emigranten fragen, was ihnen am meisten im Ausland gefällt, so ist häufig die Antwort: der Respekt vor anderen Menschen. Dies fehlt uns leider manchmal in Litauen. Das Fehlen dieser Haltung zerstört zuweilen das Vertrauen ineinander. Hier liegt einer der wichtigsten Unterschiede zwischen den Werten im Westen und in Litauen. Das Vertrauen bestimmt auch das Potenzial menschlicher Aktivitäten: Je mehr und intensiver die Kontakte und die Kommunikationsmöglichkeiten, desto mehr können Menschen miteinander erreichen. Ist es ein Merkmal des litauischen Charakters oder ist es die unvermeidliche Folge sozialer und kultureller Fehlentwicklungen? Beide Optionen bieten eine Erklärung. Leider muss die Zeit erst noch kommen, damit sich dies ändern kann.

Die für Litauen wichtigsten Veränderungen im Verhältnis von Individuum, Gesellschaft und Staat sind Freiheit, Demokratie und die Mitgliedschaft in Europa. Wenn man junge Menschen fragt, wie sie sich wünschen in der Zukunft zu werden, bekommt man etwa die Antwort: Wir jungen Menschen, die neue Generation, leben in einer interessanten Zeit. Es ist kein Geheimnis, dass die Menschheit im 20. Jahrhundert tatsächlich ihren Höhepunkt erreicht hat. Wir haben das, was sich unsere Eltern und Großeltern nicht vorstellen konnten. Technologische Errungenschaften, wissenschaftliche Entdeckungen und die Etablierung von Demokratie haben uns soweit als möglich die Türen zur Welt geöffnet.

Das Konsumverhalten der jüngeren Jugend ist auf schnelle Befriedigung ihrer Bedürfnisse ausgerichtet – seien es elementare Bedürfnisse oder sei es der Wunsch nach Information. Es stellt keinen Wert mehr dar, sich hierfür anzustrengen. Wahrscheinlich begann diese Entwicklung schon früh mit den Comics, mit ideologischer Literatur und mit der Konsumdynamik in Supermärkten. Warum ein Buch lesen, wenn Sie einen Film sehen können? Warum sich etwas erarbeiten, wenn man es schon fertig im Internet bekommen kann?

Dies gilt nicht weniger für die Selbstdarstellung. Das Internet bietet die Möglichkeit, alles vorzustellen und sich selbst und andere glauben zu machen, dass man wirklich so sei. Es schafft die Illusion der Allmacht. Wenn eine Person nicht das bekommt, was sie will, schafft sie sich ersatzweise diese zufriedenstellende Realität. Ein junger Mann erkennt zu einem sehr frühen Zeitpunkt, dass er mit großem Geld alles erreichen kann, aber wer es nicht hat, ist ein "Verlierer". Infolgedessen sind junge Menschen viel pragmatischer und stellen sich dar, als ob sie den Erfolg schon erreicht hätten.

Psychologen stellen fest, dass die derzeitigen Jugendlichen sozial (aber nicht kollektiv) und individualistisch sind. Es ist zwar soziales Engagement nötig, das wird eingesehen; aber man scheut sich, dies öffentlich zuzugeben, so dass "Verlierer" in den Zynismus versinken, immer apathischer, passiver und verantwortungsloser bei alltäglichen Aktivitäten werden und oft in den Computern und Smartphones versinken. Diese Haltung infiziert weltweit die vernetzte Computergeneration, während in der Realität die Kommunikationsfähigkeit zunehmend schwindet. Andererseits sind junge Menschen in einigen ihrer Funktionen viel potenter als ihre Eltern. Die gegenwärtigen jungen Leute sind mutig, entspannt, unkompliziert, viel aktiver in sozialen Aktivitäten und treten verschiedenen Vereinen, informellen Bewegungen und Parteien bei. Sie sind selbstbewusster, obwohl ihnen manchmal das Gefühl der Bescheidenheit fehlt. Die derzeitige Jugend ist die am besten ausgebildete Generation in der bisherigen Geschichte der Menschheit, obwohl Lehrer eine merkwürdige Lücke bemerken: Begabte Kinder sind viel talentierter als wir es waren in ihrem Alter, aber sie sind nicht hoffnungslos. Allerdings überwiegen die guten Dinge die schlechten, nur die ältere Generation scheint wie immer pleite zu sein.

Die Geselllschaft in Litauen in den nächsten Jahren wird besonderen Wert auf Innovationen legen. In letzter Zeit konzentrieren wir uns nach wie vor auf zunehmende Produktivität, auf technologische Erneuerung, Innovation und Zusammenarbeit zwischen Unternehmen und Wissenschaft. Heutzutage ist dies für Litauen das aktuellste Thema, von dem man in den Zeitungen lesen oder im Fernsehen hören kann. Das Thema „soziale Gerechtigkeit“ ist hingegen nicht besonders populär. Zuallererst müssen wir lernen, den Staat als Gemeinschaft von Individuen zu verstehen, als Einheit der Vielfalt. Soziale Gerechtigkeit bedeutet nicht, Vielfalt zu beseitigen. Am wichtigsten ist jedoch, dass diese Vielfalt kein Hindernis für die Nachhaltigkeit der Gemeinschaft darstellt. Die Pflicht des Staates, ein Schild für die schwächsten Mitglieder zu sein, um ihnen ein würdiges Leben zu ermöglichen, muss anerkannt werden, schon deshalb, weil die Schwäche eines Teils der Gemeinschaft auch ein Problem des Ganzen ist. Jeder Mensch wird nicht dadurch stärker, dass er mit einem anderen konkurriert, sondern dadurch, dass er kreativ mit anderen zusammenarbeiten kann. Es ist ebenso wichtig, dass jedes Mitglied der Gesellschaft der Meinung ist, dass das öffentliche Leben nicht zum Wohle eines jeden Teils der Gesellschaft, sondern im Interesse der Harmonie unter Berücksichtigung der Bestrebungen aller Mitglieder geführt wird. Nur dann wird die politische Führung eine begründete Autorität haben und die Bürger werden solidarisch sein. Eine solide Gesellschaft vermeidet nicht nur soziale Konflikte, sondern schafft auch erfolgreiches Leben.

***

Auf die interkulturelle Öffnung ist Litauen besser als alle anderen baltischen Staaten vorbereitet. In Litauen leben seit jeher sehr verschiedene Minderheiten mit ihrer eigenen Kultur, eigenen Traditionen und eigener Sprache. Interkulturelle Öffnung bezeichnet zuerst die strategische Entscheidung einer Institution oder einer Organisation. „Interkulturell" bezieht sich auf Aspekte von Unterschiedlichkeit hinsichtlich Sprache, Wertesysteme, Verhaltens- und Lebensformen, die sich auf Interaktionen auswirken. Zur Zeit hat Litauen grosse Zahl der Immigranten, besonders aus der Ukraine. Alle Menschen – mit oder ohne Zuwanderungsgeschichte – leben in Litauen und erhalten Zugang zu den Dienstleistungen, Produkten und Ressourcen des Landes. Sie nehmen an Sprachkursen teil und lernen schnell litauisch. Interkulturelle Öffnung besteht sowohl in Bezug auf das Bildungssystem und den Arbeitsmart (die Immigranten arbeiten zumeist in der Baubranche) als auch auf soziale Sicherungssysteme und die Gesundheitssicherung. Die Unternehmen, die sehr viele Immigranten beschäftigen, bauen eigens für diese Häuser, in denen sie wohnen können.

Nach der Analyse von Forschungsergebnissen von Wissenschaftlern der Technischen Universität Kaunas (KTU)[6] betrachten die Einwohner Litauens die alternde Gesellschaft, die verstärkte Auswanderung, Alkoholismus und Drogenabhängigkeit und eine sich verringernde Geburtenrate als die größten Bedrohungen für das Land. Bei der Bewertung der am häufigsten genannten Bedrohungen in den Medien identifizierten die Forscher sieben Hauptgefahren. Darunter befinden sich militärische Bedrohungen: Androhung der Invasion Russlands in Litauen, verstärkte militärische Konflikte in der Welt, internationaler Terrorismus in unserer Region und die Verringerung der nationalen Sicherheit. Die Bedrohung durch den Zusammenbruch der NATO, der mögliche Einsatz von Atomwaffen und die Bedrohung Russlands für andere Regionen werden ebenfalls hervorgehoben. Die litauische Gesellschaft ist am meisten besorgt über wirtschaftliche und soziale Bedrohungen, militärische Bedrohungen sind sowohl hinsichtlich der Wahrscheinlichkeit als auch der Auswirkung der Ängste weniger bedeutsam. Das Hauptproblem ist banal, aber sehr klar – zu viel soziale Ungleichheit. Dies ist ein grundlegendes Problem der Gesellschaft Litauens und verschiedene Indikatoren zeigen an, dass Litauen in verschiedener Hinsicht in zwei Kulturen zerfällt – es können verschiedene Metaphern verwendet werden: beispielsweise „Vilnius und der Rest Litauens", „traditionelles und postmodernes Litauen", „altes und junges Litauen". Es ist ein großes Problem, dass es in Litauen keine Sozialpolitik gibt, die darauf abgestellt ist, diese Ungleichheit zu verringern. Die Auswanderungstendenz ist damit eng verbunden. Laut der Forscher wird die litauische Gesellschaft gespalten durch Ausgrenzung, Ungleichheit, Mangel an vernünftiger

[6] Rimkus 2013.

und durchdachter Sozialpolitik, vorherrschendem Neoliberalismus und geschäftliche Prominenz. Wenn wir lachen würden, würden wir sagen, dass Litauen Basketball, Wahlen und Eurovision vereint. In der Tat ist es mehr. Die Gesellschaft, die zum Leben in Litauen entscheidet, eint die Liebe zu Litauen, das Ideal harmonischer Familien und die Liebe zur Natur. Dafür gibts es sogar verschiedene Initiativen wie etwa das Projekt „Jahrhundertwald", die eine großartige Gelegenheit geben, um Energie und Kreativität der Bürger Litauens miteinander zu vereinen, nicht nur um Zeit miteinander zu verbringen, sondern auch etwas Sinnvolles zu tun für die Arbeit an der Zukunft Litauens, für das Wohl der Natur und künftiger Generationen. Die Initiative pflanzt Bäume in ganz Litauen. Das Projekt „Jahrhundertwald" findet gleichermaßen Anerkennung bei einfachen Bürgern als auch bei bekannten litauischen Persönlichkeiten. Immer mehr Menschen beteiligen daran und sprechen darüber.

Zusammenfassend lässt sich festhalten, dass die litauische Gesellschaft noch viel schaffen muss. Sie muss Volksinitiativen und Ideen fördern. Alle Initiativen, die den Durchbruch fördern, über die Gegenwart nachdenken, die gegenwärtige Situation verbessern und die Zukunft des Landes verändern wollen und sogar die Massen anziehen und die Gesellschaft zusammenbringen, können das Ziel einer besseren Zukunft für Litauen erreichen. Unterstützend hierfür sind jene Ideen, die darauf abzielen, die soziale Ausgrenzung in Litauen zu verringern, den Anderen zu respektieren und ein sicheres und würdiges Leben für jede Person zu erreichen. Dies hängt wahrscheinlich direkt mit dem Bildungs- und Wissenschaftssystem, der Bildung der jüngeren Generation und der Entwicklung von neuen Werten zusammen. Litauen ist nicht mit einer Vielzahl von natürlichen Ressourcen belohnt worden: Unser größtes Kapital sind vielmehr die Menschen und daher ist die wichtigste Ressource unseres Landes die Aufklärung der Menschen, das heißt die Förderung ihrer Bildung.

Literatur

Gailienė, D. (2011): Komunikacija apie patirtas politines represijas šeimoje: tarpgeneracinis aspektas (Kommunikation über politische Unterdrückung in der Familie: ein generationsübergreifender Aspekt). Communication about political oppression: second generation study. *International journal of psychology: a biopsychosocial approach* 2011, Vol. 9, S. 91-104.

Interviu Ramonaite (2015): Ne tradiciniai, ne postmodernūs, be vertybių. Kas? Interviu su Prof. A. Ramonaite (Nicht traditionell, nicht postmodern, ohne Werte. Wer also? Ein Interview mit Prof. A. Ramonaite). *Verslo žinios*, 2015-07-14. Internet: https://www.vz.lt/laisvalaikis/kultura-ir-visuomene/2015/07/14/ne-tradiciniai-ne-post-modernus-be-vertybiu-kas.

Jakaitienė, E. (2013): „Vertybių perkainojimo laikotarpiu reikia pusiausvyros" („In einer Zeit der Neubewertung der Werte ist ein Gleichgewicht erforderlich"). *Logos* 77, 2013 spalis-gruodis.

Ramonaitė, A./Kavaliauskaitė, J. (2015): Nematoma sovietmečio visuomenė (Die unsichtbare sowjetische Gesellschaft). VU, Tarptautinių santykių ir politikos mokslų institutas, Židinys.

Rimkus E. (2013): „Individas, tauta ir visuomenė posmoderniame pasaulyje" („Individuum, Nation und Gesellschaft in der postmodernen Welt"). Santalka, t.21 nrl.

Savicka, A. (2015): „Postmaterialiųjų vertybių raida netikrumo sąlygomis. Lietuvos atvejis“ (Entwicklung postmaterialistischer Werte unter unsicheren Bedingungen. Der Fall Litauen). *Sociologija*, Mintis ir veiksmas 2 (37) 2015, S. 219-235.

Постсоветская идентичность

Новые ценности и развитие личности в постсоветских странах на примере Литвы

Номеда Синдаравичене

Чтобы описать конец советской эпохи и объяснить появление новых ценностей, нужно очень хорошо знать систему советской эпохи. В этой статье я пытаюсь раскрыть основные причины того, почему в Литве есть и те, кто все еще жаждет советской эпохи, и те, кто всячески ненавидит советскую эпоху. Кроме того, я хочу показать социокультурный потенциал для возможности того, что такие разные люди сегодня могут развивать новые ценности. После окончания советской эпохи существовало три популярных направления мысли: советское, национальное и западное. Раньше важными ценностями советской эпохи в Литве были рабочие добродетели, «великая отечественная война» и ее ветераны, классическое искусство, русский язык и хорошие отношения с Россией. В 2015 году Институт международных отношений и политического образования Вильнюсского университета[1] провел исследовательский проект по появлению новых ценностей.

Исследовательский проект «Независимое поколение: постсоветский или постмодернистский» смог показать, что большинство респондентов не отвергали советскую эпоху как постоянно плохую, но даже оценивали ее как во многом хорошую. Только при словах «свобода» и «контроль» появлялись различные критические замечания. (Однако следует отметить, что молодые люди не были опрошены.) Было также отмечено, что многие респонденты, повидимому, перепутали термины «идеология» и «система». Люди не верили в коммунистическую и марксистскую идеологии, но многие признавали, что эта система – хорошее место для жизни. Однако после окончания советской эпохи они больше не хотели признавать удобства этой жизни, потому что было стыдно жить так. Однако со временем все больше и больше осмеливались говорить, что в советское время жить стало легче. Каждый в то время имел работу и не заботился о происходящих в мире событиях, отчасти потому, что несоветский мир был далеко, отчасти потому, что об этом было мало информации. Такая оценка того, что жизнь была проще, может быть понятна практической повседневной жизни. Но для старшего поколения было очень сложно говорить об их ценностях. Потому что у них были свои ценности из контекстов церкви и религии, которые противоречили ценностям системы. Молодое поколение, родившееся после войны, посетило советскую школу и было социализировано в советское время: они не признавали угнетение в ценности системы. Данутe Гайлине[2] в истории Литвы отличает людей, которые знали о притеснении и тех, кто ничего не знал о нем, даже если родственникам приходилось жить в изгнании. Для этого было несколько причин: во-первых, родители старались не давать детям говорить слишком много, а не ошибаться. С другой стороны, им было очень эмоционально трудно переносить притеснения, и поэтому они пытались подавить все.

На вопрос, почему для некоторых советская эпоха казалась удачной, можно привести следующие факты. Смысл жизни этого поколения был сформирован системой. Некоторые были названы «системными детьми», потому что они сами создали систему. Другие, которых отвезли домой и на землю, почувствовали себя хуже, продолжали жить в страхе и развили уверенность в себе, чтобы быть незначительными и никчемными и жить как можно более незаметно. Третьи не имели земли и хотели создать новую жизнь вместе с системой. Они закончили средние школы, стали инженерами, врачами, учителями и получили бесплатное жилье, сады, возможности для путешествий и т. Д. Все люди советских времен не получали новостей из западных стран, и им не разрешалось говорить о западной жизни. Скорее, они всегда должны были повсюду подтверждать, что советская система была лучшей и будет делать лучшее для людей. Таким образом, людям показали оптимистичное искусство и, особенно в кино, героических людей и счастливых работников. Это была пропаганда для системы. Но это было также вдохновением, и люди были странно гордиться тем, что были частью этой системы.

Например, многие считали, что коллективный порядок является лучшей формой организации труда. Они помогли организовать колхозы и сохранить их продуктивность. Когда новое правительство разрушило старую систему. Это была катастрофа для этих людей, потому что они помогли установить колхозный порядок, а также саму советскую систему. Они жаждали этой системы и воспринимали текущую систему как не принадлежащую им. Вот почему это первое постсоветское поколение до сих пор не доверяет сегодняшнему правительству. У них нет причин создавать новые ценности, потому что они идентифицировались с ценностями своей системы на протяжении всей своей жизни. Теперь, если кто-то вдруг скажет, что советская эпоха была просто самой большой ошибкой в истории, он рассматривает девальвацию этой системы как личное оскорбление, меньше, чем сам крах, он может принять эту интерпретацию и не может простить тех, кто так говорит.

Неужели здесь можно говорить о независимом поколении? И какие ценности она имела? Айне Рамонаите[3] описывает последнее поколение Советов как «потерянное поколение». До ее рождения советская эпоха процветала, везде были достигнуты успехи. Однако в 1970-х и 1980-х годах они пережили великую рецессию, и это поколение не знало, что вдохновлять. Это время выглядело скорее как вакуум значений и ценностей. Старый порядок больше не мог вдохновлять, и после фактического конца советской эпохи стало ясно, что советская система была лишь неправильным направлением масс. Но крах не выявил, где следует искать новые ценности или идеи. Было только несколько небольших группировок, к которым принадлежали только отдельные лица, например движение этнических культур или даже церковных групп. Массы людей мучительно искали новое чувство жизни, и часть из них утопила свои поиски в алкоголе и наркотиках или искала решение в самом простом образе жизни, они скромно искали радость жизни в повседневной жизни.

Сегодня действительно независимое поколение еще более потеряно, – говорит Айне Рамонаите[3]. Хотя с пожилой женщиной можно говорить о политике в течение трех часов, она подозревает, что поговорить с молодыми людьми можно всего за десять минут, потому что они не заинтересованы в этом и не участвуют в общественной жизни. С другой стороны, чувствуется цинизм среди молодого поколения. Откуда это? От родителей, которые не давали им старых ценностей и не могли создавать новые. По этой причине в обществе по-прежнему существуют две противоречивые ориентации: одна, которая хочет создавать новые ценности и не уходит в прошлое после советской эпохи, и другая, которая не хочет ничего нового, но видит в настоящем только плохие вещи и черное. смотрит в будущее. Мы движемся между этими двумя мирами.

Существует ли Литва в ценностном вакууме? Рональд Инглехарт[4] изучил культуры восточных стран на предмет их ценностных ориентаций и выяснил, какие страны похожи в этом отношении. Исследование, которое проводилось с 2010 по 2014 годы, было опубликовано и показало, что ценностные ориентации Беларуси и Китая наиболее близки к ценностям Литвы. Методология Инглехарта очень сложна, в двух пересекающихся осях он рисует много значений. Его исследования показывают, что гражданские северяне особенно активны в создании новых ценностей. Они также постмодернистские страны. Есть также консервативные, менее богатые страны, с которыми сталкиваются очень богатые страны постмодерна. Литва не является ни тем, ни другим, но вдалеке от Китая, как и Китай. То есть Литва не традиционна, но и не ориентирована на постмодерн. Некоторые значения больше не актуальны, другие еще не доступны. Развитие ценностей Литвы висит в воздухе. Новые ценности, кажется, еще не открыты, но, прежде всего, существует проблема выживания.

Но есть и положительная сторона. Люди, которые сегодня учатся в университетах, очень уверенные в себе, постмодернистские, хорошо говорят поанглийски и ведут западный образ жизни. Но что вы можете сделать, чтобы продолжать жить в Литве? Важным для них является не государство, сообщество, а прежде всего их самовыражение. Для них они готовы многое сделать, это только второстепенный вопрос, имеют ли они какое-либо отношение к Литве.

Литва маленькая, и это может быть преимуществом; Потому что маленькая страна динамична, и даже маленькая идея может быстро стать движущей силой. Но вы должны найти ключ к проблеме удержания молодежи в Литве и создания синергии между двумя поколениями.

При поиске новых ценностей не следует забывать, что очень важные фигуры в истории Литвы оказали большое влияние на создание новых ценностей. С одной стороны, были люди советского происхождения, особенно те писатели, которые не жили в Литве в советское время. И о других личностях, которые были очень национальными и церковными и боролись за свободу Литвы. Из таких личностей выходят сегодня новые ценности, ценности, которые связаны с религией, националистически-консервативными ценностями, а также либеральными ценностями. И эти ценности продолжают формировать литовскую идентичность сегодня.

Личность человека очень тесно связана с культурой его окружения. Уже отмечалось, что в советское время в Литве оптимистические настроения формировались в театре, кино, телевидении, искусстве и музыке. Наши архитекторы, актеры, музыканты и другие художники стремились выразить творческую силу Литвы, тем самым отвечая национальным интересам, не противоречa духу Советского Союза. В конце советской эпохи произошли удивительные изменения во всех областях искусства. Таким образом, были созданы ценные первые рок-музыкальные движения, которые имели большое значение для молодежи. Искусство стало более склонным к риску, свободнее и современнее во всех областях. С искусством также изменилась личность некоторых литовцев, которым теперь свобода экспериментов и отступление от общепринятых моделей стали важнее.

Однако есть и другая сторона культурного развития. В индустрии современной культуры телешоу, социальные сети и другие коллективно доступные формы медиа создают массовую культуру, форму культурной «активизации», которая прежде всего делает молодых людей фанатами фиксированных идей и несет опасность фанатизма. Это, в свою очередь, усиливает зависимость от социальных сетей и телевидения. Распространение в средствах массовой информации (СМИ) о национальной идентичности происходит главным образом в этих формах, и можно увидеть, как национальная идентичность и массовая культура объединены в единую единицу.

Создание человеческой идентичности – это бесконечный процесс, мы всегда заняты его утверждением, развитием и повторным присвоением. Преемственность является важной гарантией традиционной идентичности, а также традиции и самой истории. Потребность в традиционной идентичности также была сохранена в Литве. Чувствуется особенно сильная традиция и история в жизни семей. По сей день праздники, которые тесно связаны с историей Литвы, такие как «Васарио 16» (16 февраля – День независимости).

Оглядываясь назад к советской эпохе, вспоминаем, что с точки зрения идентичности у нее есть свой тип: Homo sovieticus. Эта дата жива и по сей день. Он описывает определенную группу людей, которые боятся будущего и не могут приспособиться ни к чему, кроме советского будущего. Эти люди все еще отчаянно ищут свою будущую личность. Они прожили в Литве 50 лет, но говорят только по-русски. Они воплощают непоколебимую природу советской системы, которая со временем стала частью общественной идентичности. После окончания советской эпохи такие люди утратили свою идентичность, признание своих ценностей и уровня жизни. Их советская идентичность основана на ностальгическом преображении истории, они оглядываются в прошлое, чтобы понять настоящее.

По мнению Эвалды Якайтене[5], в настоящее время формируются не новые ценности, а идеалы ориентации на прибыль. Сегодня индивидуальные идеалы, такие как успешное предпринимательство, физическая сила и мастерство технологического мышления, находятся на переднем крае. Из этих новых идеалов формируется новый образ идентичности, и из них у людей возникает видение хорошей жизни: У них много денег или хорошая работа, где они много зарабатывают. Кажется, есть люди, которые не знают, сколько денег им нужно. Из-за денег немало литовцев ищут работу в других странах. Вы ищете не «хорошую» работу, а особенно те, где вы много зарабатываете. В настоящее время Литва не хочет признавать средний класс, потому что люди, которые могут ему принадлежать, зарабатывают слишком мало. Исчезновение среднего класса является следствием нынешнего большого "социального разрыва" между богатыми и бедными.

Несмотря на некоторые негативные социальные явления, чувство собственного достоинства и гордость за свою национальность значительно возросли. Признание человеческого достоинства и исчезновение сознания неполноценности являются основными чертами новой самостоятельной жизни в Литве. Все чаще люди говорят о необходимости развития общества, основанного на ценностях. Каков правильный путь к «обществу, основанному на ценностях»? В конце советской эпохи развитие социальной работы, помощи и социальных институтов в Литве считалось актуальным. Ведь в прошлом не было «социально нуждающихся», потому что советская эпоха не хотела видеть такие чрезвычайные ситуации. Также не было "людей с ограниченными возможностями". Таким образом, не было социальной работы. Теперь объекты Каритас были вновь открыты, где люди могли добровольно участвовать. Даже почетного поста в советское время не было. В настоящее время Литва также знает социальную работу как профессию. Социальные услуги и социальная помощь для всех нуждающихся должны быть обеспечены. По сравнению с необходимостью социальной поддержки люди больше не равнодушны. Например, четыре раза в год социальные учреждения организуют проект под названием „Food Bank“ (продовольственный банк). Целью проекта является то, что каждый человек в Литве покупает продукты для ухода за нуждающимися и предоставляет их в распоряжение социальных учреждений. Проект очень успешный.

Во многих отношениях наблюдается рост гражданской активности. Это возможно, потому что в обществе появляется все больше людей, которые нашли свой путь к успешному образу жизни. Варианты успешного образа жизни можно охарактеризовать тремя типами: я хочу назвать их «менталитет», «ситуация» и «производительность». В каждом типе люди показывают свой собственный образ жизни. С типом «менталитет» можно найти людей, которые имеют оригинальные взгляды, собственные ценности, индивидуальные жизненные цели и отраженные картины мира.

Образ жизни человека типа «ситуация» направлен на образование, доход и профессиональный престиж. Люди, которые заявляют о типе «производительности» в качестве своего образа жизни, выражают это главным образом в своем статусном поведении, потреблении, внешнем виде и внешнем оборудовании. Их интересует, о чем говорят другие, какая у них машина, как они выглядят, какие места они могут посетить. В эти три типа входят как женщины, так и мужчины. В измерениях этой типологии в настоящее время есть литовская идентичность.

Изменения в экономике, технологиях и социальной политике в последние годы также оказали значительное влияние на показатели Литвы. Такие ценности, как религиозность, мотивация труда, политическая приверженность, культура конфликта, воспитание детей, терпимость к гомосексуализму и т. Д., Указывают на новые события. Акценты основаны на ценностях, которые способствуют экономическому успеху, стремлению к инновациям и социальной мобильности людей. Модернизация особенно повлияла на молодежь. Они более светские и рационально ориентированные, а ценности также приведены в соответствие с этими ориентациями.

Такие новые явления могут привести к ценностному плюрализму. Но согласно данным исследования ценностей, литовцы привязаны к семье, старательной, независимой, экономной, ответственной. В воспитании детей все еще слишком мало терпимости, доверия и уважения. И когда дети вырастают, недостаток таких ценностей продолжается. Этот факт составляет основную психологическую проблему, которая иногда приводит к конфликтам между ценностями различных социальных групп и поколений.

Ведь жизнь может развиваться по-разному, человек не может стать «экономически успешным субъектом», не зная, что самое главное – это отношения между людьми, уважение друг к другу. Когда мы спрашиваем литовских иммигрантов, что им нравится больше всего за границей, мы часто отвечаем: уважение к другим людям. К сожалению, иногда мы пропускаем это в Литве. Отсутствие такого отношения иногда разрушает доверие друг к другу. Это одно из самых важных различий между ценностями на Западе и в Литве.

Доверие также определяет потенциал человеческой деятельности: чем интенсивнее контакты и возможности общения, тем больше людей могут общаться друг с другом. Это характерная черта литовского характера или неизбежное последствие социальных и культурных отклонений? Оба варианта дают объяснение. К сожалению, время для этого еще не пришло. Наиболее важные изменения для Литвы в отношениях между человеком, обществом и государством – это свобода, демократия и членство в Европе. Если вы спросите молодых людей, как они хотят стать в будущем, вы получите ответ: мы, молодые люди, новое поколение, живем в интересное время. Ни для кого не секрет, что человечество фактически достигло пика в 20 веке. У нас есть то, что не могли представить наши родители, бабушки и дедушки. Технологические достижения, научные открытия и установление демократии максимально открыли двери в мир. Потребительское поведение младшей молодежи направлено на быстрое удовлетворение их потребностей – будь то элементарные потребности или потребность в информации. В этом нет никакого смысла. Вероятно, это развитие началось рано с комиксов, с идеологической литературой и с динамикой потребления в супермаркетах. Зачем читать книгу, если вы можете посмотреть фильм? Зачем придумывать что-то, когда вы можете получить это в Интернете?

Это не менее верно для самовыражения. Интернет предлагает возможность представить все и заставить вас и других поверить, что вы действительно. Это создает иллюзию всемогущества. Если человек не получает того, чего хочет, он может заменить себя этой удовлетворяющей реальностью. Молодой человек на очень ранней стадии осознает, что он может добиться всего с большими деньгами, но тот, у кого его нет, является «неудачником». В результате молодые люди гораздо более прагматичны и представляют себя так, как будто они уже достигли успеха.

Психологи отмечают, что нынешние подростки являются социальными (но не коллективными) и индивидуалистическими. Это правда, что социальные обязательства необходимы, это будет понятно; но кто-то не хочет признавать это публично, так что «проигравшие» погружаются в цинизм, становятся все более апатичными, пассивными и безответственными в повседневной деятельности и часто погружаются в компьютеры и смартфоны. Такое отношение заражает поколение сетевых компьютеров во всем мире, в то время как на самом деле способность к общению уменьшается. С другой стороны, молодые люди гораздо сильнее в своих функциях, чем их родители. Нынешние молодые люди смелые, спокойные, несложные, гораздо более активны в общественной деятельности и вступают в различные клубы, неформальные движения и вечеринки. Они более уверены в себе, хотя иногда им не хватает чувства скромности. Нынешняя молодежь – лучшее образованное поколение в истории человечества, хотя учителя замечают странный разрыв: одаренные дети намного талантливее, чем мы были в их возрасте, но они не безнадежны. Тем не менее, хорошие вещи перевешивают плохие, только старшее поколение, как всегда, оказывается сломленным.

Общество в Литве в ближайшие годы будет уделять особое внимание инновациям. В последнее время мы продолжаем концентрироваться на повышении производительности, технологических инновациях, инновациях и сотрудничестве между бизнесом и наукой. В настоящее время это самая актуальная проблема для Литвы, из которой можно читать в газетах или слушать телевидение. Тема социальной справедливости, с другой стороны, не очень популярна. Прежде всего, мы должны научиться понимать государство как сообщество людей, как единство разнообразия. Социальная справедливость не означает ликвидации разнообразия. Самое главное, что это разнообразие не мешает устойчивости сообщества. Обязанность государства быть щитом для самых слабых членов, чтобы дать им возможность жить достойной жизнью, должна быть признана хотя бы потому, что слабость части общества также является проблемой целого. Каждый человек не становится сильнее, соревнуясь с другим, но проявляя творческий подход к другим. Не менее важно, чтобы каждый член общества верил, что общественная жизнь ведется не на благо каждой части общества, а в интересах гармонии с учетом чаяний всех членов. Только тогда политическое руководство получит оправданную власть, и граждане проявят солидарность. Прочное общество не только избегает социальных конфликтов, но и создает успешную жизнь.

***

Литва лучше подготовлена к межкультурной открытости, чем любое другое прибалтийское государство. В Литве очень разные меньшинства всегда жили со своей культурой, традициями и языком. Межкультурная открытость прежде всего относится к стратегическому решению учреждения или организации. «Межкультурный» относится к аспектам различий в языке, системах ценностей, поведении и формах жизни, которые влияют на взаимодействие. В настоящее время в Литве большое количество иммигрантов, особенно из

Украины. Все люди с историей иммиграции или без нее живут в Литве и имеют доступ к услугам, продуктам и ресурсам страны. Они участвуют в языковых курсах и быстро учат литовский. Межкультурная открытость существует как по отношению к системе образования, так и по принципу трудоустройства (иммигранты в основном работают в строительной отрасли), а также к системам социального обеспечения и здравоохранения. Компании, в которых работает большое количество иммигрантов, строят специально для этих домов, где они могут жить.

Согласно исследованию, проведенному исследователями из Каунасского технологического университета (KTU)[6], литовцы считают старение общества, рост эмиграции, алкоголизма и наркомании и снижение рождаемости самой большой угрозой для страны.

Оценивая наиболее распространенные угрозы СМИ, исследователи определили семь основных угроз. К ним относятся военные угрозы: Угроза вторжения России в Литву, обострение военных конфликтов в мире, международный терроризм в нашем регионе и снижение национальной безопасности. Угроза распада НАТО, возможное применение ядерного оружия и угрозы России для других регионов также выделяются. Литовское общество больше всего обеспокоено экономическими и социальными угрозами, военные угрозы менее значимы с точки зрения как вероятности, так и влияния страхов. Основная проблема банальная, но очень понятная – слишком много социального неравенства. Это фундаментальная проблема литовского общества, и несколько показателей указывают на то, что Литва по-разному разделена на две культуры – могут использоваться разные метафоры: например, Вильнюс и другая Литва, традиционная и постмодернистская Литва, старая и молодая Литва. Большая проблема в том, что в Литве нет социальной политики, направленной на снижение этого неравенства. Тенденция эмиграции тесно связана с этим. По мнению исследователей, литовское общество разделено на отчуждение, неравенство, отсутствие рациональной и хорошо продуманной социальной политики, преобладающую неолиберализм и известность бизнеса. Если бы мы смеялись, мы бы сказали, что Литва объединяет баскетбол, выборы и Евровидение. На самом деле, это больше. Общество, которое решает жить в Литве, объединяет любовь к Литве, идеал гармоничных семей и любовь к природе. Существуют даже различные инициативы, такие как проект Centennial Forest, который предоставляет прекрасную возможность объединить энергию и творческий потенциал граждан Литвы, не только провести время вместе, но и сделать что-то полезное. Будущее Литвы на благо природы и будущих поколений. Инициатива – посадка деревьев по всей Литве. Проект "Лес Века" находит равное признание среди простых граждан, а также известных литовских личностей. Все больше и больше людей принимают участие и говорят об этом.

Подводя итог, литовскому обществу еще многое предстоит сделать. Он должен продвигать популярные инициативы и идеи. Любые инициативы, которые способствуют прорыву, думают о настоящем, улучшают нынешнюю ситуацию и изменяют будущее страны, и даже привлекают массы и объединяют общество, могут достичь цели лучшего будущего для Литвы.

Поддерживают эти идеи, направленные на снижение социальной изоляции в Литве, уважение к другим и обеспечение безопасной и достойной жизни для каждого человека. Вероятно, это напрямую связано с системой образования и науки, образованием молодого поколения и развитием новых ценностей. Литва не была вознаграждена разнообразными природными ресурсами: наш самый большой актив – это люди, и поэтому самый важный ресурс нашей страны – это обучение людей, то есть продвижение их образования.

Список литературы

1. Рамонайте А., Кавальяускайте Ю., Nematoma sovietmečio visuomenė, VU, Tarptautinių santykių ir politikos mokslų institutas, Советское общество-невидимка, Вильнюсский университет, Институт международных отношений и политологии, Камин, 2015 Жидинис, 2015.
2. Gailienė D., Komunikacija apie Patirtas politines represijas šeimoje: tarpgeneracinis aspektas / Сообщение о политическом угнетении: исследование второго поколения / Международный журнал психологии: биопсихосоциальный подход, 2011, [Vol.] 9, с. 91-104.
3. Ne tradiciniai, ne postmodernus, be vertybių. Kas? Не традиционный, не постмодернистский, без ценностей. Что? Интервью с проф. А. Рамонаите, Версло Жиниос, 2015-07-14. https://www.vz.lt/laisvalaikis/kultura-and-world-/2015/07/14/ne-training-ne-postmodern-be-web
4. Савицка А., «Развитие постматериальных ценностей в условиях неопределенности. Дело Литвы », Социология, мышление и действие 2 (37) 2015, с. 219-235.
5. Якайтене Э., «Необходим баланс в период переоценки стоимости», Логос 77, октябрь-декабрь 2013.
6. Римкус Э., «Физические лица, а также визуальные посмодернизмы pasaulyje», Санталка, 2013, т.21 № 1.

Die Verjüngung einer alten Identität?

Der Aufbau bürgerlicher Identität und der Entwicklungskontext staatsbürgerlicher Beziehungen in Armenien

Sona Manusyan

Einführung

Einer der ersten Fakten, die die westliche Leserschaft – neben dem sowjetischen Hintergrund des Landes – fast garantiert in der Einführung zu jeder sozialen Analyse über Armenien lesen wird, ist, dass es sich um ein kleines ethnisch homogenes Land handelt (mit 97-98% ethnischen Armenier*innen nach verschiedenen Schätzungen). Hier lesen Sie ein weiteres solches Intro. Anstelle einer neutralen demografischen Veranschaulichung wird diese Information normalerweise auch verwendet, um auf eine gewisse soziokulturelle Homogenität hinzuweisen und auf ihre Auswirkungen hinsichtlich der Vorstellungen von Nation und Staatlichkeit, von der vorherrschenden kollektive Identität, von Zusammenhalt und Solidarität, der Einstellung zu sozialen Unterschieden und vom Potenzial für Veränderungen und so weiter. Nicht dieses demographische Bild an sich, sondern der historische und politische Weg des armenischen Volkes dahinter ist es, was die nationale Identität in Armenien überwiegend ethnisch (und zwar im Sinne der Dichotomie bürgerlich-ethnisch) ausmacht. Über diese statischen Merkmale hinaus gibt es jedoch viele dynamische Faktoren, die ein hohes Maß an einheitlicher Identität und Kohäsion in Armenien in Frage stellen. Im Allgemeinen gibt es in der Literatur inkonsistente, manchmal gegensätzliche Belege für die Auswirkungen von Homogenität auf Zusammenhalt, Glück, Vertrauen, Problemlösungen usw.: Einige argumentieren für, andere gegen eine positive Wirkung auf diese Indikatoren. In einer Reihe von Studien, die sich auf unterschiedliche Methoden stützen, wird mit der ethnischen Vielfalt der Gemeinschaft ein negativer Zusammenhang des sozialen Zusammenhalts oder mit der Homogenität ein positiver Zusammenhang nachgewiesen[1], und es gibt auch Untersuchungen, die einen positiven oder „korrigierenden" Effekt der Vielfalt belegen.[2] Insgesamt sind diese Debatten ein Beweis dafür, dass aufgrund ihrer bloßen ethnokulturellen Zusammensetzung nicht viel über eine Gesellschaft gesagt werden kann. Darüber hinaus können wir keine weitreichenden Schlussfolgerungen ziehen, wenn wir den „Typ" der nationalen Identität nur oberflächlich kennen: Wie St. Shulmans kritische Analyse der Dichotomie zwischen bürgerlich/West und ethnisch/Ost zeigt, verfügt letztere über keine fundierten empirischen Belege und „... es gibt in jeder Region ein erhebliches Maß an Vielfalt"[3].

---

[1] Laurence/Bentley 2016, Kasanava/Li 2015.
[2] Apfelbaum/Phillips/Richeson 2014.
[3] Shulman 2002, S. 583.

Auch in Armenien zeigt sich ein ungleiches Bild zwischen den verschiedenen sozialen Schichten hinsichtlich des ethnischen vs. bürgerlichen „Anteils" von Wertorientierungen und der nationalen Identitätsreferenzen, insbesondere in Bezug auf die Generationen. Dieses Bild ist voll von Identitätsverhandlungen, Abgrenzungen und Auseinandersetzungen zwischen Gruppen, von einer Polyphonie der Perspektiven und Bestrebungen. Es soll nicht abgestritten werden, dass die ethnokulturelle Dimension vorherrschend ist, nicht nur in den Diskursen; sie wird in der Tat auch routinemäßig erlebt: Eine ähnliche physische Erscheinung, gemeinsame Sprache und Religion, gemeinsame Geschichte und Wurzeln sowie wenig oder gar keine tägliche Begegnung mit ethnisch Anderen prägen insgesamt die stärkste der verfügbaren allgemeinen Identitäten. Die nationale Identität war jedoch nie ein stabiles Fundament, auf das man bauen konnte. Es ist zum Beispiel bemerkenswert, dass man auf viele Themen und Veränderungen eine recht häufige öffentliche Reaktion im Lichte der „Bedrohung" der nationalen Werte und der Identität und der Notwendigkeit der „Wahrung unserer Identität" beobachten kann – eine Besorgnis, die angesichts der beeindruckenden ethnischen Homogenität und des Lebens im heimatlichen Staat nicht sofort verständlich ist. Außerdem gibt es Spannungen in der Art und Weise, wie sich verschiedene soziale Gruppen und Interessengruppen selbst identifizieren, entweder indem sie mit einer vereinfachten Definition von *Armenianness* übereinstimmen oder diese gerade in Frage stellen. Dies ist eine kleine Nation ohne ethnische Vielfalt, aber mit vielen Unterschieden in anderer Hinsicht. Was passiert mit ihrer kollektiven Identität in diesem Moment des sozialpolitischen Wandels, der auch die Beziehungen zwischen Staat und Bürgern umfasst? Während die ethnokulturelle Identität zweifellos reich an Möglichkeiten ist, um sich mit der Geschichte, den Wurzeln und den symbolischen Ressourcen im Allgemeinen zu verbinden, ist sie doch ungenügend und zuweilen sogar hinderlich, um eine weitere wichtige Komponente der kollektiven Vorstellungskraft zu gestalten – nämlich die bürgerliche Identität. Der bürgerliche Diskurs findet nun seinen Weg durch den übermäßig essentialistischen und konventionellen ethnokulturellen Diskurs. Er hat sich seit dem Zusammenbruch der Sowjetunion langsam weiterentwickelt und neue Impulse erhalten, die mit immer neuen Gesprächen und Ambitionen zum Staatsaufbau nach der Revolution von 2018 verbunden sind. Die ethnokulturellen und bürgerlichen Aspekte des nationalen Selbstverständnisses sind im heutigen Armenien angespannt und manifestieren sich häufig als intensive Online-Kämpfe zwischen konservativen und progressiven gesellschaftlichen Gruppen in verschiedenen Alterskohorten. Es besteht auch ein Spannungsverhältnis zwischen dem gegenwärtigen und dem zukünftigen kollektiven Selbstkonzept. Eine Menge Sinnbezüge, die durch die Revolution angeregt wurden, reichen über die Identität hinaus, sowohl in Bezug darauf, wie die Nation sich intern (neu) definiert, als auch in Bezug auf größere kulturell-geografische Orientierungsverschiebungen.

In diesem Artikel werde ich den Status und die Veränderungen der bürgerlichen Identität in Armenien in ihrem Entwicklungsprozess diskutieren. Ich werde mich mit den konkurrierenden Selbstverständnissen befassen, die sich gegenseitig herausfordern, wahrscheinlich um sich schließlich miteinander zu versöhnen und sich zu integrieren. Dabei bestehen die folgenden miteinander verbundenen Spannungspole zwischen bürgerlichen und ethnischen Gruppen; das Traditionelle vs. Progressive (mit extremem Ausprägungen von reaktionär vs. links ultra-emanzipatorisch); das

Persönliche vs. Öffentliche; das Institutionelle vs. der Akteur; die Vergangenheit vs. die Zukunft; der Diskurs vs. die Praxis; und das Selbstverständliche vs. das Selbstreflexive. Mehr als *ein* multitemporaler Faktor (vom frühgeschichtlichen über das sowjetische Erbe bis zu den Dringlichkeiten der Gegenwart) beeinflusst und kontextualisiert die Ressourcen und Herausforderungen der bürgerlichen Identitätsarbeit in Armenien heute. Empirische (insbesondere sozialpsychologische) Literatur zu diesem Thema ist leider kaum vorhanden, daher sollen auch unveröffentlichte Forschungsergebnisse und laufende Beobachtungen verwendet werden, um Prozesse und Faktoren zu diskutieren, die für das Thema relevant erscheinen. Im folgenden Abschnitt werde ich die revolutionäre Erfahrung diskutieren und sie sowohl als Ergebnis der sich aktuell vollziehenden Prozesse betrachten als auch als neuen Impuls für die Prozesse, die im Entstehen sind.

Revolution als neuer (Kon-)Text der bürgerlichen Identität

Während die Analyse der Revolution und der Zeit nach der Revolution mit all ihren Ursachen und Wirkungen die Grenzen dieses Artikels überschreiten würde, ist eine Diskussion über ihre Rolle bei der Erprobung neuer Formen der kollektiven Identität durchaus relevant. Die armenische Revolution von April bis Mai 2018 war einerseits das kumulative Ergebnis jahrzehntelanger Missstände, schwacher Hoffnungen und Kampferfahrungen. Auf der anderen Seite war es ein neuer Faktor, der viele laufende Prozesse prägte – nicht nur politisch, sondern auch sozialpsychologisch. Es ist ein „Zeitknoten", der die vorhandenen Ressourcen und Hindernisse zusammenbringt und neue Probleme und Möglichkeiten artikuliert.

Es gibt Verschiebungen im bürgerlichen und politischen Bewusstsein, in den Einstellungen und Verhaltensweisen, die nicht psychologisch untersucht wurden, aber indirekt aus den bestehenden sozialen Aggregatstudien abgeleitet werden können. Laut der Analyse einiger Umfragedaten des Kaukasus-Barometers 2020 (einer jährlichen Haushaltsumfrage und der größten koordinierten Datenerfassung im Südkaukasus) kann daher in fast allen staatlichen Institutionen eine „signifikante Zunahme des öffentlichen Vertrauens“ in „mehr als zwei Jahren“ beobachtet werden. Nach der *Samtenen Revolution* 2018 kam es zu dramatischen Veränderungen in der innenpolitischen Sphäre des Landes.[4] Gleichwohl gehörten die Gerichte jedoch nicht zu diesen Institutionen, die mehr Vertrauen gewinnen konnten. Dies ist nicht nur eine Herausforderung für die neue Regierung, die hinsichtlich des Justizsystems größere Änderungen vornehmen muss, sondern auch für das öffentliche Bewusstsein, das weiterhin Zweifel am Umgang mit den Gesetzesregeln hat. Eine weitere Analyse einer öffentlichen Meinungsumfrage zeigt, dass die Öffentlichkeit eine Reihe positiver Veränderungen, einschließlich der Verringerung der Korruption, zu schätzen weiß; auch eine Verbesserung des psychologischen Gesamtzustands und des Fortschritts der Demokratie ist festzustellen.[5] Die Ereignisse von 2018 haben politischen Optimismus

[4] Dovich 2020.
[5] Manougian/Kopalyan 2019.

sowohl im bürgerlichen Sektor[6] als auch in der breiten Öffentlichkeit[7] hervorgerufen und das Gefühl der Entscheidungsfreiheit der Bürger*innen mit unterschiedlichem sozialem, alters- oder ideologischem und regionalem Hintergrund[8] gestärkt, woraus veränderte Kommunikationsmuster zwischen Staat und Bürger*innen sowohl strukturell als auch emotional entstanden sind.[9] Das Gefühl der Fähigkeit und auch des Rechtes, Einfluss auf soziale und politische Prozesse zu nehmen, war eine der psychologischen Errungenschaften der Revolution von 2018 von prägender Erfahrung, insbesondere für die engagierte Jugend. Im Kontext des diskutierten Themas kann dies als ein Prozess der erfolgreichen Ablösung der Öffentlichkeit vom Staat angesehen werden.

Die kollektive revolutionäre Erfahrung hat auch die Jahre der Apathie gegenüber allen Formen der kollektiven Organisation und die fast übliche öffentliche Skepsis gegenüber jeglichen positiven Veränderungen oder dem Wert des bürgerschaftlichen Engagements stark verändert. Im Allgemeinen verbesserte sie den Diskurs über die Staatsbürgerschaft. Sie war auch eine emotionale und persönliche Erfahrung von Ähnlichkeit, Solidarität, vorübergehender Überschreitung sozialer, ideologischer, altersbedingter und einer Reihe anderer Grenzen. Sicherlich sind seit über einem Jahrzehnt schon sowohl kleine als auch große Protestaktionen aus unterschiedlichen Gründen entstanden, so dass Aktivistengruppen bis 2018 in friedlichen Demonstrationen oder in dem, was in Armenien allgemein als „bürgerlicher Ungehorsam“ bezeichnet wird, fast professionell geworden sind. Noch vor ihrer persönlichen Erfahrung mit Engagement verhielt sich eine große Mehrheit in der Gesellschaft gegenüber Aktivismus und Aktivisten ziemlich skeptisch und betrachtete sie als Sklaven „externer Kräfte“ bis hin zu „verrückten Utopisten“, aber kaum als Vorbilder, denen man folgen könnte. Die Daten zum bürgerschaftlichen Engagement im CIVICUS 2014 stimmen mit dieser Feststellung überein. Die Bevölkerung war einerseits in Bezug auf das Ausmaß des Engagements für zivilgesellschaftliche Organisationen zurückhaltend (d. h., die meisten Menschen engagierten sich nicht), während andererseits die Tiefe des Engagements solide war (diejenigen, die beteiligt waren, hielten ein regelmäßiges Engagement und ihre Beteiligung aufrecht).[10]

---

[6] Socioscope 2019.

[7] Siehe z. B. die Studie unter https://www.evnreport.com/politics/negating-the-honeymoon-discourse, die unter Berufung auf eine kürzlich durchgeführte Untersuchung interessanterweise zeigt, dass „Armenien kein pessimistisches Land mehr ist", dass dies aber interessanterweise nicht den Wirtschaftsindikatoren zu verdanken ist, die sich nicht wesentlich verbessert haben: Die Autoren weisen auf "eine faszinierende Diskrepanz zwischen dem allgemeinen Optimismus der Bürger und ihrer persönlichen wirtschaftlichen Situation" hin. Derselbe analytische Bericht zeigt jedoch, dass die noch ausstehenden Erwartungen der Öffentlichkeit an die Regierung vor allem in wirtschaftlichen Begriffen formuliert sind, so dass sich dies längerfristig auch auf die politischen Stimmungen auswirken kann.

[8] Manusyan/Grigoryan 2018, S. 65-76.

[9] Man beachte den recht „horizontalen Kommunikationsstil“ sowohl von Premierminister Nikol Pashinyan mit seinem berühmt emotionalen Facebook-Leben als auch von mehreren Ministerien, die umfangreiche öffentliche Online-Diskussionen über Gesetzesentwürfe und andere Dokumente organisieren. Im Gesamtbild erscheint diese Periode gar als Phänomen einer Online-Hyperkommunikation.

[10] Civicus 2014, 21.

Des Revolutionsführers und jetzigen Premierministers N. Pashinyans berühmte und häufige Anrede an die Öffentlichkeit mit den Worten "liebe freie und stolze Bürger*innen Armeniens" ist ein Beispiel dafür, wie neue Formen der kollektiven Identität erprobt werden. Der Begriff „Bürger*innen" ist nun auch in den sozialen Medien weit verbreitet und die staatsbürgerliche Identität wird auch durch die intensive Berichterstattung in den Medien über mehrere hochkarätige Gerichtsverfahren gegen die ehemaligen Mitglieder der herrschenden Elite begründet. Bei dieser Gelegenheit verwenden die Beamt*innen und der Mediendiskurs viel juristisches Vokabular: Rechtsstaatlichkeit, Menschenrechte, Verbrechen gegen den Staat, Verfassungsordnung, die Macht gehört dem Volk, Souveränität usw.[11]

Diese wiederholte Anrede der Bürger*innen ist ein lohnendes Thema: Wie kommt sie in der Zeit nach der Revolution tatsächlich bei der Öffentlichkeit an und welche subjektive Bedeutung erhält sie gegebenenfalls bei verschiedenen sozialen Gruppen? Bisher existiert hierzu keine Forschung, aber dem folgend, was gerade diskutiert wurde, kann man mit Recht sagen, dass die Revolution nicht nur einen Kontext, sondern einen *Text* der bürgerlichen Identitätsbildung darstellt. Dieser Text wird noch weitergeschrieben. Auch heute erinnern viele Gespräche über die aktuelle Politik, sowohl befürwortende als auch kritische, an das, was auf dem Platz der Republik artikuliert (und versprochen) wurde. Sie enthüllen aber auch die Unterschiede zwischen verschiedenen sozialen und ideologischen Gruppen in Bezug auf Perspektiven, Erwartungen und Interpretationen der Revolution, die im allgemeinen Diskurs der Solidarität und des gemeinsamen Ziels während der Revolution unsichtbar geblieben waren. Die Nachrevolution muss sich noch mit diesen Asymmetrien befassen, wenn sie eine gemeinsame bürgerliche Identität aufbauen und ihre Solidaritätssprache verfeinern will. Ein gewissermaßen doppelter Effekt der Revolution in Bezug auf die bürgerliche Identität besteht darin, dass aufgrund der erhöhten Erwartungen und der Ungeduld, die durch die revolutionäre Aufregung hervorgerufen werden, die Gefahr wachsender Unzufriedenheit besteht. Schließlich unterscheidet sich die Postrevolution in ihrer Aura, Dynamik und Geschwindigkeit von der Revolution. Sie geht auch einher mit der allmählichen Verlagerung der Rolle des Bürgers von der Position eines Kämpfers zu der eines Beschwerdeführers und von der eines Akteurs zurück zum "Konsumenten" der Politik. Eine weitere wichtige Verschiebung findet sich vom Engagement auf Aktionsebene hin zum „hyperaktiven" Gespräch (unglaublich intensive Facebook-Debatten sind auch ohne formalisierte Forschung auffallend wahrnehmbar), bei dem die Nutzung sozialer Medien echte Aktionen eher ersetzt als reflektiert oder organisiert. Gleichzeitig kristallisiert sich die aktive Positionierung eines Bürgersegments mit konsequenterem und wertebasiertem Engagement heraus. Im Moment haben sie noch Gelegenheit zu protestieren (z. B. gegen das ungelöste Problem des Amulsar-Goldminenprojekts) und die neue Regierung an ihre eigenen erklärten Verpflichtungen gegenüber dem armenischen Bürger zu erinnern. Aber die Dinge sind noch komplizierter, da es auch *Gegentexte* gibt. Die ehemaligen Vertreter oder Sympathisanten des Regimes, die immer noch eine Menge Medienressourcen in ihren manipulativen Händen halten, verfolgen eine bemerkenswert revanchistische Strate-

[11] In der vorrevolutionären Zeit war die Sprache über das Verhältnis zur Gesellschaft überwiegend ethno-kulturell oder sogar ethno-nationalistisch. Siehe z. B. Zhamakochyans lohnende Analyse über den (falschen) Gebrauch des Diskurses der "nationalen Einheit" und seine Fallen in https://www.opendemocracy.net/en/odr/armenia-in-trap-of-national-unity/

gie, indem sie für jede Reform oder jedes Ereignis falsche Nachrichten (und gefälschte Profile) oder reaktionäre negative Interpretationen verbreiten und dabei Gegenerzählungen mit vagen Appellen infolge einer nationalen Bedrohung verwenden. Der Bürger – vor allem als Medienkonsument – agiert also in einem extrem lauten Medienumfeld, das zwischen Hoffnung und Ängsten, Bewahrung und Fortschritt liegt. Interessanterweise besteht die Abgrenzung zwischen den wirklich oppositionellen Stimmen (hauptsächlich aus dem bürgerlichen Sektor) und den Medienmanipulationen darin, dass der bürgerliche oder ethnokulturelle Diskurs instrumentell genutzt wird, um die Öffentlichkeit zu erreichen. Das „Ethnokulturelle“ ist sicherlich weder ein Problem noch ein Widerspruch zur bürgerlichen Identität als solcher, und in vielerlei Hinsicht ist die Wahrnehmung dieser als einander ausschließend das Ergebnis diskursiver Kämpfe und begrifflicher Missverständnise. Kein Wunder, dass die ethnokulturelle Sprache auch bei den Protesten vor der Revolution als Anhaltspunkt dafür verwendet wurde, Menschen aus verschiedenen Gründen zusammenzubringen, und dass sie einen Raum schaffen konnte, um weiter über Staatsbürgerschaft und Rechte zu sprechen. Auch heute bezieht sich Pashinyan auf beide Vokabeln und manövriert zwischen ihnen, um von der Öffentlichkeit verstanden und akzeptiert zu werden. In einem Fall geriet er sogar in eine gefährliche ethnokulturelle Falle, als er einen Flash-Mob initiierte, der zu einem handschriftlichen und Facebook-Posting einlud mit den Worten „Armenien ist meine Heimat, das Volk ist meine Familie“, wofür er heftig kritisiert wurde durch den staatsbürgerlichen Sektor und die Intellektuellen.[12]

Der postrevolutionäre Hintergrund ist ziemlich angespannt und mosaikartig; die Bürger reagieren auf mehrere wichtige Nachrichten, Reformen und Debatten gleichzeitig. Nicht nur Themen, sondern auch staatliche Institutionen ändern sich fast täglich, was es schwierig macht, eine stabile Sichtweise zu bilden. Zum Zeitpunkt unserer Niederschrift hat Covid-19 Herausforderungen hinzugefügt, die sich auf die Funktionsfähigkeit des Staates und die öffentlichen Stimmungen auswirkten, die Nervosität erhöhten und die Fragilität des staatsbürgerlichen „Wohlwollens“ aufdeckten. Es gibt weitere hartnäckiger wiederkehrende Probleme, die den bürgerlichen Diskurs gefährden könnten, wie die Situation „weder Krieg noch Frieden“, wie die jüngste Grenzeskalation mit Aserbaidschan gezeigt hat. Sie hat erneut den schützenden ethnonationalen Diskurs aktiviert und den Optimismus für einen friedlichen Fortschritt des Landes ein wenig erschüttert.

Trotz des mosaikartigen Bildes von unerwarteten Ereignissen, die die postrevolutionäre Agenda für den Aufbau des bürgerlichen Bewusstseins herausfordern, gibt es Muster, die einander überschneiden und sich überall manifestieren. Im Folgenden soll nun die Identitätsarbeit mit ihren in der Einleitung skizzierten Spannungsverhältnissen diskutiert werden.

---

[12] Siehe beispielsweise (im Original armenisch): https://www.armtimes.com/hy/article/171202, ttps://www.azatutyun.am/a/30223216.html.

Dimensionen der Identität

Ethnisch vs. bürgerlich – ein vielschichtiges Spannungsverhältnis

Es gibt ein weit verbreitetes Bedürfnis (und nach der Revolution auch eine Hoffnung) nach sozialpolitischem Wandel und verbessertem Leben, und diese sehr menschlichen Bedürfnisse teilen die meisten Menschen als gemeinsame Grundlage. Die Darstellungen dessen, was genau gut sei und wie es richtig sei, variieren jedoch erheblich. Die Unterschiede liegen in den zugrunde liegenden Werten, „Wahrheiten", Identitätsreferenzen, Motiven usw. Diese unterschiedlichen Ansichten darüber, was gut ist, repräsentieren nicht nur Gedanken oder rational argumentierende Diskussionen darüber, wie die Reformen am besten funktionieren, sondern auch emotional aufgeladene Behauptungen, die mit Identitätsarbeit verbunden sind. Was auch immer von der gegenwärtigen Regierung in Umlauf gebracht oder diskutiert wird (vom Gesetz über häusliche Gewalt oder Gleichstellung der Geschlechter bis zur Schulreform), wird in reaktionären Kreisen fast standardmäßig als potenzieller nationaler Schaden „identifiziert", wodurch echte Kritik ersetzt und das Potenzial für eine inhaltliche Debatte ausgelöscht wird. Ein großer Teil der Medien spielt mit den „nationalen Ängsten", um das Vertrauen der Öffentlichkeit in die neuen Behörden zu untergraben. Der teilweise Erfolg dieser Provokationen könnte auf die klischeehafte Verwendung einer Sprache zurückzuführen sein, die wenig Unterschiede machte und ein Überbleibsel jener schmerzhaften Geschichte ist, die allein auf das Überleben ausgerichtet war. Er könnte aber auch durch die Gegenwart bedingt sein, in der langwierige Konflikte und fragile Waffenstillstände den Sicherheitdiskurs am Leben erhalten. Wie auch immer, was heute von den ehemaligen Führern verwendet wird, um antirevolutionäre Kampagnen durchzuführen, hatte auch schon während ihrer Herrschaft einigen instrumentellen Nutzen gefunden. Das Nationale wurde gern aufgerufen und dazu benutzt, patriotische Rhetorik und einheitliche Diskurse zu formulieren und voranzutreiben (wie die offizielle „One Nation – One Culture" Parole oder die politischen Spekulationen über die „National Unity" während des semi-autoritären Regimes der 2010er Jahre, mit der Absicht, ihre Autorität zu legitimieren und von wachsender sozialer Unzufriedenheit abzulenken[13]. Appelle an ethnokulturelle Leitbilder und an die „nationale Einheit" wurden in der jüngeren Vergangenheit auch verwendet, um abweichende Stimmen zu unterdrücken (von der Beschimpfung von demonstrierenden jungen Frauen, weil sie sich nicht an das Bild bescheidener und heimeliger armenischer Mädchen hielten, bis hin zur Forderung, vereint zu bleiben und unsere Feinde nicht mit unserer Zwietracht zu erfreuen).[14] Identitätsfragen sind jetzt sowohl das Schlachtfeld als auch die Waffe selbst. Etwas als anti-nationale und vorrangige Identitätsbedrohung zu präsentieren, ist wie eine Formel, für die jegliches Thema nur eine abhängige Variable ist. Ohne auf die Details der politischen Motive einzugehen, ist es hier interessant, dass die nationale Identität genau jenes Instrument ist, mit dem sie selbst erreicht werden kann – was auf ihre doppelte Natur hinweist: Einerseits ist sie archetypisch mächtig und subjektiv wichtig. Auf der anderen Seite wird sie leicht vereinfacht und für manipulative Zwecke ihrer Inhalte entleert. Die beiden Aspekte spiegeln die Ressource und zugleich die Gefahr dieser irrationalen Domäne wider.

---

[13] Zhamakochyan 2017.

[14] Manusyan 2017, S. 8-11; Manusyan 2016, S. 59-85.

Eine weitere Sache, die das Vertrauen der Armenier in die ethnokulturelle Identität problematisch macht, ist die Tatsache der Diaspora, die der Definition des Armenischen eine gewisse Vielfalt und Komplikation hinzufügt und sogar das scheinbar vereinbarte Selbstverständnis der Armenier durch Blutlinie oder Sprache in Frage stellt. Das zu 97% armenische Armenien ist andererseits stark von Migrationsströmen und Diaspora-Gemeinschaften, Mischehen und hybriden kulturellen Beiträgen der alten und neuen Diaspora-Armenier beeinflusst. In dem CIVICUS-Bericht 2014 heißt es: „Eine weltweit verbreitete Diaspora mit sieben Millionen Einwohnern ist ein wichtiger Bestandteil der gegenwärtigen sozialen und politischen Realität Armeniens.[15] Einige Diasporaforscher verwenden sogar den Begriff „Transnation" in Bezug auf Armenier, um die Grenzen der ethnischen Selbstdefinition hervorzuheben.[16]

Wenn man sich der staatsbürgerlichen Dimension nähert, wäre es falsch anzunehmen, dass aufgrund der Verbreitung ethnokultureller nationaler Konzepte weder in jüngster Zeit noch in der Vergangenheit Raum für staatsbürgerliche Gefühle vorhanden war. Aufgrund der fragmentarischen Staatlichkeit in der Geschichte und auch in den letzten zwei Jahrhunderten war gerade ein präziser Aufbau der Staatsbürgerschaft das Anliegen und die Vision vieler Intellektueller, ein wichtiges „unvollendetes Projekt", das verfolgt werden sollte. Erwartungen im Zusammenhang mit der Wiedererlangung der Staatlichkeit waren ein wichtiger Bestandteil der nationalen Vorstellungskraft. Dieses immer wiederkehrende Muster ist bis heute lebendig. Aus dem gleichen Grund der intermittierenden Staatlichkeit und der kolonialen Vergangenheit, d. h. eines Lebens unter anderen Staaten, ist die bürgerliche Identität jedoch nicht frei von Ambivalenz. Das doppelte und antagonistische Verhältnis zum Staat, auch in der Sowjetzeit, scheint hartnäckige Verhaltensweisen geprägt zu haben, die dem bürgerlichen Bewusstsein entgegenstehen (z. B. Vermeidung von Steuern, Misstrauen gegenüber Strafverfolgungsbehörden und gegenüber dem formellen Recht im Allgemeinen, Rückgriff auf Korruption). Hoffnungsvoller stellt sich die Lage für die Jugend dar, die nicht nur weniger traditionell, sondern auch unempfindlich gegenüber der sowjetischen Vergangenheit ist (ein vager Begriff, der von den Eltern gehört wird, aber nicht mit eigener Erfahrung verbunden ist). Die dem staatsbürgerlichen Bewusstsein zugrunde liegenden Werte sind immer noch unzureichend verinnerlicht, obwohl einige generationelle Veränderungen sichtbar sind: Eine landesweite psychologische Wertforschung aus dem Jahr 2014 zeigte Werte mit individualistischem Fokus (einschließlich der Wertschätzung der Meinungs- und Handlungsfreiheit) als Prädiktoren für eine aktive Staatsbürgerschaft, aber diese Werte fanden sich nur in der jungen Kohorte relativ weit verbreitet.[17]

Man kann also argumentieren, dass der Gegensatz von ethnisch vs. bürgerlich ein vielschichtiges Spannungsverhältnis in Armenien darstellt: Jede der beiden Dimensionen hat ihre eigenen Inkonsistenzen und „internen" Probleme. Ihr Zusammenspiel macht die Spannungsverhältnisse noch komplexer. Der Aufbau eines staatsbürgerlichen Bewusstseins stellt einige ethnokulturelle Annahmen in Frage. Letztere behindern die Weiterentwicklung von Beziehungen, Institutionen und Identitäten, die auf

---

[15] Civicus 2014, S. 11.

[16] Tölölyan 2014. Siehe auch https://muse.jhu.edu/article/444315/summary.

[17] Khachatryan/Manusyan/Serobyan/Grigoryan/Hakobyanyan 2014, S. 62 und 75.

staatsbürgerlichen oder staatlichen Konzepten beruhen. Sie könnten aber auch dazu beitragen, theoretisch gute Konzepte aus dem Westen zu verfeinern und ihnen eine lokale Bedeutung zu verleihen. Der Diskurs oder sogar die Sprache der Diskussion öffentlicher Themen wurde übermäßig „ethnisiert“ und andererseits ihrer Substanz beraubt. Sie scheint derzeit neu erarbeitet zu werden, manchmal schmerzhaft, im Zusammenhang mit der Rekonzeptualisierung dessen, was Armenien bedeutet und was es bedeutet, sein Bürger zu sein, und dem Versuch, die ethnischen, kulturellen und bürgerlichen Dimensionen zu überbrücken.

Konservativ vs. Progressiv

Ein weiteres Spannungsverhältnis, das eng mit dem ethnisch-bürgerlichen Paar verbunden ist, besteht zwischen der konservativen und der progressiven (transgressiven) Agenda, die sich in Diskursen, Lebensstilen und dem Verständnis nationaler Prioritäten manifestiert. Neben dem mehr oder weniger organischen kulturellen Widerstand gegen bestimmte fortschrittliche Ideen, die sich im Land möglicherweise nicht auf natürliche Weise entwickelt haben (wie die gesetzliche Regulierung von häuslicher Gewalt oder Transgenderkonzepte), wird der reaktionäre nationale Diskurs, wie bereits erwähnt, hauptsächlich künstlich in den Medien durch Kampagnen des ehemaligen Establishments provoziert. Trotz des insgesamt hohen öffentlichen Vertrauens in die Regierung findet diese Präsentation bestimmter Reformen oder Entscheidungen als gegen „armenische Werte“ oder die „armenische Familie“ gerichtete in der Bevölkerung in einem stark familienorientierten Land durchaus eine gewisse Ressonanz. Dies lässt sich zumindest aus Facebook-Aktivitäten ableiten – dem wichtigsten sozialen Medium in Armenien. Es gibt jedoch keine Forschung, die genauere Daten über das „Offline“-Volksbewusstsein auf repräsentativere Weise liefern würde. Bei diesem Thema darf nicht übersehen werden, dass der Westen (und insbesondere Europa) für die meisten Gruppen eine Identifikationsfigur oder ein „bedeutender Anderer“ bleibt, und, selbst wenn er mit negativer Konnotation verwendet wird (als Antagonist traditioneller Werte), ist Europa immer noch eine bedeutende Referenz, insbesondere angesichts des zunehmenden Wunsches, sich vom sowjetischen Erbe und auch der russischen Kontrolle zu emanzipieren.

In Bezug auf Werte zeigte bereits 2013 eine Studie über Wertorientierungen und Überzeugungen, die vom YSU Personality & Social Context Lab durchgeführt wurde, einige generationelle Veränderungen weg von Konformität (einem sozial fokussierten konservativen Wert) zu mehr Selbstausdruck und Selbststeuerung.[18] Es kann nur angenommen werden, dass sich der Trend weiter fortgesetzt hat, aber wir können nicht sicher sein, ob er sich auf weitere Segmente und Generationen in der Gesellschaft ausgeweitet hat oder sich intensiviert und kristallisiert hat, um ein einfacheres Wertesystem für die Jugend zu werden.

Persönlich vs. öffentlich

Um eine unpersönliche Darstellung von Identitäten zu vermeiden (als würde es sich um einen Kampf der Ideologien handeln, die einfach den menschlichen Körper

[18] Khachatryan/Manusyan/Serobyan/Grigoryan/Hakobyanyan 2014.

verwenden), sollte hervorgehoben werden, dass die widersprüchlichen Diskurse und Konzepte auch Teil der gelebten Erfahrung von Individuen sind. Während das oben diskutierte Spannungsverhältnis konservativ vs. progressiv zwischen relativ unterschiedlichen sozialen Gruppen besteht, ist es aus psychologischer Sicht wichtig, dass diese Spannung sich auch innerhalb der Person auch als ein ungelöstes Dilemma oder eine Unsicherheit darstellt. Junge Menschen befinden sich in der Zwangslage, sich einerseits bei der Organisation ihres Lebens immer noch an einige traditionelle Erwartungen anpassen zu müssen und andererseits individuelle Ziele und Lebensstile verfolgen zu wollen, die nicht zum vorherrschenden traditionellen Diskurs passen. Ein Beispiel ist das private/sexuelle Leben, wobei es eine beeindruckende Diskrepanz zwischen den Gesprächen über die Einhaltung der Tradition und der praktizierten Realität gibt, die zu dem führt, was als Doppelmoral oder Doppelleben bezeichnet wird. Dies ist auch ein Beispiel für ein anderes Spannungsverhältnis, das in der Einleitung skizziert wurde – zwischen *dem Diskurs und der Praxis*. Ein weiteres lohnendes Beispiel ist, wie die Stimmen von Menschenrechtsaktivisten in Fällen häuslicher Gewalt und die Notwendigkeit von Gesetzen von reaktionären Gruppen angegriffen werden, deren Argumentation im Wesentlichen etwa so lautet wie „es gibt so etwas nicht“ und „das ist keine Gewalt“. Interessanterweise bedeutet dies nicht, dass die Menschen sich entsprechender Fälle nicht bewusst wären, sondern dass sie nicht bereit sind, ihnen einen Namen zu geben und damit eine Existenz zu verschaffen.

Die 2013 gesammelten Daten zu vorherrschenden sozialen Überzeugungen in Armenien zeigten ein interessantes Muster. Eine signifikante Korrelation wurde aufgedeckt zwischen dem für die armenische Stichprobe offenbarten Glaubenscluster „Spannung zwischen Individuum und Gesellschaft“ (Glaube an ihren Antagonismus und an die Unterdrückung des Individuums durch die Gesellschaft) und „sozialem Zynismus“ (einschließlich Misstrauen gegenüber sozialen Institutionen): Das Zusammenspiel war interpretiert als Skepsis in den gesellschaftlichen Beziehungen, „Marginalisierung des Individuums von gesellschaftlichen Prozessen und Wettbewerbseinstellungen, die das öffentliche Interesse übersehen“[19]. Eine faire Annahme ist, dass dieses Bild seitdem im neuen politischen Kontext zurückgegangen ist, aber dennoch einige Verhaltensweisen widerspiegelt und, was noch wichtiger ist, zeigt, wohin wir zurückkehren könnten.

Die beunruhigende persönlich-öffentliche Beziehung hat weitere Facetten. Aus der Perspektive der Theorie der sozialen Identität sollten die persönliche Identität und das Selbstwertgefühl von sozialen Identifikationen und Gegenständen profitieren. Da in Armenien, wie bereits ausgeführt, das Nationale die vorherrschende Form des Sozialen ist, hat dies aber eine besondere Auswirkung auf das Zusammenspiel persönlicher und sozialer Identitäten. Obwohl die meisten jungen Menschen eine allgemein positive nationale Selbstidentifikation haben (…), machen doch die vielen sozialen, kulturellen und wirtschaftlichen Probleme die nationale Zugehörigkeit nicht zu einer stabilen Quelle positiver Selbstidentifikation. Kein Wunder, dass fast jede Diskussion über nationale Themen leicht zwischen hochsublimierenden und übermäßig kritischen Formulierungen hin und her wechselt.

Ein weiterer Aspekt des persönlich-öffentlichen Spannungsverhältnisses ist, dass es für engagierte junge Bürger auch eine existenziell bedeutsame Wahl zwischen

---

[19] Khachatryan/Manusyan/Serobyan/Grigoryan/Hakobyanyan 2014, S. 60-61.

persönlicher Zeit und Engagement für bürgerschaftliches Engagement beinhaltet. Dies ist ein schwieriges „Multitasking“ bezüglich zweier wichtiger Bedürfnisse – des Privatlebens einerseits und des Engagements für öffentliche Themen andererseits. Im Kontext der bürgerlichen Identitätsbildung manifestiert sich das Persönliche vs. Soziale auch als Akteur vs. Institution. Mehr denn je handelt es sich um eine sich gegenseitig konstitutierende Beziehung: So, wie es von den fortgesetzten Bemühungen und der Kontrolle der Bürger abhängt, wie gut sich die Institutionen verändern werden, wird die institutionelle Politik auch darüber entscheiden, wie engagiert ein Bürger bleiben oder wie unengagiert er werden wird. Ein wesentlicher Aspekt dieser Gegenseitigkeit ist, wie produktiv sich die Kommunikation zwischen Staat und Bürger vollziehen wird und wie belastbar die (Selbst-) Überzeugungen der Bürger hinsichtlich der Fähigkeit sein werden, Prozesse zu beeinflussen.

Vergangenheit vs. Zukunft

Es gibt mehrere Interpretationen und Wahrnehmungen nicht nur dessen, was Armenien oder ein Armenier/eine Armenierin ist, sondern vor allem auch, was es/er/sie sein *sollte*, d. h. über das „prospektive Selbst“. Abgesehen von einigen sich allmählich verlierenden nostalgischen Stimmen in der älteren Generation hinsichtlich der sowjetischen Vergangenheit ist die Vorfreude auf etwas Neues über alle Generationen hinweg kennzeichnend. Nicht selten hört man das mittlere Alter und die Senioren, wenn sie die Jugend als "unsere Hoffnung" bezeichnen oder mit Bewunderung über den bemerkenswerten Unterschied der neuen Generation zu sich selbst sprechen, insbesondere nach der Revolution. Die Vorstellung von der Zukunft, insbesondere in Bezug auf die Identität, steckt jedoch voller Angst. Die meisten nationalen Identitätsmarker waren in der Vergangenheit sicher, idealisiert, nicht reflektiert, selbstverständlich und voller Symbole, während bürgerliche Identitätsmarker immer noch unsicher, neuartig, real, hinterfragt, voller Suche, Sinnfindung und Selbstkritik sind. Metaphorisch sieht dieser Prozess so aus, als würde eine ältere Person in die Verhaltensweisen eines Jugendlichen zurückversetzt.

Wo ist in all diesen Unsicherheiten und Zweideutigkeiten tatsächlich die Zugehörigkeit der zukunftsorientierten Jugend, einer Generation, die selbst oft als „unsere Zukunft“ bezeichnet wird? Setzen sie sich selbst dafür ein, die Zukunft zu sein, die die Älteren erwarten, oder haben sie ihre eigene? Die neue Generation – ein Begriff, der kollektiv diejenigen bezeichnet, die nach der Unabhängigkeit geboren wurden und nicht mit sowjetischem Denken „kontaminiert“ sind – wird (sowohl akademisch als auch in der breiten Öffentlichkeit) als der wahre Veränderer angesehen. Dieser weit verbreitete Glaube muss kritisch gesehen werden. Während es eine berechtigte Erwartung an jene Generation gibt, die aufgrund ihrer politischen Sozialisation und der allgemeinen Flexibilität und Stärke des Alters das größte emanzipatorische Potenzial besitzt, sollten auch begrenzende Faktoren in Bezug auf die Zeitgenossenschaft berücksichtigt werden. Zu den Faktoren, die möglicherweise ihre bürgerliche Position einschränken, gehören etwa die Konsumkultur und der zweideutige Effekt einer intensiven Nutzung sozialer Medien. Darüber hinaus ist ein bestimmter Teil der armenischen Jugend aufgrund ihrer altersspezifischen Suggestibilität und Emotionalität anfälliger für nationalistische Ideen und die Beteiligung an reaktionären Kreisen. Außerdem kann die übermäßige Konzentration auf das jüngere Segment die spezifischen Potenziale und Beiträge anderer Altersgruppen (insbesondere des mittleren Erwachsenenalters) aus den Augen verlieren. Die Erfahrung des bürgerlichen Engagements und die Exposition gegenüber progressiven Frames liegen meistens bei Personen zwischen 35 und 40 Jahren. Im Übrigen befinden sich viele von ihnen aktuell in der institutionellen Politik. Es ist offensichtlich, dass Generationslücken geschlossen werden sollten, um Synergien bei den Bemühungen zu erzielen.

Zur Zusammenfassung: Identität und kollektive Entscheidungsfreiheit in der Perspektive

Gegenwärtig gibt es viel Neues, das die armenische Gesellschaft praktizieren, sich daran gewöhnen oder auch aufgeben müsste, um zwischen alter Trägheit und neuen Unsicherheiten eine neue Beziehung zum Staat aufzubauen. In diesem Artikel wurden mehrere Spannungsverhältnisse umrissen, die sich auf die Schaffung einer bürgerlichen Identität konzentrieren; der „verstärkende" Effekt der Revolution in diesem Prozess wurde aufgezeigt. Identitäts- und Kohäsionsfragen werden zurzeit erprobt und ausdifferenziert: Was unbestritten war, wird nun in Frage gestellt, das Unausgesprochene wird artikuliert, und Vielfalt tritt aus dem homogenisierenden Diskurs hervor. Ob diese Spannungsverhältnisse tatsächlich ein Problem oder ein Anstoß für dynamische Veränderungen sind, bleibt abzuwarten. Die Anstrengungen zeigen hoffentlich auch, dass wir auf der Suche nach einer praktikablen Synthese der ethnischen und bürgerlichen Dimensionen der nationalen Vorstellungskraft sind, die sowohl den lokalen kulturellen Netzwerken als auch den aktuellen globalen Dringlichkeiten gerecht werden und weder soziale Gestaltung verhindern noch darin stecken bleiben. Die Sprache der Solidarität, die für verschiedene Gruppen von Bedeutung ist, muss noch gefunden werden. Wie sich die Beziehungen zwischen Staat und Bürgern entwickeln werden, ist eine weitere Schlüsselfrage in diesem Diskurs, da Relationalität für jede Identität von zentraler Bedeutung ist und auch bürgerliche Identität sich dem Prinzip der Relationalität nicht verschließen kann. Zum Zeitpunkt unserer Niederschrift hatte Covid-19 beispielsweise diese Beziehungen vor große Herausforderungen gestellt, was vor allem die Fragilität der erreichten Solidarität und der „politischen Sympathien" ans Licht brachte.

Das gestärkte Gefühl der Entscheidungsfreiheit und Selbstwirksamkeit wird höchstwahrscheinlich seine prägende Rolle bei der Entwicklung des bürgerlichen Bewusstseins fortsetzen. Ob dies eine stärkere Beteiligung der Öffentlichkeit oder eine stärkere Intensität der Bemühungen der Randgruppen bedeuten wird, ist wiederum eine Frage. In jedem Fall werden diskursive Wege (Online-Debatten, soziale Anzeigen, Live-Adressen und die reine Wiederholung wichtiger Vokabeln) nicht ausreichen und das bürgerliche Bewusstsein braucht Raum (z. B. durch direkte Demokratie), um sich in engagierten und wechselseitigen Interaktionen zwischen Staat und Bürgern zu entwickeln.

Meine abschließende Bemerkung sei methodischer Natur: Bei der Betrachtung junger Demokratien und postsowjetischer Gesellschaften, sei es für wissenschaftliches Wissen oder für Kooperationspolitik, erscheint es fruchtbarer, sich auf die Ambivalenzen, Unterschiede und nicht zuletzt auch auf die Randstimmen in einem Land zu konzentrieren, als auf allgemeine Indikatoren oder vorherrschende Diskurse, zumal letztere eher dazu neigen, die Komplexität, die Mikroprozesse und bestehendes Veränderungspotential zu verschleiern.

Literatur

Apfelbaum, E. P./Phillips, K. W./Richeson, J. A. (2014): Rethinking the Baseline in Diversity Research: Should We Be Explaining the Effects of Homogeneity? *Perspectives on Psychological Science 9*, no. 3, pp. 235–244. Internet: https://dspace.mit.edu/bitstream/handle/1721.1/87730/Apfelbaum%20Phillips%20Richeson%20PPS%20-%20in%20press.pdf?sequence=1&isAllowed=y

CIVICUS Civil Society Index Rapid Assessment: Armenia Country Report (2014). Internet: https://www.civicus.org/images/Civicus-Report_August-2014_FFinal.pdf.

Dovich, Mark (2020): Two Years after Velvet Revolution, Armenia Sees Increased Public Trust in Institutions (media article). Internet: https://www.civilnet.am/news/2020/07/07/Two-Years-After-Velvet-Revolution-Armenia-Sees-Increased-Public-Trust-in-Institutions/389341

Kanazawa, Satoshi/Li, Norman P. (2015): Happiness in modern society: Why intelligence and ethnic composition matter. *Journal of Research in Personality,* 59, pp. 111-120. Internet: https://ink.library.smu.edu.sg/cgi/viewcontent.cgi?referer=https://scholar.google.com/&httpsredir=1&article=3073&context=soss_research

Khachatryan, Narine/Manusyan, Sona/Serobyan, Astghik/Grigoryan, Nvard/Hakobjanyan, Anna (2014): Culture, Values, Beliefs: Behaviour Guidelines in Changing Armenian Society. Yerevan, Yerevan State University Publishing. Internet: https://www.researchgate.net/publication/331399254_Culture_Values_Beliefs_Behavior_Guidelines_in_Changing_Armenian_Society

Laurence, James/Bentley, Lee (2016): Does Ethnic Diversity Have a Negative Effect on Attitudes towards the Community? A Longitudinal Analysis of the Causal Claims within the Ethnic Diversity and Social Cohesion Debate. *European Sociological Review,* Vol. 32 (1), pp. 54-67. Internet: https://academic.oup.com/esr/article/32/1/54/2404332.

Manougian, Harout/Kopalyan, Nerses (2019): Negating the Honeymoon Discourse: Government's Popularity Remains Strong (media article). Internet: https://www.evnreport.com/politics/negating-the-honeymoon-discourse

Manusyan, Sona (2016): Protest and its suppression at micro-level (in Armenian). In: *Search(es) for change: Collection of Research Essays,* pp. 59-85. Socioscope, Yerevan. Internet: http://socioscope.am/wp-content/uploads/2017/05/%D4%B2%D5%B8%D5%B2%D5%B8%D6%84%D5%A8-%D6%87-%D5%A4%D6%80%D5%A1-%D5%B3%D5%B6%D5%B7%D5%B8%D6%82%D5%B4%D5%A8.pdf.

Manusyan, Sona (2017): Civic Processes in Armenia: Stances, Boundaries and the Change Potential. In: *Caucasus Analytical Digest (CAD), 91: Special issue on Armenian Protests and Politics,* pp. 8-11. Internet: https://www.laender-analysen.de/cad/pdf/CaucasusAnalyticalDigest91.pdf.

Manusyan, Sona/Grigoryan, Ani (2018): The agentic personality and her/his time perspective: an attempt of empirical analysis (in Armenian). *"Modern Psychology" Scientific bulletin,* # 2, pp. 65-76. Yerevan.

Shulman, Stephen. (2002): Challenging the civic/ethnic and West/East dichotomies in the study of nationalism. *Comparative political studies, 35*(5), pp. 554-585.

Socioscope NGO (2019): From shrinking space to post-revolutionary space: reimagining the role and relations of civil society in Armenia (collective analytical report). Yerevan, Socioscope, Heinrich Boell Stiftung. Internet: http://socioscope.am/wp-content/uploads/2019/01/Socioscope-report_15.01_spread-eng.pdf

Tölölyan, Khachig (2014): Armenian Diasporas and Armenia: Issues of Identity and Mobilization (interview). Internet: https://journals.openedition.org/eac/565?lang=en

Zhamakochyan, Anna (2017): Armenia in the trap of national unity. *Opendemocracy*. Internet: https://www.opendemocracy.net/en/odr/armenia-in-trap-of-national-unity/.

Омолаживане старой идентичности?

Гражданское самосознание и развивающийся контекст отношений между государством и гражданами в Армении

Сона Манусян

Введение

Одно из первых, что западный читатель почти гарантированно прочитает во введении к любому социальному анализу об Армении, помимо советского прошлого, это то, что это небольшая этнически однородная страна (97-98% этнических армян по разным оценкам). И вот вы читаете еще одно подобное введение. Вместо нейтрального демографического показателя, эта информация обычно используется для указания на определенную социокультурную однородность и ее влияние на представления о нации и государственности, на преобладающую коллективную идентичность, уровень сплоченности и солидарности, на отношение к различиям, потенциал изменений и так далее. Не эта демографическая картина сама по себе, а исторический и политический путь армянского народа, лежащий за ней – вот что делает национальную идентичность в Армении превалирующе этнической (пока что говоря в терминах дихотомии гражданское-этническое). Общая идентичность ссылается скорее на этнокультурные, нежели государственные/гражданские маркеры. Однако, за этими статичными цифрами существует множество динамических факторов, которые ставят под сомнение высокий уровень однородной идентичности и сплоченности в Армении. В целом, в литературе имеются проти-воречивые данные о влиянии гомогенности на такие групповые показатели как сплоченность, счастье, доверие, способность решения проблем и т.д.: одни говорят в пользу, другие – против ее положительного влияния на эти показатели. В ряде исследований, опирающихся на различные методологии, демонстрируется отрицательная связь социальной сплоченности с этническим многообразием общины или ее положительная связь с гомогенностью[1], но есть а также исследования, показывающие положительный или "корректирующий" эффект многообразия[2]. В целом, эти дебаты свидетельствуют о том, что мало что можно сказать об обществе, опираясь лишь на его этнокультурный состав. Кроме того, нельзя делать далеко идущие выводы, только приблизительно зная "тип" национальной идентичности. Как показывает критический анализ дихотомии «гражданское/западное – этническое/восточное» С. Шульмана, последняя не имеет серьезной эмпирической поддержки, и "...внутри каждого региона

[1] Laurence/Bentley 2016, Kasanava/Li 2015.

[2] Apfelbaum/Phillips/Richeson 2014.

существует существенная степень разнообразия"[3]. В Армении также наблюдается неравномерная картина между различными социальными слоями в плане этнической/гражданской "доли" их ценностных ориентаций и ссылок на национальную идентичность, особенно в межпоколенческом разрезе. Эта картина полна попытками оспаривания идентичностей, межгрупповыми границами, многоголосием стремлений и видений будущего. Это не отрицает того, что этнокультурное измерение все-таки превалирует, причем не только дискурсивно; оно также является действительным повседневным опытом: схожая внешность, общий язык и религия, общая история и корни, а также малочисленные, если вообще какие-либо встречи с этническими Другими в повседневности в целом формируют самую сильную из имеющихся общих идентичностей. Однако национальная идентичность далеко не стабильное место, и на нее вряд ли можно опереться. Примечательно, например, что довольно частая реакция общественности на целый ряд социально-политических тем и нововведений воспринимается через призму "угроз" национальным ценностям и идентичности, а также необходимости "сохранять нашу идентичность". Такая защитная реакция не сразу понятна, если учитывать впечатляющую этническую однородность и факт проживания на почве собственного государства. Кроме того, самоидентификации различных социальных и заинтересованных групп тоже сильно расходятся, либо, совпадая с упрощенным определением армянского, либо вопрошая его. Это небольшая нация, не имеющая этнического разнообразия, однако имеющая множество различий по другим признакам. И так, что происходит с ее коллективной идентичностью в этот период социально-политических изменений, которые также вовлекают отношения государство-гражданин? Хотя этнокультурная идентичность, несомненно, служит важным ресурсом связывания с историей, корнями и символическими ресурсами в целом, она недостаточна для формирования (и порой даже препятствует формированию) еще одного важного компонента коллективного воображения – гражданской идентичности. Гражданский дискурс сегодня пробивается через чрезмерно эссенциализированный и конвенциональный этнокультурный дискурс. Она неспешно развивалась после распада Советского Союза, и в последнее время приобрела новый импульс с возобновлением после революции 2018 года разговоров и стремлений о государственном строительстве. Этнокультурный и гражданский аспекты концепции национального самосознания в сегодняшней Армении находятся в некотором напряжении, что часто проявляется в виде интенсивных онлайнбитв между консервативными и прогрессивными общественными группами различных возрастных групп. Это также проявляется как напряженное отношение между настоящим» и будущим коллективным самообразами. Революция стимулировала процессы (пере)осмысления идентичности, как в плане внутреннего «самоописания», так и с точки зрения более широких сдвигов в культурно-географической ориентации.

В этой статье будет обсуждаться состояние и динамика гражданской идентичности в Армении в процессе становления. Будут рассматриваться противоборствующие самопонимания, которые взаимно испытывают друг друга, возможно чтобы в конечном итоге примириться и интегрироваться. Эти противо-

[3] Shulman 2002, p. 583.

воречия – между гражданским и этническим, традиционным и прогрессивным (крайняя выраженность которого – реакционные против левых «ультра-эмансипаторных»), личным и общественным, институциональным и агентным, прошлым и будущим, дискурсом и практикой, само-собой-разумеющимся и саморефлексивным. Ряд многовременных факторов (от ранней истории до советского наследия и вплоть до неотложностей настоящего) определяет и контекстуализирует ресурсы и ограничения в формировании гражданской идентичности в Армении. Эмпирическая (особенно социально-психологическая) литература по данной теме, к сожалению, скудна, если вообще имеется, поэтому я воспользуюсь также неопубликованными исследованиями и текущими наблюдениями для обсуждения процессов и факторов, которые кажутся актуальными для данной темы. В последующем разделе я коснусь революционного опыта, рассматривая его одновременно как результат предшествующих процессов и как импульс для новых процессов.

Революция как новый (кон)текст гражданской идентичности

Хотя анализ революции и постреволюционного периода со всеми их причинами и последствиями выходит за рамки данной работы, некоторое обсуждение их роли в «испробовании» новых форм коллективной идентичности весьма уместно. Армянская революция апреля-мая 2018 года была, с одной стороны, нарастающим итогом десятилетнего опыта мирных уличных протестов, множества недовольств и слабых надежд. С другой стороны, она стала новым фактором, формирующим многие текущие процессы – не только политические, но и социально-психологические. Это, можно считать, "временной узел", который объединяет существующие ресурсы и препятствия и формулирует новые проблемы и возможности предстоящего.

В гражданском и политическом сознании, установках и поведении происходят изменения, которые, к сожалению, психологически не изучены, но могут быть косвенно выведены из существующих агрегированных данных социальных исследований. Так, согласно анализу некоторых данных исследования "Кавказский барометр 2020" (ежегодное обследование домашних хозяйств и крупнейший согласованный сбор данных на Южном Кавказе), "значительный рост общественного доверия" почти ко всем государственным институтам можно наблюдать "более чем через два года после того, как бархатная революция 2018 года возвестила о кардинальных изменениях во внутриполитическом ландшафте страны"[4]. В то же время, судебная система не входит в число тех институтов, к которым уровень общественного доверия возрос, и это является вызовом не только для нового правительства (которое должно осуществить серьезные изменения через саму систему правосудия), но и для общественного сознания, которое постоянно сомневается в верховенстве права. Другой анализ исследования общественного мнения показывает, что общественность высоко оценила ряд позитивных сдвигов, в том числе снижение

[4] Dovich 2020.

уровня коррупции; улучшение общего психологического состояния и продвижение демократии[5]. События 2018 года принесли политический оптимизм, как в гражданском секторе[6], так и среди широкой общественности[7], повысили чувство агентности граждан различного социального/возрастного/идеологического/регионального происхождения[8], привели к изменению моделей коммуникации между государством и гражданином, как в структурном, так и в эмоциональном плане[9]. Ощущение как способности, так и права влиять на социальные и политические процессы было одним из психологических достижений революции 2018 года как ценного формирующего опыта, особенно для активно участвующей молодежи. В контексте обсуждаемой темы ее можно рассматривать как процесс преодоления отстраненности общества от государства.

Коллективный революционный опыт также широко изменил годы апатии ко всем формам коллективной организации и ставший почти стандартом общественный скептицизм в любом позитивном изменении или в целесо-образности гражданской активности. В более общем плане, он улучшил разговор о гражданственности. Это был также эмоциональный и личный опыт схожести, солидарности, *временного* преодоления социальных, идеологических, возрастных и ряда других границ. Конечно, и мелкомасштабные, и широкомасштабные протесты по разным вопросам развертывались более десяти лет, так что к 2018-ому году группы активистов стали почти профессионалами в мирной уличной борьбе (или тем, что в Армении принято называть "гражданским неповиновением"). Однако до личного опыта участия в протестах, подавляющее большинство в обществе было весьма недоверчиво настроено к активизму и активистам, воспринимая последних кем угодно – от служителей "внешним силам" до "сумасшедших утопистов", но едва тем, кто может быть примером для подражания. Данные по гражданской активности в 2014 году CIVICUS резонируют с этим. Население характеризовалось ограниченной вовлеченностью или же *узостью* в ОГО (т.е. большинство людей не было вовлечено), в

---

[5] Manougian/Kopalyan 2019.

[6] Socioscope 2019.

[7] См., например, https://www.evnreport.com/politics/negating-the-honeymoon-discourse, где, опираясь на недавнее исследование, показывается, что «Армения больше не пессимистическая страна», но что интересно, это не связано с экономическими показателями, которые существенно не улучшились. Авторы указывают на «поразительный разрыв между общим оптимизмом граждан и их личным экономическим положением». Однако тот же аналитический отчет показывает, что общественностью ожидания от правительства сформулированы в основном в экономических терминах, поэтому в долгосрочной перспективе этот фактор, вероятно, еще повлияет на политические настроения.

[8] Manusyan/Grigoryan 2018, с. 65-76.

[9] Можно вспомнить о горизонтальном стиле общения как премьер-министра Никола Пашиняна с его знаменитыми эмоциональными лайвами на Facebookе, так и нескольких министерств, организующих широкие публичные обсуждения законо-проектов и других тем в социальных сетях. В целом этот период даже выглядит как онлайн-гиперкоммуникация.

то время как *глубина* вовлеченности была впечатляющей (те, кто был вовлечен, поддерживали регулярное вовлечение и приверженность)[10].

Ставший уже знаменитым частое обращение лидера революции, а ныне премьер министра Н. Пашиняна к общественности в своих выступлениях, *"Дорогой свободный и гордый гражданин Армении"*, является одним из примеров того, как "примеряются" новые формы коллективной идентичности. Слово "гражданин" стал широко распространено также и в социальных сетях. Гражданско-политическая идентичность также подкрепляется интенсивным освещением в СМИ нескольких резонансных судебных дел против бывших членов правящей элиты: так, в связи с ними звучит много правовой лексики из уст государственных деятелей и журналистов: верховенство права, восстановление прав человека, преступления против государства, конституционный порядок, власть принадлежит народу, суверенность и т.д[11].

Это повторное обращение к гражданину является любопытным предметом изучения: как оно на самом деле перекликается с общественностью в послереволюционный период, и какой субъективный смысл оно приобретает среди различных социальных групп, если таковой имеется? Пока никаких исследований, но из вышеизложенного можно сказать, что революция – это не просто контекст, а *текст* построения гражданской идентичности. Этот текст все еще находится в процессе написания. И сегодня многие разговоры, связанные с текущей политикой, как одобряющие, так и критические, напоминают и отсылают к тому, что было сформулировано (и обещано) на Площади Республики. Но они также раскрывают те отличия между разными социальными и идеологическими группами во взглядах на, ожиданиях от и интерпретациях революции, которые были затушёваны обобщенным дискурсом солидарности и общей целью во время революции. Постреволюции еще предстоит иметь дело с этими асимметриями при формировании общей гражданской идентичности и уточнении ее языка солидарности. Несколько двойственное воздействие революции на гражданскую идентичность заключается в том, что существует потенциал для неудовлетворенности из за повышенных ожиданий и нетерпения, вызванных революционным воодушевлением. В конце концов, постреволюционный период сильно отличается от революции по своей ауре и динамике. Он сопровождается также постепенным переходом гражданина от позиции борца обратно к позиции жалобщика и от позиции агента к позиции "потребителя" политики. Другой важный сдвиг – от вовлечения на уровне действия к "гиперактивным" разговорам (невероятно интенсивные дискуссии в Facebook бросаются в глаза даже без формализованных исследований), когда использование социальных медиа скорее заменяет собой, чем отражает или организует реальное действие. В то же время кристаллизуется активное позиционирование гражданского сегмента с более последовательной

---

[10] Civicus 2014, 21.

[11] В дореволюционный период язык общения политических элит с обществом был преимущественно этнокультурным или даже этнонационалистическим. См., например, любопытный анализ Жамакочяна о злоупотреблении дискурсом «национального единства» и его ловушках тут:
https://www.opendemocracy.net/en/odr/armenia-in-trap-of-national-unity/

и ценностной вовлеченностью; сейчас у них все еще есть поводы протестовать (например, против нерешенной проблемы проекта Амулсарского золоторудного месторождения или же неубедительных судебных реформ) и напомнить новому правительству о собственных заявленных обязательствах перед гражданином Армении.

Картина еще более усложняется тем, что есть *контр-тексты*. Представители или сторонники прежнего режима, в манипулятивных руках которых до сих пор есть значительный медиаресурс, ведут подчеркнуто реваншистскую линию, распространяя фейковые новости (и прибегая к фейковым профилям) или реакционные негативные интерпретации любых реформ или событий, и при этом используют контр-нарративы с расплывчатыми ссылками на национальную угрозу. Таким образом, гражданин – в значительной степени медиапотребитель – действует в чрезвычайно шумной медийной среде, застрявший между надеждой и страхом, между сохранением и прогрессом. Интересно, что демаркационная грань между действительно оппозиционными голосами (в основном из гражданского сектора) и медиа-манипуляциями заключается в том, используется ли гражданский или этнокультурный дискурс как язык коммуникации с общественностью. Этнокультурный дискурс, безусловно, как таковой не является ни проблемой, ни антагонистичным по отношению к гражданской идентичности, и во многих смыслах восприятие их как взаимоисключающих является результатом дискурсивных сражений и злоупотреблений. Так, этнокультурный язык использовался и в протестах, предшествующих революции как ключ к объединению людей из самых разных социальных групп и смог создать пространство для последующего разговора о гражданственности и правах. Сегодня Пашинян также обращается к обоим языкам и маневрирует между ними, пытаясь быть понятым и принятым более широкими слоями. В одном случае он даже попал в ловушку чрезмерно этнокультурного, когда инициировал флеш-моб, в котором надо было от руки написать и разместить на фейсбуке фразу *"Армения – мой дом, народ – моя семья"*, за что подвергся резкой критике со стороны гражданского сектора и интеллектуальных кругов[12].

Послереволюционный фон достаточно напряжен и мозаичен; гражданин вынужден реагировать одновременно на множество значимых новостей, реформ, дебатов. Почти ежедневные меняются не только горячие темы, но даже государственные институты, что затрудняет формирование стабильной картины и взглядов. На момент написания статьи КОВИД-19 добавил еще больше трудностей, повлияв на функциональные возможности государства, а также на общественные настроения, добавив нервозности и выявив хрупкость "симпатии" между гражданином и государством. Существуют также хронические, нерешенные проблемы, которые могут поставить под угрозу гражданский дискурс, такие как ситуация "ни войны, низ мира", как показала недавняя эскалация на границе с Азербайджаном. Это еще раз активизировало защитный этно-национальный дискурс и несколько подорвало оптимизм в отношении мирного прогресса страны.

---

[12] Смотри, например (все источники на Армянском): https://www.armtimes.com/hy/article/171202, https://www.azatutyun.am/a/30223216.html.

Задачи и непредусмотренные обстоятельства, продолжающие усложнять постреволюционный курс в направлении гражданского строительства, весьма разнородны. Однако есть паттерны, которые красной нитью проходят через них всех и проявляются в разных сферах. Далее будет обсуждаться формирование идентичности с присущими ему противоречиями – *напряжениями*, приведенными во введении.

Картина идентичности

Этническое или гражданское: многослойное напряжение

Существует широко распространенная потребность (а после революции еще и надежда) в социально-политических изменениях и улучшении жизни, и большинство граждан объединяют эти самые человеческие потребности. Однако представления о том, что именно хорошо и каким путем надо его достичь, значительно варьируются. Различия заключаются в ценностях, "истинах", референтах идентичности, мотивах и так далее. Эти разногласия являются не столько мыслями или рационально аргументированными обсуждениями (например, о том, какие именно реформы нужны), а скорее эмоционально заряженными спорами, сопряженными с процессами идентичности (identity work). Что бы ни вводилось в обращение или обсуждение нынешним правительством (от закона о домашнем насилии или гендерном равенстве до школьной реформы), в реакционных кругах почти по умолчанию "идентифицируется" как потенциальный вред нации, замещая тем самым возможную подлинную критику и исчерпывая потенциал для предметных дебатов. Широкий сегмент СМИ играет на "национальных страхах", чтобы снизить общественное доверие к новым властям. Частичный успех клишированного использования языка национальной идентичности может быть обусловлен болезненной историей Армении, почти всегда связанной со стремлением ее сохранения. Но он может быть также обусловлен и настоящим, когда затянувшийся конфликт и шаткое прекращение огня продолжают способствовать дискурсу секьюритизации. Так или иначе, то, что сегодня используется прежними для проведения антиреволюционных кампаний, широко применялось и во время их правления. Сфера национального легко активировалась и запускалась для продвижения патриотической риторики и дискурсов унификации (таких как официальная "Одна нация – одна культура" или политические спекуляции на тему "единства нации" в период полуавторитарного режима 2010-х годов в попытке легитимизировать свою власть и отвлечь внимание от растущего социального недовольства[13]. В недавнем прошлом ссылки на этно-культурные представления и "национальное единство" использовались для подавления несогласных голосов (от пристыживания протестующих на улицах молодых женщин за несоответствие образу скромных и “домашних” армянских девушек до призывов оставаться едиными и не радовать врагов сценами раздора[14]. И так, вопросы идентичности в настоящее время есть поле боя и оружие одновременно. Представление чего-то

---

[13] Zhamakochyan 2017.

[14] Manusyan 2017, с. 8-11; Manusyan 2016, с. 59-85.

в качестве антинационального и провокация угрозы идентичности – это почти формула, где очередная тема – всего лишь зависимая переменная. Независимо от конкретных политических мотивов, интересно то, что именно национальная идентичность инструментально используется для их достижения. Это указывает на ее двойственную природу: с одной стороны, она архетипически мощна и субъективно важна; с другой стороны, ее содержание легко упростить и опустошить в манипулятивных целях. Эти два аспекта отражают одновременно ресурсы и риски этой нерациональной сферы.

Еще один нюанс, который делает ставку армян на этнокультурную идентичность проблематичной – это факт диаспоры, который добавляет довольно многогранности и сложности в определение того, что считать армянским, и даже бросает вызов на первый взгляд однозначную Мы-концепцию армянства по «крови» или общему языку. Девяностосеми-процентно армянская Армения с другой стороны находятся под сильным влиянием миграционных потоков и диаспорных общин, смешанных браков и гибридных культурных воздействий, которые привносят армяне как старой, так и новой диаспор. Как отмечается в отчете CIVICUS за 2014 год, "Семимиллионная сильная диаспора, разбросанная по всему миру, является важной составляющей современной общественно-политической реальности" Армении[15]. Некоторые исследователи диаспоры даже используют термин "транснация" в отношении армян, чтобы подчеркнуть ограниченность этнического (само)определения[16].

Что касается гражданского измерения идентичности, было бы ошибочно предполагать, что из-за преобладания этнокультурных национальных концепций не было места для гражданских настроений – в прошлом либо в последнее время. В действительности, в силу исторически сложившейся фрагментарности государственности, за последние два столетия именно развитие гражданственности было заботой и видением многих интеллектуалов – неким важным "незавершенным проектом", к которому нужно было стремиться. Ожидания и надежды, связанные с восстановлением государственности, были важной частью национального воображения. Эта повторяющаяся картина оживилась и сегодня. Однако в результате той же непостоянной и прерывистой государственности и колониального прошлого, то есть существования в условиях других государств, гражданская идентичность не лишена амбивалентности. Двойственное и антагонистическое отношение к государству, в том числе и в советский период, по-видимому, сформировало устойчивые модели поведения, не вполне соответствующие гражданскому сознанию (например, уклонение от уплаты налогов, недоверие к правоохранительным органам и к формальному праву в целом, прибегание к коррупции). Несколько обнадеживает молодежь, которая не только менее традиционна, но и нечувствительна к советскому прошлому (для них – расплывчатое слово, услышанное от родителей, но вне собственного прожитого опыта). Ценности, лежащие в основе гражданского сознания, все еще недостаточно интернализированы, но разница между поколениями заметна. Так, общенациональное психологическое исследование ценностей 2014 года показало, что ценности с индивидуалистической направ-

---

[15] Civicus 2014, 11.

[16] Tölölyan 2014. См. также https://muse.jhu.edu/article/444315/summary.

ленностью (в том числе значимость свободы выражения и действия) являются предикторами активной гражданской позиции, однако эти ценности были относительно выражены только в возрастной когорте молодых[17].

Таким образом, можно утверждать, что напряженные отношения между этническим и гражданским в Армении многослойны: каждое из двух измерений в свою очередь имеет собственные противоречия и "внутренние" проблемы. Их взаимодействие является еще более сложным процессом. Построение гражданского сознания бросает вызов некоторым этнокультурным представлениям, а последние препятствуют развитию отношений, институтов и идентичностей, опирающихся на концепции гражданства или государства. Но они могут также помочь уточнить и наполнить локальным содержанием теоретически полезные концепции, прямо заимствованные у Запада. Дискурс или, проще говоря, язык обсуждения общественных вопросов в стране чрезмерно "этнизирован", но при этом лишен содержательного наполнения. В настоящее время он, похоже, начинает приобретать его, порой болезненно, в контексте переосмысления того, что означает Армения и быть ее гражданином, а также в попытках навести мосты между этническим, культурным и гражданским измерениями коллективной идентичности.

Консервативное или прогрессивное

Другое напряженное отношение, тесно связанное с парой этническое/гражданское – между консервативным и прогрессивным (трансгрессивным), проявляющаяся в различных образах жизни, в дискурсах и пониманиях национальных приоритетов. Помимо более или менее естественного культурного сопротивления определенным прогрессивным идеям, которые, возможно, естественным образом не эволюционировали в стране (таким как правовое регулирование домашнего насилия или концепции гендерной изменчивости или небинарности), реакционный национальный дискурс, как указывалось ранее, в основном искусственно провоцируется медиа-кампаниями прежнего истеблишмента. Несмотря на в целом высокий уровень доверия общества к правительству, представление определенных реформ или решений в этих медиа как направленных против "армянских ценностей" или "армянской семьи", находит некоторый отклик у населения в стране с высокой степенью ориентированности на семью. Это, по крайней мере, то, что можно вывести из активности в Facebook – главной социальной медиа Армении. Однако нет такого исследования, которое дало бы более точные данные об общественном "офлайн" мнении в более репрезентативной форме.

И наконец, в контексте прогрессивное/консервативное стоит также подчеркнуть, что Запад (и особенно Европа) в любом случае остается для большинства групп идентификационной фигурой или "значимым другим", и даже при использовании с негативной коннотацией (в качестве антагониста традиционных ценностей), Европа все равно является значимым референтом, особенно в

---

[17] Khachatryan/Manusyan/Serobyan/Grigoryan/Hakobyanyan 2014, с. 62-75.

связи с возрастающим желанием освободиться от советского наследия, а также от российского политического контроля.

Что касается ценностей, то уже в 2013 г. исследование ценностных ориентаций и убеждений, проведенное Лабораторией «Личность и Социальный контекст» ЕГУ, показало переход от конформизма (социально-ориентированной консервативной ценности) к ценностям самовыражения и самостоятельности.[18] Можно только предполагать, что эта тенденция еще более углубилась, но мы не можем быть уверены как именно – распространилась ли она на все большее количество сегментов и поколений в обществе, или же усилилась и кристаллизовалась среди той же молодежи, став их более однозначной ценностной системой.

Личное или общественное

Чтобы избежать безличного обсуждения идентичностей (как будто они битва идеологий, которые просто используют человеческие тела), следует подчеркнуть, что противоречивые рассуждения и концепции также являются частью прожитого опыта людей. Хотя вышеописанное напряженное отношение «консервативное/прогрессивное» существует между относительно разными социальными группами, психологически важно то, что она также является внутриличностной нерешенной дилеммой. Молодежь застрял и разрывается между необходимостью все еще соответствовать некоторым традиционным ожиданиям в организации своей жизни и одновременно преследовать индивидуальные цели и образ жизни, которые не вписываются в доминирующий консервативный дискурс. Одним из примеров является сфера частной/сексуальной жизни, в которой наблюдается впечатляющее несоответствие между разговорами о соблюдении традиций и практической реальностью, что приводит к так называемым двойными стандартам или двойной жизни. Это также пример еще одного напряжения, о котором говорится во введении – между дискурсом и практикой. Другим примечательным примером является нападки на правозащитников (поднимающих вопросы домашнего насилия и необходимости соответствующего закона) со стороны реакционных групп, аргумент которых в целом звучит так: "такого у нас нету " и "это не насилие". Интересно, что такое отрицание не означает, что люди не знают о случаях насилия, а показывает их нежелание дать явлению название, и тем самым признать ее существование. Таким образом, согласование (преодоление расхожести) дискурсов и практик является важным аспектом построения гражданского сознания, которое все еще встречает впечатляющее сопротивление.

Данные о распространенных в Армении социальных убеждениях, собранные еще в 2013 году, показали интересную закономерность. Выявлена существенная корреляция между выявленным для армянской выборки кластером убеждений, получившим называние "напряженность между индивидом и обществом" (убежденность в их антагонизме и в том, что общество подавляет индивида) и "социальным цинизмом" (который включает в себя недоверие к социальным

[18] Khachatryan/Manusyan/Serobyan/Grigoryan/Hakobyanyan 2014.

институтам). Взаимосвязь была интерпретирована как скептицизм в общественных отношениях, "маргинализация индивида от общественных процессов и установки соперничества, пренебрегающие общественным интересом"[19]. Справедливо предположить, что с тех пор эта картина изменилась в новом политическом контексте, однако она все еще перекликается с некоторыми моделями поведения и, что более важно, показывает, куда мы можем вернуться.

У трудных отношений между индивидуальным и общественным еще больше граней. Согласно извесной теории социальной идентичности, социальная идентичность и членство в группе должны способствовать позитивной личностной самооценке и самоидентификации. Поскольку в Армении, как отмечалось выше, национальное является преобладающей социальной формой, это оказывает своеобразное влияние на это взаимодействие личностной и социальной идентичности. Хотя большинство молодых людей имеют общую положительную национальную самоидентификацию, многие социальные, культурные и экономические проблемы делают национальную принадлежность нестабильным источником позитивной самоидентификации. Неудивительно, что почти любое обсуждение национальной тематики выглядит как колебание между чрезмерно возвышенными и чрезмерно критичными формулировками.

Другой аспект конфликта между личным и общественным заключается в том, что для ангажированной молодежи это также проявляется как почти экзистенциальный выбор между личным временем и приверженностью к гражданской активности. Это сложная "многозадачность" двух важных потребностей – частной жизни, с одной стороны, и приверженности решению общественных вопросов, с другой. В контексте формирования гражданской идентичности, соотношение личного и социального также проявляется как *отношение между агентным и институциональным*. В настоящее время, как никогда ранее, это взаимодополняющие отношения: точно так же, как успешность преобразования институтов зависит от постоянных усилий и контроля со стороны граждан, институциональная политика также будет решать, настолько гражданин останется вовлеченным или станет отчужденным. Важнейшим аспектом этой взаимности является то, насколько продуктивной будет коммуникация между гражданственностью и правительством и насколько жизнестойким окажутся убеждения гражданина в своей способности влиять на процессы.

Прошлое или будущее

Существует множество интерпретаций и представлений не только об образе армянина или Армении, но и о том, какими они должны быть, то есть о "потенциальном Я/Мы". Не считая немногих утихающих ностальгических голосов в старшем поколении по советскому прошлому, ожидание чего-то нового и отвержение старого отмечается во всех поколениях. Многие среднего и пожилого возраста часто с восхищением говорят о молодежи как о "нашей надежде" или с восхищением говорят о поразительном отличии нового поколения от своего, особенно после революции. Однако воображение будущего также полно тревогой, особенно с точки зрения самобытности. Большинство

[19] Khachatryan/Manusyan/Serobyan/Grigoryan/Hakobyanyan 2014, с. 60-61.

маркеров национальной идентичности относятся к прошлому: они безопасны, идеализированы, неотрефлексированны, само собой разумеющиеся, и полны смыслов, в то время как маркеры гражданской идентичности все еще неопределенны, новы, болезненно реалистичны, полны поиска, сомнений, осмысления и самокритики. Метафорически этот процесс похож на подталкивание пожилого человека к юношескому поведению.

Через все эти неопределенности и двусмысленности, где же на самом деле перспективная молодежь – поколение, которое само по себе часто называют "нашим будущим" – видит свою принадлежность? Обязуются ли они сами быть тем будущим, которого ожидают старшие, или же у них есть свое собственное? Новое поколение – термин, используемый для коллективного обозначения тех, кто родился после обретения независимости в 1991г. и не "заражен" советским мышлением – считается (как в академических кругах, так и в обществе в целом) истинным проводником перемен. К этому широко распространенному мнению стоит подходить критически. Хотя это оправданное ожидание от поколения, которое обладает наибольшим потенциалом эмансипации как в силу своей политической социализации, так и благодаря общей возрастной гибкости и активности, следует также учитывать неблагоприятные факторы современности. Среди факторов, потенциально ограничивающих их устойчивую гражданскую позицию, можно назвать потребительскую культуру и неоднозначный эффект интенсивного использования социальных медиа. Кроме того, небольшой сегмент армянской молодежи, в силу той же возрастных особенностей (таких как внушаемость и эмоциональность), более подвержен националистическим идеям и вовлечения в реакционные круги. И что важно, чрезмерная ориентация на более молодой сегмент может потерять из виду специфические потенциалы и вклад других возрастных групп (особенно среднего зрелого). Продолжительный опыт гражданской борьбы и подверженность прогрессивным фреймам в большинстве случаев прходится на возрастную группу 35-45 лет. Кстати, многие из них сейчас в институциональной политике. Очевидно, что для синергии усилий необходимо преодолеть разрыв между поколениями.

Ближе к заключению: Идентичность и коллективная агентность в перспективе

В настоящее время есть много нового, к чему армянскому обществу предстоит привыкать, практиковать или же отказаться в построении новых отношений с государством через старые инерции и новые неопределенности. В статье было выделено несколько напряженных моментов, сосредоточенных вокруг формирования гражданской идентичности, и показан "усиливающий" эффект революции в этом процессе. Вопросы идентичности и сплоченности в настоящее время в процессе проверок и уточнений: то, что было неоспоримо, сейчас ставится под сомнение, невысказанное артикулируется, и из-под гомогенизирующего дискурса промелькивает многообразие. Является ли это напряжение на самом деле проблемой или стимулом для динамических изменений, еще предстоит увидеть. Надеемся, что эти конфликты также указывают на то, что армянское общество находится в поиске действенного синтеза этнических и гражданских измерений национального воображения, который будет достаточно учитывать как местную "культурную ткань", так и новые глобальные требования, который не будет идти вразрез с социальной структурой, но и не застрянет там. Еще предстоит найти язык солидарности, который будет значимым для различных групп. Как будут развиваться отношения между государством и гражданами – еще один ключевой вопрос в этом разговоре, поскольку реляционность (основанность на взаимоотношениях) является центральным для любой идентичности, и гражданская идентичность в этом смысле не является исключением. К моменту написания этой статьи, например, Ковид-19 добавил затруднения к этим отношениям, тем самым показав значительную хрупкость достигнутой солидарности и "политической любви".

Возросшее чувство свободы воли и авторства, по всей вероятности, продолжит играть свою формирующую роль в развитии гражданского самосознания. Будет ли это означать расширение общественного вовлечения или повышение интенсивности усилий маргинальных групп – это, опять же, вопрос. В любом случае, для развития гражданского самосознания дискурсивных способов (дебаты в соц. сетях, социальные рекламы, лайвы политических лидеров или же банальное повторение важной лексики) будет недостаточно, и для развертывания гражданского сознания необходимо пространство (например, через прямую демократию) агентных и обоюдных взаимодействий между государством и гражданином.

Мое заключительное замечание носит методологический характер: при рассмотрении молодых демократий и постсоветских обществ, будь то в целях научного знания или политики сотрудничества, представляется более плодотворным сосредоточиться на амбивалентностях, различиях и не в последнюю очередь на маргинальных голосах в той или иной стране, а не на общих показателях или преобладающих дискурсах. Это особенно важно с учетом того, что последние, как правило, укрывают сложности, микропроцессы и потенциал изменений.

Список литературы

Apfelbaum, E. P./Phillips, K. W./Richeson, J. A. (2014): Rethinking the Baseline in Diversity Research: Should We Be Explaining the Effects of Homogeneity? *Perspectives on Psychological Science 9*, no. 3, pp. 235–244. Internet: https://dspace.mit.edu/bitstream/handle/1721.1/87730/Apfelbaum%20Phillips%20Richeson%20PPS%20-%20in%20press.pdf?sequence=1&isAllowed=y

CIVICUS Civil Society Index Rapid Assessment: Armenia Country Report (2014). Internet: https://www.civicus.org/images/Civicus-Report_August-2014_FFinal.pdf.

Dovich, Mark (2020): Two Years after Velvet Revolution, Armenia Sees Increased Public Trust in Institutions (media article). Internet: https://www.civilnet.am/news/2020/07/07/Two-Years-After-Velvet-Revolution-Armenia-Sees-Increased-Public-Trust-in-Institutions/389341

Kanazawa, Satoshi/Li, Norman P. (2015): Happiness in modern society: Why intelligence and ethnic composition matter. *Journal of Research in Personality,* 59, pp. 111-120. Internet:
https://ink.library.smu.edu.sg/cgi/viewcontent.cgi?referer=https://scholar.google.com/&httpsredir=1&article=3073&context=soss_research

Khachatryan, Narine/Manusyan, Sona/Serobyan, Astghik/Grigoryan, Nvard/Hakobjanyan, Anna (2014): Culture, Values, Beliefs: Behaviour Guidelines in Changing Armenian Society. Yerevan, Yerevan State University Publishing. Internet: https://www.researchgate.net/publication/331399254_Culture_Values_Beliefs_Behavior_Guidelines_in_Changing_Armenian_Society

Laurence, James/Bentley, Lee (2016): Does Ethnic Diversity Have a Negative Effect on Attitudes towards the Community? A Longitudinal Analysis of the Causal Claims within the Ethnic Diversity and Social Cohesion Debate. *European Sociological Review,* Vol. 32 (1), pp. 54-67.
Internet: https://academic.oup.com/esr/article/32/1/54/2404332.

Manougian, Harout/Kopalyan, Nerses (2019): Negating the Honeymoon Discourse: Government's Popularity Remains Strong (media article).
Internet: https://www.evnreport.com/politics/negating-the-honeymoon-discourse

Manusyan, Sona (2016): Protest and its suppression at micro-level (in Armenian). In: *Search(es) for change: Collection of Research Essays,* pp. 59-85. Socioscope, Yerevan. Internet: http://socioscope.am/wp-content/uploads/2017/05/%D4%B2%D5%B8%D5%B2%D5%B8%D6%84%D5%A8-%D6%87-%D5%A4%D6%80%D5%A1-%D5%B3%D5%B6%D5%B7%D5%B8%D6%82%D5%B4%D5%A8.pdf.

Manusyan, Sona (2017): Civic Processes in Armenia: Stances, Boundaries and the Change Potential. In: *Caucasus Analytical Digest (CAD), 91: Special issue on Armenian Protests and Politics,* pp. 8-11.
Internet: https://www.laender-analysen.de/cad/pdf/CaucasusAnalyticalDigest91.pdf.

Manusyan, Sona/Grigoryan, Ani (2018): The agentic personality and her/his time perspective: an attempt of empirical analysis (in Armenian). "*Modern Psychology" Scientific bulletin,* # 2, pp. 65-76. Yerevan.

Shulman, Stephen. (2002): Challenging the civic/ethnic and West/East dichotomies in the study of nationalism. *Comparative political studies*, *35* (5), pp. 554-585.

Socioscope NGO (2019): From shrinking space to post-revolutionary space: reimagining the role and relations of civil society in Armenia (collective analytical report). Yerevan, Socioscope, Heinrich Boell Stiftung. Internet: http://socioscope.am/wp-content/uploads/2019/01/Socioscope-report_15.01_spread-eng.pdf

Tölölyan, Khachig (2014): Armenian Diasporas and Armenia: Issues of Identity and Mobilization (interview). Internet: https://journals.openedition.org/eac/565?lang=en

Zhamakochyan, Anna (2017): Armenia in the trap of national unity. *Opendemocracy.* Internet: https://www.opendemocracy.net/en/odr/armenia-in-trap-of-national-unity/.

Konstituierende Wertorientierungen in der bosnisch-herzegowinischen Nachkriegsgesellschaft am Beispiel der bosnisch-herzegowinischen Muslime

Edina Vejo / Elma Begagić

Bosnien-Herzegowina befindet sich in Südosteuropa und ist einer der Nachfolgestaaten des ehemaligen Jugoslawien. Das Land ist seit Jahrhunderten das Domizil monotheistischer Religionen: des Christentums, des Islam und des Judentums.

Gegenseitige Einflüsse und spezifische politische, demografische, wirtschaftliche, aber auch religiöse und traditionelle Entwicklungen, die die Geschichte von Bosnien und Herzegowina kennzeichnen, haben das Zusammenleben ihrer Bevölkerung auf einem relativ kleinen Raum geprägt. Obwohl 23 Jahre seit der Unterzeichnung des Dayton-Abkommens vergangen sind, kann man die Kriegsfolgen in bestimmten Sphären des Zusammenlebens noch immer spüren. Im sozialistischen Jugoslawien, in dem die Religion als Kriterium der Nationalidentität im öffentlichen Leben nur eine Nebenrolle spielte, waren die Säkularisierungsprozesse stark vertreten. Der Zerfall Jugoslawiens und der Wunsch nach staatlicher Unabhängigkeit, nach Rekonstruierung und Neudefinierung nationaler Identität und nach Neufindung und Bezeugung einer einheitlichen und normierten nationalen Kultur, die einen Gegensatz zu den sozialistischen und kommunistischen Eliten darstellen sollte, führte nach Markešić[1] zu neuen gesellschaftlichen Entwicklungen in Bosnien und Herzegowina, die sich insbesondere in den Diskussionen über den Staat, über nationale Identität, Kultur, Tradition und Religion widerspiegeln.

Begriffsbestimmungen

Werte und Wertevorstellungen. Die Begriffe Wert, Werteorientierung, Wertevorstellungen erfahren heutzutage eine ausgeprägte Verwendung nicht nur innerhalb der Sozialwissenschaften. Kluckhohn[2] beschreibt den Wert als

> *„eine explizite oder implizite, für das Individuum kennzeichnende oder für eine Gruppe charakteristische Konzeption des Wünschenswerten, die die Selektion von vorhandenen Arten, Mitteln und Zielen des Handelns beeinflusst".*

---

[1] Markešić 2010, S. 533.
[2] 1951 (zit. nach Hradil 2018, S. 20).

Innerhalb der psychologisch-pädagogisch Literatur gibt es unterschiedliche Auffassungen, was der Begriff Wert bedeutet:

> Tanović[3] definiert ihn als „*nicht nur eine Eigenschaft von Gegenständen, nicht nur eine Charakteristik vom Geist, sondern sowohl das Eine als auch das Andere, der Wert des Etwas und für Jemanden, objektive Qualität von Gegenständen, die subjektiv erlebt und geachtet wird, also ein spezifischer Wert des Objekts für das Subjekt*“.[4]

Eine solche Auffassung deutet auf eine subjektive, durch das menschliche Bewusstsein determinierte Natur der Wertevorstellungen hin.

> Crech, Crutchfield und Balachey[5] beschreiben die Werte als „*Glaubensbekenntnis zu dem Erwünschten oder Guten. Sie reflektieren die Kultur der Gesellschaft und sie sind von großer Bedeutung für die Angehörigen dieser Kultur. Wenn das Individuum den Wert als seinen eigenen annimmt, wird er zur seinem Ziel.*“[6]

In diesem Kontext kann man die Werte auch als Leitprinzipien verstehen, als Teile der eigenen Persönlichkeit, die gleichzeitig im Zusammenhang mit der eigenen bzw. gesellschaftlichen Kultur stehen, das Verhalten und angestrebte Handeln der Menschen determinieren.

> Auch Popović[7] versteht die Werte als „*all diejenigen Objekte des Verhaltens, zwischenmenschliche Beziehungen, Gegenstände, Naturereignisse*“[8], die dem menschlichen Bedarf nach Nachhaltigkeit und Beharrlichkeit entsprechen.

Im Zusammenhang mit diesem Thema ist es bedeutsam, die Wertevorstellungen im Kontext der Nachkriegszeit in Bosnien und Herzegowina näher zu erläutern.

In Bosnien und Herzegowina wird die religiöse Angehörigkeit der nationalen oft gleichgesetzt. Somit werden mehrheitlich Muslime oft als Bosniaken, Orthodoxe als Serben und Katholiken als Kroaten betrachtet. Der Islam in Bosnien und Herzegowina wird in der Nachkriegszeit als das Leitbild einer multireligiösen Gesellschaft auf dem europäischen Boden betrachtet. Nach der letzten Volkszählung[9] (2013) hatte Bosnien und Herzegowina 3.531.159 Einwohner, von denen etwa die Hälfte, genauer, 1.790.454 Moslems sind.

Wir möchten im Folgenden auf die konstituierenden Wertorientierungen in der bosnisch-herzegowinischen Nachkriegsgesellschaft am Beispiel der bosnisch-herzegowinischen Muslime näher eingehen, wobei dieses Phänomen der kulturologisch-geschichtlichen Rezeption des Islam in Bezug auf seine gedankliche und sprachliche Artikulation und sein Erleben im Kontext des Traditionellen expliziert werden sollte. Gerade dieser Teil der interpretativen Tradition ist bestimmten Veränderungen

---

[3] Tanović 1978, S. 27.

[4] Eigenständige Übersetzung aus dem Bosnisch-Herzegowinischen.

[5] Crech, Crutchfield und Balachey 1972, S. 105 zit. nach Vejo, 2002, S. 43

[6] Eigenständige Übersetzung aus dem Bosnisch-Herzegowinischen.

[7] Popović 1973, S. 221, zit. nach Vejo, 2002, S. 44.

[8] Eigenständige Übersetzung aus dem Bosnisch-Herzegowinischen.

[9] http://www.popis.gov.ba/popis2013/knjige.php?id=2 (Stand: 10.09.2018)

ausgesetzt. Diese spiegeln sich innerhalb unterschiedlicher Krisen der islamischen Religiosität und islamischer Identität.

In seinem Buch „Moslems auf der Suche nach der Identität“[10] markiert Silajdžić (2006) das wesentliche islamische Anliegen als Frage authentischer gesellschaftlich effektiver Anwendbarkeit des Islams in Bezug auf die geschichtlichen Entwicklungen. Dabei bezieht er sich auf die Analyse der Beziehung des Traditionellen zum Innovativen, welche von Diskrepanz oder Interaktion gekennzeichnet ist. Weiterhin führt er aus, dass sich die Geschichte jeder historisch-kulturellen Gemeinschaft, so auch die der bosnischen Moslems, im Einklang mit der konstituierenden, insbesondere interpretativen Tradition und des Innovativen, d. h. der dynamischen historischen Entwicklungen, vollzieht. Die Geschichte der bosnisch-herzegowinischen Moslems ist eine Suche nach wahrhaftiger Identität in Form der Bewahrung, der Entwicklung, aber auch des Identitätsschwunds. Die Frage nach der Erneuerung des Traditionellen und ihr Verständnis in Form eines offenen Prozesses bietet Möglichkeiten, die Tradition in der Kommunikation und Interaktion mit der jeweiligen Zeit, mit unterschiedlichen Kulturen und den Traditionen der Anderen zu betrachten. Andere, reduzierte Sichtweisen oder gar die Abwesenheit einer solchen Betrachtungsweise, bzw. ihre Reduktion, können eine Gefahr darstellen. Diese spiegelt sich in dogmatischen Anmaßungen wider, über die einzig mögliche Wahrheit zu verfügen. Das Bestreben, die Wahrheit zu besitzen, führt am Ende zu ihrer Leugnung und Bloßstellung. Perspektivische Orientierung ist auf die Wertschätzung von Unterschieden und auf den Dialog als Kommunikationsnormativ ausgerichtet.

In ihrem Buch „Religiöse Identität der Adoleszenten aus Zagreb”[11] kommt Mandarić (2000) zum Ergebnis, dass die Religiosität von jungen Menschen durch eine Distanz in Bezug auf die institutionelle Religiosität auf der einen Seite und auf der anderen Seite durch die Suche nach einer Religiosität, die eine Nähe zum emotional Bedeutsamen darstellt, geprägt ist. Das ist jene Religiosität, die eine Fähigkeit zur Konfrontation mit dem Lebenssinn erlaubt und ein positives Menschenbild beinhaltet.

Nationale Kollektivität und religiöse Angehörigkeit

Eine bedeutsame Basisrelation, die die Realität bosnisch-herzegowinischer Gesellschaft konstituiert, ist die Relation zwischen unterschiedlicher nationaler Kollektivität und deren religiöser Angehörigkeit. Wir betonen die Kollektivität, da sich in der Zeit der Transition, des Übergangs sozialistischer, kommunistischer Selbstverständnisse, das Phänomen der Prädomination nationaler Kollektivität vollzogen hat. Das postmoderne Konzept affirmiert sehr den Wert der Individualität, was die bosnisch-herzegowinische Gesellschaft derzeit nicht verfolgt. Im Gegenteil, es kommt zu einer Erstickung von Individualität im Verein mit einer unkritischen Haltung in Bezug auf den Wert der Kollektivität.

---

[10] „Muslimani u traganju za identitetom”, Silajdžić 2006.
[11] Mandarić 2000.

Zur Beschreibung der Lösung der Spannungen zwischen der genannten dominanten Kollektivität der bosnisch-herzegowinischen Gesellschaft und der ihr angehörigen Religionen bieten wir das folgende vereinfachte hypothetische Kontinuum:[12]

(1) Das erste Kontinuum, definiert nach zwei Polen,
  a. hinsichtlich des ersten Pols wird die kollektive Identität als eine offene interaktive Relation zwischen Religion und Identifikationsprozessen begriffen,
  b. den anderen Pol bildet eine geschlossene, stark hermetisierte Relation zwischen der Religion und der kollektiven Identifikation.

(2) Das zweite hypothetische Kontinuum definiert,
  a. zum einem die kulturell artikulierte Anwesenheit der Religion innerhalb der Identität, aber im Kontext des postmodernen Konzepts, welches offen ist für die Kommunikation mit der Gesamtheit des islamischen Genius,
  b. der zweite Standpunkt zeichnet sich durch eine fundamentalistisch prädominierte Förmlichkeit aus in Gestalt einer Religion *innerhalb* der kollektiven Identität.

(3) Das dritte Kontinuum ist
  a. einerseits auf die geistig wirksame Anwesenheit der Religion innerhalb der Identität ausgerichtet. Man kann von einem intellektuellen Verlauf in der religiösen Tradition in diesem Zusammenhang sprechen.[13]
  b. Anderseits schafft die Instrumentalisierung der Religion einen Rahmen der nationalen Identifikation, die in ihrem Hintergrund dazu tendiert, die Prozesse der nicht vorhandenen gesellschaftlichen Entwicklung und der Demokratisierung durch das Insistieren auf religiöse Identifikation zu kompensieren.

Schlussbemerkung

Die Hauptthese, die wir in der Schlussbetrachtung betonen möchten, ist eine, die sich auf die Dynamik der Veränderungen der Wertvorstellungen in der bosnisch-herzegowinischen Nachkriegsgesellschaft bezieht. Dabei handelt es sich um die einzigartige Ablösung einer aufgedrängten Kollektivität durch eine Andere, die einen alternativen ideologischen Hintergrund beinhaltet. In der Vorkriegszeit (1950-1990) wurde diese Kollektivität durch die Idee des Kommunismus generiert, welcher ideologisch entwickelt und gelebt wurde, im Gegensatz zu der Nachkriegszeit, in welcher die Wertvorstellungen durch ein kollektiviertes und uniformes Erleben und Manifestieren religiöser Angehörigkeit gekennzeichnet werden. Das Wesentliche einer solchen Dynamik ist die Kompensation einer uniformen Kollektivität durch eine andere. Es fehlt ein Zusammenhang, der eine individuelle Artikulation in Form von Erleben und Manifestieren der eigenen Religiosität erlaubt und befördert. Im Gegensatz zu der Zeit des Kommunismus, innerhalb derer die Wertvorstellungen

---

[12] Das hypothetische Kontinuum wurde anhand einer Meta-Analyse erstellt.

[13] Das Phänomen rotierender Religiosität vollzieht sich in dem Moment, in dem die Religion ihre intellektuelle Tradition ignoriert und die Religion zur Rechtfertigung enger, egozentrischer Interessen einzelner Gruppen wird.

insbesondere durch die Säkularisierungsprozesse gekennzeichnet worden sind, konfrontieren wir uns heutzutage in Bezug auf die Wertevorstellungen der bosnisch-herzegowinischen Gesellschaft mit dem Phänomen eines religiösen Revivals. Für diesen Prozess ist eine Deviation, die sich in der Unifikation und in aufgedrängter Kollektivität widerspiegelt, charakteristisch. Reife, individuelle, verantwortungsvolle Religiosität, wie sie ein Ausdruck sehr individueller formativer Prozesse wäre, ist hingegen kaum erkennbar.

Literaturverzeichnis

Hradil, S. (2018): Der Wert von Werten: Wozu sind sie gut und wie entstehen sie? In: Rodenstock, Randolf (Hrsg.): Werte – und was sie uns wert sind. Eine interdisziplinäre Anthologie. München: RHI Buch, S. 20-36.

Mandarić, V. (2000): Religiozni identitet zagrebačkih adolescenata. Zagreb: Institut društvenih znanosti Ivo Pilar/ Katolički bogoslovni fakultet.

Markešić, I. (2010): Od religijskog do nacioalnog identiteta i natrag (na primjeru Bosne i Hercegovine). *Društvena istraživanja* 19, 3, 107, S. 525-546.

Popis 2. (2013): Abgerufen am 10. 9 2018 von Popis stanovništva, domaćinstava, kućanstava i stanova u BiH.: http://www.popis.gov.ba/popis2013/knjige.php?id=2 (Stand: 10.09.2018).

Silajdžić, A. (2006): *Muslimani u traganju za identitetom.* Sarajevo: Fakultet islamskih nauka/El-Kalem

Tanović, A. (1978): *Vrijednosti i vjerovanje.* Sarajevo: Svjetlost.

Vejo, E. (2002): *Priroda porodičnog odgojnog uzora kod Bošnjaka.* Zenica: Islamska pedagoška akademija u Zenici.

Установочные ценности ориентации в послевоенном боснийско-герцеговинском обществе на примере боснийско-герцеговинских мусульман

Эдина Вехо / Эльма Бегагич

Босния и Герцеговина расположена в юго-восточной Европе и является одним из государств-правопреемников бывшей Югославии. Страна была домицилем монотеистических религий на протяжении веков: христианства, ислама и иудаизма. Взаимное влияние и конкретные политические, демографические, экономические, а также религиозные и традиционные события, которые характеризуют историю Боснии и Герцеговины, сформировали сосуществование их населения на относительно небольшом пространстве. Хотя с момента подписания Дейтонского соглашения прошло 23 года, последствия войны все еще ощущаются в определенных сферах совместной жизни. В социалистической Югославии, где регион играл лишь незначительную роль в качестве критерия национальной идентичности в общественной жизни, процессы секуляризации были широко представлены. Распад Югославии и стремление к государственной независимости, восстановление и переопределение национальной идентичности, а также переосмысление и свидетельство единой и стандартизированной культуры, которая должна была противостоять социалистической и коммунистической элите, привели к новым социальным событиям в Боснии и Герцеговине, по словам Маркесича[1], (что особенно отражается в дискуссиях о государстве, национальной идентичности, культуре, традициях и религии.

Определения

Ценности. Термины ценность, мировая ориентация используются сегодня не только в общественных науках. Kluckhohn[2], 1951 описывает значение как

> „*явная или неявная концепция того, что является желательным, которая характеризует человека или группу и которая влияет на выбор существующих типов, средств и целей действия*".

В психолого-педагогической литературе существуют разные мнения о том, что означает термин «ценность»:

---

[1] Markešić 2010, 533.
[2] 1951 цитата из Hradil 2018, 20.

Tanović[3] определяет его как «*не просто свойство объектов, не просто характеристику ума, но и то и другое, ценность чего-либо и для кого-то, объективное качество объектов, которые переживаются и переживаются субъективно». внимание уделяется, т.е. конкретной стоимости объекта для субъекта.* “[4]

Такой взгляд указывает на субъективную природу ценностей, определяемых человеческим сознанием.

Crech, Crutchfield und Balachey[5] описали ценности как „*кредо к тому, что является желательным или хорошим. Они отражают культуру общества и имеют большое значение для тех, кто принадлежит к этой культуре. Если человек принимает ценность как свою собственную, он становится его целью*“.[6]

В этом контексте ценности могут также пониматься как руководящие принципы, как части собственной личности, которые в то же время связаны с собственной или социальной культурой, определяют поведение и устремленные действия людей.

Popović[7] также понимает ценности как «*все те объекты поведения, межличностные отношения, объекты, природные явления*»[8], которые соответствуют потребности человека в устойчивости и постоянстве.

В связи с этой лекцией важно объяснить ценности в контексте послевоенного периода в Боснии и Герцеговине более подробно.

В Боснии и Герцеговине религиозная принадлежность часто приравнивается к национальной. Таким образом, большинство мусульман часто рассматриваются как боснийцы, православные – как сербы, а католики – как хорваты. Ислам в Боснии и Герцеговине рассматривается в послевоенный период как модель многоконфессионального общества на европейской земле. Согласно последней переписи населения[9] (2013), в Боснии и Герцеговине проживало 3.531.159 жителей, из которых около половины, или, точнее, 1.790.454 человека, являются мусульманами.

Далее мы хотели бы более подробно рассмотреть конститутивные мировые ориентации в послевоенном боснийско-герцеговинском обществе на примере боснийско-герцеговинских мусульман, в силу чего это явление культурно-исторического восприятия ислама связано с его интеллектуальным и лингвистическим выражением и его опытом в контексте традиционного должно быть объяснено. Эта часть интерпретирующей традиции подвержена определенным изменениям. Это отражается в различных кризисах исламской религиозности и исламской идентичности.

---

[3] Tanović 1978, 27.
[4] Независимый перевод с боснийско-герцеговинского.
[5] Crech, Crutchfield und Balachey 1972, 105 цитируемый из Vejo 2002, 43.
[6] Независимый перевод с боснийско-герцеговинского.
[7] Popović 1973, 221 цитируется из Vejo 2002, 44.
[8] Независимый перевод с боснийско-герцеговинского.
[9] http://www.popis.gov.ba/popis2013/knjige.php?id=2 (10.09.2018)

В своей книге «Мусульмане в поисках идентичности» [10] Silajdžić(2006) подчеркнул важность исламской проблемы как вопроса подлинного общества, эффективного применения ислама в связи с историческими событиями. Он ссылается на анализ отношений между традиционным и инновационным, который характеризуется несоответствием или взаимодействием. Далее он поясняет, что история каждого историко-культурного сообщества, в том числе и боснийских мусульман, происходит в соответствии с основополагающей, особенно интерпретативной традицией и новаторским, то есть динамичным историческим развитием. История боснийско-герцеговинских мусульман – это поиск истинной идентичности в форме сохранения, развития, а также потери идентичности. Вопрос обновления традиционного и его понимания в форме открытого процесса дает возможность взглянуть на традицию в общении и взаимодействии с соответствующим временем, с разными культурами и традициями других. Другие, уменьшенные перспективы или даже отсутствие с такой точки зрения, или их уменьшение, могут представлять опасность. Это отражено в догматических предположениях о единственно возможной истине. Стремление обрести истину в конечном итоге приводит к ее отрицанию и разоблачению. Перспективная ориентация основана на оценке различий в диалоге как нормативе общения.

В своей книге «Религиозная идентичность подростков из Загреба» [11] Mandarić (2002) приходит к выводу, что религиозность молодых людей на расстоянии по отношению к институциональной религиозности, с одной стороны, и с другой стороны, через поиск религиозности, что представляет собой близость к эмоционально значимым, формируется. Это религиозность, которая дает возможность противостоять смыслу жизни и включает в себя позитивный образ человека.

Национальная коллективность и религиозная принадлежность

Важным базовым отношением, которое составляет реальность боснийско-герцеговинского общества, является отношение между различными национальными сообществами и их религиозной принадлежностью.

Мы подчеркиваем коллективность, поскольку феномен господства национальной коллективности произошел во время перехода, перехода социалистической, коммунистической самооценки. Концепция постмодерна очень подтверждает ценность индивидуальности, которую боснийско-герцеговинское общество в настоящее время не преследует.

Наоборот, существует удушение индивидуальности в связи с некритическим отношением к ценности коллективности. Чтобы описать решение напряженности между доминирующей общностью, упомянутой выше боснийско-герце-

---

[10] „Muslimani u traganju za identitetom", Silajdžić 2006.

[11] Mandarić 2000.

говинского общества и его родственниками, мы предлагаем следующий упрощенный гипотетический континуум:[12]

(1) Первый континуум, определенный в соответствии с двумя полюсами.

А. Что касается первого полюса, коллективная идентичность понимается как открытая интерактивная связь между религиями и процессами идентификации.

б. другой полюс формирует закрытую, сильно герметичную связь между религией и коллективной идентификацией.

(2) Второй гипотетический континуум определяет,

А. с одной стороны, культурно выраженное присутствие религии внутри идентичности, но в контексте концепции постмодерна, которая открыта для общения со всем исламским гением.

б. Вторая точка зрения характеризуется фундаменталистской формальностью в форме религии внутри коллективной идентичности.

(3) Третий континуум

А. С одной стороны, направлено на духовно эффективное присутствие религии в идентичности. В этом контексте можно говорить об интеллектуальном курсе религиозной традиции.[13]

б. С другой стороны, инструментализация религии создает основу для национальной идентификации, которая на ее фоне имеет тенденцию компенсировать процессы несуществующего социального развития и демократизации, настаивая на религиозной идентификации.

Конечная нота

Основной тезис, который мы хотели бы подчеркнуть в конечном итоге, связан с динамикой изменения ценностей в послевоенном боснийско-герцеговинском обществе. Это уникальная замена навязанного коллектива другим, который включает альтернативный идеологический фон. В довоенный период (1950–1990 гг.) эта коллективность была порождена идеей коммунизма, которая идеологически развивалась в отличие от послевоенного периода, в котором концепция стоимости характеризовалась коллективизированным и единообразным опытом и проявлением религиозной принадлежности. Суть такой динамики – это компенсация *одного единого* коллектива другим. Нет связи, которая бы позволяла и поощряла индивидуальную артикуляцию в форме переживания и проявления собственной религиозности. В отличие от времени коммунизма, когда ценности были особенно характерны для процесса секуляризации, мы сейчас сталкиваемся с явлением религиозного возрождения в

[12] Гипотетический континуум был создан с помощью мета-анализа.

[13] Феномен вращающейся религиозности происходит в тот момент, когда религия игнорирует свою интеллектуальную традицию, а религия становится легитимацией узких, эгоцентричных интересов определенных групп.

отношении ценностей боснийско-герцеговинского общества. Характерной чертой этого процесса является изменение, которое отражается в объединении и навязанной общности. В отличие от этого, зрелая, индивидуальная, ответственная религиозность, так как она была бы выражением очень индивидуальных формирующих процессов, едва узнаваема.

Список литературы

Hradil, S. (2018): Der Wert von Werten: Wozu sind sie gut und wie entstehen sie? In: Rodenstock, Randolf (Hrsg.): Werte – und was sie uns wert sind. Eine interdisziplinäre Anthologie. München: RHI Buch, S. 20-36.

Mandarić, V. (2000): Religiozni identitet zagrebačkih adolescenata. Zagreb: Institut društvenih znanosti Ivo Pilar/ Katolički bogoslovni fakultet.

Markešić, I. (2010): Od religijskog do nacioalnog identiteta i natrag (na primjeru Bosne i Hercegovine). *Društvena istraživanja* 19, 3, 107, S. 525-546.

Popis 2. (2013): Abgerufen am 10. 9 2018 von Popis stanovništva, domaćinstava, kućanstava i stanova u BiH.: http://www.popis.gov.ba/popis2013/knjige.php?id=2 (Состояние: 10.09.2018).

Silajdžić, A. (2006): Muslimani u traganju za identitetom. Sarajevo: Fakultet islamskih nauka/El-Kalem.

Tanović, A. (1978): Vrijednosti i vjerovanje. Sarajevo: Svjetlost.

Vejo, E. (2002): Priroda porodičnog odgojnog uzora kod Bošnjaka. Zenica: Islamska pedagoška akademija u Zenici.

Social Values in transition – the case of Albania

Arlinda Ymeraj

Abstract:

The paper "Social values in transition – the case of Albania", addresses social values that characterize Albanian path of transition from centrally planned to market economy as well as the impact they have on the new identity of Albanians. Albania, like other Central and Eastern European countries experienced the past socialist system, which by Constitution was based on "Social Solidarity" and "Equality". Regardless the principles of the past regimes adopted in CEE countries, including Albania, the socialist system did not bring neither equality nor solidarity, therefore rather than of "social cohesion", the differences among social groups, deepened, thus today instead of "one identity", we easily identify "three profiles of Albanians", respectively homeless, rulebreakers and dreamers.

In 1991, Albania embarked on the new path aimed at establishing democratic regimes through the protection of human rights and at raising the standard of living. However, while Albania has been proactive in ratifying international conventions relating to human rights in general and to vulnerable groups, it has not been capable of implementing them. On June 2014, the European Union granted Albania candidate status, as a recognition for the reform steps undertaken in harmonizing its domestic organic laws and legislation with international standards. Nevertheless, Albanian citizens live in a dire reality.

Therefore, after 27 years of transition, one of the main goals of reforms, "Efficient allocation of resources to boost growth and effective distribution of social welfare to enhance equity", seems not to have been achieved. Undoubtedly, this influences the controversial opinions about the clash of values, advancing arguments that examine the question of adjustment of values vis-à-vis the new socio-economic context rather than of abolishment of old values and their replacement with new ones.

The paper is composed of four sections in addition to abstract. Section 1 provides some basic information on the past and the present of Albania. Section 2 argues about the clash of values. Section 3 examines the post-socialist identities of Albanians, while the last section formulates some conclusions, responding to the addressed questions as well as tackling the role that civic and social education of citizens would play to guarantee that social values feed policies.

Key words:

social values, social solidarity, equality, social welfare, transition reforms.

1. An Overview of Albania

Republic of Albania, a small country in the Balkan Peninsula, with an area of 28.748 square kilometers and a population of 2.879[1] million, has been witness to almost three decades of rapid change and deep transformation since the collapse of the Berlin wall. These changes first, have influenced economic, social and political landscapes, and second, have unearthed a range of issues, which were previously hidden or suppressed by political regime. The transition period has also been marked by a series of upheavals and crises, from economic shocks and civil unrest to emigratory waves (the most significant in 1990, 1991, 1997-1998).

Albania characterized by the historically heterogeneous governance marked by striking disregard of the stages, spent 45 years, from 1945 until 1990, under the most oppressive, authoritarian political system in Europe, from which it has been slowly emerging for the past 27 years. Since the fall of the communist regime in 1991, the country has embarked on a new path aimed at establishing democratic regimes through the protection of human rights and at raising the standard of living.

Since then, Albania has made considerable progress, led by long-standing dream of European Integration. As such, on 24 June 2014, the European Commission granted EU-candidate status to Albania due to its demonstrated progress in legislative reform and political dialogue, and the latest decision guarantees the opening of negotiations for "Membership Status" in 2019.

The end of 45 years of communist rule and establishment of a multiparty democracy in the early 1990s have proven challenging. Despite reforms and its wealth of natural resources, Albania was and remains one of the poorest countries in Europe with high absolute and relative poverty rates. The number of people living in poverty increased from 12.4 percent in 2008 to 14.3 percent in 2012, and extreme poverty rose from 1.2 percent in 2008 to 2 percent[2] for both urban and rural areas in 2012 as well as child poverty from 18.5 to 20,1 percent.[3]

Despite the country achievements in terms of economic growth (GDP Annual Growth Rate in Albania averaged 4.1 percent from 1996 until 2016),[4] the benefits of economic development have not been evenly distributed. The country Gini coefficient of 34.5 (2013) is the third highest in the region and the pattern of the Gini index in the last two decades seem to be indicating growing inequalities.[5] Moreover, people's strong expectations that the new 'democratic' governments, supported by International Institutions, would have been capable to bring Albania closed to the most developed countries, did not come true.

Figure 1 shows the differences in GNI per capita in some CEE countries, including the best performing ones, compared to OECD and High Developed countries. As we

---

[1] INSTAT, Population Projections from Census 2011.

[2] Albania: Trends in Poverty 2002-2005-2008-2012, INSTAT/World Bank, 2013

[3] Analysis of policies and reforms affecting the situation of children in Albania, UNICEF, 2015.

[4] http://www.tradingeconomics.com/albania/gdp-growth-annual

[5] Analysis of policies and reforms affecting the situation of children in Albania, UNICEF, 2015.

can observe, even Slovenia, Slovakia and the Czech Republic (the best performing economies among CEE) lag OECD and High Developed Countries.

Figure 1: GNI per capita, 2015

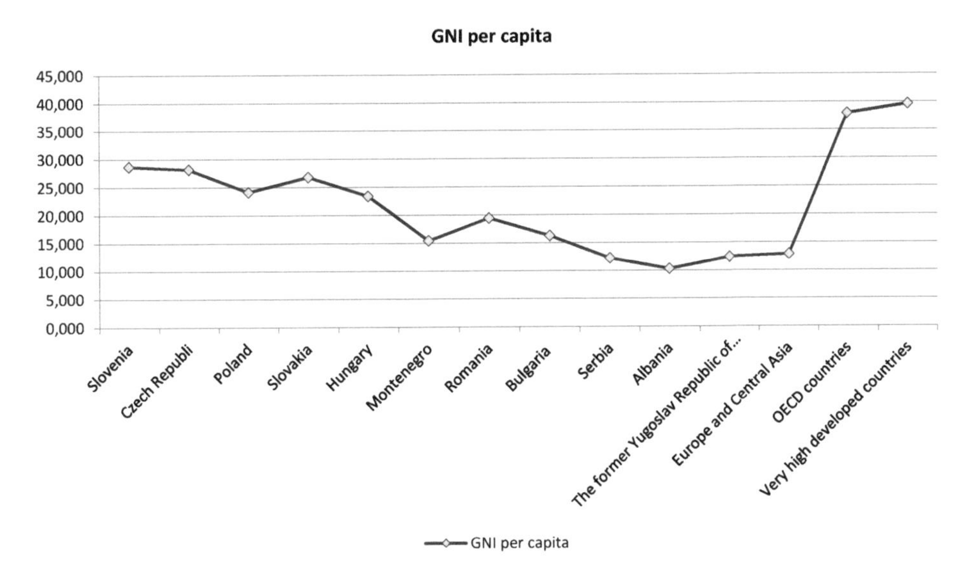

Source: Human Development Report, 2016

Health and education indicators are among the lowest within CEE countries. Although life expectancy in Albania has increased steadily in the past twenty years in both sexes (in males: from 67 years in 1990 to 73 years in 2012; in females: from 71 years in 1990 to 75 years in 2012,[6] child mortality, infant mortality and maternal mortality rates are high in comparison with average rates for EU countries.[7]

In Albania, the education system lags behind of being "inclusive for all". Discrimination partly stem from mentality/social norms as well as the low attention to the implementation of antidiscrimination law and other normative disposition on disability. However, social protection mechanism bears the burden of not providing adequate support to groups of children already excluded or at risk of exclusion from the enjoyment of the right to education.

Data show that alongside the transformation, inequalities increased. Figure 2 demonstrates gaps in some key welfare indicators like income, life expectancy and education. With some exceptions, like Slovenia, Czech Republic and Slovakia, almost all CEE countries experience similar problems.

[6] World Health Statistics, World Health Organization (WHO), 2014.

[7] Common Country Assessment, UN, 2015.

Figure 2: Inequalities in welfare indicators in EEC[8] countries compared with OECD and High Developed countries, 2015

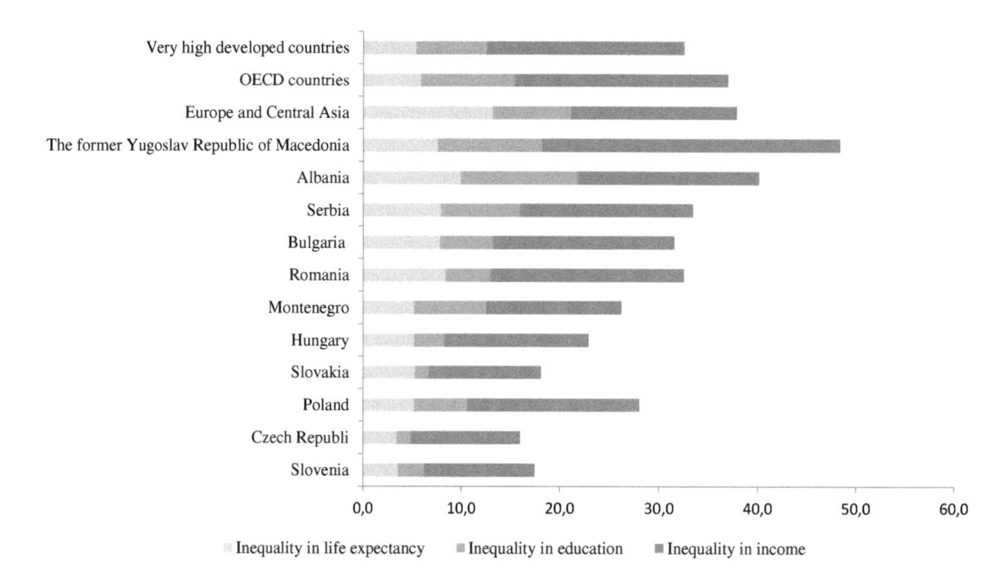

Source: Human Development Report, 2016

Figure 3: Corruption Perception Index, 2017

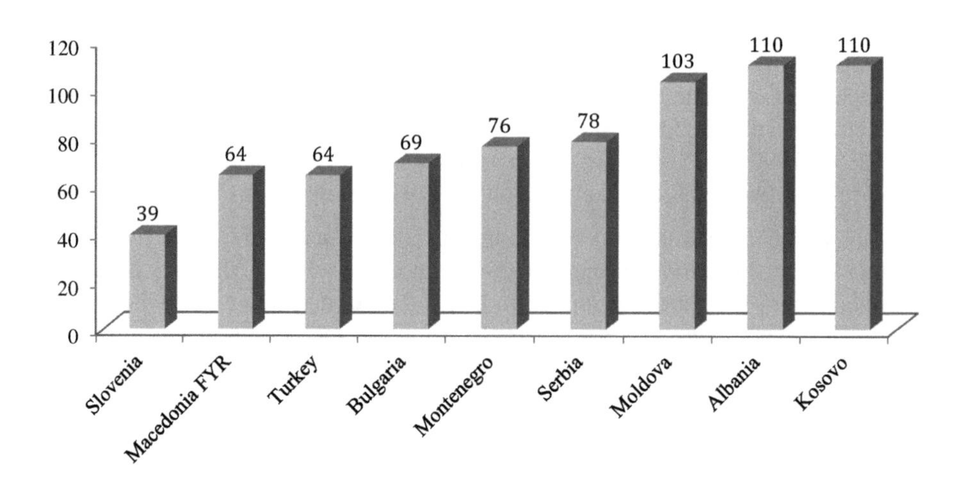

Source: http://www.transparency.org/

[8] Eastern European Countries.

Albania also remains one of the most corrupted countries (figure 3) of the world and the most corrupted in the Balkans, together with Kosovo, ranked 110 out of 175 countries.[9] The October 2016 EU Progress report on Albania recognizes that law enforcement remains a particularly serious problem, whilst the politicization of public services, dominates the functioning of public administration at all levels of governance.

In general, the fragile growth rates as well as structural economic reform are not sufficient to ensure country's strategic objectives. The failure to address chronic and extensive unemployment, disparities and social exclusion, poor levels of government investments in social and human development as well as informality of the economy, are considered critical weaknesses vis-a-vis the sustainable development of the country. Above all, Albanian citizens live in a dire reality. Therefore, after 27 years of transition, one of the main goals of reforms, "Efficient allocation of resources to boost growth and effective distribution of social welfare to enhance equity", seems not to have been achieved. Undoubtedly, this influences the controversial opinions about the clash of values, advancing arguments that examine the question of adjustment of values vis-à-vis the new socio-economic context rather than of abolishment of old values and their replacement with new ones.

2. Clash of values

Many authors from Western and Eastern literature, alike have discussed about values of the socialist system. There has been a tendency in Western literature to consider income distribution in communist countries an advantage of that system because it brought about a leveling of the whole society; therefore, it influenced a sort of "equal access to social welfare for all citizens".

These countries, even the smaller ones like Albania, are included among modern societies when only physical and human capital are considered: the spread of literacy, urban population, modern communication and information, access to health care services, social protection of people in need, provision of contributory and non-contributory benefits, protection of cultural heritage and art as well as encouragement of research and development.

In principle, the previous system was based on "Social Solidarity" and "Equality", thus emphasizing the importance of social rights. Nonetheless, the abolishment of political, civil and economic rights limited the role of social structures and gradually eroded their functions.

Let us analyze more carefully the above-mentioned values and examine the impact they had, first to enhance social development, second, to influence economic growth. Due to time constraints, we refer only to two policies, to concretize the misuse of values. The socialist social security system was built on *"Social solidarity"*. The inherited social security system generally recognized all the contingencies covered by ILO Social Security (Minimum Standards) Convention no.102/1952. Yet this system:

---

[9] http://www.transparency.org/

1. was inconsistent regarding the coverage of certain segments of the population;
2. was socially unjust, stipulating different eligibility conditions and amounts in return for the same contributions;
3. laid down very generous eligibility conditions (for ideological reasons);
4. incorporated extensive social redistribution mechanisms; and
5. lacked unemployment schemes.

The system was over-generous, costly and in many respects ineffective. It was generous in providing unreasonably "soft" eligibility conditions (early retirement age, lack of retirement conditions for eligibility, easy acquisition of periods of employment, etc.), high benefit rates and, in some respects, also high benefit amounts. Thus, it generated large numbers of beneficiaries and became very costly. Yet as it was based on extensive social redistribution, it generated small pensions for higher income groups, with either little or no indexation related to cost-of-living increases. Data and evidence demonstrate not only the problems of the past but also their impact on the current progress of the system, which still is characterised by high deficits. Above all, it destroyed the concept of "social solidarity" and demotivated people to contribute because it was hard for them to recognize the benefits, both individual and social, of their contributions and investments.

Whilst "*Equality*" was on the basis of "Social Welfare Services", it appeared there was no need for intervention in the education and health services, because they were considered by no means as the biggest advantageous of the socialist state. However, the critical point relates to the quality these public services have produced. Perhaps in terms of quantity "equal access" was achieved. Data on number of institutions and respective staff bring in sufficient evidence on the "supply side", whilst equality vis-à-vis demands (beneficiaries), was not considered at all, especially in rural and remote areas.

One advantage of the socialist system was considered to have been the spread of literacy. Although many scholars in Albania had a good education, particularly in the basic sciences, central planning and political control of programmes and teachers in the schools at all levels narrowed individual choices, encouraged dogmatic teaching and contributed towards the destruction of society's values.

Despite the degree of security, *services* were poorly developed. The greatest weakness of that system was the low consideration given to the individuality of every person. This was the result of political limitations: the view that the state and its enterprises were responsible for the well-being of the individual, that they knew better than the person themselves about their material and social needs.

To summarize, the Albanian society inherited from the preceding regime a consistent social welfare (educational, health care and social security) system, which met the needs of a command economy and a politically totalitarian government – a dictatorship.[10]

[10] Tomes, I. (1998) Conference Paper, Max Planck Institute, Ringberg in Germany.

The basic concept was rationing (distribution) of education, care and social security to the obedient and industrious citizen, with preferences of the more obedient and more industrious and merited citizens.

Selectivity was the result. Imposed “egalitarism” for the masses was achieved in conditions through uniform rewards (rations) with preferences for the "new class" based on political principles other than regular achievement in economic activities.[11]

In effect it led to lack of incentives for economically effective performance, lack of democratic behavior and increased persecution of eccentric behavior.

The result was retardation in

1. economic development (investments were eaten up),
2. educational development (learned were only facts agreeable to the rulers),
3. health care (only cheap care was available to all),
4. social security (when too many receive, the level cannot be too high)
5. democracy and freedom, with increasing persecution.

On the eve of transformation, Albania was challenged by critical macroeconomic situation as well as high unemployment rates (figure 4).

Figure 4: Main Macroeconomic data, 1989-1995

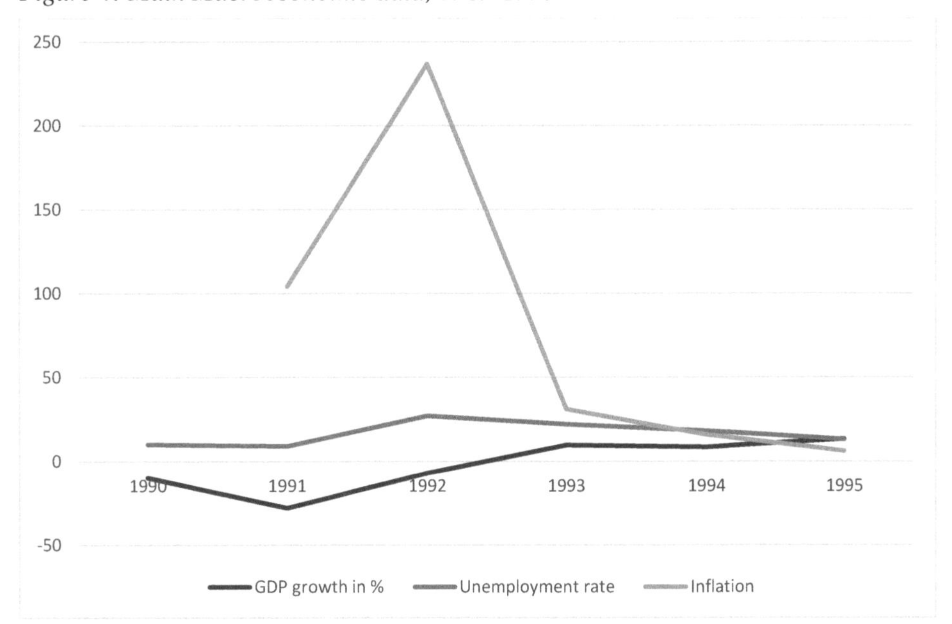

Source: Bank of Albania, Annual report 1999

The implementation of transition reforms required strict macroeconomic stabilization policies implemented alongside privatization, liberalization of prices and trade, fiscal and monetary policy; banking reform and opening of the economy. The social pain which accompanied the implementation of these policies was the natural outcome of

[11] Ibid.

transition. But people were not prepared to tolerate such a situation. They had other expectations. "For a considerable part of the society the understanding and accepting of the rules of market economy finishes at the level of expectations of quick success and reaching a Western standard of consumption."[12]

Moreover, there were strong expectations that the new 'democratic' governments, supported by International Institutions, would have been capable to bring CEE countries closed to the most developed countries. Unfortunately, this belief did not come true. Today, we perfectly understand that it couldn't be true because society was not prepared for such transformation.

Figure 5 by bringing recent information on HDI and GDI, demonstrates low level of social development even nowadays. With a HDI of 0,764 and GDI of 0,969, Albania ranked respectively 95th and 72nd out of 187 countries on the 2016 Human Development Index (HDI),[13] far beyond OECD and very high developed countries.

Figure 5: HDI[14] and GDI[15] in some EEC compared with OECD and Very High Developed countries, 2015

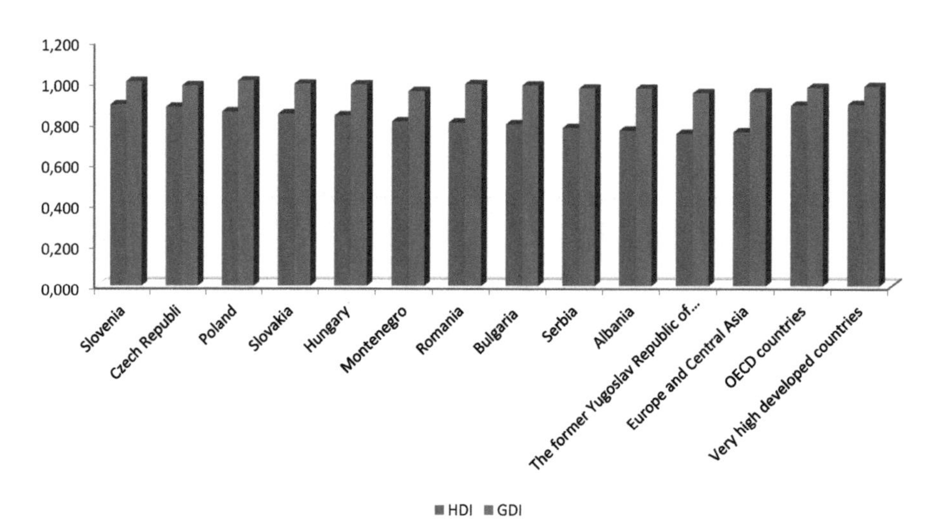

Source: Human Development Report, 2016

Low level of social development has a considerable impact on the development of social capital. Social capital is a well-known and useful theoretical concept to understand and explain the social rules and relations intertwined into the social structures of the society. It is precisely the model of social relations that allow individuals to coordinate their actions to achieve the desired purposes (Putnam, 1993).

---

[12] Batt 1991, p. 82.

[13] http://hdr.undp.org/en/countries/profiles/ALB

[14] Human Development Index.

[15] Gender Development Index.

Nowadays, a young researcher, Dr. Ashiku, has tried to assess "social capital in Albania" by using two measures, namely interpersonal and institutional trust. She concludes that Albanian society is characterized by low levels of interpersonal and institutional trust, including lack of confidence in judiciary, police, political parties, government etc. "If social capital is understood as an "individual sacrifice made to promote cooperation with others", one can easily conclude that Albanians are not willing to forsake personal interests because they understand this 'sacrifice' as in vain as there is a huge suspicion that they will not find reciprocity of this altruistic beha_viour in the future."[16] She also confirms that social capital in Albania resides only in the family and is vitalized through family ties.

The reality was that the abuse with "social solidarity" and "equality" and their replacement with superficial morals based on unreal transitory concepts like Party and its connected institutions, brought about a vacuum in social capital because people lost trust. This gradually destroyed the natural collective sense of humanity, eroding civil culture and the historical memory of generations. That is why, the purpose of transition from centrally planned to market economy was of two folds: to transform markets and society, alike.

Professor Tomes, 20 years ago, in a conference in Germany, argued that the process of transformation of communism to capitalism is a unique social experience that cannot be compared to transformation processes occurring in the countries of Latin America, Asia or Africa exactly because in the latter countries, transformation related to the restructuring of capitalist economies and did not involve a fundamental change of the whole economic and political system as in CEEC. "Although in CEECs the tools employed in the reform process may be similar, but the socio-economic environment shall always call for specific treatment, to be acceptable to the people."[17]

This view does not contradict most analysis concerning political economy of capitalism, which considers 'entrepreneurship, free initiative, net profit and competition' as the engine to promote development, putting aside the concept of 'social development'. It has been generally accepted that a strong economy creates a suitable environment for social progress. However, when referring to post-communist countries there is another reality. While the first refers to the market economy promoting social welfare, post-communist countries had to apply the opposite: society had to mobilize resources to transform, encouraging the market to develop, which in the end would turn towards social welfare. Although the post-communist governments in Albania struggled to "allocate efficiently resources to boost growth and distribute equally social welfare", with vacuum in social capital due to misuse of "Social Solidarity" and "Equality", the real dilemma of transformation stacked on "which values had to back transformation".

---

[16] Ashiku 2014 2, pp. 475.

[17] Tomes 1998.

3. New identity of Albanians

What has been called 'the new human being of the communist era' has been seriously deformed. It was totally impossible to recognize real social values, due to oppression by and fear of the regime. During transition, the state and the market remain influenced by past ideology and by the legacy of historical development. The rapid polarization of society and the accumulation of wealth in a few hands have deepened the process of impoverishment, the middle class being more affected due to unemployment, very low incomes, emigration and disruption of social and community relations. Thus, the tendency to advance towards democracy has been confronted by the bleakness of the social basis.[18]

Despite the far-reaching reforms undertaken in 1991 towards democratization, Albania is still far being a democratic and open society. While the legislative and institutional structures are totally reformed, the social legacy of the past cannot be ignored and will continue to play a major role in the coming decades. Albanian society used to consider the state and the party as the only actors in any process of development and could not adjust easily to the new reality. Moreover, the people were fed up with the idea of 'volunteer work', strongly encouraged by the party in the context of false democracy: the term was simply a replacement for the 'unpaid work' that generations carried out for 50 years, living in extreme poverty.

But, what is the transitional identity of Albanians today? Rather than "one identity", we admit that there are at least three groups of different profiles. They do not distinguish from level of education, gender, age or cultural heritage which would make sense. Instead they differ from beliefs and values they adopt to meet their objectives, namely:

Group 1 "Hopeless": These are those who work more than 8 hours, in very low paid jobs, often informally or even worse, in illegal works. Data on Labour Market shows that in 2016[19] Labour force participation rate was 65.7 %, out of which women's participation was 57.6 % and youth until 29 years old was 45.2 %. The high rate of unemployment of 14.7 % (youth unemployment 28 %) force people seek for any solutions. Of the economically inactive population – those who are neither in employment nor looking for work – almost 21 % are engaged in domestic tasks, while 11 % declare they are discouraged workers who drop out of the labour force.

It is not by chance that illegal activities soared during the last decade. According to the European Commission's report on Albania for 2016 drug cultivation (mainly cannabis sativa) remains a serious challenge. Only in 2015, the Albanian police conducted 240 operations against drug cultivation and trafficking, which resulted in the identification of 4,634 cultivated parcels, the arrest of 402 offenders and the destruction of 797,422 narcotic plants.

For this group, emigration is the only solution. In the first two decades, the enormous economic and social changes prompted many Albanians, mostly men initially, to emigrate. Later, the emigration pattern changed. Family reunification and emigration for study purposes have influenced to transform the circular emigration into a

---

[18] Ymeraj 2003.

[19] Labour force survey, INSTAT 2016.

permanent one. Since the 1990s, the country has lost 1/5 of population due to emigration.[20]

Group 2 "Rulebreakers": The psychology of wealth at any cost, including illegal and criminal activities affected the establishment of "the new class of rich people", less educated and more arrogant. For this group, "money" is the only value. They are eager to get rich easily and quickly, no matter of means. They are those who break the rules of free competition and influence through bribe, the establishment of entrance barriers for different goods and services, including public goods, until the free market transforms into oligopoly.

This group finances the cultivation and trafficking of illegal drugs, which account for a significant proportion of Albania's GDP (2.60 %, compared to 0.07-0.19 % for countries such as France, Germany, Italy and United Kingdom)[21].

In addition to deep polarization of the society and the "growing gap" between the former middle class of intellectuals" and the" new class of entrepreneurs", the group financial capitals were invested in politics, instead of production. It is this group who dominates media and juridical system, influences decision making in economy, finance, trade, public policies, international institutions and recently, finances politics. Not rarely, the group has its representatives in the Parliament, who are elected in a democratic way, although the processes in continuation have been criticized for manipulations. Even worst, since 2009, a new phenomenon has taken place: bargaining of votes, supported by strong financial groups of political parties, which has influenced the establishment of a dangerous governance model, characterized by the abuse of power.

Group 3 "Dreamers": These are people who believe in a good and different Albania, that is why they continue to invest without asking to be paid back. Respect for institutions and law is the crucial value they adopt. They bear individual and social responsibilities because they believe in civil and moral obligations that everybody must contribute to enhance social welfare. They never ignore voting because the right to vote is essential, although their choice is never counted. They regularly pay taxes, despite the lowest gains from public services. They complain, but their voice is not heard. As a matter of fact, this is the group who acknowledges democracy rules and rigorously respect them.

Among the three groups, while "Hopeless" are the most excluded and the "Rulebreakers" share the power, only the "Dreamers" bears the burden of transformation, which proves that laws and institutions are not capable enough to impede the misuse of "Social solidarity" and "Equality".

5. Conclusions

There are two fundamental theorems in economy, which argue that "it is impossible to redistribute resources and make somebody better off without causing that another

[20] Census 2011, INSTAT.

[21] Albania 2016, p. 22.

one is worse off" (First Pareto Efficiency theorem), which may be achieved if the one starts with the rights allocation of resources (Second Pareto Efficiency theorem). Thus, society needs "Solidarity" to collect resources through taxation. In the meantime, society must re-distribute resources taking care of the "right allocations" respecting "Equality". Hence, "Social solidarity and Equality" are fundamental.

Nonetheless, refering to Artur M. Okun opinion,[22] less than a half century ago about Equality and Efficiency, in which he acknowledges that "Although capitalism and democracy are really a most improbable mixture, maybe that is why they need each other – to put some rationality into equality and some humanity into efficiency", we admit that the question does not stand only on the values per se. Otherwise, the socialist system would have functioned.

"Social Solidarity and Equality "were the most appropriate values to back the transition reforms, but they had to be considered within the context of the social and historical legacy from the past of the Albanian society, which didn't happen, influencing all negative social outcomes of transition, as elaborated above.

However, there are no values that have to be abolished. Our dilemma is solved. "Social Solidarity" will continue to be a core value because establishing democratic regimes requires that all citizens contribute, whilst "Equality" ensures "the right to access social welfare".

Last but not the least, besides law enforcement, civic and social education of citizens would guarantee that "Social solidarity and equality" effectively feed policies, and gradually impact on the formation of only one identity of Albanians – the identity of citizens that acknowledge the past cultural, historical and social heritage and based on that, adopts EU values.

Bibliography

Analysis of policies and reforms affecting the situation of children in Albania, UNICEF, 2015.

Albania 2016 Progress Report, European Commission, SEC (2011) 1205, Brussels 2016.

Ashiku, M. (2014): Institutions, Economic Development and Social Capital in Albania. Published in *Journal of Economics and Development Studies*, Vol. 2, No. 2, 2014.

Bank of Albania: Annual Report 1995. Tirana Bank of Albania 1995.

Batt, J. (1991): East Europe. From Reform to Transformation. London: Pinter.

Common Country Assessment, UN Country team, 2015.

INSTAT, Population and house census, 2011.

INSTAT, Living Standard Measurement Survey, LSMS, 2008, 2012.

INSTAT, Albania in Figures (1997-2010).

Labour Force Survey, INSTAT, 2016.

Human Development Report, UNDP, 2016.

National Strategy for Development and Integration (2007-2013).

National Strategy for Social Inclusion (2007-2013).

National Strategy for Social Inclusion and Protection (2015-2020).

Okun, A. M. (1975): Equality and Efficiency – The big "trade off". Washington: Brookings Institution Press.

[22] Okun 1975.

Tomes, I. (1998): Conference Paper: Social Reform in Countries of Central and Eastern Europe on the eve of the 21st century. Presented in Conference organized by Max Planck Institute, Ringberg in Germany, December 1998.
Ymeraj, A. (2003): Civil society and social care. European Institute of Social Services, University of Kent at Canterbury, UK.
Ymeraj, A./Kolpeja, V. (1998): The old and the new changes in social care in Central and Eastern Europe (chapter on Albania). Edited by the European Institute of Social Services, University of Kent at Canterbury, UK.
World Health Statistics, World Health Organization, 2014.

Социальные ценности в переходный период – пример Албании

Арлинда Ймерай

Краткое содержание:

В статье «Социальные ценности в переходный период – случай Албании» рассматриваются социальные ценности, которые характеризуют албанский путь перехода от централизованной плановой экономики к рыночной экономике, а также влияние, которое они оказывают на новую самоидентификацию албанцев.

Албания, как и другие страны Центральной и Восточной Европы, пережила социалистическую систему, которая по Конституции основывалась на «социальной солидарности» и «равенстве». Независимо от принципов прошлых режимов, принятых в странах ЦВЕ, в том числе в Албании, социалистическая система не привела ни к равенству, ни к солидарности, поэтому вместо «социальной сплоченности» различия между социальными группами углублялись, таким образом, сегодня вместо «единой самоидентификации» мы легко идентифицируем «три профиля албанцев»: безнадежных, правонарушителей и мечтателей.

В 1991 году Албания приступила к новому пути, направленному на создание демократических режимов путем защиты прав человека и повышения уровня жизни. Однако, хотя Албания активно участвует в ратификации международных конвенций, касающихся прав человека в целом и уязвимых групп в частности, она не способна их реализовать. В июне 2014 года Европейский Союз предоставил Албании статус кандидата, показав тем самым признание шагов, предпринятых для согласования внутренних законов с международными стандартами. Тем не менее албанские граждане живут в ужасной реальности.

Поэтому после 27 лет перехода одна из основных целей реформ, «Эффективное распределение ресурсов для стимулирования роста и эффективного распределения социального обеспечения для повышения справедливости», похоже, не была достигнута. Несомненно, это влияет на противоречивые мнения о столкновении ценностей и выдвижение аргументов о необходимости корректировки ценностей с учетом нового социально-экономического контекста, а не об отмене старых ценностей и их замене новыми.

Статья состоит из четырех разделов в дополнение к краткому содержанию. В разделе 1 представлена основная информация о прошлом и настоящем Албании. В разделе 2 говорится о столкновении ценностей. В разделе 3 рассматривается постсоциалистическая идентичность албанцев, в то время как в последнем разделе сформулированы некоторые выводы, ответы на заданные вопросы, а также на вопрос о роли гражданского и социального образования в поддержке политической сферы через социальные ценности.

Ключевые слова:

социальные ценности, социальная солидарность, равенство, социальное обеспечение, переходные реформы.

1. Обзор Албании

Республика Албания, небольшая страна на Балканском полуострове, площадью 28.7489 квадратных километра и населением 2,879[1] миллионов человек, стала свидетелем почти трех десятилетий быстрых изменений и глубоких преобразований после падения Берлинской стены. Эти изменения, в первую очередь, повлияли на экономическую, социальную и политическую обстановку, а во-вторых, выявили целый ряд вопросов, которые ранее были скрыты или подавлены политическим режимом. Переходный период также был отмечен серией потрясений и кризисов, от экономических потрясений и гражданских волнений до эмиграционных волн (наиболее значительных в 1990-1991и1997-1998 годах).

Албания, характеризующаяся исторически неоднородным управлением, провела 45 лет, с 1945 по 1990 год, под влиянием самой репрессивной, авторитарной политической системы Европы, от которой она медленно отходила в течение последних 27 лет. Со времени падения коммунистического режима в 1991 году страна встала на новый путь, направленный на создание демократических режимов путем защиты прав человека и повышения уровня жизни.

С тех пор Албания добилась значительного прогресса во главе с давней мечтой о европейской интеграции. Таким образом, 24 июня 2014 года Европейская комиссия предоставила Албании статус кандидата в ЕС в связи с продемонстрированным успехом в законодательной реформе и политическом диалоге, а последнее решение гарантирует открытие переговоров о «статусе членства» в 2019 году.

Последние годы коммунистического правления и создание многопартийной демократии в начале 1990-х годов оказались сложным испытанием. Несмотря на реформы и богатство природных ресурсов, Албания была и остается одной из беднейших стран Европы с высоким абсолютным и относительным уровнем бедности. Число людей, живущих в условиях нищеты, увеличилось с 12,4 процента в 2008 году до 14,3 процента в 2012 году, а крайняя нищета выросла с 1,2 процента в 2008 году до 2 процентов[2] , как для городских, так и для сельских районов, в 2012 году также увеличился процент детской бедности с 18,5 до 20,1[3].

---

[1] INSTAT, Population Projections from Census 2011.

[2] Albania: Trends in Poverty 2002-2005-2008-2012, INSTAT/World Bank, 2013.

[3] Analysis of policies and reforms affecting the situation of children in Albania, UNICEF, 2015.

Несмотря на достижения страны в плане экономического роста (ежегодный темп роста ВВП в Албании в период с 1996 по 2016 год составлял в среднем 4,1 процента)[4], выгоды от экономического развития распределены неравномерно. Коэффициент Джини 34,5 (2013 год) является третьим по величине в регионе, и картина индекса Джини за последние два десятилетия, по-видимому, указывает на растущее неравенство[5]. Более того, надежды людей на то, что новое «демократическое» правительство, поддерживаемое международными институтами, смогло бы довести Албанию до уровня самых развитых стран, не сбылись.

На рисунке 1 показаны различия в ВНД на душу населения в некоторых странах ЦВЕ, включая наиболее эффективные, по сравнению с ОЭСР и высокоразвитыми странами. Как мы можем заметить, даже Словения, Словакия и Чешская Республика (наиболее эффективные экономики в Центральной и Восточной Европе) отстают от ОЭСР и высокоразвитых стран.

Рисунок 1: ВНД на душу населения, 2015 г.

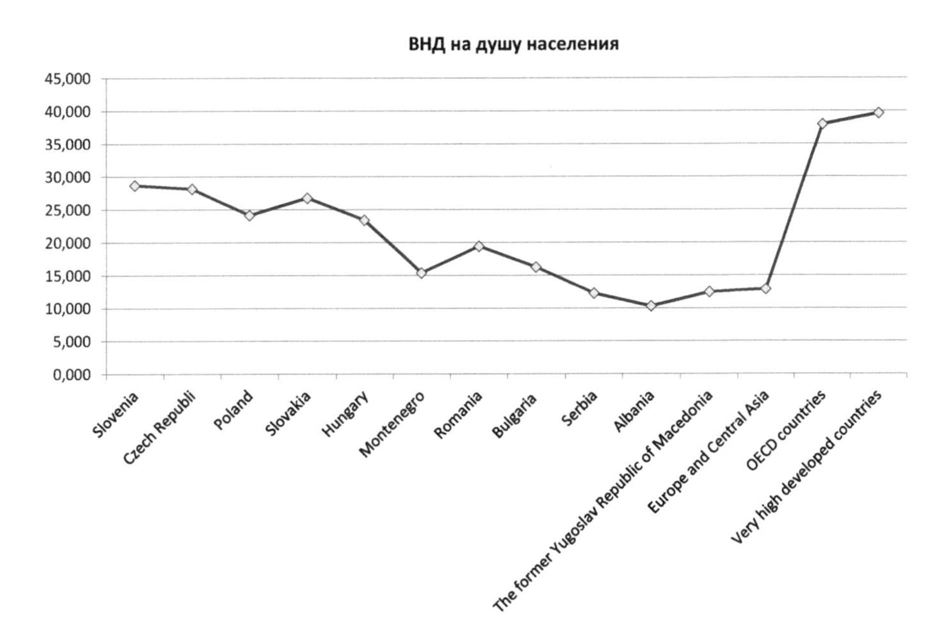

Источник: Доклад о развитии человеческого потенциала за 2016 год.

Показатели здоровья и образования являются одними из самых низких среди стран ЦВЕ. Хотя ожидаемая продолжительность жизни в Албании неуклонно возрастает за последние двадцать лет у обоих полов (у мужчин: с 67 лет в 1990 году до 73 лет в 2012 году, у женщин: с 71 года в 1990 году до 75 лет в 2012

---

[4] http://www.tradingeconomics.com/albania/gdp-growth-annual

[5] Analysis of policies and reforms affecting the situation of children in Albania, UNICEF, 2015.

году) [6], детская смертность и показатели материнской смертности являются высокими по сравнению со средними показателями для стран ЕС[7].

В Албании система образования отстает от уровня, чтобы быть «доступной для всех». Дискриминация частично связана с менталитетом/социальными нормами, а также с низким вниманием к осуществлению антидискриминационного законодательства и других нормативных положений по инвалидности. Однако механизм социальной защиты несет ответственность за то, что он не оказывает адекватной поддержки группам детей, которые уже исключены или подвергаются риску исключения из существующих прав на образование.

Данные показывают, что во время преобразований неравенство возрастало. На рисунке 2 показаны пробелы в некоторых ключевых показателях благосостояния, таких как доход, продолжительность жизни и образование. За исключением Словении, Чешской Республики и Словакии, почти все страны Центральной и Восточной Европы сталкиваются с аналогичными проблемами.

Рисунок 2: Неравенство в показателях благосостояния в странах ЕЭС[8] по сравнению с ОЭСР и высокоразвитыми странами, 2015 год

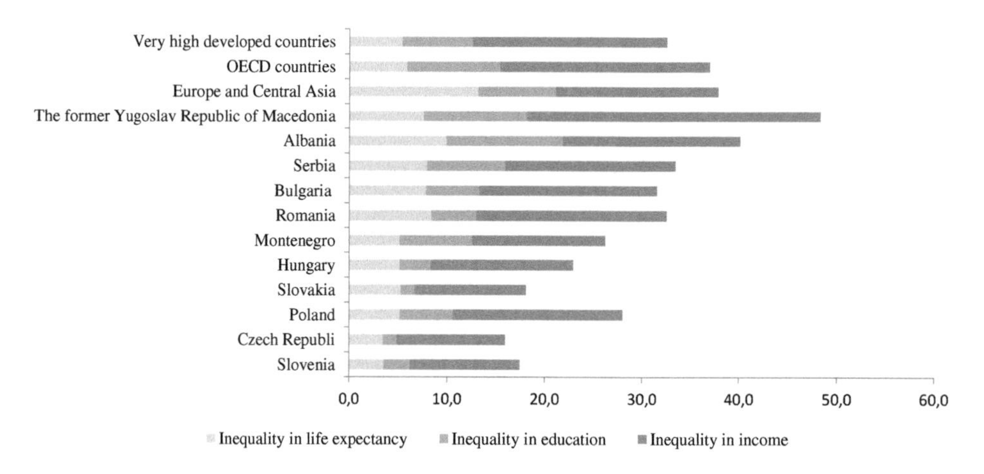

Источник: Доклад о развитии человеческого потенциала за 2016 год.

Албания также остается одной из самых коррумпированных стран (рисунок 3) мира, и самой коррумпированной страной на Балканах, и вместе с Косово занимает место 110 из 175 стран.[9] Отчет о прогрессе ЕС в 2016 году в Албании признает, что правоохранительные органы остаются особенно серьезной проблемой, в то время как политизация государственных услуг доминирует над функционированием государственной администрации на всех уровнях управления.

---

[6] World Health Statistics, World Health Organization (WHO), 2014.

[7] Common Country Assessment, UN, 2015.

[8] Eastern European countries.

[9] http://www.transparency.org/

Рисунок 3: Индекс восприятия коррупции, 2017 год

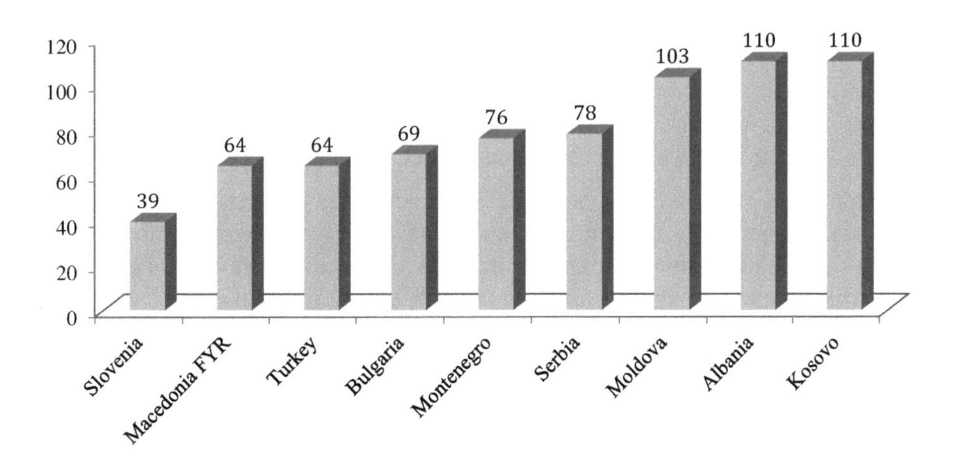

Источник: http://www.transparency.org/

В целом хрупкие темпы роста, а также структурные экономические реформы недостаточны для обеспечения стратегических целей страны. Хроническая безработица, неравенство и социальная изоляция, низкий уровень государственных инвестиций в социальное и человеческое развитие, а также неформальность экономики считаются критическими недостатками в отношении устойчивого развития страны. Прежде всего, албанские граждане живут в суровой реальности.

Поэтому после 27 лет перехода одна из основных целей реформ, «Эффективное распределение ресурсов для стимулирования роста и эффективного распределения социального обеспечения для повышения справедливости», похоже, не была достигнута. Несомненно, это влияет на противоречивые мнения о столкновении ценностей и выдвижение аргументов о необходимости корректировки ценностей с учетом нового социально-экономического контекста, а не об отмене старых ценностей и их замене новыми.

2. Столкновение ценностей

Многие авторы западной и восточной литературы, также обсуждали ценности социалистической системы. В западной литературе существует тенденция рассматривать распределение доходов в коммунистических странах как преимущество этой системы, поскольку она привела к выравниванию всего общества и оказала влияние на «равный доступ к социальному благосостоянию для всех граждан».

Эти страны, даже меньшие по размеру, чем Албания, входят в число современных обществ, когда рассматриваются только физический и человеческий капитал: распространение грамотности, городского населения, современная коммуникация и информация, доступ к услугам здравоохранения, социальная защита нуждающихся людей, предоставление льгот, защита культурного наследия и искусства, а также поощрение исследований и разработок.

В принципе, предыдущая система была основана на «социальной солидарности» и «равенстве», что подчеркивало важность социальных прав. Тем не менее, отмена политических, гражданских и экономических прав ограничивала роль социальных структур и постепенно разрушала их функции.

Давайте более внимательно проанализируем вышеупомянутые ценности и рассмотрим влияние, которое они имели, во-первых, на улучшение социального развития, во-вторых, на экономический рост. Из-за ограничений по времени мы ссылаемся только на две политики, чтобы конкретизировать злоупотребление ценностями. Социалистическая система социального обеспечения строилась на *«Социальной солидарности».* Унаследованная система социального обеспечения в целом признала все непредвиденные обстоятельства, предусмотренные Конвенцией МОТ о социальных гарантиях (минимальные стандарты) № 102/1952. Однако эта система:

1. была непоследовательна в отношении охвата определенных слоев населения;
2. была социально несправедливой, предусматривая различные условия избрания и суммы за те же вклады;
3. установила очень щедрые условия избрания (по идеологическим соображениям);
4. включила обширные механизмы социального перераспределения; а также
5. не имела схемы борьбы с безработицей.

Система была чрезмерной, дорогостоящей и во многих отношениях неэффективной. Она была щедра в предоставлении необоснованно «мягких» условий (досрочный выход на пенсию, отсутствие условий выхода на пенсию для получения права на пособия, простота приобретения рабочих мест и т. д.), высоких ставок по пособиям, в некоторых отношениях, а также высоких сумм пособий. Таким образом, появилось большое количество бенефициаров, и система стала очень дорогостоящей. Поскольку она была основана на обширном социальном перераспределении, она предлагала небольшие пенсии для групп с более высоким доходом, при этом либо незначительную индексацию, либо отсутствие индексации, связанное с увеличением стоимости жизни. Данные и факты демонстрируют не только проблемы прошлого, но и их влияние на текущий прогресс системы, который по-прежнему характеризуется высоким дефицитом. Прежде всего, она разрушила концепцию «социальной солидарности» и отбила у людей желание вносить свой вклад, поскольку им было трудно находить собственные выгоды, как индивидуальные, так и социальные, от их вкладов и инвестиций.

В то же время *"равенство"* было основой «Службы социального обеспечения». Оказалось, что нет необходимости вмешиваться в образование и медицинские услуги, потому что они считались самым большим преимуществом социалистического государства. Однако критическая точка связана с качеством данных социальных услуг. Возможно, с точки зрения количества, удалось достичь «равного доступа» к этим услугам. Данные о количестве учреждений и соответствующих сотрудников приводят достаточные доказательства данного факта со «стороны предложения», но в то же время равенство по отношению к спросу (бенефициарам) не рассматривалось вообще, особенно в сельских и отдаленных районах.

Одним из преимуществ социалистической системы считалось распространение грамотности. Хотя многие ученые в Албании имели хорошее образование, особенно в области фундаментальных наук, централизованное планирование и политический контроль программ и учителей в школах на всех уровнях сузили индивидуальный выбор, поощряли догматическое обучение и способствовали разрушению ценностей общества.

Несмотря на степень безопасности *услуги* были слабо развиты. Наибольшей слабостью этой системы было низкое внимание к индивидуальности каждого человека. Это было связано с политическими ограничениями: мнение о том, что государство и его предприятия несут ответственность за благосостояние личности, что они знают лучше, чем сам человек, о его материальных и социальных потребностях.

Подводя итог, албанское общество унаследовало от предыдущего режима последовательную систему социального обеспечения (образование, здравоохранение и социальное обеспечение), которая отвечала потребностям командной экономики и политически тоталитарного правительства – диктатуры[10].

Основная концепция заключалась в нормировании (распределении) образования, ухода и социального обеспечения среди послушных и трудолюбивых граждан, с предпочтением более послушных, трудолюбивых и заслуженных граждан.

Результатом стал отбор. Наложенный «эгалитаризм» для масс был достигнут посредством единообразных вознаграждений (пайков), с предпочтениями «нового класса», на основе политических принципов и особых достижений в экономической деятельности[11].

По факту это привело к отсутствию стимулов к экономически эффективной работе, отсутствию демократического поведения и усилению преследования эксцентричного поведения. Результатом было замедление в

1. экономическом развитии (инвестиции были съедены),
2. развитии образования (изучать можно было только факты, приемлемые для правительства),
3. медицинском обслуживании (для всех был доступен только базовый уход),

[10] Tomes 1998.
[11] Ibid.

4. социальном обеспечении (когда слишком многие получают его, уровень не может быть высоким),
5. демократии и свободе, с растущим преследованием.

Накапуне трансформации Албания боролась с критической макроэкономической ситуацией, а также высоким уровнем безработицы (рисунок 4).

Рисунок 4: Основные макроэ

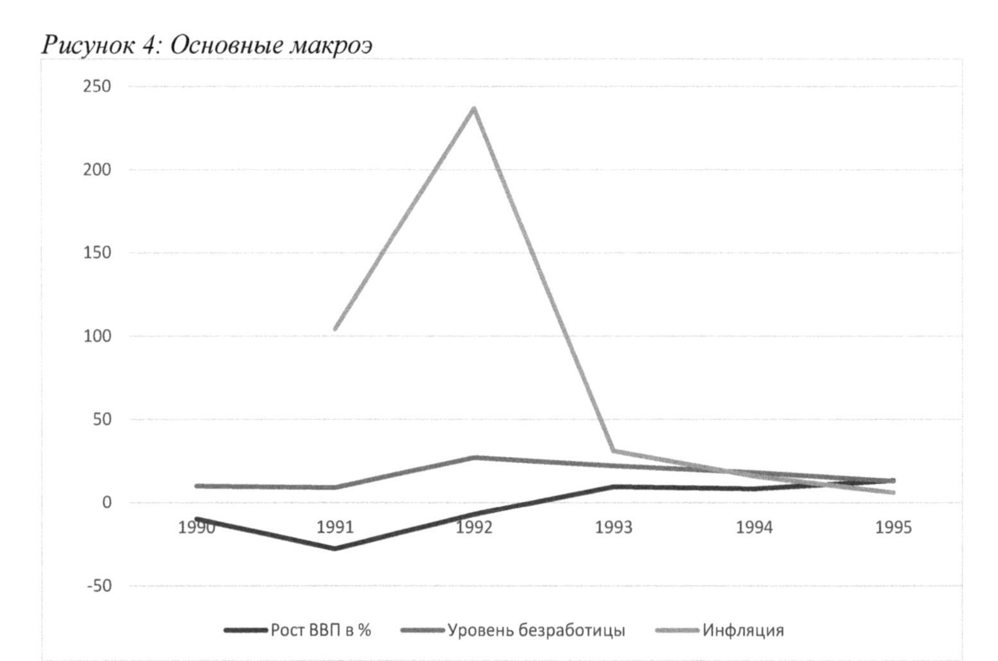

кономические данные, 1989-1995 гг.

Источник: Банк Албании, Годовой отчет 1999

Реализация переходных реформ требует строгой политики макро-экономической стабилизации, реализуемой наряду с приватизацией, либерализацией цен и торговли, фискальной и денежно-кредитной политикой; банковской реформой и открытием экономики. Социальная боль, которая сопровождала осуществление этих стратегий, была естественным результатом перехода. Но люди не были готовы терпеть такую ситуацию. У них были другие ожидания. «Для значительной части общества понимание и принятие правил рыночной экономики заканчивается на уровне ожиданий быстрого успеха и достижения западного стандарта потребления»[12].

Кроме того, были выражены большие надежды на то, что новое «демократическое» правительство, поддерживаемое международными институтами, смогло бы привести страны ЦВЕ к уровню наиболее развитых стран. К сожалению, эта мечта не сбылась. Сегодня мы прекрасно понимаем, что это невозможно, потому что общество не готово к такой трансформации.

---

[12] Batt 1991, p. 82.

Рисунок 5 приводит недавнюю информацию об уровне человеческого и гендерного развития и демонстрирует низкий уровень социального развития и в наши дни. При уровне человеческого развития 0,764 и гендерного развития 0,969 Албания занимала соответственно 95 и 72 место из 187 стран по индексу развития человеческого потенциала в 2016 году (ИРЧП)[13], что находится далеко от ОЭСР и стран с очень высоким уровнем развития.

Рисунок 5: ИРЧП[14] и ИГР[15] в некоторых странах ЕЭС по сравнению с ОЭСР и странами с очень высоким уровнем развития, 2015 год

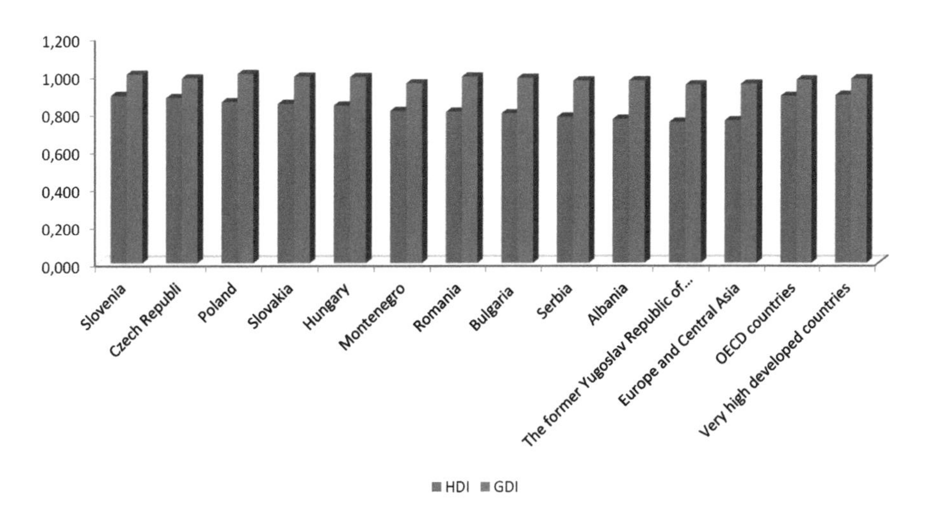

Источник: Доклад о развитии человеческого потенциала за 2016 год.

Низкий уровень социального развития оказывает значительное влияние на развитие социального капитала. Социальный капитал является хорошо известной и полезной теоретической концепцией для понимания и объяснения социальных правил и отношений, переплетающихся в социальные структуры общества. Именно модели социальных отношений позволяют людям координировать свои действия для достижения желаемых целей (Putnam, 1993).

В настоящее время молодой исследователь д-р Ашику попытался оценить «социальный капитал в Албании», используя две меры, а именно межличностное и институциональное доверие. Она приходит к выводу, что албанское общество характеризуется низким уровнем межличностного и институционального доверия, в том числе недоверием к судебной власти, полиции, политическим партиям, правительству и т. д. «Если социальный капитал понимается как «индивидуальная жертва, способствующая сотрудничеству с другими», можно легко сделать вывод, что албанцы не желают оставлять личные инте-

[13] http://hdr.undp.org/en/countries/profiles/ALB
[14] Human Development Index.
[15] Gender Development Index.

ресы, потому что они не понимают выгоды от этой «жертвы», поскольку существует подозрение, что они не найдут отдачи за это альтруистическое поведение в будущем».[16] Она также подтверждает, что социальный капитал в Албании существует только в семье и поддерживается через семейные связи.

Реальность заключалась в том, что злоупотребление «социальной солидарностью» и «равенством» и их замена поверхностной моралью, основанной на нереальных переходных концепциях, таких как партия и связанные с ней институты, вызвали вакуум в социальном капитале, потому что люди потеряли доверие. Это постепенно разрушало естественное коллективное чувство человечества, разрушая гражданскую культуру и историческую память поколений. Поэтому цель перехода от централизованной плановой экономики к рыночной экономике заключалась в двух пунктах: преобразование рынков и общества.

Профессор Томес, 20 лет назад, на конференции здесь, в Германии, утверждал, что процесс трансформации коммунизма в капитализм – это уникальный социальный опыт, который нельзя сравнивать с процессами трансформации, происходящими в странах Латинской Америки, Азии или Африки, потому что данные страны, прошли преобразование, связанное с перестройкой капиталистических экономик, которое не включало в себя фундаментальные изменения всей экономической и политической системы, как в странах ЦВЕ. «Хотя в странах ЦВЕ инструменты, используемые в процессе реформ, могут быть схожими, но социально-экономическая среда должна всегда призывать к конкретному обращению, чтобы быть приемлемой для людей».[17]

Это мнение не противоречит самому анализу политической экономики капитализма, который рассматривает «предпринимательство, свободную инициативу, чистую прибыль и конкуренцию» как движущую силу для развития, отбрасывая в сторону концепцию «социального развития». Общепризнано, что сильная экономика создает благоприятные условия для социального прогресса. Однако, смотря на посткоммунистические страны, существует другая реальность. В то время как первое относится к рыночной экономике, содействующей социальному благосостоянию, посткоммунистические страны должны были применять обратное: обществу пришлось мобилизовать ресурсы для преобразования, поощрения развития рынка, что, в конечном итоге, обратилось бы к социальному благосостоянию. Хотя посткоммунистическое правительство в Албании изо всех сил пыталось «эффективно распределять ресурсы для роста и равного социального благосостояния», реальная дилемма трансформации застопорилась на вопросе, «какие ценности должны были поддерживать трансформацию», возникшего из-за вакуума в социальном капитале и неправильного использования «социальной солидарности» и «равенства».

---

[16] Ashiku 2014, p. 475.
[17] Tomes 1998.

3. Новая самоидентификация албанцев

То, что было названо «новым человеком коммунистической эпохи» – искаженное понятие. Было совершенно невозможно распознать реальные социальные ценности из-за угнетения и страха перед режимом. Во время перехода государство и рынок по-прежнему находятся под влиянием прошлой идеологии и наследия исторического развития. Быстрая поляризация общества и накопление богатства в нескольких руках углубили процесс обнищания, а средний класс больше пострадал из-за безработицы, очень низких доходов, эмиграции и нарушения социальных и общественных отношений. Таким образом, тенденция к продвижению к демократии сталкивается с мрачной социальной основой[18].

Несмотря на далеко идущие реформы в направлении демократизации, предпринятые в 1991 году, Албания по-прежнему не является демократическим и открытым обществом. Несмотря на то, что законодательные и институциональные структуры полностью реформированы, социальное наследие прошлого нельзя игнорировать, так как оно будет продолжать играть важную роль в ближайшие десятилетия. Албанское общество считало государство и партию единственными действующими лицами в любом процессе развития и не могло легко адаптироваться к новой реальности. Более того, народ был сыт по горло идеей «добровольной работы», сильно поощряемой партией в контексте фальшивой демократии: этот термин был просто заменой «неоплачиваемой работы», которую поколения выполняли в течение 50 лет, проживая в крайней бедности.

Но какова сегодняшняя переходная самоидентификация албанцев? Вместо «одного профиля» мы признаем, что существует как минимум три группы разных профилей. Они не отличаются от уровня образования, пола, возраста или культурного наследия, что имело бы смысл. Вместо этого они отличаются от убеждений и ценностей, которые они принимают для достижения своих целей, а именно:

Группа 1 «Безнадежные»: те, кто работает более 8 часов, на очень низкооплачиваемых работах, часто неофициально или даже хуже – на незаконных работах. Данные по рынку труда показывают, что в 2016 году[19] доля рабочей силы составляла 65,7%, из которых 57,6% приходится на женщин, а 45,2% – молодежь до 29 лет. Высокий уровень безработицы в 14,7% (безработица среди молодежи – 28%) заставляет людей искать решения. Из экономически неактивного населения – тех, кто не занят или не ищет работы – почти 21% заняты домашним хозяйством, а 11% заявляют, что они отчаялись найти работу и поэтому выпали из рынка труда.

Не случайно, что за последнее десятилетие незаконная деятельность резко возросла. Согласно докладу Европейской комиссии по Албании на 2016 год, выращивание наркотиков (главным образом, cannabis sativa) остается серьезной проблемой. Только в 2015 году албанская полиция провела 240 операций по

---

[18] Ymeraj 2003.
[19] Labour force survey, INSTAT 2016.

борьбе с культивированием и оборотом наркотиков, что привело к выявлению 4 634 культивируемых участков, аресту 402 правонарушителей и уничтожению 797 422 наркотических растений.

Для этой группы эмиграция является единственным решением. В первые два десятилетия огромные экономические и социальные изменения побудили многих албанцев, в основном мужчин, эмигрировать. Позднее картина эмиграции изменилась. Воссоединение семьи и эмиграция для учебных целей превратили циркулярную эмиграцию в постоянную. С 1990-х годов страна потеряла 1/5 населения из-за эмиграции[20].

Группа 2 «Правонарушители»: Психология богатства любой ценой, включая незаконную и преступную деятельность, повлияла на создание «нового класса богатых людей», менее образованного и более высокомерного. Для этой группы «деньги» – единственная ценность. Они стремятся разбогатеть легко и быстро, чего бы это ни стоило. Это те, кто нарушает правила свободной конкуренции и влияет посредством взятки, создания входных барьеров для различных товаров и услуг, включая общественные блага, до тех пор, пока свободный рынок не превратится в олигополию.

Эта группа финансирует выращивание и оборот незаконных наркотиков, на долю которых приходится значительная часть ВВП Албании (2,60%, по сравнению с 0,07-0,19% для таких стран, как Франция, Германия, Италия и Соединенное Королевство)[21].

Помимо глубокой поляризации общества и «растущего разрыва» между бывшим средним классом интеллектуалов и «новым классом предпринимателей», финансовые капиталы этой группы инвестировались в политику, а не в производство. Именно эта группа доминирует в средствах массовой информации и юридической системе, влияет на принятие решений в экономике, финансах, торговле, государственной политике, международных институтах и, в последнее время, финансирует политику. Не редко группа имеет своих представителей в парламенте, которые избираются демократическим путем, хотя процессы избрания подвергаются критике за манипуляции. Хуже всего, начиная с 2009 года, наблюдается новый феномен: торг голосов, поддерживаемый сильными финансовыми группами политических партий, что повлияло на создание опасной модели управления, характеризующейся злоупотреблением властью.

Группа 3 «Мечтатели»: Это люди, которые верят в хорошую Албанию, поэтому они продолжают инвестировать, не прося возврата. Уважение институтов и закона является решающей ценностью, которую они принимают. Они несут индивидуальную и социальную ответственность, потому что они верят в гражданские и моральные обязательства, что каждый должен способствовать повышению социального благосостояния. Они никогда не игнорируют голосование, потому что право голоса имеет важное значение, хотя их выбор никогда не учитывается. Они регулярно платят налоги, несмотря на низкую выгоду от государственных услуг. Они жалуются, но их голос не

[20] Census 2011, INSTAT.
[21] Albania 2016 Progress Report, EC, 22.

слышен. На самом деле это группа, которая признает правила демократии и строго уважает их.

Среди трех групп, в то время как «Безнадежные» являются наиболее социально изолированными, а «Правонарушители» делят власть, только «Мечтатели» несут бремя трансформации, что доказывает, что законы и институты не способны достаточно помешать злоупотреблению «социальной солидарностью» и «равенством».

5. Выводы

В экономике есть две фундаментальные теоремы, которые утверждают, что «невозможно перераспределить ресурсы и сделать кого-то лучше, не делая кого-либо другого хуже» (первая теорема эффективности Паретто), что может быть достигнуто, если начать с прав распределения ресурсов (вторая теорема эффективности Паретто). Таким образом, обществу нужна «солидарность» для сбора ресурсов посредством налогообложения. В то же время общество должно перераспределять ресурсы, занимаясь «правильными распределениями», соблюдая «равенство». Следовательно, «социальная солидарность и равенство» являются фундаментальными понятиями.

Тем не менее, мы признаем, что вопрос не базируется только на самих ценностях, ссылаясь на мнение Артура М. Окуня[22] о равенстве и эффективности, что «хотя капитализм и демократия – действительно самая невероятная смесь, возможно, именно поэтому они нужны друг другу, чтобы превратить некоторую рациональность в равенство и некоторую человечность в эффективность». Иначе бы социалистическая система работала.

«Социальная солидарность и равенство» были наиболее подходящими ценностями для поддержки переходных реформ, но их нужно рассматривать в контексте социального и исторического наследия из прошлого албанского общества, чего не состоялось и повлияло на все негативные социальные результаты перехода, указанные выше.

Однако нет никаких ценностей, которых необходимо сторониться. Наша дилемма решена. «Социальная солидарность» по-прежнему будет основной ценностью, поскольку создание демократических режимов требует участия всех граждан, в то время как «Равенство» гарантирует «право на социальное обеспечение».

И последнее, но не менее важное: помимо обеспечения соблюдения законов гражданское и социальное образование граждан гарантирует, что «социальная солидарность и равенство» эффективно подпитывают политику и постепенно влияют на формирование единой самоидентификации албанцев – граждан, признающих прошлое культурное, историческое и социальное наследие, и принимающих ценности ЕС.

[22] Okun 1975.

Список литературы

Analysis of policies and reforms affecting the situation of children in Albania, UNICEF, 2015.

Albania 2016 Progress Report, European Commission, SEC (2011) 1205, Brussels 2016.

Ashiku, M. (2014): Institutions, Economic Development and Social Capital in Albania. Published in *Journal of Economics and Development Studies*, Vol. 2, No. 2, 2014.

Bank of Albania (1995): Annual Report 1995. Tirana Bank of Albania 1995.

Batt, J. (1991): East Europe. From Reform to Transformation. London: Pinter.

Common Country Assessment, UN Country team, 2015.

INSTAT (2011), Population and house census, 2011.

INSTAT (2012), Living Standard Measurement Survey, LSMS, 2008, 2012.

INSTAT, Albania in Figures (1997-2010).

Labour Force Survey, INSTAT, 2016.

Human Development Report, UNDP, 2016.

National Strategy for Development and Integration (2007-2013).

National Strategy for Social Inclusion (2007-2013).

National Strategy for Social Inclusion and Protection (2015-2020).

Okun, A.M. (1975): Equality and Efficiency – The big "trade off". Washington: Brookings Institution Press.

Tomes, I. (1998): Conference Paper: Social Reform in Countries of Central and Eastern Europe on the eve of the 21st century. Presented in Conference organized by Max Planck Institute, Ringberg in Germany, December 1998.

Ymeraj, A. (2003): Civil society and social care, European Institute of Social Services, University of Kent, Canterbury, UK.

Ymeraj, A./Kolpeja, V. (1998): The old and the new changes in social care in Central and Eastern Europe (chapter on Albania). Edited by the European Institute of Social Services, University of Kent at Canterbury, UK.

World Health Statistics, World Health Organization, 2014.

Identität in ausgewählten Lebensbereichen

Идентичность в избранных сферах жизни

Identität und mediale Selbstdarstellung junger Menschen im postsowjetischen Raum

Wolfgang Krieger

1. Social media als „Identitätsräume” junger Menschen

Wir haben in der Einführung dargestellt, dass „Identität“ ein Attributionsobjekt ist, welches sich das reflexionsfähige Subjekt zum einen selbst zuschreibt, welches ihm zum anderen aber auch von seinem sozialen Umfeld – im engeren wie im weiteren Sinne – zugeschrieben wird. Da Menschen in ihrer Lern- und Entwicklungsgeschichte bekanntermaßen dazu neigen, in ähnlichen Situation auch ähnliches Verhalten zu zeigen, und da sie ihre „Eigenheiten“ entwickeln, durch die sie sich von anderen unterscheiden, ihren „Stil“, ihre „Empfindlichkeiten“ und „Neigungen“, ihre mehr oder minder stereotypen Sichtweisen der Dinge (und Menschen), ihre Überzeugungen, Einstellungen und Haltungen und einiges mehr, erscheinen sie vor sich selbst wie auch vor anderen als einmalige Individuen mit einer im gewissen Umfang kontinuierlichen personalen Identität. In einigen Aspekten aber sind sie auch anderen ähnlich, teilen Überzeugungen, Einstellungen und Haltungen etc. mit anderen, schließen sie sich anderen an und erscheinen so als „zugehörig“ zu sozialen Kohorten unterschiedlicher Größe, von der Familie über den regionalen Verein bis zur Nation. Sie signalisieren solche Zugehörigkeit durch sozial geteilte Symbole, seien es markierende Zeichen wie Kleidung, Embleme oder Frisuren, sei es eine gemeinsame Sprache, gemeinsame Gewohnheiten und Rituale, durch einen gemeinsam geteilten Lebenstil oder die Proklamation gemeinsamer Überzeugungen und Haltungen. Diese Gemeinsamkeiten bezeichnen eine „kollektive Identität“, die sowohl von außenstehenden Beobachter*innen wahrgenommen wird als auch nach innen für die jeweilige Kohorte erkennbar sein kann. Im Umgang mit diesen Symbolen stellen sich Menschen dar, sie zeigen ihre Identifikationen, sie solidarisieren sich mit anderen und bieten sich an für eine bestimmte Kommunikation mit bestimmten anderen. Und eben jenen anderen ist es überlassen, ob sie das Individuum als ihrer Kohorte zugehörig akzeptieren wollen oder nicht.

Im Folgenden soll nun ein Blick auf Aspekte der sogenannten „Medien-Identität“ von jungen Menschen in postsowjetischen Staaten geworfen werden, also jene „Identität“, die Menschen in den modernen sozialen Medien von sich „inszenieren“. In der „Medien-Identität” kommen sowohl Aspekte der sozialen Identität wie der personalen Identität zum Ausdruck; allerdings unterscheiden sich „Kulturen” der Medien-Identität hinsichtlich der Freiräume und Anteile der Darstellung von personaler Identität, also ihrer Individualität, erheblich. Insofern diese „Medien-Identitäten“ die Maßstäbe der gesellschaftlichen Kultur im Umfeld dieser Menschen widerspiegeln, kann man sie als Indikator für die kulturelle Verfassung dieser Gesellschaften verstehen und im Blick auf die Bedeutung von Individualität bzw. Konformität analysieren.

In der Medien-Identität drückt sich aus, womit junge Menschen sich identifizieren, wer sie sein wollen, was sie achten und wofür sie stehen wollen und wie sie ihre Rolle in der Gesellschaft betrachten. Auf direkte oder indirekte Weise werden so in den Medien-Identitäten auch die persönlichen Wertorientierungen symbolisiert und in das Feld der Medienkommunikation eingebracht, wo sie dem Feedback der Kommunikationspartner ausgesetzt werden.

Es soll darauf hingewiesen werden, dass „Medien-Identitäten" durchaus im Widerspruch stehen können zur Praxis der Selbstdarstellung von jungen Menschen außerhalb des Netzes in der nicht-virtuellen Realität. „Medien-Identitäten" können möglicherweise auch von den Konsumenten als *fake* interpretiert werden, vielleicht auch als bewusst ironischer fake, und damit ihren Authentizitätsanspruch verlieren. Es gibt einige Besonderheiten, die Medien-Identitäten von anderen Formen der Selbstdarstellung unterscheiden. Sie sind

- bewusste Selbstinszenierungen auf einer individuellen Präsentationsplattform,
- eine weitgehend autonome Form der Gestaltung der Selbstdarstellung,
- eine zunächst einseitig (linear) kommunizierte Selbstdarstellung,
- medial manipulierbar (in Bild, Text und Ton),
- möglicherweise unabhängig von tatsächlichen Lebenssituationen, was durch den Konsumenten kaum überprüfbar ist,
- eingebunden in eine virtuelle Kontextualität (sozial und medial)
- und befinden sich prinzipiell irreversibel im Netz.

Wenn wir mit Goffman und Krappmann postulieren, dass auch präsentierte Identitäten einem Aushandlungsprozess unterliegen, also auf der Akzeptanz der Kommunikationspartner beruhen, dann stellt sich hinsichtlich anerkennungsfähiger Identität die Frage, welche Akzeptanzkriterien für soziale Anerkennung eine mediale Kommunikationsgemeinschaft in den modernen sozialen Medien bietet, denen die Identitätsangebote der Individuen zu entsprechen haben. Wenn die phänomenalen Fakten der Selbstdarstellung in den modernen Medien quasi Ausdruck der Akzeptanzbedingungen einer medial öffentlichen Kommunikationsgemeinschaft sind, dann tritt in ihnen eine Konstellation von Wertvorstellungen zutage, die man als den ideellen Horizont einer aktuellen Gesellschaft und damit als „gesellschaftliche Identität" bezeichnen könnte. Sie begrenzt nicht nur die Freiheitsgrade möglicher „erfolgreicher" Selbstdarstellung, sondern sie ist im Medienkonsum jener Öffentlichkeit moderner sozialer Medien eine normative Kraft, die ihre Maßstäbe symbolisch veranschaulicht und zu Angeboten der Imitation macht.

Wer die Inhalte der Selbstdarstellung von jungen Menschen in Russland und in anderen postkommunistischen Staaten des Ostens[1] in den modernen sozialen Medien über längere Zeit verfolgt, gewinnt den Eindruck, dass die Selbstpräsentationen hier

---

[1] Viele der nachfolgend beschriebenen Phänomenes sind freilich nicht nur in den postsowjetischen und postkommunistischen Ländern des Ostens zu finden, sondern existieren auch in westeuropäischen Ländern. Allerdings treten sie kategorial in den erstgenannten Ländern sehr viel deutlicher hervor, weil sie a) bei einem sehr viel höheren Anteil von Nutzer*innen auftreten, b) viel öfter wiederholt werden, c) besonders zum Stereotyp bzw. Klischee geraten oder d) durch besonders ausgeprägte Formen auffällig werden.

kaum mehr als ein freies jugendtypisches Experimentieren mit Rollen und Identitäten in Erscheinung treten, wie dies die Jugendsoziologie lange behaupten konnte, sondern stereotyp eingebunden sind in einen „kulturell sanktionierten Raum“ des Anerkennungsfähigen, hinter welchem oft ein sehr einseitig festgelegter Wertehorizont vermutet werden kann. Es ist offensichtlich, dass die sozialen Medien wie facebook, instagram, twitter, vKontakte, OdnoKlassniki etc. keineswegs durchweg nur ein Markt offener Artikulationsmöglichkeiten und vielfältiger Identifikationsmöglichkeiten sind, wie dies zuweilen gepriesen wird, sondern gerade für junge Menschen ein neues System der Konvention hervorgebracht haben, das als Bedingungsfeld für die Anerkennung von präsentierten Identitäten (durch likes, loves, dislikes, hates und shitstorm sanktioniert) einen homogen konditionierenden und durch seine sozial in- oder exkludierende Wirkung zuweilen fast schon totalitären Charakter hat.[2] Wer sich diesen Konventionen in seiner Selbstdarstellung nicht unterwirft, erfährt unter jungen Menschen nicht nur weniger oder gar keine soziale Aufmerksamkeit, sondern riskiert in manchen Kreisen sogar die Deklassifikation als Looser, Sonderling oder sozialer Außenseiter. Ein Teil dieser Konvention ist derzeit ein – teilweise schon unglaubwürdiger und allemal angeberischer – Narzissmus in der Selbstdarstellung[3] zum einen, eine nicht minder angeberische Selbstdokumentation vor statusträchtigen Kulissen per Selfie-Kultur zum anderen.[4] Sie bringen das zum Vorschein, was gesellschaftliche Anerkennung verspricht, und dokumentieren damit letztlich den Zustand einer Kultur hinsichtlich ihrer Wertmaßstäbe an ihrer eigenen, überzeichnenden Selbstdarstellung. Narzisstische Selbstpräsentationen haben in stark konventionsorientierten Kulturen, wie sie in postsowjetischen Ländern mehrheitlich zu finden sind, möglicherweise noch eine kompensierende Funktion: Sie bieten die Chance, durch besonders auffälligen expressiven Individualismus, der in der realen, alltäglichen Öffentlichkeit sanktioniert würde, umso mehr soziale Aufmerksamkeit zu erwecken und daher in besonders hohem Maße soziales Feedback zu erhalten.[5] Insofern kann die narzisstische Selbstdarstellung, soweit sie von sozialen Klischees abweicht und nicht nur deren Übererfüllung präsentiert, als eine Quelle individualistischen Experimentierens verstanden werden. Zugleich ist sie allerdings auch riskant hinsichtlich der Akzeptanz der Follower, vor allem, wenn sie den Bogen des konventionell Erwartbaren erheblich überspannt.

Zugleich sind die sozialen Medien durch die Art, wie sie inzwischen von der Mehrheit genutzt werden, ein sozialisatorisches Instrument: Feedbackprozesse, die Kinder

---

[2] Peter W. Singer hat hierfür den Begriff „LikeWar“ kreiert. Vgl. https://www.ipg-journal.de/interviews/artikel/krieg-der-likes-2962/

[3] Vgl. Bauer 2016 und Soziale Netzwerke. *Die Zeit.* Walter/Billke-Hentsch sprechen vom „medialen Narzissmus“ (2020, S. 58 f.)

[4] Kulturelle Differenzen in der Selfie-Kultur sind in der vom European Research Council in Auftrag gegebenen und unter der Leitung des Londoner Anthropologen David Miller (2012) durchgeführten Studie "Why We Post" dokumentiert. In der in neun Ländern (leider ohne ein postsowjetisches Land) durchgeführten Studie wird deutlich, dass die Selfie-Kultur nicht nur in der Wahl der Motive und Hintergrundsmotive eine starke Homogenität der Selbstdarstellungen hervorbringt, sondern auch in der Wahl der Symbolik die zentralen Wertvorstellungen der jeweiligen Gesellschaft widerspiegelt.

[5] Diese kompensative Hypothese wird durch die Metaanalyse von Gnambs und Appel 2018 bestätigt.

und Jugendliche (und auch Erwachsene) früher von Peers und Erwachsenen erhalten haben, finden jetzt statt in der quasi-öffentlichen Pendelinteraktion in den sozialen Medien. Dadurch wird diese Interaktion für Kinder und Jugendliche zu einem Prozess, in dem sie Kommentare und Bewertungen von anderen erfahren, durch die sie in ihrem Selbstbewusstsein und ihren Werthaltungen „konditioniert“ werden.[6] Der mediale Einfluss auf die „Enkulturation” der jungen Menschen reguliert also nicht nur ein „Spiel mit Identitäten”, das in einem Bewusstsein der Distanziertheit von der Realität betrieben werden kann wie etwa die *computer games*, sondern er produziert den „Ernstfall” von Identifikationen und Identitäten, den „Ernstfall” der Persönlichkeit. Die sozialen Medien konstruieren „Identitätsräume”[7], indem sie nicht nur einen bestimmten Fundus an Symbolen der Zugehörigkeit als „Identitätsmarker” anbieten, sondern auch situationale Kontexte, Handlungszusammenhänge und Rollen, soziale Partner*innen, Helfer*innen und Bedürftige, Täter*innen und Opfer, Entscheidungsmomente und Handlungsmotive, mit welchen zusammen bestimmte Werthaltungen oder auch gerade das Fehlen von Wertbezügen mitkultiviert werden. Dies geschieht wohl in den seltensten Fällen auf explizite Weise, also durch die begriffliche oder ikonische Vermittlung der Werthaltung; vielmehr wird die Erkenntnis der situationalen (Ir)Relevanz[8] bzw. die Identifikation von Werten dem Deutungsvermögen des Beobachters überlassen. „Die Bildung der wertsemantischen Welt der Lebensposition und der Identität junger Menschen,“ so schreibt die Permer Sozialanthropologin Anastasia Lisenkova, „ist heute eng mit neuen Kommunikationsmethoden, der Zugänglichkeit von Informationen und naheliegenden Gelegenheiten, Freunde und ihre Gemeinschaften zu finden, unabhängig von der Entfernung, verknüpft.“[9]

Jacques Derrida hat darauf hingewiesen, dass der offensichtliche Gewinn an sozialer Teilhabe durch die neuen sozialen Medien, welche die nationalen und regionalen Begrenzungen von Identitätsangeboten überschreiten und eine lokal unbegrenzte Solidarisierung mit Menschen aus irgendwelchen Regionen der Welt erlauben, mit dem Preis zu bezahlen wäre, dass mit eben jenen Identifikationen und Solidarisierungen keine lokale Zugehörigkeit, keine Beheimatung, kein Sich-zuhause-Fühlen mehr gewährleistet ist.[10] Die postmoderne „De-Lokalisierung” solcher Identifikationen hinterlässt daher ein Vakuum an erlebter räumlicher Zugehörigkeit, das möglicherweise durch eine erhöhte Anfälligkeit gegenüber ethnisch-nationalistischen oder religiösfundamentalistischen Bewegungen kompensiert wird.[11] Der Rückfall in lokale Identitätsorientierungen, wie sie für traditionalistische Orientierungen, aber auch für das Ordnungsdenken der Moderne mit ihren Identitätsmarkierungen sprachlicher, nationaler und religiöser Zugehörigkeit kennzeichnend waren,[12] kann so als eine Kompensation dieses Vakuums verstanden werden. Auch die gerade bei Jugendlichen vielfältige Zugehörigkeit zu anderen Kulturen und Subkulturen im Netz, anderen Interessensgruppen und Lebensform-Gruppierungen etc. ersetzt die fehlende räumliche

[6] Vgl. Donnachie 2015.
[7] Vgl. Klaus/Hipfl/Scheer 2004, 9.
[8] Zur situationalen Relevanz von moralischen Entscheidungen aufgrund exemplarischen Lernens vgl. etwa Walker 2013.
[9] Lisenkova 2016, 2.
[10] Vgl. Derrida/Stiegler 2002, 96.
[11] Vgl. Hipfl 2004, S. 53, ferner Sindaravičienė in diesem Buch.
[12] Vgl. etwa Todorova 2010.

Nähe zu den Kommunikationspartnern. Diese neue „Beheimatung" durch die Kommunikation von Zugehörigkeitssymbolen kann wiederum durch die sozialen Medien relativ folgen- und gefahrlos (und weitgehend ohne strafrechtliche Konsequenzen) erreicht werden, da sie im virtuellen Distanzraum und in der Form einer „Quasi-Kommunikation" erfolgt. In den sozialen Medien kann man jeden Faden abreißen lassen, man kann in Gemeinschaften eintreten und leicht wieder austreten, man kann seine Identität verbergen, kann in Eigenregie zeigen, vortäuschen und verbergen, soviel man will, kann seine Beiträge und damit seine Selbstdarstellung auf der eigenen Seite jederzeit wieder löschen, nachdem man getestet hat, wie andere darauf reagieren, kann unvermittelt Neues anbieten und sich selbst neu präsentieren, kann mal diese mal jene Zugehörigkeit signalisieren („multiple Identitäten") und ausprobieren, ob man in seinen Netzwerken damit eine Rolle findet, die die Aufmerksamkeit und Anerkennung anderer hervorruft. Ist Letzteres erreicht, bilden die Benutzer*innen möglicherweise eine „temporäre Medien-Identität" auf der Basis der anerkannten Selbstdarstellung, die dann symbolisch weiter ausgestattet und mit entsprechenden Äußerungen von Meinungen, Bewertungen, Gefühlen, Erfahrungen und Handlungsankündigungen fortgesetzt wird.

Dieser experimentelle Charakter der Selbstdarstellungsversuche bringt nun ein dem Konformitätsdruck der Bewertungsmechanismen entgegengerichtetes Potenzial an pluralistischen Identifikationsangeboten hervor. Auf der Suche nach „den eigenen Leuten" konstruieren junge Menschen verschiedenste Identitätskonstruktionen, mit denen sie die Akzeptanz und Attraktivität der angebotenen Selbstsymbolisierungen seitens ihrer Freunde und Bekannten testen. Im erfolgreichen Falle entwickeln sich so gewissermaßen „Kummulationspunkte" einer Identitätskonstruktion,[13] die auch zum Kern einer neuen kollektiven Identität der Befürworter*innen der angebotenen Identität geraten können.

Tulchinsky und Lisenkova[14] erklären so, dass sich in Russland oft rund um eine Person mit relativ wirksamer Selbstdarstellung und einem stabilen Image im Netz „Clangemeinschaften" bilden, die nicht nur ihren virtuellen Auftritt, sondern teilweise auch ihre Lebensführung in der realen Welt nach den Regeln und Haltungen der Leitperson ausrichten. Da unter Jugendlichen soziale Abweichung und Regelbrüche besondere Aufmerksamkeit und Anerkennung erfahren, treten Internetdarstellung wie auch tatsächliches Handeln in Konflikt zu den Wertgrundlagen der traditionellen Gesellschaft und führen zu Inszenierungen alternativer Lebensführung, Meinungen und Subkulturen im öffentlichen Raum. Sie verkörpern so nicht nur die Distanz, sondern auch den Ausdruck von Misstrauen gegenüber der aktuellen Gesellschaft, während sie zugleich Vertrauen innerhalb der Clangemeinschaften demonstrieren. Die identitätsbildenden Prozesse in den sozialen Medien müssen daher auch als ein Faktor der Fragmentierung der Gesellschaft ernst genommen werden; dies umso mehr, als der Mangel an verbindlichen Wertorientierungen und die verunsichernden soziokulturellen Widersprüche in den postsowjetischen Gesellschaften ein schieres Vakuum an Identifikationsangeboten für junge Menschen hervorgebracht

---

[13] Lisenkova spricht von einem „Sammelvertrauen" (сплачивающее доверие) in den virtuellen Gemeinschaften (2016, S. 4).

[14] Tulchinsky/Lisenkova 2015.

haben[15] und daher den gegenüber der traditionellen Gesellschaft quasi subversiven Fragmentierungsprozessen in den sozialen Medien nichts entgegenzusetzen haben. Es entstehen in dieser digitalen Kommunikation neue Welten, die durchaus auch – schrittweise und partikular – in die Realität des gesellschaftlichen Alltags hinübertransferiert werden.[16]

2. Medien-Identitäten in postsowjetischen social media

Auf den ersten Blick erscheint es so, als wäre inzwischen in vielen postsowjetischen Ländern in mancherlei Hinsicht die gleiche Situation einer Postmoderne eingetreten wie im Westen und *im Prinzip* scheint hierfür auch in West und Ost die gleiche Grundursache vorzuliegen, nämlich ein Legitimationsschwund von allgemeingültigen Werten und ein Zerfall ihrer Begründungsbasis, eine fortgesetzte Konfrontation mit Pluralität und Diversität, eine Verunsicherung der Selbstsicht der Subjekte und ein Zusammenbruch von traditionellen Konzepten des Lebenssinnes und von Entwürfen einer erfolgreichen und integren Lebensführung bei einem gleichzeitigen Erstarken materialistisch-hedonistischer Wertorientierungen und konsumistischer Bedürftigkeit.[17] Allerdings liegen die Ursachen für die vergleichbaren Folgen des Zerfalls doch in einem kulturhistorisch recht verschiedenen Hintergrund. In einer kurzen Formel ausgedrückt: Während im Westen die inneren Widersprüche der Aufklärung zwischen dem Glauben an eine universelle Vernunft einerseits und dem Recht auf Individualität und Diversität andererseits notwendig zu einer Erosion universeller Orientierungen führen mussten, die wir heute als kennzeichnend für die Postmoderne betrachten, hat eine solche Sinnkrise hin zu einer Individualisierung der Subjekte im Sozialismus nicht stattgefunden; hier war es vielmehr der faktische Zusammenbruch der politischen Systeme und die massive Enttäuschung der sozialistischen Versprechen, die auf eine implizite innere Widersprüchlichkeit der Ideologie hinzuweisen schienen. Der strukturelle, institutionelle und ökonomische Zusammenbruch der Systeme und die Abweisung ihrer Ideologie hat ein Vakuum hinterlassen, in dem – wie in der Postmoderne – auch alles und nichts möglich und berechtigt erscheint und das

[15] Mkrtchyan beschreibt in seinem Artikel in diesem Buch, wie die im Zusammenbruch des sowjetischen Systems aus ökonomischen Gründen entstehende „Individuation“ der Konkurrenz die „frühere Ethik des Kollektivismus“ auflöste; die ungewohnte Feststellung, dass nun jeder selbst „seines Glückes Schmied“ sei, mündet ein in die Konstruktion eines verlegenen Individidualismus, eines meist egozentrisch materialistischen Individualismus ohne soziale moralische Bindung, da in der Sowjetzeit richtungsweisende Leitideen zur Individuation stets unterdrückt worden waren und daher keine Kultur des Individuellen entstanden ist.

[16] Vgl. Astafjeva 2007, S. 124.

[17] Zum Teil zitieren diese Selbstdarstellungen junger Menschen im Netz deutlich Statussymbole, Meinungen, Kategorien und Klischees des Lebenserfolges und Symbole der Zugehörigkeit zu spezifischen kulturellen Gruppen, die westlichen kapitalistischen Gesellschaften zuzuordnen sind. Hier scheint sich der „Import“ westlicher Symbolik recht unverstellt zu artikulieren und mit diesen Symbolen „immigrieren“ auch potenzielle Identifikationsangebote, Werte und Haltungen, Interpretationsfolien und Sinnkonstrukte in die Denkweisen der jungen Menschen.

Individuum, auf sich alleine gestellt, mit riskanter Experimentalität eigene Wege zu Sicherheit und Erfolg im Leben finden muss („Risikogesellschaft"). Der Weg in diese Misere war jedoch verschieden im Osten und im Westen und entsprechend müssen wohl auch die Lösungswege *aus* dieser Misere vielleicht verschieden sein. In der Bewältigung dieses Verlustes gleichen sich die Wege in West und Ost nur teilweise, wenn es auch ein gemeinsames Repertoire von Lösungen zu geben scheint, von denen ich hier acht Strategie- und Identitätstypen benennen will:

- materialistischer Hedonismus und Konsumismus und mehr oder minder rücksichtsloser Pragmatismus zur Erreichung eigener Ziele (hedonistisch-pragmatische Identität)
- Kampf um soziale Anerkennung und Status ohne persönliche Distanz zu den Kriterien der Anerkennung (sozial hegemoniale Identität)
- Identifikation mit kollektiver Normalität und Populärkultur (kulturell hegemoniale Identität)
- Rückbesinnung auf traditionalistische Orientierungen und Legenden einer ethnischen oder nationalen Spezifität (traditionalistische bzw. fundamentalistische Identität)
- Identifikation mit den Interessen, Ansichten und dem Lebensstil einer gesellschaftlichen Teilkultur oder Szene (sektionale Identität)
- Identifikation mit einer Elite – qua Talent, Leistung oder Herkunft – und ihrem Lebensstil (elitäre Identität)
- Hinwendung zu esoterischen und metaphysischen Sinnquellen (spirituell transzendentale Identität)
- Dynamisierung der Identität durch Dialog, Bildung und (Selbst-)Erfahrung (dialogisch reflexive Identität)

In diesen Kriterien einer erfolgreichen Lebensorientierung dominieren zu Anfang materialistische und konformistische Ziele, gefolgt von postmaterialistischen bildungsgeleiteten Zielen. Im Rahmen der diesem Buch zugrunde liegenden Internationalen Konferenz[18] zur Postsowjetischen Identität in Ludwigshafen 2018 wurden Ergebnisse einer medienanalytischen Kleinstudie gezeigt, die die Selbstinszenierung von jungen Menschen vor ihrer Gemeinschaft der sogenannten „Freunde" (aber prinzipiell ja auch vor der gesamten Facebook-Öffentlichkeit etc.) hinsichtlich der symbolisch indizierten Typen von Erfolgsorientierungen (s.o.) untersuchte. Die Ergebnisse wurden interpretiert als Antwort auf die Fragen, wer diese Menschen sein möchten, wie sie gesehen werden möchten, welche Wertorientierungen und idealen Identifikationen in ihren Inszenierungen zum Ausdruck kommen und welche Identität die sich selbst präsentierenden Subjekte mit ihrer Art der Selbstpräsentation zum Vorschein bringen. Zugrunde gelegt wurden Beispiele von Selbstdarstellungen junger Menschen in Russland, in Zentralasien und im Kaukasus aus Facebook, vKontakte, OdnoKlassniki und Instagram. Auch wenn sich zeigte, dass sich die symbolischen Gehalte in verschiedenen Typen überschnitten und so der typologische Versuch oftmals keine eindeutigen Zuordnungen erlaubte, so konnten doch davon unabhängig

---

[18] Internationale Konferenz „Postsowjetische Identität – neue Wertvorstellungen und die Entwicklungen des Individuums in den postsowjetischen Ländern" vom 17. bis 21. September 2018 an der Hochschule Ludwigshafen am Rhein, Fakultät Sozial- und Gesundheitswesen.

einige Auffälligkeiten herausgearbeitet werden, die die Vorrangstellung materialistischer Werte vor postmaterialistischen in den Selbstdarstellungen zeigten. Insbesondere zeigen die in Russland, Zentralasien und im Kaukasus aus Facebook, vKontakte, OdnoKlassniki und Instagram stammenden Foto- und Videomaterialien ferner ein hohes Maß an Konformität hinsichtlich der Darstellungsobjekte und -anlässe, hinsichtlich ihrer „Komposition" und ihrer graphischen Organisation wie auch ihrer Kommentierungen. Dies weist darauf hin, dass sich gewisse Standards oder zumindest Klischees im Umgang mit der Selbstpräsentation sowohl auf Seiten der Nutzer*innen als auch auf Seiten der Follower herausgebildet haben. Das Maß an „expressiver Individualisierung" ist im Vergleich zur Medienkultur im Westen deutlich geringer, während der Bezug auf konforme Klischees, die soziale Anerkennung sichern, deutlich stärker ist, und es lässt sich annehmen, dass diese Tendenz nicht nur aus einer geringeren Vertrautheit mit den Darstellungsmöglichkeiten von Individualität bzw. einer höheren Bedeutung von Konformitätsdarstellung resultiert, sondern dass auch das im Vergleich zum Westen allgemein geringere Vertrauen in die Mitmenschen[19] zu einer gewissen Vorsicht gegenüber einer authentischen Persönlichkeitsdarstellung mahnt.

3. Selbstdarstellung junger Menschen in den social media

Im Folgenden sollen beispielhaft vier dieser Selbstdarstellungsklischees[20] aktueller Erfolgtypen in den sozialen Medien bei jungen Menschen in Russland, in Zentralasien und im Kaukasus vorgestellt werden:[21]

3.1 „Neue Körperlichkeit" – Körper und hegemoniale Genderidentitäten

Ein interessantes Phänomen der vor allem in den jüngeren Generationen verbreiteten Selbstdarstellung in den sozialen Medien ist die „neue Körperlichkeit", die offenbar ein Mischverhältnis von sowjetischer Stärkesymbolik zum einen und einer neuen selbstpflegerischen Sensibilität zum anderen repräsentiert.[22] Die Selbstdarstellung in

---

[19] Vgl. den Beitrag zum Wertewandel von Krieger in diesem Buch.

[20] Wir verzichten an dieser Stelle auf die Vorstellung traditionalistischer oder fundamentalistischer Identitäten wie auch spirituell transzendentaler Identitäten, da sie an anderer Stelle (Schlussbilanz) noch diskutiert werden.

[21] Die typologische Unterscheidung folgt kategorial teilweise der Systematik von Lisenkova 2020, S. 38, die sieben Präsentationsformen der Selbstkategorisierung benennt: "- Körperbilder (einschließlich Alter, Geschlecht und Sexualität, gesunder Lebensstil); - Community-Aktivitäten (Kommentare); - spirituelle und religiöse Praktiken; - berufliche Tätigkeiten; - Bilder und Werte des Wissens, der Kompetenz und der Bildung; - eine Vielzahl von Freizeitaktivitäten; - politische Aktivitäten."

[22] Letztere steht regelrecht im Gegensatz zur Ignoranz der gesundheitsschädigenden Lebensführung und körperlichen Selbstausbeutung des sowjetischen Arbeitslebens, zugleich auch im Gegensatz zur neueren Arbeitsbesessenheit der mittleren Generation, die sich mit allen Mitteln und unter Missachtung der gesundheitlichen Grenzen ihrer Belastbarkeit um die Sicherung und Maximierung ihres Einkommens bemüht.

sportlicher Tätigkeit ist in den sozialen Medien ein ebenso häufiges Phänomen geworden wie die die Selbstpräsentation beim Yoga; körperliche Fitness wird dokumentiert durch physische Aktivität, gesunde Ernährung und hohe Leistungsfähigkeit. Doch auch ein Gegenpol kommt zur Darstellung: Entspannungstechniken, Meditation, kontemplative Methoden.

Das Bild des männlichen Geschlechtes in der Medienöffentlichkeit in Russland (tendenziell auch in den anderen postsowjetischen Ländern) wird auffällig von Idealvorstellungen männlicher Stärke geprägt, die zwischen den Polen „Kraftmaschinen" und „Cool Winners"-Typen aufgespannt sind.[23] Selbstdarstellungen in sportlicher Tätigkeit bieten besondere Gelegenheiten die körperliche Stärke durch die Präsentation der eigenen „Muskelpakete" zur Darstellung zu bringen. Im Zusammenhang mit körperlich anstrengenden oder gar kämpferischen Tätigkeiten kann die funktionale Stärke auch durch den Erfolg der Handlung demonstriert werden (etwa im Kampfsport, bei der Jagd, beim Angeln etc.). Auch der russische Präsident schreckt nicht davor zurück, sein Engagement in mehreren Sportarten in den Medien immer wieder zur Schau zu stellen und sich als siegreicher Kämpfer im Angelsport, in der Jagd oder auch im sportlichen Kampf mit menschlichen Gegnern das Image des Winner-Typen zu verleihen.[24] Als Symbol der Coolness fungiert für das männliche Geschlecht primär der Bezug zum Auto und zum Alkohol- und Nikotinkonsum. Er ist nicht selten mit der Darstellung einer elitären Identität verbunden (etwa durch die Nutzung eines sehr teuren Autos), um den eigenen Erfolg zu veranschaulichen.

Für das weibliche Geschlecht ist fraglos die Dokumentation der eigenen Schönheit in den Szenen das dominante wertgebundene Motiv.[25] Hier lässt sich der Zusammenhang von Singularität und Standard gut erkennen: Standard im Wertbezug, im Motiv der Schönheitsdokumentation, Singularität in der Ausgestaltung. Allerdings bleibt das Repertoire der Ausgestaltung stark durch Stilistik und Mode begrenzt. Die Selbstdarstellung vor allem junger Frauen (und zunehmend auch Männer) in den sozialen Medien durch Selfies und Portraitierungen aller Art zeigt Tendenzen einer „ästhetischen" Standardisierung in verschiedenen Hinsichten. Dass der Verlust individueller Besonderheit soweit gehen kann, dass die Selbstdarstellung zu einem Maximum, wenn nicht zur Überzeichnung der Klischeeabbildung gerät und zugleich darin das Individuelle fast gänzlich ausgelöscht wird, lässt sich an drei Verfremdungstechniken im Umgang mit der eigenen Körperdarstellung in den sozialen Medien deutlich machen: a) einer fototechnischen Aufbereitung durch Weichzeichnen und Morphing, b) durch die Dokumentation von körperlichen Selbstkorrekturen, die einem extremisierten Schönheitsklischee entsprechen, und schließlich c) durch einen neuen Trend, attraktive Teile des eigenen Körpers (anstelle des Gesichts) als Repräsentation der eigenen Person zu veröffentlichen.

a) In phototechnischen Bearbeitungen werden individuelle Besonderheiten weichgezeichnet, Unebenheiten und Falten geglättet, Konturen geschärft oder sogar das eigene Antlitz mit dem eines Werbemodels zusammengemorpht. In vielen, teils in Eigenleistung, teils auch in Fotostudios hergestellten Selbstportraits,

---

[23] Dass diese beiden Typen des medialen Männerbildes schon lange Bestand haben, zeigt etwa die Arbeit von Rozdestvenskaja 2008.

[24] Siehe etwa: https://de.rbth.com/lifestyle/81793-sportarten-wladimir-putin

[25] Zum Aufwand der Schönheitspflege für russische Frauen vgl. Porteaus 2018.

werden Techniken des Weichzeichnens zu Anwendung gebracht, die nicht nur die Falten im Gesicht verschwinden lassen, sondern auch – einem Überbelichtungseffekt ähnlich – das Gesicht auf die drei Primärreize Augen, Mund und Haar reduzieren (auch dies ein Weg in die Standardisierung). Mit Mitteln der computergraphischen Technik des Morphing, durch die aus verschiedenen Originalen von Gesichtern ein neues Portrait errechnet werden kann, in dem individuelle Besonderheit nahezu vollständig verschwunden sind, kann ein Schönheitsideal der hybriden Durchschnittlichkeit errechnet werden.[26] Damit vollzieht sich ein Anpassungsprozess an hyperreale Kreationen, die zunächst für Zwecke der Werbung und für Computerspiele geschaffen worden waren. Die Selbstdarstellung nimmt Anleihen an imaginären Figuren und schafft damit selbst einen halb imaginären, halb authentischen Raum, einen Spielraum der Verwechslungen, in dem die Idee möglicherweise größeres Gewicht erhält als das Faktische.

b) Wie die ukranischen Modelle Valeria Lukyanova, Anastasia Shpagina und Alina Kovalevskaya, die Moskauerin Angelica Kenova oder die Armenierin Lili Morto vorführen, ist es möglich, sein Gesicht und seine Gestalt so zu verändern, dass sie einer Barbie Doll gleichen. Diese als *Human Barbies, Real Life Barbies* oder *Plastic Girls* inzwischen bekannten Vorbilder finden offenbar zunehmend mehr oder minder erfolgreich nacheifernde Follower, die sich entweder durch tatsächliche Eingriffe oder auch nur durch fototechnische Bearbeitung nachgestellte Anpassungen an das Barbie-Ideal eine überzeichnete Klischeeidentität verleihen. Bildbearbeitungen mit Photoshop und durch Filterprogramme erlauben ebenfalls das Unkenntlichmachen individueller Details. Die Bedeutung dieses Trends verweist auf die wachsende Bereitschaft, die eigene Repräsentanz klischeehaften Standards zu unterwerfen und dabei die Singularität verschwinden zu lassen. Dennoch ist auch diese Form der Selbstkorrektur ein Mittel der Identitätsbildung.[27] Veränderungen der äußeren Erscheinung durch schönheitschirurgische Korrekturen und Botoxeinspritzungen sind allerdings offenbar immer weniger ein weibliches Privileg, sie sind inzwischen auch bei Männern im Body building und andernorts verbreitet und es gibt Vermutungen, dass sich das plötzlich jüngere Aussehen des russischen Präsidenten im Jahre 2011 auch durch solche Eingriffe erklären ließe. Waren Botoxeinspritzungen Anfang der 2000er noch vor allem ein Mittel, um Alterungsprozesse zu kaschieren, so haben sie inzwischen die Funktion erobert, auch bei jungen Menschen die einem bestimmten Schönheitsideal entsprechenden Proportionen physisch herzustellen bzw. eine übertriebene Betonung bestimmter Merkmale zu schaffen.

c) In der Studie von Daniel Miller „Why we post“[28] wurde unter anderem festgestellt, dass Männer in Chile gern ein Selfie von ihren Füßen, ein „Footie", machen, in welchem man die Füße, hochgelegt auf den Couchtisch, zu sehen bekommt. Das bedeutet: Ich bin entspannt, ich kann jetzt die Füße auf den Tisch legen. In anderem Kontext signalisiert das „Footie" analog: Ich bin im Urlaub. Die Geste hat also einen symbolischen Wert. In Russland entwickelt sich derzeit

---

[26] Zur Bedeutung von „digital beauties“ und ihrer computertechnischen Entwicklung vgl. etwa Pritsch 2004.

[27] Vgl. Posch 2009, S. 37 ff.

[28] Vgl. hierzu Miller 2017.

bei Mädchen etwas Ähnliches, wofür offenbar noch keine Bezeichnung gefunden ist. In der Portraitgraphik von facebook und instagramm finden sich immer häufiger Fotos von Beinen, Füßen, Brüsten etc., die – im Gegensatz zum Footie – weniger entspannende als anregende Wirkung zeitigen und die quasi pars pro toto die Person der Nutzer*in repräsentieren. Ob dadurch einfach gegen den Primat des Gesichtsportraits ironisch opponiert werden soll (solche Strategien sind in anderer Form ja verbreitet) oder ob die Präsentation eines besonders attraktiven Körperteils die Aufmerksamkeit der Betracher*innen auf sich lenken und Anerkennung provozieren soll, sei dahingestellt. Ein parallel zu beobachtendes Phänomen legt aber nahe, dass die Vermeidung der Gesichtsdarstellung auch auf die Einschätzung zurückzuführen ist, dass andere Körperteile schöner ausgefallen seien als das eigene Gesicht. Zu beobachten sind nämlich immer häufiger Bilder, in welchen das eigene Gesicht überkritzelt oder durch eine Farbfläche abgedeckt wurde. Befragungen der Nutzer*innen ergeben sehr eindeutig, dass der Grund hierfür in der Scham zu finden ist, das eigene Gesicht zu zeigen, während die Mädchen oder jungen Frauen meinen, mit dem Rest des Körpers durchaus faszinieren zu können.

Alle drei Phänomene bringen zum Ausdruck, dass offenbar ein erheblicher sozialer Druck besteht (nicht nur in postsowjetischen Ländern freilich, aber doch in einem deutlich höheren Maße als im Westen), die eigene Schönheit (im Sinne von Schönheitsklischees) in der Selbstdarstellung zu erhöhen. Dazu gehen einige soweit, sich selbst bis zur Unkenntlichkeit ihres natürlichen Aussehens zu „korrigieren", sei es durch virtuelle oder gar durch reelle Maßnahmen. Das angezielte Erscheinungsbild ist dabei wenig originell, sondern ergibt sich durch eine möglichst maximale Angleichung an ein Durchschnittsklischee vom schönen Gesicht bzw. schönen Körper. Auch in der Scham, das Gesicht zu zeigen, drückt sich die Angst vor Anerkennungsverlusten oder gar sanktionierenden Kommentaren der Follower aus.

3.2 Status-Identität

Ein nicht unerheblicher Teil der Selbstpräsentationen junger Menschen in postsowjetischen Gesellschaften dient dem Zweck, soziale Aufmerksamkeit und Anerkennung durch die Verbindung der eigenen Person mit Statussymbolen oder durch die Darstellung eigener Handlungserfolge zu erhalten. Insofern Statussymbole mit materialistischen Wertorientierung in enger Verbindung stehen, ist das Maß ihrer Demonstration ein Indikator für eine materialistische Wertbasis der sozialen Identität. In postsowjetischen Ländern fällt auf, dass die in den sozialen Medien gezeigten Statussymbole weitgehend einem konformen Fundus an Stereotypen entstammen und auch die Art ihrer Präsentation in hohem Maße tradierten oder modischen Klischees entspricht. Auch in der Status-Identität zeigen junge Menschen in postsowjetischen Ländern also weitgehend eine sozial und kulturell hegemoniale Identität.

Ausstattungen und Accessoires. Neben klassischen Statussymbolen wie Kleidung, Schmuck, Armbanduhren und anderen Accessoires, Autos und Privatjets, Häuser und Wohnungen und ihren Einrichtungen etc. kommen heute auch Dokumentationen eigener Erlebnisse und Tägigkeiten zu Ansicht, die auf eine kostspielige Investition hindeuten, seien es Reisen, Teilnahme an exklusiven Veranstaltungen, elitären

Sportereignissen oder ein Engagement in einem kostenintensiven Tätigkeitsbereich, etwa in teuren Sportarten. Zeichen der Statusrelevanz ist auch der Aufwand und die Perfektion bei der Gestaltung des Gezeigten, sei es in der realen Gestaltung oder in der nachträglichen Bildbearbeitung. Die Demonstration einer elitären „konsumistischen Identität"[29] ist ebenso Teil statusrelevanter Symbolik. Auch der Besitz (und die Ausbildung) eines oder mehrerer reinrassiger teurer Hunde, der anzeigt, dass man genug freie Zeit und Geld hat, gehört zum neuen Lifestyle der Besserverdienenden und wird daher gerne auch in den sozialen Medien zur Schau gestellt. Exquisiter ist die wachsende Verbreitung exotischer „Haustiere" bei den *rich Russian kids* der gehobenen Klasse wie etwa Waschbären, aber auch Löwen, Tiger, Pumas und (weiße) Leoparden, deren Lebenshöhepunkte gerne auch über die sozialen Medien vermittelt werden.

Reisen. Die Dokumentation eigener Reisen bzw. genauer: das Selfie vor namhaften Attraktionen wie dem Pariser Eifelturm, nimmt in den sozialen Medien in den postsowjetischen Ländern einen besonderen Platz ein. Wer immer es sich leisten kann nach Europa, in die Türkei, nach China, Thailand, Tunesien, Dubai oder in die USA zu reisen, wird sich bemühen, auf seinen Selfies nicht nur die eigene Anwesenheit vor den bekanntesten Sehenswürdigkeiten zu dokumentieren, sondern sich selbst auch vor dem Hintergrund exklusiver Hotels, vor dem Luxus-Infinity-Pool oder auf dem Golfplatz zu fotographieren. Inzwischen ist hinlänglich bekannt, dass für viele junge Menschen im postsowjetischen Raum, die über die nötigen finanziellen Grundlagen verfügen, bereits die Auswahl von Reiseorten nach dem Kriterium der „Instagrammability" entschieden wird und Internetinformationen über die zehn wichtigsten Attraktionen der jeweiligen Stadt oder Region schon wegen der Erwartungen und Wiederkennensfreude der heimischen Follower zum Pflichtprogramm werden. Ihre „persönlichen Erlebnisse" teilen viele junge Menschen so mit Tausenden Anderer, die schon an derselben Stelle vor dem Pariser Eifelturm ihr Selfie gemacht und mit ihren Followern „geteilt" haben.

Glücksdokumentationen. Eine indirekte Form der Darstellung von Erfolgen sind (manchmal erstaunlich offene) „Glücksdokumentationen" zum privaten Leben, die entlang der verschiedenen Lebensphasen der jungen Menschen variieren. Besondere Momente wie der Abschluss der Schule oder eines Studiums, eine Auszeichnung, der Hochzeitstag, die Begehung von Festtagen, sind die häufigsten Anlässe für junge Menschen, um ihre „Freunde" an den besonderen Augenblicken ihres realen Lebens teilhaben zu lassen. Auffällig ist der hohe Anteil an inszenierten Bildern in Relation zu spontanen Momentaufnahmen. Dadurch entstehen bei vielen Nutzer*innen sich immer wiederholende Motive und ein stereotyper Bildaufbau, Bildausschnitt und Belichtungsstil. Ein anderes Genre der „Glücksdokumentationen" ist die Inszenierung der eigenen Person, eventuell zusammen mit dem Partner und dem eigenen Kind, in romantischen Bildern, sei es vor dem Hintergrund entsprechend emotional berührender Landschaften, sei es im Arrangement ausdrucksvoller Zweisamkeit. Die meisten dieser Szenen werden offensichtlich von Professionellen fotographiert, in der Regel im Studio, und mit Bildbearbeitungsprogrammen klischeegerecht perfektioniert. Die Darstellung der „intakten glücklichen Familie" ist in manchen postsowjetischen Kulturen von hoher Statusrelevanz, auch gerade in den islamischen Ländern, und findet

[29] Zur „Konsumistischen Identität" vgl. Prisching 2019, S. 172 ff.

daher ihren Platz bevorzugt in den sozialen Medien. Durch den Einsatz professioneller Fotographie und klassischer Bildklischees kommt zu einer ritualisierenden Überzeichnung des „gelingenden Zusammenlebens" oder der glücklichen Entwicklung der Sprösslinge; die Follower belohnen durch ihre likes und Bemerkungen nicht nur die Mitteilung der freudigen Ereignisse, sondern auch die erwartungsgemäße Konformität der Darstellungsform.

3.3 Politische Identität und soziales Engagement

Die Spaltung der russischen Jugend in eine große Gruppe von regime-loyalen und nationalistisch konservativen Jugendlichen und eine kleinere Gruppe von regime-kritischen liberalen Jugendlichen findet auch, ihren Niederschlag in den sozialen Medien. Während die Anhänger*innen der ersten Gruppe sich gerne engagiert für nationale kulturelle Ereignisse darstellen und die nationalen Feiertage zuverlässig nutzen, um die gewohnten Symbole auf ihre Seite zu posten, dokumentieren die anderen kritische Stellungnahmen alternativer Oppositioneller, klagen Entscheidungen und Vorgehensweisen der Regierung an oder posten Fotos von Protestaktionen. Erstere Gruppe bekundet ihre politische Identität auch gerne mit traditionalistischen Symbolen der vorsowjetischen Vergangenheit.

Im Vergleich zur Selbstpräsentation von jungen Menschen in den sozialen Medien in Westeuropa spielt die Darstellung einer kritischen politischen Identität in den sozialen Medien im postsowjetischen Raum nur in wenigen Ländern bei jungen Menschen eine Rolle und ist aktuell zumeist verbunden mit Protesten oder revolutionärem Engagement. In postsowjetischen Ländern, die eine Phase des politischen Umbruchs erlebt haben, die mit einem starken Engagement der Bevölkerung einherging (etwa Kirgisistan, Georgien, Ukraine, Armenien), kommentieren junge Menschen auch in den Sozialen Medien die sozialen und politischen Ereignisse besonders häufig. Allerdings bleibt solches Engagement doch nur temporär und ist nur für eine kleine Minderheit von jungen Menschen festzustellen. Die Darstellung sektionaler Identität durch Symbole politischer Identifikation ist also nur in geringstem Umfang feststellbar (mit Ausnahme von revolutionären Phasen). Überhaupt ist die Darstellung der eigenen politischen Meinung, auch in Textbeiträgen, nicht nur infolge politischen Desinteresses gering, sondern auch geprägt von einem hohen Maß an Vorsicht und Zurückhaltung – wohl noch immer ein Relikt der Sanktionspraxis in der Sowjetzeit und zugleich auch mancherorts ein Reflex auf die tatsächliche politische Lage; Perspektivlosigkeit und Resignation verstärken die Passivität. Dennoch zeigt etwa der Bericht von ZOiS 2018 über die russische Jugend eine wachsendes Engagement bei jungen Menschen und auch eine gewisse Risikobereitschaft in der eigenen Meinungsäußerung für die Darstellung ihrer kritischen politischen Ansichten. Die überwiegende Mehrheit junger Menschen verhält sich in den sozialen Medien etwa bei aktuellen Protestaktionen allerdings nur „passiv interessiert" und scheut auch vor Kommentierungen zurück.[30] Während etwa 60 Prozent der jungen Menschen mit Interesse Protestaktionen in den öffentlichen Medien verfolgen, engagieren sich weniger als 5% tatsächlich in solchen Aktionen.[31] Auch in den sozialen Medien schlugen

[30] Vgl. Krawatzek 2017, S. 8.
[31] ZOiS 2018, S. 9.

sich etwa die landesweiten Proteste 2017 gegen Korruption und gegen die russische Führung oder die Proteste im August 2019 für freie Wahlen und gegen Polizeigewalt nieder und mobilisierten mehr und mehr junge Menschen zur Kommentierung politischer Meinungsäußerungen im Netz.

Sehr viel seltener als in westlichen Ländern finden sich bei jungen Menschen in postsowjetischen Ländern in den sozialen Medien verlinkte Seiten zu politischen Beiträgen, zur Dokumentation von politischen oder gesellschaftlichen Ereignissen oder zu abweichendem sozialen Verhalten. Auffällig ist, dass Kommentierungen häufig in ironischer, satirischer bis zynischer Form erfolgen (auch durch Karikaturen), selten aber in Form von Empörung, Verurteilung oder gar Aufruf zum Widerstand. Follower kommentieren solche Beiträge in der Regel nur mit extrem kurzen Wortbeiträgen oder Emoticons. Diskurse in Chats zu einem besseren Verständnis oder zur Stellungnahme gegenüber einem sozialen oder politischen Ereignis finden sich kaum. Die Mehrzahl der Beiträge zu politischen oder gesellschaftlichen Ereignissen zeigt die nationale Identifikation der jungen Menschen, bei nationalen Feiertagen insbesondere.

Die Darstellung von sozialem Engagement ist etwas häufiger anzutreffen, allerdings ungleich weniger als im Westen. Der Schwerpunkt solchen Engagements liegt in gemeinnützigen Tätigkeiten auf lokaler Ebene, nicht im politischen Bereich. Die Gemeinnützigkeit kann die sozialen Belange etwa von Menschen in Notlagen, in Armut oder mit Behinderung betreffen oder aber Umweltschultz und Natur. Das Engagement für Proteste zugunsten der Umwelt übertrifft das Engagement für Proteste zugunsten sozialpolitischer Reformen.[32] Soziales Engagement findet auch die Anerkennung der älteren Generation, die diese Leistungen junger Menschen wohl zumeist im Kontext des sowjetisch traditionellen Solidaritätswertes interpretiert.

3.4 „Normalo"-Identitäten und Authentizität

In ihrer Untersuchung an Jugendlichen in Lettland hat Laura Suna (2013) festgestellt, dass eine große Gruppe der untersuchten Jugendlichen sich bewusst keiner Szene anschließen, sondern jede Identifikation mit einem kulturell *Besonderen* vermeiden wollen – sie wollen schlicht *„normal"* sein und das teilen, was gerade gängig ist und gängig war.[33] Sie schließen sich daher im umfassenden Sinne einer „Populärkultur" an und sind auf dem Laufenden über alles, was sich gerade gesellschaftlich in der Breite der Bevölkerung durchsetzt. Ein solcher Identitätsentwurf kann zum einen vielleicht als eine Fortsetzung der sowjetischen „Unauffälligkeit" und des sozialistischen Normalitätsideals betrachtet werden; er beschwört zum anderen aber auch die ethnisch-nationale Geschlossenheit der lettischen Jugend durch Konformität und Uniformität und suggeriert eine souveräne solidarische Haltung mit der Gemeinschaft, der jedes Profilierungsgehabe fremd ist. In Kontrast zu der in vielen anderen Typen der Selbstdarstellung in den sozialen Medien gepflegten Auffälligkeit durch Überraschungsmomente, die an der Glaubwürdigkeit der Selbstdarstellung zumindest Zweifel aufkommen lässt, scheint hier eine Norm der authentischen Selbstdarstellung in der Alltagsrealität verbindlich zu sein, die es ermöglicht, die Betrachter*innen

[32] Ebenda.
[33] Vgl. Suna 2013.

punktuell am eigenen Alltag teilhaben zu lassen und ihnen einen realistischen Einblick in die eigenen Lebensverhältnisse zu gewähren.

Dass diese Nutzung der sozialen Medien auch die Möglichkeit bietet, sei es authentisch, sei es fiktional, das eigene Leben (in Wunsch und Wirklichkeit) anderen zu offenbaren, zeigen Versuche, diese Medien bzw. auch eigene Internetseiten zur autobiographischen Kommunikation zu nutzen. Seit der Jahrtausendwende findet sich etwa in Russland jüngere Mediennutzer*innen, die ihre Alltagserlebnisse episodisch oder täglich auf ihre Seite stellen, Anekdoten erzählen und die Kommentare ihrer „Freunde" provozieren und genießen; andererseits haben sich auch Blogs und Seiten für Serienliteratur entwickelt, die die Geschichte virtueller Persönlichkeiten erzählen und alternative Welten schaffen.[34] Beide Formen bieten die Gelegenheit, Individualität als biographische Einmaligkeit zu konstruieren und dabei weniger auf hochstandardisierte Symbolik zu setzen als auf narrative Dichte, die ebenso individuell zu rekonstruieren ist wie sie auch geschrieben ist. Sie sind innovative Formen einer dialogisch reflexiven Identität.

Literatur

Astafjeva, O. N. (2007): Virtuelle Gemeinschaften: „Netzwerk"-Identität und Persönlichkeitsentwicklung in Netzwerkräumen. Nachrichten der Kharkiv National University. Kulturtheorie und Wissenschaftstheorie 2007, Nr. 776, S. 120–133.

Bauer, Michael (2016): #selfi #Narzissmus #ethische Debatte? Argumente. In: Tanja Gojny (Hrsg.): Selfie – I like it: Anthropologische und ethische Implikationen digitaler Selbstinszenierung. Stuttgart: Kohlhammer, S. 73-102.

Beck, Ulrich (1986): Risikogesellschaft. Auf dem Weg in eine andere Moderne. Frankfurt am Main: Suhrkamp.

Derrida, Jacques/Stiegler, Bernhard (2002): Echographies of Television: Filmed Interviews (übersetzt von Jennifer Bajorek). Cambridge/Oxford/Malten: Polity Press.

Donnachie, K.A. (2015): Selfies, #me: Glimpses of Authenticity in the Narcissus' Pool of the Networked Amateur Self-Portrait. In Rites of Spring. Perth: Black Swan Press. Deutsch: Selfi, #ich. Augenblicke der Authentizität. In: Bieber, Alain (Hrsg): EGO Update. Die Zukunft der digitalen Identität. NRW Forum, Düsseldorf (2015), S. 50-79.

Fuchs, Thomas/Iwer, Lukas/Micali, Stefano (Hrsg.)(2018): Das überforderte Subjekt. Zeitdiagnosen einer beschleunigten Gesellschaft. Frankfurt am Main: Suhrkamp.

Gnambs, Timo/Appel, Markus (2018): Narcissism and Social Networking Behavior: A Meta-Analysis. *Journal of Personality,* 2018 Apr; 86(2), pp. 200-212. DOI: 10.1111/jopy.12305.

Goffman, Erving (1973): Interaktion: Spass am Spiel. Rollendistanz. München: Piper.

Hipfl, Brigitte (2004): Medien als Konstrukteure (trans-)nationaler Identitätsräume. In: Hipfl, Brigitte/Klaus, Elisabeth/Scheer, Uta (Hrsg.): Identitätsräume. Nation, Körper und Geschlecht in den Medien. Bielefeld: transcript, S. 53-59.

Hyman, Herbert H. (1968): The Psychology of Status. In: H. Hyman/E. Singer (Ed.): Readings in Reference Group Theory and Research. NY: The Free Press.

Keupp, Heiner (2009): Fragmente einer Einheit? Wie heute Identität geschaffen wird. Vortrag bei der Tagung „Identitätsentwicklung in der multioptionalen Gesellschaft" am 25. April 2009 im Kardinal-Döpfner-Haus in Freising. Internet: http://www.ipp-muenchen.de/texte/keupp_09_freising04_text.pdf

[34] Vgl. etwa Schmidt 2011, S. 403 ff.

Klaus, Elisabeth/Hipfl, Brigitte/Scheer, Uta (2004): Einleitung: Mediale Identitätsräume. In: Hipfl, Brigitte/Klaus, Elisabeth/Scheer, Uta (Hrsg.): Identitätsräume. Nation, Körper und Geschlecht in den Medien. Bielefeld: transcript, S. 9-15.

Krawatzek, Félix (2017): Russische Jugend zwischen Rebellion und Integration. *Russland-Analysen* 341, 16.10.2017, S. 7-9.
Internet: https://www.laender-analysen.de/russland/pdf/RusslandAnalysen341.pdf

Lisenkova, Anastasia A (2016): Identitätsprobleme in Mediengemeinschaften. Internet: https://www.academia.edu/27696943/Problems_of_identity_in_a_media_communities

Lisenkova, Anastasia A (2020): Identifikationsstrategien und -praktiken im Bereich sozialer Netzwerke. Russisches humanwissenschaftliches Journal Bd 9 (1), S. 35-41.

Merton, Robert K./Rossi, Alice K. (1968): Contributions to the Theory of Reference Group Behavior. In: Hymen, H./Singer, E. (Ed.): Readings in Reference Group Theory and Research. NY: The Free Press.

Miller, Daniel a.o. (2017): Contemporary Comparative Anthropology – The Why We Post Project. *Ethnos. Journal of Anthropology* 82 (11), pp. 283-300.
Internet: https://www.tandfonline.com/eprint/icsdzCZybFCh6Tmr8zXZ/full

Mönkeberg, Sarah (2013): Das Web als Spiegel und Bühne. Selbstdarstellung im Internet. *Aus Politik und Zeitgeschichte* 15/16, 2013, S. 25-30.

Porteaus, Holly (2018): 'A Woman Isn't A Woman When She's not Concerned About the Way She Looks': Beauty Labour and Feminity in Post-Soviet Russia. In: The Palgrave Handbook of Women and Gender in Twentieth-Century Russia and the Soviet Union. London, pp. 413-428.

Posch, Waltraud (2009): Projekt Körper: Wie der Kult um die Schönheit unser Leben prägt. Frankfurt/NY: Campus.

Prisching, Manfred (2019): Bluff-Menschen. Selbstinszenierungen in der Spätmoderne. Weinheim/München: Beltz Juventa.

Pritsch, Sylvia (2004): Virtuelle Gefährtinnen in der Hyperwelt. "Digital Beauties" als Allegorien des Posthumanismus. In: Hipfl, Brigitte/Klaus, Elisabeth/Scheer, Uta (Hrsg.): Identitätsräume. Nation, Körper und Geschlecht in den Medien. Eine Topographie. Bielefeld: transcript, S. 222-241.

Schulze, Gerhard (1992): Die Erlebnisgesellschaft. Kultursoziologie der Gegenwart. Frankfurt am Main: Campus.

Rahe, Martin (1998): Eliteverhalten und Unternehmertum im Transformationsprozeß: Eine ökonomische Analyse des Verhaltens sozialistischer Eliten auf ökonomischen und politischen Märkten im Übergang vom Plan zum Markt. Bern: Peter Lang.

Rozdestvenskaja, Elena (2008): Soziologische Untersuchungen der Maskulinität: Das männliche Geschlecht im öffentlichen und privaten Bereich in Russland. In: Scholz, Sylka/Willms, Weertje (Hrsg.): Postsozialistische Männlichkeiten in einer globalisierten Welt (Focus Gender, Bd. 9). Berlin: Lit, S. 119-140.

Schmidt, Henrieke (2011): Russische Literatur im Internet. Zwischen digitaler Folklore und politischer Propaganda. Bielefeld: transcript.

Soziale Netzwerke – Machen Facebook oder Instagram narzisstisch? Soziale Netzwerke, Seite 2. Internet: https://www.zeit.de/zeit-wissen/2016/05/soziale-netzwerke-internet-likes-verhaltenspsychologie/seite-2

Suna, Laura (2013): Medienidentitäten und geteilte Kultur. Vermittlungspotenzial von Populärkultur für lettisch- und russischsprachige Jugendliche. Wiesbaden: Springer VS.

Todorova, M. N. (2010). Introduction: Modernism. In: A. Ersoy, M. Górny, & V. Kechriotis (eds.): Modernism: The Creation of Nation-States (Vol. 3, pp. 4-22). (*Discourses of Collective Identity in Central and Southeast Europe 1770-1945; Vol. 3*). Central European University Press.

Tulchinsky Grigory L./Lisenkova Anastasia A. (2015): Postinformationsgesellschaft, Misstrauen und neue Identitäten. Internet:

https://www.academia.edu/25574423/The_post_society_distrust_and_new_identities
Walker, Lawrence J. (2013): Moral Motivation Through the Perspective of Exemplarity. In: Heinrichs, Karin/Oser, Fritz/Lovat, Terence (eds.): Handbook of Moral Motivation. Theories, Models, Applications. Rotterdam/Boston/Taipei: Sense publishers, pp. 197-214.
ZOiS (Zentrum für Osteuropa und internationale Studien)(2018): ZOiS-Report Youth in Russia: Outlook on Lifes and Political Attitudes. Hrsg. v. Felix Krawatzek und Gwendolin Sasse. No 1, Juni 2018.

Идентичность и самопрезентация молодых людей в социальных сетях на постсоветском пространстве

Вольфганг Кригер

1. Социальные сети как "пространства идентичности" для молодежи

Во введении мы показали, что "идентичность" – это объект атрибуции, который рефлексивный субъект приписывает себе, с одной стороны, но который приписывается ему и социальным окружением – как в узком, так и в более широком смысле. Поскольку, как хорошо известно, люди в своей истории обучения и развития склонны демонстрировать похожее поведение в аналогичных ситуациях, и поскольку они развивают свои "особенности", отличающие их от других, их "стиль", их "чувствительность" и "склонности", их более или менее стереотипные взгляды на вещи (и людей), их убеждения, установки и взгляды и многое другое, они предстают перед собой, как и перед другими людьми, как уникальные личности с личностной идентичностью, которая является непрерывной в определенной степени. В некоторых аспектах, однако, они схожи с другими, разделяют убеждения, взгляды и т.д., они присоединяются к другим и, таким образом, выглядят как "принадлежащие" к социальным группам различного формата, от семьи до региональной ассоциации и нации. Они сигнализируют о такой принадлежности через социальные символы, будь то обозначение таких знаков, как одежда, амулеты или прически, будь то общий язык, общие привычки и ритуалы, через совместный образ жизни или провозглашение общих верований и взглядов. Эти общности обозначают "коллективную идентичность", которая одновременно воспринимается внешними наблюдателями и может быть признана внутри соответствующей когорты. Имея дело с этими символами, люди представляют себя, они показывают свою идентификацию, они проявляют солидарность с другими и предлагают себя для определенного общения с некоторыми другими. И именно эти другие решают, хотят ли они принять индивида как принадлежащего к своей когорте или нет.

Далее мы рассмотрим аспекты так называемой "медийной идентичности" молодежи в постсоветских государствах, т.е. "идентичности", которую люди "ставят на сцену" в современных социальных сетях. В "медийной идентичности" выражаются как аспекты социальной идентичности, так и личностная идентичность; однако "культуры" медийной идентичности значительно различаются в отношении свободы и пропорций представления личной идентичности, т.е. их индивидуальности. Поскольку эта "идентичность средств информации" отражает нормы социальной культуры в среде этих людей, ее можно понимать как показатель культурной конституции этих обществ и анализировать с точки зрения значимости индивидуальности или соответствия. Личность в средствах массовой информации выражает то, с чем молодые люди идентифицируют себя, кем они хотят быть, что они уважают и за что они стоят, и как они видят свою роль в обществе. Прямым или косвенным образом идентичность средств массовой информации, таким образом, также символизирует личную ценностную ориентацию и вводит их в сферу коммуникации средств массовой информации, где они получают обратную связь от своих партнеров по коммуникации.

Следует отметить, что "медийная идентичность" вполне может противоречить практике самопредставления молодых людей вне сети в невиртуальной реальности. "Медиа-идентификация", возможно, также может быть истолкована потребителями как подделка, возможно, даже как намеренно ироничная подделка, и, таким образом, потерять свои притязания на подлинность. Существуют некоторые специфические особенности, отличающие идентичность средств массовой информации от других форм саморепрезентации, среди которых:

- сознательная самореклама на индивидуальной презентационной площадке,
- во многом автономная форма самопредставления,
- самопредставление, которое изначально передается односторонне (линейно),
- могут манипулироваться средствами массовой информации (изображениями, текстом и звуком),
- возможно, независимо от реальных жизненных ситуаций, что едва ли поддается проверке со стороны потребителя,
- встроенный в виртуальный контекст (социальный и медийный)
- и в принципе необратимо находятся в сети.

Если вместе с Гоффманом и Краппманом постулировать, что представленные идентичности также являются предметом переговоров, т. е. основываются на принятии партнеров по коммуникации, то в отношении узнаваемой идентичности возникает вопрос о том, какие критерии восприятия для общественного признания в современных социальных сетях предлагает коммуникационное интернет-сообщество, которым должны соответствовать предложения индивидуумов по установлению их личности.

Если феноменальные факты саморепрезентации в современных средствах массовой информации являются как бы выражением условий принятия медиасообщества, то в них возникает созвездие ценностей, которые можно было бы охарактеризовать как идеальный горизонт современного общества и, следовательно, как "социальную идентичность". Она не только ограничивает степень свободы возможной "успешной" саморепрезентации, но и является нормативной силой в медиа-потреблении той публичной сферы современных социальных медиа, которая символически иллюстрирует ее стандарты и превращает их в предложения подражания.

У любого, кто следит за содержанием саморепрезентации молодежи России и других посткоммунистических государств Востока[1] в современных социальных медиа на протяжении длительного времени, создается впечатление, что саморепрезентация здесь – не более чем свободный эксперимент с ролями и идентичностями, типичными для молодых людей, как это уже давно может утверждать социология молодежи, но стереотипно вписывается в "культурно-санкционированное пространство" *признанного*, за которым часто можно предположить очень односторонне определенный ценностный горизонт. Очевидно, что социальные сети, такие как facebook, instagram, twitter, ВКонтакте, Одноклассники и т.д., ни в коем случае не являются последовательно лишь рынком открытых артикуляционных возможностей и разнообразных идентификационных вариантов, как иногда утверждают. В частности, они создали новую систему конвенций для молодежи, которая в качестве области условий для признания представляемой самобытности (санкционированной симпатиями, любовью, неприязнью, ненавистью и дерьмовой бурей) имеет однородный условный, а иногда и почти тоталитарный характер в силу своего социально инклюзивного или эксклюзивного эффекта.[2]

Те, кто не подчиняется этим конвенциям в своем самопредставлении, не только не получают достаточного внимания со стороны молодежи, но и в некоторых кругах даже рискуют быть рассекреченными как неудачники, эксцентрики или социальные аутсайдеры. Одной из частей этой конвенции в настоящее время является нарциссизм в самоописании,[3] с одной стороны – что уже частично невероятно и всегда хвастливо – и, с другой стороны, не менее хвастливая самодокументация перед величественными декорациями Selfie культуры.[4] Они проливают свет на то, что обещает общественное признание, и, таким образом, в конечном счете, показывают состояние культуры с точки зрения ее ценностных норм с позиции ее собственной преувеличенной репрезентативности. нарциссические презентации могут по-прежнему выполнять компенсаторную функцию в культурах, в значительной степени ориентированных на конвенции, как, например, в большинстве постсоветских стран: они

---

[1] Многие из описанных ниже явлений, конечно же, существуют не только в постсоветских и посткоммунистических странах Востока, но и в западноевропейских странах. Однако, категорически они гораздо более заметны в первых упомянутых странах, поскольку а) они встречаются у гораздо большей доли пользователей, б) их повторяют гораздо чаще, в) они становятся стереотипами или клише, или г) они выделяются своими особенно ярко выраженными формами.

[2] Питер В. Сингер создал для этого термин "LikeWar". Ср. https://www.ipg-journal.de/interviews/artikel/krieg-der-likes-2962/

[3] Ср. Бауэр 2016 и Социальные сети. Время. Вальтер/Бильке-Хенч говорят о "медианарциссизме" (2020, стр. 58 f.).

[4] Культурные различия в культуре эгоизма документально зафиксированы в исследовании "Why we post", проведенном по заказу Европейского исследовательского совета под руководством лондонского антрополога Дэвида Миллера (2012 г.). В исследовании, проведенном в девяти странах (к сожалению, без постсоветской страны), становится ясно, что культура эгоизма не только производит сильную однородность автопортретов в выборе мотивов и фоновых мотивов, но и отражает центральные ценности соответствующего общества в выборе символики.

дают возможность привлечь все большее внимание общества через особенно заметный экспрессивный индивидуализм, который был бы санкционирован в реальной, повседневной публичной сфере, и, таким образом, получить особенно высокую степень социальной обратной связи[5]. В этом отношении нарциссический автопортрет, поскольку он отклоняется от социальных клише и не просто представляет их перевыполнение, может быть воспринят как источник индивидуалистических экспериментов. В то же время, это также рискованно в отношении принятия последователей, особенно если оно значительно простирается по дуге того, что может быть условно ожидаемо.

В то же время социальные медиа являются инструментом социализации, поскольку в настоящее время они используются большинством: процессы обратной связи, которые раньше дети и подростки (и взрослые тоже) получали от сверстников и взрослых, теперь происходят в квази-общественном маятниковом взаимодействии в социальных медиа. Это делает данное взаимодействие процессом, в котором дети и подростки испытывают на себе комментарии и оценки со стороны других, посредством которых они "обусловлены" своей уверенностью в себе и ценностями[6]. Таким образом, влияние СМИ на "инкультурацию" молодых людей не только регулирует "игру с идентичностями", в которую можно играть в сознании дистанцирования от реальности, как это происходит в компьютерных играх, но и производит "серьезность" идентичностей,[7] "серьезность" личности. Социальные сети строят "пространства идентичности", предлагая не только определенный набор символов принадлежности в качестве "маркеров идентичности", но и ситуационные контексты, контексты действий и ролей, социальных партнеров, помощников и нуждающихся людей, преступников и жертв, моменты принятия решений и мотивы действий, с которыми сокультивируются определенные ценностные установки или даже отсутствие ценностных ориентиров. Это происходит очень редко в явной форме, т.е. при концептуальном или культовом посредничестве системы ценностей; скорее, признание ситуационной (ир)релевантности[8] или определение ценностей оставляется на усмотрение наблюдателя. "Формирование ценностно-смыслового мира, жизненной позиции, идентичности молодых людей", пишет пермский социальный антрополог Анастасия Лисенкова, "сегодня тесно переплетено с новыми способами коммуникаций, информационной доступностью, близостью нахождения друзей и нахождения своих сообществ независимо от расстояния."[9]

Жак Деррида отметил, что очевидное выигрыш в социальном участии с помощью новых социальных сетей, которые преодолевают национальные и региональные ограничения, связанные с предложениями идентичности, и позволяют проявлять неограниченную солидарность на местном уровне с людьми из любого региона мира, должен быть оплачен ценой, которая при наличии

---

[5] Эта компенсационная гипотеза подтверждается мета-анализом Gnambs и Appel 2018.
[6] Ср. Донначи 2015.
[7] См. Клаус/Хипфль/Шир 2004, 9.
[8] Ситуационную значимость моральных решений, основанных на образцовом обучении, см., например, Walker 2013
[9] Лисенкова 2016, 2.

именно этих идентичностей и затвердений не гарантирует ни местной принадлежности, ни жилища, ни ощущения домашнего очага.[10] Таким образом, постмодернистская "делокализация" таких идентичностей оставляет вакуум опытной пространственной принадлежности, что, возможно, компенсируется повышенной восприимчивостью к этно-националистическим или религиозно-фундаменталистским движениям.[11] Таким образом, рецидив локальных идентичностных ориентаций, как характерных для традицио-налистических ориентаций, так и для регулятивного мышления современности с ее тождественными признаками языковой, национальной и религиозной принадлежности[12], может быть воспринят как компенсация этого вакуума. Кроме того, разнообразная принадлежность к другим культурам и субкультурам в сети, другим группам по интересам и группам по формам жизни и т.д., особенно среди молодежи, заменяет собой отсутствие пространственной близости к партнерам по коммуникации. Этот новый "дом" посредством передачи символов принадлежности может, в свою очередь, быть достигнут относительно безопасно и без последствий (и во многом без криминальных последствий) через социальные медиа, так как происходит в виртуальном отдаленном пространстве и в форме "квазикоммуникации". В социальных сетях можно позволить оторвать каждую нить, можно войти в сообщества и легко оставить их снова, можно скрыть свою личность, можно показывать, притворяться и скрывать сколько угодно, вы можете удалить ваш автопортал на вашей собственной странице в любое время, после проверки того, как другие на это реагируют, способны внезапно предложить что-то новое и представить себя по-новому, вы можете сигнализировать различные взаимосвязи ("множественные идентичности") и пытаться выяснить, можно ли найти в своих сетях роль, которая привлекает внимание и признание других. Если последнее достигается, то пользователи, возможно, формируют "временную идентичность средств информации" на основе признанного самопредставления, которое затем символически еще больше оснащается и продолжается соответствующими выражениями мнений, оценками, чувствами, переживаниями и объявлениями о действиях.

Этот экспериментальный характер автопортретов в настоящее время создает потенциал для предложений по плюралистической идентификации, что противоречит давлению со стороны механизмов оценки. В поисках "своего народа" молодые люди строят самые разнообразные конструкции идентичности[13], с помощью которых они проверяют принятие и привлекательность самосимволизаций, предлагаемых их друзьями и знакомыми. В успешном случае развиваются, так сказать, "точки кумуляции" конструкции идентичности, которые также могут стать ядром новой коллективной идентичности сторонников предлагаемой идентичности.

---

[10] Деррида/Стиглер 2002, 96.

[11] Ср. Hipfl 2004, стр. 53, также Sindaravičienė в этой книге.

[12] Например, Тодорова 2010.

[13] Лисенкова говорит о "коллективном доверии" (сплачивающее доверие) в виртуальных сообществах (2016, с. 4).

Таким образом, Тульчинский и Лисенкова[14] объясняют, что в России "клановые сообщества" часто формируются вокруг человека с относительно эффективной саморепрезентацией и стабильным имиджем в сети, которые ориентируют не только свой виртуальный облик, но и отчасти свой образ жизни в реальном мире в соответствии с правилами и установками лидера. Поскольку социальная девиантность и нарушение правил среди молодежи получают особое внимание и признание, презентация в Интернете, как и реальные действия, вступают в конфликт с ценностными основами традиционного общества и приводят к инсценировке альтернативного образа жизни, мнений и субкультур в публичном пространстве. Таким образом, они воплощают в себе не только дистанцию, но и выражение недоверия к нынешнему обществу, и в то же время демонстрируют доверие внутри клановых общин. Поэтому к процессам формирования идентичности в социальных медиа следует относиться серьезно и как к фактору фрагментации общества; тем более, что отсутствие ценностных ориентаций и тревожные социокультурные противоречия в постсоветских обществах создали огромный вакуум идентификационных предложений для молодежи[15] и, следовательно, социально-культурные противоречия не могут противостоять субверсивным процессам диверсионного разделения в социальных сетях. В этой цифровой коммуникации возникают новые миры, которые также шаг за шагом и особым образом переносятся в реальность повседневной социальной жизни.[16]

2. Медийная идентичность в постсоветских социальных сетях

На первый взгляд кажется, что во многих постсоветских странах в какой-то степени сложилась такая же ситуация постмодернизма, как и на Западе, и в принципе одна и та же основная причина, как на Востоке, так и на Западе, а именно: утрата легитимности общечеловеческих ценностей и дезинтеграция их оснований для оправдания, продолжающееся конфронтация плюрализму и разнообразию, неопределенность самоощущения субъектов и крах традиционных понятий смысла жизни и замыслов для успешного и целостного образа жизни с одновременным усилением материалистическо-гедонистических ценностных ориентаций и потребительской потребности[17]. Однако причины

[14] Тульчинский/Лисенкова 2015 г.

[15] В своей статье в этой книге Мкртчян описывает, как "индивидуация" конкуренции, возникшая по экономическим причинам в результате распада советской системы, растворила "прежнюю этику коллективизма"; необычное наблюдение, что каждый теперь "фальсификатор собственного счастья", приводит к построению ошибочного индивидуального дуализма, преимущественно эгоцентричного материалистического индивидуализма без социальных нравственных связей, поскольку в советское время всегда подавлялись тенденции, определяющие идеи индивидуализации, и, следовательно, не возникала культура личности.

[16] См. Астафьева 2007, стр. 124.

[17] Некоторые из этих автопортретов молодых людей в сети четко цитируют символы статуса, мнения, категории и клише успеха жизни, а также символы принадлежности

сопоставимых последствий коллапса следует искать на совершенно ином культурном и историческом фоне. Выражено в короткой формуле: если на Западе внутренние противоречия Просвещения между верой во всеобщий разум, с одной стороны, и правом на индивидуальность и разнообразие, с другой, обязательно должны были привести к эрозии универсальных ориентаций, которые мы сегодня считаем характерными для постмодернизма, то в социализме такого кризиса смысла в сторону индивидуализации субъектов не было; здесь скорее де-факто коллапс политических систем и массовое разочарование социалистических обещаний свидетельствовало о неявном внутреннем противоречии идеологии. Структурный, институциональный и экономический коллапс систем и отказ от их идеологии оставили вакуум, в котором – как и в постмодернизме – все и ничто не кажется возможным и оправданным, и человек, оставленный на произвол судьбы, должен найти собственные пути к безопасности и успеху в жизни с рискованным экспериментализмом ("общество риска"). Однако путь к этому несчастью был разным на Востоке и на Западе, и, соответственно, пути выхода из этого несчастья, возможно, должны быть разными. В преодолении этой потери пути на Западе и Востоке лишь отчасти схожи, хотя, похоже, есть общий репертуар решений, из которого я назову здесь восемь типов стратегии:

- материалистический гедонизм и потребительство и более или менее безжалостный прагматизм для достижения собственных целей (гедонистически-прагматичная идентичность),
- борьба за социальное признание и статус без личной дистанции до критериев признания (социальная гегемония),
- идентификация с коллективной нормальностью и народной культурой (культурная гегемония),
- возвращение к традиционалистским ориентациям и легендам об этнической или национальной специфике (традиционалистская или фундаменталистская идентичность),
- идентификация с интересами, взглядами и образом жизни социальной субкультуры или сцены (секционная идентичность),
- идентификация с элитой – по таланту, достижениям или происхождению – и ее образу жизни (элитарная идентичность),
- обращение к эзотерическим и метафизическим источникам смысла (духовно трансцендентная идентичность),
- динамизация идентичности через диалог, образование и (само) опыт (диалогически рефлексивная идентичность).

В этих критериях успешной жизненной ориентации в начале доминируют материалистические и конформистские цели, за которыми следуют постматериалистические воспитательные цели. В контексте Международной конферен-

к определенным культурным группам, которые можно отнести к западным капиталистическим обществам. Здесь "импорт" западной символики, похоже, сформулирован вполне незаметно, и с помощью этих символов в сознание молодых людей также "иммигрируют" потенциальные предложения идентификации, ценностей и установок, интерпретационных пленок и конструкций смысла.

ции[18] по постсоветской идентичности в Людвигсхафене 2018 г., по итогам которой основана эта книга, были показаны результаты небольшого медиа-аналитического исследования, в котором рассматривалась самодраматизация молодых людей перед сообществом так называемых "друзей" (но в принципе также и перед всей аудиторией Facebook и т.д.) в отношении символически индексированных типов успешной ориентации (см. выше). Результаты были интерпретированы как ответ на вопросы о том, кем эти люди хотят быть, как их хотят видеть, какие ценностные ориентации и идеальные идентичности выражаются в их инсценировках, и какую идентичность раскрывают самопредставляющие себя субъекты через их способ самопредставления. За основу были взяты примеры самопрезентаций молодежи России, Центральной Азии и Кавказа из Facebook, ВКонтакте, Одно-Классники и Инстаграм. Несмотря на то, что оказалось, что символическое содержание перекрывалось в разных типах и, таким образом, типологическая попытка часто не позволяла получить четкие атрибуции, тем не менее, удалось выработать некоторые примечательные черты, показывающие в автопортретах примат материалистических ценностей над постматериалистическими. В частности, фото- и видеоматериалы Facebook, ВКонтакте, Одноклассники и Инстаграм, зародившиеся в России, Средней Азии и Кавказе, демонстрируют высокую степень соответствия в отношении объектов и случаев представления, их "композиции" и графической организации, а также комментариев к ним. Это указывает на то, что определенные стандарты или, по крайней мере, клише в отношении самопредставления сложились как на стороне пользователей, так и на стороне последователей. Степень "экспрессивной индивидуализации" значительно ниже, чем в западной медийной культуре, в то время как ссылки на конформистские клише, обеспечивающие социальное признание, гораздо сильнее. Можно предположить, что эта тенденция является не только результатом более низкого уровня осведомленности о возможностях представления индивидуальности или более высокой значимости конформистской репрезентации, но и тем, что в целом более низкий уровень доверия к другим людям, по сравнению с Западом, также требует определенной осторожности в отношении аутентичной репрезентации личности.[19]

---

[18] Международная конференция "Постсоветская идентичность – новые ценности и развитие личности в постсоветских странах" с 17 по 21 сентября 2018 года в Университете прикладных наук Людвигсхафена-на-Рейне, факультет социального обеспечения и здравоохранения.

[19] Ср. вклад Кригера в изменение ценностей в этой книге.

3. Самовыражение молодых людей в социальных сетях

Ниже в качестве примеров будут представлены четыре из этих авторских клише[20] современных видов успеха в социальных медиа среди молодежи в России, Центральной Азии и на Кавказе[21]:

3.1 "Новое физическое самовыражение" – тело и гегемоническая гендерная идентичность

Интересным феноменом самоописания в социальных сетях, особенно распространенным среди молодых поколений, является "новая физичность", которая, по-видимому, представляет[22] собой смесь советского символизма силы, с одной стороны, и нового чувства заботы о себе – с другой. Самопредставление в спортивной деятельности стало таким же частым явлением в социальных сетях, как и самопредставление в йоге; физическое состояние подтверждается физической активностью, здоровым питанием и высокой работоспособностью. Однако представлен и противоположный полюс: техники релаксации, медитации, созерцательные методы.

Имидж мужского пола в средствах массовой информации в России (а также в других постсоветских странах) явно формируется идеальными представлениями о мужской силе, протянутыми между полюсами типа "силовых машин" и "крутых победителей".[23] Самопортреты в спортивной сфере предлагают особые возможности показать физическую силу, представив свои "мышечные пакеты". В связи с физически напряженной или даже боевой деятельностью, функциональная сила может быть также продемонстрирована успехом действия (например, в боевых искусствах, охоте, рыбалке и т.д.). Даже российский президент не уклоняется от того, чтобы неоднократно демонстрировать в средствах массовой информации свою приверженность нескольким видам спорта и создавать себе образ победителя как на рыбалке, охоте или даже в спортивных поединках с человеческими соперниками.[24] Для мужского пола

---

[20] На этом этапе мы воздержимся от представления традиционалистских или фундаменталистских идентичностей, а также духовно трансцендентальных идентичностей, поскольку они все еще обсуждаются в других местах (окончательное равновесие).

[21] Типологическое разграничение категорически следует в части системы Лисенкова 2020, с. 38, которая называет семь форм представления самокатегоризации: "- образы тела (включая возраст, пол и сексуальность, здоровый образ жизни); - общест-венная деятельность (комментарии); - духовная и религиозная практика; - профессиональная деятельность; - образы и ценности знаний, компетентности и образования; - разнообразные виды досуга; - политическая деятельность".

[22] Последнее прямо противоположно незнанию вредного для здоровья образа жизни и физической самоэксплуатации советской трудовой жизни, и в то же время контрастирует с более поздней трудовой одержимостью среднего поколения, которое стремится любыми средствами и вопреки здравому смыслу обеспечить и максимизировать свой доход, не имея возможности работать под давлением.

[23] О том, что эти два типа медиа-образов мужчин существуют уже давно, свидетельствует, например, работа "Роздественская 2008".

[24] См., например: https://de.rbth.com/lifestyle/81793-sportarten-wladimir-putin.

основным символом прохлады является ссылка на автомобили и употребление алкоголя и никотина. Часто это связано с изображением элитарной личности (например, с использованием очень дорогого автомобиля) для иллюстрации собственного успеха.

Для женского пола документирование собственной красоты в сценах, несомненно, является доминирующим ценностным мотивом[25]. Здесь отчетливо видна связь между сингулярностью и стандартом: Стандарт по стоимости, по мотивам документации по красоте, сингулярности в дизайне. Однако, репертуар украшений остается сильно ограничен стилистикой и модой. Автопортрет молодых женщин, в частности (и все чаще мужчин), в социальных сетях через селфики и всевозможные портреты демонстрирует тенденцию к "эстетической" стандартизации в различных отношениях. Тот факт, что потеря индивидуальной индивидуальности может зайти настолько далеко, что самоописание становится максимумом, если не преувеличением клишеда, и в то же время человек почти полностью стирается, можно проиллюстрировать тремя техниками отчуждения при работе с собственным изображением тела в социальных сетях: а) фототехническая обработка посредством размывания и морфинга, б) документирование физической самокоррекции, что соответствует экстремистскому клише красоты, и, наконец, в) новая тенденция публиковать привлекательные части собственного тела (вместо лица) в качестве представления о себе.[26]

а) Фотографическая обработка используется для смягчения отдельных черт, сглаживания неровностей и морщин, уточнения контуров или даже превращения собственного лица в рекламную модель. Во многих автопортретах, некоторые из которых создавались самим художником, некоторые из которых производились также в фотостудиях, применяются приемы эффекта нечёткого изображения, благодаря которым не только исчезают морщины на лице, но и – подобно эффекту переэкспозиции – уменьшаются до трёх основных факторов, воздействующих на лицо: глаза, рот и волосы (это тоже путь к стандартизации). С помощью компьютерной графической техники морфинга, при помощи которой новый портрет можно рассчитать по различным оригинальным граням, в которых отдельные особенности практически полностью исчезли, можно рассчитать идеал красоты гибридной посредственности. Это процесс адаптации к гиперреальным творениям, которые изначально создавались в рекламных целях и компьютерных играх. Автопортрет берет заимствования у воображаемых фигур и таким образом создает наполовину воображаемое, наполовину аутентичное пространство, пространство замешательства, в котором идея, возможно, несет в себе больше веса, чем фактическое.

б) Как демонстрируют украинские модели Валерия Лукьянова, Анастасия Шпагина и Алина Ковалевская, москвичка Анжелика Кенова или армянка Лили Морто, можно изменить лицо и форму так, чтобы они напоминали

---

[25] О стоимости косметического ухода за русскими женщинами смотрите в Портее 2018.

[26] О значении "цифровых красот" и их развитии в компьютерных технологиях см., например, Притч 2004.

куклу Барби. Эти ролевые модели, теперь известные как "Человеческая Барби", "Реальная Барби" или "Пластиковые Девушки", по-видимому, все чаще и чаще находят более или менее успешных последователей, которые, либо посредством фактического вмешательства или даже адаптации к идеалу Барби, моделируемого только фото-технической обработкой, придают себе преувеличенное клише индивидуальности. Обработка изображений с помощью Photoshop и фильтрующих программ также позволяет сделать отдельные детали неузнаваемыми. Значимость этой тенденции указывает на растущую готовность подчинить свое собственное представление стандартам клише и тем самым заставить исчезнуть сингулярность. Тем не менее, эта форма самокоррекции также является средством формирования идентификации личности.[27] Однако изменения внешнего вида за счет коррекции косметической хирургии и инъекций ботокса все меньше и меньше являются женской привилегией; сейчас они также распространены среди мужчин в бодибилдинге и других областях, и есть предположения, что внезапно более молодой внешний вид российского президента в 2011 году также может быть объяснен подобными вмешательствами. Если в начале 2000-х годов инъекции ботокса были в первую очередь средством сокрытия процессов старения, то теперь они покорили функцию физического производства пропорций, соответствующих определенному идеалу красоты, или создания преувеличенного акцента на определенных характеристиках, даже у молодых людей.

в) В исследовании Даниэля Миллера "Why we post“[28]среди прочего, было обнаружено, что мужчины в Чили любят делать эгоистку из ног, "подножку", поставленную высоко на кофейный столик, в которой можно увидеть ноги. Это значит: я расслаблен, теперь могу поставить ноги на стол. В другом контексте "ноги" сигнализируют о том, что Я в отпуске. Значит, жест имеет символическое значение. В России в настоящее время развивается нечто подобное среди девушек, для чего, видимо, пока не найдено имени. В портретной графике facebook и instagram все чаще встречаются фотографии ног, ступней, груди и т.д., которые – в отличие от ног – обладают менее расслабляющим, чем стимулирующим эффектом, и которые, как бы говоря pars pro toto, представляют личность пользователя. Остается выяснить, предназначено ли это просто для иронического противопоставления примата лицевого портрета (такие стратегии широко распространены и в других формах), или же презентация особенно привлекательной части тела призвана привлечь внимание зрителей и спровоцировать подтверждение. Однако параллельное явление говорит о том, что отказ от презентации лица связан также с оценкой того, что другие части тела оказались более красивыми, чем собственное лицо. Все чаще можно наблюдать картинки, на которых собственное лицо нацарапано или покрыто цветной поверхностью. Опросы пользователей ясно показывают, что причина этого – стыд, когда показываешь собственное лицо, в то время как девушки или молодые женщины думают, что они могут увлечь других остальной частью тела.

---

[27] Ср. Posch 2009, стр. 37 и далее.
[28] Ср. Миллер 2017.

Все три феномена выражают тот факт, что, очевидно, существует значительное социальное давление (не только в постсоветских странах, конечно, но и в гораздо большей степени, чем на Западе), направленное на повышение собственной красоты (в смысле клише красоты) в самовыражении. Для этого некоторые заходят так далеко, что "корректируют" себя до неузнаваемости своим естественным внешним видом, будь то виртуальные или даже реальные меры. Целенаправленный внешний вид не очень оригинален, но является результатом максимальной адаптации к среднему клише красивого лица или тела. Стыд, показать свое лицо, также выражает страх потерять признание или даже одобрения от "Follower".

3.2 Идентификация статуса

В постсоветских обществах немалая часть самопредставлений молодых людей служит цели завоевания общественного внимания и признания, связывая собственную личность с символами статуса или представляя свои успехи в действии. Поскольку символы статуса тесно связаны с материалистической ценностной ориентацией, степень их демонстрации является показателем материалистической ценностной основы социальной идентичности. В постсоветских странах поразительно, что символы статуса, демонстрируемые в социальных сетях, во многом происходят из конформистского фундамента стереотипов, и то, как они преподносятся, также в значительной степени соответствует традиционным или модным клише. Таким образом, с точки зрения статусной идентичности молодые люди в постсоветских странах также в значительной степени проявляют социальную и культурную гегемонию.

Фурнитура и аксессуары. В дополнение к классическим символам статуса, таким как одежда, ювелирные изделия, наручные часы и другие аксессуары, автомобили и частные самолеты, дома и квартиры и их мебель и т.д., современная молодежь также рассматривает документальные фильмы о собственном опыте и деятельности как указание на дорогостоящие инвестиции, будь то путешествия, участие в эксклюзивных мероприятиях, элитные спортивные мероприятия или участие в дорогостоящей сфере деятельности, такой как дорогие виды спорта. Признаком актуальности статуса является также стремление и совершенство в оформлении того, что показано, будь то в реальном оформлении или в последующем редактировании изображения. Демонстрация элитарной "потребительской идентичности"[29] также является частью символики, имеющей отношение к статусу. Даже владение (и дрессировка) одной или несколькими чистокровными дорогими собаками, что свидетельствует о том, что у человека достаточно свободного времени и денег, является частью нового образа жизни Lifestyle (Стиль жизни) Высоко-оплачиваемых и поэтому с удовольствием отображается в социальных сетях. Еще изысканнее растущее распространение экзотических "домашних животных" среди богатых русских детей высшего класса, таких как еноты, а также львы, тигры, пумы и (белые)

[29] О "потребительской идентичности" см. Prisching 2019, стр. 172 и далее.

леопарды, основные моменты жизни которых часто представлены в социальных сетях.

Путешествие. Документация собственных путешествий, а точнее: Selfie перед такими известными достопримечательностями, как Парижская Эйфелева башня, занимает особое место в социальных сетях постсоветских стран. Тот, кто может позволить себе поездку в Европу, Турцию, Китай, Таиланд, Тунис, Дубай или США, постарается задокументировать на себе не только собственное присутствие перед самыми известными достопримечательностями, но и сфотографироваться на фоне эксклюзивных отелей, перед роскошным бесконечным бассейном или на поле для гольфа. Между тем, хорошо известно, что для многих молодых людей на постсоветском пространстве, имеющих необходимые финансовые средства, выбор туристических направлений уже решается на основе критерия "Instagrammability" а информация в Интернете о десяти важнейших достопримечательностях соответствующего города или региона становится обязательной, хотя бы потому, что ожидания и Радость узнавания местных Follower являются обязательными. Таким образом, многие молодые люди делятся своим "личным опытом" с тысячами других, которые уже удовлетворили свой эгоизм на том же месте перед Эйфелевой башней в Париже и "поделились" им со своими последователями.

Документальные фильмы "Счастье". Косвенной формой представления успехов являются (порой на удивление открытые) "документальные фильмы о счастье" о частной жизни, которые варьируются на разных этапах жизни молодых людей. Особые моменты, такие как окончание школы или учебы, вручение наград, день свадьбы, иных праздников, являются наиболее распространенными случаями, когда молодые люди делятся с "друзьями" особыми моментами своей реальной жизни. Поражает высокая доля постановочных изображений по отношению к спонтанным снимкам. Для многих пользователей это приводит к повторяющимся мотивам и стереотипной композиции изображения, обрезке и стилю экспозиции. Другой жанр "документальных фильмов о счастье" – инсценировка собственной персоны, возможно, вместе с партнером и собственным ребенком, в романтических картинах, либо на фоне соответственно эмоционально трогательных пейзажей, либо в аранжировке выразительной общности. Большинство этих сцен, очевидно, сфотографированы профессионалами, как правило, в студии, и усовершенствованы с помощью программ обработки изображений, чтобы соответствовать клише. Изображение "нетронутой счастливой семьи" имеет большое значение в некоторых постсоветских культурах, особенно в исламских странах, и поэтому находит свое предпочтительное место в социальных сетях. С помощью профессиональной фотографии и классических пиктографических клише создается ритуальное преувеличение "успешного сожительства" или счастливого развития потомства; последователи вознаграждают своими likes и замечаниями не только сообщение о счастливых событиях, но и соответствие формы представления, как и ожидалось.

3.3 Политическая идентичность и социальная ответственность

Деление российской молодежи на большую группу лояльной к режиму и националистически консервативной молодежи и меньшую группу критичной к режиму либеральной молодежи также находит свое выражение в социальных сетях. В то время как сторонники первой группы любят демонстрировать свою приверженность национальным культурным событиям и надежно использовать национальные праздники для размещения обычной символики на своей странице, другие документируют критические высказывания альтернативных оппозиционных активистов, обвиняют решения и процедуры правительства или размещают фотографии протестных акций. Бывшая группа также любит выражать свою политическую идентичность традиционалистическими символами до-советского прошлого.

По сравнению с самопредставлением молодежи в социальных медиа в Западной Европе, представление критической политической идентичности в социальных медиа на постсоветском пространстве играет роль среди молодежи только в некоторых странах и в настоящее время ассоциируется, главным образом, с протестами или революционными обязательствами. В постсоветских странах, переживших этап политических потрясений, который сопровождался сильными народными выступлениями (например, в Кыргызстане, Грузии, Украине, Армении), молодежь также особенно часто комментирует общественно-политические события в социальных сетях. Однако такое участие носит лишь временный характер и затрагивает лишь незначительное меньшинство молодежи. Таким образом, представление секционной идентичности через символы политической идентификации может быть обнаружено лишь в очень малой степени (за исключением революционных фаз). В целом, представительство собственного политического мнения, даже в текстовых материалах, не только низкое в результате политической незаинтересованности, но и характеризуется высокой степенью осторожности и сдержанности – вероятно, все еще оставаясь реликтом санкционной практики советской эпохи и в то же время в некоторых местах отражая реальную политическую ситуацию; отсутствие перспектив и отставка усиливают пассивность. Тем не менее, доклад ZOiS 2018 о российской молодежи, например, демонстрирует растущую приверженность молодых людей, а также определенную готовность рисковать, выражая свое собственное мнение, чтобы представить свои критические политические взгляды. Однако подавляющее большинство молодежи лишь "пассивно интересуется" социальными медиа, например, текущими акциями протеста, а также уклоняется от комментариев.[30] В то время как около 60 процентов молодых людей с интересом следят за акциями протеста в общественных СМИ, менее 5 процентов фактически участвуют в таких акциях.[31] В социальных сетях также нашли отражение общенациональные протесты в 2017 году против коррупции и, например, против российского руководства, или протесты в августе 2019 года за свободные выборы и против насилия со

[30] См. Краватцек 2017, стр. 8.

[31] ZOiS 2018, стр. 9.

стороны полиции, что мобилизовало все больше и больше молодежи на то, чтобы комментировать политические высказывания в сети.

Гораздо реже, чем в западных странах, молодые люди в постсоветских странах находят в социальных сетях страницы со ссылками, посвященными политическим вкладам, документированию политических или социальных событий или девиантному социальному поведению. Примечательно, что комментарии часто принимают ироничную, сатирическую или циничную форму (включая карикатуры), но редко принимают форму возмущения, осуждения или даже призыва к сопротивлению. Последователи обычно комментируют такие материалы только с помощью очень коротких слов или смайликов. Дискуссии в чатах для лучшего понимания или для заявления о социальном или политическом событии почти никогда не встречаются. Большинство вкладов в политические или общественные мероприятия свидетельствуют о национальной идентичности молодежи, особенно в дни национальных праздников.

Изображение социальной ответственности встречается у молодых людей несколько чаще, но гораздо реже, чем на Западе. Основное внимание при этом уделяется благотворительной деятельности на местном уровне, а не в политической сфере. Некоммерческий статус может касаться социальных интересов нуждающихся людей, людей, живущих в нищете или имеющих инвалидность, например, или экологического образования и природы. Приверженность протестам в пользу окружающей среды перевешивает приверженность протестам в пользу социально-политических реформ.[32] Социальная приверженность также находит признание у старшего поколения, которое, вероятно, интерпретирует эти достижения молодежи, главным образом, в контексте традиционной советской солидарной ценности.

3.4 "Нормальная" идентичность и подлинность

В своем исследовании о молодежи в Латвии Лаура Суна (2013) обнаружила, что большая группа молодых людей сознательно не хочет присоединяться к какой-либо сцене, а вместо этого избегает какой-либо идентификации с культурной спецификой – они просто хотят быть "нормальными" и делиться тем, что является и было обычным явлением.[33] Таким образом, они объединяются в единое целое в смысле "народной культуры" и находятся в курсе всего того, что в настоящее время является социально приемлемым для самой широкой части населения. С одной стороны, такой дизайн идентичности, возможно, можно рассматривать как продолжение советской "незаметности" и социалистического идеала нормальности; с другой стороны, он также ассоциирует этно-национальное единство латышской молодежи через соответствие и единообразие и предполагает суверенное отношение солидарности с общиной, которой не свойственно любое профилирование. В противовес очевидности, культивируемой во многих других видах собственной презентации в социальных сетях неожиданными моментами, что, по крайней мере, вызывает сомнения в достоверности, норма аутентичного собственной презентации в повседневной

[32] Эбенда.

[33] См. Суна 2013.

реальности кажется здесь обязательной, что позволяет зрителям участвовать в повседневной жизни другого человека и давать реалистичное представление о собственных условиях жизни.

То, что такое использование социальных медиа также дает возможность, будь то аутентичная или вымышленная, раскрыть свою собственную жизнь (в желании и реальности) другим, показывают попытки использовать эти медиа или даже собственные интернет-страницы для автобиографического общения. С рубежа тысячелетия, например, в России появились более молодые медиапользователи, которые эпизодически или ежедневно размещают на своем сайте свои повседневные переживания, рассказывают анекдоты, провоцируют и радуются комментариям своих "друзей"; с другой стороны, также появились блоги и сайты для серийной литературы, которые рассказывают историю виртуальных личностей и создают альтернативные миры.[34] Обе формы дают возможность построить индивидуальность как биографическую уникальность, опираясь в меньшей степени на высоко стандартизированную символику, чем на повествовательную плотность, которая может быть реконструирована так же индивидуально, как и написано. Это инновационные формы диалогически рефлексивной идентичности.

Список литературы

Астафьева О.Н. (2007): Виртуальные сообщества: «сетевая» идентичность и развитие личности в сетевых пространствах//Вісник Харківського національного університету. Теорія культури та філософія науки. 2007. №776. С. 120-133.

Bauer, Michael (2016): #selfi #Narzissmus #ethische Debatte? Argumente. In: Tanja Gojny (Hrsg.): Selfie – I like it: Anthropologische und ethische Implikationen digitaler Selbstinszenierung. Stuttgart: Kohlhammer, S. 73-102.

Beck, Ulrich (1986): Risikogesellschaft. Auf dem Weg in eine andere Moderne. Frankfurt am Main: Suhrkamp.

Derrida, Jacques/Stiegler, Bernhard (2002): Echographies of Television: Filmed Interviews (übersetzt von Jennifer Bajorek). Cambridge/Oxford/Malten: Polity Press.

Donnachie, K.A. (2015): Selfies, #me: Glimpses of Authenticity in the Narcissus' Pool of the Networked Amateur Self-Portrait. In Rites of Spring. Perth: Black Swan Press. Deutsch: Selfi, #ich. Augenblicke der Authentizität. In: Bieber, Alain (Hrsg): EGO Update. Die Zukunft der digitalen Identität. NRW Forum, Düsseldorf (2015), S. 50-79.

Fuchs, Thomas/Iwer, Lukas/Micali, Stefano (Hrsg.)(2018): Das überforderte Subjekt. Zeitdiagnosen einer beschleunigten Gesellschaft. Frankfurt am Main: Suhrkamp.

Gnambs, Timo/Appel, Markus (2018): Narcissism and Social Networking Behavior: A Meta-Analysis. *Journal of Personality,* 2018 Apr; 86(2), pp. 200-212. DOI: 10.1111/jopy.12305.

Goffman, Erving (1973): Interaktion: Spass am Spiel. Rollendistanz. München: Piper.

Hipfl, Brigitte (2004): Medien als Konstrukteure (trans-)nationaler Identitätsräume. In: Hipfl, Brigitte/Klaus, Elisabeth/Scheer, Uta (Hrsg.): Identitätsräume. Nation, Körper und Geschlecht in den Medien. Bielefeld: transcript, S. 53-59.

Hyman, Herbert H. (1968): The Psychology of Status. In: H. Hyman/E. Singer (Ed.): Readings in Reference Group Theory and Research. NY: The Free Press.

[34] Ср. приблизительно Шмидт 2011, стр. 403 и далее.

Keupp, Heiner (2009): Fragmente einer Einheit? Wie heute Identität geschaffen wird. Vortrag bei der Tagung „Identitätsentwicklung in der multioptionalen Gesellschaft“ am 25. April 2009 im Kardinal-Döpfner-Haus in Freising. Internet: http://www.ipp-muenchen.de/texte/keupp_09_freising04_text.pdf

Klaus, Elisabeth/Hipfl, Brigitte/Scheer, Uta (2004): Einleitung: Mediale Identitätsräume. In: Hipfl, Brigitte/Klaus, Elisabeth/Scheer, Uta (Hrsg.): Identitätsräume. Nation, Körper und Geschlecht in den Medien. Bielefeld: transcript, S. 9-15.

Krawatzek, Félix (2017): Russische Jugend zwischen Rebellion und Integration. *Russland-Analysen* 341, 16.10.2017, S. 7-9.
Internet: https://www.laender-analysen.de/russland/pdf/RusslandAnalysen341.pdf

Лисенкова Анастасия Алексеевна (2016): Проблемы идентичности в медиа-сообществах. Internet:
https://www.academia.edu/27696943/Problems_of_identity_in_a_media_communities

Лисенкова Анастасия Алексеевна (2020): Идентификационные стратегии и практики в пространстве социальных сетей. Российский гуманитарный журнал. 2020. Том 9. №1, с. 35-41.

Merton, Robert K./Rossi, Alice K. (1968): Contributions to the Theory of Reference Group Behavior. In: Hymen, H./Singer, E. (Ed.): Readings in Reference Group Theory and Research. NY: The Free Press.

Miller, Daniel a.o. (2017): Contemporary Comparative Anthropology – The Why We Post Project. *Ethnos. Journal of Anthropology* 82 (11), pp. 283-300.
Internet: https://www.tandfonline.com/eprint/icsdzCZybFCh6Tmr8zXZ/full

Mönkeberg, Sarah (2013): Das Web als Spiegel und Bühne. Selbstdarstellung im Internet. *Aus Politik und Zeitgeschichte* 15/16, 2013, S. 25-30.

Porteaus, Holly (2018): ‘A Woman Isn’t A Woman When She’s Not Concerned About the Way She Looks’: Beauty Labour and Feminity in Post-Soviet Russia. In: The Palgrave Handbook of Women and Gender in Twentieth-Century Russia and the Soviet Union. London, pp. 413-428.

Posch, Waltraud (2009): Projekt Körper: Wie der Kult um die Schönheit unser Leben prägt. Frankfurt/NY: Campus.

Prisching, Manfred (2019): Bluff-Menschen. Selbstinszenierungen in der Spätmoderne. Weinheim/München: Beltz Juventa.

Pritsch, Sylvia (2004): Virtuelle Gefährtinnen in der Hyperwelt. “Digital Beauties” als Allegorien des Posthumanismus. In: Hipfl, Brigitte/Klaus, Elisabeth/Scheer, Uta (Hrsg.): Identitätsräume. Nation, Körper und Geschlecht in den Medien. Eine Topographie. Bielefeld: transcript, S. 222-241.

Schulze, Gerhard (1992): Die Erlebnisgesellschaft. Kultursoziologie der Gegenwart. Frankfurt am Main: Campus.

Rahe, Martin (1998): Eliteverhalten und Unternehmertum im Transformationsprozeß: Eine ökonomische Analyse des Verhaltens sozialistischer Eliten auf ökonomischen und politischen Märkten im Übergang vom Plan zum Markt. Bern: Peter Lang.

Rozdestvenskaja, Elena (2008): Soziologische Untersuchungen der Maskulinität: Das männliche Geschlecht im öffentlichen und privaten Bereich in Russland. In: Scholz, Sylka/Willms, Weertje (Hrsg.): Postsozialistische Männlichkeiten in einer globalisierten Welt (Focus Gender, Bd. 9). Berlin: Lit, S. 119-140.

Schmidt, Henrieke (2011): Russische Literatur im Internet. Zwischen digitaler Folklore und politischer Propaganda. Bielefeld: transcript.

Soziale Netzwerke – Machen Facebook oder Instagram narzisstisch? Soziale Netzwerke, Seite 2. Internet: https://www.zeit.de/zeit-wissen/2016/05/soziale-netzwerke-internet-likes-verhaltenspsychologie/seite-2

Suna, Laura (2013): Medienidentitäten und geteilte Kultur. Vermittlungspotenzial von Populärkultur für lettisch- und russischsprachige Jugendliche. Wiesbaden: Springer VS.

Todorova, M.N. (2010): Introduction: Modernism. In: A. Ersoy, M. Górny, & V. Kechriotis (eds.): *Modernism: The Creation of Nation-States* (Vol. 3, pp. 4-22). (*Discourses of Collective Identity in Central and Southeast Europe 1770-1945; Vol. 3*). Central European University Press.

Тульчинский Григорий Львович/Лисенкова Анастасия Алексеевна (2015): Постинформационное общество, недоверие и новые идентичности. Internet: https://www.academia.edu/25574423/The_post_society_distrust_and_new_identities

Walker, Lawrence J. (2013): Moral Motivation Through the Perspective of Exemplarity. In: Heinrichs, Karin/Oser, Fritz/Lovat, Terence (eds.): Handbook of Moral Motivation. Theories, Models, Applications. Rotterdam/Boston/Taipei: Sense publishers, pp. 197-214.

ZOiS (Zentrum für Osteuropa und internationale Studien)(2018): ZOiS-Report Youth in Russia: Outlook on Lifes and Political Attitudes. Hrsg. v. Felix Krawatzek und Gwendolin Sasse. No 1, Juni 2018.

Berufliche Identität am Beispiel der universitären Ingenieursausbildung in Tomsk (Russland)

Igor B. Ardashkin, Marina A. Makienko, Alexander J. Chmykhalo

Die Ingenieurausbildung in der Welt spielt eine entscheidende Rolle, da die Menschheit seit langem den Weg der wissenschaftlichen und technologischen Entwicklung eingeschlagen hat. In vielerlei Hinsicht hängt das Niveau der wirtschaftlichen, sozialen und technologischen Entwicklung eines Landes vom Niveau der Ingenieurausbildung ab. Die Auseinandersetzung mit der beruflichen Identität in der Ausbildung der Ingenieure der Zukunft ist ein wesentlicher Faktor für das Verständnis, wie die Gesellschaft als Ganzes, einzelne soziale Gruppen, einzelne Persönlichkeiten und andere mehr oder weniger interessierte Personen den Ort und die Rolle der Ingenieursausbildung und den Status eines Ingenieurs in der Zukunft darstellen.

Diese Veröffentlichung basiert auf den empirischen Daten eines Projekts, das von der Russischen Stiftung für humanitäre Wissenschaft (RGNF, 2016-17) unterstützt wurde, mit dem Titel: „Das Bild des Ingenieurs der neuen Generation: professionelle und soziokulturelle Grundlagen". Die soziologische Studie zur Ausbildung von Ingenieuren wurde von August bis November 2016 unter Studenten der Tomsker Universitäten durchgeführt (Ardashkin et al., 2017).

1. Forschungsmethoden

Zur Umsetzung des Projekts „Das Bild des Ingenieurs der neuen Generation: professionelle und soziokulturelle Grundlagen" in den Jahren 2016-17 wurde eine quantitative Erhebungsmethode verwendet. Mittels der Verteilung von Fragebögen wurden 480 Personen befragt (Studierende aller Studiengänge und Studienformen an drei Universitäten in Tomsk: TPU, TUSUR, TGASU). Als Auswahlprinzip wurde eine zufällige mehrstufige Stichprobe verwendet. Im Verlauf der Studie bestand das Hauptziel darin, Einschätzungen zum Ausbildungsstand von Studierenden technischer Fachrichtungen und zur Notwendigkeit von Änderungen in der Ingenieurausbildung zu ermitteln sowie die Vorstellungen der Studierenden über das Image eines Ingenieurs der Zukunft zu ermitteln. Die mathematische Verarbeitung der Umfragematerialien erfolgte mit dem SPSS-Paket (Statistical Package for the Social Sciences).

Darüber hinaus verwendeten die Autoren das *Hermeneutic Technology Assessment* als Methode, um die Ergebnisse einer empirischen Studie zu analysieren und zu verstehen und ihre Expertenbewertung in Bezug auf die Methodik der futurologischen Forschung durchzuführen (Grunwald 2014; Sand 2019). Diese Methode ist relativ neu und hat bislang wenig Anwendung gefunden (Grunwald 2019), ist jedoch insofern sehr vielversprechend, als sie es uns ermöglicht, Vorstellungen über die Zukunft aus einer individuellen Perspektive zu betrachten, was angesichts der oft politisierten und radikalen Natur generalisierter futurologischer Prognosen sehr wichtig ist.

2. Das Bild des Ingenieurs der neuen Generation: Hauptergebnisse

Im Rahmen dieses Artikels soll nur ein Teil der Ergebnisse einer soziologischen Studie vorgestellt werden. Vollständige Daten sind zu finden in der Monographie von Ardashkin et al., 2017. Der Schwerpunkt der Studie lag auf folgenden Aufgaben:

1. Festlegung der Motive für die Berufswahl von Studenten technischer Fachrichtungen sowie deren Beurteilung der Zufriedenheit mit der Berufswahl;
2. Ermittlung der Meinungen der Schüler zu den Zielen der Ausbildung von Ingenieuren und den Hauptproblemen der Ingenieurausbildung
3. Ermittlung der Reaktion der Befragten auf die Qualität der Ingenieurausbildung an bestimmten Universitäten; Einschätzung der Bedingungen und Möglichkeiten zur Selbstentwicklung;
4. Beschreibung des Bildes des zukünftigen Ingenieurs in den Ansichten der Schüler;
5. Erstellung von Plänen für die Zukunft potenzieller Fachingenieure.

3. Merkmale der Umfrageteilnehmer*innen

Insgesamt 480 Personen nahmen an einer Studentenumfrage zur Qualität der Ingenieurausbildung an den Tomsker Universitäten teil. Eine zufällige mehrstufige Stichprobe wurde verwendet, wobei die erste Auswahlstufe die Universitäten von Tomsk, die zweite die Fakultät und die letzte die jeweilige Studierendengruppe waren. Die Stichprobe umfasste Studierende der Ingenieurswissenschaften vom ersten bis zum vierten Studienjahr der Universität für Managementsysteme in Tomsk (TUSUR), der Polytechnischen Universität in Tomsk (TPU) sowie der Universitäten für Architektur und Bauwesen (TGASU). Die prozentuale Verteilung der Befragten ist in Tabelle 1 dargestellt.

*Tabelle 1: Merkmale der Umfrageteilnehmer*innen (in Prozent nach Universität, Geschlecht und Kurs)*

	Kontingent insgesamt	Geschlecht	
		Studenten	Studentinnen
Nach Universität			
TPU	55	63	37
TUSUR	20	54	46
TGASU	25	78	22
Gesamt Prozent	*100*		
Nach Studienjahr			
1. Jahr Bachelor	24	80	20
2. Jahr Bachelor	52	64	36

3. Jahr Bachelor	19	51	49
Master	5	78	22
Gesamt Prozent	*100*	*65*	*35*

Der Anteil der Befragten an der TPU betrug 55%, der TUSUR-Studentierenden 20% und der Bauingenieure 25%. Die Zahl der jungen Männer in der Gesamtstichprobe betrug 65%, ihr größter Anteil (80%) wird von Studienanfänger*innen sowie Student*innen der TGASU und Master-Student*innen (jeweils 78%) repräsentiert. Der Anteil von jungen Frauen über das gesamte Kontingent der Befragten ist viel geringer, nämlich 35%, was den Parametern der berufstätigen Bevölkerung entspricht, weil in technischen Fachgebieten eine geschlechtsspezifische Asymmetrie beobachtet wird. Unter den Umfrageteilnehmer*innen sind hauptsächlich Student*innen im Grundstudium, aber es gibt auch einen kleinen Anteil (5% der Gesamtzahl der Befragten) an Masterstudierenden.

4. Motive für die Berufswahl

In der Forschungspraxis werden traditionell drei Motivationsfaktoren unterschieden, die die Wahl einer beruflichen Lebensstrategie bestimmen: Wertpräferenzen, Merkmale des Berufs selbst (möglicherweise auch Merkmale der Universität) und soziale Akteure, vor allem die unmittelbare Umgebung – Eltern, Gleichaltrige usw.

Bezüglich des Motivs für die Attraktivität des Berufs wurden die Umfrageteilnehmer gebeten, die wichtigsten Merkmale des Berufs zu bewerten und aus einer Reihe von Merkmalen auszuwählen. Die Hierarchie der attraktiven Merkmale des Berufs ist in Abbildung 1 dargestellt.

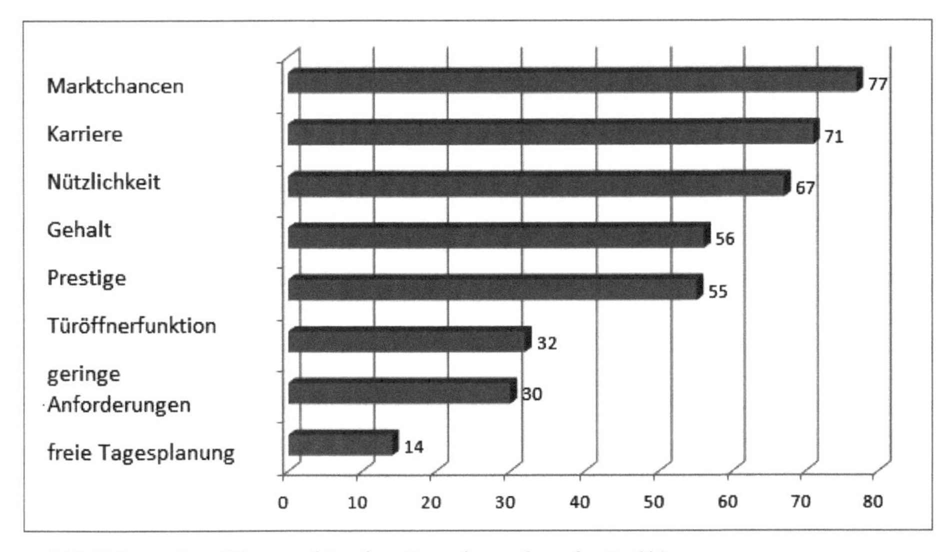

Abbildung 1 – Hierarchie der Berufsmerkmale (in%)

In dieser Hierarchie nehmen pragmatische Merkmale (Nachfrage nach einem Beruf,

Gehalt) und Statusmarktmerkmale (Karriere, Prestige) eine führende Rolle ein. Ein sozial bedeutsames Merkmal des Berufs wie „die Fähigkeit, Menschen zu helfen“ ist jedoch auch ein Motiv für die Wahl und für die Mehrheit der Befragten (67%). Es gibt praktisch keine Unterschiede bei der Beurteilung der Qualitäten des Berufs, die mit dem Studiengang verbunden sind, in dem die Studenten studieren. Nur Studienanfänger*innen weisen häufig auf die Karriere als Einflussfaktor für die Berufswahl hin, und ältere Studierende weisen auf die Nachfrage nach einem Beruf mit Zukunft hin.

In Bezug auf die Wahl einer Bildungseinrichtung war das Hauptmotiv für fast jeden zweiten Befragten (47%) das Ansehen der Universität und etwas weniger (43% der Befragten) waren von der Qualität der Ausbildung dieser Einrichtung und der Möglichkeit einer Ausbildung im Ingenieursberuf angezogen. Dies zeigt, dass zukünftige Ingenieure nicht nur vom Status und Prestige des Berufs geleitet werden (schließlich ist der Status dieses Berufs noch nicht so hoch), sondern auch von ihren eigenen Absichten und Vorlieben (Ardashkin et al., 2017).

Es wurde festgestellt, dass die Motivationsstruktur der Persönlichkeit von externen Faktoren beeinflusst wird, den sogenannten sozialen Akteuren, die den Prozess der beruflichen Selbstbestimmung beeinflussen. In dieser Eigenschaft treten Eltern, Freund*innen, Lehrer*innen usw. auf. Der Grad der Exposition gegenüber diesen Akteur*innen ist nicht der gleiche.

Zusammenfassend lässt sich sagen, dass die Mehrheit der jungen Menschen nach den Ergebnissen der Befragung in ihrer beruflichen Selbstbestimmung auf Prestige ausgerichtet ist. Moderne Forscher*innen teilen das Prestige in zwei Komponenten: das Prestige des gewählten Berufs und das Prestige der Institution. Junge Menschen, die einen angesehenen Platz in der Gesellschaft einnehmen wollen, orientieren sich nicht nur an der Bedeutung des Berufs, sondern auch am Ansehen der Universität, da derzeit die „Qualität“ des Diploms eine große Rolle bei der Beschäftigung spielen kann. Darüber hinaus setzt sich heute das Prestige der Universität gegen das Prestige des Berufs durch, weshalb junge Menschen zunächst eine Universität wählen und erst dann die Möglichkeit in Betracht ziehen, im Rahmen dieser Universität einen Beruf zu erwerben.

In Bezug auf die Frage der Zufriedenheit mit der Wahl ihres Berufes gibt es unter den Befragten auch Personen, die die Fehlerhaftigkeit ihrer Wahl zugeben, aber mehr als zwei Drittel der Befragten sind im Allgemeinen mit dem gewählten Beruf zufrieden, mehr als die Hälfte der Befragten ließ sich von der Bedeutung dieses Berufs leiten. Dies zeigt, wenn auch indirekt, dass der Ingenieurberuf eine Zukunft hat.

5. Ziele der Ausbildung von Ingenieuren: Meinungen der Studierenden

Vor der Bewertung der Qualität eines Produkts oder einer Dienstleistung muss ein Verbraucher seine grundlegenden Eigenschaften und Merkmale präsentieren. In dieser Hinsicht werden die Meinungen der Umfrageteilnehmer zu den Zielen der Ausbildung von Ingenieuren für die Gesellschaft nicht überflüssig sein. Mehr als die Hälfte der Befragten konzentriert sich auf Ziele wie „Fähigkeit zur Lösung von

Unternehmensproblemen“ und „Schaffung neuer Technologien“ (56% bzw. 55%) und etwas weniger auf „Gewährleistung der menschlichen Sicherheit“ (37%). Ein solches Ergebnis wie „Lösung der wirtschaftlichen Probleme der Gesellschaft“ wurde nur von 13% der Befragten unterstützt. Die Beurteilung der Ziele des Ingenieurberufs weist keine geschlechtsspezifischen Unterschiede auf. Die Unterschiede im Verständnis der Ziele des Ingenieurberufs und der Bedeutung bestimmter Fähigkeiten hängen offenbar von der Universität ab, an der die Umfrageteilnehmer*innen studieren.

6. Das Bild eines Ingenieurs der Zukunft aus der Sicht moderner Studierender

Die Darstellungen der Zukunft beziehen sich nicht nur auf die Lebenswege der jungen Generation, sondern auch auf ihre Visionen, Phantasien hinsichtlich der Professionalität des Ingenieurs und der persönlichen Qualitäten, die für den Träger dieses Berufs erforderlich sind. Das Bild eines zukünftigen Ingenieurs ist ein wichtiger Bestandteil bei der Bildung der beruflichen Identität eines Diplomingenieurs und seiner täglichen Praxis. Der Abschnitt versucht, kollektive Ideen und Ideen zu beschreiben, die den Zusammenhalt dieser Gruppe und der Gesellschaft insgesamt gewährleisten.

Eines der Ziele der Umfrage war die Meinung der Befragten zu den typischen Merkmalen des zukünftigen Ingenieurs. Auf die Frage, welche Art von Ingenieur die moderne Gesellschaft braucht, antwortete fast jede/r Zweite mit „Universalingenieur“, 21% halten „Ingenieur-Erfinder“ für notwendig, 13% „Ingenieur-Technologe“, jeder Zehnte „Ingenieur-Designer“ und nur 4% den "Organisationsingenieur". Dieses Bild der prozentualen Verteilung ist typisch für alle Gruppen von Befragten, nur innerhalb des Typs der Universität gibt es einige Unterschiede bei den Schätzungen. Zukünftige Bauingenieure weisen daher häufiger auf die Notwendigkeit eines Universalingenieurs hin, TUSUR-Student*innen sprechen sich für Ingenieur-Erfinder und Studierende in der TPU für Konstrukteure aus.

Ein anderer Sachverhalt verdient ebenfalls Aufmerksamkeit: die Meinung der Befragten zu Veränderungen in den Aktivitäten eines Ingenieurs in 10-15 Jahren. Den Befragten fiel es meist schwer, die Frage nach bestimmten Änderungen zu beantworten, die die Ingenieurpraxis zu erwarten hat (25% des gesamten Kontingents). Jeder Fünfte ist sich sicher, dass die Verantwortung des Ingenieurs gegenüber der Gesellschaft zunehmen wird, weit weniger (16%) glauben, dass der Ingenieur sein ganzes Leben lang Selbstbildung benötigt und ein kreativer Ansatz erforderlich sein wird. 14% glauben, dass Computer den Ingenieur ersetzen werden. Der Prozentsatz derjenigen, die sagten, dass sich nichts ändern wird, ist gering (8%). Der Indikator für das Fehlen von Änderungen weist signifikante Unterschiede in den Schätzungen der Befragten auf. Die pessimistischsten sind ältere Studierende, sie geben fast fünfmal häufiger als Studierende im ersten Jahr keine Veränderungen an (19% gegenüber 4%); diese Tatsache wird auch häufiger als bei anderen Studienanfänger*innen und Student*innen von TUSUR erwähnt (Abbildung 7).

Je nach Universität bestehen Unterschiede im beruflichen Schwerpunkt des Ingenieurunterrichts. Beispielsweise glauben Studenten der TGASU häufiger als andere, dass sich das Bedürfnis nach Kreativität und Neuerungen ändern wird, und dass die technischen Hochschulen die Verantwortung des Ingenieurs gegenüber der Gesellschaft erhöhen werden.

Aus studentischer Sicht ist das Porträt des zukünftigen Ingenieurs daher wie folgt. Dies ist ein universeller Ingenieur: eine verantwortungsbewusste, fleißige und zielgerichtete Person, für die sowohl Gelehrsamkeit als auch Merkmale des Unternehmertums wichtig sind. Er benötigt vor allem betriebswirtschaftliche Kommunikationsfähigkeiten sowie Kenntnisse im Bereich Management und eine Fremdsprache. Wie werden sich die technischen Aktivitäten ändern? Diese Frage bereitet den Befragten die größten Schwierigkeiten. Zweifellos waren sie sich einig, dass in Zukunft in der Ingenieurspraxis Verantwortung und Kreativität noch stärker nachgefragt werden.

7. Pläne für zukünftige professionelle Ingenieure

Die Bedeutung der Analyse der Pläne und Absichten von Student*innen technischer Fachrichtungen hängt damit zusammen, dass sie einerseits die soziale Situation widerspiegeln und andererseits die grundlegenden und peripheren Motive der Studierenden beeinflussen können, um Faktoren zu identifizieren, die den Prozess der Selbstbestimmung zukünftiger Fachkräfte. beeinflussen bzw. behindern.

Basierend auf der Überzeugung, dass der Ingenieursberuf nicht veraltet ist, und genau das ist die Meinung der Mehrheit der Befragten (79%), wird jede/r Zweite von ihnen in ihrem/seinem Fachgebiet arbeiten (56%). Obwohl die Mehrheit nicht absolut ist, ist der Prozentsatz derjenigen, die sagen, dass sie nicht in ihrem Beruf arbeiten werden, nicht hoch (nur 9%). Einige der Befragten werden ihr Studium fortsetzen (19%), andere haben sich noch nicht für die Antwort auf die Frage nach der Berufswahl entschieden. Abhängig von den Merkmalen der Befragten unterscheiden sich die Meinungen zu ihren Plänen, in dem Fachgebiet arbeiten zu wollen, nach Studiengängen und Universitäten am stärksten.

Unter denjenigen, die in ihrem Fachgebiet arbeiten werden, besteht die geringste Anzahl von Studenten im 4. Jahr und in der TUSUR (37% und 41%). Die Befragten dieser Gruppen beabsichtigen, eine zweite Hochschulausbildung zu absolvieren oder eine Qualifikation zu erhalten, die nicht mit diesem Beruf zusammenhängt. Die höchste Zahl in der Gruppe der Mädchen, die beabsichtigt sich weiterzubilden, liegt bei 28%.

Darüber hinaus wurde den Umfrageteilnehmer*innen eine Reihe zusätzlicher Fragen zu verschiedenen Parametern des Ortes ihres zukünftigen Berufs und ihrer Beschäftigung gestellt: nach der bevorzugten Art der Organisation, der technologischen Ausrichtung, dem Gehaltsniveau und dem offiziellen Status.

Wenn wir die Ergebnisse der Antworten zusammenfassen, äußerten sich die Umfrageteilnehmer definitiv ohne Schwierigkeiten über die verschiedenen Parameter ihres zukünftigen Berufs und ihrer Beschäftigung. Aber zur direkten Frage: Sehen Sie Ihre Zukunft positiv? antworteten 61% mit nein, jede/r Vierte fand es schwierig zu antworten und nur 19% äußerten sich zuversichtlich mit ja. Die Unsicherheit der

Zukunftsvision hängt vom Geschlecht ab: Mädchen zeigen diese häufiger als Jungen (71% gegenüber 56%). Bezüglich des Studienjahres: Für 85% der Studenten im vierten Jahr erscheint die Zukunft bedrohlich und ebenso für die Mehrheit (80%) der TUSUR-Studenten.

Es sollte beachtet werden, dass die Gewissheit von Zukunftsplänen auch das Niveau des sozialen Wohlbefindens, der optimistischen Ansichten und der spezifischen Vitalität eines Individuums beeinflussen. Die Studie zeigt, dass es in der Gruppe mit hohen materiellen Ansprüchen doppelt so viele Befragte gibt, die ihre Zukunft positiv darstellen, verglichen mit denen, die Zweifel an ihren Aussichten geäußert haben (50% bzw. 24%). Und andererseits finden sich in der Gruppe mit geringen Gehaltsansprüchen sechsmal mehr von jenen, welchen die Zukunft noch sehr unklar erscheint (19% bzw. 3%). Es sollte hinzugefügt werden, dass auch die Sicherheit der Pläne und die Zufriedenheit mit der Qualität der Ausbildung Auswirkungen zeitigt (Abbildung 47). Unter denjenigen, die mit der Qualität der Bildung voll zufrieden sind, sehen 57% zuversichtlich in ihre Zukunft und 14% sind weniger unsicher bezüglich ihrer Aussichten. Die Gruppe der mit der Qualität der Ausbildung Unzufriedenen ist dreimal so groß wie die derjenigen, die keine bestimmte Vision für die Zukunft haben. D. h.: Mit abnehmender Unsicherheit über Zukunftspläne steigt der Anteil der Unzufriedenen an der Qualität des Unterrichts (Ardashkin et al., 2017). Mit anderen Worten, selbstbewusste, optimistische Studenten zeigen ein hohes Maß an Bestrebungen und stellen höhere Anforderungen an die Qualität der Ingenieurausbildung.

Die Analyse der Ergebnisse von Studien zur Bewertung der Ingenieurausbildung ermöglicht es uns, die folgenden Schlussfolgerungen zu ziehen:

- Die meisten Studierenden konzentrieren sich ihrer beruflichen Selbstbestimmung auf das Prestige, das in zwei Komponenten unterteilt ist: das Prestige des gewählten Berufs und das Prestige der Bildungseinrichtung. Darüber hinaus setzt sich heute das Prestige der Universität gegen das Prestige des Berufs durch, weshalb junge Menschen zunächst eine Universität wählen und erst dann die Möglichkeit in Betracht ziehen, im Rahmen dieser Universität einen Beruf zu erwerben.
- Moderne Student*innen konzentrieren sich weitgehend auf die materielle Komponente des Berufs, aber das materielle Motiv dominiert den Geist junger Menschen nicht als rationale Erklärung für ihre Berufswahl.
- Die Umfrageteilnehmer*innen bewerteten die Zufriedenheit mit der beruflichen Selbstbestimmung und die Mehrheit (74%) von ihnen bereut die Entscheidung nicht, die sich zunächst an ihrem eigenen Verständnis der Bedeutung des Ingenieurberufs orientierte. Die Krise der beruflichen Entschlossenheit nimmt mit der an der Universität verbrachten Zeit zu, d. h., es bestehen ernsthafte Zweifel an der Richtigkeit der Berufswahl, sobald die ersten Vorstellungen über den künftigen Beruf realistisch formuliert werden konnten.
- Die befragten Studierenden sind in der Regel ganz oder teilweise mit der Qualität der Ausbildung an der Universität zufrieden. Jeder zweite Student, unabhängig von Universität, vom Studienjahr und vom Geschlecht, stimmt voll und ganz zu, dass die Bedingungen für die Ausbildung eines Ingenieurs den modernen Anforderungen entsprechen. In Bezug auf die spezifischen Aspekte des

Bildungsprozesses und die spezifischen Möglichkeiten der Universitäten zur Selbstentwicklung und -umsetzung variieren die Meinungen jedoch innerhalb der Durchschnittsnoten und sind nicht so koordiniert.

- Verantwortung und Bereitschaft zur harten Arbeit als Führungskräfte überwiegen in der Liste der für einen Ingenieur erforderlichen Qualitäten unabhängig von der Art der Ingenieurstätigkeit. Weitere Qualitäten zeigen verschiedene Meinungen. Für zukünftige Fachkräfte ist der Beruf eines Ingenieurs nicht nur ein Sammlungsort für Wissen und Fähigkeiten, sondern auch für verschiedene symbolische Codes, die als Ergebnis der Bildungssozialisierung im Bildungsbereich erworben wurden. Die genannten Eigenschaften sind nicht nur im Ingenieurwesen, sondern auch in anderen Arten der sozialen Praxis gefragt.
- In den Köpfen der Student*innen zeigt sich das Porträt des zukünftigen Ingenieurs wie folgt. Ein universeller Ingenieur ist eine verantwortungsbewusste, fleißige und zielgerichtete Person, für die sowohl Gelehrsamkeit als auch Merkmale des Unternehmertums wichtig sind. Er benötigt vor allem betriebswirtschaftliche Kommunikationsfähigkeiten sowie Kenntnisse im Bereich Management und eine Fremdsprache. Wie werden sich die Ingenieuraktivitäten ändern? Diese Frage bereitet den Befragten die größten Schwierigkeiten. Sie sind sich jedoch einig, dass die Ingenieurspraxis in Zukunft noch mehr Verantwortung und Kreativität erfordern wird.
- Die Meinungen der Befragten stimmen weitgehend mit dem Verständnis der Ziele des Ingenieursberufs überein: Die Hauptsache ist die Lösung von Problemen, die sich aus den Aktivitäten des Unternehmens, der Organisation und der Schaffung neuer Technologien ergeben.
- In Bezug auf Pläne für die Zukunft wird festgestellt: Jede/r zweite befragte Student*in wird in einem Ingenieurfachgebiet arbeiten.
- Die Bedeutung und das Gewicht des Ingenieurberufs in der Zukunft erscheint dem/der heutigen Student*in in der Gestalt eines verschwommenen widersprüchlichen Systems, das durch die Widersprüchlichkeit der Beziehungen zur Ingenieurausbildung und zum Ingenieurberuf in unserer Gesellschaft verständlich wird. Den Befragten zufolge hat die Ingenieurausbildung jedoch eine Zukunft und zusammen mit der Entwicklung der Gesellschaft wird das Bildungssystem insgesamt verbessert. Die bestimmenden Faktoren für die Entwicklung der sozioökonomischen, politischen und kulturellen Bereiche des Lebens des Einzelnen liegen in der Einführung verschiedener Arten von Innovationen.
- Um schließlich die Bedeutung der Ingenieurausbildung zu erkennen, versuchen soziologische Visionen die Bedeutung dieses Phänomens, seine Essenz, Regelmäßigkeit und seine Entwicklungsperspektiven aufzudecken und den Einfluss dieser Art von Ausbildung auf den Einzelnen, die Wirtschaft und die Gesellschaft aufzuzeigen. Da die Hauptkonsumenten der Ingenieursausbildung nicht nur Student*innen und Universitäten (Lehrer*innen), sondern auch der Staat sind, müssen diese Aspekte untersucht werden, zum Beispiel die Einstellung und die Vorstellungen der Lehrer*innen zur Zukunft der Ingenieurausbildung.

8. Einige inhaltliche Konsequenzen für eine empirische Untersuchung der Zukunft der russischen Ingenieurausbildung (anstelle einer Schlussfolgerung)

Nachdem wir die Besonderheiten der Methodik zur Bewertung der empirischen Studie spezifiziert haben, präsentieren wir auf ihrer Grundlage eine verallgemeinerte Analyse des Bildes der russischen Ingenieurausbildung der Zukunft. Was kann man aus den erzielten Ergebnissen tatsächlich verstehen?

Beginnen wir mit der Berücksichtigung der Allgemeinheit der methodischen Parameter, die im vorherigen Abschnitt des Artikels beschrieben wurden, dass die Zukunft so aussieht, wie sie durch unsere Untersuchungsmethoden definiert wird. Die Methodik legte zunächst das Verständnis fest, dass der Stand der inländischen Ingenieurausbildung zu wünschen übriglässt und notwendige Verbesserungen erfordert. Dies wurde durch das Schema „Anrufe“ und „Interessenten“ in die Erhebungsmethoden eingeführt. Problempunkte im Stand der Ingenieurausbildung wurden als Herausforderungen angesehen, und die Situation, die hergestellt werden muss, um diese Probleme als Perspektiven zu überwinden. Daher wurden die Perspektiven als die wichtigsten futurologischen Aspekte der Entwicklung der Ingenieursausbildung angesehen.

Diese Hypothese wurde bestätigt, da es nach den Forschungsergebnissen keine Schätzungen gab, nach denen der aktuelle Stand der Ingenieursausbildung als ausreichend hochwertig anerkannt wurde und keine Änderungen erforderlich waren. Es ist zu beachten, dass je nach Erfahrung in der Ausbildung oder im Unterrichten im Ingenieurausbildungssystem das Vertrauen in den Krisenzustand zunimmt (dies gilt insbesondere für Studierende, bei denen bei älteren Studierenden der Anteil der Studierenden im Bewusstsein für Veränderungen im Vergleich zu Nachwuchskursen deutlich zunimmt).

Es sind ernsthafte Änderungen in der Ingenieursausbildung (Aussichten für letztere) erforderlich – dies ist ein gemeinsamer Ort für alle Umfrageteilnehmer, aber wie sehen die Aussichten dafür aus? Es gibt keine einheitliche Sichtweise, die tatsächlich für die zukünftige Forschung programmatisch sein kann (Repo, Matschoss, 2018). Die Lage erscheint vieldeutig. In dieser Vielfalt der Zukunft können jedoch bestimmte Gemeinsamkeiten identifiziert werden: das Vorhandensein eines optimistischen und pessimistischen Szenarios. Das optimistische Szenario ist mit einer baldigen Gelegenheit verbunden, Hindernisse zu überwinden und die für die Entwicklung der russischen Ingenieursausbildung erforderlichen Perspektiven zu erreichen. Das pessimistische Szenario hat das gegenteilige Ergebnis: Barrieren werden als praktisch unüberwindbar (oder fast unüberwindbar) verstanden, und daher werden die Aussichten als unerreichbar oder erreichbar angesehen, aber in sehr ferner Zukunft.

Es muss klargestellt werden, dass das optimistische und pessimistische Szenario mit dem sozialen Status der Befragten zusammenhängt. Zwischen Regierungsbeamten und Universitätsprofessoren besteht eine erhebliche Bewertungslücke. Die ersten (Regierungsbeamten) glauben, dass die Aussichten für eine Ingenieursausbildung durch intelligente Ausbildung vielversprechend sind, während die Lehrer*innen diesen „guten“ Aussichten vorsichtiger gegenüberstehen.

Eine solche Lücke bei den Bewertungen ist auch auf das Fehlen von Traditionen des Dialogs zwischen Regierung und Gesellschaft sowie auf staatliche Initiativen zur Schaffung von Herausforderungen (Problemen), zur Durchführung von Innovationen und zur Auferlegung verschiedener Arten von Standards und Technologien für Strukturen zurückzuführen, die nicht sofort zu einem positiven Ergebnis führen können, weil Akteure, die an diesen Innovationen beteiligt sind, sich möglicherweise ihrer Bedeutung und ihrer Perspektiven nicht bewusst sind. Das oben Genannte kann die Illusion des Innovationsflusses im Bildungssystem erzeugen, die die Analyse der Meinungen der Umfrageteilnehmer demonstriert.

Darüber hinaus unterscheiden sich die Aussichten nach dem Alter in den Schätzungen. Jüngere Befragte sehen ihre Aussichten optimistisch (nicht alle, aber die meisten), während ältere Befragte vorsichtiger und weniger optimistisch sind. Es ist auch wichtig, auf die Beziehung zwischen der Wahrnehmung der Befragten über den Platz der russischen Bildung in der Welt und der Liste der Probleme mit der Qualität der Ausbildung an einer bestimmten Universität zu achten. Diejenigen Befragten, die der Ansicht sind, dass Russland im Bereich der Ingenieurausbildung eine führende Position einnimmt, stimmen dem Vorhandensein bestimmter Probleme im Ingenieurausbildungssystem viel eher drei- oder viermal nicht zu, und umgekehrt geben diejenigen, die eine Verzögerung in der russischen Ausbildung feststellen, häufiger das Vorhandensein von Schwierigkeiten an. Die Annäherung an Bewertungen erfolgt nur in Bezug auf einen Faktor wie den mangelnden Wunsch von Ingenieursabsolvent*innen, in ihrem Fachgebiet zu arbeiten.

Es sei darauf hingewiesen, dass die Befragten die Schwierigkeiten der Ingenieurausbildung nicht nur auf die Qualität der Ausbildung, sondern auch auf die sozioökonomischen Aspekte zurückführen: die Schwäche oder das Fehlen einer Entwicklungsstrategie für die Gesellschaft, die auf ihren sozialen Reifegrad und ihr Verständnis der allgemeinen Situation im Land hinweisen kann.

Gleichzeitig bewerteten die Umfrageteilnehmer nicht nur den Grad der Probleme in der heutigen Ingenieursausbildung, sondern äußerten auch Vorschläge, was zunächst getan werden muss, um die Qualität der Ingenieursausbildung zu verbessern. Alle Vorschläge der Befragten beziehen sich hauptsächlich auf finanzielle Engpässe: Jede/r zweite Befragte fordert unabhängig von soziodemografischen Merkmalen einerseits, die technologische Basis der Universitäten zu entwickeln und andererseits das Gehalt der Ingenieure zu erhöhen. Es gibt jedoch Student*innen, die den Rückstand der russischen Bildung mit der Notwendigkeit verbinden, Bedingungen für die Entwicklung unternehmerischer Qualitäten sowie sozialen und humanitären Wissens zu schaffen. Dies gilt insbesondere für junge Männer und Studienanfänger*innen: In dieser Gruppe weist jede/r Vierte auf diese Bedingungen hin. Die Zugehörigkeit zu einer bestimmten Universität hatte fast keinen Einfluss auf die Aussagen zukünftiger Ingenieure.

Das Vorhandensein von Widersprüchen in der Ingenieurausbildung zeigt daher, dass veraltete Grundsätze der Fachausbildung modernisiert werden müssen. Es kann festgestellt werden, dass das Studium der russischen Ingenieursausbildung der Zukunft weitgehend in Abhängigkeit von den Merkmalen der sozialen, wirtschaftlichen, politischen, technologischen und anderen Errungenschaften bestimmt werden wird, die sich derzeit in der russischen Gesellschaft entwickeln.

Danksagung
Der Artikel wurde finanziell durch die Russian Foundation for Basic Research, Grant Nr. 18-013-00192, unterstützt.

Literaturverzeichnis

Ardashkin, Igor B., Ivanova, V.S., Makienko, M.A., Martyushev, N.V., Pogukaeva, N.V., Pushnykh, V.A., Strelcowa, A.A., Strizhak, P.A., Khaliulina, V.N., Chmykhalo, A.Y. (2017). *Conceptualization of the Russian engineering education of the future: professional and sociocultural grounds*/Collective Monograph Edited by Professor I.B. Ardashkin. Tomsk: STT.

Ardashkin, Igor B. (2018). Smart Technology as a Phenomenon: Conceptualisation of Approaches and Philosophical Analysis. Are Smart Technologies Really Smart? *Vestnik Tomskogo Gosudarstvennogo Universiteta-Filosofiya-Sotsiologiya-Politologiya*, 43, pp. 55-68. DOI: 10.17223/1998863X/43/5.

Ardashkin, Igor B., Chmykhalo, A.Yu., Makienko, M.A., Khaldeeva, M.A. (2018). Smart-Technologies in Higher Engineering Education: Modern Application Trends. *The European Proceedings of Social & Behavioural Sciences EpSBS*, L, pp. 1-8. Internet: https://www.futureacademy.org.uk/files/images/upload/icRPTSS2018FA008.pdf. DOI: https://dx.doi.org/10.15405/epsbs.2018.12.8.

Grunwald, Armin (2017). Assigning meaning to NEST by technology futures: extended responsibility of technology assessment in RRI. *Journal of Responsible Innovation*, 4 (2), pp. 100-117. DOI: 10.1080/23299460.2017.1360719.

Grunwald, Armin (2018). *Technology Assessment in Practice and Theory*. New York: Routledge.

Repo, Petteri, Matschoss, Kaisa (2018). Citizen visions for European futures – methodological considerations and implications. *European Journal of Futures Research*, 6 (1). https://doi.org/10.1186/s40309-018-0149-5.

Sand, Martin (2019). On “not having a future”. *Futures*, 107, pp. 98-106.

Профессиональная идентичность на примере университетской инженерной подготовки г. Томска (Россия)

И.Б. Ардашкин, М.А. Макиенко, А.Ю. Чмыхало

Инженерное образование в мире играет определяющую роль, поскольку человечество уже давно следует по пути научно-технологического развития. Во многом от уровня инженерного образования зависит уровень экономического, социального, технологического и т.д. развития. Обращение к профессиональной идентичности в инженерном образовании будущего выступает в качестве значимого фактора понимания того, как общество в целом, отдельные социальные группы, индивиды сами по себе и другие заинтересованные и незаинтересованные лица представляют место и роль инженерного образования, статуса инженера в дальнейшем.

В основе данной публикации используются эмпирические данные проекта, проводимого при поддержки Российского гуманитарного научного фонда (РГНФ, 2016-17) «Образ инженера новой генерации: профессиональные и социокультурные основания» В рамках проекта проводилось социологическое исследование в августе-ноябре 2016 года среди студентов Томских вузов, готовящих инженеров (Ardashkin et al., 2017).

1. Методы исследования

В ходе осуществления проекта «Образ инженера новой генерации: профессиональные и социокультурные основания» в 2016-17 гг. Использовалась методология количественного обследования. Методом раздаточного анкетирования было опрошено 480 человек (студенты всех курсов и форм обучения трех университетов г. Томска: ТПУ, ТУСУР, ТГАСУ). В качестве принципа отбора применялась случайная многоступенчатая гнездовая выборка. В ходе исследования основной целью было выявление оценок состояния подготовки студентов инженерных специальностей и необходимости изменений в инженерном образовании, а также определялись представления студентов об образе инженера будущего. Математическая обработка материалов опроса была осуществлена с использованием пакета SPSS (Statistical Package for the Social Sciences).

Кроме того, авторы использовали герменевтическую социальную оценку техники (Hermeneutic Technology Assessment) как метод, позволяющий проанализировать и понять результаты проведенного эмпирического исследования, осуществить их экспертную оценку в отношении методологии футурологических исследований (Grunwald, 2014; Sand, 2019). Данный метод относительно нов и имеет пока незначительную практику своего использования (Grunwald, 2019), но он очень перспективен в том смысле, что позволяет рассматривать представления о будущем в индивидуальном ракурсе, что очень важно, учитывая зачастую политизированность и радикальность обобщенных футурологических прогнозов.

2. Образ инженера новой генерации: основные результаты

В рамках данной статьи будет представлена только часть результатов социологического исследования. С полными данными можно ознакомиться в монографии (Ardashkin et al., 2017). Основной фокус исследования был сосредоточен на следующих задачах:

1. Установка мотивов выбора профессии студентов инженерных специальностей, а также их оценки удовлетворенности профессиональным выбором;
2. Выявление мнений студентов относительно целей подготовки инженеров и основных проблем инженерного образования;
3. Определение реакции опрошенных на качество инженерной подготовки в конкретных вузах; оценки условий и возможностей для саморазвития;
4. Описание образа будущего инженера в представлениях студентов;
5. Установление планов на будущее потенциальных специалистов-инженеров.

3. Характеристика участников опроса

В обследовании студентов о качестве подготовки инженеров в томских вузах приняло участие 480 человек. Использовалась случайная многоступенчатая гнездовая выборка, где в качестве первой ступени отбора были вузы г. Томска, второй – факультеты и последней – студенческие группы. В выборку попали студенты инженерных специальностей с первого курса по четвертый Томского университета систем управления (ТУСУР), Томского политехнического (ТПУ) и архитектурно-строительного (ТГАСУ) университетов. Процентное распределение опрошенных представлено в таблице 1.

Таблица 1: Характеристика участников опроса (в %, по вузам, полу и курсам)

	В целом по контингенту	Пол	
		Юноши	Девушки
По вузам:			
ТПУ	55	63	37
ТУСУР	20	54	46
ТГАСУ	25	78	22
Итого	*100*	*100*	*100*

По курсам:			
1 курс бакалавры	24	80	20
2 курс бакалавры	52	64	36
4 курс бакалавры	19	51	49
Магистры	5	78	22
Итого	*100*	*65*	*35*

Доля опрошенных студентов ТПУ составила 55%, студентов ТУСУРа – 20% и инженеров-строителей – 25%. Юношей в общей выборке – 65%, наибольшая их доля (80%) представлена 35%, что соответствует параметрам генеральной совокупности, т.к. на инженерных первокурсниками, а также студентами ТГАСУ и магистрантами (по 78%). Девушек по всему контингенту опрошенных значительно меньше – специальностях наблюдается гендерная асимметрия. Среди участников опроса в основном учащиеся бакалавриата, но имеется и небольшая доля (5% от общего числа опрошенных) магистров.

4. Мотивы выбора профессии

В исследовательской практике традиционно выделяют три мотивационных фактора, обуславливающих выбор жизненной стратегии: ценностные предпочтения, характеристики самой профессии (возможно, особенности вуза) и социальных агентов, т.е. ближайшее окружение – родителей, сверстников и пр.

Говоря о таком мотиве как привлекательность профессии, участникам опроса было предложено оценить и выбрать из совокупности характеристик профессии наиболее значимые для них. Иерархия привлекательных черт профессии отражена на рисунке 1.

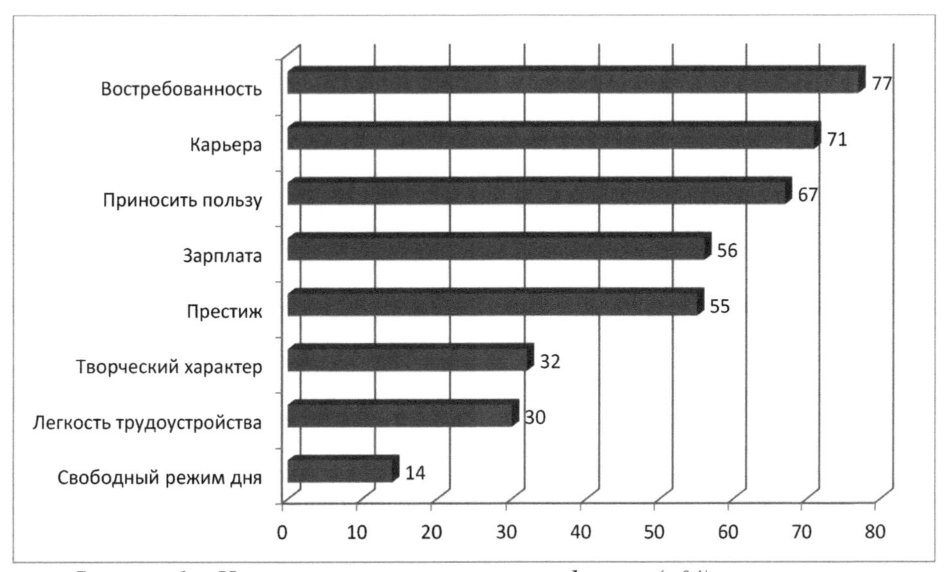

Рисунок 1 – Иерархия характеристик профессии (в %)

В данной иерархии лидирующее положение занимают как прагматические характеристики (востребованность профессии, зарплата), так и статусно-рыночные (карьера, престиж). Но и такая социально-значимая особенность профессии как «возможность приносить пользу людям» так же является мотивом выбора, причем для большей половины опрошенных (67%).

Различий в оценках качеств профессии, связанных с курсом, на котором обучаются студенты, практически нет. Лишь первокурсники чаще указывают на карьеру, как фактор влияния профессионального выбора, а старшекурсники – востребованность профессии в будущем.

Что касается выбора учебного заведения, то основным мотивом почти для каждого второго респондента (47%) являлся – престиж вуза, чуть меньше (43% опрошенных) – привлечены уровнем качества образования данного заведения и возможностью обучения инженерной профессии. Это свидетельствует о том, что будущие инженеры, руководствовались не только статусом, престижем профессии (ведь статус этой профессии пока не столь велик), а собственными намерениями и предпочтениями (Ardashkin et al., 2017).

Установлено, что на мотивационную структуру личности влияют внешние факторы, так называемые социальные агенты, оказывающие влияние на процесс профессионального определения. В этом качестве выступают родители, друзья, учителя и пр. Степень воздействия данных агентов неодинакова. Можно резюмировать, что большинство молодежи, по результатам анкетирования, в профессиональном самоопределении ориентировано на престиж. Престиж современные исследователи разделяют на две составляющие: престиж выбранной получаемой профессии и престиж учебного заведения. Молодежь, стремясь занять престижное место в обществе, ориентируется не только на значимость профессии, но и на престиж вуза, т. к. в настоящее время большую роль при трудоустройстве может играть «качество» диплома. Причем сегодня престиж вуза начинает преобладать над престижем профессии, следовательно, молодежь в первую очередь выбирает вуз, а уже потом рассматривает возможность получения какой-либо профессии именно в рамках этого вуза.

Относительно вопроса об удовлетворенности выбора своей профессии среди опрошенных имеются лица, признающие ошибочность своего выбора, но в целом, больше двух третий участников опроса удовлетворены выбранной специальностью, причем больше половины респондентов руководствовались значимостью данной профессии. Это свидетельствует, пусть и косвенно, о том, что у инженерной профессии есть будущее.

5. Цели подготовки инженеров: мнения студентов

Прежде чем оценивать качество продукта или услуги потребитель должен представлять основные его свойства и характеристики. В этой связи мнения участников опроса относительно целей подготовки инженеров для общества будут не лишними. Больше половины респондентов акцентируют внимание на таких целях как «умения решать проблемы предприятия» и «создание новых технологий» (соответственно, 56% и 55%), несколько меньше – на «обеспечение безопасности человека» (37%). Такой результат как «решение экономических проблем общества» поддержало лишь 13% опрошенных. Суждения относительно целей инженерной профессии не имеют гендерных различий,

Различия в понимании целей инженерной профессии и важности тех или иных навыков и умений зависит от вуза, в котором обучаются участники опроса.

6. Образ инженера будущего глазами современного студенчества

Представления о будущем не только касаются жизненных траекторий молодого поколения, но и их видения, фантазии относительно профессионализма инженера и личностных качеств, необходимых носителю данной профессии. Образ будущего инженера является важной составляющей формирования профессиональной идентичности выпускника-инженера и его повседневных практик. В разделе предпринята попытка описать коллективные идеи, представления, которые позволят обеспечить сплоченность этой группы и общества в целом.

Одна из задач обследования была связана с мнениями опрошенных относительно типических характеристик будущего инженера. На вопрос, какого типа инженер необходим современному обществу, почти каждый второй ответил – «инженер-универсал», 21% – считают, что необходим «инженер-изобретатель», 13% – «инженер-технолог», каждый десятый – «инженер-конструктор» и только 4 % – «инженер-организатор». Эта картина процентного распределения характерна для всех групп респондентов, лишь внутри типажа есть некоторое отличие в оценках. Так, на необходимость инженера-универсала чаще указывают будущие инженеры-строители, на инженера-изобретателя – студенты ТУСУРа, на инженера-конструктора – политехники.

Еще один сюжет заслуживает внимания: мнения респондентов относительно изменений в деятельности инженера через 10-15 лет. Опрошенные в основном затруднились с ответом на вопрос о конкретных изменениях, ожидающих инженерную практику (25% по всему контингенту). Каждый пятый уверен, что повысится ответственность инженера перед обществом, еще меньше (16%) считают, что от инженера потребуется самообучение на протяжении всей жизни и будет востребован творческий подход, 14% – думают, что инженера заменят компьютеры. Доля высказавшихся, что ничего не изменится – мала (8%). Показатель об отсутствии изменений имеет значительные расхождения в оценках респондентов. Самые пессимистически настроенные – это старшекурсники, они почти в пять раз чаще, нежели студенты 1-го курса, указывают на отсутствие изменений (19% против 4%); на этот факт так же ссылаются чаще других юноши и студенты ТУСУРа.

Обнаруживаются расхождения относительно профессионального ядра инженерных занятий в зависимости от вуза. Например, студенты ТГАСУ чаще других считают, что изменится потребность в креативности и творчестве, а политехники – повысится ответственность инженера перед обществом.

Таким образом, в представлениях студенчества портрет будущего инженера выглядит следующим образом. Это инженер-универсал: ответственный, трудолюбивый и целеустремленный индивид, для которого важны и эрудиция, и черты предпринимательства. От него требуются, в первую очередь, навыки делового общения, а также знания в области управления и иностранного языка. Как будет меняться инженерная деятельность – этот вопрос вызывает наибольшее затруднения у опрошенных. Бесспорно, они согласились с тем, что в будущем в инженерной практике еще в большей степени будут востребованы ответственность и творческий подход.

7. Планы будущих инженеров-специалистов

Важность изучения планов и намерений студентов инженерных специальностей связана с тем, что в них отражается, с одной стороны, общественная ситуация, а, с другой, – эта ситуация может влиять на базовые и периферийные мотивы студенческой молодежи, позволяющие выявить факторы, способствующие/препятствующие процессу самоопределения будущих профессионалов.

Исходя из уверенности, что инженерная профессия не устарела, а именно так считает большинство опрошенных (79%), каждый второй из них собирается работать по специальности (56%). Хотя большинство не абсолютное, но доля, заявивших, что не будет работать по профессии – не велика (только 9%). Часть респондентов собирается продолжить обучение (19%), а часть пока не определилась с ответом на вопрос о профессиональном выборе. В зависимости от характеристик опрошенных мнения относительно планов работать по специальности больше всего различаются по курсам и вузам.

Среди тех, кто собирается работать по специальности меньше всего студентов 4-го курса и тусуровцев (37% и 41%). Респонденты из этих групп намерены получить второе высшее образование или устроиться на работу, не связанную с профессией. Но самое большее количество, намеренных переобучиться в группе девушек – 28%.

Кроме того, участникам обследования была задана серия дополнительных вопросов, связанных с различными параметрами места будущей профессии и трудоустройства: предпочитаемый тип организации, технологическое направление, уровень зарплаты и должностной статус.

Если обобщить результаты ответов, то участники опроса высказывались определенно без затруднений о различных параметрах будущей профессии и трудоустройства. Но на прямой вопрос: представляют ли они свое будущее – 61% ответили – нет, каждый четвертый – затруднились с ответом и только 19% высказали уверенное – да. Неопределенность видения будущего зависит от пола: девушки ее демонстрируют чаще, чем юноши (71% против 56%); от курса: для 85% четверокурсников оно призрачно, да и для большинства (80%) студентов ТУСУРа.

Следует отметить, что определенность планов на будущее так же влияет на уровень социального самочувствия, оптимистичность взглядов и на конкретные приметы жизнедеятельности индивида. Исследование демонстрирует, что в группе с высокими материальными притязаниями в два раза больше респондентов, четко представляющих свое будущее, по сравнению с теми, кто высказал сомнения относительно своих перспектив (соответственно, 50% и 24%). И, наоборот, в группе с небольшими притязаниями по зарплате в шесть раз больше тех, для кого будущего пока призрачно (соответственно, 19% и 3%).

Следует добавить, что определенность планов влияет, и на степень удовлетворенности качеством обучения (рисунок 47). Среди тех, кто удовлетворен в полной мере качеством образования 57% уверенных в своем будущем, и на 14% меньше – неуверенных в своих перспективах. В группе неудовлетворенных качеством подготовки в три раза больше тех, кто не имеет определенности видения будущего, т.е. со снижением степени неопределенности планов на будущее, растет доля неудовлетворенных качеством преподавания (Ardashkin et al., 2017). Иными словами, уверенные, оптимистически настроенные студенты демонстрируют высокий уровень притязаний, а также более требовательные к качеству инженерного образования.

Анализ результатов исследования оценок инженерного образования позволяет сделать следующие выводы:

- большинство студентов, в профессиональном самоопределении ориентировано на престиж, разделяемый на две составляющие: престиж выбранной получаемой профессии и престиж учебного заведения. Причем сегодня престиж вуза начинает преобладать над престижем профессии, следовательно, молодежь, в первую очередь, выбирает вуз, а уже потом рассматривает возможность получения какой-либо профессии именно в рамках этого вуза;
- современные студенты в значительной степени ориентированы на материальную составляющую профессии, но материальный мотив доминирует в сознании молодежи не в качестве рационального объяснения своего профессионального выбора;
- участники опроса оценили уровень удовлетворенности профессиональным самоопределением, причем большая часть (74%) из них не сожалеют о выборе, руководствуясь, в первую очередь, собственным пониманием значимости инженерной профессии. Кризис профессионального определения нарастает со временем пребывания в вузе, т.е. возникают серьезные сомнения в правильности своего профессионального выбора, когда уже первые представления о будущей профессии складываются наиболее адекватно;
- опрошенные студенты в целом удовлетворены полностью или частично качеством подготовки в вузе. Каждый второй обучающийся независимо от вуза, курса и пола полностью согласен с тем, что условия подготовки инженера соответствуют современным требованиям. Но относительно конкретных сторон образовательного процесса и конкретных возможностей, предоставляемых вузами для саморазвития и реализации, мнения варьируются в пределах средних оценок и не столь согласованы.;

- ответственность и трудолюбие как лидеры в перечне качеств необходимых инженеру преобладают независимо от типа инженерной деятельности. Остальные качества имеют некоторый разброс мнений. Таким образом, для будущих профессионалов профессия инженера – это не только хранилище знаний и умений, но и различные символические коды, приобретенные в результате учебной социализации в сфере образования, т.к. упомянутые качества востребованы не только в инженерной деятельности, но и в других видах социальных практик;
- в представлениях студенчества портрет будущего инженера выглядит следующим образом. Это инженер-универсал: ответственный, трудолюбивый и целеустремленный индивид, для которого важны и эрудиция, и черты предпринимательства. От него требуются, в первую очередь, навыки делового общения, а также знания в области управления и иностранного языка. Как будет меняться инженерная деятельность – этот вопрос вызывает наибольшее затруднения у опрошенных, однако они согласны в том, что в будущем в инженерной практике еще в большей степени будут востребованы ответственность и творческий подход;
- мнения опрошенных во многом совпадают в понимании целей инженерной профессии: главная – это решение проблем, возникающих в деятельности предприятия, организации и создание новых технологий;
- относительно планов на будущее: каждый второй опрошенный студент собирается работать по специальности;
- смысл и значение инженерной профессии в будущем сегодняшний студент представляет в виде размытой противоречивый системы, что вполне объяснимо противоречивым характером отношений к инженерному образованию и самой инженерной профессии в нашем обществе. Тем не менее, согласно мнению респондентов, инженерное образование имеет будущее и параллельно с развитием общества будет происходить совершенствование системы образования в целом. Определяющими факторами в развитии социально-экономической, политической и культурной сферах жизнедеятельности индивидов становятся внедрение различного рода инноваций;
- и, последнее, для осознания значимости инженерного образования социологические видения пытаются раскрыть значение данного феномена, его сущности, закономерности и перспективы развития, а также выявить влияние данного вида образования на личность, экономику и общество. Поскольку основными потребителями инженерного образования являются не только студенты, вузы (преподаватели), но и государство, то необходимо исследовать и эти аспекты. Например, отношение и представления преподавателей о будущем инженерного образования.

8. Некоторые содержательные следствия проведенного эмпирического исследования о будущем российского инженерного образования (вместо заключения)

Уточнив специфику методологии оценки проведенного эмпирического исследования, приведем на ее основе обобщенный анализ картины российского инженерного образования будущего. Что, собственно, можно понять из полученных результатов?

Начнем с учета общности методологических параметров, о котором писали в предыдущем разделе статьи, что будущее предстает таким, каким его определяют наши способы изучения. В методике изначально закладывалось понимание того, что состояние отечественного инженерного образования оставляет желать лучшего и требует необходимых улучшающих изменений. Это вводилось в методики опроса через схему «вызовов» и «перспектив». В качестве вызовов рассматривались проблемные моменты в состоянии инженерного образования, а в качестве перспектив – то положение, которое должно быть, чтобы эти проблемы преодолеть. Тем самым, перспективы виделись в качестве основных футурологических аспектов развития инженерного образования.

Данная гипотеза подтвердилась, поскольку по результатам исследований не было оценок, согласно которым настоящее состояние инженерного образования признавалось достаточно качественным, не требующим изменений. При этом следует обратить внимание на то, что в зависимости от опыта обучения или преподавания в системе инженерного образования, степень уверенности в его кризисном состоянии повышается (особенно это касается студентов, где среди старшекурсников процент учащихся в осознании перемен существенно увеличивается по сравнению с младшими курсами).

Серьезные перемены в инженерном образовании (перспективы последнего) необходимы – это общее место всех участников опроса, но каковы будут эти перспективы единого взгляда нет, что, собственно, и свойственно для исследований будущего (Repo, Matschoss, 2018). Оно предстает плюралистичным. В этом многообразии будущего можно обозначить определенные общие места: наличие оптимистического и пессимистического сценария. Оптимистический сценарий связывается с быстрой возможностью преодоления барьеров и достижения перспектив, необходимых в развитии российского инженерного образования. Пессимистический сценарий имеет обратный результат: барьеры понимаются как фактически непреодолимые (или почти непреодолимые) и поэтому перспективы видятся как недостижимые, либо достижимые, но в очень далеком будущем.

Нужно уточнить, что оптимистический и пессимистический сценарий связан с социальным положением опрошенных. Очевиден существенный разрыв в оценках между представителями власти и преподавателями вузов. Первые (представители власти) считают, что перспективы инженерного образования посредством смарт-образования самые радужные, тогда как преподаватели более настороженно относятся к этим «радужным» перспективам.

Такой разрыв оценок обусловлен еще и отсутствием традиций диалога между властью и обществом, а также инициативами государства в формировании вызовов (проблем), проведением инноваций, навязыванием структурами разного рода стандартов и технологий, которые не могут в одночасье дать положительного результата, т.к. субъекты, вовлеченные в эти инновации, могут не осознавать степень их значимости и перспектив. Названное может создавать иллюзию протекания нововведений в системе образования, что и демонстрирует анализ мнений участников обследования.

Кроме того, на лицо и возрастные различия в оценках. Более молодые респонденты относятся с оптимизмом к имеющимся перспективам (не все, но большинство), тогда как более старшие по возрасту респонденты более осторожны и менее оптимистичны.

Важно также обратить внимание на связь между представлениями респондентов о занимаемом месте российского образования в мировом пространстве и перечне проблем качества подготовки в конкретном вузе. Те респонденты, кто считает, что Россия занимает ведущее положение в сфере инженерного образования значительно чаще в три-четыре раза не согласны с наличием тех или иных проблем в системе подготовки инженера и, наоборот, те, кто отмечает отставание российского образования, чаще указывают на наличие трудностей. Сближение в оценках происходит только относительно такого фактора, как отсутствие желания выпускников – инженеров работать по специальности.

Необходимо отметить, что респонденты связывают трудности инженерного образования не только с качеством подготовки, но и с социально-экономическими аспектами: слабостью или отсутствием стратегии развития общества, что может свидетельствовать об их уровне социальной зрелости и понимания общей ситуации в стране.

Одновременно участники опросов не только оценили степень наличия проблем в инженерном образовании сегодня, но и высказались с предложениями, что необходимо предпринять, в первую очередь, для повышения качества инженерной подготовки. Все предложения респондентов связаны в основном с финансовыми ограничениями: каждый второй опрошенный независимо от социально-демографических характеристик предлагает, с одной стороны, развивать технологическую базу вузов, а, с другой, – повысить заработную плату инженерам. Но есть студенты, связывающие отставания российского образования с необходимостью создания условий для развития предпринимательских качеств и социально-гуманитарных знаний. Особенно остро это чувствуют юноши и первокурсники: в данной группе каждый четвертый указывает на эти условия. Принадлежность к тому или иному вузу то же практически не отразилась на высказываниях будущих инженеров.

Таким образом, существование противоречий в инженерном образовании говорит о необходимости модернизации устаревших принципов подготовки специалиста. Можно констатировать, что исследование российского инженерного образования будущего во многом определяется теми особенностями социального, экономического, политического, технологического и т. д., которые сложились на настоящий момент в российском обществе.

Acknowledgements
The article was implemented with the financial support of the Russian Foundation for Basic Research, grant № 18-013-00192.

References

Ardashkin, Igor B., Ivanova, V.S., Makienko, M.A., Martyushev, N.V., Pogukaeva, N.V., Pushnykh, V.A., Strelcowa, A.A., Strizhak, P.A., Khaliulina, V.N., Chmykhalo, A.Y. (2017). *Conceptualization of the Russian engineering education of the future: professional and sociocultural grounds*/Collective Monograph Edited by Professor I.B. Ardashkin. Tomsk: STT.

Ardashkin, Igor B. (2018). Smart Technology as a Phenomenon: Conceptualisation of Approaches and Philosophical Analysis. Are Smart Technologies Really Smart? *Vestnik Tomskogo Gosudarstvennogo Universiteta-Filosofiya-Sotsiologiya-Politologiya*, 43, pp. 55-68. DOI: 10.17223/1998863X/43/5.

Ardashkin, Igor B., Chmykhalo, A.Yu., Makienko, M.A., Khaldeeva, M.A. (2018). Smart-Technologies in Higher Engineering Education: Modern Application Trends. *The European Proceedings of Social & Behavioural Sciences EpSBS*, L, pp. 1-8. Internet: https://www.futureacademy.org.uk/files/images/upload/icRPTSS2018FA008.pdf. DOI: https://dx.doi.org/10.15405/epsbs.2018.12.8.

Grunwald, Armin (2017). Assigning meaning to NEST by technology futures: extended responsibility of technology assessment in RRI. *Journal of Responsible Innovation*, 4 (2), pp. 100-117. DOI: 10.1080/23299460.2017.1360719.

Grunwald, Armin (2018). *Technology Assessment in Practice and Theory*. New York: Routledge.

Repo, Petteri, Matschoss, Kaisa (2018). Citizen visions for European futures – methodological considerations and implications. *European Journal of Futures Research*, 6 (1). https://doi.org/10.1186/s40309-018-0149-5.

Sand, Martin (2019). On “not having a future”. *Futures*, 107, pp. 98-106.

Die berufliche Tätigkeit des „Patchwork-Menschen“ in der modernen russischen Gesellschaft

Yana Chaplinskaya

Zusammenfassung:

In diesem Artikel wird der moderne Mensch in Bezug auf die facettenreiche Realität Russlands als ein „zusammengesetztes“ Wesen dargestellt. Genau dieser Facettenreichtum – als neue Kennzeichnung der modernen Gesellschaft Russlands – sorgte dafür, dass die „Ordnung“ verschwand, und brachte „Chaos“ mit sich. Der Mensch bricht die Verbindung mit der eigenen Essenz und wird gezwungen, sich unter den sich verändernden soziokulturellen und beruflichen Kontexten neu zu konstruieren. Der Kern moderner russischer Gesellschaft ist die Suche nach sich selbst durch eigene Problematisierung. Die eigenständige Suche nach sich selbst als eine moderne Möglichkeit ist auch der Schlüssel zum Wohlbefinden der modernen russischen Bürger*innen in ihrem Beruf.

Stichworte:

Berufliche Tätigkeit, „Patchworkidentität“, „Selbst-Fürsorge“, Wohlbefinden im Beruf.

Die Entwicklungen von Technik, Wissenschaft und Medizin verändern das Leben des modernen Menschen, aber gleichzeitig schaffen sie auch neue Herausforderungen. Die moderne russische Gesellschaft zeichnet sich durch dynamische Strukturen aus, die für die Vereinbarkeit von Variabilität und Nachhaltigkeit sorgen. In dieser Art von Gesellschaft richtet sich der Lösungsweg nicht nur auf die Anpassung an die Umwelt, sondern auch auf eine adäquate Reaktion auf Unsicherheit, Komplexität und Veränderungen.

Genau deshalb ist der Kern der modernen russischen Gesellschaft die Suche nach sich selbst mit den Mitteln der eigenen Problematisierung. Dmitri Leontiev schreibt: „Der Sinn aller Suche ist vor allem die Suche nach sich selbst.“ [1] Die Möglichkeit, sich selbst zu finden, zeigt sich in dem, was uns relevant ist. Und uns zu finden in dem, was nicht durch persönliche Bedeutung hervorgehoben wird, ist nicht möglich. Die Komplexität der Lösung dieses existenziellen Problems liegt in der Vielseitigkeit des modernen Menschen und dem Fehlen feststehender Orientierungen.

In seinem Werk „Wer bin ich – und wenn ja, wie viele?“, beschreibt Richard Precht treffend das Gefühl der „Sinnleere“, die ebenfalls aktuell ist für den modernen russischen Menschen. [2] Wegen der fortgesetzten Veränderungen ist die Suche nach sich selbst durch eigene Problematisierung eine ständige Notwendigkeit in der modernen russischen Gesellschaft.

Hinzu kommt gleichzeitig: Der moderne Mensch verbringt die meiste Zeit auf der Arbeit. Die Wahl der Arbeit, das bedeutet, sich selbst zu wählen und seine eigene Bedeutung zu wählen. Die Arbeit kann eine Quelle guter Laune sein, aber auch großer Enttäuschungen, Stress oder mentaler Anregung, der Zerstörung oder der Fülle des Lebens. Die Probleme des modernen Menschen in Zusammenhang mit den beruflichen Aktivitäten zu lösen, erfordert vielseitige und integrierte Lösungen.

Den Zustand des Menschen in der modernen russischen Gesellschaft können wir als „alarmierend" bezeichnen und zwar aufgrund der Tatsache, dass immer dringlicher die Frage nach Lebensqualität und Wohlbefinden gestellt wird. In der russischen Gesellschaft entsteht durch die Informationsüberflutung und die Globalisierung zunehmend eine allgemeine Angst der Menschen.

Der moderne Mensch hat deutlich mehr Pflichten, Gedanken und Sorgen. Der Wunsch, die neuen Anforderungen zu erfüllen, zwingt die Menschen mit anhaltendem „Tempo" Teil der Ereignisse zu sein und die Gesellschaft fordert Erfolgsnachweise ein. Die Persönlichkeit in der modernen russischen Gesellschaft ist über die Maßen in soziale Interaktionen verwickelt. Dadurch wurde das Konzept der „ganzheitlichen" Persönlichkeit nun zu einem der „zusammengesetzten" Persönlichkeit umgewandelt. [3] Der Mensch in der modernen russischen Gesellschaft besteht aus „Teilidentitäten", die wie in einem Kaleidoskop mit den bedeutsamen Realitäten alternieren.

Die Welt um uns herum ist kulturell, sozial, politisch und psychologisch vielfältig. Genau dieser Facettenreichtum, als neue Kennzeichnung der modernen Gesellschaft von Russland, hat die gewohnte „Ordnung" vertrieben und „Chaos" hervorgebracht. Der Mensch bricht die Verbindung mit seiner Essenz und wird gezwungen sich unter den sich verändernden soziokulturellen und beruflichen Kontexten neu zu konstruieren. G. I. Petrowa schreibt: „Lernen, im „Chaos" als „Ordnung" zu leben, das bedeutet ständige „Fürsorge für sich selbst" zu zeigen, sich selbst zu suchen, d. h., seinen eigenen Kern zu suchen." [4]

In der modernen russischen Gesellschaft wird eine Situation geschaffen, in der der „zusammengesetzte" Mensch ständig „für sich selbst sorgen" muss und seine „flüssige" Verfassung zeigt seine Fähigkeit, sich in Übereinstimmung mit einer facettenreichen Realität zu arrangieren. Schwierigkeiten und Probleme schaffen jene Situationen, in welchen die „Sorge" des Menschen hervortritt in seiner Selbstkonstruktion in persönlicher und beruflicher Hinsicht.

Die Aufmerksamkeit moderner Forschung wird nicht zufällig auf die Berufstätigkeit des modernen Menschen gelenkt – eine natürliche Art der Selbstverwirklichung. Oft taucht der Mensch in dem Arbeitsprozess sehr tief ein, was durch geringes Selbstwertgefühl, nicht richtig aufgebaute Arbeitsgrenzen und Ängstlichkeit verursacht ist. In der beruflichen Tätigkeit die Balance zu halten, ist eine Notwendigkeit für die moderne russische Gesellschaft. Die in der beruflichen Tätigkeit investierten Ressourcen müssen der Rentabilität entsprechen. Ansonsten stehen die berufstätigen Menschen vor arbeitsbedingten „Erkrankungen". Eine von ihnen ist das Burnout, das in der modernen russischen Gesellschaft immer häufiger vorkommt, sowohl bei den jungen Berufstätigen als auch unter älteren Menschen. Es scheint, dass dies das Wohlbefinden der Mensch in Frage stellt. Margarita Zhamkochyan weist auf folgende Zeichen professionelles Burnout hin: chronische Müdigkeit (Sinnlosigkeit der Arbeit),

Gereiztheit (als Professionelle nicht anerkannt und nicht geschätzt zu sein) und Persönlichkeitsveränderungen (Gleichgültigkeit und Apathie der Person). [5]. Daher muss eine besondere Aufmerksamkeit auf die beruflichen Tätigkeiten gerichtet werden.

Die Berufstätigkeit des modernen Patchwork-Menschen sollte beanspruchen:

- *Sinn*: Die Tiefenwerte der Person müssen übereinstimmen mit der Richtung der beruflichen Tätigkeit. Die persönliche Mission sollte ihre Realisation in der beruflichen Tätigkeit finden. Tiefe Zufriedenheit sollte sich aus sinnvoller Tätigkeit ergeben.
- *Starke Seiten*: Das eigene Potenzial zu erkennen und zu verstehen und in den beruflichen Tätigkeiten zu entwickeln, ist ein wichtiges Teil der erfolgreichen Existenz des modernen Menschen.
- *Positive Emotionen*: In der beruflichen Tätigkeit eines modernen, „zusammengesetzten“ Mensch gibt es Platz sowohl für Stress als auch für Vergnügen.
- *Berufung*: In der beruflichen Tätigkeit werden Aufgaben gestellt, die dem individuellen "Komplexitätsgrad" entsprechen und das Wachstum und die Entwicklung eines Professionellen innerhalb der zulässigen Belastungsgrenzen sicherstellen.
- *Hoffnung*: Berufliche Aktivitäten finden im allgemeinen Lebenszusammenhang statt und formen den Zustand der persönlichen Arbeit für die Zukunft, für eine Zukunft des Wohlergehens.

Die Praxis einer vernünftigen Einstellung zum Leben, zum Körper, zur Psyche und zu sich selbst ermöglicht es dem modernen Menschen, eine harmonische Existenz aufzubauen. Die Fähigkeit, eigene Gedanken und die Ausrichtung der eigenen Wahrnehmungen aufmerksam zu verfolgen (das Konzept „mindfulness“) ermöglicht es einem „Patchwork“-Menschen der russischen Gesellschaft, während der Gestaltung seiner beruflichen Tätigkeiten sich auch um sich selbst zu sorgen.

Das „klassische” Subjekt war rational und einheitlich konstruiert: Es wurde in der modernen russischen Gesellschaft in ein Subjekt verwandelt, das mehrere Identitäten hat, gezwungen sich ständig zu problematisieren und neu zu konstruieren. Eigenständige „Selbst“-Suche als die moderne Art „für sich selbst zu sorgen“ ist der Schlüssel zum Wohlbefinden der modernen russischen Bürger.

M. Foucault schreibt: Jeder Mensch ist in der Lage, sich mit sich selbst zu beschäftigen und sich um sich selbst zu kümmern: „Niemand ist a priori hiervon ausgeschlossen – ob von Geburt her oder durch sozialen Status. Aber andererseits, wenn auch alle im Prinzip das Potenzial haben, sich selbst zu realisieren, dann ist es doch eine absolute Tatsache, dass nur sehr wenige Menschen wirklich in der Lage sind, sich zu verwirklichen. Ihr Geist, ihre Kraft und ihre Geduld reichen nicht aus, um die Dinge zu Ende zu bringen – das ist tatsächlich das Schicksal der Mehrheit.“ [7] Sich um sich selbst zu kümmern ist keine egoistische Selbstbehauptung, sondern eine spirituelle Praxis, eine Läuterung und Neuschaffung des Selbst, ein Mittel der Selbstentwicklung und der Selbstkontrolle. Sorgen für sich selbst bedeutet nach innen zu schauen, den Blick von der äußeren Welt weg auf die innere Welt zu richten. Sorgen für sich selbst bedeutet gewissermaßen zu verfolgen, worüber man nachdenkt und was im Herzen vor sich geht. [8]

Die beruflichen Aktivitäten des „Patchwork"-Menschen der modernen russischen Gesellschaft sollten die folgenden Techniken der „Selbst-Fürsorge" beinhalten:

- die Problematisierung der beruflichen Tätigkeit durch den Menschen als eine Möglichkeit, nach einer Bedeutung zu suchen, die die qualitative Konstruktion der weiteren beruflichen Tätigkeit fördert,
- Bildung einer Aufmerksamkeit für das eigene Wohlbefinden als Bereitschaft zur Veränderung der sozialen und beruflichen Realität,
- Bewusstsein und Suche nach Möglichkeiten, sich mit einer unvorhersehbaren und unsicheren Realität zu arrangieren,
- die Bereitschaft, die Veränderungen zu akzeptieren.

„Sich um sich selbst zu sorgen“ im Rahmen der professionellen Aktivitäten des Patchwork-Menschen in der modernen russischen Gesellschaft ist somit ein wesentlicher Bestandteil des Weges zum Wohlbefinden. So haben T. Rath und J. Harter in ihrem Buch „Fünf Elemente des Wohlbefindens: Werkzeuge zur Verbesserung der Lebensqualität“ [9] das berufliche Wohlergehen (Karriere, Berufung, Beruf oder Arbeit) als eine der ersten und wirksamsten Voraussetzungen herausgestellt, um allgemeines Wohlbefinden zu erreichen, mit dem Ziel, eine breite Palette von Prozessen und Phänomenen abzudecken, die für den modernen Menschen so notwendig sind.

Literaturverzeichnis

1. Журнал «Psychologies». 2016. – №2. – С. 96.
2. Precht, R. (2007): «Wer bin ich – und wenn ja, wie viele? Eine philosophische Reise». Goldmann Verlag, 2007.
3. Журнал «Psychologies». 2018. – №25. – С. 66–67.
4. Петрова Г.И. (2013): Современный конструктивистский ответ в решении классической педагогико-антропологической проблемы «заботы о себе»//Вестник ТГПУ. – 2013. – № 12(140). – С. 131–134.
5. Журнал «Psychologies». 2017. – №17. – С. 86–89.
6. Журнал «Psychologies». 2017. – №19. – С. 32.
7. Фуко, М. : Герменевтика субъекта. URL: http://royallib.ru/read/fuko_mishel/germenevtika_subekta.html
8. Галиахметова Л.И. Благополучие, субъективное благополучие, удовлетворенностью жизнью: Проблема взаимосвязи//Вестник Башкирского университета. – 2015. – Т. 20. – №3. – С. 1114-1118.
9. Rath T./Harter J. (2010): Wellbeing: The Five Essential Elements. New York: Gallup Press.

Профессиональная деятельность «лоскутного» человека современного российского общества

Yana Chaplinskaya

Аннотация:

В данной статье представлен современный человек как «лоскутный» в связи с многоликостью российской реальности. Именно многоликость как новая характеристика современного российского общества устранила всякий «порядок» и внесла «хаос». Человек в таком обществе становится оторванным от единой сущности и вынужден конструировать себя под меняющиеся социокультурные и профессиональные контексты. В основе современного российского общества лежит поиск себя через личную проблематизацию. Самостоятельный поиск себя как современный способ «заботы» о себе является ключевым в профессиональном благополучии современного россиянина.

Ключевые слова:

профессиональная деятельность, «лоскутный» человек, «забота» о себе, профессиональное благополучие.

Прогресс технологий, науки, медицины меняет жизнь современного человека к лучшему, но и создает новые задачи. Современное российское общества характеризуется динамическими структурами, обеспечивающими сочетание изменчивости и устойчивости. В таком типе общества ключевым становится не только адаптация человека к окружающему миру, сколько адекватная реакция на неопределенность, сложность и изменчивость.

Именно поэтому в основе современного российского общества лежит поиск себя через личную проблематизацию. Дмитрий Леонтьев пишет: «Именно поиском смысла в первую очередь является поиск себя» [1]. Возможность найти себя открывается в том, что для нас важно. Найти же себя в том, что не обозначено личностными смыслами не возможно. Сложность решения данной экзистенциальной задачи заключена в многогранности современного человека и отсутствия статичных ориентиров.

Кроме того, Рихард Прехт в работе «Кто я и сколько меня, если я вообще есть» удачно раскрывает чувство «опустошённого» смысла, которое также актуально для современного российского человека [2]. В силу постоянных изменений, поиск себя через личную проблематизацию является постоянным и необходимым в современном российском обществе.

Вместе с тем, большую часть жизни современный человек проводит на работе. Выбор работы – выбор себя, выбор собственных смыслов. Работа может быть источником хорошего настроения, а также глубочайших разочарований, стресса или душевного подъема, опустошения или полноты жизни. Решение задач, связанных с профессиональной деятельностью современного человека, требует многостороннего и комплексного подхода.

Человека современного российского общества возможно охарактеризовать как «тревожного», и это связано с тем, что все чаще встает вопрос о качестве жизни, о благополучии. В российском обществе тревожность человека вызвана информационной перегрузкой и глобализацией. У современного человека гораздо больше обязанностей, мыслей, забот. Стремление соответствовать новым требованиям вынуждает быть в постоянном «темпе» событий, а общество требует доказательств успешности. Личность в современном российском обществе находится в сверхинтенсивном социальном взаимодействии [3]. Так понятие «целостной» личности трансформировалось в «лоскутную» личность. Человек в современном российском обществе состоит из «лоскутов», калейдоскопически сменяющихся релевантно действительности.

Окружающий мир представлен культурной, социальной, политической и психологической многоликостью. Именно многоликость как новая характеристика современного российского общества устранила всякий «порядок» и внесла «хаос». Человек в таком обществе становится оторванным от единой сущности и вынужден конструировать себя под меняющиеся социокультурные и профессиональные контексты. Точно подмечает Г.И. Петрова: «Научиться жить в «хаосе» как «порядке» – это и означает проявлять постоянную «заботу о себе», самостоятельно себя искать – искать свой собственный стержень» [4].

Создается ситуация в современном российском обществе, при которой «лоскутному» человеку требуется постоянная «забота», а его «текучая» (З. Бауман) сущность свидетельствует о его способности выстраиваться в соответствии с многоликой реальностью. Сложности и трудность создают ту самую ситуацию, в которой актуализируется «забота» как конструирование человеком себя как личностно, так и профессионально.

Современное исследовательское внимание не случайно привлечено к профессиональной деятельности современного человека – естественный способ самореализации. Зачастую человек чрезмерно погружается в рабочий процесс, что вызвано низкой самооценкой, неумением выстраивать границы, тревожностью человека. Баланс в профессиональной деятельности необходим в современном российском обществе. Ресурсы, вкладываемые в профессиональную деятельность должны соответствовать отдаче. Иначе человек сталкивается с профессиональными «болезнями». Одна из них – профессиональное выгорание, встречающееся все чаще в современном российском обществе, как среди молодых специалистов, так и среди пожилых людей. Представляется, что это ставит под вопрос благополучие человека. Маргарита Жамкочьян обращает внимание на следующие признаки профессионального выгорания: хроническая усталость (отсутствие смысла в деятельности), раздражение (чувство непризнанности и неоцененности себя как профессионала), личностные изменения (равнодушие и апатичность человека) [5]. Поэтому необходимо особое внимание к профессиональной деятельности современного человека.

Профессиональная деятельность современного «лоскутного» человека должна иметь [6]:

- *Смысл.* Глубинные ценности личности должны совпадать с направлением профессиональной деятельности. Личная Миссия должна находить реализацию в профессиональной деятельности. Глубинная удовлетворённость проистекает из смысла.
- *Сильные стороны.* Знание и понимание собственного потенциала и его развитие в профессиональной деятельности является неотъемлемой частью благополучного существования современного человека.
- *Положительные эмоции.* В профессиональной деятельности современного «лоскутного» человека есть место и стрессу, и удовольствию.
- *Вызов.* В профессиональной деятельности ставятся задачи, соответствующие индивидуальному «уровню сложности», обеспечивая рост и развитие профессионала в допустимых границах стресса.
- *Надежда.* В общем контексте жизни профессиональная деятельность имеет место и формирует состояние личности работы на перспективу, на благополучное будущее.

Практика разумного отношения к жизни, телу, психике, себе позволяет выстроить гармоничное существование современного человека. Способность замечать собственные мысли и умение концентрироваться (понятие mindfulness) делает возможным для «лоскутного» человека российского общества конструировать профессиональную деятельность, заботясь о себе.

Классический субъект – рационально выстроенный и цельный, в современном российском обществе трансформировался в субъект, который имеет множественную идентичность, вынужден постоянно проблематизировать себя и конструировать. Самостоятельный поиск себя как современный способ заботы о себе являются ключевым в благополучии современного россиянина.

М. Фуко пишет, каждый человек способен заниматься собой, осуществлять заботу о себе: «Никто не исключается априори из их числа по рождению или социальному положению. Но, с другой стороны, если все в принципе способны приступить к практикованию себя, то абсолютный факт, что лишь очень немногие и в самом деле способны заниматься собой. Не хватает духа, силы, выдержки, неспособность довести дело до конца – таков в действительности удел большинства» [7]. Забота о себе – не эгоистическое самоутверждение, а духовная практика, очищение и изменение себя, самосовершенствование и контроль собственной личности. Заботиться о себе – значит обращать взгляд, переносить его со всего внешнего на внутренний мир. Забота о себе предполагает некий способ слежения за тем, о чем ты думаешь, что делается у тебя в душе [8].

Профессиональная деятельность «лоскутного» человека современного российского общества должна включать следующую технику «заботы» о себе:

- проблематизация человеком своей профессиональной деятельности как способ поиска смысла, способствующего качественному конструированию дальнейшей профессиональной деятельности;
- формирование установки на благополучие как готовность быть релевантным меняющейся социальной и профессиональной реальности;
- осознание и поиск возможностей, способствующих соответствию человека непрогнозируемой и неопределенной реальности;
- принятие необходимости изменений.

Таким образом, «забота» о себе в рамках профессиональной деятельности «лоскутного» человека современного российского общества является неотъемлемой частью на пути к благополучию. Так, T. Rath и J. Harter в книге «Пять элементов благополучия: Инструменты повышения качества жизни» [9] выделяют профессиональное благополучие (карьера, призвание, профессия или работа) одним из первых и весомых для достижения благополучия в целом, охватывающего широкий спектр процессов и явлений так необходимых современному человеку.

Список литературы

1. Журнал «Psychologies». 2016. – №2. – С. 96.
2. Precht, R. (2007): «Wer bin ich – und wenn ja, wie viele? Eine philosophische Reise». Goldmann Verlag, 2007.
3. Журнал «Psychologies». 2018. – №25. – С. 66–67.
4. Петрова Г.И. (2013): Современный конструктивистский ответ в решении классической педагогико-антропологической проблемы «заботы о себе»//Вестник ТГПУ. – 2013. – № 12(140). – С. 131–134.
5. Журнал «Psychologies». 2017. – №17. – С. 86–89.
6. Журнал «Psychologies». 2017. – №19. – С. 32.
7. Фуко, М.: Герменевтика субъекта. URL: http://royallib.ru/read/fuko_mishel/germenevtika_ subekta.html
8. Галиахметова Л.И. Благополучие, субъективное благополучие, удовлетворенностью жизнью: Проблема взаимосвязи//Вестник Башкирского университета. – 2015. – Т. 20. – №3. – С. 1114-1118.
9. Rath T./Harter J. (2010): Wellbeing: The Five Essential Elements. New York: Gallup Press.

Bilanz

Заключение

Postsowjetische Identität und (neue) Wertorientierungen? Eine historische Bilanz

Wolfgang Krieger

Wir wollen im Folgenden die Entwicklungsgeschichte des sowjetischen Wertehorizontes und des mit ihm korrespondierenden Menschenbildes in groben Schritten nachzeichnen und dabei den Versuch unternehmen, auf diesem Wege die Grundlagen einer im Weberschen Sinne idealtypischen Konstruktion der „postsowjetischen Identität" zu erarbeiten. Dies soll zuerst geschehen, indem die Wirkungen des sowjetischen Systems auf die kulturelle Identität der Sowjetbürger*innen der Entwicklung der Sowjetstaaten (insbesondere Russlands) entlang bis hin zum Zusammenbruch des Sowjetsystems durch eine Beschreibung der historischen Rahmenbedingungen veranschaulicht werden. Es soll sodann gezeigt werden, dass die Fortführung dieser kulturellen Identität in verschiedenen Gestalten der Positionierung zur Vergangenheit und auch in den sozialen, politischen und ökonomischen Veränderungen in der Zeit der Transformation maßgeblich die „postsowjetische Identität" kennzeichnet und bis in die sozialen und politischen Entwicklungen der Gegenwart hinein das kulturpsychologische Fundament des Identitätswandels darstellt. Auch hier gilt es die politischen Rahmenbedingungen als die Demokratisierung stärkende oder behindernde Kräfte wahrzunehmen und als ermöglichende oder begrenzende Faktoren des Wertewandels, der individuellen Freiheit und der Identitätsbildung auszuloten. Die Suche nach einer neuen Identität pendelt zwischen Traditionalismus, Nachahmung und dem viel beschworenen „eigenen Weg", für welchen Visionen aber meist noch ausstehen.

In einem zweiten Teil wollen wir versuchen, die heute in postsowjetischen Ländern verbreiteten speziellen Identitätsformationen in den Bereichen „ethnische und nationale Identität", „religiöse Identität", „Genderidentität", „berufliche Identität" und die Konstruktion „einfacher kollektiver Identitäten" nachzuzeichnen und ihn ihnen Potenziale für neue Entwicklungen auszumachen. Wir werden dabei immer wieder Bezug nehmen auf die in den Artikeln dieses Buches artikulierten Hypothesen und Perspektiven, um sie in die Gesamtbilanz der Erträge zu unserem Thema einzuordnen.

1. Historische Rahmenbedingungen des Wertehorizonts und der Identitätsbildung

1.1 Sowjetische Identität

Die Erfindung des „Sowjetmenschen"[1] – ursprünglich eine idealisierte Propagandafigur des totalitären Stalinregimes, eine programmatische Vision und keine anthropologische Typisierung, die sich der Rekonstruktion verdankt – war eng in die sozialistische Ideologie Russlands eingebunden, die das Ziel verfolgte, zum einen die sozialistische Gesellschaft zu errichten, zum anderen die Menschen zu Sowjetmenschen zu „transformieren" und so einen neuen Menschentypus zu schaffen. Der „Sowjetmensch" bezeichnete ein Vorbild der sozialistischen Lebensführung im Dienst an der staatlichen Totalität, eine heroische sozialistische Persönlichkeit, deren Dienst am Kollektiv sich als vornehmster Wert seines Handelns und seines Willens darstellen sollte. Er war zugleich die idealisierte Fiktion einer politischen Propaganda[2] wie auch de facto das Produkt des totalitären Staates selbst,[3] der etwa durch die ideologisch-psychologische Arbeit der Schriftsteller (Maxim Gorki) – vom Kindergarten an – in seinen Erziehungs- und Bildungsanstalten, in all seinen öffentlichen Organen, in seinen Zeitungen und seiner Literatur, seinen künstlerischen Darstellungen, in seinen Kinos und in seinen politischen Reden einen kollektiv konformen Menschentypus konstruierte. Dieser geriet zur allumfassenden Bezugsgröße der Identifikation des Sowjetbürgers, dessen Konformitätsregeln ohne Alternativen internalisiert wurden und der von der staatlichen Gewalt daher gar nicht mehr beherrscht werden musste. In der restlosen Verinnerlichung dieses Ideals reproduzierte der so sozialisierte Mensch mit Notwendigkeit die Verhältnisse, die ihn hervorgebracht

---

[1] „Der Sowjetmensch" war erstmalig der Titel eines deutschsprachigen Buches von Klaus Mehnert (1958), in dem dieser in vielerlei Hinsicht seine Eindrücke aus 12 Reisen in die UdSSR beschrieb; 1981 veröffentlichte der Soziologe und Satiriker Alexander Sinowjew in München den Roman „homo sovieticus", in welchem der Sowjetmensch mit seinen zynischen und opportunistischen Zügen karikiert wurde. „Der Sowjetmensch" war auch der Titel eines Forschungsschwerpunkts des WZIOM-Institutes (auch nach seinem damaligen Leiter Levada-Institut genannt) in Moskau und eines umfassenden Berichts von Juri Levada (1993) und von Lev Gudkov (2007a, 2017), dem heutigen Leiter des Institutes. Der Begriff war in der Sowjetunion lange Zeit in sehr positivem Sinne geläufig, er war das Thema in vielen Liedern, Büchern und Filmen, bevor er zur Zeit der Perestroika zur tragischen Karikatur des verfehlten Ideals umschlug und zum Typusbegriff für soziologische Analysen wurde.

[2] Ein idealtypischer Stereotyp war er zugleich im Sinne der sowjetisch sozialistischen Idealisierung wie im Sinne des Weberschen Idealtypus, denn beide Formen des Idealtypus beruhen auf Selektion und Hervorhebung und dienen gerade deshalb auch als analytische Kategorie in Anlegung an die soziale Wirklichkeit (vgl. Berelowitsch 2017).

[3] „Der ‚Sowjetmensch' war sowohl Vorbild ... als auch Maß für die Fleischwerdung dieses Vorbildes, das bei der Darstellung der ‚Umschmiedung', der kommunistischen Erziehung, der Schaffung des ‚echten Menschen', des Kampfs mit den ‚Überresten des Kapitalismus', mit dem ‚Kleinbürgertum' vorgeführt wurde." So schreibt Lev Gudkov (2007b, S. 8).

hatten, und die Mythen, die er zu beschwören hatte – in mancher Hinsicht tut er dies in der postsowjetischen Nachgeschichte der Sowjetzeit möglicherweise bis heute.[4]

Dennoch: Dass diese Restlosigkeit der Verinnerlichung doch allenfalls erwünschter Schein, nicht aber das unentrinnbare Schicksal der Menschen im Sowjetstaat war (vielleicht auch nur, weil jenen ihr *Versagen* angesichts des übermenschlichen Ideals umso deutlicher wurde), offenbarte sich schon in den Siebziger- und Achtzigerjahren in einigen künstlerischen Präsentationen des späten Sowjetmenschen, der im Rückblick auf seine Jahrzehnte lang nur vorgetäuschte Anpassung, seine Ohnmacht und seine gelebte Doppelmoral seine Orientierung und seinen Glauben an die sozialistischen Werte und an das Staatsideal verloren hatte und zu deren anhaltender Artikulation wie auch zu seiner eigenen Lebensführung nur noch ein zynisches Verhältnis gewinnen konnte. In den Siebzigerjahren formiert sich das für die sowjetische Identität und die sowjetische „Lebenskunst" kennzeichnende „Doppeldenken" in den Widersprüchen zwischen Mythos und Realität, ein zwischen den Werten des Sozialismus und den tatsächlich Erfahrungen und gelebten Entscheidungen gespaltenes Bewusstsein, das nun zunehmend Gegenstand der Reflexion wird.[5] In Kinofilmen und in Romanen dieser Zeit gerät der heldenhafte Sowjetmensch zum scheiternden und resignierenden Opfer seiner fehlgeleiteten Überzeugungen, welches vor den Fragen des Lebenssinnes ohne Antwort und Hoffnung dasteht.[6] Die Legitimationskrise des sowjetischen Sozialismus verkörpert sich im Zerfall seines Vertrauens darauf, dass das Ideal überhaupt gelebt werden könnte und gelebt werden sollte. Über zwanzig Jahre hinweg dokumentierte sich in wachsender Eindeutigkeit das Misslingen des sowjetischen Ideals, ideologisch, ökonomisch, politisch, sozial und psychologisch. Ein Vakuum der Werte, Sinnorientierungen und engagierter Lebenshaltungen breitete sich aus, das den meisten Menschen nur noch die Möglichkeit ließ, auf einem bescheidenen Niveau Befriedigung durch gemeinschaftliche Erlebnisse, soziale Anerkennung ihrer Leistungen und kleine private Erfolge zu erreichen. Mit dem eingeschränkten Horizont des Sowjetmenschen, der nur wenig wusste von allem, was außerhalb der sowjetischen Grenzen geschah – so zeigt uns auch die Analyse von Nomeda Sindaravičienė in diesem Buch – war auch eine leichtere Lebensführung verbunden und das Leben in der Unterdrückung wurde möglichst wenig zur Kenntnis

---

[4] Der Begriff des „Sowjetmenschen" oder „homo sovieticus" findet in verschiedenen Bedeutungen Verwendung. Der Übergang von der Beschreibung eines Ideals zur Beschreibung des tatsächlichen Durchschnittsmenschen oder Typus ist fliessend und muss es auch sein, da die sozialistische Ideologie selbst davon ausging, dass der hervorgebrachte heroische Menschentypus dem Ideal schon weitgehend entsprechen würde. Dennoch besteht die Gefahr, den Typus mit einer generalisierten Homogenität der sowjetischen Bürger*innen in eins zu setzen. Dies verfehlt zweifellos die Realität der vielfältigen Entwicklungen in den verschiedenen Sowjetstaaten und Regionen und auch die im Rahmen der sowjetischen Ideologie bestehende Offenheit zur personalen Entwicklung (vgl. kritisch zum Soziogramm des sowjetischen Menschen etwa Gestwa 2018).

[5] Vgl. Fitzpatrick 2005.

[6] Hierfür stehen Filme wie Klimows „*Agonie*" von 1974, Gleb Panfilovs *Das Thema (Tema)* von 1979, Vadim Abdrašitovs *Plumbum oder Gefährliches Spiel (Pljumbum, ili opasnaja igra),* oder die dystopischen Romane und Filme dieser Zeit wie *O-bi, o-ba. Das Ende der Zivlisation* (*O-bi, o-ba. Koniec cywilizacji,* 1984) von Piotr Szulkins Frühwerk *Tage der Finsternis* (*Dni satmenija,* 1988), Alexander Sokurow oder *Briefe eines Toten* (*Pisma mjortwogo tscheloweka,* 1986) von Konstantin Lopuschanski.

genommen, so lange es irgend möglich war. Dem Sowjetmenschen blieb eigentlich nur die Wahl, sich mit den Gegebenheiten im System pragmatisch zu arrangieren und die Sicherheiten in der Arbeit und in der bescheidenen Lebensführung als zuverlässige Errungenschaften zu genießen. Verdrängungsmechanismen und eine fatalistische Haltung waren nicht nur das Wesensmerkmal der Sowjetmenschen der alten und mittleren Generation, sondern auch die zum Zeitpunkt des Zusammenbruchs der Sowjetunion junge Generation, die „teens of perestroika"[7], wurde in diese Mechanismen und Haltungen hineinsozialisiert.

Die immer deutlicher werdende Legitimationskrise des Staates schwächt von der Zeit der großen Rezession an selbstredend die Solidarisierung der Bürger mit dem Staat weiterhin und macht es notwendig, die Härte der Staatsmacht zurückzufahren, um nicht den Widerstand der Bürger zu provozieren. In den letzten Jahren des Sowjetreiches verliert der Kontroll- und Sanktionsapparat des Staates in vielen Bereichen deshalb seine Unerbittlichkeit und Hartnäckigkeit. Desto mehr treten nun aber „weiche" Anpassungszwänge an die Stelle der rigiden Mittel, Seilschaften und Clanherrschaft, Amtsmissbrauch, Klientelismus, Korruption, Vorteilsnahme und allerlei „deals" zwischen Bürger und Staat prägen die Zeit des politischen Umbruchs und untergraben die sozialistische Gleichheitsdoktrin auf allen gesellschaftlichen Ebenen.[8] Die Mittel der Verführung ersetzen in gewissem Umfang die Mittel der staatlichen Gewalt und schaffen eine neue heuchlerische Kultur der Loyalität und eine Hoffnungsmentalität des „anything goes" außerhalb des Gesetzes, mit der man sich auf allen Ebenen zu arrangieren beginnt. Sie wird zu einem Wesensmoment der spätsowjetischen Lebenskunst, die auch in den postsowjetischen Mentalitäten noch Bestand hat. Diese hat in den sowjetischen Ländern bereits eine lange Tradition, erreicht nun einen Stand an Universalität bis hinunter zum „kleinen Bürger", die in der spätsowjetischen Gesellschaft zum pärgenden soziokulturellen Merkmal gerät und sich tief und untilgbar in die Mentalität des Sowjetmenschen eingräbt, weil sie für die Bürger*innen als der letztmögliche Weg erscheint, irgendwie noch Vorteile, kleine Privilegien, Sicherheiten und Wachstumsperspektiven zu erhalten.

Diese Kultur ließ das System noch einige Jahre überdauern, doch der Preis für die kulturelle Identität der Sowjetbürger*innen und ihrer Nachfolger*innen war hoch. Der Grund der Scham hatte sich nun privatisiert: Konnte man sich in den Achtzigerjahren noch seines Staates ob der Repressionen, Willkürakte und Menschenverachtung schämen, ohne doch selbst hierfür irgendwie Verantwortung zu tragen, so hatte man sich nun seiner selbst zu schämen. Die Bedeutung von Abhängigkeiten in formellen und informellen Herrschaftsstrukturen war schon in den Anfangsjahren der Sowjetzeit und in den Zeiten der Massenrepression auf einem hohen Niveau zu bemerken, die späten Jahre der Sowjetzeit führten aber durch die korruptionsgeprägten Beziehungsstrukturen eine neue Dimension der Macht in das gesellschaftliche Leben ein. Dass einerseits in dieser Zeit auf heimtückische Weise eine neue Stufe der Demoralisierung der Bürger erreicht wurde, in welcher nun nahezu jeder in vielerlei Hinsicht sein tatsächliches Leben nur noch vor den anderen verbergen konnte und die Hütung der peinlichen Geheimnisse, das Schweigen um die Gründe der Erfolge und

---

[7] Kruglova 2017.

[8] Vgl. zur Tradition, Funktionalität und Bedeutung von Korruption und sozialen Netzwerken im Sowjetsystem Novikova 2015.

die Tabuisierung alles Persönlichen sich zur kulturellen Normalität emporschwang, darf nicht vergessen werden, wenn man auf die gegenwärtige Kommunikationskultur in den ehemals sowjetischen Staaten schaut. Im Lichte dieser Kultur sind andererseits auch die Kompensationen des Misstrauens zu deuten, die überschwengliche Hervorhebung des Schönen und Klischeehaften, die ritualisierten Komplimente, die Beschwörung des eigenen, stets gleichbleibenden Wohlergehens (dem postsowjetischen Menschen geht es nicht „gut" oder gar „schlecht", sondern stets „normalnoe"), die Bedeutung der gesellschaftlichen Etikette, aber auch die Ablehnung alles Kritischen und jeder Eigeninitiative und die fast moralische Verpflichtung, um des schönen Scheins willen weit über seine Verhältnisse zu leben (zumindest nach außen hin), um bewundert zu werden und bemerkbar aus der Durchschnittlichkeit hervorzutreten. Der Verlust an Individualität, der anfangs durch die repressive Durchsetzung kollektiver Maßstäbe erzwungen wurde, wurde durch den Verlust an Authentizität und Aufrichtigkeit in dieser späten Zeit noch einmal gesteigert. Dass dieser Verlust zudem selbst zu verantworten ist – im Gegensatz zu den Zwangsfolgen der frühen Sowjetzeit – ist nicht nur besonders schmerzlich, sondern insofern regelrecht schicksalhaft, als es aus dieser nun ihrerseits kollektiv sanktionierten Wahrung des schönen Scheins kein Entkommen mehr gibt, es sei um den Preis der sozialen Ächtung.

1.2 „Transformatorische Identität"?

Der Begriff der „Transformation" hat sich allgemein hinsichtlich der strukturbildenden Prozesse nach dem Zusammenbruch der Sowjetunion durchgesetzt. Er suggeriert, dass sich in einer weiterbestehenden Trägersubstanz (etwa der Gesellschaft, der Wirtschaft, der Politik etc.) eine neue systemische Ordnung entwickelt und schließlich als neue „Form" stabilisiert, die im Wesentlichen in einer darauf folgenden *post-transformatorischen* Epoche unverändert bleibt.[9] Der Begriff der Transformation richtet die Perspektive auf die Veränderungen der Form aus, zunächst auf ihre Auflösung, dann auf die Initation neuer Strukturen und schließlich auf deren sich selbst stabilisierende Ordnungsbildung.[10] Dennoch erfordert das Präfix *trans* zudem eine teleologische Interpretation der formbildenden Prozesse, sei es durch ein intentionales Erstreben des neuen Zustandes, sei es durch das automatische Wirksamwerden eines Mechanismus zur neuen Musterbildung. Stärker als der Begriff der Transformation betont diesen Anspruch der Begriff der „Transition", der nahelegt, dass der Zielzustand bereits als bekannt vorausgesetzt werden kann.[11] Wir wollen den Begriff der

---

[9] Der Begriff hat in den Wissenschaftssprachen verschiedener Disziplinen eine durchaus schon längere Tradition, etwa in der Mathematik, der Physik, der Biologie, in der Ökonomie, der Geologie, im Recht und in der Linguistik. So unterschiedlich die damit beschriebenen Phänomene auch sein mögen, so ist ihnen doch zumindest das Moment der strukturellen Neuorganisation eines Sachverhaltes gemein. Allerdings wird keineswegs bei allen so beschriebenen Phänomenen die anschließende Stabilität des neu erreichten Zustandes vorausgesetzt, noch ist sichergestellt, dass es sich hierbei um einen Wandel ganzer Systeme handelt.

[10] Dieser Dreischritt entspricht dem von Merkel und Puhle entworfenen Phasenmodell der Transformation, untergliedert in die Prozesse der *Ablösung*, der *Institutionalsierung* und der *Konsolidierung* (vgl. Merkel 1999).

[11] Vgl. Verdery 1996, S. 15.

Transformation in diesem Sinne hier verwenden und im Folgenden uns auf eine politikwissenschaftliche, kultursoziologische und kulturpsychologische Betrachtung der Transformation konzentrieren.

Ob man die postsowjetische Epoche angesichts der weiterbestehenden durchaus politik- und kulturprägenden Wahrnehmungsprioritäten des Sowjetmenschen in der postsowjetischen Identität wirklich als „Transition", als eine „Übergangszeit" (wohin?) verstehen kann, ist wohl zum einen eine Frage der Tiefe und Verbreitung dieser Prioritäten im Bewusstsein der Menschen, zum anderen eine Frage der Einschätzung der tatsächlichen Relevanz dieser Prioritäten für die praktische Lebensführung in Relation zu anderen konkurrierenden Orientierungen, die von außen, vor allem durch die Neuen Medien, an das Bewusstsein des postsowjetischen Menschen herangetragen werden. Der Dissens zwischen einer strukturell vorhandenen Demokratie und den tatsächlich bis heute weiter existierenden autoritären Regierungsformen etwa in den zentralasiatischen Ländern[12], in welchen die Rechtsinstitutionen in hohem Maße von der jeweiligen Regierung abhängig sind, aber auch die Suche nach hierarchischen Entscheidungsstrukturen und einem „Vater der Nation" mit uneingeschränkter Macht an der Spitze des Staates, Clanmentalitäten und Oligarchendynastien, Beziehungskorruption und Privilegienmanagement deuten an, dass die Entstehung eines bürgerlichen Bewusstseins in vielen Ländern noch immer in den Kinderschuhen steckt und ein Denken in Alternativen zur Sowjetstruktur noch immer schwerfällt.[13] In der russischen Gesellschaft dominiert die Auffassung, dass die Jahre der Perestroika nur eine Phase bodenloser Instabilität zwischen dem unter Breschnew erst stagnierenden, dann erodierenden Sozialismus und der Mitte der 2000erjahre mit Putin beginnenden „Gegenreform" darstellten.[14] Dieser kritischen Phase war kein praktikables Konzept

[12] Haerpfer/Kizilova bezeichnen die verbreitete hybride Kombination von demokratischen und autokratischen Regierungsformen in Zentralasien (mit Ausnahme von Kirgisistan) als „electoral autocrazy" (2019, S. 354). Haerpfer/Kizilova geben in diesem Artikel einen umfassenden Überblick über die (formale) Demokratisierung und Liberalisierung der postsowjetischen Länder. Furman (2007) spricht von „imitation democracies". Kennzeichnend für sie ist, dass etwa durch die Praxis von Wahlen, die Zulassung mehrerer Parteien und die Einrichtung eines Parlamentes eine formal-demokratische Fasade aufgebaut wird, während die Liberalisierung der Wahlen und die Rechte des Parlaments durch die Regierungsautorität doch maßgeblich eingeschränkt werden.

[13] Vgl. Haerpfer/Kizilova 2020, S. 10 f. Allerdings muss man für Russland auch konstatieren, dass die Chancen auf eine Weiterentwicklung einiger unter Gorbatschow und Jelzin hervorgebrachter demokratischer Errungenschaften durch Putin nicht nur leichtfertig vertan, sondern auch sehr nachhaltig durch seine „polittechnologische" Kreation einer Pseudo-Demokratie pervertiert worden sind (vgl. Umland 2008). Für den Schaden am Begriff der Demokratie und für den Verlust des Vertrauens in ihre Glaubwürdigkeit, der durch diese Pervertierung erfolgt ist, wird die russische Gesellschaft noch Jahrzehnte einen hohen Preis bezahlen.

[14] Diese Auffassung ist in Russland selbst relativ stark ausgeprägt, deutlich mehr als in anderen postsowjetischen Ländern, die einen anderen, wenn auch oft nicht weniger vergangenheitsorientierten Weg eingeschlagen haben. Belarus nimmt hier noch eine Sonderstellung ein, da in diesem Land eine Transformation bisher kaum stattgefunden hat, vielmehr die autoritären Strukturen und die sowjetischen Verhältnisse auf Landesebene im Kern erhalten geblieben sind. In den Staaten des Baltikums ist hingegen – erleichtert durch den jahrhundertelang lebhaften Anschluss an Zentraleuropa – die Transformation relativ schnell und

eigen, allenfalls verzweifelte Versuche, am Modell anderer, westlicher Gesellschaftsysteme einen rettenden Anker zu entdecken, der letztlich aber den Grund der russischen Gesellschaft und auch das Vorstellungsvermögen der politischen Elite nicht erreichen konnte. Die Haftung im gewohnheitsmäßig sowjetisch-sozialistischen Denken war so stark und die Kenntnis möglicher Alternativen so schwach, dass die Werte von Glasnost und Perestroika, die Gorbatschow der russischen Gesellschaft gewissermaßen zu einer offenen Aufgabe gemacht hatte, auf keinen fruchtbaren Boden fallen konnten und die Russen lieber ihren Blick auf die alten Gewohnheiten richten wollten, als sich den Mühen einer neuen Vision und dem horror vacui einer nicht verstehbaren Zukunft auszusetzen. Mit der unter Gorbatschow beginnenden kritischen Aufarbeitung der sowjetischen Vergangenheit, des Stalinismus, der Ideologie und der Institutionen richtete sich der Blick zurück, allerdings mehr im Schrecken als in der Begeisterung. Ansätze für eine positive Neukonstruktion einer kollektiven Identität konnten aus der Aufarbeitung des Vergangenen kaum entstehen. Auf der Suche nach neuen Werten und einer neuen kollektiven Identität in der Ära Jelzin mussten daher substanzielle „Anker" der *russkost* (russisches Wesen) und der *russkij samobytnost* (russische Eigenständigkeit) gefunden werden, und dass diese in der vorsowjetischen Zeit zu suchen seien, war eine Entscheidung ohne Alternative. Man fand sie zum einen in der slawischen *sabornost* (Gemeinschaft, Zusammenhalt), zum anderen in der russischen Orthodoxie, die dadurch zur „lichten" Seite der russischen Vergangenheit mythifiziert wurde. Die Aufgabe der Rekonstruktion schien damals Jelzin so bedeutsam, dass er hierfür ein neues Schulfach „Kulturologie" einführte, das später auch Einzug in die universitären Disziplinen fand, und deren Ertrag eine spezielle russische „Zivilisationskunde" erbringen sollte. 1996 gewann der Historiker Gurij Sudakov den von Jelzin ausgeschriebenen Wettbewerb für die „beste nationale Ideologie" mit seinen „Sechs Prinzipien des russischen Wesens".[15] Dieser Schritt der Identitätssuche hinter den Grenzen der Sowjetzeit beendete zugleich die kritische Auseinandersetzung mit der Sowjetzeit – eine Strategie des Wegschauens etablierte sich erneut, die schon die Sowjetkultur selbst geprägt hatte und die nun weiterhin für die Behandlung der russischen Identitätsfrage paradigmatisch werden sollte. Es wiederholt sich auch die sowjetische Routine, ein offenes Problem schlicht durch Dezision und Festlegung zu lösen und Entwicklungen nicht abzuwarten.[16] Man kann daher durchaus die These vertreten, dass Jelzin mit der Wahl dieser Bewältigungsform bereits den Keim der Gegenreform und einer Re-Sowjetisierung der weiteren politischen Entwicklung Russlands gelegt hat.

Der russische Soziologe Lev Gudkov sah aus diesen und weiteren Gründen den Stand der russischen Gesellschaft während der sogenannten Transformation im Wesentlichen nicht als den eines Überganges an, sondern sprach von der „stationären Gesellschaft", deren Entwicklung eher nach rückwärts gewandt erscheint – wir sprachen von der „retrospektiven Identität" – und die infolge ihrer Abwehrmentalität erst gar nicht dazu kommt, Perspektiven für eine modernisierte Gesellschaft hervorzubringen. Solche Retrospektivität war freilich kein russisches Privileg: Nicht wenige

---

entschieden vorangeschritten (vgl. Brusis/Thiery 2003, S. 4), auch wenn lieb gewordene Gewohnheiten der alten Sowjetzeit auch dort bei manchen noch immer für romantische Vergangenheitssehnsucht sorgen.

[15] Sudakov 1996. Vgl. hierzu Ignatov 1997, Scherrer 2014, S. 5.

[16] Vgl. Ignatov 1997, S. 2.

Länder der ehemaligen Sowjetunion hatten mit dem Beginn der Perestroika auch zum ersten Mal die Chance, ihre Opferrolle in der Geschichte ihres Anschlusses an die sowjetische Union zu formulieren und sie möglicherweise mit Narrativen schon vorausgegangener oder nachfolgender Opfersituationen zu verbinden. Auch diese Konstruktionen einer Erinnerungskultur lenken den Blick in die Vergangenheit und sind wenig produktiv für eine Vision der Zukunft. Den Zusammenhang zwischen dieser gesellschaftlichen Stagnation und der Mentalität des postsowjetischen Menschen markiert Gudkov mit dem Begriff der „negativen Identität”[17], also einer Identität, die sich vornehmlich aus der Abgrenzung und Abwehr von (vermeintlichen) äußeren und inneren Gefährdungen konstituiert. Daher ist auch das politische Medium zur Solidarisierung nicht das eines Modernisierungsprogramms, sondern der Kampf gegen diese feindlichen Kräfte zum Erhalt des Status quo oder zur Wiederherstellung eines idealisierten Zustandes der Vergangenheit, also ein Mittel der „negativen Mobilisierung”, wie Gudkov schreibt.[18] Das Land ist vollständig damit beschäftigt, gegen unsichtbare innere und äußere Feinde zu kämpfen. Wenn es ein entelechiales Potenzial des Postsowjetischen gibt, so liegt es eingefroren und begraben im Schutt und unter der Asche dieses lähmenden Krieges. Die perspektische Frage *Wer wollen wir sein und wohin gehen wir?* bleibt vorerst (nun schon dreißig Jahre) unbeantwortet und die postsowjetische Identität ist gekennzeichnet von der Stagnation in der Ungelöstheit dieser Frage.

Die Studien des Levada-Zentrums in Moskau haben nicht nur den „Sowjetmenschen” gekennzeichnet, sondern wegweisend auch letztlich seine Entwicklung zum „Postsowjetmenschen”. Die von Jurij Levada herausgegebene Studie „Die Sowjetmenschen 1989-1991 – Soziogramm eines Zerfalls” und insbesondere die über Jahrzehnte hinweg kontinuierliche Arbeit von Lev Gudkov an einer rekonstruierenden Anthropologie des Sowjetmenschen (Homo sovieticus, Советский человек), die in der postsowjetischen Identität ihre epochale Fortsetzung findet, sind die wohl markantesten Zeugnisse einer wiedererwachten Selbstreflexion der Gesellschaft in der Instanz des Levada-Zentrums, welches wie kein anderes für die Wiedererstehung der Soziologie in der spätsowjetischen Zeit steht.[19] Das Zentrum analysiert nun seit 33

---

[17] Gudkov 2014.

[18] Gudkov 2017, S. 221 ff. Diese „negative Identität“ des postsowjetischen Menschen ist zweifellos auch ein politisches und mediales Produkt. Nicht nur in Russland werden die Konstrukte nationaler Identität vor allem durch Anleihen an einer vor allem durch äußere Einflüsse bedrohten Originalität gebildet bzw. durch „Abstoßung“ von den benachbarten Gesellschaften und Kulturen durch ein „so sind wir nicht“. Doch gerade für Russland ist diese negative Identität in Hinsicht auf geopolitisches Expansions- und Kooperationsbestrebungen besonders fatal, da sich auf negative Identität kein internationales Solidaritätspotential aufbauen lässt, vielmehr deren Fehlen das Land immer weiter in die Isolation treibt. Misstrauen gegenüber dem „großen Bruder“ prägt daher auch in den kooperativen Beziehungen zu den postsowjetischen Ländern, etwa innerhalb der eurasischen Wirtschaftsunion, die Kommunikation. Wer es sich leisten konnte, ist dieser Union von vornherien gar nicht beigetreten.

[19] Unter der Regierung Breschnews war 1972 der Vorläufer dieses soziologischen Zentrums unter Leitung von Levada geschlossen worden, nachdem Levada – unter anderem wegen der russischen Invasion in der Tschechoslowakei 1968 – immer wieder kritische Kommentare zur politischen Führung der UdSSR veröffentlicht hatte. Auf Initiative Michail Gorbatschows und unter Leitung von Tatyana Zaslavskaya entstand das Institut (unter dem Namen

Jahren in weitgehender Unabhängigkeit von der Regierung klassische ökonomische, soziale und mentale Parameter der russischen Gesellschaft, insbesondere auch Fragen der Lebensführung und der sozialen Struktur, betreibt Marktforschung und Meinungsforschung und untersucht kontinuierlich die Aktzeptanz der russischen Politik bei der Bevölkerung. Das Projekt „Der Sowjetmensch" war noch bis 2008 eines der Schwerpunktprojekte des Zentrums, es wird durch kontinuierliche Meinungsforschungsprojekte bis heute fortgesetzt. Seine Studien bilden mit die wichtigsten Grundlagen für die Rekonstruktion der russischen Mentalität heute vor dem Hintergrund der Geschichte des Landes.

Die spätsowjetische gesellschaftliche Realität hinterlässt den postsowjetischen Gesellschaften bereits eine in ihrer Historie beispiellose „Bodenlosigkeit" im Blick auf Wertorientierungen. Es wäre daher völlig verfehlt, wollte man historisch die Wertekrise allein oder auch nur in erster Linie als eine postsowjetische Krise der Transformation interpretieren. Auch wenn in den spätsowjetischen Gesellschaften die sozialistischen Wertorientierungen noch immer in den politischen Verlautbarungen und in der gesellschaftlichen Öffentlichkeit proklamativ beschworen und junge Menschen in diese Sprachkultur hineinsozialisiert worden sind, war die tatsächlich orientierende Kraft dieser Werte bereits zersetzt und ihre legitimative Macht hoffnungslos untergraben, so dass man aus der soziokulturellen Analyse heraus bereits ein Vakuum der Werte diagnostizieren kann, welchem die artikulierte Propaganda nur noch scheinbar widerspricht. Öffentliche Sprache und gelebte Verbindlichkeit sind soweit auseinandergefallen, dass die postsowjetische Feststellung einer Wertekrise kaum mehr ist als die Stunde der Wahrheit über den Zustand der sowjetischen Mentalität. Wenn heute in Putins Russland auch im Bereich der Wertorientierungen eine „Re-Sowjetisierung" verfolgt wird, dann kann sie sich nicht auf die maroden spätsowjetischen Verhältnisse beziehen; sie muss vielmehr diese Wertbegriffe neu erfinden und inhaltlich erfüllen. Ob dies gelingen kann, wenn sich der Blick nur zurück in die Vergangenheit richtet, zugleich aber eine sozial unbegrenzte kapitalistische Wirtschaft die Transformation bestimmen soll, ist mehr als fraglich. Selbst wenn es einen solchen russischen „eigenen Weg" geben sollte: Es wird entscheidend sein, ob das ideologische Vakuum, dass die russische Politik und auch die Gesellschaft erfüllt, durch neue Visionen überwunden werden kann oder nicht.

Die postsowjetischen Gesellschaften zahlen heute auch den Preis für die Glaubwürdigkeitsverluste der Sowjetzeit, für das Versagen vor den eigenen Maßstäben, die doch immerhin das moralische Fundament der gesellschaftlichen Ideologie, den Sinn des Ganzen, darstellten. Mit den falschen Versprechungen ihrer Regierungen ist nicht nur der Glaube an die Regierenden selbst zusammengebrochen (nicht nur an ihre Fähigkeiten, sondern auch an ihre Loyalität) und an den humanen Wert der Ideologie

---

VTsIOM, Sowjetisches Zentrum für Studien zur Öffentlichen Meinung) 1987 neu. Nach dem Verbot des Namens durch den Föderalen Antimonopoldienst Russlands wurde das Institut 2004 umbenannt in Juri-Levada-Analyse-Zentrum. Das Zentrum überstand nicht ohne Risiko 2013 und 2016 schwere Anfeindungen als „ausländischer Agent" in Verbindung mit dem Vorwurf, seine Arbeit würde durch die USA finanziert. Es war dem erbitterten Widerstand seines neuen Leiters Lev Gudkov zu verdanken, dass sich die russische Führung nicht den Verdächtigungen der Anti-Maidan-Bewegung anschloss, sondern das Weiterbestehen des Zentrums nach einiger Zeit der vorläufigen Schließung doch begrüßte.

schlechthin, sondern auch der Glaube an den Wert moralischer Maßstäbe selbst, der Glaube daran, dass sie lebbar seien und für etwas Sinn- und Wertvolles stünden. Nichtsdestoweniger blieben die bestehenden Normen dennoch pragmatisch in Gültigkeit, um das gesellschaftliche Zusammenleben noch irgendwie zu sichern.

Die Inhaltsleere von Wertorientierungen bleibt auch der Psyche des postsowjetischen Menschen eingeschrieben und tritt zuweilen hervor in Gestalt einer recht rigiden Ersatzorientierung an konventionellen Normen, deren sinnhafte Ableitung aus übergeordneten Wertüberzeugungen nicht mehr nachzuvollziehen ist. Dies betrifft auch Normen von unterschiedlicher ethnischer Provenienz (etwa religiös begründete Normen) in den verschiedenen postsowjetischen Staaten, die „subkutan" auch während der Sowjetzeit noch überlebt hatten, auch wenn ihre Legitimation ausgelöscht oder verloren gegangen ist. Eben die mangelnde Rückbindung der Normen an übergeordnete Werte kann als Ursache dafür angesehen werden, dass konventionelle Normen – mangels neuer Legitimationspotenziale – sogar besondere Verbindlichkeit erhalten und sozial hart sankioniert werden. Sie retten einen letzten Halt an moralischer Identität, den Anker des Traditionellen, auch wenn man die Gründe für deren Moral nicht mehr kennt. Es ist leicht zu verstehen, dass in dieser Situation eine ethische Re-Legitimation der Moral durch eine schon vor der Sowjetzeit bestandene Wertekultur erstrebt wird; diese Wertekultur muss aber mühsam erst wieder (re)konstruiert werden. Im Blick zurück soll dem verbliebenen Normensystem ein Fundament gefunden werden, welches sich schon einmal bewährt hatte oder auch nur hätte, wenn es nicht von den sowjetischen Verhältnissen ruiniert worden wäre. Dieses altneue Fundament muss nun so konstruiert werden, dass es nicht nur alte Werte um des Traditionellen willen enthält, sondern auch Werte, die die Vereinbarlichkeit eines gelingenden Staates mit einer gelingenden Gesellschaft und einer gelingenden individuellen Lebensführung versprechen. Es bildet die Basis für die Konstruktion einer „retrospektiven Identität" und für die heute allenthalben konstruierten nationalen und ethnischen Mythen über eine ehemals existierende kollektive Identität, die man wieder zu beleben hätte. Dennoch bleibt das Manko, dass eine solche, zudem recht spekulativ rekonstruierte Wertebasis historisch überholt ist. Der Preis für den Legitimationszerfall der sowjetischen Ideologie ist heute die Hilflosigkeit, eine prospektiv ausgerichtete kollektive Identität zu entwerfen. Um ein Bild zu bemühen: Man kann kein neues Haus bauen, wenn man keine Steine und keinen Mörtel hat; man kann nur ein altes Haus wieder beziehen.

Das mangelnde Vertrauen in Werte steht auch in Verbindung mit einem nach wie vor „gepflegten" Bedrohtheitsbewusstsein, welches zuerst im stalinistischen Verfolgungswahn gegenüber (vermeintlich) konterrevolutionären Kräften im Inneren und dann in der sowjetischen Propaganda in der Zeit des Kalten Krieges gegenüber dem Westen ebenfalls einen unausweichlichen Einfluss auf die Mentalität des Sowjetmenschen hatte.[20] Dass es immer gälte, einen äußeren Feind abzuwehren, Spionage und

[20] Historisch hat die (Selbst-)Isolation Russlands und die daraus für Russland entstehende „Atmosphäre einer umzingelten Festung" (Bulinskyi 2017, 21) weit zurückreichende Wurzeln. Sie beginnt wohl spätestens in der Abspaltung der russisch-orthodoxen Kirche 1045 von den anderen christlichen Kirchen, setzt sich fort mit der Abgrenzungspolitik Wladimirs zur inneren Stabilisierung des russisch-orthodoxen Staates im 13ten Jahrhundert und

Einflussnahme durch westliche Mächte und innere „Gefährder" aufzuspüren und zu neutralisieren, diese über viele Jahrzehnte hinweg immer weiter gesteigerte Haltung des Misstrauens hatte in der Weltsicht des Sowjetmenschen eine paranoide Grundstruktur seiner sozialen Wahrnehmung hervorgebracht, die sogar bis heute – etwa in der russischen Innen- und Außenpolitik – wie eine Leithypothese zur Deutung der gesellschaftlichen Bewegungen zum einen und der internationalen Beziehungen zum anderen fortbesteht und kooperative Kommunikation erschwert. Paradox verkehrt hat sich nun die Aufmerksamkeit der propagandaverwöhnten ehemaligen Sowjetbürger*innen, die in den Zeiten der Perestroika gelernt haben, die Propaganda zu kritisieren, gegenüber propagandaverdächtigen Ereignissen im Westen, die überall vermutet werden, wo es soziale Proteste gibt. Von vielen Menschen in den postsowjetischen Staaten wird das Interesse von Ausländer*innen an den Strukturen ihres Landes, an ihrer Kultur, an ihren sozialen Beziehungen und Lebensbedingungen etc. noch immer zu allererst als „Spionage" wahrgenommen, entsprechend abwehrend erwidert und hinsichtlich seines profanen Eigenwertes für den westlichen „Feind" hinterfragt. Das Misstrauen den anderen gegenüber sitzt tief, auch wenn zugleich das Interesse am Fremden sie wieder faszinierend macht.

Nicht anders verhält es sich mit der Wahrnehmung der sozialen Innenwelt, in welcher „innere Feinde" vermutet werden, „Systemfeinde", die der staatlichen oder gesellschaftlichen Einheit Schaden zufügen wollen und durch destabilisierende Einflüsse oder gar Revolutionen den Zerfall von Staat und Gesellschaft vorantreiben möchten.[21] Dieser stalinistische Skeptizismus nach innen hatte die Höhe eines nicht mehr zu beschwichtigenden Verfolgungswahns erlangt, wie die Zeit der Massenrepression (Zeit des Großen Terrors) mit erschreckender Deutlichkeit dokumentiert.[22]

---

schließlich auch mit der europafeindlichen Bildung des Moskauer Zentralstaates im fünfzehnten Jahrhundert.

[21] Beide „Feindschaften" finden sich vereint in der inzwischen in der postsowjetischen Weltpolitik regelrecht zur Mode geratenen Behauptung, dass die „inneren Feine" (etwa Demonstranten oder kritische Blogger) vom Ausland, also von den „äußeren Feinden", zum Widerstand angestachelt, verführt, gekauft oder gar erpresst würden und daher der eigentliche Impuls des Kritischen nicht etwa inneren Unstimmigkeiten, sondern der Lügenmoral der äußeren Feinde entspringt. Der innenpolitische Effekt ist ein doppelt lohnen-der: Die Bedrohung von außen eint das Volk, während zugleich der innere Widersacher als Opportunist stigmatisiert und seine Kritik so jeglicher Bedeutsamkeit entleert wird.

[22] Die wahnhafte Wahrnehmung einer Bedrohung von innen, die in der Zeit der Massenrepression jedes irgendwie rational noch nachvollziehbare Maß verloren hatte, zeigte sich etwa daran, dass Stalin die Zahl der inneren Feinde durch eine willkürliche Quotenregelung der Liquidationen, Verhaftungen und Verbannungen für alle sowjetischen Oblaste und Länder festlegte, die durchweg durch die Erfüllungsgehilfen dieses Regimes in den Ländern und Oblasten – sozusagen zur Sicherung der Zielerreichung – sogar noch übertroffen wurde, quantitativ durch die Überschreitung der Liquidationszahlen und qualitativ durch die Terrorisierung der gesamten Bevölkerung und durch die unsäglichen Qualen und menschenverachtenden Gefängnisbedingungen für die Inhaftierten. In der „Genealogie der kollektiven Identität" (Roginskij 2017, S. 81) in Russland ist die Verherrlichung Stalins dennoch bis heute erhalten geblieben, vergoldet vom Sieg im Großen vaterländischen Krieg; daneben steht die unschöne Erinerung an die Zeit des Großen Terrors, die den Nimbus des Schicksalhaften trägt und so von der „moralischen Frage" ferngehalten wird. Man gedenkt heute zwar mehr der Opfer, aber man schweigt noch immer über die Täter (ebda 82 ff.). Sie

Solcher Wahn zieht seine Besessenheit aus der Einschätzung einer Gefahr, die das Wohl der Gesellschaft (oder der Regierenden) offenbar existenziell bedroht und die nicht anders als durch rohe Staatsgewalt noch beherrscht werden kann. Stets galt es, die Gesellschaft zu reinigen, zu läutern, das Störende auszumerzen. Der Gedanke an einen Dialog mit den „Abweichlern“ oder gar an ein demokratisches, sich wechselseitig befruchtendes Nebeneinander von pluralen Kräften ist einem solchen diktatorischen Staatsverständnis vollkommen fremd. Die „negative Identität“ der Abwehr produziert notwendigerweise eine Kultur der Intoleranz. Man kann daher durchaus Zweifel hegen, ob eine demokratische Wertebasis in postsowjetischen Gesellschaften überhaupt eine Durchsetzungschance habe, wo doch die Historie kaum ein paar Jahre vorzuweisen hat, in welchen demokratische Werte maßgeblich werden sollten, und wo doch zugleich festzustellen ist, dass die postsowjetischen Gesellschaften auf eben diese Jahre zu alledem nur mit Verachtung herabsehen und sie als Jahre der Schwäche und des Verrats am liebsten aus ihrer Geschichte tilgen würden.

Wenn heute in vielen postsowjetischen Staaten das allgemeine Vertrauen in die Mitmenschen, wie es die Studien von Inglehart etwa zeigen,[23] ausgesprochen niedrig ist, so ist dies zum einen die Folge einer fast hundertjährigen sowjetischen Geschichte des Misstrauens und der Verfolgung, zum anderen nun jedoch auch der postsowjetischen Enttäuschungen, der Konkurrenzerfahrungen und des Kampfes um materielle Sicherheit, die eine Haltung der Reserviertheit (und komplementär der gespielten Vertraulichkeit) kultiviert hat.[24] Das fehlende mitmenschliche Vertrauen ist ein erhebliches Handicap hinsichtlich des gesellschaftlichen (und letztlich auch ökonomischen) Fortschritts, denn es verhindert Solidarität und Initiative, untergräbt Kooperativität und gemeinschaftliches Durchhaltevermögen und schwächt die Risikobereitschaft im gemeinschaftlichen Handeln – im Kleinen wie im Großen. Mangelndes Vertrauen ist ein lähmender Faktor in der Vision einer gemeinsamen Zukunft, er stärkt pessimistische Erwartungen und verschließt den Blick auf die vorhandenen Ressourcen. Weiterhin ist die Welt der Menschen gespalten in eine offizielle Welt des Systems, eine stets politisch ideologisierte Öffentlichkeit, in welcher man konform, unauffällig und diskret seine Rolle zu spielen hat, an deren Erfolg und Weiterentwicklung man aber persönlich kein Interesse hat, und informelle Netzwerke, in welchen verbindliche Erwartungen bestehen und in denen man seine wirklichen Erfolge vorbereitet. Letztlich vertraut der postsowjetische Mensch nicht anders als der sowjetische auf die Ressourcen seiner informellen Netzwerke, die tatsächlich auch die eigentlich wirkende Kraft in den Systemen bilden. Mit den Mitteln einer *informellen* Wirtschaft haben die Sowjetmenschen nicht nur die Härten der spätsowjetischen Zeit und des Zusammenbruchs des Systems leidlich bewältigt, sondern bis heute – entgegen dem offiziellen Erscheinungsbild der Transformation – auch die fortbestehenden Probleme des Umbruchs.[25] Mit dieser Priorität der informellen

---

erhalten keine Namen, man kennt nicht ihre Motive, nicht ihre Geschichte, nicht ihre Verantwortung.

[23] Vgl. die Ergebnisse zur Auswertung der Inglehartschen WVS-Studie 2014 im Artikel zum Wertewandel von Krieger in diesem Buch zu Variable 24, ferner die diesbezüglichen Aussagen in den Artikeln von Sindaravičienė und Mkrtchyan.

[24] Zum Mangel an Vertrauen in postkommunistischen Gesellschaften vgl. beispielsweise die Analyse von Makulavičienė (2008) für die Situation in Litauen, insbesondere S. 348 ff.

[25] Vgl. Novikova 2015, S. 189.

Bewältigung eng verbunden sind korrupte Arrangements zu Lasten Dritter, die folgerichtig das gesamte System durchwirken, von alltäglichen Beziehungen im Beruf bis zu den politischen Eliten. Der Preis, der für diese Priorität zu bezahlen ist, liegt in der Bedeutungslosigkeit und mangelnden Wertschätzung von Qualifikation, Kompetenz und Professionalität, in der Unzuverlässigkeit von Vereinbarungen auf formeller Ebene und der Nichtigkeit formaler Ansprüche, im Aushebeln rechtsverbindlicher Verfahren, in der Unwirksamkeit formeller Verantwortung und der so bedingten Schwäche des Vertrauens in andere und letztlich in der Verhinderung bestmöglicher Lösungen und damit eines wünschenswerten gesellschaftlichen, staatsbürgerlichen und ökonomischen Fortschritts.

Durch das Fortbestehen von Übervorteilung und Korruption erhält das generalisierte Misstrauen weiter Nahrung. Es drückt sich aus in der hohen Bereitschaft, bei anderen überall Motive der (illegalen) Vorteilsnahme zu vermuten und etwa humanen, christlichen Handlungsmotiven gegenüber mit einer allgemeinen Skepsis zu begegnen. Der Mangel an allgemeinem Vertrauen wird zudem kompensiert durch ein erhöhtes Niveau des innerfamilialen Vertrauens. Dieses wiederum führt zu stärkeren Bindungen innerhalb der Familien und ihrer Verwandten, zur Verabsolutierung von Loyalitätserwartungen, zur Bevorteilung von Verwandten im Sinne der Beziehungskorruption und zur Stabilisierung der Clanstruktren. Infolge des Loyalitätsdrucks und der so entstandenen Machtstrukturen ist allerdings die Authenzitität dieses Vertrauens prinzipiell eingeschränkt. Der Mangel an Vertrauen wie auch seine Kompensation führen zur Spaltung der postsowjetischen Lebenswelt in eine von Misstrauen und Distanzierung geprägte gesellschaftliche Sphäre und eine rituell vertrauensbasierte Familien- und Clanwelt. Diese Spaltung schwächt die Anerkennung des Staates, die Partizipationsbereitschaft und die Normenbindung der Bürger, sie provoziert möglicherweise sogar Widerstand gegen staatliche Regelungen, die nicht auf ihren vernünftigen Gehalt befragt, sondern als Schikanen der Machtdemonstration verstanden werden.[26] Sie verhindert schießlich die Entstehung eines Bürgerbewusstseins, das Verständnis von Gesellschaft als *Aufgabe* und die Entwicklung einer gesellschaftlichen Solidarität, die auf demokratischem Engagement beruht[27]. Damit ist der Mangel an Vertrauen nicht nur eine der maßgeblichen Ursachen für die Stagnation im materialistischen und traditionalistischen Wertebewusstsein, sondern auch ein systembedingtes Defizit hinsichtlich der Vorausetzungen bürgerschaftlichen Engagements. Was Wolfgang Merkel über die postkommunistischen Länder Osteuropas schreibt, gilt nicht minder für die postsowjetischen: „Die vor dem Staat geschützte gesellschaftliche Sphäre, in der sich Berufsgruppen, soziale Schichten oder kulturelle Strömungen selbst organisieren oder artikulieren können, existiert in autoritären Regimes kaum oder nur in observierten Nischen. Die postkommunistischen Gesellschaften müssen selbst im Vergleich mit dem fast 50 Jahre währenden autoritären Regime Portugals als atomisiertes ziviles Ödland angesehen werden. Die kommunistischen Regime hatten nahezu alle Organisationen und Initiativen autonomer gesellschaft-

[26] Vgl. Manusyan in diesem Buch.

[27] ... und nicht auf dem Bewusstsein einer Schicksalsgemeinschaft, welches heute als Relikt der spätsowjetischen Zeit in vielen postsowjetischen Gesellschaft noch immer dominiert.

licher Interessensartikulation und Aggregation unterdrückt und durch staatlich gesteuerte Massenorganisationen ersetzt."[28]

Frühe, noch auf den Erfahrungen mit Gorbatschow beruhende Einschätzungen[29] hinsichtlich einer Hinwendung zu postmaterialistischen Werten in Russland – seitens einiger Oppositioneller und vor allem der russischen Jugend – haben sich als vorschnell und revisionsbedürftig erwiesen.[30] Die Analysen der Internationalen Jugendstudie von Claßen und Boehnke u. a.[31] zeigten unmittelbar nach dem Zusammenbruch der Sowjetunion ein sprunghaftes Ansteigen von Individualismus in Russland, der jedoch in den Folgejahren schon zunehmend dem immer schon bestehenden Kollektivismus wieder das Feld überließ.[32] Dass in der Ära nach Gorbatschow als Reaktion auf das zum Anfang der Transformationsphase geschwächte Selbstvertrauen der Russ*innen eine Kehrtwende hin zu konservativ-nationalistischen Prioritäten entstehen würde, war erst Mitte der 2000erjahre deutlich erkennbar. Die zu Anfang der Jahrtausendwende (bis 2007) sich stabilisierende Wirtschaft in Russland erweckte den Anschein, dass die für die Entstehung postmaterialistischer Werte notwendigen Wohlstandsvoraussetzungen in Bälde gegeben wären; allerdings blieb dabei außer Acht, dass es auch unter diesen Voraussetzungen – nach den Ergebnissen der Inglehart-Studien zum Wertewandel[33] – in der Regel eines Generationenwechsels bedarf und somit ein solcher Effekt erst etwa zwanzig Jahre nach Eintreten günstiger ökonomischer Voraussetzungen zu erwarten ist. Ferner begann die russische Wirtschaft bald darauf schon zu schwächeln und viele ökonomischen Gewinne erreichten die Bevölkerung überhaupt nicht. So wurde eine Phase des relativen Sicherheitsbewusstseins tatsächlich in keiner Generation erreicht und so sehr sich die mittlere Generation auch um Steigerung und Stabilisierung des Wohlstandes bemühte, vermittelte sie letztlich der jüngeren Generation doch nur das Bild, dass man sich um einer auch nur mäßigen Sicherheit willen ein Leben lang abrackern müsste und keine Gelegenheit zum Geldverdienen oder Geschäftemachen auslassen dürfte.[34]

Missachtet wurde wohl auch, dass das Verständnis für Sinn und Hintergrund postmaterialistischer Werte in Russland und wohl auch in den meisten postsowjetischen Ländern überhaupt allenfalls einer hoch gebildeten Elite vorbehalten blieb, nicht aber der breiten Öffentlichkeit vertraut gemacht wurde und auch in den Neunzigerjahren nicht in das Bildungssystem eingedrungen ist. Bis heute unterstützt eine Mehrheit von jungen Russ*innen loyal das autoritäre Regime in Russland und dessen Kurs und stellt nationalistische und traditionalistische Werte über demokratische Werte wie Toleranz Andersdenkenden gegenüber, Chancengleichheit oder Transparenz von

---

[28] Merkel 1994, S. 470 f.
[29] Etwa Gipson & Duch 1994, Saarniit 1995, noch Beyer 2001.
[30] Ein wesentlicher Grund für den überschwenglichen Optimismus zum transformativen Fortschritt waren in den Neunzigerjahren die Vereinnahmung der Beobachtungen und die Prognosen durch die westlichen neu-evolutionistischen Modernisierungstheoretiker (vgl. Kollmorgen 2007).
[31] Vgl. Claßen/Boehnke 1993, Merkens 1996.
[32] Vgl. Boehnke 2003, S. 213. Zugleich hat diese Studie allerdings festgestellt, dass bei den russischen Jugendlichen über die vier Jahre der Untersuchung hinweg kein Erstarken postmaterialistischer Werte festzustellen war (vgl. ebda S. 214).
[33] Siehe den Beitrag von Krieger zum Wertewandel in diesem Buch.
[34] ... selbst wenn man für die Aufgabe nicht die geringste Kompetenz mitbrächte.

politischen Entscheidungen. Eine Studie von Klicperova-Baker/Kostal zeigt, dass bei den Bürger*innen in den postsowjetischen Kernländern (Russland, Moldawien, Ukraine etc.) zwar demokratische Orientierungen zu finden sind und solche Bürger*innen auch einen besonderen Einfluss auf die politische Elite und auf die Jugend nehmen, sie aber in der Gesamtbevölkerung nur eine sehr kleine Minderheit darstellen. „Intolerante Traditionalisten" bilden hingegen die Mehrheit in diesen Ländern, während in den Staaten des Baltikums demokratische Orientierungen starker verbreitet sind, hier allerdings die Gruppe der „passiven Skeptizisten" überwiegt.[35] So existiert im Grunde in keinem der postsowjetischen Länder eine wirkliche Begeisterung für liberal-demokratische Werte, allenfalls wird es als globale Notwendigkeit betrachtet, dass der demokratische Schein zu wahren sei, um den Eindruck der Legitimation nach außen hin zu gewährleisten. Ob die Jugendgeneration die bisher halbherzig propagierten demokratischen Werte ernster nehmen wird, wenn sie zugleich deren Unverbindlichkeit doch ebenfalls erlebt hat, bleibt abzuwarten. Jedenfalls liegt in dieser Generation, die in manchen Ländern einen gewissen Wohlstand und eine gewisse Sicherheit und Sorgenfreiheit erlebt hat, die wohl bisher erste Chance, den sinnhaften Hintergrund demokratischer Werte verstehen zu wollen und bedeutsam werden zu lassen.

1.3 Postsowjetische Identität

Insofern die Merkmale der postsowjetischen Identität notwendigerweise in einer teils fortsetzenden, teils oppositionellen Beziehung zur sowjetischen Identität entstanden sind, bleibt ihnen die Vergangenheit eingeschrieben und alles Neue ist entweder a) noch immer aus dem Alten entlehnt, b) entschieden gegen dieses gerichtet und als dessen Gegenteil formiert oder c) zur Überwindung des Alten aus externen Kulturen entlehnt. Wir wollen im Folgenden die phänomenalen Varianten und Bestandteile der postsowjetischen Identität nach diesen drei Positonierungen zur sowjetischen Identität sortieren und ihre ideologischen Ausrichtungen beispielhaft darstellen.

a) Vor allem ein Teil der Generationen der Älteren und Alten richtet ihre Hoffnungen noch immer auf eine *Restabilisierung der sowjetischen Ideologien* und ihrer Werte und Identitätssymbole. Russische Nationalisten und (Post)kommunisten engagieren sich für eine Renaissance der Sowjetkultur und tragen ihre Begeisterung für die politischen Leitfiguren der Revolution bei Demonstrationen und Protestmärschen offen zur Schau. Sie reagieren auf den Zusammenbruch des Sowjetsystems mit einer trotzigen Resistenz gegen jeglichen Veränderungsbedarf[36] und sehen die Jahre der Perestroika als eine kranke Zwischenphase der sozialistischen „Evolution", eine Phase der Verwirrung, die durch den Verrat an der Geschlossenheit der sowjetischen Union vor allem durch Gorbatschow[37] in der zweiten Hälfte der Achtzigerjahre den

[35] Vgl. Klicperova-Baker/Kostal 2018.

[36] Vor allem in den frühen 90erjahren war die Gruppe dieser „Resistenten" noch relativ stark, wie die Untersuchung von Kon 1993 belegt.

[37] Insbesondere wird Gorbatschow von nicht wenigen, unter ihnen auch die russische Führung, vorgeworfen, nicht nur nach innen den Zerfall der UdSSR und der Institutionen in Russland zugelassen zu haben, sondern durch sein blindes Vertrauen in den Westen und den Verzicht auf schriftliche Vereinbarungen die Osterweiterung der Nato bis an die russischen

geopolitischen Zerfall der UdSSR, den Zusammenbruch der Wirtschaft und des Gesundheitssystems, das Leid der Menschen in den Neunzigerjahren und den Niedergang der russischen Kultur durch Perspektivlosigkeit, Alkoholsucht und wachsende Kriminalität initiiert worden sei. Daher gelte es, die Basis der Sowjetzeit in allen Dimensionen zu restaurieren, die Verhältnisse der Sechziger- und Siebzigerjahre wiederherzustellen und mit ihnen auch die sozialistische Moral wiederzuerwecken.

Neben dieser lauten, proklamativen Form des Strebens nach einer Wiederbelebung alter Ideale, existiert allerdings auch eine leise, dem Bewusstsein der Menschen meist verborgene Form des stillen Fortlebens des kulturellen und sozialen Verhaltens der Sowjetgesellschaften und der für die sowjetische „Mentalität" typischen und tief ins Unterbewusste eingegrabenen Einstellungen und Haltungen. Gemäßigte Konzepte einer Rennaisance vertrauen auf diese „impliziten" Gehalte und trauen ihnen zu, in einer vorsichtigen konstruktiven Dynamik zu einer neuen Form zu finden. Diesem Weg liegt das Bewusstsein zugrunde, dass Staat und Gesellschaft durchaus eine neue Identität entwickeln, die aber aus den Elementen des Vergangenen neu synthetisiert wird. Diesem Bild gemäß spricht die Politologin Olga Malinova von einer „Ruinenkonstruktion" der neuen Identität, die aus den Überresten der Sowjetunion neu zusammengebaut wird.[38]

b) *Kontrastprogramm zur Sowjetkultur.* Unter den Kontrastprogrammen muss man jene unterscheiden, die gegenüber der Sowjetzeit eine möglichst hundertprozentige Kehrtwende vollziehen möchten, von jenen, die das sozialistische Programm aufrechterhalten, aber in wesentlichen Punkten gegenüber der Vergangenheit korrigieren möchten. Ersteres kann am Modell des ehemals so verfeindeten Kapitalismus am einfachsten konstruiert werden und es lässt sich ja tatsächlich beobachten, dass dieses Modell nicht selten sozusagen in Reinform und ohne sozialpolitische Relativierung als Maßgabe für die wirtschaftliche Transformation in postkommunistischen Ländern zum Vorbild gewählt worden ist.[39] Es dokumentiert sich auch in den ökonomischen Erfolgskonzepten vieler Oligarchen in den postsowjetischen Ländern, die zum Zeitpunkt des Zusammenbruchs des Sowjetsystems oder kurz zuvor im Zuge der Privatisierung schon enorme Ressourcen durch Korruption und Beziehungen weit unter Wert erworben und bald darauf deren wachsenden Marktwert durch das Prinzip der Kapitalwachstums zu nutzen gewusst haben.

Ein Kontrastprogramm hingegen, welches Teile der sowjetischen Realität für eine sozialistische Fehlkonstruktion hielt (insbesondere den Bürokratismus), aber am sozialistischen Grundmodell als solchen durchaus festhalten möchte, findet sich etwa

---

Grenzen leichtfertig ermöglicht zu haben. Diese doppelte Schwächung Russlands hinsichtlich seiner geopolitischen Stärke wird Gorbatschow, Jakowlew und Schewardnadze persönlich angelastet und der Zerfall der Sowjetunion so zu einem jähen Bruch durch den Verrat von Einzelpersonen stilisiert. Ignoriert werden dabei die Zerfallsphänomene der Jahrzehnte zuvor und nicht zuletzt auch die innenpolitischen Verhältnisse unter Breschnew und der „Viererbande" Antropov, Gromyko, Suslow und Ustinov, deren Ergebnis letztlich ja der vollständige Funktionsverlust des Systems und die Wahl von Gorbatschow war.

[38] Malinova 2015: „Dabei handelt es sich um eine Konstruktion auf den Ruinen, die die Konfiguration dieser Ruinen berücksichtigen sollte." (Это строительство на руинах, которое должно учитывать конфигурацию этих руин.)

[39] Vgl. Poznanski 2002, S. 71.

bei den mit dem Ende der Sowjetunion wieder erstarkten Gruppen der Trotzkisten in Russland („Alternatives Russland", „Revolutionäre Arbeiter Partei", „Russisch sozialistische Bewegung", „Internationale marxistische Tendenz") oder in der an Rosa Luxemburg orientierten „Linken Front". Diesen Gruppen geht es um die Beibehaltung bzw. Renaissance der sozialistischen Wertbasis, den Primat der Solidarität vor dem Wohl des Einzelnen, die Hintanstellung individueller Rechte hinter loyalen Verpflichtungen gegenüber dem Kollektik usw. Sie wollen einen „besseren Sozialismus" und glauben ihnen erreichen zu können, indem sie Gegenmodelle vor allem zu den strukturellen Lösungen der sozialistischen Wirtschaft entwickeln.[40]

c) Aus externen Kulturen entlehnt sind vor allem jene Merkmale, die entweder historisch mehr oder minder weit in die eigene Geschichte zurückgreifen und „vergangene Kultur" zum Vorbild von Renaissancen nehmen, oder jene Merkmale, die aus dem Westen, besser aus den Klischees über den Westen, abgeleitet sind und vor allem jene Symbole der einstmals verachteten kapitalistischen Prasserei zitieren, die man jenseits des eisernen Vorhangs als Ausdruck sozialer Ungleichheit verpönte und die doch dem eigenen materialistischen Denken nicht fremd waren, insofern sie ihre Wertbasis in einem sehr einfachen Verständnis von Bedürfnisbefriedigung als Konsum und Sicherheitsgewinne finden. Insofern bleibt Vergangenes in dieser Entlehnung erhalten. Ihr zweites Wertfundament, die Symbolik einer materiell erfolgreichen, gesellschaftlich überdurchschnittlich privilegierten Lebensführung, muss hingegen als entschieden gegen die sozialistische Ideologie der Gleichheit gerichtet verstanden werden; sie signalisiert demonstrativ eine Anpassung an kapitalistische Erfolgskriterien. In diesem Habitus der Anpassung konkurrieren die Postsowjetbürger*innen wahrscheinlich in einem noch weitaus höheren Maße miteinander als die Bürger*innen in westeuropäischen Staaten, wodurch eine exzessive Zurschaustellung des kapitalistischen Lebenserfolges, etwa durch maßlos übersteigerte Investitionen in Statussymbole wie teure Karossen, Privatflugzeuge, verschwenderische Festlichkeiten etc. hervorgetrieben wird, die im Bürgertum des „alt eingesessenen" Kapitalismus des Westens kaum ihresgleichen findet.[41] Paradoxerweise zahlen nicht wenige über die Jahre hinweg einen hohen Preis für diese Unverhältnismäßigkeiten des Konsums und der statusrelevanten Selbstausstattung durch ein Niveau der Verschuldung, auch in die nachfolgenden Generationen hinein, das dem kapitalistischen Rentabilitäts- und Sicherheitsdenken nun gar nicht entspricht. Offenbar greift der materialistische Wert der Sparsamkeit, der letztlich auch der Sicherheit dient, vor allem dort nicht, wo die soziale Bedeutung von Statussymbolen gesellschaftlich so in die Höhe getrieben wird, dass die „repräsentative Verschwendung" auch von drohendem ökonomischem Ruin nicht mehr gemäßigt werden kann.[42] Hier greifen traditionelle Normen

---

[40] Zur Neuen Linken in Russland vgl. Götz 2014. Die Diskussion um einen solchen „korrigierten" Sozialismus und die Verantwortung, die russische Präsidenten vor der Transformation für das Entgleisen des Programmes getragen haben, ist vor allem in Russland und Belarus im Fernsehen, in den neuen Medien und in der Wissenschaft in vollem Gange.

[41] Vgl. zu diesem Phänomen Shevshenko 2002, S. 849 oder Petrova 2012.

[42] Vgl. hierzu etwa die Ergebnisse zu Erziehungszielen in der Werteanalyse von Inglehart in der Tabelle im Anhang. Trotz starken ökonomischen Drucks spielt das Erziehungsziel der Sparsamkeit (V17) vor allem in den inzwischen stärker westlich orientierten kaukasischen Ländern (Armenien, Georgien) kaum eine Rolle (vgl. auch Yegyan 2018, S. 30f). Hier kommt allerdings noch ein zweiter Faktor hinzu: Für den, der wenig Einkommen erzielt,

zur Sicherung sozialen Ansehens, die letztlich einer höfisch-aristokratischen Kultur entstammen (etwa die Darbietung eines üppigen Essens an die Gäste, von welchem am Ende drei Viertel und mehr weggeworfen werden), in das System sozialer Beziehungswerte hinein (Erfolg durch Anerkennung), die in ihrer modernen Variante des Zur-Schau-Tragens ökonomischen Lebenserfolges durch Statussymbole von der goldenen Armbanduhr über brausende Familienfeste bis hin zur Luxuskarosse den tatsächlichen Lebensstandard selten wiedergeben, sich aber soziokulturell regelrecht zu einem Wettbewerb der Statustäuschungen aufgeschwungen haben.

Die Entlehnung einer materialistischen Wertbasis aus der kapitalistischen Systemkultur drückt sich auch in der Bewertung der Berufe durch die Generation der jungen Erwachsenen und der Jugendlichen aus. *Elena Elisowa* zeigt in ihrem Artikel in diesem Buch am jeweiligen Ansehen von Berufen bei jungen Menschen auf, welche Kriterien der Wertschätzung oder auch Geringschätzung den Berufen gegenüber zur Anwendung gebracht werden. Deutlich wird, dass alle Berufe, die im Business-Bereich liegen und mit finanzieller Wertschöpfung verbunden sind, besonders hohe Werte aufweisen.[43] Man kann diese „Aufwertung" des Business-Bereiches als Folge einer ausgeprägten Sehnsucht nach Wohlstand und Sorglosigkeit interpretieren, die vielleicht besonders gut nachzuvollziehen ist, wenn man auf den im ersten Jahrzehnt der Transformation erlebten Notstand blickt. Die Generation der heute 30- bis 50-Jährigen hat in vielen ehemals sowjetischen Ländern diese Zeit als eine Phase der Not und Armut, des Zerfalls und der Hilfslosigkeit in Erinnerung und hat der nachfolgenden Generation der Jungen ihre quasi kompensative Aufwertung von Wohlstandskriterien mit ihren „nie-wieder-arm-und-hilflos"-Parolen regelrecht „weitervererbt". Allerdings lässt sich die Aufwertung der Business-Berufe auch aus der oft medial vermittelten Leichtigkeit des schnell zu erreichenden finanziellen Erfolges ableiten, von welcher sich vor allem jene beeindrucken lassen, die in der neuen „Risikogesellschaft" und unter den Bedingungen des „wilden Marktes" stabile Kriterien finanzieller Absicherung nicht mehr finden können. Wenn junge Menschen keine beruflichen Aussichten entwickeln können und zugleich erleben, dass sie (und andere) für harte Arbeit nur geringe Entlohnungen erhalten, die kaum die Existenz sichern können, kann man ihnen den Traum vom schnellen Geld auch kaum verdenken. Auch ist der Verlust der Wertschätzung von harter Arbeit, die in der sozialistischen Arbeiter- und Bauernstaatideologie propagiert worden war und mit ihrem Ende *selbst* dem Zerfall ausgesetzt war, ein nicht zu unterschätzender Faktor in der Wahrnehmung der Berufe bei jungen Menschen. Dieser Wertschätzungsverlust schlägt sich auch in der immer weiter absinkenden Attraktivität des ländlichen Lebens und der bäuerlichen Arbeit nieder.[44] Der materialistische Egozentrismus der Lebensorientierungen mag teilweise auch dem neu erwachten utilitaristischen Denken geschuldet sein, der sich in den Jugendkulturen immer deutlicher artikuliert. Zugleich ist das kapitalistische „Eröffnungsritual" der Neunzigerjahre, nämlich die Führung von Geschäftsunternehmen

---

rentiert es sich nicht zu sparen. Er gibt sogleich aus, was er verdient oder erhalten hat. Wenn dieser Umgang mit Geld zur Normalität geworden ist, kommt Sparsamkeit kein lebenspraktischer Wert zu.

[43] Ausgenommen hiervon ist allerdings der Begriff des „Oligarchen", da er in erster Linie mit Korruption und unrechtmäßigem Gewinn assoziiert wird.

[44] Die Auswirkungen auf die Selbstsicht und die Arbeitsmoral der ländlichen Arbeiter*innen beschreiben etwa Kozlova/Simonova 2018.

durch Privatpersonen, auch von programmatischer Bedeutung für die Ausrichtung der Werte der jüngeren Generation auf Gewinnstreben und damit materielle Werte.

1.4 Gegenwart

Wenn man nach 30 Jahren der Transformation in den meisten postsowjetischen Ländern des asiatischen Raumes und in Russland noch immer feststellen muss, dass sich ein demokratisches Bewusstsein noch kaum entwickelt hat und die formalen demokratischen Strukturen durch die mehr und mehr erweiterten Befugnisse der Präsidenten, die Schwächung der Parlamente, die Verunglimpfung und Behinderung (bis hin zur Verhaftung) jeder möglichen Opposition und durch wachsende Abhängigkeit von Jurisprudenz und Legislative von der Regierung zunehmend abhängig oder unwirksam gemacht bzw. übergangen werden, so muss man zur Kenntnis nehmen, dass offenbar einer Demokratisierung über den bloßen Schein hinaus der historische Hintergrund, der politische Wille und die notwendige Basis in der öffentlichen Meinung fehlt. Was den Willen zur Demokratisierung betrifft, so haben die postsowjetischen Länder jedoch keineswegs eine einheitliche Entwicklung genommen. Länder, die bereits über eine historische Vorerfahrung mit der Demokratie verfügten, insbesondere im Baltikum[45], haben in der Zeit der Transformation mit Entschiedenheit das Ziel verfolgt, ein demokratisches System und eine demokratische Struktur in allen institutionellen Bereichen einzuführen. Das demokratische Bewusstsein ist, trotz aller Ambivalenzen und einer gewissen Romantisierung der Sowjetzeit, in der Bevölkerung in viel höherem Maße ausgebildet als etwa in Russland und in den asiatischen postsowjetischen Nationen. Hingegen scheinen die Länder, die über ihre gesamte Geschichte hinweg fast nur autokratische Regierungssysteme kennengelernt haben (also Russland und größtenteils die zentralasiatischen Länder), noch immer nicht „reif" für eine Demokratisierung und akzeptieren offensichtlich autoritäre Regierungsformen ohne nennenswerten Widerstand. Diese Länder sind zudem einander eher ein Vorbild für autoritäre Staatsführung als für Demokratisierung. Es fehlt in anderen, ihnen kulturell nahestehenden Ländern an demokratischen Modellen, die nachzuahmen wären, sei es für die zentralasiatischen Länder in den turksprachigen islamischen Ländern oder im Iran, sei es in Russland, das seine kulturelle Identität eher von jeglichem Vorbild fernzuhalten trachtet.[46] „It is completely natural that democratization is made more difficult by absence of a democratic precedent, the lack of experience with democracy and the absence of clear models to follow." schreibt Dimitrij Furman.[47] Selbst Länder wie Kirgisistan, die in mehreren verlustreichen Revolutionen um die Errichtung eines demokratischen Systems mit hohen Verlusten gerungen haben,

---

[45] Auch wenn die demokratischen Verfassungen der baltischen Länder um 1920 herum nur von kurzer Dauer waren, so sind sie doch in der nationalen Geschichte als Ergebnis einer eigenständigen historischen Leistung eine Institution, an die die Demokratisierungsbewegungen in den späten Achtzigerjahren anschließen konnten. Hinzu kam, dass die baltischen Sprachen in dieser Zeit ihrer ersten Demokratien zu regionalen Bildungssprachen aufgestiegen sind und sich so eine gewisse kulturelle Autonomie und ein reflektiertes Selbstbewusstsein auch in politischen Fragen entwickeln konnte.

[46] Demokratisierungsvorbilder könnte Russland in der Ukraine, in Moldawien, in Georgien und aktuell in Armenien erkennen.

[47] Furman 2007, S. 4.

stehen heute wieder vor einer Entwicklung hin zu einem autoritären Staatswesen, in welchem das Parlament seine Rechte schrittweise an den Präsidenten verliert. Es wäre borniert anzunehmen, dass demokratische Entwicklungen, einmal angestoßen, sich von selbst vervollkommen würden.[48] Weltweit gehen in einem Fünftel der Staaten seit Mitte der 2000erjahre die Gewährleistungen bürgerlicher und politischer Rechte zurück.

Solange autoritäre Regierungsformen nicht nur von den Regierenden selbst, sondern auch von der Bevölkerung getragen werden, sind, selbst dann, wenn die Bevölkerung infolge der Unzufriedenheit mit der wirtschaftlichen Entwicklung, dem Verlust von existenzieller Sicherheit oder der totalitären Machtausübung des Staates einen Regierungswechsel einfordert, nicht selbstredend Chancen der Demokratisierung auf den Plan gerufen. Wie die Geschichte der "postkommunistischen Autoritarismen"[49] zeigt, ist es wahrscheinlicher, dass eine autoritäre Führungsperson durch eine andere ersetzt wird, während sich strukturell nur wenig ändert.[50]

Impulse zur Demokratisierung dieser Länder werden also weniger durch Umsturz oder politischen Wandel zu erwarten sein als durch die subversive Entwicklung einer alternativen demokratischen Kultur, die sich politisch organisiert, mehrheitsfähig wird und zu einer übermächtigen Kraft des Widerstandes gegen die autoritäre Regierung heranwächst. Die Heranziehung westlicher Vorbilder der Demokratie ist dabei ein Instrument zur Konstituierung einer demokratischen Vision,[51] ein anderes Instrument ist die kreative und vielleicht auch diskursive Entwicklung von politisch relevanten Strukturen, die der gelebten Individualität der Bürger*innen mehr Freiraum gewährleisten. Der Zeitpunkt einer solchen Veränderung ist wohl aber erst gekommen, wenn mehrere Faktoren zusammenkommen: 1. eine hohe Unzufriedenheit mit dem politischen Regime etwa wegen der wirtschaftlichen Situation im Lande, wegen starker und anhaltender Restriktionen oder illegitimer Machtausübung und Willkür-

[48] Vgl. Carothers 2002.

[49] Maćków 2009.

[50] War der sozialistische Totalitarismus eine ideologisch begründete Konsequenz, um die gesellschaftliche Entwicklung auf einen erwünschten Zukunftszustand hinzusteuern und alle hinderlichen Kräfte und Phänomene dabei zu überwinden, so scheint mit dem Ende des Sowjetsystems und dem Wegfall dieser Begründung freilich auch der Totalitarismus nicht mehr haltbar. Allerdings lassen sich die bürgerlichen Gewohnheiten und Selbstverständlichkeiten der Vergangenheit doch weiter nutzen und so stellt sich die Frage, ob ein neu begründeter Totalitarismus nicht leichtes Spiel hätte, in den gut eingeschliffenen Spuren der Vergangenheit mit neuem Wind Fahrt aufzunehmen.

[51] Vgl. Stykow 2010. Faktisch vollzieht sich, wie die bisherige Geschichte der postsowjetischen Länder zeigt, der „Import" des westlichen Demokratieverständnisses vor allem auf drei Wegen: a) durch einen revolutionsbedingten Regierungswechsel, der einen mit der westlichen Demokratie vertrauten, oftmals ehemaligen Absolventen einer westlichen Universität zum Präsidenten macht (so etwa Micheil Saakaschwili nach der Rosenrevolution in Georgien, Egils Levits in Lettland, Toomas Hendrik Ilves in Estland), b) durch eine historisch schon bestehende Nähe zu demokratischen Regierungsformen und staatsbürgerliche Strukturen, wie etwa in den Ländern des Baltikums (vgl. Brusis/Thiery 2003, S. 5), oder c) durch eine allmählich wachsende Vertrautheit der Bevölkerung oder wesentlicher Eliten mit westlichen Demokratievorstellungen durch international Mobilität oder Erfahrungen mit Verwandten in der Diaspora im Verein mit einem politischen Umsturz.

herrschaft (Umsturzmotivation), 2. einem bereits entwickelten Wissen über demokratische Staatsformen, Verfahren und Strukturen (demokratisches Wissen) und 3. einer gewissen Pattsituation zwischen alternativen politischen Parteien oder Bewegungen, die zur Teilung der politischen Macht nötigt und zur Lösung dieses Problems demokratische Strukturen schaffen muss (pragmatischer Zwang).

Heute, nach 20 Jahren der Gegenreform in Russland, entsteht eine neue bescheidene Aufmerksamkeit gegenüber den Jahren der sogenannten Transformation und der schon kritischen spätsowjetischen Ära, die vielleicht eher den Keim allmählichen Wandels in sich trägt als die in der Zeit der Perestroika von der Bevölkerung (wie auch einem Teil der Politik) zu wenig getragene und unverstandene Reformbewegung. Die versuchte „demokratische Premiere" unter Gorbatschov wird zwar nicht als Erfolgsmodell rehabilitiert werden, aber die Auseinandersetzung mit dem alternativen Gehalt der damaligen Leitvorstellungen hat möglicherweise ein gewisses Potenzial, eine andere politische Kultur und eine andere Regierungsform vorstellbar zu machen. Maria Engström hat unlängst eine beeindruckende Zusammenstellung von (sub)kulturellen, vorwiegend ästhetischen Phänomenen erarbeitet, die zeigen, wie Mitglieder der jungen Generation in Russland und der Ukraine aus dem schon musealen spätsowjetischen Alltag Symbole des einfachen Lebens, aber auch des Protestes „recyclen" und damit eine Gegenkultur aufrichten, die die Putinsche Gegenreform mit der Breschnewschen Stagnation in einen spielerischen Vergleich bringt. Die Wiederbelebung dieser Zeit der Veränderung ist wie die Beschwörung einer zweiten Transformation, die ebenso wenig ihren Ausgang in einer besseren Utopie nimmt wie die erste, aber zu einem „zweiten Anlauf" ermutigt. Die Haltung dieser Subkultur ist daher nicht revolutionär, sondern ambivalent: Sie will Veränderung zu einem irgend Besseren und ironisiert das Bestehende. Und sie ist – vielleicht zum ersten Mal in der russischen Geschichte – *offen*! Engström sieht sie daher als eine Haltung der „Metamoderne" (im Anschluss an das Konzept der niederländischen Philosophen Timotheus Vermeulen und Robin van den Akker 2010), die sich modern dem Wahren und Aufrichtigen andienen möchte und doch zugleich postmodern am Sinn des Ganzen zweifelt.[52] Solche Ambivalenz trifft auch den Veränderungswillen selbst, der nicht weiß, was er will und was möglich ist, aber weiß, dass sich etwas ändern muss.

Eine ambivalente Haltung zwischen konstruktivem Vertrauen auf die Modernisierung der Gesellschaft und pessimistischem Misstrauen gegenüber den tatsächlichen Chancen und Gewinnen durch diese Modernisierung zeigt sich auch in einigen Artikeln in diesem Buch. Die Studie von *Igor Ardashkin* und anderen zur beruflichen Identität von Ingenieuren aus Sicht der Studierenden in der Stadt Tomsk etwa zeigt deutlich das Maß an Unsicherheit in der beruflichen Identität, das nicht nur für den Ingenieursberuf, sondern wohl auch für viele andere Berufe festzustellen wäre. Das Bild des zukünftigen Ingenieurs zeichnet diesen – aus Sicht der Studierenden – zum einen als „eine verantwortungsbewusste, fleißige und zielgerichtete Person, für die sowohl Gelehrsamkeit als auch Merkmale des Unternehmertums wichtig sind", und man prognostiziert, dass „Verantwortung und Kreativität … stärker nachgefragt werden", d. h., es beschreibt den Ingenieur einerseits nach klassischen Tugendbegriffen einer modernen, innovationsbereiten Leistungsgesellschaft und prognostiziert zugleich einen Zuwachs an sozialen und mentalen Anforderungen für die berufliche

[52] Engström 2019, 27.

Zukunft. Andererseits sehen mehr als die Hälfte der Befragten ihre Zukunft pessimistisch; nur weniger als ein Fünftel sieht für sich eine positive Zukunft. 85% der Studierenden, die unmittelbar vor dem Abschluss des Studiums stehen, erachten ihre Zukunft als bedrohlich. In ihrem letzten Abschnitt über die inhaltlichen Konsequenzen der empirischen Untersuchung entwerfen die Autor*innen folgerichtig ein optimistisches und ein pessimistisches Szenario für die Aussichten im Ingenieurswesen; als entscheidenden Faktor sehen sie, ob es gelingt, „Hindernisse zu überwinden". Auch in dieser Erklärung schlägt zwar die „Abwehrmentalität" durch (Barrieren verhindern die Entwicklung, aber wohin die Entwicklung geben soll, bleibt unklar), aber die Autor*innen präzisieren ihre Erklärung dahingehend, dass sie als Gründe für die negative Einschätzung der Zukunft seitens der Studierenden zum einen „das Fehlen von Traditionen des Dialogs zwischen Regierung und Gesellschaft", zum anderen eine Überforderung der Praxis durch die staatlichen Vorgaben und schließlich auch „die Schwäche oder das Fehlen einer Entwicklungsstrategie für die Gesellschaft" nennen. Letzteres bezeichnet – obwohl das Wort „Innovation" in den postsowjetischen Ländern wie eine heilige Formel ventiliert wird – wohl das eigentliche Manko in der perspektivischen Dimension der beruflichen Identität.

2. Spezielle Identitätsformationen

2.1 Ethnische und nationale Identität

Erhalten geblieben ist den postsowjetischen Gesellschaften offenbar noch das Erbe der kulturellen Toleranz anderen Völkern und Traditionen gegenüber, das eine der wichtigsten Errungenschaften der Sowjetgesellschaften war. In einem Artikel des Leiters des Europa-Institutes der Russischen Akademie der Wissenschaften, O. Gromyko, wird das „System der Werte in der russischen Welt" vorgestellt, das Toleranz und Förderung von Mehrsprachigkeit, Multikulturalismus und Polykonfessionalität betont, allerdings auch den paternalistischen Anspruch des politischen Russland und des Russischen in Sprache und Kultur voranstellt.[53] Postsowjetische Länder, die infolge ihrer tatsächlichen Multi-Ethnizität während der Sowjet-Ära hohen Anforderungen an Integration ausgesetzt waren und noch immer sind, profitieren auch heute noch von den Errungenschaften dieser kulturellen Entwicklung.[54] Mit dem Ende der

[53] Gromyko 2010.

[54] Dies trifft wohl insbesondere auf diejenigen Länder zu, in denen sich proportional starke Gruppen verschiedener Ethnien finden lassen. So findet sich etwa in der Republik Moldawien bei jungen Menschen eine starkes interethnisches Gleichheitsbewusstsein und die kulturellen Differenzen zwischen Moldawiern, Russen und Ukrainern werden als gering betrachtet (vgl. Caunenco 2018). Die geopolitische Lage Moldawiens wie auch die sprachliche und multireligiöse Vielfalt der Bevölkerung haben das Land stets gefordert, ein interethnisch offenes Nationalbewusstsein zu fördern und gegen Spaltungstendenzen vorzugehen. Das nationale Bewusstsein orientiert sich daher nicht an einem Modell der Einzigartigkeit, sondern an einem Modell der Inklusivität, in dem interethnische, interlinguistische und interreligiöse Differenzen versöhnt werden (vgl. Sineavea-Pankowska 2010). Eine gegenteilige Auffassung, in welcher eine bestimmte Ethnie zur Basis der Nation erklärt wird, findet sich vor allem in den postsowjetischen Ländern des Kaukasus (vgl. Manusyan in diesem Buch).

Sowjetunion ist jedoch der so lange gesicherte Schutz der ethnischen Minderheit im Prinzip erloschen und die ideologischen Garanten der anzuerkennenden Gleichwertigkeit haben ihre Basis verloren.

Allerdings ist die Anerkennung von ethnischer, kultureller und sprachlicher Pluralität offenbar auch ein nicht unwichtiger Faktor in der Begrenzung nationalistischer Begeisterung, wie *Bakitbek Maltabarov* in seinem hiesigen Artikel herausstellt. Die Proklamation der Gleichheit, die einst zu Beginn der Revolution dem Vereinigungsgedanken von Arbeitern und Bauern vorstand, verbot jegliche nationalistische oder ethnische Diskriminierung und wurde offenbar doch über ein halbes Jahrhundert hinweg als eine tragende gesellschaftliche Kraft gelingender Solidarität erlebt. In historischer Erinnerung wirkt – vor allem in den zentralasiatischen Staaten – auch noch immer eine gewisse Dankbarkeit gegenüber der russischen Bevölkerung für die umfangreiche wirtschaftliche Entwicklungsunterstützung, die ab den Fünfzigerjahren vielen eine erhebliche Verbesserung des Lebensstandards gebracht hatte.

Dennoch kann spätestens seit den Zweitausenderjahren ein Erstarken rassistischer Tendenzen in Russland[55] und auch in manchen anderen postsowjetischen Ländern[56] beobachtet werden – und dies keineswegs nur bei Fußballfans und Hooligans.[57] Lebedeva u. a.[58] sehen die Zunahme xenophober Einstellungen und rechtsradikaler Ideologien als eine Folge der unvollendeten Transformation, insofern die mangelnden wirtschaftlichen, politischen und gesellschaftlichen Erfolge die staatliche Einheit nicht ausreichend stabilisieren konnten und nationalistische Ideologien diesen Mangel zu kompensieren hatten. Xenophobe Tendenzen werden unter anderem durch die Kultivierung nationalistischer Selbstinszenierung und Propaganda durch den Staat wie auch durch nationalistische Bewegungen befeuert, die eine Höherwertigkeit der eigenen Nation und Ethnie gegenüber anderen proklamieren und einen Vorherrschaftsanspruch erheben. „Russland den Russen" und ähnliche Parolen befördern den Anspruch auf ethnische Homogenität und eine Vorrangstellung der ethnisch russischen Bürger*innen vor solchen anderer ethnischer Herkunft. Sie leisten damit einen Beitrag zur Entwicklung einer ethnozentrisch ausgerichteten Hordenidentität, die nicht nur nach außen, also international, sondern auch nach innen, also in den postsowjetischen Gesellschaften und Nationen selbst, Abgrenzung und Ausgrenzung verfolgt. Daher ist der politisch verfolgte Effekt einer Stabilisierung nach innen durch die Beschwörung einer Bedrohtheit von außen allenfalls von kurzfristigem Erfolg; durch die zur Abgrenzung notwendige Fixierung der eigenen Identität zu einem normativen Konzept sind Prozesse der Ausgrenzung, Intoleranz und Herabsetzung anderer schon vorbereitet. Wer „Russland den Russen" ruft, muss bald auch antworten auf die Frage, wer die „wahren Russen" seien. Um die Gesellschaft zur Geschlossenheit zu mahnen, ist es stets das einfachste Mittel, sie zur Verteidigung gegen feindliche Kräfte aufzurufen, seien sie westliche Agenten, barbarische muslimische Immigranten oder von der westlichen Dekadenz infizierte und pervertierte Außen-

---

[55] Zur Entwicklung des Rassismus in Russland vgl. Spahn 2014. Aktuell siehe WJC-Annex3 2018 und ECRI-Report 2019.

[56] Vgl. Isaacs/Polese 2015.

[57] Vgl. etwa Hankell 2011, Mukomel 2013, Scholz 2015. Aktuell Yudina 2020 und weitere Berichte des SOVA Centers of Information and Analysis.

[58] Vgl. Lebedeva u. a. 2018, S. 5.

seiter. Die Geschichte lehrt, dass jeder Nationalismus auch mit inneren „Selektionsprozessen" gepaart ist,[59] die im Übrigen sich meist Kriterien zur Abwertung bedienen, die auf unterstem Niveau zu finden sind, Rasse, Ethnie, nationale Herkunft, Sprache, Geschlecht, Aussehen etc. Auch wenn die russische Propaganda – übrigens bis zum heutigen Tage – stolz die Multiethnizität der Nation preist, so schützt dies nicht vor dem Erstarken rassistischer Abgrenzungsstrategien. Hinzu kommt, dass in der Sowjetzeit verschiedentlich ein unterschwelliger Rassismus bestand, der zwar per Doktrin offiziell neutralisiert war, aber in seinen konfliktuellen Dimensionen auch nie bearbeitet worden ist.[60] Er lebte fort im gepflegten Misstrauen gegen ethnische Andersartigkeit schlechthin, in heimlichen Gesprächen und in den abwertenden Randbemerkungen zum Verhalten und zu Eigenheiten von Minderheitenangehörigen und Immigrant*innen. Insofern sind viele postsowjetische Gesellschaften auf interethnische Konflikte hinsichtlich ihrer mentalen und interkulturell-kommunikativen Kompetenz schlecht vorbereitet.

Ein weiterer Nährboden für die Entstehung rassistischen Gedankengutes findet sich in den Ländern, in welchen das Konstrukt einer bestimmten ethnischen Identität für das nationale Selbstverständnis fundamental ist bzw. mit diesem nahezu in eins gesetzt wird. Solange diese Länder in ethnischer Hinsicht fast vollständig homogen sind, artikuliert sich dieser Rassismus noch weitgehend in seiner latenten Form des Ethnozentrismus; er wird aber offenkundig, sobald – wie etwa im armenisch-aserbaidschanischen oder im usbekisch-kirgisischen Konflikt – zwischen den Nationen militärische Konflikte entstehen oder gar Pogrome begangen werden. Im Bewusstsein solcher Bedrohungen wachsen ethnozentristische Selbstüberhöhung und rassistische Diffamierungen zugleich. Solche Formen des latenten Rassismus finden sich etwa im Kaukasus, aber auch in einigen zentralasiatischen Staaten. *Sona Manusyan* hat in ihrem Artikel in diesem Buch die starke ethnische Identifikation der nationalen Identität der Armenier beschrieben, die durch die jahrhundertelangen, immer wieder neu aufflammenden Konflikte mit den sie umgebenden Völkern und die weiter bestehenden Bedrohungen durch Aserbaidschan und die Türkei die Bevölkerung kontinuierlich in einem Zustand des „Nicht-Krieg-nicht-Frieden" halten. Die ethnischen „Selbstfindungskonstrukte" entspringen stets dem Blick in die Vergangenheit, der verständlicherweise genug Gründe für Wut und Revanchismus, aber auch für den

[59] Eine besondere Form dieser inneren Selektion in Russland ist die „Externalisierung" der vor allem für Bürger- und Menschenrechte engagierten gesellschaftlicher Bewegungen und Organisationen zu „ausländischen Agenten", die ihre gesetzliche Institutionalisierung durch das föderale Gesetz 121-FZ vom 13. Juli 2012 erhielt, das im Juli 2014 durch das russische Verfassungsgericht als verfassungskonform erklärt wurde. 2017 wurde das Gesetz hinsichtlich der Anwendung auf die Arbeit von Medienunternehmen und 2019 auf Journalisten und Blogger, also Einzelpersonen, erweitert (von der Duma in der dritten Lesung ohne Gegenstimme verabschiedet und vom Präsidenten unterzeichnet).

[60] Die Ideologisierung der selbstverständlichen Einheit der kommunistischen Völker verhinderte gerade jene Prozesse der Bearbeitung von Konflikten und Ressentiments, die für eine produktive Überwindung der Differenzen und Stereotypen notwendig gewesen wäre. Der tragische Zerfall Yugoslaviens hat beispielhaft gezeigt, welch schwache Basis die „Brüderlichkeit" des nationalen Zusammenschlusses hatte und wie leicht es viel, „ethnische Distanz" zu schaffen und sich kulturell, ethnisch und religiös im Kontrast zu den Nachbarstaaten zu definieren (vgl. Tomić 2014, S. 280).

Weiterbestand der Ängste und Befürchtungen ausmachen wird, um den Wunsch nach einer schützenden Solidarität nach innen ins Maximum zu treiben. Um solche Solidarität zu begründen, verbindet sich der Ethnozentrismus, wie *Manusyan* betont, mit essentialistischen Hypothesen über das armenische Wesen und beschwört unbeugsame Konvention als Notwendigkeit des Zusammenhalts.

Der russische Dominanzanspruch gegenüber den nicht-russischen Ethnien, der sich entgegen der offiziellen Gleichheitsideologie praktisch doch überall etabliert hatte, offenbart sich heute in den postsowjetischen Ländern zudem als ein unbewältigter Konflikt. Die ideologische Vorherrschaft bildete sich nicht nur im wirtschaftlichen Bereich ab, sondern auch in der Sprache und in der Kultur. Überhaupt war wohl den politischen Gestaltern des realen Kommunismus in all den Jahrzehnten der Expansion des Russischen entgangen, dass die in allen politischen, wirtschaftlichen und öffentlichen Belangen verwendete Sprache – auch in den sogenannten *autonomen* Republiken – eine eigene Sphäre des Offiziellen hervorgebracht hatte, die für Nicht-Russen die Grenze zu einer ethnisch-traditionellen Alltagswelt markierte, die in ihrer Fremdheit nicht die nötige Wertschätzung finden konnte, um vom Gleichheitsprinzip überhaupt berührt zu werden. Infolgedessen blieb den ethnischen Kulturbereichen ein breites Wirkungsfeld verwehrt, das schon durch die russische Sprache und Kultur besetzt war.

Die Pflege der Kultur und Sprache nicht-russischer Ethnien war großen Beschränkungen unterworfen, sowohl in den innerrussischen Oblasten als auch in einigen außerrussischen Sowjetstaaten. Die Sprache des sowjetischen Zusammenhaltes, die Staatssprache, war das Russische (vereinbart durch Sprachgesetze), oft auch die dominante Amtssprache, auch ein großer Teil des in den Kindergärten und Schulen gesungenen Liedgutes, des Literatur- und Kunstunterrichtes etc. Das Spektrum der Relation zwischen ethnischer Sprache und Russisch reichte von der Gleichstellung (etwa Armenien, Georgien, Baltikum, Abchasien, Transnistrien, Südossetien) bis hin zur einer deutlichen Dominanz des Russischen, die dem ethnokulturellen Faktor kaum eine Bedeutung (so etwa bei den Sprachen der sibirischen Indigenen) oder lediglich den Stellenwert einer Stilkomponente einräumte (Belarus, Südostukraine). In fast allen Sowjetländern war Russisch nicht nur Amtssprache, sondern auch die Sprache der Mittelschicht. Russische Kultur setzte die Akzente im öffentlichen Leben, während die Präsenz lokaler ethnischer Kultur ins folkloristisch Belanglose abzugleiten drohte. Das Wahre, Gültige und Mächtige war stets das Russische.

Es kann daher nicht verwundern, dass nach den Jahren des wirtschaftlichen Aufbaus mit zunehmender Ausbreitung der russischen Dominanz in vielen ethnisch nicht-russischen Regionen und Ländern ein Gefühl der Zurücksetzung und Abwertung der eigenen Kultur entstand. Dieses wurde wohl von der russischen Bevölkerung (oder Schicht) infolge einer durch das Diktum der Gleichheit geradezu verordneten Ignoranz wie wohl auch ihres ideologisch lehrmeisterlichen Selbstbewusstseins als Träger des sozialistischen Gedankens russischer Provenienz zu wenig bemerkt, um zum Anlass einer offenen Auseinandersetzung zu werden – eine weitere vertane Chance interkultureller Kompetenzentwicklung. Die so vielerorts wachsende „innere Entfremdung zwischen Russen und Nichtrussen“[61] war nun von beiden Seiten verstärkenden Tendenzen ausgesetzt, auf der nichtrussischen Seite als Reaktion auf die

[61] Akkermann 2015, S. 338.

hartnäckige russische Verständnislosigkeit und Arroganz, auf der russischen Seite als erlebte Undankbarkeit für ihren altruistischen Einsatz zur Förderung der regionalen Wirtschaft und Kultur.[62] In der Zeit der Transformation führte diese Wahrnehmung einer Zurücksetzung in der Mehrzahl der postsowjetischen Länder schon sehr bald zur Ablösung von der Russischen Föderation und auch innerhalb der Föderation wachsen die Bestrebungen nach Autonomie in manchen Oblasten und Regionen.

Dieser Konflikt ist nicht bloße Vergangenheit, auch dreißig Jahre nach dem Zusammenbruch der Sowjetunion mahnen vielerlei Phänomene an die Vorherrschaft und Deutungshoheit Russlands. Nach wie vor ist die Präsenz russischer Fernsehprogramme (und damit auch der russischen Propaganda) in fast allen postsowjetischen Ländern hoch und übertrifft manchmal auch die Landesprogramme an der Zahl. Einerseits ist damit die russische Propaganda und „Weltsicht" noch immer sehr präsent (und oft auch meinungsprägend), andererseits wird ihr manipulatives Moment sehr wohl wahrgenommen – und mangels alternativer Information wie auch einer allgemein skeptischen Grundhaltung öffentlichen Informationen gegenüber mehr oder minder hingenommen. Zugleich wird heute in vielen dieser Länder die Positionierung des Russischen in Schrift und Sprache (und einigem mehr) als „Sprachkolonialismus" empfunden, dem man sich zu widersetzen hätte.[63] Die in manchen postsowjetischen Ländern seit einigen Jahren bereits vollzogene oder zumindest stärker werdende Bewegung zur Ersetzung der russischen Sprache in allen Lebensbereichen (auch als Amtssprache) durch die eigene, zum Austausch verbliebener russischer Vokabeln durch landessprachliche oder zur Ergänzung bzw. gar Umstellung von der kyrillischen Schrift zur vormaligen landesspezifischen oder zur lateinischen Schrift (Aserbaidschan, Turkmenistan, teilweise Usbekistan, bald Kasachstan) kann als Symbol dieses Widerstandes verstanden werden. Sie wirft allerdings nicht nur ein Identitätsproblem für die russischen Minderheiten in diesen Ländern auf, sondern erzwingt auch für die gesamte Gesellschaft einen mehr oder minder scharfen Schnitt gegenüber der Vergangenheit und ihren kulturellen Errungenschaften bis hin zur Dequalifizierung der älteren Generationen, die diese Sprachkompetenz nicht erworben haben.

In der geschichtlichen Aufarbeitung des Zerfalles der Sowjetunion und den Prognosen für die künftige Entwicklung dieses Raumes dominiert im Osten die These, dass die fragmentierenden Tendenzen zwischen den ehemals sowjetischen Staaten anhalten werden und wahrscheinlich neue Konglomerate entstehen, die vornehmlich dem Kriterium ethnischer Homogenität oder gemeinsamer Religionszugehörigkeit entsprechen. Auch diese Prognosen gehen von der wachsenden Wirkung ethnischnationalistischer Abgrenzungskräfte aus, die die Distanz zu anderen Ethnien und religiösen Kulturen erweitern und den Rückzug auf das Eigene stärken wollen. Auch hier besteht die Gefahr, dass den Abgrenzungsmaximen nach außen schnell Homogenitätsmaximen nach innen nachwachsen, die das Zusammenleben von Menschen unterschiedlicher ethnischer Herkunft oder religiöser Zugehörigkeit erschweren. Der ukrainische Historiker Bulvinskyi prognostiziert die Entstehung dreier Räume, eines europäischen Raumes, eines eurasisch-russischen Raumes und eines türkisch-muslimischen Raumes.[64] Diese Tendenzen bilden sich bereits in den verschiedenen

[62] Vgl. ebda.
[63] Vgl. von Gumppenberg/Steinbach 2004, S. 255.
[64] Bulvinskyi 2017, S. 25.

Wirtschaftsunionen ab, sie zeigen sich aber auch im Umfang des politischen und kulturellen Austauschs und der militärischen Zusammenarbeit. In jedem Falle offenbart diese neue Organisation des geopolitischen Raumes die hohe Bedeutung des Kriteriums ethnischer oder religiöser Homogenität aus der Sicht postsowjetischer Historiker und Politikwissenschaftler, wenn auch bei näherem Hinsehen sicherlich in vielen Staaten ethnische Pluralität traditionell tief verankert ist und der faktische Umfang dieser Homogenität nur geringfügig sein wird (und weitere Segregation befördern wird). Diese Prognose trägt den tatsächlich zunehmenden Strategien einer nationalen Identitätssuche in vielen postsowjetischen Ländern Rechnung, die den Zusammenhalt der Gesellschaft auf der Grundlage eines dominanten, wenn nicht einzig akzeptablen ethnisch-religiösen Selbstverständnisses zu sichern verfolgt.

2.2 Religiöse Identität: Religion und vorsowjetische Tradition

Einige der in diesem Buch veröffentlichten Beiträge zeigen auf, dass der Griff in die historische weit zurückliegende Vergangenheit der eigenen Ethnie oder Nation (ein oft nicht wahrgenommener Unterschied), um für die eigene Identität eine richtungsweisende Grundlage zu finden, in vielen postsowjetischen Kulturen verbreitet ist. Verbunden mit beispielsweise spätmittelalterlicher Ritter- oder Reitersymbolik werden rollenspielartige Selbstinszenierungen präsentiert, die dem Mythos einer brüderlichen, kooperationsorientierten, erfolgreichen Gesellschaft und eines einfacheren, gesünderen und natürlicheren Lebens frönen. Mit dem Versuch, die eigene Identität durch eine irgendwie geartete Verbundenheit mit einer lang vergangenen Zeit zu finden und zugleich aufzuwerten, wird eine Linie gezogen über mehrere historische Epochen hinweg, als könne die Kultur der Gegenwart noch einmal dort beginnen, wo ihre Vorgänger im 18ten Jahrhundert standen. Wie allen Renaissancen haftet diesen Versuchen der Makel an, dass sie in jener Vergangenheit, der sie huldigen, eben die Faktoren ignorieren, die zu genau der Geschichte führten, die ihr folgte.

Die ebenfalls häufig zu beobachtende und im Wachsen begriffene Bedeutung der Religion als eine identitätssichernde Orientierung tritt in manchen Fällen als ein Prozess der Entlehnung aus einer historisch vorgängigen eigenen Kultur, in anderen Fällen als Neuschöpfung zur Kompensation des postsowjetischen Orientierungsmangels auf.[65] Die Bedeutung der Religion als Identifikationsfaktor zur Sicherung nationaler Einheit und gesellschaftlicher Solidarität ist in fast allen postsowjetischen Ländern offenkundig. Sie wirkt auf allen Ebenen gesellschaftlicher Kohäsion formativ – auf der Ebene des persönlichen Engagements, auf der Ebene des Familienlebens, auf der Ebene der Gruppenbildungen und Entstehung von Bewegungen bis hin zur Ebene der staatlichen Selbstdarstellung. Sie ist daher als identitätsstiftender Faktor von einer sowohl für die Person als auch für die Gesellschaft und den Staat von umfassender Bedeutung, zumal sie im Gegensatz zur Vergangenheitsorientierung traditionalistischer Identifikationen einen zukunftsorientierten ideologischen Auftrag enthält.

Die erhebliche Bedeutung der Religion für die Identitätsbildung verdankt sich zum einen ihren funktional umfangreichen Versprechungen für schier alle Lebensbereiche und andererseits ihrer für die Identität hochintegrativen einheitsbildenden Hintergrundsideologie und es kann daher nicht verwundern, dass Ausprägungen von

[65] Vgl. etwa hinsichtlich der Religionen im Kaukasus Motika 2008.

besonders unerbittlicher Verbindlichkeit, also extremistische Varianten der Religiösität, besonderen Zulauf finden. Vor dem Hintergrund der schweren Wertorientierungskrise der postsowjetischen bietet Religion quasi ein „Paket“ von identitätsstärkenden Wertorientierungen, Haltungen, Einstellungen, Normen, Gesellungsformen und lebenspraktischen Regeln und Ritualen, das der Person obendrein nicht nur Gottgefälligkeit, sondern auch logische Stimmigkeit, sozialen Konsens und Verhaltenssicherheit, Sinn und motivationale Kraft in Aussicht stellt. Bekanntlich sind Menschen in schweren Lebenskrisen, in denen sie alles verloren haben, worauf sie vertraut hatten, besonders „anfällig“, sich mit extremistischen Ideologien zu identifizieren, und wir finden in der postsowjetischen Krisensituation gewissermaßen eine generalisierte Form der schweren Lebenskrisen, die diese „Anfälligkeit“ zu einem kollektiven Zustand erhebt. *Bakitbek Maltabarov* zeigt am Beispiel der kirgisischen Gesellschaft das Erstarken einer religiös fundierten Identität auf, die auch Anschluss an eine verlorene Tradition zu bieten scheint; dennoch begegnet die Mehrheit der Gesellschaft diesen Identitätsentwürfen auch mit einer gewissen Skepsis, vor allem den extremistischen Ausprägungen gegenüber. Womöglich schärft ein besonderer Aspekt den Blick der Kirgisen auf die Gefahren des Extremismus, nämlich die Tatsache, dass die traditionell gelebte Religiosität vor der Sowjetzeit (wie auch jene, die noch während dieser Zeit durchgehalten wurde) zum einen plural war und zum anderen auch durchmischt. Der sunnitisch hanafitische Islam, der nach dem arabisch-chinesischen Krieg seit dem neunten Jahrhundert in Kirgisistan Fuß fasste, war schon immer mit nomadischen, schamanischen Anteilen vermischt, die bis heute Teil des nationalen „moderaten“ Islam sind. Christen der assyrischen Kirche, der russischen Orthodoxie, katholische und evangelische Christen bilden gemeinsam die zweitstärkste Gruppe unter den Bekennenden und sind ethnisch erheblich durchmischt. Zum Zeitpunkt der Selbständigkeit Kirgisistans wurde festgestellt, dass rund 80 Nationalitäten mit unterschiedlichsten Religionszugehörigkeiten im Lande lebten. Diese plurale Tradition schafft offenbar eine gewisse Distanz gegenüber extremistischen Versuchungen. Andererseits ist die islamische religiöse Identität nach dem Ende der Sowjetzeit vor allem unter der Regierung des ersten Staatspräsidenten des freien Kirgisistan Askar Akajew mehr und mehr Teil der nationalen Identität geworden und war damit in einen Prozess wechselseitiger Aufwertung von Nation und Religion eingebunden, der auch in anderen postsowjetischen Staaten stattgefunden hat.

Die Nutzung der Religion als „symbolisches Kapital“ für das nationale Bewusstsein zeigt auch in der russischen Geschichte des Verhältnisses von Kirche und Staat einen progressiven Verlauf. War die russisch orthodoxe Kirche seit Beginn der Revolution 1917 der unerbittlichen Verfolgung durch die Bolschewiken ausgesetzt, die vor allem in den Zwanziger- und Dreißigerjahren zur Verhaftung und Ermordung von Tausenden Geistlichen und Gläubigen[66], zur Verwüstung und Umfunktionierung der Kirchen und Klöster zu industriellen Anlagen und, Gertreidespeichern und Lagerhallen und zur Beschlagnahmung des gesamten kirchlichen Eigentums geführt hatte, so erlebte sie doch noch während der Stalinzeit eine erste überraschende Aufwertung, weil Stalin 1941 für den „heiligen Krieg“ gegen die Deutschen die Unterstützung des

[66] Die Zahl der in Russland, Belarus und der Ukraine von den Bolschewiki – größtenteils ohne Urteilsspruch – hingerichteten Priester, Mönche und Nonnen wird auf etwa 25.000 geschätzt (vgl. Stricker 1993, S. 86).

Klerus zur Mobilmachung gut brauchen konnte. Dies führte zu einer bescheidenen Rehabilitierung der Kirche und zur Würdigung der christlich konservativen Werte im Dienst an der Nation. Damit aber der Anerkennungseffekt dieser Würdigung nicht zu einem Erstarken der Kirche beitragen konnte, unterstellte Stalin zwei Jahre später Kirche und Klerus der Staatssicherheit und ließ zur Begrenzung ihres Einflusses einen „Rat für Angelegenheiten der russisch-orthodoxen Kirche" einrichten. Die Abhängigkeit der Kirche vom Staat blieb während der gesamten sowjetischen Epoche erhalten und mit ihr eine lange Geschichte von Repressalien und nationalistischen Vereinnahmungen.

Erst mit der Perestroika erfuhr die orthodoxe Kirche in Russland wirklich ein Ende der Repressionen. Die Suche nach einer neuen nationalen Identität ließ die russische Politik wie auch die Bevölkerung den Blick zurück in die vorsowjetische Vergangenheit richten und die Bedeutung der seit dem sechsten Jahrhundert bestehenden orthodoxen Kirche wiedererkennen. In den Köpfen vieler Russ*innen vollzog sich eine völlige Umwertung der sowjetischen Vergangenheit als einer Zeit des grenzenlos Bösen, die zaristische Einheit von Kirche und Staat als ein Verhältnis der Harmonie (Symphonia) wurde nostalgisch verbrämt und die christliche Tradition wieder zu einem wichtigen Element des nationalen Erbes erhoben.

Eine Umfrage des Levada-Zentrums in Moskau vom Dezember 2012 dokumentiert, dass sich zu dieser Zeit bereits 74% der russischen Bürger*innen zur orthodoxen Kirche bekennen. Damit hatte sich der Anteil der bekennenden Russ*innen seit dem Ende der Sowjetunion 1991 mehr als verdoppelt.[67] Zu verdanken war dieser Effekt aber weniger der Wiedereinführung von Religionsunterricht an den Schulen oder der nun uneingeschränkten Religionsausübung als vielmehr der Einbindung des orthodoxen Christentums in das nationalistische Identitätskonstrukt der politischen Führung in Moskau.

Seit den 2000erjahren erfährt die Kirche in Russland auch eine politische Rehabilitation, indem die Ermordung und Verfolgung des Klerus und die Enteignung der Kirche unter Stalin als Unrecht anerkannt werden und die Geistlichen, die sich in den zwanzig Jahren des Terrors nicht dem staatlichen Willen unterworfen hatten, als „Märtyrer der antireligiösen Verfolgung" gewürdigt werden. Wenn Putin 2017 in seiner Rede anlässlich der Einweihung der Kirche des Sretensky-Klosters in Moskau durch Patriarch Kyrill die Priester, Mönche und Nonnen, die unter Stalin verturteilt, verschleppt und ermordet worden waren, als Märtyrer bezeichnet, so verbindet er

[67] Allerdings gehen nur 3% der „Gläubigen" einmal oder mehrmals wöchentlich in den Gottesdienst. Ein Drittel der 74% gibt paradoxerweise an, nicht an die Existenz Gottes zu glauben (vgl. Sreda-Institut 2012); offenbar teilen letztere also nicht einmal die Basis der Religiosität, sondern wollen dieser Gemeinschaft allein aus Vorteilsgründen zugehören. Würde man dem von Allport,Gorsuch & McPherson (*Journal for the Scientific Study of Religion* 1989 (28), pp. 348–354,) entwickelten Vier-Faktoren-Modell religiöser Identität folgen, so wäre eine Dominanz der sozialen Religiosität und der extrinsischen Motivation zum religiösen Verhalten zu erwarten, bzw. eine schwache personale Religiosität und eine geringe intrinsische Motivation. Diesen Versuch unternehmen Oleg Y. Khukhlaev, Valeria A. Shorokhova, Elena A. Grishina und Olga S. Pavlova mittels der Anwendung von Van Camp's Individual/Social Religious Identity Measure (2010) in ihrer Studie mit russischen Jugendlichen verschiedener Religionszugehörigkeit (vgl. Khukhlaev u. a. 2018).

diese Anerkennung jedoch wiederum wenige Sätze später mit dem Hinweis auf die gemeinsaem Verantwortung von Kirche und Staat, alles dafür zu tun, um die „Einheit der russischen Nation zu wahren" (Putin am 25. Mai 2017); er macht die kirchliche Kultur damit zu einem nationalen Symbol und quasi zu einem folkloristischen Moment der nationalen Identität und er funktionalisiert die Kirche als Institution zugleich als eine den nationalen Zielen unterworfenen Partner des Staates, kaum anders als es Stalin 1941 getan hat. Zugleich verbindet sich die orthodoxe Kirche gerne mit Putins Konstrukt der „russischen Welt", in dem sie als Institution der spirituellen und kulturellen Tradition Russlands nicht nur gewürdigt, sondern in das Zentrum der nationalen Identität integriert wird. Sie verspricht den Erhalt der alt-russischen Werte und die Kontinuität einer russischen Lebensweise und leistet damit ihren Beitrag zur inneren Sicherung des nationalen Bewusstseins. Was die derzeitige nationalistische Politik der russischen Führung und die orthodoxe Kirche verbindet, sind vor allem konservative Werte, xenophobe, homophobe[68] und ethnozentrische Positionen (im Begriff der „traditionellen Werte" aufgehoben)[69], die die Rettung der nationalen Identität durch politisch unterstützte und initiierte soziale Ausschließung von Andersartigen im Innern des Landes und Isolation gegenüber dem Westen erhoffen. Es sind wiederum die „Negativ-Positionen" von Identität, die Kirche und Politik vereinen.

---

[68] Häufig wird die russisch-orthodoxe Kirche für die Diskrimination von Homosexualität und LGBT verantwortlich gemacht und sie trägt sicherlich nachwievor zum Erhalt von ausgrenzenden Meinungen und Maßnahmen bei. Allerdings sind es keineswegs nur kirchliche Vertreter, die solcher Diskrimination das Wort reden, sondern auch namhafte Personen der Öffentlichkeit, und die Akzeptanz der Verfolgung von Homosexuellen seitens der Bevölkerung bis hin zu Folter und zur gezielten Tötung (Tschetschenien 2017) ist hoch. Zu Anfang des 20ten Jahrhunderts war unter den schreibenden „Bauernpoeten" Russlands eine Idealisierung des „reinen Menschen" (der sich sexueller Bedürfnisse enthält) und die Verurteilung jeglicher „Perversionen" bereits ein emotional aufgeladenes Thema (Haley 2008, S. 178). An jenen Kampf gegen die „Perversionen" schließt die Ideologie des Klassenkampfes an, nun aber vereint mit einem Ideal der glücklichen heterosexuellen Partnerschaft. Homosexuelle Beziehungen wurden 1934, zu einer Zeit, als die Kirche in Russland wenig zu sagen hatte, unter Strafe gestellt – ihre Diskrimination ist also ein sowjetideologisches Produkt – bis 1993 blieb diese rechtliche Regelung noch erhalten und erst 1999 wurde die Kategorisierung von Homosexualität als Krankheit aufgehoben. Die Anfang der 2000erjahre daraufhin entstandenen LGBT-Bewegungen wurden sehr bald wieder aufgelöst und hatten eine zweite Chance erst zehn Jahre später, als der Boden für die öffentliche Akzeptanz durch mediale Einflüsse vor allem im Bereich von Musik und Kunst besser bereitet war; dennoch entstanden in Russland als Reaktion hierauf die Gesetze gegen „homosexuelle Propaganda" und zum Verbot der Thematisierung von Homosexualität vor Kindern (2013), es entstanden zeitgleich landesweit Anti-LGBT-Initiativen wie die „Occupy Pedophilia" (schwul und pädophil wird in Russland oft nicht unterschieden), die ihre Gewalthandlungen gegen ihre Opfer gerne online stellen, LGBT-Demonstrationen und Paraden werden zumeist verboten, behördliche Repressalien, Untätigkeit in Bedrohungsfällen und polizeiliche Übergriffe gegen Homosexuelle sind an der Tagesordnung (vgl. Kondakov 2014, Kon 2013) und die psychologische Beratung von LGBT-Personen wird systematisch behindert (z. B. die Organisation Deti-404 betreffend)(vgl. Urteil des Europäischen Gerichtshofs vom 13. November 2017). Kurzum: Der Umgang mit LGBT-Personen hat sich in Russland seit einem Jahrhundert im Kern so gut wie nicht geändert.

[69] Zur Bedeutung der Religion für die Begründung von Gendernormen im postsowjetischen Raum vgl. etwa Titarenko 2004.

Offenbar erhofft sich die Politik für diese Positionen jene Legitimation durch Werte, die sie selber nicht zu leisten vermag; zugleich verleiht sie sich ein selbstsicheres Profil, indem sie möglichem innerem Pluralismus eine Absage erteilt. Die russisch-orthodoxe Kirche wird also von der Politik funktionalisiert, nicht nur, um sich von ihr traditionalistische Inhalte und Positionen zu borgen, sondern auch, um sich mit diesen Anleihen auch der legitimativen Kraft der Kirche und ihres religiösen Fundamentes zu bedienen. Dies geht nicht, ohne zugleich die russisch-orthodoxe Kirche zum Symbol russischer Traditionalität zu erheben und ihr so ein Stück Definitionsmacht über den Begriff der Tradition zu überlassen – ein möglicherweise gefährlicher Tribut, der künftige Konflikte mit der Kirche heraufbeschwören könnte.

Die Bedeutung der christlichen Kirchen in den außerrussischen postsowjetischen Ländern lässt sich nur verstehen, wenn man der Tatsache Rechnung trägt, dass diese Kirchen stets mehr oder minder ein Symbol der Eigenständigkeit der Ethnien bzw. Republiken geblieben sind und ihnen daher – zusammen mit der Sprache und vielleicht auch der Schrift – sozusagen als Alleinstellungsmerkmal der Kultur ein immenses Gewicht für die ethnisch nationale Identität zukommt. Nicht unbedingt verbindet sich bei der Bevölkerung mit der Verehrung der Kirchengebäude, der Kreuze und der Heiligenlegenden auch eine religiöse Begeisterung. Die kirchlichen Artefakte, die die Sowjetzeit trotz der kommunistischen Zerstörungswut überlebt haben, dokumentieren vielmehr eine vergangene kulturelle Identität, aus deren Sinngehalt man vielleicht noch etwas für die Konstruktion einer neuen nationalen Identität gewinnen könnte. Diese nur auf die äußere Symbolik der kirchlichen Materialität bezogene Aufmerksamkeit findet sich heute im ganzen orthodoxen postsowjetischen Raum. Erst sekundär kommt es in manchen Ländern wieder zu einem restaurativen Studium der kirchlichen und religiösen Vergangenheit, die zu einem wachsenden religiösen Engagement führt, welches nun seinerseits von nationalen Motiven mitgetragen wird oder werden kann. Wenn also von einer „religiösen Identität" gesprochen werden soll, gilt es zwischen dem Anspruch der bloßen Zugehörigkeit zu einer Kirche und einem vom Glauben getragenen religiösen Engagement zu unterscheiden.

In ähnlicher Weise finden sich in den postsowjetischen Ländern mit einem dominaten muslimische Bevölkerungsanteil durchweg Tendenzen die Religion in den Fundus der nationalen Symbolik zu integrieren und für die Sicherung der nationalen Einheit zu nutzen. Nach dem Zerfall der Sowjetunion war in den meisten dieser Staaten der historische Rückgriff auf die vor der Sowjetzeit bestehenden Religionen eine der wichtigsten Maßnahmen zur Symbolisierung der nationalen Einzigartigkeit. Der bis zur Jahrhundertwende vergleichsweise liberale Umgang der Staaten mit der Religion erlaubte ein schnelles Erstarken der religiösen Bewegungen und Gruppierungen. In Zentralasien wurden Tausende von Moscheen gebaut (teils mehr als Schulen), staatliche Feiertage zu islamischen Festen wurden eingeführt, Koranschulen und islamische Universitäten wurden gegründet, Präsidenten und Politiker*innen vollziehen den Hadsch und signalieren vielfältig ihre Zugehörigkeit zum Islam. Politische Bewegungen, die in den Neunzigerjahren noch säkulare Ziele verfolgten, sind teilweise inzwischen islamisiert. Seit den Neunzigerjahren schreitet die Reislamisierung dieser Länder unaufhaltsam voran und gerät mehr und mehr zu einer politischen Bedrohung der säkularen Staatsstrukturen. Die islamische Sozialisation der jungen Generation steht in erheblicher Konkurrenz zu den schulischen

Bildungsanstrengungen und dürfte für Identitätsentwicklung dieser Generation zu einer maßgeblichen Größe werden. Daher versuchen die Staaten Zentralasiens, durch Gesetze zur Regulierung der Religionsausübung und zur Begrenzung der Handlungsfreiheit religiöser Organisationen den Einfluss der Religion in den Griff zu bekommen.[70] Die regionalen Zentralräte der Muslime werden unter staatliche Kontrolle gestellt. Zugleich schreitet die Institutionalisierung des Islam voran und fasst Fuß in den staatlichen Kommissionen für Religionsangelegenheiten. Das Verhältnis zwischen Staat und Religion wird zunehmend ambivalenter und die seit etwa zwanzig Jahren offensive religiöse Identifikationspolitik wird mehr und mehr zu einer Macht der Einschränkung politischer Freiheitsgrade für die Regierungen. Die drohende Vormacht der islamischen Kräfte könnte nicht nur die Regierungsentscheidungen im Einzelnen, sondern auch die Legitimation der Regierungen selbst in Frage stellen. Daher sehen die Regierungen dieser Länder inzwischen in ihrem Verhältnis zur Religion eine dringliche Aufgabe, sei es, dass sie die religiösen Organisationen selbst stärker an sich binden wollen, sei es, dass sie durch Verbote und Staatliche Sanktionen ihren Handlungsfreiraum einschränken wollen, sei es, dass sie einen neuen Dialog mit den islamischen Kräften suchen.

Das neu erwachte religiöse Engagement entfacht aber auch innere Konflikte, zum einen hinsichtlich der gewünschten Bedeutung und Verbindlichkeit der religiösen Überzeugungen und ihrer lebenspraktischen Konsequenzen (etwa in radikalen islamistischen Bewegungen), zum anderen hinsichtlich des Verhältnisses zwischen unterschiedlichen Glaubensrichtungen (etwa Sunniten und Schiiten), ihres politischen Selbstverständnisses und ihres missionarischen Eifers. Die islamisch ausgerichteten postsowjetischen Gesellschaften im Kaukasus und in Zentralasien müssen sich seit dem Ende der Sowjetzeit, in welcher systembedingt solche Differenzen nahezu bedeutungslos waren, mit der Bewältigung solcher Konflikte auseinandersetzen.[71] Angesichts der Gegensätze zwischen staatlichen und religiösen Interessen einerseits, des konfliktreichen großen Schismas der Glaubensrichtungen des Islam andererseits stehen die Regierungen vor der Wahl, durch Parteinahme das Land zu spalten oder einen Dialog zu führen, in dem Werte und Ansprüche der Religion mit den politischen Zielen des Staates vereinbarlich gemacht werden.

---

[70] Vgl. zusammenfassend für die postsowjetischen zentralasiatischen Staaten den Bericht von Nogobaeva 2017 „Zentralasien: Der Raum der Seidendemokratie").

[71] Der Umgang mit diesen Konflikten in den verschiedenen postsowjetischen Ländern ist keineswegs einheitlich. Teilweise versuchen die Staaten den Einfluss der Religion auf die Kultur und die gesellschaftlichen Strukturen zu begrenzen, extreme religiöse Strömungen zu schwächen oder zu unterbinden und die säkulare Ausrichtung der Gesellschaft zu sichern (so etwa in Kirgisistan, Usbekistan und Tadschikistan). Eine Variante der Regulierung des Islam besteht in der Strategie, ihn in die Staatspolitik zu integrieren und der staatlichen Überwachung zu unterwerfen (so etwa in Kasachstan). Teilweise reguliert der Staat auf autoritäre Weise die Ansprüche der jeweiligen Glaubensrichtungen und Bewegungen durch Verbote zur Religionsausübung, durch die Verhinderung, Einstellung oder gar den Abriß von Moscheebauten (so etwa der Abriss einer sunnitischen Moschee in Aserbaidschan, vgl. Huseynova 2015) und identifiziert Staat und Nation als „islamischen Staat" mit einer bestimmten Glaubensrichtung.

2.3 Geschlechtsidentitäten: Heterosexuelle Normalität und Homophobie

Die Bedeutung von Sexualität ist in postsowjetischen Ländern bis heute in mancherlei Hinsicht noch von der sowjetischen Kultur geprägt, in mancherlei Hinsicht von der Liberalisierung und „Glamourisierung“ der postsowjetischen Kultur nach der Westöffnung Anfang der Neunzigerjahre. Während auf der einen Seite in der Öffentlichkeit eine sexualisierte Mode, sexbeladene Sprache, Skandalnachrichten und westliche Sexmedien die Macht ihrer Faszination und Verführung ausbreiten, ist auf der anderen, privaten Seite die Artikulation von Fragen und Meinungen zur Sexualität selbst unter Freund*innen noch immer nicht „hoffähig“, sie löst Verlegenheit aus, wenn nicht Entrüstung, und selbst unter Bekannten noch Schamreaktionen. Die Tabuisierung dieses Themas über die gesamte Sowjetzeit hinweg hat selbst nach den liberalen Jahren der Perestroika, in denen es zur Kommerzialisierung von Sex in den Medien und zu einem sprunghaften Anwachsen von Prostitution gekommen war, noch immer ihre Nachwirkungen. Die im Westen in den Sechzigerjahren zunehmende Offenheit sexuellen Themen gegenüber wurde – soweit sie überhaupt bemerkt wurde – als ein weiterer Exzess „falschen Bewusstseins“ konnotiert und war Anlass zu Warnungen, dass die russische Gesellschaft sich nicht von der „Pseudokultur des Westens“ verführen lassen sollte.[72] Insbesondere sei zu befürchten, dass der Komsomol (Jugendverband) von der „sexualisierten Atmosphäre”, die westliche Agenten verbreiteten, infiziert werden könne. Sexuelles Verlangen zu beherrschen, sollte hingegen als eine Gelegenheit gelten, sich in Selbstdiziplin zu üben – eine alte frühsowjetische Formel: Für Lev Trotzij war es Bestandteil der Fähigkeiten seines *neuen Menschen*, „seiner eigenen Gefühle Herr zu werden, seine Instinkte auf die Höhe des Bewusstseins zu heben“[73]. Die Lenin zugesprochene Auffassung, dass sexuelle Aktivität die Motivation zum politischen Kampf untergrabe, repräsentierte die Grundeinstellung der politischen Elite zur Bedeutung des Geschlechtlichen. Mit dieser Selbstdisziplin wurde das Intime, das Phantasievolle und Romantische und daher möglicherweise Individuelle aus der Kommunikationskultur mehr und mehr gelöscht bzw. in die Literatur und ins Kino verbannt.[74] Sexualität zu unterdrücken, in traditionell fixierte Bahnen umzuleiten und die Kommunikation darüber zu tabuisieren, war eine Form der politischen Machtausübung, die in die Tiefe des sowjetischen Selbstbewusstseins eindrang. Die beengten Lebensverhältnisse in den Gemeinschaftswohnungen und Baracken und das fortgesetzte Beobachtetwerden zumindest der Stadtmenschen durch Andere setzten der Entwicklung von Intimitäten ohnehin enge Grenzen. Ansonsten war das Thema Sexualität auf familienpolitische Überlegungen beschränkt.[75]

---

[72] 1969 erschien der Roman „Was willst Du eigentlich“ («Чего же ты хочешь?») des russischen nationalistischen Kulturfunktionärs Wsewolod Anissimovitsch Kotchetow, in dem dieser den Niedergang der Sowjetischen Gesellschaft infolge westlicher Propaganda zur sexuellen Befreiung befürchtete (vgl. Kotchetow 1969).

[73] Trotzki 1968, S. 214.

[74] Gemeingut war etwa die Lektüre von Liebeserzählungen von Leo Tolstoj, Anna Achmatova, Alexander Puschkin, Michail Lermontow, Sergej Jessenin.

[75] Vgl. Geiges/Suworowa 1989, Stern/Stern 1980. Zur Geschlechtsrollensozialisation in der UdSSR vgl. umfassend Attwood 1990, bezogen auf den gesamten postsowjetischen Raum und die Gegenwart ferner Ilic 2018.

Zur Mitte der Breschnew-Ära kam infolge der Westkontakte und der zunehmenden Möglichkeiten, westliche Produkte zu erwerben etwas Bewegung in den öffentlichen Umgang mit dem Thema Sexualität.[76] Das erste in Russland erschienene Buch zur sexuellen Aufklärung des Leningrader Professors Swjadoschtsch (1974) trug den bezeichnenden Titel „Die Sexualpathologie der Frau". Es war ein gefragter und nach der vergriffenen ersten Auflage teuer gehandelter Bestseller. Der Leser/die Leserin erfuhr darin einiges über die „Verirrungen" der weiblichen Sexualität, allerdings wenig zur männlichen Sexualität, die man als wissenschaftlichen Gegenstand lieber unangetastet ließ.

Noch vor der Perestroika-Zeit galten Aufklärungsbücher, Pornographie und Sexaccessoires in Russland und in den anderen sowjetischen Ländern als Phänomene der westlichen Dekadenz, wurden zum einen belächelt, zum anderen verurteilt, die sexuelle Revolution im Westen in den Sechzigerjahren wurde als eine Welle der kapitalistischen Perversionen dargestellt. Unmittelbar nach dem Zerfall der Sowjetunion kam es schon nach kurzer Zeit jedoch zu einer Explosion der Kommerzialisierung von Sex in Russland, erotische Literatur und pornographisches Material wurde nun frei auf der Straße gehandelt, Stripshows verbreiteten sich rasant in Clubs und seriösen Hotels, Prostituierte fanden sich überall in den Metropolen und boten offensiv ihre Dienste feil für die „neuen Russen" und ausländische Geschäftsreisende.[77] Das diesbezügliche russische Image im Ausland wandelte sich in wenigen Jahren in sein Gegenteil.

Der sexuelle Liberalismus der Perestroika-Zeit hielt sich gerade einmal ein Jahrzehnt, um dann, nicht anders wie viele andere Liberalisierungsbestrebungen auch, im Zuge der um sich greifenden Maßnahmen verschiedener Gegenreformen unter Putin wieder von einer neuen Welle der Tabuisierungen erfasst und denormalisiert zu werden[78] – allerdings nicht ohne jene Sublimierung in eine Sphäre des Unausgesprochenen und vielleicht nur Fiktionalen, die nicht nur russische, sondern nahezu alle postsowjetischen Bürger*innen allabendlich im russischen Fernsehen vor Augen bekommen: den russischen Glamour.

---

[76] Vgl. etwa Fields 2007.

[77] Sexualität und Prostitution werden in der Perestroika-Zeit in Russland auch zu einem literarischen Thema, dessen Bearbeitung auch die verdeckten psychischen Folgen der sowjetischen Verstümmelung der Sexualität und die von männlichem Chauvinismus und weiblicher Verführung geprägten Genderrollen offenlegt (vgl. etwa Borenstein 2006, S. 110 f.). Das 1989 erschienene biographische Drama „Intergirl" von Wladimir Kunin repräsentiert die Situation der Prostituierten, die in ihrer eigentlichen Arbeit unterbezahlt, am Abend mit westlichen Kunden harte Dollars verdienen, um sich und ihre Familie aus der Armut zu befreien.

[78] Seit 2011 ist das Tragen der Regenbogenflagge bei Demonstrationen in vielen russischen Oblasten unter Strafe gestellt. Im Juni 2013 wurde das Gesetz gegen „Propaganda nichttraditioneller sexueller Beziehungen in Anwesenheit von Minderjährigen" verabschiedet; 2014 wurde die Verwendung von „Mat" (Mutterflüche; орать благим матом), der russischen Vulgärsprache, die viele Elemente der Genitalsprache enthält und zweifellos eine originelle kulturelle Errungenschaft des emotionalen sprachlichen Ausdrucks darstellt, in Filmen, Literatur, Musik, Theater und im Fernsehen verboten. 2017 verabschiedet die Duma ein Gesetz, dass die Gewalt gegen Frauen innerhalb der Familie zu einer Ordnungswidrigkeit herabstuft.

Jene die Sinne und das Verlangen betörende Kombination aus luxuriösen Statussymbolen, blendender Schönheit und Eloquenz, eleganter Erscheinung und sexueller Stimulanz, zuweilen auch aufreizenden Verhaltens in Wort und Tat, beweist den postsowjetischen Konsument*innen, dass in ihrer neueren Kultur nun etwas einen feierlichen Platz gefunden hat, das vorher nur im Dunkeln zu vermuten war. Es tritt in Einheit auf mit den Symbolen des Erfolges, im grellen Licht der Öffentlichkeit und doch in der medialen kalten Ferne. Das Publikum saugt diese Symbolik auf im Taumel der Faszination wie ein erhabenes Erlebnis. Die Erfahrung ist wie ein Versprechen der Erweckung ungeahnter Potenziale, das Hoffnung macht, obwohl der Weg dorthin ein Rätsel bleibt. Hoffnung auf die Größe Russlands und Hoffnung auf die eigene Größe. In den Vorstellungen des Publikums entfaltet die glamouröse Erscheinung zugleich ihre verführerische Kraft, den eigenen Erfolg auch mittels solch faszinierender Selbstsymbolisierung zu versuchen und es den Reichen und Schönen gleichzutun. In den Köpfen der jungen Menschen materialisieren sich die Illusionen zu jenen Klischees der Selbstdarstellung, die sich in den medialen Selbst-Inszenierungen auf facebook, twitter etc. wiederfinden. Unmerklich wird eine Sprache normiert für den sozial kommunikativen Erfolg, auch für die sexuelle Selbstdarstellung.

Die tagtägliche Überflutung mit einer übermachtigen medial vermittelten Symbolik ist nur eine Dimension der „Engführung“ sexueller Identität, die das Vorstellungsvermögen der jungen (und auch älteren) Konsumenten bestimmt. Eine weitere betrifft das denkbare Spektrum sexueller Vielfalt. Auch hier schließt die Gegenwart offenkundig wieder an die sowjetische Vergangenheit an.

Eine Auseinandersetzung mit sexueller Vielfalt war innerhalb der sowjetischen Kultur schlicht kein Gegenstand, allenfalls für die psychiatrischen Anstalten. Auch wenn vor und unmittelbar nach der Oktoberrevolution sexuelle Freizügigkeit jeglicher Art noch im großen Kodex der Liberalisierungen ihren Platz gefunden hatte, so wich diese liberale Orientierung wie viele andere auch in Zuge von Stalins „Revolution von oben“ einer Norm, die das Gesunde vom Kranken scheiden sollte.

War Homosexualität im ersten Strafgesetzbuch der Sowjetunion 1921 noch legal, so wurden sexuelle Handlungen zwischen Männern ab 1933 nach Artikel 121 des Strafgesetzbuches mit Gefängnis oder Zwangsarbeit bestraft; viele der Verurteilten wurden jedoch zur Umerziehung und Therapie in psychiatrische Anstalten verbracht, da Homosexualität den Status einer psychischen Krankheit hatte. Zugleich diente die Anwendung des Artikels 121 auch immer wieder der Beseitigung politisch Andersdenkender, denen in Scheinprozessen homosexuelle Handlungen vorgeworfen wurden. Das Gesetz blieb bis 1993 erhalten, auch wenn es zwischen 1965 und 1975 in der Breschnew-Ära Diskussionen über die Dekriminalisierung von Homosexualität gegeben hat.[79]

Regelmäßig durchgeführte Studien des Levada-Zentrums für Meinungsforschung in Moskau belegen seit Jahrzehnten, dass ein Viertel bis ein Drittel der russischen Bevölkerung noch immer Homosexualität als eine psychische Krankheit oder Folge von Traumatisierung betrachtet bzw. etwa ein etwa gleich großer Anteil an Befragten sie als Ausdruck sexueller Haltlosigkeit und Maßlosigkeit oder gewohnheitsmäßiger

---

[79] Vgl. Alexander 2018, 2019, S. 56-78.

Perversion versteht.[80] Ergebnisse des World Values Survey für Russland und die Ukraine von 2008 deuten auf einen engen Zusammenhang hin zwischen der postulierten Überlegenheit des Männlichen gegenüber dem Weiblichen und der Ablehnung von Homosexualität.[81] Auch wenn sich heute in Russland nicht mehr ein gutes Drittel der Befragten für die Liquidierung von Homosexuellen ausspricht (so noch das Ergebnis der Levada-Studie von 1989), so bleibt doch eine skeptische Haltung gegenüber der Homosexualität bestehen, ja, sie nimmt offenbar zu.[82] Die Ablehnung von sexuellen Beziehungen von Menschen gleichen Geschlechtes ist in den letzten Jahren wieder gestiegen, von 68% 1998 auf 83% 2018, und der Anteil jüngerer Menschen mit dieser Haltung hat zugenommen.[83] Seit der Einführung des Gesetzes gegen „Homosexuellenpropaganda" 2013, dem schon eine Vielzahl von Einzelgesetzen in verschiedenen Oblasten seit 2001 vorausgegangen waren, hat sich die Zahl der Hassverbrechen gegen Homosexuelle und Mitglieder nichtrussischer Ethnien stetig erhöht.[84] Gay Pride Paraden haben zwar die Auseinandersetzung der Öffentlichkeit mit der Existenz von Homosexuellen im eigenen Land forciert, sie haben aber nicht zu einem Anstieg der Akzeptanz beigetragen, sondern ihre Gegner auf den Plan gerufen.[85] Einige Organisationen zur Unterstützung von LGBT-Personen sind daraufhin im Untergrund verschwunden. Eine neuere Studie von Osin und anderen zeigt, dass 2017 in Russland infolge der homophoben staatlichen, medialen und kirchlichen Propaganda die sozial diskriminierenden Ausprägungen (Liquidation und gesellschaftlicher Ausschluss) fast die gleichen Werte wie 1989 erreicht haben.[86] Von der Anerkennung einer Gleichstellung dieser sexuellen Orientierung (oder gar weiterer) mit der heterosexuellen Orientierung ist der größte Teil der Bevölkerung weit entfernt.

Vergleicht man die Entwicklungen zur Toleranz/Intoleranz gegenüber Homosexualität in verschiedenen postsowjetischen Ländern im Zusammenhang mit Religiosität, so zeigt sich im Zeitraum von 1989 bis 2013 zwar in allen postsowjetischen Ländern ein deutlicher Anstieg der Religiosität, nicht aber ein kontinuierlicher Einfluss auf die Haltungen gegenüber Homosexualität. Irina Vartanova hat in der im April 2014 in Qatar durchgeführten WVS Global Conference Ergebnisse einer Analyse von WVS- und EVS-Daten zum Zusammenhang von Werten für Religiosität und Toleranz/Ablehnung von Homosexualität von 43 Ländern, darunter 12 postkommunistischen und 16 postsowjetischen, vorgestellt, die zeigen, dass Religiosität in den postkommunistischen und insbesondere in den postsowjetischen Ländern einen nur sehr schwachen Einfluss auf die Ablehnungshaltung gegenüber Homosexualität hat.[87]

---

[80] LEVADA 2001, 2010, 2013.

[81] Vgl. Schröder 2012, S. 119. Auf die Frage, ob Männer bessere Politiker seien als Frauen stimmen 2006 58% der russischen Befragten und 50% der ukrainischen zu, 36% bzw. 41% lehnen diese Aussage ab. Zum Vergleich: In Deutschland und Frankreich beantworten 18 bzw. 21% diese Frage positiv, 77% jeweils negativ.

[82] Im Rahmen der Umfragen des WVS 2011 in Russland vertreten nur 11% der Befragten die Meinung, Homosexualität könnte unter bestimmten Umständen gerechtfertigt sein (Inglehart u. a. 2014, WSV Russland, Variable 203).

[83] ECRI-Report 2019, S. 38.

[84] Ebenda, S. 23.

[85] Vgl. Kon 2013, S. 60, Buyantueva 2018, S. 4.

[86] Osin u.a. 2018.

[87] Vartanova 2014.

Auch wenn es nahe liegt, die Rigidität von Ablehnungsnormen hinsichtlich der Homosexualität (und LGBT überhaupt) auf den in allen postsowjetischen Ländern nach dem Ende der Sowjetunion gewachsenen Einfluss der Kirchen zurückzuführen, so zeigen doch auch Untersuchungen aus anderen Ländern, dass diese Normen in engem Zusammenhang mit religiösem und politischem Fundamentalismus, Maskulinitätnormen und starren Genderrollen stehen, die einen höheren Erklärungswert für die Ablehnungsnormen haben als das Maß der Religiosität. So sehen wohl Religiosität und Ablehnung von Homosexualität zueinander nicht in einem ursächlichen Zusammenhang, vielmehr ist der Anstieg beider in den letzten 30 Jahren eher als Effekt eines dritten Faktors, etwa der fundamentalistischen Politik und der zunehmend ungeduldigeren Suche nach einfachen Orientierungen, zu verdanken.

2.4 „Einfache und einigende Identitäten" – kollektive Identitäten

Auffällig ist in der Mehrzahl der postsowjetischen Länder, dass die Befassung mit Fragen der Identität in der Forschung und Theoriebildung recht einseitig auf die Konstrukte einer „nationalen Identität" oder, wie es häufig heißt, „ethnischen Identität" ausgerichtet ist, gefolgt von Veröffentlichungen zur „lokalen" oder „regionalen Identität"[88] und zur „kollektiven Identität" (welche manchmal diesen Begriff mit der nationalen Identität gleichsetzen). Der Frage nach der „personalen" oder „individuellen Identität" wird hingegen kaum nachgegangen.[89] In einer Konferenz 2015 in über „ethno-soziale Prozesse im Süden Russlands", die anlässlich zunehmender Separationstenzenden der (nord)kaukasischen Republiken ins Leben gerufen wurde,

---

[88] Vgl. etwa die zahlreichen Artikel zur regionalen Identität in Russland in Semenenko u. a. 2011.

[89] Auffällig ist ferner, dass die russische Thematisierung von personaler Identität häufig im Kontext „politischer Identität“ oder „nationaler Identität“ erfolgt. Personale Identität („Selbstidentität“) wird dabei als Folge der Pluralisierung von kollektiven Identitäten verstanden, etwa als Lebensstilpluralisierung (vgl. Fedotova 2011, ähnlich Capitsyn 2014), als ein Phänomen der Varianz kollektiver Identität. Diese bleibt stets der Ursprung aller Attributionen der personalen Identität, mithin auch ihr begrenzender Rahmen. Individualisierung und die Zugehörigkeit zu verschiedenen Gruppen wird sogar als eine Gefahr für eine stabile personale Identität wahrgenommen. So endet der Artikel von Fedetova mit einer Warnung: „Сегодня напрашивается вывод, что, чем более индивидуализированы люди и чем более они рассредоточены по социальным группам, тем труднее им достичь стабильной идентичности и удержать ее.“ („Heute lautet die Schlussfolgerung, dass es für die Menschen umso schwieriger ist, eine stabile Identität zu erreichen und zu bewahren, je stärker sie individualisiert und in soziale Gruppen zersplittert sind.“) (Fedetova 2011, S. 61). Die marxistische Interpretation von Identität als internalisierte soziale Konstruktion, die durch den realen Sozialismus zu einer homogenen Konstruktion errichtet wird, bildet die modelltheoretische Basis für die Annahme einer kollektiven Konformität der Subjekte und für dieses Verständnis von Varianz. Sehr deutlich wird diese Auffassung etwa in Krupkins Theorie der „atomar-molekularen“ Struktur der Psyche: Die Zugehörigkeit zu einer Gruppe wird nach seiner Auffassung durch mentale Attributionen in der personalen Identität („Ich-Konzept“) repräsentiert, die für alle Gruppenmitglieder identisch sind Es heißt: „Alle beteiligten MCs generieren *Unsere Welt der Gruppe* als einen bestimmten identischen Teil von *Meine Welten* jedes ihrer Mitglieder.“ (Krupkin S. 65) Dass die mentalen Repräsentationen der Gruppenzugehörigkeit individuell differieren, wird also ausgeschlossen.

dokumentierte sich deutlich, dass von den meisten Referent*innen eine Lösung der Probleme des gesellschaftlichen und föderalen Zerfalls durch die Restauration eines Bewusstseins der „allrussischen Identität"[90] erhofft wurde. Nun hat eben diese durch den Zusammenbruch der „ideologischen Einheit" der Union ihr Fundament verloren; eine ethnisch begründete allrussische Identität ist absurd und mit ihr auch eine kulturell begründete. So bleibt nur die Konstruktion einer „nationalen Identität", die aber die Tatsache übergeht, dass das heutige Russland eine Föderation ist, eine Föderation von Nationen. Das, was diese Föderation nun verbindet, in einer „allrussischen Identität" zu vermuten, kann nur durch Rekurs auf die sowjetische Einheit, also retrospektiv begründet werden; eine solche Begründung wäre nicht nur nostalgisch und ignorant, sie wäre auch ein Akt erneuter Kolonialisierung. Vor allem in Russland sucht man aber offenbar fieberhaft nach der Substanz eines solchen verbindenden Momentes, übersehend, dass genau dies den Identifikationsinteressen der föderalen Partner am wenigsten entspricht.[91] Dieses Bemühen bildet sich auch ab in der anhaltenden Diskussion über „regionale Identitäten", die das Moment des Besonderen im Gemeinsamen ausmachen sollen. Es hat den Anschein, dass sich ein Grundverständnis für das Verhältnis von „regionaler Identität" zu „nationaler Identität" herausgebildet hat, das postuliert, dass die im russischen Raum befindlichen „regionalen Identitäten" nach wie vor durch einen gemeinsamen Kern von Elementen der „nationalen Identität" geprägt seien. Dies ist eine von der russischen Politik immer wieder bemühte Formel, deren aktueller Wahrheitsgehalt aber keineswegs evident ist und angesichts zunehmender zentripetaler Tendenzen im postsowjetischen Raum immer fraglicher wird. Diese Konstruktion steht ferner im Widerspruch zur russischen Verfassung, die vom „multinationalen Volk der Russischen Föderation" spricht, also mehrere Nationen in gesamtrussischer Vereinigung sieht.[92] Für die Staatsbürger*innen bietet die Konstruktion einer „regionalen Identität" immerhin ein Unterscheidungsmerkmal, ein Plus gegenüber der für alle uniformen „nationalen" Identität. Sie ist ein weiterer Anlass, sich mit der eigenen Geschichte zu befassen, und sie gestattet es, sich einer eigenen Kultur zuzuwenden, die näher und vertrauter ist als die Nationalkultur.

---

[90] Vgl. Khunagov 2015.

[91] Exemplarisch hierfür einige Sätze aus der Einführung in die Konferenz von Rektor Khunagov der Staatlichen Universität von Adygeya in Maykop: „Wenn wir die Region als ein komplexes System betrachten, stellen wir fest, dass eine notwendige Voraussetzung für das erfolgreiche Funktionieren eines sich so komplex entwickelnden Systems wie das Südrusslands ein optimales Zusammenspiel ethno-kultureller, regionaler und russischer nationaler Identitäten ist, das verschiedene verzweigte Strukturen an einem Punkt ‚zusammenzieht'. Zu diesem Zweck ist es von grundlegender Bedeutung, ein gemeinsames Ziel zu haben, das als eine Art Attraktor fungiert, der sich das Verhalten einzelner, sich verzweigender Strukturen unterordnet. Unser gemeinsames Ziel ist die Erhaltung und die Stärkung der Einheit der russischen Nation, unserer allrussischen Identität." Khunagov 2015, S. 12.

[92] Vgl. Malinova 2015. Die Vereinnahmung „regionaler Identität" als Variation „nationaler Identität" ist insofern ein Phänomen der Ignoranz, als ein hohes Maß an regionaler Identität zumeist auf Misstrauen gegenüber Mitgliedern anderer Regionen und der Nation als Ganzem hindeutet, wie Untersuchungen zur Identitätsstruktur in Ländern Zentralasiens im Rahmen des WVS 2011 gezeigt haben (vgl. Haerper/Kizilova 2020, S.18).

Die Auseinandersetzung mit Fragen der Identität in Russland, aber mehr oder minder auch in den anderen postkommunistischen Staaten des Ostens, ist häufig geprägt von der Prämisse, diesen Begriff möglichst außerhalb der personalen Identität und außerhalb jeglichen pluralistischen Zugangs zu halten. Homogene und auf das Kollektiv zielende Identitätskonstruktionen wie „ethnische Identität“, „nationale Identität“, „politische Identität“ und „allrussische Identität“ dominieren höchst auffällig die Identitätsdiskurse. Nicht selten werden die Begriffe „ethnische Identität“ und „nationale Identität“ gleichgesetzt, was eine Reihe von definitorischen (und juristischen) Problemen hervorruft. Nicht nur wird so die konstruktive Natur der „Nation“ übersehen, sondern der Nationenbegriff zudem an die ethnische Zugehörigkeit gebunden (im Sinne der „Volksnation“). Damit wird ethnische Homogenität (oder ihre dynastische Repräsentation) zum Leitkriterium und der Begriff wird zur Basis für rassistische, ethnozentristische und xenophobe Argumentationen.

Wenn von „personaler Identität“ oder Identität aus psychologischer Sicht ausnahmsweise die Rede ist, dann zumeist in Verbindung mit der Aussage, dass dieser die ethnische oder nationale Identität zugrunde liege und das vereinende Moment in den biographischen Besonderheiten verschiedener Individuen darstelle. Auch ist der Gebrauch des Begriffes „Identität“ ohne weitere Spezifikation oftmals einfach gleichzusetzen mit „nationaler Identität“. Auch Begriffe wie „sowjetische Identität“ werden als „nationale Identität“ gekennzeichnet, obschon die Sowjetunion tatsächlich ja aus mehreren Nationen bestand und – wie gesagt – paradoxerweise der Begriff des „Nationalen“ somit über diese Unterschiede hinweggeht.

Die Stellung der Sowjetregierung als ideologisches Monopol, das in allen Fragen menschlicher Orientierungen ermächtigt und gefragt war, einfache Lösungen zu schaffen und richtig und falsch in allen Aspekten der Lebensführung zu unterscheiden, ist wohl der historisch wichtigste Faktor in der Etablierung einer pluralismusfeindlichen Kultur, die als Erbe der Sowjetzeit bis in die Gegenwart hineinreicht und durch ihren politischen Missbrauch als Mittel der Solidarisierung mit einer Mehrheit (national, ethnisch, religiös, sexuell, bis hin zu Fragen der Ernährung oder des Alkoholkonsums) noch gestärkt wird. Es ist ein Merkmal diktatorischer „Führungsstärke“, dass sie die ideologische Schlüssigkeit ihres politischen Systems dadurch unter Beweis stellt, dass sie für jede denkbare Differenz bereits ein Entscheidungskriterium kennt und dieses auch zur Norm erhebt. Die Sowjetbürger*innen waren gewohnt, dass der Staat alles regelt und ideologische Gründe hierfür maßgeblich waren. Sie hatten gelernt, dass wichtig und richtig ist, was *gültig* ist, nicht was *wahr* ist. Eindeutige Positionen schufen einen Fundus wachsender Orientierungen für konformes Verhalten auf der einen Seiten, ein gewaltiges Korruptionspotenzial gegenüber Abweichlern auf der anderen Seite. Daher war der staatliche Wille, überall „Normalität“ zu schaffen, schier grenzenlos und bediente auch das Bedürfnis der Menschen, Sicherheit in ihren Orientierungen zu erhalten und nicht etwa aus Unwissenheit heraus Fehler zu machen. Der Autoritarismus des sowjetischen Systems war so zu stetigem Wachstum regelrecht programmiert, er nährte sich von der Unsicherheit der Menschen auf der einen Seite und befeuerte selbst durch die unerbittliche staatliche Sanktionspraxis die Unterwerfung dieser Menschen auf der anderen Seite. Komplementär hierzu wurde die Bürger*innen auf eine Konformität hin „enkultiviert“, die durch ein hohes Maß an Orientierungssicherheit ein selbstverständliches Solidaritätsgefühl zwischen ihnen garantierte, während der Platz für Abweichung immer geringer wurde und nur noch Künstler*innen und Verrückten vorbehalten blieb.[93]

Diese Pluralismusfeindlichkeit hat als Mentalität unzählige westlich orientierte Gesetzesreformen überlebt, die aus strategischen Gründen – etwa wegen der Aufnahme in den Europarat – durchgeführt worden waren, deren exekutive Relevanz aber praktisch unterlaufen wird, wo immer es möglich ist, weil die dahinterstehende Haltung kaum verstanden worden ist oder durch ihre Anwendung partikulare Interessen oder persönliche Privilegien infrage gestellt würden oder schlicht, weil die demokratische Praxis die Machtbefugnisse der Regierenden einschränken würde. Der nach dem Ende der Sowjetunion wieder möglich gewordene Anschluss der nationalen Kirchen an die Politik verleitete manche Kirche sich auf die Seite des politischen Nationalismus zu schlagen und in ungewohnter Einheit mit den staatlichen Propaganda-Strategien negative Ideologien durch ihre kanonische Ordnung zu legitimieren. Der kirchliche Faktor potenziert tatsächlich die Wirksamkeit der politischen Parolen, vor allem und gerade in politischen Systemen, die wenig Glaubwürdigkeit genießen, weil er eine Begründungsleistung für die politischen Normen erbringt, die die politische Führung der Bevölkerung schuldig bleibt. Zugleich suggeriert die Einigkeit von Staat und Kirche den Menschen, dass die Verhältnisse „aus einem Guss" sind, dass sich die Politik auf dem Wege der Tradition befindet und die Kirche sich anschickt, für die gesellschaftliche Wirklichkeit tatkräftig Verantwortung zu übernehmen. Kirche und Staat stabilisieren sich gegenseitig und finden bei jenen, die ohnehin wenig von einem Mehrparteiensystem halten, als nationalistische Einheit obendrein besondere Anerkennung. So erhält die nationale Identität quasi noch einen reliösen „Zuschlag" und bietet als Konglomerat eine weiter vereinfachte Identitätsformel. Der erstaunliche Zuspruch zur Kirche in Russland heute und in einigen anderen postsowjetischen Staaten düfte sich stärker aus diesem Motiv der Vereinfachung nähren als aus einem Wiedererwachen religiösen Bewusstseins.

Eine weitere Form der Vereinfachung und zugleich Totalisierung der Identitätskonstruktionen, die im Zusammenhang mit dem wachsenden Nationalismus steht, ist die komplementär zur Verabsolutierung der eigenen ethnischen Identität zunehmende Xenophobie. Sie richtet sich in Russland vor allem gegen die sogenannten „Schwarzen", Migrant*innen aus dem Kaukasus und den zentralasiatischen Staaten, also die Nachfahren jener, die – zumindest aus russischer Sicht – durch die sowjetische Modernisierung erst „zivilisiert" wurden. Auch wenn Russland nie in den Verdacht geriet, eine Kolonialmacht zu sein, so kann doch nicht übersehen werden, dass die lange Geschichte der Eroberungen des nordasiatischen Raumes zur Zarenzeit die geographische Basis des multiethnischen Staates bildet und nahezu alle nicht-russischen Ethnien einem Prozess der „inneren Kolonialisierung" (Aleksandr Etkind)[94] unterworfen wurden, in dem das „Russische" als das Moderne galt und das Eigene als das Vergangene und Minderwertige. Die so konstruierte kulturelle Distanz bildet das Fundament der russischen Xenophobie.

---

[93] Infolge eben dieser Enkulturation war auch eine Befassung mit nicht-heterosexuellen Orientierungen undenkbar, allenfalls verbrämt in der gleichgeschlechtlichen Liebe zu Gott, wie Baer (2009, S. 91 ff.) am Beispiel der Rezension Oscar Wildes in Russland darstellt.
[94] Vgl. Etkind 2011.

Eine Variante der Xenophobie bildet das vor allem in Russland verbreitete Misstrauen anderen Kulturen gegenüber und das starke Bedürfnis, sich gegenüber dem Einfluss anderer Kulturen abzuschotten. Der kurzen Periode einer gewissen Begeisterung für westliche Kulturen Anfang der Neunzigerjahre (Westernization), in welcher der US-amerikanische und westeuropäische Kultur- und Warenimport Russland und andere postsowjetische Länder überschwemmte,[95] folgte ein regelrechter Schock der Furcht vor kultureller Überfremdung und „*McDonaldisierung*" (Ritzer) der Gesellschaft und danach eine anhaltende, bis heute sich steigernde Periode der Distanzierung und der „Suche nach dem eigenen Weg". Die Angleichung an den Westen wurde als Zwang zur Homogenisierung der russischen Gesellschaft gedeutet, der dann auch der ethnische Pluralismus Russlands zu opfern wäre. Kulturelle Öffnung sollte ein Programm nach innen bleiben und nicht nach außen werden, zudem ein Programm, dass die kulturelle Hierarchie im Lande nicht in Frage stellt. Es geht also um Sicherheit gegenüber dem Fremden in einer zweifachen Variante, nach innen durch „Integration", nach außen durch „Isolation". Auch wenn die Präsenz von mehr als 180 unterschiedlichen Ethnien in Russland zweifellos hohe Anforderungen an die Fähigkeiten zum interkulturellen Lernen gestellt hat, so hat sich die russische Gesellschaft doch kaum zu einer „transkulturellen Gesellschaft"[96] entwickelt, die bereit wäre, nationale und kulturelle Identität zu entkoppeln, die Eigen-Fremd-Differenzen zu überwinden, auf Augenhöhe mit anderen Ethnien zu kommunizieren oder gar mit hybriden Formen der Identität zu experimentieren. Ihr Verhältnis zum Pluralismus ist zentristisch, das Vielfältige tritt auf als immer dasselbe in verschiedenem Gewand, bunt, aber doch von identischer Substanz. Der alte sowjetische Reduktionismus des „Proletarier aller Länder vereinigt euch", der schon jegliche Differenz der Kulturen dieser Länder zur Belanglosigkeit erklärte, setzt sich fort in der (post)sowjetischen Prämisse, dass sich auch weiterhin im *Russischen* alles einigt.

Es ist ein schon fast „traditionell" zu nennendes Stereotyp, dass man sich in Russland als Opfer des Betrugs und der Ausbeutung durch andere betrachtet, sei es durch den Westen, sei es durch den Kommunismus oder eben durch die nicht-russischen Völker der ehemals sowjetischen Gemeinschaft und ihre Immigranten.[97] Entsprechend stark ist das Motiv, andere des Betrugs, der Übervorteilung und der Täuschung zu bezichtigen, sie als feindlich gesonnen zu betrachten und sich gegen solche Bedrohungen zu rüsten. Lev Gudkov hat in seiner Studie „Antisemitismus und Xenophobie im postsowjetischen Russland" festgestellt, dass Personen, die eine ausgeprägte Antipathie gegen bestimmte Ethnien hegen, meist auch eine oder weitere xenophobe Haltungen aufweisen. Offenbar gibt es im Hintergrund dieser Antipathien eine generelle Furcht vor Abweichung gegenüber einer einfachen festgelegten Norm, die es leicht macht, Zugehörigkeit abzugrenzen und zwischen Freund und Feind zu unterscheiden. Auch hier ist es die Konstruktion einer „negativen Identität", die das

---

[95] … und offenbar durch die Erreichbarkeit bisher unbekannter Konsum- und Luxusgüter jene Bedürfnisse wachrief, die bis heute für den demonstrativen Umgang mit Statussymbolen und für jene „Glamourisierung" der russischen Medienkultur verantwortlich sind, die dem Vorbild des illusionären Stils der amerikanischen TV-Serien in den Neunzigerjahren entspricht (vgl. Menzel 2013).
[96] Welsch 2005.
[97] Vgl. Mommsen 1995, S. 143 f.

Bedürfnis nach einer positiven Identität kompensieren soll: Wer nicht sagen kann, wofür er ist und wer er ist, kann sagen, wogegen er ist und zu wem er nicht gehört.

2.5 Berufliche Identität

Der marxistischen Anthropologie entsprechend war Arbeit im sowjetischen Sozialismus eine zentrale Kategorie nicht nur in der funktionalen Gesellschaftstheorie, sondern auch in der Konstruktion des sozialistischen Lebenssinnes schlechthin. Der Mensch fand den Sinn seiner Lebensführung als „Arbeitswesen" und letztlich als „soziales Arbeitswesen", dessen individuelle Leistung erst durch den gesellschaftlichen Zweck, durch ihren Beitrag zur gesellschaftlichen Sicherung und Entwicklung, ihre Erfüllung finden konnte. Dieses normative Moment der marxistischen Anthropologie, das für den sowjetischen Sozialismus prägend war und dem alle Bereiche des Lebens direkt oder indirekt unterworfen waren, ist trotz der schweren Krise aller Wertbezüge in der spätsowjetischen Zeit nicht gänzlich zerfallen; es lebt vielmehr noch fort auch im postsowjetischen Wertehorizont, allerdings gebrochen und entsolidarisiert durch die kapitalistische Theorie der Produktivitätsverwertung und durch Wettbewerbs- und Gewinnmaximierungsdenken. Der Wandel der sowjetischen Solidaritätsgesellschaft zu einer postsowjetischen „Ellbogengesellschaft" offenbart diesen Bruch deutlich.[98] Das postsowjetische „Individuum" ist schlagartig zum Einzelkämpfer geworden und es verwundert heute, wie wenig Teamgeist und Teamfähigkeiten aus mehr als einem halben Jahrhundert des gelebten Sozialismus übrig geblieben ist – wenn es diese je gegeben hat. Auf der anderen Seite mussten die postsowjetischen Gesellschaften nun lernen, sich von den Wünschen nach einer bequemen Versorgung mit Arbeitsplätzen durch Staatsunternehmen zu verabschieden und unternehmerische Motivationen zu fördern. In der russischen Jugendpolitik bildete in diesem Sinne ab 2008 die Entwicklung des Unternehmergeistes (der „Selbst-Unternehmer"), der Fertigkeiten zum Projektmanagement und zum beruflichen Selbstmanagement ein zentrales Anliegen; regionale Jugendbildungsforen wurden finanziert und Fördermittel für neue Projektideen bereitgestellt. Mit einer eigenen Geschäftsidee „sich selbst zu erfinden" und dabei die Gesellschaft weiterzuentwickeln und so das Gemeinwohl zu unterstützen, wurde zu einem neuen Propagandaziel.[99] Diese reformpolitische Initiative und ihre Öffentlichkeit hatten zweifellos eine gewisse Wirkung auf die junge Generation, zumindest was ihre Visionen über das berufliche Fortkommen betrifft.

---

[98] Der Politikwissenschaftler und Transformationstheoretiker Wolfgang Merkel hat 1994 diese Entwickung der postkommunistischen Gesellschaften zu „Ellbogengesellschaften" als Phänomen frühkapitalistischer Gesellschaften vorhergesagt und hierfür das theoretische Fundament in Hegels Sphäre des universalen Egoismus bemüht: „In den postkommunistischen Gesellschaften Osteuropas droht die civil society in der frühkapitalistischen Form der bürgerlichen Gesellschaft des 18. und 19. Jahrhunderts zu entstehen, also in einer Variante, die Hegel in seiner Rechtsphilosophie als die Sphäre des universalen Egoismus bezeichnete (Hegel 1972, S. 168 ff.). Anders formuliert: In Osteuropa droht in der unmittelbaren Zukunft die Entstehung einer sozialstaatlich kaum gebändigten Ellbogengesellschaft." (Merkel 1994, S. 471)

[99] Vgl. Krawatzek 2017, S. 4 f.

Die Ergebnisse der von *Igor Ardashkin* und anderen in diesem Buch beschriebenen Studie zur beruflichen Identität von angehenden Ingenieuren zeigen die Janusköpfigkeit einer sozialistisch-kapitalistischen Sicht auf den Sinn von Arbeit als einerseits gesellschaftsdienliche Produktivität und andererseits dem persönlichen Gewinn verschriebene Wertschöpfung. Die Werte und Tugenden, die von den Studierenden in dieser Untersuchung genannt werden, bilden sowohl den gesellschaftlichen „Verwertungszusammenhang“ ab (Absicherung der Gesellschaft, Lösung wirtschaftlicher Probleme) als auch die persönlichen Ziele, die durch Arbeit erreicht werden sollen (materieller Wohlstand, Konsum, existenzielle Sicherheit, Statusgewinn). Für erstere lässt sich feststellen: Es sind noch immer jene Tugenden der Arbeit, deren Zerfall man in der Sowjetzeit über mehrere Jahrzehnte allenthalben beobachten konnte. Soll man dieses Phänomen als ein Revival oder gar eine Restauration der sozialistischen Arbeitswerte interpretieren? Oder sind es doch schon Adaptionen an die kapitalistische Arbeitsideologie der wirtschaftlich progressiven Nationen des Westens? Als Voraussetzung für ein erfolgreiches Arbeitsleben erkennen die Studierenden, dass man bereit sein muss, sich außerordentlich zu engagieren, seine kreativen Potenziale in die Arbeit einzubringen, seine gesellschaftliche Verantwortung wahrzunehmen und die Unternehmensziele mitzutragen. Teil der beruflichen Identität ist also zum einen eine starke berufliche Persönlichkeit, zum anderen die Identifikation mit dem Betrieb. Leichter fällt es, den Übergang zu einem neuen Verständnis des persönlichen Gewinnes durch Arbeit zu erklären, sind es im Kern doch die bekannten kapitalistischen Konsumwerte, die hier zitiert werden und offenbar so anders gar nicht sind, als sie im Sozialismus zu finden waren. Der materielle Erfolg durch Arbeit, existenzielle Sicherheit für sich und die Familie, Konsum und Freizeit, Statusgewinne und Prestige sind die verlockenden Qualifikationen eines engagierten Arbeitslebens.

Der beruflichen Identität des postsowjetischen Menschen und ihrer Wertebasis ist also eine Kombination von traditionellen Solidaritätswerten und einem materialistischen personenbezogenen Utilitarismus kapitalistischer Prägung inhärent. Der für die kommunistisch-revolutionäre Ideologie fundamentale Widerspruch zwischen diesen beiden Orientierungen scheint vergessen oder überwunden, die sozialistische Versöhnungsformel durch einen „gesteuerten Pluralismus” außer Kraft gesetzt. Dennoch erlebt offenbar, wie es die junge russische Autorin *Yana Chaplinskaya* in diesem Buch beschreibt, die neue Generation diese Kombination als ein Indiz gestörter Ordnung, als Verlust der inneren Einheit und als ein Phänomen der „Entfremdung” von der eigenen „Essenz”. Sie erlebt die „Patchwork-Identität”, die die moderne Gesellschaft ihren Bürger*innen zumutet, als eine Spaltung, als ein Hin- und Hergerissensein zwischen den Wertbasen und den Selbstbildern der Menschen. *Chaplinskaya* richtet ihren Blick zum einen auf die Zumutungen des modernen russischen Arbeitslebens als eines krankmachenden Faktors der Lebensführung, zum anderen auf die wenig ausgeprägte und sozial wohl auch kaum anerkannte Fähigkeit der Bürger*innen, das eigene Wohlbefinden aufmerksam zu beobachten. Um Überlastungen durch die Arbeit vorzubeugen, muss der moderne Mensch lernen, sich selbst zu beoachten und sich um sich selbst zu kümmern, so schreibt *Chaplinskaya*. Es gilt, unter den gegebenen Verhältnissen auf neue Weise eine Identität zu finden, eine Meta-Identität jenseits der Patchwork-Identitäten, die die gesellschaftlichen Rollenanforderungen ebenso wie das eigene Wohlbefinden reflektiert, Balancen herstellt und auch das berufliche Leben mit einem selbsterfüllten Sinn versieht. Der ehemals sozialistische Primat der solidarischen Arbeit bleibt erhalten in dieser Vision, aber ihm wird – als Konsequenz der kapitalistischen Selbstausbeutung durch Arbeit – um eine begrenzende Kraft der Selbstreflexion, der Selbstaufmerksamkeit und Selbstkontrolle beim Individuum entgegengestellt. Es ist von „Tiefenwerten" die Rede, vom „eigenen Potenzial" und „eigenem Kern", von „Berufung", von „Selbstsuche" und „Selbstsorge", kurzum von Begriffen, die ein humanistisch-individualistisches Denken dokumentieren. Auf diesem Denken begründen sich die neuen Hoffnungen auf eine harmonische Existenz unter den Gegebenheiten der Unsicherheit und des erlebten Chaos. Die Gewinnung einer neuen, stets flexiblen Identität durch eine Praxis der Selbstkontemplation, die es ermöglicht, auch lebenspraktisch seine „Mitte" wiederzufinden – durch Balancen, Begrenzungen und Engagement – zeugt von einem Konzept der Souveränität des Individuums, des Selbstmanagments und der Selbstverantwortung, wie es dem humanistischen Ideal eines moralisch integrierten Verhältnisses zwischen Individuum und Gesellschaft entspricht.

3. Postsowjetische Identität – postsowjetische Identitäten

Zum Idealtypus der „postsowjetischen Identität" lässt sich keine einfache Skizze entwerfen. Wenn man sich auf das beschränken wollte, was die kollektiven und sozialen Identitätsmerkmale des Postsowjetischen über die Länder-, Generationen- und ethnischen Grenzen hinweg vereint, so bliebe wenig mehr übrig als die Aufgabe und gemeinsame Verlegenheit, für die Zukunft eine Orientierung zu entwickeln. Der größte gemeinsame Nenner in all diesen Befindlichkeiten ist wohl gerade das Problem der Ungelöstheit dieser Frage nach einer Vision, nach einem Entwurf einer „positiven Identität".

Was hingegen die Gründe für die Unlösbarkeit dieser Frage betrifft, so finden sich eine Reihe weiterer Gemeinsamkeiten, die sich fast allesamt aus dem Zusammenbruch einer Illusion und der kollektiven „Lerngeschichte" der Sowjetzeit, insbesondere der letzten Jahrzehnte, herleiten lassen. Folgen wir den Worten Alexander Solschenizyns, so haben die Bolschewiken dem russischen Volk (und auch anderen) nicht nur die Fähigkeit zu Mitleid und Barmherzigkeit, zur Hilfsbereitschaft und Brüderlichkeit ausgetrieben, sondern auch das kreative Potenzial, die Selbständigkeit und das Verantwortungsvermögen.[100] In der Tat scheinen die Analysen unserer Beiträge in diesem Buch die negativen Folgen der sowjetischen Enkulturation für die Menschen in den postsowjetischen Ländern bis zum heutigen Tage noch zu belegen. Die Psychologie des Sowjetmenschen hat sich mit der Kraft des kollektiven Gedächtnisses auch in den postsowjetischen Menschen noch eingeschrieben. Misstrauen gegenüber dem Abweichenden, Skeptizismus gegenüber allem Offiziellen, eine geringe Bereitschaft, Gesetze und Regeln einzuhalten, Opportunismus und bevorzugt kommunikative Bewältigungsstrategien, eine hohe Korruptionsbereitschaft (trotz morali-

[100] Solschenizyn 1994.

scher Ablehnung der Korruption)[101], Misstrauen und Zynismus gegenüber jeglichen Sinnentwürfen auf der einen Seite, mangelndes Zukunftsvertrauen, eine lähmende Nostalgie, Autoritarismus und Staatszentriertheit, Fatalismus und politische Passivität, Traditionalismus, Ethnozentrismus (bei gleichzeitiger Offenheit gegenüber anderen Völkern) und Nationalismus auf der anderen Seite sind Merkmale der kollektiven Identität, die sich in der Tat in allen postsowjetischen und vielen postkommunistischen Ländern des Ostens finden lassen.[102] Allerdings ist ihre Bedeutung nicht überall gleich und die Etablierung von Alternativen hat in den verschiedenen Ländern in sehr unterschiedlichem Maße einen Nährboden gefunden. Auch die Alternativen selbst leiten sich aus unterschiedlichen Kulturbereichen her, aus politischen, weltanschaulichen und religiösen. Gewicht und Formation dieser Merkmale differieren auch erheblich zwischen den verschiedenen Generationen.

Auf letztere Differenz wollen wir abschließend ein besonderes Augenmerk richten, denn der Jugend gehören die Hoffnung und der Sinn aller Entwicklungen.

Eine postsowjetische Identität enthält immer auch eine Positionierung gegenüber dem Sowjetischen, d. h., gegenüber der Vergangenheit. Im Umgang mit der sowjetischen Vergangenheit stellt sich die Situation für die verschiedenen Generationen als sehr unterschiedlich dar. Die ältere Generation (ab 56 Jahre) ist von Geburt an unter den Bedingungen des Sowjetstaates aufgewachsen und hat in den meisten Sowjetländern kaum etwas anderes kennengelernt als die Ideologie des Sowjetsystems, seine Parolen und seine Propaganda und die sozialen Verhältnisse, die das System etabliert hat. Der Sowjetstaat schien immer schon dagewesen zu sein, er war das Eigene, das Vertraute und Unhinterfragte. Die Mehrheit dieser Generation vertritt noch 2013 in Russland die Überzeugung, dass das sozialistische System die bestmögliche Gesellschaftsform darstellt und weniger als ein Drittel sehen den Kapitalismus als das bessere System an.[103] 69% von ihnen empfinden den Zusammenbruch der Sowjetunion als Katastrope, als gut und notwendig erkennen ihn nur 5% an. Die mittlere Generation der in den Siebziger- und Achtzigerjahren Geborenen haben einerseits ihre Jugend noch in der sowjetischen Ideologie, wie sie vom Staat, vom Bildungssystem und von den Medien noch verbreitet wurde, verbracht, während sie andererseits den Zerfall der Sowjetgesellschaften, ihrer Kultur und Moral, ihrer ökonomischen Strukturen und ihrer administrativen Funktionalität erlebt haben. Sie sind daher unter den Bedingungen einer „Werte-Anomie" aufgewachsen, in einer gesellschaftlichen Realität, in der ihnen nur noch Pragmatismus in der Bewältigung des Lebensalltags, die Nutzung informeller Netzwerke, gewinnschöpfende Korruption und ein zynisches Verhältnis gegenüber den missbrauchten Werten, Idealen und Ideologien geblieben war. Sie konnten der nachfolgenden Generation allenfalls im Blick auf diesen Pragmatismus noch ein Vorbild sein, sozusagen als „Helden des Alltags", nicht aber als Beispiel für ein gelebtes Ideal.

---

[101] Vgl. Schröder 2012, S. 110. Schröder zeigt auf, dass die Ablehung von Korruption laut den Ergebnissen des WVS von 2008 höher ist als in Deutschland, dennoch in der Praxis dieser Wert aber nur eine geringe Rolle spielt.

[102] Diese Merkmale entsprechen weitgehend auch der Selbstsicht der russischen Bevölkerung, so das Ergebnis des Meinungsforschungszentrums VCIOM von 2006 (vgl. Schröder 2012, S. 107).

[103] Gorschkow/Scheregi 2013, S. 9.

Die jungen Menschen, die in den Neunzigerjahren oder nach der Jahrtausendwende geboren wurden, haben wohl noch von ihren Eltern das eine oder andere „Relikt“ der Sowjetkultur kennengelernt, vor allem aber haben sie die Folgen des Zerfalls in den Haltungen und Einstellungen ihrer Eltern erlebt und wurden zunächst in die Alltagspragmatik der elterlichen Generation „hineinsozialisiert“, auch in ihre Erinnerungskultur, die mehr von der Inszenierung des vaterländischen Krieges geprägt ist als von einer konstruktiven Auseinandersetzung mit den Jahren der Transformation und ihrer Vorgeschichte. Die russische Politik der Gegenreform hält diese Wahrnehmungsprioritäten mit allem Eifer aufrecht und nutzt sie gemeinsam mit der Romantisierung der Sowjetzeit für die Akzeptanz ihres autoritären Führungsstils. Im Jahre 2013 bewerten noch immer 23% von den Jugendlichen und jungen Leuten in Russland den Zusammenbruch der Sowjetunion als Katastophe, es sind aber immerhin 14% die ihn als notwendig und gut erachten (die Mehrheit enthält sich einer Bewertung).[104] Die Wahrnehmung der älteren Generationen ist also bei den Jungen noch immer dominant, wenn sie auch für viele nicht mehr nachvollziebar ist.[105] Allerdings: Neues können sie nur erreichen, indem sie sich dieser Sozialisation und ihrer Folgen entwinden.

Dies nötigt regelrecht zur Suche nach neuen Orientierungen und einem ihnen korrespondierendem Engagement. Daher entzieht sich ein Teil der Jugendlichen und jungen Menschen in Russland mehr und mehr der ideologischen staatlichen Einflussnahme, soweit dies eben möglich ist; die russische Jugend ist mehrheitlich „entpolitisiert“.[106] Angesichts der schockierenden ideologischen Ernüchterung durch den Zusammenbruch der Sowjetunion ist das dominierende politische Gefühl das der Verlegenheit, scheint jeder Blick in die Zukunft und jedes visionäre Motiv suspekt und die meisten jungen Menschen teilen daher zum einen den abwartenden Passivismus der älteren Generation, halten sich zum anderen aber in Distanz zur offiziellen Staatspolitik. Die Anfang der 2000erjahre vom Staat gegründeten und lange unterstützen Jugendverbände sind im öffentlichen Bewusstsein heute als staatliche Propagandaorgane entlarvt und spielen kaum mehr eine Rolle in der Sozialisation der heutigen Jugend.[107] Allerdings befindet sich die Jugend in Russland und vermutlich auch in einigen anderen postsowjetischen Ländern in einem Zustand der Spaltung zwischen einer dominanten regierungsloyalen, materialistisch nationalistischen Gruppe (konservative Traditionalisten und liberale Nationalisten) und einer eher kleineren liberalen regierungskritischen Gruppe, die demokratische Werte und Multikulturalismus nach westlichem Verständnis vertritt.[108] Zugleich besteht quer zu dieser Ordnung doch eine gewisse Homogenität der Jugendlichen in der Haltung einer allgemeinen Veränderungsbereitschaft und hinsichtlich der Einschätzung der Erwach-

[104] Ebda.

[105] Auch für die armenische Jugend stellen Keshishian/Harutyunyan im Jahre 2013 ähnliche Verhältnisse fest. Das Moment der Nostalgie verbindet noch immer alle Generationen, wenn es auch mit unterschiedlichen emotionalen Haltungen belegt ist. Interviewanalysen von Bostan/Malafei 2019 zu Jugendlichen aus Belarus und Moldawien legen nahe, dass auch in diesen Ländern die sowjetische Mentalität und Nostalgie bei der jungen Generation noch sehr verbreitet sind.

[106] Vgl. Tuzikov u. a. 2017, S. 1252 f.

[107] Vgl. Krawatzek 2017, S. 4.

[108] ZOiS 2018, S. 16.

senengenerationen, die sie als wenig engagiert, resigniert und konformistisch erleben. Zugleich treibt sie die Erfahrung der Ohnmacht und der Mangel an Visionen in eine Haltung der zynischen Abwertung der politischen Realität und des Opportunismus ihrer Eltern. Diese Wahrnehmung bildet sich etwa ab in einer aktuellen Studie von Nemirovskiy und Nemirovskaya über den soziokulturellen Kontext der Konkurrenzfähigkeit (!) junger Menschen und über moralische und wertebezogene Merkmale der Umgebung von Jugendlichen im Gebiet Krasnojarsk in Sibirien.[109] Darin vertreten 60 Prozent der Jugendlichen die Meinung, dass die Erwachsenen die Haltung zeigen, „wie alle“ leben zu wollen und das eigene Leben vor allem durch Kinder fortsetzen zu wollen, 40 Prozent sehen das Streben nach Vergnügen, Konsum und Vermögenssicherung als vorrangig und mehr als ein Drittel der Jugendlichen beurteilen die Erwachsenen in ihrer Umgebung als „gedankenlos in den Tag hineinlebend“. Im Unterschied hierzu erreicht die Selbsteinschätzung der Erwachsenen zu diesen Identifikationen nur etwa die Hälfte der Prozentpunkte.[110] Dies deutet auf eine kritische Bewertung der Jugendlichen gegenüber dem Lebensstil und den Wertbindungen der Erwachsenengenerationen hin und lässt vermuten, dass sich die Jugendlichen selbst in stärkerem Maße für die Mitgestaltung ihrer Zukunft und der Zukunft der Gesellschaft zu engagieren wünschen.

Die ZiOS-Studie von 2018, durchgeführt an russischen Bürger*innen im Alter von 16 bis 34 Jahren in 15 regionalen Hauptstädten, zeigt, dass die wichtigste Erwartung junger Menschen an den Staat zwar die Erhöhung des Lebensstandards ist (56 %), an zweiter Stelle aber schon die Bekämpfung von Korruption (24 %) rangiert. Misstrauen gegenüber der regionalen Verwaltung, der Polizei, den Gerichten, staatlichen Institutionen überhaupt und den öffentlichen Medien ist allgemein verbreitet.[111] Die von jungen Menschen genannten Hauptprobleme der russischen Gesellschaft[112] klagen nicht nur objektive Missstände an, sondern zeigen auch auf, dass ein Bewusstsein sozialer Ungerechtigkeit auf der einen Seite und des Abscheus gegenüber den verbreiteten Formen des frustrationskompensativen Rauschmittelmissbrauchs auf der anderen Seite entstanden ist. Die gerade bei jungen Menschen überall anzutreffende Empörung über autoritäre Staatsführung, Missbrauch der Rechtsstaatlichkeit, Korruption, Amts- und Machtmissbrauch und persönliche Bereicherung kann als Hinweis auf Wertbegriffe von sozialer Gerechtigkeit verstanden werden, die nicht mehr von einer bedingungslosen Solidarität der Gesellschaft ausgehen, sondern die Kriterien für Chancengleichheit und Angemessenheit setzt. Die intergenerationale Spaltung des Wertbewusstseins der postsowjetischen Gesellschaften kann aus diesem Unterschied möglicherweise grundlegend abgeleitet werden: Während die älteren Generationen die als wertvoll erlebte Solidarität als Leitvorstellung sozialer Werte zu betrachten gelernt und trotz widriger Erfahrungen als Wert erhalten hat, hat diese Sichtweise für die jungen Generation gerade wegen der erlebten unsolidarischen Korruption jegliche Glaubwürdigkeit und damit auch Verbindlichkeit verloren und muss ersetzt werden durch einen neuen, am Individuum und seinen Rechten ansetzenden Begriff der sozialen Gerechtigkeit. Diese Vermutung kann durch die Beobachtung

[109] Nemirovskiy/Nemirovskaya 2020.
[110] Ebda, S. 2-6.
[111] ZOiS 2018, S. 13.
[112] Vgl. Elisowa in diesem Buch: „Korruption und Diebstahl, Armut und Ungerechtigkeit, Bürokratie und Eigenmächtigkeit von Beamten sowie Alkoholismus und Drogensucht“.

gestützt werden, dass Werte wie Chancengleichheit unter den Jugendlichen und jungen Menschen zunehmend an Gewicht gewinnen.

Es gibt zahlreiche Anzeichen dafür, dass sich vor allem in jenen postsowjetischen Ländern, in welchen inzwischen ein Teil der Bevölkerung zu einem gewissen Wohlstand gekommen ist, junge Menschen aus dem liberalen Bildungsbürgertum höhere Erwartungen an ihre Chancen zur Selbstverwirklichung stellen, als die noch in der letzten Generation denkbar gewesen wäre. So fordern sie etwa nicht nur eine freie Wahl ihrer Studienfächer ein, sondern auch die Möglichkeit, ohne Nachteile das Studienfach zu wechseln.[113] Sie verstehen ihr Studium nicht allein als fachliche Qualifikation, sondern auch als eine Phase der Selbstfindung. *Sona Manusyan* spricht in ihrem hiesigen Beitrag von einer armenischen Studie von Khachatryan et al. aus dem Jahre 2013, die feststellt, dass den Werten des Selbstausdrucks und der Selbststeuerung, aber auch der Einschätzung des Rechtes auf Meinungs- und Handlungsfreiheit bei den jungen Menschen gegenüber der vorigen Generation eine deutlich höhere Bedeutung zukommt[114]. Dies sind nur *zwei* Indizien für eine zunehmende Bedeutung des Individualismus, die eine offenere Auseinandersetzung mit sozialer Abweichung und Diversität und die Anfänge eines demokratischen staatsbürgerlichen Bewusstseins dokumentieren und die zunehmend gelingendere Ablösung von der Vergangenheitsbindung signalisieren und somit einen Unterschied zu den älteren Generationen markieren. Mit dieser Ablösung von der Vergangenheit verbindet sich auch eine neue Einschätzung der Lebensqualität vor und nach der postsowjetischen Wende: Während der überwiegende Teil der russischen Bevölkerung (64%) im Jahr 2016 die Lebensqualität in der Sowjetzeit als höher einschätzten als in der Gegenwart, betrachtet fast der gleiche Prozentsatz der Jugend die Lebensqualität in der Gegenwart jener in der Sowjetvergangenheit gegenüber als überlegen. *Elena Elisowa* interpretiert in diesem Buch die „nostalgische" Verklärung der Vergangenheit[115] der älteren Generationen als Ausdruck einer im Vergleich zur Gegenwart als stärker erlebten Wertebindung in der Sowjetzeit bzw. als Erleben eines Verlustes der alten sozialen Werte. Allerdings zeigen die Ergebnisse der sodann dargestellten aktuellen Forschungen, dass die Veränderung sozialer Werte vom sozialistischen Leitwert der Solidarität und Gleichheit (im positiven Sinne der Egalité wie im negativen Sinne der Ausgrenzung der Ungleichen) hin zu Werten sozialer Gerechtigkeit nicht das Resultat einer moralischen Evolution aus dem sozialistischen Denken ist, sondern sich ausnahmslos einem kontrastierenden und oppositionellen Impuls der Jugend, vornehmlich orientiert am westlich demokratischen Wertesystem, verdankt. Diejenigen, die glauben, dass in der Fortentwicklung der sozialistischen Tradition der Werte letzlich eine pluralistische und diversitätstolerante Demokratie hätte entstehen können, geraten in innere Widersprüche zwischen dieser Vision und der marxistischen Anthropologie, in der das Individuum nur als „das Ensemble der gesellschaftlichen Verhältnisse"[116] vorstellbar ist und daher in der homogenen kommunistischen Gesellschaft notwendi-

[113] Vgl. Ziemer 2018.

[114] Vgl. Khachatryan u. a. 2014, S. 102f.

[115] Der Hauptfokus der postsowjetischen Nostalgie liegt auf den „Goldenen Siebzigern" der Breschnew-Ära und findet daher seine Anhänger*innen vor allem unter den heute 50- bis 70-Jährigen (vgl. Boele 2011).

[116] Marx 1845, S. 534.

gerweise jedes Fundament seiner Diversität verloren hat.[117] Die marxistische, klassentheoretisch begründete Solidartätsmoral der Sowjetpropaganda hat das moralische und soziale Bewusstsein der älteren (und mittleren) Generation – weitgehend ohne Alternative und daher fast restlos[118] – okkupiert und das Aufkommen von Toleranz oder gar Wertschätzung gegenüber sozialen Abweichungen so gut wie im Keim erstickt. Dies lässt vermuten, dass die Vorstellungen von Werten für die älteren Generationen weitgehend auf den Bereich sozialer Werte, auf die sie im sozialistischen Wertekanon eingeschworen wurden, beschränkt sind und andere Wertbereiche, die die junge Generation durch ihre stärkere medial-globale Vernetzung viel umfangreicher kennengelernt hat, der älteren Generation nur wenig bekannt bzw. nicht verstehbar sind. Insbesondere ist die in den sozialen Medien mehr implizit als explizit vermittelte Rekurrenz auf den Wert der Andersartigkeit des Individuums im Sinne des westlichen Humanismus für die ältere Generation kaum nachvollziehbar, während sie für die junge Generation mehr und mehr zum Bezugspunkt ihres Wertebewusstseins und der Ausbildung einer individuellen Identität wird.

Nach zehn Jahren Transformationsgeschichte stellt Inglehart im Jahre 2000 fest: „The bad news is that democracy is not something that can be easily attained by simply adopting the right laws. It is most likely to flourish under specific social and cultural conditions — and today, those conditions are not pervasive in Russia, Belarus, Ukraine, Armenia, and Moldova.“[119] Wesentliche Änderungen in den Wertorientierungen der jungen Menschen in den postsowjetischen Ländern sind nicht einfach dadurch zu erwarten, dass westliche, demokratische ausgerichtete Gesetze in die Verfassungen aufgenommen und demokratische Institutionen eingerichtet werden; vielmehr bedarf es einer gewissen ökonomischen Sicherheit und Wohlstandszuversicht und einer auch auf soziale Gerechtigkeit ausgerichteten Geistesbildung zum einen, zum anderen einer konsequenten Ausrichtung des staatlichen Verwaltungsapparates an der Verfassung und der Kontrolle verfassungsgemäßen Handelns in den Verwal-

---

[117] Auch die scheinbare Anerkennung von „Diversität“ in den Sowjetländern etwa bei Leistungssportler*innen, Künstler*innen, Führungspersönlichkeiten, Expert*nnen aller Art etc. hat ihren Urgrund nicht in der Bewunderung des Individuums hinsichtlich seiner besonderen Fähigkeiten, sondern wird als herausragender Ausdruck der Leistungsfähigkeit der kommunistischen Gesellschaft in der Demonstration durch Einzelne begriffen. Nicht das Individuum in seinen Talenten tritt also zum Vorschein, sondern der exzellente Entwicklungsstand der Gesellschaft (siehe auch der Exkurs zum Individualismus in unserem Artikel zum Wertewandel in diesem Buch).

[118] Inwieweit neben der sozialistischen Ideologie noch andere vorsowjetische Wertesysteme überleben konnten, war vor allem eine Frage des Verhältnisses zur moskauer Führungsriege, die manchen Ländern mehr, anderen weniger Autonomie in dieser Frage zugestand, wie auch eine Frage des wohlbalancierten Weiterbestandes der Religionen und der kulturellen Tradition während der Sowjetzeit. Während die Länder des Kaukasus und des Baltikums wie auch einige zentralasiatische Länder mit vorwiegend islamischer Bevölkerung die Religionsausübung in mäßigem Umfang beibehalten konnten, wurde die Religionsausübung der russisch-orthodoxen Kirche bis 1941 nahezu vollständig untersagt und Zuwiderhandlungen mit aller Härte verfolgt, 1946 wurde die ukrainische griechisch-katholische Kirche aufgelöst und der oberste Klerus verhaftet. Allerdings bestanden religiöse Vereinigungen im Untergrund auch in Russland, Belarus und der Ukraine weiter. Ihre Wirkung auf das gesellschaftliche Moralbewusstsein damals dürfte aber von mäßiger Bedeutung gewesen sein.

[119] Inglehart 2000, S. 228.

tungen[120] und schließlich einer gewaltigen Leistung an (inter-)kulturellen Dialogen über die hinter diesen Gesetzen und Institutionen stehenden Wertbegriffe, Haltungen und gesellschaftlichen Überzeugungen und wohl einer jahrzehntelangen Erfahrung der Bürger*innen mit dem konsequenten Betrieb dieser Institutionen unter Bedingungen uneingeschränkter Transparenz und des Sichtbarwerdens der sie leitenden Prinzipien, bevor man annehmen kann, dass der Sinn demokratischer Gesetze und Institutionen verstanden und zu einem festen Bestandteil des Alltagsdenkens und der öffentlichen Meinung geworden ist. Es wäre auch verwegen anzunehmen, dass die Mentalität und Moralität der Menschen im postsowjetischen Osten den Wertorientierungen der schon installierten Gesetze und Einrichtungen einfach nachwachsen würde, weil diesen rechtliche Bedeutung zukommt. Die Erfahrung der letzten 20 bis 30 Jahre hat gezeigt, dass Gesetze, die als Voraussetzung für Kooperationen mit dem Westen von europäischen Ländern oder den Vereinigten Staaten einzurichten gefordert worden waren und nun installiert sind, nicht viel bewegen können, wenn sie nicht willkommen sind; sie werden vielmehr umgangen, ignoriert, im schlimmsten Falle wieder außer Kraft gesetzt, wenn das ökonomische Ziel erreicht ist.

Wenn es aus der Wahrnehmung des Westens so erscheinen mochte, dass mit der Schaffung neuer Ordnungen im Transformationsprozess der postsowjetischen Länder auch Sinn und Ordnung westlicher Wertgrundlagen mitgeschaffen oder gar inkorporiert worden sei, so zeigt sich auch 30 Jahre nach dem Ende der Sowjetunion, dass dies für die Mehrzahl der postsowjetischen Länder eher eine falsche und kurzschlüssige Annahme war und eine Transformation in die westliche Wertewelt hier nur punktuell stattgefunden hat und nur vereinzelt in Konfliktsituationen aufleuchtet, während der sowjetische „Trott" in den Verhaltensroutinen und ihren Motiven und die sowjetische „Mentalität" in den Alltagswahrnehmungen und Bewertungsmaßstäben sich noch immer erstaunlich stabil halten. Der implizite teleogische Gehalt des Begriffes der Transformation liegt in der Vorstellung, dass schon vorentschieden sei, wohin sich ein System transformiere. In der Vorsilbe „trans", im „Hinüber" verbirgt sich die Arroganz der Rede von Transformation, die vorgibt zu wissen, dass nach einer Phase des Zerfalls und des Ruins nicht nur eine Phase der Neuschöpfungen und der Konsolidierung folgen müsse, sondern auch das Ziel dieser Entwicklungen schon bekannt sei. Vielleicht sollte man die postsowjetischen Anforderungen offener als Aufgaben der Neuerfindung verstehen, Aufgaben mit ungewissem Ausgang, die aber von Menschen bewältigt werden müssen, die mit den ihnen selbst noch vertrauten Mitteln eine gelingende neue Welt zu schaffen genötigt sind.

[120] Die Notwendigkeit einer Balance zwischen Verfassungsstaat und Verwaltungsstaat betont etwa Sakwa 2012 hinsichtlich der Dominanz willkürlicher Rechtsanwendung der Staatsorgane in Russland und informeller Praktiken der Verwaltungsorgane und korrupter Eliten, die die verfassungsstaatlichen Regelungen umgehen. Nur eine entschiedene Rückkehr zur Verfassungsstaatlichkeit und verbindliche Reformen und Kontrollen des Verwaltungsapparates können den Staat befähigen, den Stillstand der gesellschaftlichen und wirtschaftlichen Lage zu überwinden.

Literatur

Akkermann, Siegfried (2015): Moskauer Notizen. Über ein Weltimperium am Vorabend seines Untergangs. Hildesheim/Zürich/NY: Olms.

Alexander, Rustam (2018): Sex Education and the Depiction of Homosexuality Under Khrushchev. In: The Palgrave Handbook of Women and Gender in Twentieth-Century Russia and the Soviet Union, London, pp. 349-364.

Alexander, Rustam (2019): Soviet and Post-Soviet Sexualities. Routledge.

Attwood, Lynne (1990): The New Soviet Man and Woman. Basingstoke: Macmillan in association with the Centre for Russian and East European Studies, University of Birmingham.

Baer, Brian James (2009): Other Russians. Homosexuality and the Crisis of Post-Soviet Identity. NY: Palgrave McMillan.

Berelovwitsch, Alexis (2017): Idealtyp und analytische Kategorie. Überlegungen zum „Sowjetmenschen". In: Sapper, Manfred/Weichsel, Volker (Hrsg.), S. 295-300.

Beyer, Jürgen (2001): Jenseits von Gradualismus und Schocktherapie – Die Sequenzierung der Reformen als Erfolgsfaktor. In: Wiesenthal, Helmut (Hrsg.): Gelegenheit und Entscheidung: Politics und policies erfolgreicher Transformationssteuerung. Opladen, S. 169–190.

Boele, Otto (2011): Remembering Brezhnev in the New Millenium. Post-Soviet Nostalgia and Local Identity in the City of Novorossiysk. *The Soviet and Post-Soviet Review* 38 (2011), pp. 3–29.

Boehnke, Klaus (2003): Werthaltungen Jugendlicher im interkulturellen Vergleich. In: Merkens, Hans/Zinnecker, Jürgen (Hrsg.)(2003): Jahrbuch Jugendforschung 2003. Leske + Budrich, S. 201-224.

Borenstein, Eliot (2006): Nation im Ausverkauf. Prostitution und Chauvinismus in Russland. Aus dem Amerikanischen von Axel Henrici. *Osteuropa*, 56. Jg., 6/2006, S. 99–121.

Bostan, Olga/Malafei, Ilya (2019): "The Soviet Union is Inside Me": Post-Soviet Youth in Transition. *Journal for Undergraduate Ethnography*, 9, October 2019, pp. 50-64.

Brusis, Martin/Thiery, Peter (2003): Schlüsselfaktoren der Demokratisierung. Mittel-/Osteuropa und Lateinamerika im Vergleich. *Internationale Politik* 8/2003. Internet: https://www.boell.de/sites/default/files/assets/boell.de/images/download_de/demokratie/Schluesselfaktoren_der_Demokratisierung_Brusis_Thiery_2003_dt.pdf

Bulbinskyi, A.G. (2017): Europäische und russische Kultur und historische Werte als Faktor der Transformation des postsowjetischen Raums. *Historisch politische Studien* 2 (8) 2017, Kiev, S. 17-30.

Buyantueva, Radzhana (2018): LGBT-Bewegung und Homophobie in Russland. Aus dem Englischen von Hartmut Schröder. *Russland-Analysen* 349, 16.02.2018, S. 2-4.

Capitsyn, V. M. (2014). Identities: The nature, composition, dynamics (the discourse and experience of visualization). *Polit Book*, 1, pp. 8-31.

Carothers, Thomas (2002): The End of the Transition Paradigm. *Journal of Democracy,* 13/5, pp. 5-21.

Caunenco, Irina (2018): Ethnic Identity and Cultural Value Orientations of Moldavian Youth in Transitional Society. In: Lebedeva, Nadezhda/Dimitrova, Radosveta/Berry, John (Eds.): Changing Values and Identities in Post-Communist World. Cham: Springer International, pp. 259-280.

Claßen, G./Boehnke, K. (1993): Internationale Jugendstudie. Bericht über den Stand der Untersuchung in Berlin und erste Ergebnisse. In: Schmidt, F. (Hrsg.): Die Lebensbedingungen Jugendlicher in der Umbruchsituation einzelner europäischer Staaten. Berichte aus einem kulturvergleichenden Projekt. Berlin: Freie Universität Berlin und Zentrum für Europäische Bildungsforschung, S. 71-77.

ECRI-Report (2019): Ecri Report on the Russian Federation (fifth monitoring cycle). European Commission against Racism and Intolerance/Council of Europe. Internet: https://rm.coe.int/fifth-report-on-the-russian-federation/1680934a91

Engström, Manuela (2019): Recycling der Gegenkultur. Die neue Ästhetik der „Zweiten Welt". *Osteuropa,* Jg. 69, 5/2019, S. 55-72.

Etkind, Aleksandr (2011): Internal Colonization: Russia's Imperial Experience. (Библиотека журнала "Неприкосновенный запас"). Cambridge: Polity Press.

Fedotova, N. N. (2011): Lebensstile und Pluralisierung der Identität als Problem der politischen Soziologie. In: Semenenko u. a. (Hrsg.) 2011, S. 57-61.

Fields, Deborah (2007): Private Life and Communist Morality in Khrushev's Russia. New York.

Fitzpatrick, Sheila (2005): Tear off the Masks! Identity and Imposture in Twentieth-Century Russia. Princeton: Princeton University Press.

Furman, Dimitrij (2007): The origins and elements of imitation democracies. Political developments in the post–Soviet space. *Osteuropa*, web special, pp. 1-20. Internet: https://www.zeitschrift-osteuropa.de/site/assets/files/4062/2007-10-09-furman-en.pdf (copy of eurozine)

Geiges, Adrian/Suworowa, Tatjana (1989): Liebe stand nicht auf dem Plan. Sexualität in der Sowjetunion heute. Frankfurt/M.: Wolfgang Krüger Verlag.

Gestwa, Klaus (2018): Der Sowjetmensch. Geschichte eines Kollektivsingulars. *Osteuropa,* 68. Jg., 1-2/2018, S. 55–82.

Gipson, J./Duch, R. (1994): Postmaterialism and the emerging Soviet democrazy. *Political Research Quarterly* 1, pp. 5-39.

Götz, Roland (2014): Visionen ohne Vergangenheitsbewältigung. Die Lehren der postsowjetischen Marxisten. *Osteuropa*, 64. Jg., 7/2014, S. 69–84.

Gorschkov, M.K./Scheregi, F.E. (2013): Die Jugend Russlands: Retrospektive und Aussichten/ http://www.civisbook.ru/files/File/molodeg_perspektivy.pdf

Gromyko, O. (2010): Russische Welt: Konzeption – Prinzipien – Werte – Struktur. 26.03.2010. Internet:
http://www.russkiymir.ru/russkiymir/ru/ analytics/article/news0007.html

Gudkov, Lev (2007a): Der Sowjetische Mensch in der Soziologie Juri Levadas („Sovetskij Čelovek" v sociologii Jurija Levady). *Obščestvennye nauki i sovremennost'* № 6/2007, S. 16-30.

Gudkov, Lev (2007b): Russlands Systemkrise. Negative Mobilisierung und kollektiver Zynismus. *Osteuropa*, 57. Jg., 1/2017, S. 3-14 (wieder abgedruckt in Sapper, Manfred/Weichsel, Volker (Hrsg.)(2017), S. 221-236).

Gudkov, Lev (2014): Wahres Denken. Analysen, Diagnosen, Interventionen. Hrsg. V. Manfred Sapper und Volker Weichsel. Norderstedt: Books on Demand.

Gudkov, Lev (2017): Der Sowjetmensch. Genese und Reproduktion eines anthropologischen Typus. In: Sapper, Manfred/Weichsel, Volker (Hrsg.), S. 7-34.

Gumppenberg, Marie-Carin/Steinbach, Udo (2004)(Hrsg.): Zentralasien. Geschichte – Politik – Wirtschaft. Ein Lexikon. München: C.H. Beck.

Haerpfer, Christian/Kizilova, Kseniya (2020): Values and Transformation in Central Asia. In: Mihr, Anja (Ed.): Transformation and Development. Studies in the Organization for Security and Cooperation in Europe (OSCE) Member States. OSCE Academy Bishkek, Kyrgysztan, pp. 7-28.

Haerpfer, Christian W./Kizilova, Kseniya (2019): Post-Soviet Eurasia. In: Haerpfer, Christian/Bernhagen, Patrick/Welzel, Christian/Inglehart, Ronald F. (Eds.): Democratization. 2nd edition. Oxford, United Kingdom: Oxford Press, pp. 341-363.

Haley, Dan (2008): "Untraditional Sex" and the "Simple Russian". Nostalgia for Sovjet Innocence in the Polemics of Dilia Enikeeva. In: Lahusen, Thomas/Solomon, Peter H. Jr. (eds.); What is Sovjet now? Identities, Legacies, Memories. Berlin: Lit, pp. 173-191.

Hankel, Natalia (2011): Rechtsextremer Osten? Zur Lage in Russland, der Ukraine und Polen. Marburg: Tectum-Verlag.
Huseynova, Sevil (2015): Baku zwischen Orient und Okzident. Der Islam in der postsowjetischen Stadt. *Osteuropa*, 65. Jg., 7-10/2015, S. 569–586.
Ignatow, Assen (1997). Nabelschau auf allerhöchste Anweisung: Der Wettbewerb um die 'neue russische nationale Idee' tritt in die zweite Phase ein. *Aktuelle Analysen*/BIOst, 18/1997 (Bundesinstitut für ostwissenschaftliche und internationale Studien). Internet: https://nbn-resolving.org/urn:nbn:de:0168-ssoar-46884
Ilic, Melanie (Ed.)(2018): The Palgrave Handbook of Women and Gender in Twentieth-Century Russia and the Soviet Union. London.
Inglehart, Ronald (2000): Globalization and Postmodern Values. *The Washington Quarterly*, 23, 1, pp. 215–228.
Isaacs, Rico/Polese, Abel (2015): Between "imagined" and "real" nation building: identities and nationhood in post-Soviet Central Asia. *Nationalities Papers: The Journal of Nationalism and Ethnicitiy* 43 (3), pp. 371-382.
Keshishian, Flora/Harutyunyan, Lilit (2013): Culture and Post-Soviet Transitions: A Pilot Study in the Republic of Armenian. December 2013. International Journal of Politics Culture and Society 26(4) DOI: 10.1007/s10767-013-9162-7
Khachatryan, Narine/Manusyan, Sona/Serobyan, Astghik/Grigoryan, Nvard/Hakobjanyan, Anna (2014): Culture, Values, Beliefs: Behaviour Guidelines in Changing Armenian Society. Ed. By Academic Swiss Caucasus Net (ASCN) and Yerevan YSU.
Khukhlaev, Oleg Y./Shorokhowa, Valeria A./Grishina, Elena A./Pavlova, Olga S. (2018): Values and Religious Identity of Russian Students from Different Religions. In: Lebedeva, Nadeshda/Dimitrova, Radosveta/Berry, John (Eds.): Changing Values and Identities in Post-communist World. Cham: Springer International, pp. 175-190.
Khunagov, R.D. (2015): Ethnosoziale Prozesse in Südrussland: Verwalten oder leiten? In: Ethnosoziale Prozesse und Risiken im Süden Russlands. Materialien der allrussischen Konferenz zum 75-jährigen Bestehen der AGU gewidmet, durchgeführt vom 25.-26. September 2015 in Maykop. Maykop: AGU, S.11-15.
Klicperova-Baker, Martina/Kostal, Jaroslav (2018): Democratic Values in the Post-Communist Region: The Incidence of Traditionalists, Skeptics, Democrats, and Radicals. In: Lebedeva, Nadeshda/Dimitrova, Radosveta/Berry, John (Eds.): Changing Values and Identities in Post-communist World. Cham: Springer International, pp. 27-52.
Klimeniouk, Nikolai (2018): Nationalismus und Rassismus bei "Russlanddeutschen"? *bpb* Bundeszentrale für politische Bildung vom 18.01.2018. Internet: https://www.bpb.de/politik/extremismus/rechtsextremismus/260496/nationalismus-und-rassismus-bei-russlanddeutschen
Kollmorgen, Ray (2007): Transformation als Modernisierung. Eine meta- und gesellschaftstheoretische Nachlese. Arbeitspapier N. 47 des Instituts für Soziologie der Otto-von-Guericke Universität Magdeburg.
Kon, Igor S. (1993): Identity Crisis and Postcommunist Psychology. *Symbolic Interaction* 16 (4), pp. 395-410.
Kon, Igor S. (2013): Lackmustest. Homophobie und Demokratie in Russland. *Osteuropa*, 63. Jg., 10/2013, S. 49-67 (Ursprünglich erschienen in *Vestnik obscestvennogo mnenija* 4/2007, S. 59-69).
Kondakov, Alexander (2014): The Silenced Citizens of Russia: Exclusion of Non-heterosexual Subjects from Rights-Based Citizenship. *Social and Legal Studies* 23, Nr. 2, pp. 151–174.
Kondakov, Jevgenij (2008): Die russische sexuelle Revolution. Moskau: Oktopus.
Kotchetov, Wsewolod (1969): Was willst Du eigentlich? Journal "Oktober", 9-11. Moskau.
Kozlova, Maria/Simonova, Olga (2018): Identity and Work Ethic of Peasants in the Context of the Post-Soviet Socio-economic Transformation. In: Lebedeva, Nadezhda/Dimitrova,

Radosveta/Berry, John (Eds.): Changing Values and Identities in Post-communist World. Cham: Springer International, pp. 405-420.

Krawatzek, Félix (2017): Russische Jugend zwischen Rebellion und Integration. *Russland-Analysen* 341, 16.10.2017, S. 7-9. Internet: https://www.laender-analysen.de/russland/pdf/RusslandAnalysen341.pdf

Krupkin, P.L. (2014): Political Collective Identity in the Postsoviet Russian Federation. *PolitBook* 2014, 1, pp. 61-87.

Kunin, Wladimir (1991): Intergirl. Frankfurt am Main.

Lebedeva, Nadezhda/Radosveta, Dimitrova/Berry, John/Boehnke, Klaus (2018): Introduction. In: Lebedeva, Nadezhda/Radosveta, Dimitrova/Berry, John (eds.): Changing Values and Identities in Post-Communist World. Springer, pp.4-22.

Levada, Jurij (Hrsg.)(1993): Sovetskij prostoj čelovek. Moskva 1993. Zuerst deutsch: Die Sowjetmenschen 1989–1991. Soziogramm eines Zerfalls. Berlin 1992.

LEVADA-Zentrum (2001): 23 fevralja 2001 goda. In: Levada-Zentrum (23.02.2001). Internet: http://www.levada.ru/23-02-2001/23-fevralya-2001-goda

LEVADA-Zentrum (2010): Gomoseksual'nost' v rossijskom obščestvennom mnenii. In: Levada-Zentrum (06.08.2010). Internet: http://www.levada.ru/06-08-2010/gomoseksualnost-vrossiiskom-obshchestvennom-mnenii

LEVADA-Zentrum (2013): Obščestvennoe mnenie o gomoseksualistach. In: Levada-Zentrum (17.05.2013). Internet: http://www.levada.ru/17-05-2013/obshchestvennoe-mnenie-ogomoseksualistakh

Macków, Jerzy (2009): Die posttotalitären Autoritarismen: Die Entwickungen und Varianten. In: Macków, Jerzy (Hrsg.): Autoritarismus in Mittel- und Osteuropa. Wiesbaden: VS, S. 325-349.

Makulavičienė, Algė (2008): Trust. A Still Deficient Cultural Ressource in Post-Communist Lithuania. In: Blasko, Andrew/Janušausikienė, Diana (eds.): Political Transformation and Changing Identities in Central and Eastern Europe. *Lithuanian Philosophical Studies* IV, Washington D.C., pp. 343-373.

Malinova, Olga (2015): Identitätspolitik im postsowjetischen Russland. (Политика идентичности в постсоветской России). Veröffentlicht am 30. August 2015. Internet: https://postnauka.ru/video/51378

Marx, Karl (1845): Thesen über Feuerbach. In: MEW Bd.3, S. 534.

Mehnert, Klaus (1958): *Der Sowjetmensch.* Versuch eines Porträts nach zwölf Reisen in die Sowjetunion 1929-1957. 11. Aufl. Stuttgart: Deutsche Verlags-Anstalt.

Menzel, Birgit (2013): Analyse: Russischer Glamour und die Ära Putin. *Bundeszentrale für politische Bildung* (Bpp), 3.6.2103. Internet: https://www.bpb.de/internationales/europa/russland/analysen/162348/analyse-russischer-glamour-und-die-aera-putin

Merkel, Wolfgang (1994): Restriktionen und Chancen demokratischer Konsolidierung in postkommunistischen Gesellschaften: Ostmitteleuropa im Vergleich. *Berliner Journal für Soziologie*, (Wiesbaden: VS), 4/4, S. 463-484.

Merkel, Wolfgang/Puhle, Hans-Jürgen (1999): Von der Diktatur zur Demokratie. Transformationen, Erfolgsbedingungen, Entwicklungspfade. Opladen: Springer VS.

Merkens, Hans (1996): Jugend in einer pädagogischen Perspektive. Baltmannsweiler: Schneider Hohengehren.

Mommsen, Margareta (1995): Funktion von Nationalismen im Systemwandel Osteuropas. In: Lehmbruch, Gerhard (Hrsg.): Einigung und Zerfall: Deutschland und Europa nach dem Ende des Ost-West-Konflikts. 19. Wissenschaftlicher Kongreß der Deutschen Vereinigung für Politische Wissenschaften. Opladen: Leske + Budrich, S. 139-149.

Motika, Raoul (2008): Religionen – Identitätsstiftende Momente. In: Gumppenberg, Marie-Carin; Steinbach, Udo (Hrsg.): Der Kaukasus: Geschichte – Kultur – Politik. Verlag: Beck, S. 202-216.

Mukomel, Vladimir (2013): Xenophobia and Migrant-phobia in Russia: origins and challenges. CARIM East Explanatory Note 13/97. Migration Policy Centre: Consortium for applied research on international migration.

Nemirovskiy, V.G./Nemirovskaya, A.V. (2020): Der soziokulturelle Kontext der Konkurrenzfähigkeit junger Menschen in einer großen Region in Sibirien. *Russland-Analysen* 383, S. 2-6. (Originalversion: Nemirovskiy, V.G., Nemirovskaya, A.V.: Social competitiveness of the youth and their perceptions of the socio-cultural environment (based on research in a large Siberian Region). *Journal of Siberian Federal University. Humanities & Social Sciences*, 12.2019, Nr. 2, pp. 206-216.)

Nogoibaeva, Elmira (2017): Zentralasien: Der Raum der "Seidendemokratie". Gefördert von der Friedrich-Ebert-Stiftung. Almaty, 2017. Internet: https://drive.google.com/file/d/0B_Or2oBlCdPVQmRtU1NQOU4xcEU/view . Bericht: https://www.novastan.org/de/kirgistan/islam-und-politik-bleibt-zentralasien-sakular/

Novikova, Kateryna (2015): Informal Networking as Effective Resource and Sociocultural Traditions of Homo Sovieticus. *Zeszyty Naukowe Uniwersytetu Przyrodniczo - Humanistycznego w Siedlcach Seria: Administracja i Zarządzanie* (Wissenschaftliche Zeitschriften der Universität für Natur- und Geisteswissenschaften in Siedlce/Polen: Reihe "Verwaltung und Management") 105, 1 Januar 2015.

Osin, Evgeny N./Gulevich, Olga A./Isaenko, Nadezhda A./Brainis, Lilia M. (2018): Scrutinizing homophobia: A model of perception of homosexuals in Russia. *Journal of Homosexuality,* 65 (13), March 2018. Internet: https://www.researchgate.net/publication/320319330_Scrutinizing_Homophobia_A_Model_of_Perception_of_Homosexuals_in_Russia

Petrowa, Nadeschda (2012): Russen konsumieren lieber statt zu sparen. Internet: *Russia Beyond the Headlines* (*RBTH*). *Wirtschaft.* Internet: http://de.rbth.com/articles/2012/07/12/russen_konsumieren_lieber_statt_zu_sparen_14679

Poznanski, Kazimierz Z. (2002: Trust in Transition (Chapter 4). In: Bönker, Frank/Müller, Klaus/Pickel, Andreas (eds.): Postcommunist transformation and the social sciences: cross-disciplinary approaches. Oxford: Rowman & Littlefield.

Rosinskij, Arsenij (2017): Fragmentierte Erinnerung. Stalin und der Stalinismus im heutigen Russland. *Osteuropa*, 67. Jg., 11–12/2017, S. 81–88.

Saarniit, J. (1995): Changes in the value orientations in youth and their social context. In: Tomasi, L. (Ed.): Values and post-Soviet youth. The problem of transition. Milano: Franco Angeli, pp. 141-152.

Sakwa, Richard (2012): Anatomie einer Blockade. Stillstand im Doppelstaat Russland. Aus dem Englischen von Klaus Binder. *Osteuropa,* 62. Jg., 6-8/2012, S. 45-54.

Sapper, Manfred/Weichsel, Volker (Hrsg.)(2017): Lev Gudkov. Wahres Denken. Analysen, Diagnosen, Interventionen. Berlin: Edition Osteuropa. Norderstedt: Books on Demand.

Scherrer, Jutta (2014): Russland verstehen? Das postsowjetische Selbstverständnis im Wandel. *Aus Politik und Zeitgeschichte* 11.11.2014. Internet: https://www.bpb.de/apuz/194818/russland-verstehen

Scholz, Katharina. (2015). Rassismus gegenüber tadschikischen Migrant*innen im postsowjetischen Russland. Internet: https://www.researchgate.net/publication/305304574_Rassismus_gegenuber_tadschikischen_Migrantinnen_im_postsowjetischen_Russland

Schröder, Hans-Henning (2012): Russland und Deutschland im Wertevergleich. *Osteuropa,* 62. Jg., 6-8/2012, S. 101-124.

Semenenko, I.S./Fadeeva, L.A./Lapkin, V.V./Panov, P.V. (Hrsg.)(2011): Identität als Gegenstand politischer Analyse. Zusammenstellung der Ergebnisse einer wissenschaftlich-theoretischen Konferenz (Identity as a subject of political analysis. Volume of conference papers) (IMEMO-RAN, Russian Academy of Sciences, 21.-22. Oktober 2010, Moskau).
Shevshenko, Olga (2002): 'Between the holes': Emerging Identities and Hybrid Patterns of Consumption in Post-socialist Russia. *Europe-Asia Studies,* 54 (6), 2002, pp. 841-866.
Sineaeva-Pankowska, Natalia (2010): Multiple Identities as a Basis for Construction of (Post)Modern Moldovan Identity. In: Burbick, Joan/Glass, William (eds.): Beyond Imagined Uniqueness: Nationalisms in Contemporary Perspectives. New Castle upon Tyne: Cambridge Scholars Publishing, pp. 261-290.
Solscheniyzn, Alexander (1994): Die russische Frage am Ende des 20ten Jahrhunderts. München: Piper.
SOVA Center for Information and Analysis – Racism and Xenophobia. December 2014 and Preliminary Year in Review. Veröffentlicht am 05.01.2015. Internet: www.sovacenter.ru/en/xenophobia/news-releases/2015/01/d30982/. Stand: 26.02.2015
Spahn, Susanne (2014): Gelenkte Xenophobie: Migration und nationale Frage in Russland. *Osteuropa,* Jg. 64, 7/2014, S. 55-67.
Stern, Mikhail/Stern, August (1980): Sex in the USSR. Edited and translated from the French by Mark Howson and Cary Ryan. New York.
Stricker, Gerd (1993): Religion in Rußland. Gütersloh.
Stykow, Petra (2010): "Bunte Revolutionen" – Durchbruch zur Demokratie oder Modus der autoritären Systemreproduktion? Politische Vierteljahresschrift 51/1, S. 137-162.
Sreda Institut, August 2012, zit. nach: https://monde-diplomatique.de/artikel/!5482230#fn6
Sudakov, Gurij (1996): Sechs Prinzipien des russischen Wesens. *Rossijskaja gazeta,* 17.9.1996.
Titarenko, Larissa (2004): "Gender Attitudes Towards Religion in Six Post-Soviet States". In: European Values at the Turn of the Millennium, edited by Wil Arts and Loek Halman, pp. 363-385. Leiden/Boston: Brill.
Tomić, Đorđe (2014): From 'Yugoslavism' to (post)Yugoslav nationalisms: understanding Yugoslav "identities". In: Vogt, Roland/Cristaudo, Wayne/Leutzsch, Andreas (eds.): European National Identities: Elements, Transitions, Conflicts. Transaction Publishers, pp. 271-292.
Trotzki, Leo (1968): Literatur und Revolution. Berlin (Original 1924).
Tuzikov, Andrej R./Zinurova, Raushaniia I./Gayazova, Elvira B./Alexeyev, Sergey A./Nezhmetdinova, Farida T./Sharypova Nailya (2017): Plural Character and Versions of Configuration of Russian Youth Identity: Theoretical Framework and Empirical Studies. Eurasian J Anal Chem 2017; 12, pp. 1249–1256.
Umland, Andreas (2008): Das postsowjetische Russland zwischen Demokratie und Autoritarismus. *Eurasisches Magazin,* Internet: https://www.eurasischesmagazin.de/artikel/Das-postsowjetische-Russland-zwischen-Demokratie-und-Autoritarismus/20081105
Urteil des Europäischen Gerichtshofes für Menschenrechte (The European Court of Human Rights) vom 13. November 2017; Case of Bayev and Others v. Russia. Strasbourg. https://hudoc.echr.coe.int/eng#{%22itemid%22:[%22001-174422%22]}
Vartanova, Irina (2014): Tolerance for Homosexuality and its Dynamics in Post-Soviet Countries. Vortrag in der WVS Global Conference April, 29th, 2014 Doha, Qatar. Internet: http://www.worldvaluessurvey.org/WVSPublicationsPresentations.jsp (F00003624-10_Irina_Vartanova.pdf) metamodernism. In: *Journal of Aesthetics & Culture,* 1/2010, DOI: 10.3402/jac.v2i0.5677.
Verdery, Katherine (1996): What Was Socialism, and What Comes Next? Princeton, UK: Princeton University Press.

Welsch, Wolfgang (2005): Auf dem Weg zu transkulturellen Gesellschaften. In: Al-lolio-Näcke, Lars et al. (Hrsg.): Differenzen anders denken. Bausteine zu einer Kulturtheorie der Transdifferenz. Frankfurt: Campus, S. 314-341.

WJC-Index (2018): Xenophobia, Racism and Antisemitism Parameters in Present-day Russia. Report on the Sociological Research conducted by the Levada Center as Commissioned by the RJC, August 2018. Moskau. Zit. Nach Internet: https://www.ohchr.org/Documents/Issues/Religion/Submissions/WJC-Annex3.pdf

Yegyan, Nshan (2018): Cultural Dimensions of Armenians Based on Hofstede's Theory. BA-Thesis. American University of Armenia, Yerevan. Internet: https://dspace.aua.am/xmlui/bitstream/handle/123456789/1553/Nshan%20Yegyan_Thesis.pdf?sequence=1&isAllowed=y

Yudina, Natalia (2020): In the Absence of the Familiar Article. The State Against the Incitement of Hatred and the Political Participation of Nationalists in Russia in 2019. In: SOVA Internet: https://www.sova-center.ru/en/xenophobia/reports-analyses/2020/03/d42196/

Ziemer, Ulrike (2018): Opportunities for Self-Realisation? Young Women's Experiences of Higher Education in Russia. In: The Palgrave Handbook of Women and Gender in Twentieth-Century Russia and the Soviet Union. London, pp. 479-493.

Постсоветская идентичность и (новые) ценностные ориентации? Историографический обзор

Вольфганг Кригер

В данном заключении мы хотим дать характеристику истории развития советской шкалы ценностей и связанного с ней образа человека в общих чертах, а также предпринять, таким образом, попытку разработать с учетом теории идеально-типических моделей М. Вебера основы конструкции «постсоветской идентичности». В первую очередь, необходимо выяснить, что влияние советской системы на культурную идентичность советских граждан в период развития советских государств (в особенности России) до момента распада советской системы обнаруживается благодаря описанию исторических условий. Затем следует показать, что продолжение этой культурной идентичности в различных формах позиционирования к прошлому, а также в социальных, политических и экономических изменениях в период трансформации в значительной степени характеризует „постсоветскую идентичность" и является культурно-психологическим фундаментом изменения идентичности вплоть до социальных и политических событий современности. Здесь необходимо принимать во внимание политические условия как укрепляющие или препятствующие демократизации силы и как разрешающие или ограничивающие факторы изменения ценностей, индивидуальной свободы и формирования идентичности. Поиск новой идентичности колеблется между традиционализмом, подражанием и часто произносимым как заклинание „собственным путем", которого, однако, в большинстве случаев никто не видел.

Во второй части мы попытаемся рассмотреть распространенные сегодня в постсоветских странах особые формы идентичности в областях «этническая и национальная идентичность», «религиозная идентичность», «гендерная идентичность», «профессиональная идентичность» и охарактеризовать конструкцию «простых коллективных идентичностей», и выявить их возможный потенциал для последующего развития. При этом мы будем постоянно ссылаться на гипотезы и перспективы, сформулированные в статьях этой книги, чтобы вписать их в общий итог размышлений по нашей теме.

1. Исторические общие условия шкалы ценностей и формирования идентичности

1.1 Советская идентичность

Появление понятия «советский человек»[1] связано с первоначально идеализированным пропагандистским образом тоталитарного режима И.В. Сталина, является запрограммированным образом, а не антропологической типизацией, вызванной реконструкцией. Это понятие стало неотъемлемым атрибутом социалистической идеологии России, преследующей цель, с одной стороны, создания социалистического общества, с другой стороны, – трансформации советского человека и создания нового типа человека. Понятие «советский человек» являло собой пример образа жизни человека в условиях социалистического строя на благо государственного целого, некий героический социалистический образ, служение которого должно было быть представлено в коллективе как благородная ценность его действия и его воли. Он был одновременно идеализированной фикцией политической пропаганды[2], а также фактически сам стал продуктом тоталитарного государства[3], которое посредством идеологической и психологической деятельности писателей (например, Максим Горький), в своих образцах воспитания и образования – начиная с детского сада – сконструировало во всех своих общественных органах, в газетах и литературе, художественных произведениях, в фильмах и политических выступлениях тип нового человека. Понятие «новый человек» превратилось в объемную величину идентификации советского гражданина, правила поведения которого были безальтернативно интернационализированы и который

---

[1] Понятие «советский человек» первоначально было названием немецкой книги Клауса Менерта (1958), в которой автор подробно описал свои впечатления о 12 путешествиях в СССР; В 1981 году социолог и сатирик Александр Зиновьев опубликовал в Мюнхене роман «Гомо советикус», в котором советский человек со своими циничными и оппортунистическими чертами был изображен в карикатурной форме. «Советский человек» являлся также названием исследовательского проекта института ВЦИОМ (также получивший название своего бывшего руководителя Юрия Левада) в Москве и всеохватывающего доклада Юрия Левада (1993) и Льва Гудкова (2007а, 2017), действующего директора института. Данное понятие употреблялось в Советском Союзе на протяжении длительного времени в положительном контексте, оно было темой многих песен, книг, фильмов, пока к моменту перестройки не превратилось в трагическую карикатуру ложного идеала и не стало типичным понятием в социологическом анализе.

[2] Он был идеально типичным стереотипом в контексте советской социалистической идеализации и в смысле используемого М. Вебером идеального типа, обе формы которого основаны на селекции и выделении и именно поэтому служат в качестве аналитической категории через призму социальной действительности (ср. Берелович 2017).

[3] «Советский человек» был как образцом…, так и мерой олицетворения этого образца, изображенного при представлении «перековывания» коммунистического воспитания, создания «настоящего человека» борьбы с «пережитками капитализма», с «мелкобуржуазничеством». Так писал Лев Гудков (2007в, с. 8).

больше не нуждался в контроле со стороны государственной власти. В остаточном усвоении этого идеала социализованный таким образом человек воспроизводил по необходимости отношения, которые выдвинули его вперед, и мифы, в которые ему нужно было верить, – в некотором смысле он действует так и в постсоветский период, возможно, и до сих пор.[4]

Все же: То, что эта безграничность сознания являлась для всех как бы желаемой видимостью, а неотвратимой судьбой людей в советском государстве (только также возможно, т.к. этим людям сбой в работе государства на основе нечеловеческого идеала обозначился более отчетливо), проявилось уже в 70-х и 80-х годах в некоторых художественных представлениях позднего советского человека, который, оглядываясь на свою многолетнюю, мнимую приспособляемость, свою беспомощность и двойную мораль, утратил свою ориентацию и свою веру в социалистические ценности и идеал государства, для продолжительного поддержания которого, а также для своей собственной жизни развил циничное отношение. В 70-е годы сформировалось типичное для советской идентичности советское «искусство жизни», характеризуемое „двойным мышлением» в противоречиях между мифами и реальностью, сформировалось сознание, разделенное ценностями социализма и реальным опытом и жизненными решениями. Это сознание по большей части становится предметом рефлексии. [5] В кинофильмах и романах того времени героический советский человек становится разрушающей и покорной жертвой своих ложных убеждений, оказавшейся беспомощной перед вопросом о смысле жизни.[6] Кризис легитимности советского социализма проявляется в разрушении его доверия к тому, что идеал вообще может и должен существовать. Более двадцати лет со все растущей недвусмысленностью накапливался распад советского идеала в сферах экономики, политики, социального и психологического устройства общества. Таким образом, росло вакуумное пространство ценностей, смысловой ориентации и твердых принципов, что большинству людей давало возможность удовлетворить свои скромные потребности путем достижения общественного признания их побед и обретения некоторых личных успехов. С ограниченным кругозором советского человека, который так мало

---

[4] Понятие «советский человек» или «гомо советикус» употреблялось в различных значениях. Переход от описания идеала до описания действительного среднего человека или типажа достаточно незаметный, он и должен быть таким, т.к. социалистическая идеология сама исходила из того, что привнесенный героический тип человека будет в значительной степени соответствовать идеалу. Однако, существует опасность смешения типажа с обобщенной гомогенностью советских граждан. Это выпускает из вида реальность различных событий в разных советских государствах и регионах, а также существующую в рамках советской идеологии открытость к развитию личности (ср. критический анализ социограммы советского человека, например, у Гествы 2018).

[5] Ср. Фитцпатрик 2005.

[6] Сюда относятся такие фильмы, как «Агония» Э.Климова в 1974г, фильм Г. Панфилова «Тема» в 1979г., В. Абдрашитова «Плюмбум или Опасная игра», или романы и фильмы этого времени, такие как «О-би, о-ба» «Конец цивилизации» (1984) П. Сцулкинс, раннее произведение «Дни затмения» (1988) А. Сокурова или Письма мертвого человека (1986) К. Лопушанского.

знал о происходящем за пределами советских границ, – таким изображен советский человек в книге Nomeda Sindaravičienė – была также связана более легкая жизнь, а жизнь, наполненная лишениями, не воспринималась как таковая до тех пор, пока это было возможно. Советскому человеку был предоставлен только выбор довольствоваться реалиями действующей системы и обрести безопасность в труде и скромном образе жизни как гарантию надежной защиты. Механизмы вытеснения и фатальная позиция были не только существенным признаком советского человека из представителей старшего и среднего поколения, но и, на момент распада Советского Союза, юного поколения, «подростков перестройки»[7], которые социализировались в эти механизмы и отношения.

Все более отчетливо проявляющийся кризис легитимности государственной власти с начала большой рецессии, безусловно, продолжает ослаблять солидарность граждан и государства, и приводит к возврату жесткой государственной власти во избежание провокаций со стороны граждан. В последние годы существования советской империи структуры государственной власти, выполняющие функции контроля и санкций, утратили по этой причине свою неумолимость и настойчивость. Вместе с тем, появляются «мягкие» средства адаптации вместо негибких средств, панибратство, клановость, злоупотребление служебным положением, клиентелизм, коррупция, получение выгоды и всяческого рода «сделки» между гражданами и государством накладывают отпечаток на время политического переворота и подрывают доктрину социалистического равенства на всех общественных уровнях[8]. Средства обольщения в какой-то степени заменяют средства государственной власти и создают новую лицемерную культуру лояльности и формирующийся вне закона менталитет надежды «все идет своим чередом», который проникает во все уровни. Такой образ мышления становится основным в позднесоветский период, что также нашло отражение в позднесоветской ментальности. Такой образ мышления имеет в советских странах уже давнюю традицию, достигает теперь уровня универсальности вплоть до «маленького гражданина», став в позднесоветском обществе характерной социокультурной чертой и глубоко и неотвратимо «поселившись» в менталитете советского человека, потому что для граждан такие действия являлись единственной возможностью получения каких-то привилегий, превосходства, безопасности и перспективы карьерного роста.

Эта культура позволила системе продержаться еще несколько лет, но цена за культурную идентичность советских граждан и их преемников была высока. Причина стыда приобрела частный характер: если в восьмидесятые годы можно было стыдиться своего государства из-за репрессий, произвола и презрения к людям, не неся никакой ответственности за себя, то теперь нужно было стыдиться самих себя. Значимость зависимости в формальных и неформальных управленческих структурах на высшем уровне отмечалась уже в первые годы советской власти и во времена массовых репрессий, в дальнейшем, однако, вследствие коррупционных действий в структуре государства

---

[7] Круглова 2017

[8] Ср. о традиции, функциональности и значении коррупции и социальных сетях в советской системе у Новиковой 2015.

Советская власть внедрила в общественную жизнь новое определение власти. Нельзя забывать то, что, с одной стороны, в это время коварным образом был достигнут новый уровень деморализации граждан, при котором теперь практически каждый мог как угодно скрывать свою жизнь от окружающих, и что внимание к неприятным секретам, умалчиванию причин успеха и табуизация всего личного резко превратились в норму, если посмотреть на сегодняшнюю культуру общения в постсоветских государствах. С другой стороны, с учетом этой культуры, также можно наблюдать некоторую компенсацию существующего недоверия, выражающуюся в чрезмерном выделении прекрасного и различных клише, превращенных в ритуал комплиментов, призывов к собственному, постоянно одинаковому благополучию (у постсоветского человека дела идут не «хорошо» или даже «плохо», но всегда «нормально»), значимости социального этикета, а также отрицания всего критического и любой собственной инициативы, и почти морального обязательства ради того, чтобы смотреться лучше, жить далеко не по своим доходам (по крайней мере, производить такое впечатление на других), чтобы тобой восхищались и не считали тебя посредственностью. Потеря индивидуальности, изначально спровоцированная репрессивным внедрением коллективных стандартов, возросла в последующие годы еще раз на фоне утраты аутентичности и искренности. И тот факт, что эта утрата вызвана самим обществом – в отличие от вынужденных последствий раннего этапа советского периода, – не только особенно тревожит, но прямо-таки выступает как неизбежность, как будто бы из этого коллективно установленного восприятия приятного впечатления нет другого выхода, даже если речь идет о цене социального остракизма.

1.2. «Преобразующая идентичность»?

Понятие «трансформация» вошло в широкий обиход в связи со структурообразующими процессами после распада Советского Союза. Это понятие предполагает, что в некоем существующем веществе용носителе (как то в обществе, экономике, политике и т. д.) формируется новый системный порядок и, в конце концов, принимает новую устойчивую форму, которая, в сущности, остается без изменений в последующей постпреобразующей эпохе.[9] Понятие трансформации направляет внимание на изменения формы, вначале на ее распад, далее на инициацию новых структур и в итоге на их саморегулируемое формирование заказа.[10] Тем не менее, префикс *транс* требует также телеологической интерпретации формообразующих процессов, будь это через

[9] Это понятие введено в широкий научный оборот, в частности, в математике, физике, биологии, экономике, геологии, юриспруденции и в лингвистике уже сравнительно давно. Как бы ни были различны описанные этим понятием феномены, им всем присущ фактор структурно новой организации положения вещей. Однако отнюдь не при всех описанных таким образом явлениях предполагается последующая стабильность вновь достигнутого состояния, и не гарантируется, что речь идет об изменении целых систем.

[10] Этот трехступенчатый этап соответствует фазовой модели трансформации, разработанной Меркель и Пухле, разделенной на процессы отслойки, институционализации и консолидации (Ср. Меркель 1999).

призму преднамеренного стремления к новому состоянию, или через автоматическое воздействие механизма по формированию нового паттерна. В большей степени, чем понятие трансформации это требование подчеркивает понятие «перехода», которое предполагает, что целевое состояние может быть объявлено заранее.[11] Мы хотим использовать понятие трансформации в этом смысле и в последующем сосредоточиться на научно-политическом, культурно-социологическом и культурно-психологическом рассмотрении трансформации.

Можно ли понимать постсоветскую эпоху на фоне продолжающихся политических и культурно-формирующих приоритетов советского человека в постсоветской идентичности действительно как «переход», как «переходный период» (куда?), – это, скорее, с одной стороны, вопрос глубины и распространения данного приоритета в сознании людей, с другой стороны –вопрос оценки фактической значимости этих приоритетов в жизни относительно других конкурирующих приоритетов, входящих в сознание постсоветского человека извне, особенно через новые СМИ. Разногласия между формально существующей демократией и фактически продолжающейся по сей день авторитарной формой правления, как в центрально-азиатских странах,[12] где правовые институты являются в большей степени зависимыми от конкретного правительства. Поиск управленческих иерархических структур и так называемого «отца нации», обладающего неограниченной властью. Клановый менталитет и династии олигархов, коррупционные связи и управленческие привилегии указывают на то, что возникновение буржуазного сознания во многих странах все еще находится в зародышевом состоянии и с большим трудом прерывает размышления об альтернативе советской структуры.[13] В российском обществе распространено мнение, что годы перестройки представляли собой лишь фазу безграничной нестабильности между вначале застойным Брежневским, а затем эсеровским социализмом и начавшейся под началом В.В. Путина в середине

---

[11] Ср. Вердери 1996, с. 15.

[12] Ср. Хэпфер/Кизилова обозначают распространенную гибридную комбинацию демократических и автократических форм правления в Центральной Азии (за исключением Киргизии) как «электорально автократическую» (2019, с. 354). Хэпфер/Кизилова дают в этой статье подробный обзор о (формальной) демократизации и либерализации постсоветских стран. Фурман (2007) говорит об «имитации демократии». Характерным для нее является то, что посредством, например, практики выборов, допуска многих партий и устройства парламента сооружается формально-демократический фасад, в то время как либерализация выборов и права парламента ограничиваются в значительной степени авторитарностью правительства.

[13] Ср. Хэпфер/Кизилова 2020, с. 10 следующее: Во всяком случае, следует констатировать для России тот факт, что шансы на дальнейшее развитие высказанных М.С. Горбачевым и Б.Н. Ельциным некоторых демократических успехов были интерпретированы В.В. Путиным не только как легкомысленные, но и на протяжении длительного периода времени поданы им в искаженной форме благодаря его «политтехнологическому» творчеству как псевдодемократия (ср. Умланд, 2008). За превратное понимание демократии и за утрату доверия к правдоподобности, ставшую результатом такого искажения, русское общество еще несколько десятилетий будет платить высокую цену.

2000-х годов «контрреформой».[14] Этой критической фазе была не свойственна никакая практико-ориентированная концепция, только отчаянные попытки найти спасательный якорь в западных моделях развития общества, который в конечном итоге не сумел соответствовать основам российского общества, а также представлениям политической элиты. Связь с привычным советско-социалистическим мышлением была так сильна, а знания возможных альтернатив развития общества так ничтожно малы, что ценности гласности и перестройки, озвученные М.С. Горбачевым перед российским обществом, не смогли стать сколь бы то ни было плодородной почвой для дальнейшего развития общества, и русские люди предпочли лучше направить свой взгляд на старые привычки, чем подвергаться стараниям нового видения и ужасам вакуума, не поддающегося пониманию будущего. В условиях начавшегося при Горбачеве критического осмысления советского прошлого, сталинизма, идеологии и структуры взгляд обращается назад, скорее всего, больше из чувства страха, чем от восторга. Подходы к позитивно новой структуре коллективной идентичности едва ли могли появиться из осмысления прошлого. В поисках новых ценностей и новой коллективной идентичности в Ельцинскую эпоху необходимо было найти новый материализованный «якорь» российской сущности и российской самобытности, и в том, что решение о поиске таких «якорей» в досоветский период было безальтернативным, не было никакого сомнения Эти «якори» находили, во-первых, в славянской соборности, во-вторых, в русском православии, которое тем самым мифицировалось в «светлую» сторону русского прошлого. Задача реконструкции показалась тогда Ельцину настолько значимой, что он ввел для этого новый школьный предмет «культурология», который впоследствии вошел также в университетские дисциплины, в задачи которых входило обеспечение особого русского «цивилизационного» курса. В 1996 году историк Гурий Судаков выиграл организованный Б.Н. Ельциным конкурс «Лучшая национальная идеология», обнародовав «шесть принципов российской ментальности».[15] Этот этап поиска идентичности за пределами советского времени означал критический подход к истории советского периода – вновь появилась стратегия определения долгосрочных перспектив, которая уже оказала влияние на советскую культуру и определила дальнейшую парадигму отношения русской идентичности. Вновь повторяется советский стандартный порядок, решение актуальных проблем осуществляется путем назначения ответственного, не ожидая развития ситуации.[16] Поэтому вполне можно представить тезис о том, что, избрав эту форму

[14] Это утверждение в самой России относительно ярко выражено, значительно ярче, чем в других постсоветских странах, которые избрали другой, даже если часто не менее ориентированный на прошлое, путь. Беларусь занимает здесь отдельную позицию, так как в этой стране до сих пор не произошла трансформация, в большей мере сохранились авторитарные структуры и советские взаимоотношения на уровне всего государства. В государствах Прибалтики, напротив – благодаря вековым традициям присоединения к Центральной Европе – трансформация началась относи-тельно быстро и решительно (ср. Брузис/Тири 2003, с. 4), хотя у некоторых и там сохранились полюбившиеся привычки старого советского времени, вызывающие романтическую ностальгию по прошлому.

[15] Судаков Г., 1996. Ср. здесь Игнатов, 1997, изд-во Шерер 2014, с. 5.

[16] Ср. Игнатов 1997, с. 2.

преодоления, Б.Н. Ельцин уже заложил основу контрреформы и повторной советизации дальнейшего политического развития России.

Исходя из этих и других причин, российский социолог Лев Гудков рассматривал, в целом, состояние российского общества во время так называемой трансформации не как переходный период, а говорил об установившемся обществе, развитие которого идет, скорее всего, в обратном направлении, – мы говорили о «ретроспективной идентичности» – и которое вследствие своей защитной ментальности не в состоянии произвести перспективы для модернизированного общества. Такое обращение к ретроспективе не было, вероятно, привилегией только России: многие страны бывшего Советского Союза впервые получили шанс определить свою роль жертвы в истории своего присоединения к СССР и связать ее по возможности с практикой уже прошедших и последующих пожертвований. Эти конструкции культуры воспоминаний также обращают свой взгляд в прошлое и являются малопродуктивными для видения будущего. Связь между общественным застоем и менталитетом постсоветского человека Л.Гудков отмечает понятием «негативной идентичности»[17], то есть идентичности, которая в основном состоит из разграничения и защиты от (предполагаемых) внешних и внутренних опасностей. Поэтому политическая среда для консолидации – это не среда модернизирующей программы, а борьба против враждебных сил для сохранения статус-кво или для восстановления идеализированного состояния прошлого, то есть средство «негативной мобилизации», как пишет Гудков.[18] Страна полностью занята борьбой с невидимыми внутренними и внешними врагами. Если существует завершенный потенциал постсоветского, то он лежит замороженный и погребенный в обломках и под пеплом этой парализующей войны. Перспективный вопрос, *Кем мы хотим быть и куда мы идем?* остается пока без ответа (теперь уже тридцать лет) и постсоветская идентичность отмечена застоем в решении данного вопроса.

Исследования Левада-центра в Москве характеризуют не только «советского человека», но и, в конечном счете, его развитие в «постсоветского человека». Проведенное и опубликованное Юрием Левада исследование «Советский человек 1989-1991 – социограмма распада» и, в частности, продолжающаяся в течение десятилетий работа Льва Гудкова по реконструируемой антропологии

---

[17] Гудков, 2014.

[18] Гудков, 2017, с. 221: Эта «негативная идентичность» постсоветского человека является, несомненно, также политическим и медиальным продуктом. Не только в России конструкты национальной идентичности формируются прежде всего путем заимствования оригинала с вкраплением внешнего влияния, в том числе путем «отторжения» соседних сообществ и культур через «мы не такие». Хотя именно для России эта негативная идентичность является особенно неизбежной в связи с геополитическими устремлениями к экспансии и кооперации, т.к. на негативной идентичности нельзя сформировать потенциал международной солидарности, более того, отсутствие этой идентичности все больше загоняет страну в изоляцию. Поэтому недоверие по отношению к «старшему брату» накладывает отпечаток также на отношения взаимодействия с постсоветскими странами, как например, внутри евразийского экономического союза. Кто мог себе это позволить, тот изначально не входил в состав советского государства.

советского человека (Гомо советикус, Советский человек), которая находит свое эпохальное продолжение в постсоветской идентичности, являются, пожалуй, наиболее яркими свидетелями возрождающейся саморефлексии общества с позиции Левада-центра, который как никто другой выступает за возрождение социологии в позднесоветский период.[19] Центр анализирует на протяжении 33 лет, в значительной степени независимо от правительства, классические экономические, социальные и ментальные параметры российского общества, в частности, вопросы образа жизни и социальных структур, проводит исследования рынка и общественного мнения, и постоянно исследует значение российской политики для населения. Проект «советский человек» был одним из основных проектов центра до 2008 года, он реализуется до сегодняшнего дня с помощью выявления общественного мнения. Исследования центра обеспечивают важные основы реконструкции современной российской ментальности на фоне истории страны.

Социальная реальность в позднесоветский период оставляет последующим поколениям беспрецендентную в истории ценностных ориентаций бездонную пустоту. Поэтому было бы очень неправильно интерпретировать ценностный кризис, в первую очередь, как постсоветский кризис трансформации. Даже если в советском обществе позднего периода по-прежнему провозглашались ценностные ориентации в политических кругах и среди общественности, и молодые люди были окружены этой языковой культурой, то в действительности ориентирующая сила этих ценностей уже изжила себя и их законная власть уже безнадежно подорвана настолько, что на основании социокультурного анализа можно диагностировать ценностный вакуум, которому, казалось бы, противоречит ярко выраженная пропаганда. Язык общества и тесные связи уже распались в связи с тем, что постсоветская констатация ценностного кризиса стало часом истины о состоянии советского менталитета. Если сегодня в России во главе с В.Путиным преследуется цель «ресоветизации» и в сфере ценностных ориентаций, то она не может ссылаться на выживание изнуренных отношений позднесоветского периода; «ресоветизация» должна заново изобрести эти понятия ценности и наполнить их новым содержанием. Может ли это быть сделано, если взор обращен только в прошлое, а потребность в определении социально неограниченной капиталистической экономики должна

[19] Во времена Л.И. Брежнева в 1972 году предшественник этого социологического центра под руководством Ю. Левада был закрыт, после того как Левада – в частности из-за русского вторжения в Чехословакию в 1968 году – опубликовал критические статьи о политическом руководстве СССР. По инициативе М.С. Горбачева и под руководством Татьяны Заславской в 1987 году вновь появился институт (под названием ВЦИОМ, всероссийский центр изучения общественного мнения). После запрета названия со стороны Федеральной Антимонопольной службы России институт был переименован в 2004 году в аналитический центр Юрия Левада. Центр не без риска пережил 2013 и 2016 годы как «иностранный агент» в связи с нареканием на то, что его работа финансируется США. Только в результате ожесточенного противостояния нового директора Центра Льва Гудкова удалось остановить действия российского руководства по обвинению в антимайдановском движении, а вместо этого способствовать тому, чтобы дальнейшее функционирование Центра через некоторое время после закрытия снова возобновилось.

определить трансформацию, является спорным. Даже если это будет русский «собственный путь»: Решающим станет тот факт, будет ли идеологический вакуум, который удовлетворяет российскую политику и общество, преодолен новыми веяниями или нст.

Общества постсоветских стран расплачиваются сегодня также за утрату доверия к советскому времени, за отказ от собственных критериев, представляющих, тем не менее, моральный фундамент общественной идеологии, смысл всего. Из-за пустых обещаний своих правительств подорвана вера в представителей правительств (не только в их способности, но также и в их лояльности), а также в гуманистическую ценность самой идеологии, но также и сама вера в ценность моральных критериев, вера в то, что эти критерии жизненны и представляют собой что-то значительное. Тем не менее, существующие нормы остались прагматически действительными, чтобы хоть как-то обеспечить общественное сосуществование.

Содержательная пустота в ценностных ориентациях наблюдается и в психике постсоветского человека, что нередко выражается в виде довольно жесткой замены общепринятых норм, осмысленное формирование которых нельзя больше воспроизвести из существовавших ранее убеждений. Это касается также норм различного этнического происхождения (например, религиозно обоснованных норм) в разных постсоветских государствах, которые «подкожно» выжили и при Советской власти, даже если их легитимность была подавлена или утрачена. Именно отсутствие крепкой связи с устоявшимися нормами можно считать причиной того, что общепринятые нормы – в силу недостаточного легитимного потенциала – получают даже некое особое обязательство и жестко регламентируются в обществе. Общепринятые нормы выступают последней надеждой в сохранении моральной идентичности, так называемого якоря традиционности, даже если нельзя больше установить причины этой морали. Нетрудно понять, что в этой ситуации этическая легитимность нравственности берет за основу ценностную культуру, существовавшую еще до установления советской власти; эту культуру ценностей необходимо, однако, теперь вновь старательно реконструировать. Обращение к прошлому должно помочь найти в уже устаревшей системе норм некий фундамент, который уже однажды выстоял или который бы выстоял, если бы он не был разрушен советским вторжением. Этот старо-новый фундамент должен быть установлен таким образом, чтобы в нем содержались не только старые ценности как дань традициям, но и ценности, которые направлены на согласованность в отношениях между успешным государством со счастливым обществом и счастливой индивидуальной жизнью каждого отдельного гражданина. Такой фундамент составляет базу формирования «ретроспективной идентичности» и в настоящее время повсюду существующих национальных и этнических мифов о существовавшей когда-то коллективной идентичности, которую следовало бы вновь возродить. Вместе с тем есть риск, что такая, к тому же спекулятивно сформированная ценностная база, является исторически устаревшей. Сегодня цена такого легитимного распада советской идеологии – это беспомощность в создании перспективно ориентированной коллективной идентичности. Для сравнения: нельзя построить новый дом, если нет камней и строительного раствора; можно только вновь получить старый дом.

Слабое доверие к ценностям связано также с тщательно «подогреваемым» осознанием угрозы, существовавшей вначале в сталинские времена по отношению к контрреволюционным силам внутри страны, а потом в советской пропаганде в годы холодной войны по отношению к Западу, и оказавшей неизбежное влияние на менталитет советских людей. [20] Такая, существующая на протяжении десятилетий позиция недоверия, что все еще актуальным является противодействие внешнему врагу, что есть необходимость в раскрытии шпионажа и его нейтрализации путем оказания влияния через западные державы и внутренних «врагов», породила в мировоззрении советского человека параноидальную форму социального восприятия, которая до сих пор – как в российской внутренней и внешней политике – существует в качестве лейтмотива интерпретации общественных движений, с одной стороны, и международных отношений – с другой стороны, а также сдерживает развитие общественных отношений. Парадоксально изменившимся является внимание «избалованных привычкой» к пропаганде граждан бывшего СССР, научившихся в годы перестройки критиковать пропаганду, выступать против обнаруживающих признаки пропаганды событий на Западе, где есть социальные протесты. Многие люди в постсоветском пространстве все еще воспринимают интерес иностранцев к устройству их страны, их культуре, социальным отношениям, условиям жизни и т.д., прежде всего, как «шпионаж», отвечая недоверчиво и задаваясь вопросом о своей значимости для западного «врага». Недоверие по отношению к другим имеет глубокие корни, даже если в то же самое время отмечается их непревзойденный интерес ко всему чужому.

Подобным образом обстоит дело и с восприятием социального внутреннего мира, в котором предположительно существуют «внутренние враги», «враги системы», угрожающие единству государства и общества и желающие распада государства через оказание дестабилизирующего влияния или даже совершение революции.[21] Этот сталинский скептицизм по отношению ко всем и вся внутри страны достиг своего безудержного параноидального апогея в годы массовых репрессий (время великого террора), с ужасающей отчетливостью представленный документально. [22] Такое безумие ведет к одержимости в

---

[20] Исторически (само)изоляция России и созданная на этом фоне «атмосфера окруженной крепости» (Булинский, 2017, с. 21) имеет уходящие вглубь корни. Она началась, вероятно, в период отделения русской православной церкви от других православных церквей в 1045 году, продолжилась во время политики отделения князя Владимира до внутренней стабилизации русско-православного государства в XIII веке и далее также в период образования враждебного по отношению к Европе централизованного Московского государства в XV веке.

[21] Обе «вражеские стороны» обнаруживаются в непосредственной связи друг с другом в ставшем популярным в постсоветское время утверждении, что «внутренние враги» (например, демонстранты или критически выступающие блогеры) подстрекаются, покупаются или даже подвержены шантажу из зарубежья, т.е. «внешними врагами», и поэтому собственный порыв к критике возникает не из-за внутреннего дисбаланса, а из-за ложной морали внешних врагов. Внутриполитический эффект от этого имеет двойную силу: угроза извне объединяет народ, в то время как внутренний противник получает ярлык оппортуниста и его критика теряет хоть какую-либо значимость.

[22] Бредовое восприятие угрозы внутри страны, которое в годы массовых репрессий утратило любое хоть как-то рационально вразумительное объяснение, проявилось в

оценке уровня опасности, которая, по-видимому, значительно угрожает благополучию общества (или руководства страны) и где общество не может еще управляться иначе, как жесткой государственной властью. Всегда считалось, что необходимо освобождать, «очищать» общество, искоренять мешающие ему элементы. Мысль о диалоге с «девиантами» или даже о демократическом, взаимовыгодном сотрудничестве нескольких сторон совершенно неприемлема при таком диктаторском подходе с позиции государства. «Негативная идентичность» обороны обязательно порождает культуру нетерпимости. На этом основании можно выразить сомнение, имеют ли вообще демократические основы ценностей в постсоветском пространстве «шанс на выживание», когда история развития таких ценностей едва ли насчитывает несколько лет, на протяжении которых демократические ценности должны были стать значительными, но где сразу же приходится констатировать, что государства постсоветского пространства относятся к этим годам, вдобавок ко всему, только с презрением и расценивают их как годы слабости и предательства, больше всего желая их изгладить из своей памяти.

Если сегодня во многих постсоветских государствах значительно снизился уровень доверия к окружающим людям, как показывают исследования Инглехарт[23], то это, в первую очередь, является, с одной стороны, следствием почти вековой советской истории недоверия и преследований, а с другой стороны, – результатом разочарований в постсоветский период, опытом конкурентной борьбы и борьбы за материальную безопасность, что породило позицию сдержанности (и дополнительного напускного доверия).[24] Недостаток человеческого доверия является существенным препятствием общественного (и в итоге, и экономического) развития, так он сдерживает солидарность и инициативу, нарушает взаимодействие и общественное противостояние, и снижает готовность к риску в общественных делах – больших и малых. Недостаточное доверие выступает парализующим фактором в видении общего будущего, этот фактор усиливает пессимистические настроения и препятствует оценке имеющихся ресурсов. Как итог, мир человека распадается на официаль-

---

том, что И. Сталин установил для всех советских областей и республик самопроизвольные квоты по ликвидации, арестам и ссылкам советских граждан. Сторонники режима в республиках и областях – так сказать для безопасности и достижения цели – даже превышали положенную квоту, количественно путем увеличения числа ликвидации и путем террора всего населения и невероятных страданий и нечеловеческих условий тюремного содержания для заключенных. В «Генеалогии коллективной идентичности» (Рогинский, 2017, с. 81) в России, тем не менее, до сих пор сохранилось прославление Сталина, окруженное ореолом победы в Великой Отечественной войне; рядом с прославлением упоминается неприятная история о времени большого террора, которая несет нимб судьбоносного явления и не подвергается «обсуждению (без)нравственности». Сегодня больше вспоминают о жертвах террора, но все еще молчат о преступниках (здесь же, с. 82). Преступники не имеют имен, не известны ни мотивы преступлений, ни их истории, ни их ответственность.

[23] Ср. результаты анализа исследования Инглехарт в 2014г. в статье о смене ценностей Кригера в этой книге, с. 24, далее связанные с этим высказывания в статьях Синдаравичене и Мкртчан.

[24] О недостаточном уровне доверия в посткоммунистическом обществе ср., например, анализ Макалавичене (2008) по ситуации в Литве, особенно с. 348.

ный мир системы, постоянную политически идеологизированную общественность, в которой нужно быть конформистом, вести себя незаметно и сдержанно, и человек лично не заинтересован в успехе и дальнейшем развитии общества, и уповает на социальные сети, в которых есть обязательные ожидания и где готовятся настоящие успехи. В конце концов, постсоветский человек, так же как и советский, полагается на ресурсы своих неформальных связей, которые действительно составляют действенную силу в системе. С помощью неформальной экономики советские люди не только преодолевали тяготы позднесоветского периода и распада советской системы, но и до сих пор – вопреки официальной картине трансформации – преодолевают существующие проблемы распада государства.[25] С таким приоритетом неформального преодоления тесно связаны коррупционные связи, которые последовательно присутствуют во всей системе, от повседневных профессиональных контактов до политических элит. Плата, которую необходимо делать за такие приоритеты, заключается в незначительности и недостаточно высокой оценке квалификации, компетенции и профессионализма, в недопустимости договоренности на формальном уровне и ничтожности формальных притязаний, в отмене юридически обязательных процедур, в неэффективности формальной ответственности и обусловленного таким образом слабого доверия к другим людям и, в конечном итоге, в недопущении наиболее выгодных решений и тем самым желаемого общественного, гражданского и экономического развития.

Из-за продолжающихся обмана и коррупции обобщенное недоверие имеет дальнейшую почву для существования; Недоверие проявляется в быстрой готовности предположить, что у других есть мотивы (нелегального) преимущества, и скептически относиться к гуманным, христианским мотивам поступков. Дефицит общего доверия, между тем, компенсируется, повышенным уровнем доверия внутри семьи. Это вновь ведет к более сильным связям в семье и среди родственников, к завышению ожиданий лояльности, к демонстрации преимуществ родственников в смысле коррупции в отношениях и развитию клановых структур. Вследствие давления лояльности и возникших на этой основе силовых структур аутентичность этого доверия принципиально сужается. Недостаток доверия, так же как и его компенсация, ведут к расщеплению постсоветского пространства на общественную сферу с отпечатком недоверия и дистанцированности и ритуально основанный на доверии семейный и клановый мир. Это разделение ослабляет авторитет государства, готовность к реализации партисипативного подхода и соотношение стандартов для граждан, оно, возможно, даже вызывает противостояние по отношению к законам в государстве, которые не являются ответом на их разумное содержание, а рассматриваются как притеснения демонстрации власти.[26] Такое разделение препятствует, в конечном итоге, появлению гражданского сознания, пониманию общества как важной задачи и развитию общественной солидарности, основанной на демократических принципах.[27] Тем самым дефицит доверия представляет собой не только одну из веских причин стагнации в материа-

[25] Ср. Новикова, 2015, с. 189.

[26] Ср. Манусян в этой книге.

[27] … и не на сознании рокового общества, которое до сих еще преобладает как напоминание о позднесоветском периоде во многих странах постсоветского пространства.

листическом и традиционалистском ценностном сознании, но и системно обусловленный дефицит предпосылок гражданского общества. То, что пишет В. Меркель о прокоммунистических странах Восточной Европы, в такой же степени относится и к государствам постсоветского пространства: «Охраняемая от государства общественная сфера, в которой профессиональные группы, социальные слои и культурные течения могут образовываться и проявлять себя самостоятельно, едва ли будет существовать только в условиях контроля и наблюдения. Посткоммуникативное общество должно сознательно рассматриваться в сравнении с существовавшим на протяжении практически 50 лет авторитарным режимом Португалии как распыленная гражданская пустошь. От коммунистического режима отказались почти все организации и инициативные группы с функцией автономной общественной артикуляции интересов в ходе их агрегации и заменили их на государственно регулируемые массовые организации. »[28]

Ранние суждения, основанные еще на обобщении опыта М.С. Горбачева[29], относительно обращения к постматериалистическим ценностям в России – с позиции некоторых оппозиционеров и, прежде всего, российской молодежи – оказались опрометчивыми и нуждающимися в пересмотре.[30] Результаты международного молодежного исследования под руководством Классена, Бёмке и др.[31] показали стремительный рост индивидуализма в России сразу после распада СССР, однако индивидуализм в последующие годы значительно сдал свои позиции по отношению к существующему коллективизму.[32] То, что в период после М.С. Горбачева возникнет поворот назад к консервативно-националистическим приоритетам как реакция русских на обозначившееся к началу фазы трансформации снижение уверенности в своих силах, достаточно явно проявилось только в середине 2000 года. Начало стабилизации экономики в России на рубеже тысячелетий (до 2007г.) наводило на мысль, что необходимые для формирования постматериалистических ценностей предпосылки вот-вот появятся; при этом осталось без внимания, что даже при условии наличия этих предпосылок – по данным исследования Инглехарт о смене ценностей[33] – как правило, требуется смена поколений и, таким образом, смену ценностей следует ожидать только через двадцать лет после утверждения выгодных экономических предпосылок. Уже вскоре после этого российская экономика обнаружила некий спад и многие экономические успехи вообще не коснулись населения. Так, фаза осознания относительной безопасности не наблюдалась ни в одном из поколений и как бы ни старалось среднее поколение поднять и стабилизировать уровень благосостояния населения, в итоге оно

---

[28] Меркель, с. 470.

[29] Напр., Гибсон & Дач, 1994, Саарниит, 1995, еще Байер, 2001.

[30] Веской причиной для устойчивого оптимизма по поводу трансформационного прогресса были в 90-х годах поглощение наблюдений и прогнозы, сделанные западными новоэволюционистскими теоретиками модернизации (ср. Колморген, 2007).

[31] Ср. Классен/Бёнке 1993, Меркенс 1996.

[32] Ср. Бёнке, 2003, с. 212. Это исследование установило, что у российских подростков на протяжении четырех лет проводимого исследования не наблюдалось увеличения постматериалистических ценностей (ср. здесь же, с. 214).

[33] См. выступление Кригера о смене ценностей в этой книге.

уготовило юному поколению долю, когда для достижения относительной безопасности необходимо много работать на протяжении всей жизни и не упускать возможность зарабатывать деньги или заниматься предпринимательством.[34]

Остался без внимания также тот факт, что понимание сущности и предпосылок постматериалистических ценностей в России и, пожалуй, в большинстве просоветских стран вообще не вышло за пределы высоко образованной элиты, не было озвучено широкой общественности и в 90-х годах XX века не было включено в программу изучения в системе образования. До сих пор большинство молодых людей нейтрально относятся к авторитарной системе в России и поддерживают курс ее развития, ставят националистические и традиционалистские ценности выше демократических, таких как толерантность к инакомыслию, равные возможности или прозрачность политических решений. Исследование под руководством Кликперова-Бакер/Костал показывает, что у представителей некоторых ключевых стран постсоветского пространства (Россия, Молдавия, Украина и т.д.), тем не менее, наблюдаются демократические настроения и граждане этих стран имеют особое влияние на политическую элиту и на молодежь, но такие люди представляют собой абсолютное меньшинство населения. «Нетерпимые традиционалисты», напротив, составляют большинство в этих странах, в то время как в государствах Балтики все сильнее звучат демократические настроения, а в ключевых странах доминирует группа «пассивных скептиков».[35] В целом, ни в одной из стран постсоветского пространства не существует настоящего одобрения либерально-демократических ценностей, во всяком случае, существует глобальная необходимость якобы поддерживать демократические взгляды, чтобы произвести впечатление законности на зарубежные страны. Подождем, воспримет ли всерьез молодое поколение пропагандируемые половинчатые демократические ценности, неустойчивость которых оно уже испытало на себе. Во всяком случае, именно этому поколению, добившемуся в некоторых странах определенного благосостояния и некоторой безопасности, выпадает, пожалуй, первый шанс, захотеть понять смысловую основу демократических ценностей и утвердить их значимость.

1.3 Постсоветская идентичность

Поскольку признаки постсоветской идентичности возникли в силу необходимости частично продолжающегося формирования идентичности, частично оппозиционного отношения к советской идентичности, то прошлое, соответственно, автоматически включается в этот процесс, а все новое либо а) заимствуется из старого, б) решительно противоречит старому и формирует нечто противоположное или в) заимствуется для преодоления старого из других культур. Ниже мы хотели бы наглядно представить феноменальные варианты и составляющие постсоветской идентичности с учетом этих трех аспектов в

---

[34] … даже если для решения задачи не нужно было бы ни малейшей компетенции.

[35] Ср. Кликперова-Бакер/Костал 2018.

целях классификации советской идентичности и их идеологической направленности.

а) Прежде всего часть представителей старшего и среднего поколений возлагает свои надежды, как и раньше, на *рестабилизацию советской идеологии* и ее ценностей и символов этой идентичности. Российские националисты и (пост)-коммунисты стремятся к возрождению советской культуры и открыто выражают свое восхищение политическими лидерами революции во время демонстраций и маршей протестов. Они с упорной сопротивляемостью реагируют на распад советской системы, отрицая любую потребность в изменениях[36] и оценивают годы перестройки как болезненный период в социалистической «эволюции», как фазу смятения, инициированную, прежде всего, М.С. Горбачевым[37] посредством отмены закрытых границ Советского Союза во второй половине 80-х годов XX века, распада СССР, развалом экономики и здравоохранения, страданиями людей в 90-х годах и регрессом русской культуры из-за бесперспективности, алкоголизма, обострением криминогенной обстановки. Поэтому, по мнению таких людей, следует возродить советское время во всех проявлениях, восстановить отношения 60-70-х годов и тем самым заново воспитать социалистическую нравственность.

Наряду с этой провозглашаемой во всеуслышание формой стремления к возобновлению прежних идеалов существует также не так четко озвученная форма призыва к дальнейшему спокойному существованию культурных и социальных норм советских стран и характерным для советского «менталитета» и глубоко укорененным в подсознании представлениям и установкам. Высказывания о возрождении прежней жизни основываются на «неопределенности» и подразумевают поиск новой конструктивно-динамической формы. В основе такого пути лежит осознание, что государство и общество формируют новую идентичность, которая по-новому синтезируется из элементов прошлого. В соответствии с этим политолог Ольга Малинова говорит о «реконструкции руин» при формировании новой идентичности, заново создаваемой из остатков Советского Союза.[38]

б) *Контрастная программа советской культуры*. В таких программах следует сделать разграничение между теми, которые хотели бы осуществить 100%

[36] Прежде всего, в начале 90-х годов была достаточно сильной группа этих «отрицателей», как показывает исследование И. Кона в 1993г.

[37] В особенности М.С. Горбачева упрекают некоторые, среди них также и российское правительство, в том, что он не только допустил распад СССР и государственных институтов, но и из-за слепой веры в Запад и из-за отказа от письменных соглашений допустил расширение НАТО на Восток до российских границ. Это двойное ослабление России относительно ее геополитической силы вменяется в вину Горбачеву, Яковлеву и Шеварднадзе лично, а распад Советского Союза рассматривается как жестокий крах из-за предательства нескольких человек. При этом игнорируются феномены распада, появившиеся за десятилетия до этого, и не в последнюю очередь отношения во времена Л.И. Брежнева и «банды четырех» Андропова, Громыко, Суслова и Устинова, результатом которого была, в конце концов, полная потеря функций системы и выборы Горбачева.

[38] Малинова 2015: «При этом речь идет о конструкции на руинах, при строительстве которой следует учитывать конфигурацию этих руин».

переход от советского времени, и между теми, которые сохраняют социалистическую программу, но по основным пунктам, касающимся прошлого, хотели бы внести корректировки. Первое направление программ можно легче всего проследить на модели когда-то прежде ненавистного капитализма и можно действительно наблюдать, что эта модель, нередко в чистом виде и без социально-политического аспекта как условия экономической трансформации, была взята за образец в посткоммунистических странах.[39] Экономический успех, изложенный в концепциях многих олигархов из постсоветских стран, которые на момент распада советской системы или незадолго до этого получили огромные ресурсы посредством коррупции и широких общественных связей и чей экономический рыночный рост был известен по принципу роста капиталов.

Напротив, контрастная программа, которая принимала элементы советской реальности за социалистическую ложную конструкцию (особенно бюрократизм), но тем не менее, хотела бы взять за основу социалистическую базовую модель как таковую, вновь обрела актуальность у некоторых окрепших с момента распада Советского Союза групп троцкистов в России («Альтернативная Россия», «Революционная рабочая партия», «Русское социалистическое движение», «Международная марксистская тенденция») или ориентированного на деятельность Розы Люксембург «Левого фронта». Эти группы говорят о сохранении или возрождении социалистической шкалы ценностей, о приоритете солидарности по отношению к благосостоянию отдельной личности, об утверждении индивидуальных прав на лояльные обязательства по сравнению с коллективом и т.д. Они хотят получить «социализм лучшего качества» и верят в его развитие, разрабатывая при этом противоположные модели, в первую очередь, для структурных решений социалистической экономики.[40]

с) Из внешних культур заимствованы, в первую очередь, те признаки, которые или исторически проникают в свою собственную историю более или менее глубоко и берут за образец возрождения «прошлую культуру», или те признаки, которые заимствованы с Запада, точнее, из компонентов западной культуры и демонстрируют, прежде всего, те символы когда-то ненавистного капиталистического мотовства, которое по ту сторону железного занавеса презирали как проявление социального неравенства и которым, однако, не было чуждо собственное материалистическое мышление, поскольку они рассматривают шкалу ценностей в очень примитивном понимании удовлетворения потребностей, как потребление и получение безопасности. В этом отношении прошлое остается в этом заимствовании без изменений. Второй блок, лежащий в основе ценностей этой группы, символика материально успешного, общественно чрезмерно привилегированного образа жизни, напротив, должно рассматриваться как направленное решительным образом против социалистической идеологии равенства; такая идеология отчетливо демонстрирует уподобление капитали-

[39] Ср. Познанский 2002, с. 71.

[40] О новых левых в России ср. Гётц 2014. Дискуссия о таком «скорректированном» социализме и ответственности, которую российские президенты несли до трансформации в целях ухода от программы, полным ходом идет, прежде всего, в России и Беларуси по телевидению, в новых СМИ и в науке.

стическим критериям успешности. В таком уподоблении представители постсоветского пространства конкурируют, пожалуй, в еще большей степени, чем граждане западноевропейских государств, в результате чего выделяется чрезмерное выставление напоказ жизненных успехов в условиях капитализма, например, благодаря избыточным инвестициям в статусные символы, такие как дорогие машины, частные самолеты, расточительные вечеринки и пр., при том, что у граждан «застарелого» капитализма на Западе не имеется аналогичных примеров.[41] Парадоксальным образом, многие годами расплачиваются за свои непомерно расточительные расходы в потреблении в соответствии со своим социальным положением путем уровня задолженности, передающимся вплоть до следующих поколений, что абсолютно не соответствует мышлению рентабельности и безопасности. Вероятно, материалистическая ценность экономии, которая, в итоге, способствует безопасности, в первую очередь, появляется не там, где значение внешних социальных атрибутов ценится так высоко, что «демонстративное транжирство» не в состоянии выдержать нависшей угрозы экономической разрухи.[42] Здесь традиционные нормы создания социального статуса, которые, в конечном счете, берут истоки в придворно-аристократической культуре (как, например, многообразие яств при приеме гостей, когда в итоге со стола выбрасывается ¾ всех блюд или даже больше), переходят в систему социальных связей (успехи через признание), которые в своем современном варианте выставления напоказ финансового благополучия путем статусных символов от золотых часов и шумных семейных торжеств до крутой машины редко передают реальное положение дел, но в социокультурном плане, однако, вошли в разряд некой конкуренции и напускного статуса.

Заимствование материалистической шкалы ценностей из капиталистической культуры проявляется в оценке престижности профессий представителями среднего и юного поколения. *Елена Елизова* в своей статье показывает в этой книге на примере популярных профессий среди молодежи, какие критерии приводятся для высокой или низкой оценки профессий. Становится очевидно, что все профессии, связанные со сферой бизнеса и финансовыми потоками, имеют особенно высокий рейтинг.[43] Можно трактовать это «поклонение» сфере бизнеса как следствие выраженного интереса к благополучию и беспечности, что легко понять, если учесть жалкое положение людей в первое десятилетие трансформации. Поколение сегодняшних 30-50-летних «унаследовало» на память во многих бывших советских странах это время как фазу

---

[41] Ср. об этом феномене у Шевшенко 2002, с. 849 или Петровой 2012.

[42] Ср. здесь, например, результаты воспитательных целей в анализе ценностей под руководством Инглехарт в таблице в Приложении. Несмотря на сильное экономическое давление воспитательная цель экономики (V17), прежде всего, в очень ориентированных на запад кавказских странах (Армения, Грузия) едва ли играет какую-нибудь роль (ср. также Егян 2018, с. 30). Однако здесь присоединяется второй фактор: для того, кто получает небольшой доход, нет необходимости копить. Он тратит практически все, что он заработал или получил. Если такое обращение с деньгами стало нормой, то экономность не является какой-либо жизненно практической ценностью.

[43] Исключением здесь является, вместе с тем, понятие «олигарха», т.к. он, в первую очередь, ассоциируется с коррупцией и незаконной прибылью.

нужды и бедности, распада и беспомощности и «передает по наследству» последующему поколению молодежи свою квази компенсационную оценку критериев благополучия со своими паролями «никогда больше не быть бедным и беспомощным». Во всяком случае, выделение профессий в сфере бизнеса легко произвести на основе быстрого получения прибыли, при этом к таким производящим впечатление профессиям относятся, в первую очередь, те, которые в новом «обществе риска» и в условиях «дикого рынка» не могут найти устойчивые критерии финансовой независимости. Если молодые люди не могут себе представить, что они (и другие) за тяжелую работу получат мизерное вознаграждение, которое едва ли позволит обеспечить существование, то нельзя обижаться на них из-за мечты о «быстрых» деньгах. Утрата высокой оценки тяжелой физической работы, которая провозглашалась в социалистической рабоче-крестьянской идеологии и сама была обречена на развал, является не менее недооцененным фактором в восприятии людей со стороны молодежи. Такая заниженная оценка сказывается и на все меньшей привлекательности жизни в селе и сельскохозяйственных профессиях.[44] Материалистический эгоцентризм жизненных ориентаций может также отчасти являться причиной заново рожденного утилитаристского мышления, что все отчетливее выражается в молодежных культурах. В то же время капиталистический «ритуал открытия» в 90-х годах, а именно проведение предпринимателей как частных лиц, также имеет программное значение в определении ценностей молодого поколения на стремление к прибыли и тем самым на материальные ценности.

1.4 Настоящее

Если после 30 лет трансформации в большинстве постсоветских стран азиатского региона и в России все еще нужно искать подтверждение тому, что демократическое сознание вряд ли сформировалось и формальные демократические структуры потеряли актуальность из-за все более и более расширяющихся полномочий президента, ослабления роли парламента, клеветы и ограничений всяческой оппозиции, и из-за растущей зависимости деятельности юриспруденции и законодательной власти от правительства, то нужно принять во внимание, что, вероятнее всего, демократизации не хватает исторического основания, политической воли и необходимой поддержки со стороны общественного мнения. Что касается воли к демократизации, то страны постсоветского пространства все-таки ни в коей мере не обнаружили какого-то единого развития в этом направлении. Страны, у которых уже есть предварительный исторический опыт демократии, в особенности в Прибалтике[45], решительно

---

[44] Влияние на самосознание и трудовую нравственность сельских рабочих описывают, например, Козлова/Симонова 2018.

[45] Даже если демократические конституции Балтийских стран в 1920-е годы просуществовали короткое время, то они, тем не менее, стали в национальной истории результатом собственного исторического достижения как института, к которому смогли присоединиться движения демократизации в 80-е годы. К тому же балтийские языки стали в это время первой демократии региональными языками образования и

преследовали в период трансформации цель внедрения демократической системы и демократической структуры во всех сферах общественной жизни. Демократическое сознание, несмотря на всю противоречивость и определенную романтизацию советского периода, у населения Прибалтики сформировано гораздо прочнее, чем в России и у других азиатских наций в постсоветском пространстве. Напротив, в странах, где исторически присутствовала практически только автократическая система правления (сюда входят Россия и большей частью страны Центральной Азии), не наблюдается готовности к демократизации и по-прежнему пользуются уважением авторитарные формы управления и воспринимаются без особого сопротивления. К тому же, эти страны демонстрируют друг перед другом, скорее, образец авторитарного управления государством, чем демократизации. В других странах, близких им в культурном отношении, отсутствуют демократические модели, которые бы можно было использовать хоть в центрально-азиатских странах (тюркоговорящих мусульманских государствах или Иране), хоть в России, которая пытается освободить свою культурную идентичность от каких бы то ни было шаблонов.[46] «Это совершенно естественно, что демократизация развивается гораздо сложнее при отсутствии какого-либо демократического прецедента, огромного опыта демократии и отсутствии четких моделей-образцов», – пишет Дмитрий Фурман.[47] Такие страны как Киргизия, которая боролась за создание демократической системы в ходе многочисленных революций, принесших стране большие потери, сегодня вновь стоят на пороге развития авторитарной системы управления государством, в котором парламент постепенно отдает свои полномочия президенту. Было бы глупо предполагать, что демократические веяния, однажды возникшие, сами собой будут развиваться.[48] С середины 2000-х годов по всему меру примерно в 1/5 стран наблюдается сокращение гражданских и политических прав граждан.

До тех пор, пока авторитарные формы правления в государстве не будут инициированы не только правительством, но и самим населением, даже тогда, если население вследствие недовольства экономическим развитием, потерей безопасности или тоталитарным проведением власти потребует смены правящего режима, шансы на развитие демократизации будут невелики. Как показывает история «поскоммунистического авторитаризма»[49], одна авторитарная личность будет заменяться другой, а в структурном плане никаких изменений не произойдет.[50]

смогли развить некоторую культурную автономию и рефлексивное самосознание и в политических вопросах.

[46] Образцы демократизации Россия могла бы наблюдать в Украине, Молдавии, Грузии и в настоящий момент в Армении.

[47] Фурман 2007, с. 4.

[48] Ср. Каротерс 2002.

[49] Мачков 2009.

[50] Если социалистический тоталитаризм был идеологически обоснованным последствием, чтобы вывести общественное развитие на желаемое состояние будущего и таким образом преодолеть все препятствующие силы и феномены, то с концом советской системы и упразднением этого обоснования тоталитаризм, разумеется, окажется больше не таким уж устойчивым. Вместе с тем, буржуазные привычки и

Шага в сторону демократизации этих стран вряд ли стоит ждать через политический переворот, скорее, через постепенное развитие альтернативной демократической культуры, организуемой на политическом уровне, способной к выполнению различных функций и перерастающей в огромную силу противостояния по отношению к авторитарному правительству. Привлечение западных образцов демократии при этом является инструментом построения демократического видения,[51] в качестве другого инструмента выступает творческое и дискурсивное развитие политически стабильных структур, обеспечивающих большую свободу индивидуального развития граждан. Время такого изменения наступит только тогда, когда проявятся все необходимые факторы: 1.высокий уровень недовольства существующим политическим режимом из-за экономической ситуации в стране, сильных и сдерживающих ограничений или незаконного применения власти и произвола (мотив к перевороту), 2.уже имеющиеся усвоенные знания о демократических формах правления, методах и структурах (демократическое знание) и 3. развитие тупиковой ситуации между альтернативными партиями и движениями, данная ситуация ведет к делению политической власти и должна способствовать решению этой проблемы путем создания демократических структур (прагматическая необходимость).

Сегодня, 20 лет спустя после контрреформ в России, вновь возникает скромный интерес к годам так называемой трансформации и теперь уже критически воспринимаемой советской эры, которая содержит в себе ростки всеобщего изменения в большей степени, чем происходившее в годы перестройки (как части политики) движение реформатизации населения. Испытанная «демократическая премьера» под руководством М.С. Горбачева не будет воссоздана как успешная модель, но попытка установления альтернативного содержания прежних ключевых представлений, возможно, несет в себе определенный потенциал, другую политическую культуру и другую форму правления. Мария Энгстрём не так давно разработала впечатляющую классификацию (суб)культурных, преимущественно эстетических явлений, показывающих, как представители молодого поколения в России и Украине «перерабатывают» из ставших музейными экспонатами символов советской действительности сим-

---

самоочевидность прошлого продолжают использоваться, и тут встает вопрос, не взыграет ли заново обоснованный тоталитаризм и не примет ли он по хорошо протоптанным следам при попутном ветре прошлого новый оборот.

[51] Ср. Стыков 2010. Фактически происходит так, как показывает прежняя история постсоветских стран, «импорт» западного демократического понимания идет, прежде всего, по трем путям: а) путем революционно обусловленной смены правительства, когда президентом становится человек, знакомый с западной демократией, часто бывший выпускник западного университета (как, например, Михаил Саакашвили после розовой революции в Грузии, Егильс Левитс в Латвии, Томас Хендрик Илвс в Эстонии), в) путем исторически уже существующей близости с демократическими формами правления и гражданскими структурами, как в странах Прибалтики (ср. Брусис/Тири 2003, с. 5), или с) путем постоянно растущего доверия населения или значимых элит к западным демократическим представлениям через международную мобильность или опыт с родственниками в диаспоре в союзе с политическим переворотом.

волы обычной жизни, в том числе и символы протеста, тем самым инициируя антикультуру, которая сравнивает в игровой форме антиреформу В.В. Путина с застоем Л.И. Брежнева. Оживление этого времени изменения является призывом ко второй трансформации, которая также не видит другого выхода в своей утопии как и первая трансформация, но в то же время побуждает к «второй волне». Позиция этой субкультуры поэтому не является революционной, а скорее противоречивой: она стремится к изменениям к чему-то лучшему, но иронизирует по поводу настоящего. И эта субкультура – пожалуй, в первый раз в истории России – открыта! Энгстрём видит в этом позицию «метасовременности» (вслед за концепцией нидерландских философов Тимотея Вермойлен и Робина ванн ден Аккер, 2010), которая бы хотела встать в строй на благо справедливости и честности, но все же выражает сомнения относительно смысла всего этого.[52] Такое противоречие касается также и самого желания изменить что-то, которое не знает, как оно хочет это сделать и что хочет сделать, но знает, что нужно что-то менять.

Противоречивая позиция между конструктивным доверием к модернизации общества и пессимистическим недоверием по отношению к реальным шансам и успехам путем модернизации характеризуется и в некоторых статьях этой книги. Исследование *Игоря Ардашкина* и других о профессиональной идентичности инженеров с точки зрения студентов в городе Томске показывает достаточно отчетливо степень неуверенности в профессиональной идентичности, что, вероятно, характерно не только для профессии инженера, но и для многих других профессий. Описание будущего инженера – с позиции студента – изображает представителей этой профессии, с одной стороны, как «ответственную, напряженную, целенаправленную личность, для которой важны как академичность, так и признаки предпринимательской деятельности», и можно прогнозировать, что ответственность и творчество пользуются … большим спросом», т.е. он описывает инженера, с одной стороны, по классическим понятиям современного, готового к инновациям общества и прогнозирует одновременно прирост социальных и ментальных требований к профессиональному будущему. С другой стороны, более половины опрошенных респондентов смотрят на свое будущее пессимистически; только менее 1/5 связывают с профессией положительное будущее. 85% студентов-выпускников относятся к своему будущему с опаской. В своем последнем описании о содержательных итогах эмпирического исследования авторы представляют оптимистический и пессимистический сценарии развитии инженерных профессий; В качестве решающего фактора они рассматривают тот факт, удастся ли «преодолеть препятствия». В этом пояснении также «сквозит» менталитет защиты (барьеры препятствуют развитию, но куда должно быть направлено это развитие, никто не знает), но авторы представляют свое пояснение еще дальше, рассматривая в качестве причин негативной оценки будущего с позиции студентов, с одной стороны, «отсутствие традиций диалога между правительством и обществом», а с другой стороны, повышение требований к практике на основе государственного заказа и, наконец, также «слабость или отсутствие стратегии развития общества». Последнее обозначает – хотя слово «инновация» используется

[52] Энгстрём 2019, с. 27.

в государствах постсоветского пространства как исцеляющая формула – собственно недостаток перспективного измерения профессиональной идентичности.

2. Специальные образования в контексте идентичности

2.1 Этническая и национальная идентичность

В постсоветском пространстве осталось наследие культурной терпимости по отношению к другим народам и их традициям, что является одним из самых важных достижений советского общества. В статье руководителя института Европы РАН А.А. Громыко представлена «система ценностей в русскоязычном мире», в которой уделяется достаточно внимания терпимости, одобрению многоязычия, мультикультурализма и поликонфессиональности, в том числе, патерналистскому подходу политической России и русского языка в культуре и языке. [53] Страны постсоветского пространства, к которым вследствие своей действительной полиэтничности в период советской эры предъявлялись и до сих пор предъявляются высокие требования по интеграции, до настоящего время получают плюсы от достижений такого культурного развития.[54] После распада Советского Союза, однако, так долго выстраиваемая защита этнических меньшинств, в принципе, прекратилась, и идеологические гаранты равноправия утратили свою основу.

Во всяком случае, признание этнического, культурного и языкового плюрализма выступает как важный фактор ограничения националистического энтузиазма, как выяснил Бакытбек Малтабаров в своей статье выше. Провозглашение равенства, которое однажды на момент начала революции предваряло мысль об объединении рабочих и крестьян, запретило всяческую националистическую или этническую дискриминацию и воспринималось открыто на протяжении полувековой истории как несущая общественная сила успешной солидарности. В исторической памяти существует – прежде всего, в центрально-азиатских странах – определенная благодарность граждан этих стран по отношению к населению России за комплексную экономическую поддержку

[53] Громыко 2010.

[54] Особенно это относится к тем странам, в которых выделяются пропорционально сильные группы различных этносов. Так, в Республике Молдавия у молодых людей обнаружилось крепкое межэтническое сознание, а культурные различия между молдаванами, русскими и украинцами рассматриваются как незначительные (ср. Кауненсо 2018). Геополитическое положение Молдавии, так же как и языковое и мультирелигиозное многообразие населения постоянно побуждали страну к формированию межэтнического открытого национального сознания и и снижению тенденций разобщения. На этом основании национальное сознание ориентируется не на модель уникальности, а на модель инклюзивности, в которой стираются межэтнические, межлингвистические и межрелигиозные различия (ср. Синивиа-Панковска 2010). Противоположное утверждение, согласно которому определенный этнос объявляется основой нации, существует в первую очередь на Кавказе как территории постсоветского пространства (ср. Манусян в этой книге).

развития, которая многим, начиная с 50-х годов XX века, принесла значительное улучшение уровня жизни.

Однако с 2000-х годов наблюдается усиление расистских тенденций в России[55] и некоторых других странах постсоветского пространства[56] – и это ни в коем случае не касается только футбольных фанатов и хулиганов.[57] Лебедева и др.[58] рассматривают увеличение ксенофобских настроений и праворадикалистских идеологий как следствие незавершенной трансформации, поскольку недостаточные экономические, политические и общественные успехи не могли в достаточной мере стабилизировать государственное единство, и националистские идеологии должны были компенсировать этот недостаток. Тенденции ксенофобии получают, в том числе, энергию путем культивирования националистической самоинсценировки и пропаганды со стороны государства, а также через националистические движения, повышающие ценность собственной нации и этноса по отношению к другим и претендующие на господство. «Россия русским» и другие подобные лозунги способствуют призыву к этнической гомогенности и приоритетности этнических русских перед другими этносами. Тем самым они вносят вклад в развитие этноцентристки оформленной ордынской идентичности, которая преследует цели ограничения и отграничения не только извне, то есть на международном уровне, но и внутри общества в постсоветском пространстве. Отсюда политически преследуемый эффект стабилизации ситуации внутри экссоветского региона путем призыва к угрозе извне в любом случае имеет краткую жизнь; через необходимую для разграничения фиксацию собственной идентичности до нормативного концепта уже запущены процессы исключения, нетерпимости и принижения других. Кто говорит «Россия для русских», тот вскоре должен будет ответить на вопрос, кто же есть эти «настоящие русские». Для того чтобы призвать общество к закрытости, самым простым средством является их настрой на защиту от внешних сил, будь это западные агенты, варварские мусульманские иммигранты или «зараженные» западным декадентством извращенные аутсайдеры. История учит, что любая форма проявления национализма имеет параллель с внутренними «процессами выбора»,[59] которые в целом используются как критерии для занижения оценки на самом низшем уровне: раса, этнос, национальное происхождение, язык, род, внешность и пр. Даже если российс-

---

[55] О развитии расизма в России ср. Шпан 2014. Тек. см. WJC-Аннекс3 2018 и ECRI-доклад 2019.

[56] Ср. Исаакс/Полесе 2015.

[57] Ср., например, Ханкель 2011, Мукомель 2013, Шольц 2015. Тек. Юдина 2020 и другие доклады центра информации и анализа SOVA.

[58] Ср. Лебедева и др.2018, с. 5.

[59] Особая форма этого внутреннего отбора в России – это «экстернализация» в первую очередь ответственных за гражданские права и права человека общественные движений и организаций до «иностранных агентов», когда этот процесс получил свое законное обоснование через федеральный закон 121-ФЗ от 13 июля 2012 года, который был принят в июле 2014 года российским конституционным судом как конституционный. В 2017 году был расширен закон относительно применения на работе в СМИ и в 2019 году по отношению к журналистам и блогерам, то есть отдельным гражданам (принят Думой в третьем чтении единогласно и подписан президентом).

кая пропаганда – кстати, до сегодняшнего дня – бравирует мультиэтническим национальным составом, то это не спасает от усиления расистских стратегий разграничения. Кроме этого, в советское время расизм существовал на подсознательном уровне, который согласно доктрине официально был отменен, но в своих конфликтных ситуациях никогда не был проработан.[60] Расизм развивался в хорошо поддерживаемом недоверии против этнической нетождественности, в тайных разговорах и в унижающих оценках по отношению к другим и к особенностям представителей национальных меньшинств и иммигрантов. По этой причине многие представители из стран постсоветского пространства подготовлены к международным конфликтам относительно их ментальной и межкультурной и коммуникативной компетенции.

Далее в качестве основы появления идей расизма можно назвать страны, в которых ядро конкретной этнической идентичности является фундаментальным для национального самосознания, т.е. практически с ним отождествляется. Пока эти страны в этническом отношении почти совершенно гомогенны, расизм проявляется в своей латентной форме этноцентризма; но он становится заметным, как только – как, например, в армяно-азербайджанском или узбекско-киргизском конфликтах – между нациями возникают военные конфликты или даже совершаются погромы. В сознании таких угроз одновременно растут этноцентрическое самовозвышение и расистские диффамации. Такие формы латентного расизма случаются на Кавказе и в некоторых центрально-азиатских государствах. *Сона Манусян* в своей статье в этой книге дала описание сильной этнической идентификации национальной идентичности армян, которые на протяжении нескольких веков ведут постоянно вновь вспыхивающие конфликты с соседними народами и держат население страны в условиях постоянно существующих угроз со стороны Азербайджана и Турции в состоянии «не война – не мир». Этнические конструкты поиска самих себя основаны на обращении к прошлому, где, естественно, достаточно причин для ярости и реваншизма, а также для дальнейшего сохранения страхов и опасений, чтобы обратить желание охраняемой солидарности внутрь себя в максимум. Чтобы обосновать такую солидарность, этноцентризм объединяется, по мнению Манусян, с существенными гипотезами об армянской сущности и взывает к несгибаемой условности как необходимости совместного пребывания.

Главный русский призыв по отношению к нерусским этносам, который, несмотря на официально признанную идеологию равенства, утвердился практически повсюду, проявляется сегодня в постсоветском пространстве как непреодолимый конфликт. Идеологическое господство образовалось не только в экономической сфере, но и в языке и культуре. Вообще, политические лидеры реального коммунизма в годы экспансии русского языка выпустили из виду,

---

[60] Идеологизация естественного единства коммунистических народов стало препятствием для тех процессов обработки конфликтов и обид, которые необходимы для продуктивного преодоления разницы и стереотипов. Трагический распад Югославии наглядно показал, какую слабую базу имело «братство» национального объединения и как легко оказалось создать «этническую дистанцию» и определить себя в контрасте с другими соседними государствами по культурным, этническим и религиозным признакам (ср.Томич 2014, с. 280).

что используемый во всех политических, экономических и других публичных мероприятиях язык – конечно, и в так называемых автономных республиках – выработал собственную сферу официального общения, которая для нерусских получало маркировку границы доступа к этнически-традиционному миру повседневности, который в своей чуждости не смог найти необходимую оценку, чтобы быть затронутым принципом равноправия. В итоге в этнических культурных сферах остался запрещенным широкий диапазон, который уже был занят русским языком и культурой.

Поддержка культуры и языка нерусских национальностей была подвержена большим ограничениям, как в регионах внутри России, так и в некоторых советских государствах вне России. Языком советского единства, государственным языком был русский язык (утвержден законом), часто также доминирующим официальным языком, также важная часть представленного в детских садах и школах песенного репертуара, уроков литературы и искусства и др. Спектр отношений между этническим языком и русским языком простирался от равноправия (как в Армении, Грузии, странах Прибалтики, Абхазии, Приднестровья, Южной Осетии) до четко выраженного доминирования русского языка, что не оставляло этнокультурному фактору значимости (как, например, в языках сибирских народов) или просто признать значение одного компонента (Беларусь, юго-восточная Украина). Почти во всех советских странах русский язык был не только официальным языком, но и языком обучения в средней школе. Русская культура расставила акценты в общественной жизни, в то время как присутствие местных этнических языков находилось под угрозой перехода на уровень фольклора. Настоящим, действующим и могучим всегда был русский язык.

Таким образом, не удивляет тот факт, что спустя годы экономического строительства с увеличенным распространением русского языка во многих этнически нерусских регионах и странах возникло чувство отстранения и отчуждения собственной культуры. Это было едва заметным вследствие изречения о равноправии и едва регулируемым …, возможно, своим идеологическим самосознанием с позиции носителя социалистической мысли русского происхождения, чтобы стать поводом открытого противостояния – следующий упущенный шанс межкультурного развития компетенции. Растущее таким образом во многих местах «внутреннее отчуждение между русскими и нерусскими»[61] было подвержено обеими сторонами усиливающимися тенденциями, на нерусской стороне как реакция на упорное русское непонимание и высокомерие, на русской стороне как испытанная неблагодарность за их альтруистическое внедрение для их всероссийского внедрения в целях развития региональной экономики и культуры.[62] Во время трансформации это ощущение сдерживания в большинстве постсоветских стран уже вскоре привело к смене Российской Федерации, а также внутри Федерации растут устремления к автономии в некоторых областях и регионах.

Этот конфликт – это не просто прошлое, даже через 30 лет после распада Советского Союза многие явления напоминают о господстве и толковании

---

[61] Аккерманн 2015, с. 338.

[62] Ср. здесь же.

России. Как и прежде, присутствие российских телевизионных программ (и тем самым российской пропаганды) почти во всех странах постсоветского пространства высоко и превосходит своим количеством местные программы. С одной стороны, российская пропаганда и «взгляд на мир» все еще очень ярко представлены (и часто формируют мнение), с другой стороны, их манипулятивный характер очень ярко прослеживается – и на основе недостаточной альтернативной информации, так же как и общей скептической позиции по отношению к общественной информации были более или менее приняты. Одновременно сегодня воспринимается во многих из этих стран позиция русского языка устно и письменно (и еще более) как «языковой колониализм», которому нужно противостоять.[63] Уже завершенные в некоторых постсоветских странах несколько лет назад или, по крайней мере, сильнее проявляющееся движение по замене русского языка во всех сферах общественной жизни (а также как официальный язык) через собственный, для замены оставшихся русских гласных на буквы алфавита конкретной страны или для дополнения, главным образом переноса из кириллицы в существующий местный алфавит или латинский алфавит (Азербайджан, Туркменистан, частично Узбекистан, в скором времени Казахстан) может рассматриваться как символ этого противостояния. Это движение поднимает не только проблему идентичности для русских меньшинств в этих странах, но и форсирует в целом для общества более или менее острый вопрос о прошлом и его культурных достижениях вплоть до дисквалификации старших поколений, не овладевших этой языковой компетенцией.

В исторической проработке распада Советского Союза и прогнозах о последующем развитии постсоветского пространства на Востоке преобладает тезис о том, что фрагментарные тенденции между бывшими советскими государствами сохранятся и, возможно, появятся новые конгломераты, которые, прежде всего, соответствуют критерию этнической гомогенности или общей религиозной принадлежности. Эти прогнозы основываются также на возрастающем влиянии этнически-националистических разделяющих сил, которые хотят увеличить дистанцию до других этносов и религиозных культур и усилить отход к своему. Но и здесь возникает опасность, что максимальному отделению вовне последует максимальное стремление к этнической однородности вовнутрь, что затрудняет сосуществование людей различных этнических групп и религиозной принадлежности. Украинский историк А.Г. Бульвинский прогнозирует появление трех территорий, одного европейского пространства, одного евразийско-русского пространства и одного турецко-мусульманского пространства.[64] Эти тенденции уже формируются в различных экономических союзах, они также проявляются в объеме политического и культурного обмена и военного сотрудничества. В любом случае, эта новая организация геополитического пространства освещает большую значимость критерия этнической и религиозной однородности с позиции постсоветских историков и политологов, даже если при ближайшем рассмотрении во многих странах традиционно законодательно закреплен этнический плюрализм и фактический объем этой

[63] Ср. у Гумпенберг/Штайнбах 2004, с. 255.
[64] Бульвинский 2017, с. 25.

однородности может быть абсолютно незначительным (и будет способствовать ее дальнейшей сегрегации). Этот прогноз построен с учетом действительно развивающихся стратегий национального поиска идентичности во многих постсоветских странах, что преследует цель обеспечения объединения общества на основе доминантного, пусть даже не единственно приемлемого этнически-религиозного самосознания.

2.2 Религиозная идентичность: религия и досоветская традиция

Некоторые опубликованные в этой книге доклады свидетельствуют о том, что во многих культурах постсоветского пространства распространено погружение в далекое историческое прошлое собственного этноса или нации (часто не имеет явного отличия) в поисках принципиального направления своей идентичности. Часто представляются разыгранные сцены, связанные примерно со средневековой символикой рыцарей и всадников, эти сцены передают мифы о братском, совместном успешном сообществе и более простой, более здоровой и естественной жизни. Путем попытки найти собственную идентичность через каким-то образом изображенную связь с далеким прошлым и дать ей оценку, преследуется цель провести мысль через многие исторические эпохи, как будто бы культура настоящего могла бы начаться там, где их предшественники находились в 18 веке. Как и во всех приемах возрождения, в этих попытках присутствует недостаток, что люди, преклоняющиеся этому прошлому, собственно игнорируют факторы, воспроизводящие точную историческую картину, которая за этим следует.

Часто наблюдаемое и в своем развитии осознанное значение религии как обеспечивающей идентичность ориентации, оно выступает в некоторых случаях как процесс появления из исторически пришедшей собственной культуры, в других случаях как новообразование для компенсации недостатка в ориентации постсоветского пространства.[65] Значение религии как идентифицирующего фактора для обеспечения национального единства и общественной солидарности очевидно почти во всех странах постсоветского пространства. Религия действует на всех уровнях общественной жизни как формирующее связующее звено – на уровне личного участия, на уровне семейной жизни, на уровне образования групп и возникновения движений до уровня государственной самопрезентации. Поэтому религия действует как стержневой для формирования идентичности фактор, имеющий значение как для личности, так и для общества и государства, тем более, что она в отличие от традиционалистской идентификации ориентации прошлого имеет ориентированную на будущее задачу.

Существенное значение религии для формирования идентичности возникает из-за, с одной стороны, функционально разнообразных обещаний во всех сферах жизни и, с другой стороны, из-за высоко интегративной для идентичности и объединяющей подсознательной идеологии, и поэтому не следует удивляться, что проявления особой непримиримости, то есть экстремистские варианты религиозности, находят здесь особый отклик. На фоне сложного

[65] Ср., например, относительно религий на Кавказе, Мотика 2008.

кризиса ценностных ориентаций на территории постсоветского пространства религия предлагает практически «комплект» укрепляющих идентичность ценностей, позиций, установок, норм, форм общества и жизненно практических правил и ритуалов, представляющих человеку не только благочестие, но и логическое благозвучие, социальный консенсус и безопасность поведения, смысл и побуждающую силу. Как известно, люди в трудные времена кризиса, когда они потеряли все, на что они надеялись, входят в число особенно «уязвимых», подверженных влиянию экстремистских идеологий, и мы усматриваем в критической ситуации постсоветского периода обобщенную форму сложного кризиса в жизни, что увеличивает риск этой «уязвимости» до масштабных размеров. *Бакытбек Малтабаров* показывает на примере киргизского общества усиление религиозно обоснованной идентичности, создающей присоединение к утраченной традиции; тем не менее, большая часть общества воспринимает эти шаблоны идентичности с определенной долей скептицизма, прежде всего, по отношению к экстремистским проявлениям. Возможно, особые условия заставляют киргизов по-особому взглянуть на опасность экстремизма, а именно тот факт, что традиционно присутствующая религиозность в период до советской власти (также как и та, которая существовала в течение этого времени), с одной стороны, была многогранной, а, с другой стороны – смешанной. Суннитский ханафитский ислам, пришедший в Киргизию после арабско-китайской войны XIX века, уже был перемешан с кочевыми, шаманскими обычаями, которые до сих пор являются частью национального «умеренного» ислама. Христиане ассирийской церкви, русской православной церкви, католические и евангелистские христиане составляют вторую по величине группу среди верующих и этнически значительно перемешаны. К моменту обретения независимости Киргизии было установлено, что в стране проживают около 80 национальностей разного вероисповедания. С другой стороны, после окончания советского периода, исламская религиозная идентичность все больше и больше становилась частью национальной идентичности, прежде всего, под руководством первого президента государства свободной Киргизии Аскара Акаева и тем самым, ознаменовала процесс взаимной оценки нации и религии, которая началась и в других странах постсоветского пространства.

Использование религии как «символического капитала» для формирования национального самосознания нашло положительное влияние и в российской истории взаимодействия церкви и государства. Когда русская православная церковь с момента революции 1917 года подверглась жестоким преследованиям со стороны большевиков, что привело, в первую очередь, в 20- х и 30-х годах к аресту и убийству тысяч верующих[66], к опустошению и перепрофилированию церквей и монастырей в производственные помещения, зернохранилища и склады, к конфискации всего церковного имущества, то во времена Сталина церковь испытала первую вызывающую удивление положительную оценку, потому что И. Сталин в 1941 году понимал, что для «священной войны»

[66] Количество казненных в России, Белоруссии и Украине большевиков (ами) – большей частью без вынесения приговора – священников, монахов, монахинь насчитывает около 25 000 человек (ср. Штрикер 1993, с. 86).

против немцев (гитлеровской Германии) ему была необходима поддержка церковной власти для мобилизации всех сил на войну. Это привело к скромной реабилитации церкви и к чествованию христианских консервативных ценностей на благо нации. Но для того, чтобы уважение и признание этого чествования не поспособствовало бы усилению церкви, Сталин через два года спустя подчинил церковь и духовенство государственной безопасности и издал для ограничения влияния церкви «Советы по делам русской православной церкви». Зависимость церкви от государства сохранилась на весь период советской власти и вместе с ней долгая история репрессий и националистических объединений.

Только с момента перестройки православная церковь в России испытала облегчение от репрессий. Поиск новой национальной идентичности позволил обратить взгляд церкви назад в досоветское прошлое и оценить значение православной церкви с VI века н.э. В умах многих русских людей произошла переоценка советского прошлого как времени безграничной жесткости, единство церкви и государства во время царствования в России с ностальгией было воспринято как отношения гармонии и христианская традиция была возвышена как важный элемент национального наследия.

В опросе Левада-центра зафиксировано, что в Москве в декабре 2012 года уже 74% российских граждан признают себя православными. Таким образом, доля православных христиан с конца существования Советского Союза в 1991 году увеличилась более чем в два раза.[67] Этот эффект получен в меньшей степени благодаря введению уроков по основам религии в школах или беспрепятственному теперь религиозному течению, а скорее, благодаря усилиям политического руководства Москвы и включению христианского православия в националистический концепт идентичности.

Начиная с 2000-х годов, церковь в России проходит политическую реабилитацию, когда признается несправедливым убийство и преследование духовенства и экспроприация церкви во времена И. Сталина, и представители духовенства, брошенные на произвол судьбы государственной властью в течение существовавшего на протяжении двадцати лет террора, сегодня прославляются как «мученики антирелигиозного преследования». Когда В.В. Путин в 2017 году в своем выступлении в честь освящения Патриархом

[67] Во всяком случае, только 3% «верующих» посещают церковные службы один раз или больше в неделю. 1/3 из 74% парадоксальным образом говорит о том, что не верит в существование Бога (ср. Среда Институт 2012); вероятно, последние не разделяют основы религиозности, а хотят относиться к этой части населения по меркантильным соображениям. Если следовать разработанной Allport,Gorsuch& McPherson (Журнал научных исследований религии 1989, 28, с. 348-354) четырехфакторной модели религиозной идентичности, то можно было бы увидеть доминирование социальной религиозности и внешней мотивации религиозного поведения, т.е. слабо выраженную религиозность и слабую внутреннюю мотивацию. Такое исследование проводят О.Ю. Куклаев, В.А. Шорохова, Е.А. Гришина и О.С. Павлова с помощью использования измерений Van Camp's Individual/Social Religious Identity Measure (2010) в своем исследовании с российскими представителями молодежи различного вероисповедания (vgl. Khukhlaev u. a. 2018).

Кириллом церкви Сретенского монастыря в Москве назвал священников, монахов и монахинь, осужденных И.Сталиным, мучениками, то уже через несколько предложений он связывает это признание вновь с указанием на общую ответственность церкви и государства за то, чтобы «обеспечить единство российской нации» (В. В. Путин, 25 мая 2017г.); тем самым он делает церковную культуру национальным символом и в некотором роде элементом фольклора в национальной идентичности и наделяет церковь как институт функциями партнера государства в достижении национальных целей, не иначе, чем это сделал И. Сталин в 1941 году. При этом православная церковь охотно увязывается с концепцией В.В. Путина о «российском мире», в которой церковь, как институт духовных и культурных традиций России, не только высоко оценивается, но и интегрируется в центр национальной идентичности. Церковь обеспечивает сохранение прежних российских ценностей и последовательность русского образа жизни и вносит, таким образом, вклад во внутреннее обеспечение национального сознания. То, что связывает настоящую националистическую политику российского руководства и православную церковь, является, прежде всего, консервативными ценностями, установками ксенофобии, гомофобии [68] и этноцентризма (выпущено в понятии «традиционных ценностей») [69], которые таят в себе ожидания на спасение национальной

---

[68] Часто русская православная церковь становится ответственной за дискриминации гомосексуальности ЛГБТ и она, как и прежде, вносит вклад в сохранение ограничивающих мнений и мер. Во всяком случае, это не только представители церкви, высказывающие мнение о дискриминации, но и известные в обществе личности, и возможность преследования гомосексуалистов со стороны населения вплоть до пыток и целенаправленного убийства (Чечня 2017) высока. К началу XX века среди действующих «крестьянских поэтов» была распространена идея «чистого человека» (имеющего сексуальные потребности) и осуждение всяческого «извращения» уже было эмоционально заряженной темой (Халей 2008, с. 178). Идеология классовой борьбы присоединяется к той борьбе против «извращения», объединенной с идеалом счастливого гетеросексуального партнерства. Гомосексуальные отношения в 1934 году, в то время, когда церковь в России не имела права голоса, подвергались наказанию – их дискриминация, таким образом, является продуктом советской идеологии – эта правовая норма сохранилась до 1993 года и только в 1999 году категория гомосексуальности перестала рассматриваться как болезнь. Возникшие в начале 2000-х годов движения ЛГБТ вскоре были распущены и получили второй шанс только через 10 лет, когда почва для общественного признания путем влияния СМИ, прежде всего, в сфере музыки и искусства, была подготовлена лучше; однако, как реакция на это, в России появились законы против «пропаганды гомосексуализма» и за запрет обсуждения гомосексуальности в присутствии детей (2013), повсюду появились такие анти-ЛГБТ-инициативы как «оккупация педофилии» (гомосексуал и педофил в России часто не различаются), которые часто устраивают акции насилия против своих жертв, демонстрации ЛГБТ и гей-парады в большинстве запрещаются, правительственные репрессии, бездействие в случаях угрозы и нападения полиции на гомосексуалистов стали обычным делом (ср. Кондаков 2014, Конд. 2013) и оказание психологической помощи ЛГБТ систематически сдерживалось (например, организация Дети-404) (ср. Решение Европейского суда от 13 ноября 2017г.). Короче говоря: Отношение к ЛГБТ в России на протяжении ста лет в корне не изменилось.

[69] О значении религии для обоснования гендерных норм в постсоветском пространстве ср. напр. Титаренко 2004.

идентичности путем политически поддерживаемого и инициированного социального исключения из инакомыслящих внутри страны и изоляции по отношению к Западу. Это снова «негативные представления» об идентичности, которые объединяют церковь и политику. Вероятно, политика надеется получить для этих установок ту легитимацию ценностей, которую сама она дать не в силах; в то же время политика придает себе профиль самоуверенности, отказывая возможному внутреннему плюрализму. Русская православная церковь наделяется политическими функциями, не только чтобы одолжить у нее традиционалистское содержание, но и, чтобы использовать законную власть церкви и ее религиозного фундамента. Этого не случится, не поднимая в это же время русскую православную церковь как символ русской традиционности и не передавая часть силы о понятии традиции – вероятно, опасный шаг, который мог бы вызвать последующие конфликты с церковью.

Значение христианской церкви проявляется в странах постсоветского пространства, если принимать во внимание тот факт, что эти церкви постоянно оставались символом независимости этнических групп, т.е. республик и они имеют – вместе с языком и, наверное, письмом – так сказать, как отличительный признак культуры огромный вес в этнической национальной идентичности. Религиозный восторг не обязательно связан у населения с поклонением церковным зданиям, крестам и священным легендам. Церковные артефакты, которые пережили советское время несмотря на ярость коммунистического разрушения, свидетельствуют в большей мере о былой культурной идентичности, из смысла которого можно было бы извлечь что-то еще для структуры новой национальной идентичности. Это внимание, связанное с внешней символикой церковного материализма, наблюдается сегодня во всем православном постсоветском пространстве. Только потом, на втором плане, появляется в некоторых странах реставрационное изучение церковного и религиозного прошлого, что приводит к растущему религиозному обязательству, которое со своей стороны привнесено или будет привнесено национальными мотивами. Таким образом, если необходимо говорить о «религиозной идентичности», то следует отличать претензию на обычную принадлежность к церкви и на содержащееся в вере религиозное обязательство.

Подобным образом в странах постсоветского пространства с преимущественно мусульманским населением проявляются тенденции интеграции фундамента национальной символики, используемые для обеспечения национального единства. После распада Советского Союза в большинстве этих государств исторический обзор существовавших до советского периода религий был одной из важных мер символизации национального своеобразия. Относительно либеральный подход постсоветских государствах к религии, наблюдавшийся до начала XXI века, обеспечил быстрое укрепление религиозных движений и группировок. В центральной Азии были построены тысячи мечетей (частично в форме школ), были введены государственные праздники в соответствии с мусульманскими торжественными датами, открыты школы корана и исламские университеты, президенты и политики совершают хадж и выражают свою принадлежность к исламу. Политические движения, которые в 90-х годах еще преследовали светские цели, частично уже подверглись исламизации. С 90-х годов реисламизация этих стран неуклонно растет и все больше становится политической угрозой светских государственных структур. Исламская социализация молодого поколения испытывает значительную конкуренцию со школьными устремлениями образования и могла бы стать крупной величиной развития идентичности этого поколения. Поэтому государства центральной Азии пытаются взять в руки влияние религии посредством законов по регулированию религиозных течений и ограничению свободы действий религиозных организаций. [70] Региональные центральные советы мусульман контролируются государством. Одновременно институциализация ислама продвигается вперед и укореняется в государственных комиссиях по религиозным вопросам. Отношения между государством и религией становятся более противоречивыми и установившаяся на протяжении почти 20 лет наступательная религиозная политика идентификации становится большей силой ограничения степени политической свободы для правительств. Угрожающая власть исламских сил могла бы поставить под сомнение не только правительственные решения в отдельности, но и легитимацию правительств. Отсюда правительства этих стран видят в этом отношении к религии срочную задачу, все равно, хотят ли они сильнее связать религиозные организации, или хотят ли путем запретов и государственных санкций ограничить поле своей деятельности, или находятся ли они на пути поиска нового диалога с исламскими силами.

Заново проснувшееся религиозное обязательство разжигает внутренние конфликты, с одной стороны, относительно желаемого значения и обязательств религиозных убеждений и их жизненно практических последствий (как, например, в радикальных исламских движениях), с другой стороны, относительно отношений между различными направлениями вероисповедания (как сунниты и шииты), их политического самосознания и их миссионерской ревности. Исламистски ориентированные общества на постсоветском пространстве на Кавказе и в центральной Азии должны с конца советского времени, когда обусловленные системой, такие различия были практически незначительны, заняться преодолением таких конфликтов. [71] На основании противоречий между государственными и религиозными интересами, с одной стороны, кон-

---

[70] Ср. обобщающе для постсоветских центрально-азиатских государств доклад Ногойбаевой 2017 (Ногойбаева 2017) «Центральная Азия: Пространство шелковой демократии».

[71] Способы разрешения этих конфликтов в разных странах постсоветского пространства ни в коем случае не являются одинаковыми. Частично государства пытаются ограничить влияние религии на культуру и общественные структуры, ослабить или пресекать экстремальные религиозные течения и обеспечить ориентацию на светское развитие общества (так, например, в Киргизии, Узбекистане и Таджикистане). Одним из вариантов регулирования религии ислам является стратегия его интеграции в государственную политику и его подчинения государственному контролю (как, например, в Казахстане). Частично государство регулирует претензии тех или иных религиозных направлений и направлений авторитарным способом путем запрета на пропаганду религии, предотвращение, прекращение или даже снос зданий мечети (так, например, снос суннитской мечети в Азербайджане, ср. Гусейнова 2015) и отождествляет государство и нацию как «исламское государство» определенного вероисповедания.

фликтующими расколами направлений вероисповедания ислама, с другой стороны, правительства стран стоят перед выбором, разделить страну путем деления на партии и вести диалог, в котором ценности и претензии религии сочетаются с политичсскими целями государства.

2.3 Гендерная идентичность: гетеросексуальная норма и гомофобия

Значение сексуальности на постсоветском пространстве до сих пор в некотором роде несет отпечаток советской культуры, в некотором роде – отпечаток либерализации и «гламуризации» постсоветской культуры после открытия Запада в начале 90-х годов XX века. В то время как, с одной стороны, в обществе получили распространение сексуальная мода, содержащий сексизмы язык, скандальные новости и соблазнительные западные СМИ, с другой стороны, в частной жизни, обсуждение вопросов и мнений о сексуальности даже среди друзей все еще «робкое», оно вызывает смущение, если даже не негодование, и даже среди знакомых стыдливую реакцию. Табуизация этой темы на протяжении всего советского периода имеет свои последствия даже после либеральных лет перестройки, когда произошла коммерциализация секса в СМИ и резкий скачок проституции. Увеличенная на Западе в 60-е годы открытость по отношению к теме секса – насколько она вообще была замечена – была обозначена как дальнейший эксцесс «фальшивого сознания» и стала поводом для предупреждений, что российское общество не должно быть сбито с толку «псевдокультурой Запада».[72] Особо следует выразить опасения, что якобы комсомол (молодежная организация) может быть «заражен» «сексуальной атмосферой», которую распространяют западные агенты. Управление сексуальным поведением должно было, напротив, расценено как возможность тренировки самодисциплины – старая формула начала советского периода: Для Льва Троцкого это стало составным элементом его нового человека, «способного стать хозяином собственных чувств, поднять свои инстинкты на высоту сознания».[73] Приписываемое В.И. Ленину высказывание, что сексуальная активность сводит на нет мотивацию к политической борьбе, содержало основную позицию политической элиты по отношению к значению гендера. Эта самодисциплина все больше и больше вытесняла из культуры общения интимное, фантазийное и романтическое и, вероятно, индивидуальное, главным образом из литературы и из кино.[74] Подавление сексуальности, ее ориентирование в традиционную сторону, табуизация разговоров об этом – это было формой влияния политической власти, внедренной в глубину советского самосознания. Стесненные жилищные условия в коммунальных квартирах и бараках и постоянное наблюдение за людьми, по крайней мере, в городах,

---

[72] В 1969 году появился роман «Чего же ты хочешь?» российского националистского функционера Всеволода Анисимовича Кочетова, предсказавшего развал советского общества вследствие западной пропаганды сексуального освобождения (ср. Кочетов 1969).

[73] Троцкий 1968, с. 214.

[74] Общим достоянием было чтение любовных рассказов Л. Толстого, А. Ахматовой, А. Пушкина, М. Лермонтова, С. Есенина.

сдерживали и без того установленные границы интимной жизни. В противном случае, тема сексуальности была ограничена семейно-политическими рассуждениями.[75]

К середине периода правления Л.И. Брежнева, в связи с развитием контактов с Западом и возможностью получать западные товары, в обществе зародилось некоторое движение в обществе по вопросам сексуальности.[76] Первая появившаяся в России книга о сексуальном просвещении ленинградского профессора Свядощ (1974) носила знаковое название «Сексуальная патология женщины». Эта книга пользовалась спросом и была после первого издания дорого продаваемым бестселлером. Читатель/и узнавал из книги кое-что о «заблуждениях» женской сексуальности, однако мало о мужской сексуальности, которую предпочитали не обсуждать как предмет научного исследования.

Еще в годы до перестройки порнографические книжные издания и другие сексуальные атрибуты часто считались в России и других советских странах явлениями западного декадентства, с одной стороны, они высмеивались, с другой – осуждались, сексуальная революция на Западе в 60-е годы была представлена как волна капиталистического извращения. Вскоре после распада Советского Союза Россия пережила взрыв коммерциализации секса, эротическая литература и порнографический материал продавались свободно на улице, в клубах и серьезных отелях молниеносно распространились стриптиз-шоу, повсюду в мегаполисах можно было увидеть проституток, которые открыто предлагали свои услуги «новым русским» и зарубежным партнерам.[77] Российский имидж за рубежом за несколько лет превратился в свою противоположность.

Сексуальный либерализм эпохи перестройки продлился в течение десяти лет, чтобы потом, так же как и многие другие либеральные начинания, обширные мероприятия различных антиреформ, возглавляемых В.В. Путиным, были охвачены новой волной табуизирования и выведены за рамки принятых норм.[78]

---

[75] Ср. Гайгес/Суворова 1989, Штерн/Штерн 1980. О социализации половых ролей в СССР ср. Аттвуд 1990, относительно общего постсоветского пространства и современности далее Илик 2018.

[76] Ср., например, Фильдс 2007.

[77] Сексуальность и проституция становятся в годы перестройки в России литературной темой, обработка которой раскрывает скрытые психические последствия советского увечья сексуальности и несущий отпечаток мужского шовинизма и женского соблазна (ср. например, Боренштайн 2006, с. 110). Появившаяся в 1989 году биографическая драма «Интердевочка» Владимира Кунина представляет ситуацию с проститутками, которые за свою официальную работу получают мизерные деньги, а вечером с западными клиентами зарабатывают твердую валюту, чтобы освободить свою семью от нищеты.

[78] С 2011 года ношение флага в цвете радуги на демонстрациях во многих русских областях карается штрафом. В июне 2013 года был принят закон против «пропаганды нетрадиционных сексуальных отношений в присутствии несовершеннолетних»; в 2014 году использование «мата» (орать благим матом), русского вульгарного языка, содержащего много элементов с наименованиями гениталий и, безусловно, представляет оригинальное культурное достижение эмоционального языкового выражения, запрещены в фильмах, литературе, музыке, театре и по телевидению. В 2017 году

– впрочем, однако, не без той сублимации в сферу невысказанного и, пожалуй, только фиктивного, когда не только российские, но и почти все граждане постсоветских стран по вечерам видят своими глазами по российскому телевидению: русский гламур.

Та завораживающая разум и требования комбинация из роскошных статусных символов, ослепляющей красоты и красноречия, элегантного внешнего вида и сексуальной стимуляции, иногда также возбуждающее поведение словом и делом доказывает постсоветскому потребителю, что в их обновленной культуре что-то нашло свое праздничное место, которое раньше обитало в темноте. Такое ощущение проявляется в единстве с символами успеха, в ярком свете общественности и все же в медийно холодной дали. Публика поглощает эту символику в оцепенении очарования как возвышенное переживание. Опыт представлен как обещание пробуждения неявных наклонностей, которое выражает надежду, хотя путь туда остается загадкой. Надежда на масштабы России и надежда на собственные размеры. В представлениях публики гламурное появление раскрывает свою соблазнительную силу, собственный успех также посредством такой обворожительной самосимволизации и приравнять его к богатым и красивым. В головах молодых людей иллюзии материализуются в те клише самопредставления, которые находятся в медийных самоинсценировках в Фейсбуке, Твиттере и др. Незаметно формируется язык коммуникативного успеха, в том числе и для сексуального самовыражения.

Ежедневное наполнение преобладающей медиально опосредованной символики – это всего лишь измерение „узости“ сексуальной идентичности, которое определяет воображение молодых (а также пожилых) потребителей. Следующее измерение касается мыслимого спектра сексуального разнообразия. И здесь также настоящее явно снова примыкает к советскому прошлому.

Борьба с сексуальным разнообразием просто не была предметом спора в советской культуре, в лучшем случае в психиатрических учреждениях. И хотя до и сразу после Октябрьской революции сексуальная вольность всякого рода все же нашла свое место в Великом кодексе либерализаций, эта либеральная ориентация, как и многие другие, уступила место норме, которая должна была отделить здоровое от больного.

Если гомосексуализм в первом уголовном кодексе Советского Союза в 1921 году был еще в рамках закона, то сексуальные отношения между мужчинами, начиная с 1933 года, в соответствии со статьей 121 уголовного кодекса подвергались наказанию тюремного заключения и принудительных работ; многие из осужденных, однако, были принудительно отправлены на перевоспитание в психиатрические клиники, так как гомосексуальность имела статус психического заболевания. Вместе с тем, применение статьи 121 служило устранению политических диссидентов, которым на показательных судебных процессах вменяли в вину гомосексуальные связи. Закон действовал до 1993 года, хотя

Государственная Дума принимает закон, низводящий насилие против женщины внутри семьи до административного правонарушения.

в эпоху Л.И. Брежнева между 1965 и 1975 годами велись дискуссии о декриминализации гомосексуальности.[79]

Постоянно проводимые исследования Левада-центра по опросу общественного мнения в Москве доказывают уже на протяжении десятилетий, что ¼ или 1/3 российского населения рассматривают гомосексуальность как психическое заболевание или следствие травмы, так, большая часть опрошенных понимает гомосексуализм как выражение сексуальной несдержанности и крайности или привычного извращения.[80] Результаты опроса World Values в России и Украине в 2008 года указывают на тесную связь между заявленным превосходством мужского над женским и неприятием гомосексуализма.[81] Даже если сегодня в России не более 1/3 населения выступает за ликвидацию гомосексуалистов (так показывают результаты опроса Левада-центра в 1989г.), то скептическое отношение к гомосексуальности все-таки сохраняется и, вероятно, укрепляется.[82] Отрицание сексуальных связей между людьми одного пола в последние годы вновь усилилось, от 68% в 1998г. до 83% в 2018г., и доля молодых людей с таким отношением возросла.[83] С момента принятия закона против «пропаганды гомосексуализма» в 2013 году, которому предшествовали многие отдельные законодательные акты на региональном уровне с 2001 года, количество преступлений на почве ненависти по отношению к гомосексуалистам и членах нерусских этносов постоянно растет.[84] Гей-парады, правда, форсировали обсуждение общественности вопроса о существовании гомосексуалистов в собственной стране, но они не привели к повышению значимости этого вопроса, скорее вызвали активность противников.[85] Некоторые организации по поддержке лиц ЛГБТ на основании этого прекратили свое существование. Новое исследование под руководством Осин и других показывает, что в 2017 году в России вследствие гомофобской государственной, медиальной и церковной пропаганды социально дискриминированные проявления (ликвидация и общественное исключение) достигли прежних оценок как в 1989 году.[86] Большая часть населения далека от признания равенства этой сексуальной ориентации (или вообще каких-то других) с гетеросексуальной ориентацией.

Если сравнить развитие толерантности/нетерпимости по отношению к гомосексуальности в различных странах на постсоветском пространстве в связи религиозностью, то в период с 1989 до 2013 года во всех постсоветских странах

---

[79] Ср. Александр 2018, 2019, с. 56-78.

[80] ЛЕВАДА 2001, 2010, 2013.

[81] Ср. Шрёдер 2012, с. 119. На вопрос, являются ли мужчина лучшими политиками по сравнению с женщинами, в 2000 году дали утвердительный ответ 58% опрошеных в России и 50% на Украине, 36% и 41% соответственно отказались от такого утверждения. Для сравнения: В Германии и Франции ответили 18% и 21% соответственно на этот вопрос утвердительно, 77%, напротив, – отрицательно.

[82] В рамках проведенных опросов WVS в 2011 в России только 11% опрошенных выразили мнение, что гомосексуальность могла бы быть узаконена при определенных обстоятельствах (Инглехарт и др. 2014, WSV Россия, примерно 203).

[83] Доклад-ECRI 2019, с. 38.

[84] Здесь же, с. 23.

[85] Ср. Кон 2013, С. 60, Буянтуева 2018, с. 4.

[86] Осин 2018.

наблюдается ощутимый подъем религиозности, но не последовательное влияние на отношение к гомосексуальности. Ирина Вартанова представила в проведенном в апреле 2014 г. в Катаре исследовании WVS Global Conference результаты и данные о связи между ценностями религии и толерантностью/отрицанием гомосексуальности в 43 странах, в том числе 12 посткоммунистических и 16 постсоветских, которые показывают, что религиозность в посткоммунистическом пространстве и особенно в странах на постсоветском пространстве, оказывает слабое влияние на сдержанность отрицания гомосексуальности. [87] Даже если предположить, что ригидность норм неприятия гомосексуальности (и вообще ЛГБТ) объясняется в постсоветских странах после распада Советского Союза возрастающим влиянием церквей, а исследования в других странах показывают, что эти нормы находятся в тесной связи с религиозным и политическим фундаментализмом, нормами маскулинности и застывшими гендерными ролями, которые имеют более высокую аргументативную ценность для норм отрицания как мера религиозности. Таким образом, религиозность и неприятие гомосексуальности не проявляют первоначальную взаимозависимость, в большей степени рост этих двух явлений в последние 30 лет можно объяснить эффектом третьего фактора, как, например, фундаменталистской политики и усиленного нетерпимого поиска простых ориентаций.

2.4 «Простые и объединяющие идентичности» – коллективные идентичности

В большинстве стран на постсоветском пространстве бросается в глаза тот факт, что обсуждение вопросов идентичности в исследованиях и теоретических положениях достаточно односторонне направлено на понятия «национальной идентичности» или, как это часто называется, «этнической идентичности», сопровождаемые публикациями о «локальной» и «региональной идентичности»[88] и «коллективной идентичности» (которая иногда это понятие уравнивает с национальной идентичностью). Вопросом «личностной» или «индивидуальной идентичности», напротив, почти никто не занимается.[89] В 2015 году

---

[87] Вартанова 2014.

[88] Ср., например, многочисленные статьи о региональной идентичности в России у Семененко и др.2011.

[89] Примечательно, что российская тематика личностной идентичности происходит часто в контексте «политической идентичности» или «национальной идентичности». Личностная идентичность («Самоидентичность») понимается при этой как следствие плюрализма коллективных идентичностей, например, как плюрализма образа жизни (ср. Федотова 2011, аналогично Капитсян 2014), как явление дисперсии коллективной идентичности. Эта идентичность постоянно остается исходным пунктом всех признаков личностной идентичности, вместе с тем, ее ограничивающая рамка. Индивидуализация и принадлежность к разным группам воспринимается для стабильной личностной идентичности как опасность. Так, статья Федотовой завершается предупреждением: «Сегодня напрашивается вывод, что, чем более индивидуализированы люди и чем более они рассредоточены по социальным группам, тем труднее им достичь стабильной идентичности и удержать ее» (Федотова 2011, с. 61). Марксисткая интерпретация идентичности как интернационализированной социальной структуры,

на конференции о «этно-социальных процессах на юге России», проходившей в виду усилившихся сепаративных тенденций (северо)кавказских республик, четко зафиксировано, что большинство респондентов связывают надежду на решение проблемы общественного и федерального распада с реставрацией сознания «всероссийской идентичности». [90] Теперь, однако, и эта надежда утратила свою силу из-за распада «идеологического единства» Союза; этнически обоснованная всероссийская идентичность является абсурдной и также культурно обоснованной. Так остается только конструкция «национальной идентичности», которая не учитывает факт, что современная Россия – это федерация, федерация наций. То, что эта федерация в настоящий момент содержит в себе, в предполагаемой «всероссийской идентичности», можно обосновать только путем возврата к советскому единству, т.е. ретроспективно; подобное обоснование было бы не только ностальгическим и невежественным, оно было бы также актом обновленной колонизации. Прежде всего, в России идут лихорадочные поиски существа такого связующего фактора, не обращая внимания на то, что именно этот процесс меньше всего соответствует интересам.[91] Это стремление формируется также в продолжающейся дискуссии о «региональных идентичностях», которые должны выявить особенности в общем понимании идентичности. Кажется, что образовалась основа понимания отношения «региональной идентичности» к «национальной идентичности», которая утверждает, что существующие в российском пространстве «региональные идентичности», как и прежде, несут на себе отпечаток общего ядра элементов «национальной идентичности». Это является одной из постоянно используемых в российской политике формул, чье реальное содержание никак не является очевидным, а все более сомнительным на фоне усиливающихся центростремительных тенденций на постсоветском пространстве. Эта конструкция противоречит российской конституции, которая говорит о «много-

---

которая выстраивается путем реального социализма до гомогенной структуры, составляет модельную теоретическую базу для принятия коллективного единообразия субъектов и для этого понимания дисперсии. Очень ярко это положение представлено в теории Крупкина «атомарно-молекулярная структура психики: принадлежность к группе он представляет через ментальные признаки личностной идентичности («Я-концепт», которые тождественны для всех членов группы. Это значит: «Все принимающие участие члены группы вырабатывают наш мир группы как определенную идентичную часть моих миров каждого из членов группы» (Крупкин с. 65) То, что ментальные представления принадлежности к группе индивидуально различны, исключается.

[90] Ср. Хунагов 2015.

[91] Для примера несколько предложений из вступительного слова на конференции ректора Хунагова, государственный университет Адыгеи в г. Майкопе: «Рассматривая регион как сложную систему, нами установлено, что необходимым условием успешного функционирования такой сложно-эволюционирующейся системы как Юг России, является оптимальное взаимодействие этнокультурной, региональной, российской национальной идентичностей, «стягивание» в одну точку различных ветвящихся структур. Для этого принципиально важно наличие общей цели, которая выступает своего рода аттрактором, подчиняющим себе поведение частных, ветвящихся структур. Наша общая цель – сохранение и укрепление единства российской нации, нашей общероссийской идентичности.». (Хуганов 2015, с. 12).

национальном народе Российской Федерации», то есть видит много национальной во всеобщем российском объединении.[92]

Решение вопросов идентичности в России, в большей или меньшей степени и в других посткоммунистических государствах Востока, часто характеризуется предпосылкой по возможности держать это понятие вне личностной идентичности и вне всякого плюралистического доступа. Однородные и нацеленные на коллектив конструкции идентичности, такие как «этническая идентичность», «национальная идентичность», «политическая идентичность» и «общероссийская идентичность», в высшей степени ярко доминируют в дискурсах идентичности. Нередко понятия „этническая идентичность“ и „национальная идентичность“ приравниваются, что порождает ряд определяющих (и юридических) проблем. Таким образом, не только упускается из виду конструктивный характер „нации“, но и понятие нации привязывается к этнической принадлежности (в смысле „народной нации“). Тем самым, этническая однородность (или ее династическое представление) становится руководящим критерием, а термин становится основой для расистских, этноцентристских и ксенофобских рассуждений.

Если речь идет о «личностной идентичности» или идентичности с точки зрения психологии, то в большей степени это связано с высказыванием, что в ее основе лежит этническая или национальная идентичность и она представляет собой объединяющий фактор в биографических особенностях различных индивидуумов. Употребление понятия «идентичность» необходимо без дальнейшей спецификации ставить наравне с «национальной идентичностью». Также такие понятия как «советская идентичность» характеризуются как «национальная идентичность», хотя Советский Союз фактически состоял из многих национальностей и – как говорят – понятие «национального» парадоксальным образом уходило от этих различий.

Позиция советского правительства как идеологической монополии, которая уполномочена принимать простые решения по всем вопросах человеческой ориентации, определять различия между правдой и ложью по всем аспектам жизнедеятельности, является, пожалуй, исторически самым важным фактором в антиплюралистской культуры, которая унаследована от советского периода до настоящего времени и через превышение политических полномочий усиливается еще крепче как средство солидарности с большинством (национальные, религиозные, сексуальные вопросы до вопросов питания или алкоголизма). Это признак диктаторской «руководящей силы», тем самым доказывая идеологическую убедительность своей политической системы, что ей для каждого мыслимого различия известен уже решающий критерий, который уже переходит в норму. Советские граждане привыкли к тому, что государство все решает, и основополагающими здесь были идеологические причины. Они

[92] Ср. Малинова 2015. Поглощение «региональной идентичности» как вариации «национальной идентичности» – это в такой степени феномен невежественности, как показывает высокая степень региональной идентичности, как демонстрируют исследования культуры идентичности в странах Центральной Азии в рамках WVS в 2011 году (ср.Хэрпер/Кизилова 2020, с. 18).

научили, что важно и правильно то, что является актуальным, а не то, что является верным. Однозначные позиции создали фундамент растущей ориентации для конформного отношения с одной стороны, и мощный потенциал для коррупции по отношению к уклоняющимся, с другой стороны. Поэтому государственная воля проявлялась в повсеместном создании «нормальности», казалась безграничной и служила для потребности людей, сохранить безопасность в своих ориентациях и не сделать ошибок по незнанию. Авторитаризм советской системы был по-настоящему запрограммирован на постоянный рост, он подпитывался неуверенностью людей, с одной стороны, и безжалостной государственной санкционной практикой подчинения этих людей, с другой стороны. В дополнение к этому, граждане были «закультивированы» на соответствие, которое посредством высокой степени безопасности ориентации гарантировало само собой разумеющееся чувство солидарности между ними, в то время как места для отказа оставалось все меньше, и это было позволительно только художникам и сумасшедшим.[93]

Эта вражда к плюрализму, как образ мышления, пережила многочисленные западно-ориентированные законодательные реформы, которые – как, например, из-за включения в Совет Европы – были проведены на основании стратегических причин, исполнительная актуальность которых практически подрывается там, где это возможно, потому что стоящая за ней позиция едва ли была бы понята или ставились под сомнение ее партикулярные интересы или личные привилегии посредством проведения реформ, или просто потому, что демократическая практика ограничивала бы властные полномочия правящих кругов. Вновь ставшее возможным после окончания Советского Союза присоединение национальных церквей к политике привело к тому, что некоторые церкви склонились в сторону политического национализма и в непривычном единстве с государственными пропагандистскими стратегиями узаконивали негативные идеологии своим каноническим порядком. Церковный фактор фактически усиливает эффективность политических лозунгов, прежде всего и именно в политических системах, пользующихся небольшим авторитетом, потому что он дает обоснование политическим нормам, в которых политическое руководство населения остается виновным. В то же время единство государства и церкви наводит людей на мысль о единстве государства и церкви на службе людям, что их взаимоотношения представляют собой некий монолит, что политика находится на пути традиции и церковь активно стремится взять на себя ответственность за общественную действительность. Церковь и государство оказывают друг на друга стабилизирующее влияние и находят как националистическое единство особое признание у тех, кто и без того мало думает о многопартийной системе. Таким образом, национальная идентичность получает еще одну реликтовую „надбавку“ и, как конгломерат, предлагает еще более упрощенную формулу идентичности. Удивительное обращение к церкви в России и в некоторых других постсоветских государствах могло бы получать силы от этого мотива упрощения, чем от пробуждающегося религиозного сознания.

---

[93] Именно вследствие этой социализации изучение вопроса о негетерогенной ориентации было невозможно, в лучшем случае, сгорит в однополой любви к Богу, как представил Баер (2009, с. 91) на примере отзыва Оскара Вильда в России.

Еще одной формой упрощения и в то же время тотализации структуры идентичности, связанной с растущим национализмом, является дополнительная ксенофобия, возводящая в абсолют собственную этническую идентичность. Она направлена в России, прежде всего, против так называемых „черных", мигрантов с Кавказа и среднеазиатских государств, то есть потомков тех, кто – по крайней мере с русской точки зрения – только что стал „цивилизованным" в результате советской модернизации. Даже если Россия никогда не попадала под подозрение, чтобы быть колониальной державой, то все же не следует упускать из виду, что многовековая история завоеваний Северо-Азиатского пространства при царизме образует географическую основу многонационального государства, и практически все нерусские этносы были подвергнуты процессу «внутренней колонизации» (Александр Эткинд)[94], в котором «Русское» рассматривалось как современное, а Собственное считалось Прошлым и Низкопробным. Построенная таким образом культурная дистанция составляет фундамент русской ксенофобии.

Один из вариантов ксенофобии формирует распространенное, прежде всего, в России недоверие к другим культурам и сильную потребность защищаться от влияния других культур. За коротким периодом некоторого энтузиазма к западным культурам начала девяностых годов (вестернизация), в котором американский и западноевропейский культурный и товарный импорт «наводнил» Россию и другие постсоветские страны,[95] последовал настоящий шок страха перед культурным переизбытком и «Макдональдизацией» (Ритцер) общества, а затем продолжающийся, нарастающий по сей день период отстраненности и «поиска собственного пути». Сближение с Западом было истолковано как принуждение к гомогенизации российского общества, которому тогда был бы принесен в жертву и этнический плюрализм России. Культурное открытие должно было стать программой вовнутрь, а не вовне, более того, стать программой, которая не ставит под сомнение культурную иерархию в стране. Таким образом, речь идет о безопасности по отношению к чужому в двояком варианте, внутрь через «интеграцию», наружу через «изоляцию». Даже если присутствие в России более 180 различных этнических групп, несомненно, предъявляло высокие требования к способностям к межкультурному обучению, то российское общество вряд ли превратилось в «транскультурное общество»[96], готовое отделить национальную и культурную идентичность, преодолеть собственные и чужие различия, общаться наравне с другими этническими группами или даже экспериментировать с гибридными формами идентичности. Их отношение к плюрализму центристское, многообразие выступает как всегда одно и то же в разном обличье, пестром, но все же одинаковым по сути. Старый советский редукционизм «Пролетарии всех стран объединяйтесь», уже

---

[94] Ср. Эткинд 2011.

[95] … и вероятно возможность получения до сих пор неизвестных товаров потребления, в том числе, предметов роскоши вызвала те потребности, которые до настоящего времени несли ответственность за демократическое обращение со статусными символами и отвечали за ту «гламуризацию» российской медиакультуры, соответствующей образцу иллюзорного стиля американских сериалов в 90-х года XX века (ср. Менцель 2013).

[96] Уэлш 2005.

объявивший несущественным всякое различие культур этих стран, продолжает (пост)советскую предпосылку, что все и дальше объединяется в русском языке.

Это уже называемый почти «традиционным» стереотип, что в России считают себя жертвами обмана и эксплуатации со стороны других людей, будь то Запада, будь то коммунизма или просто нерусских народов бывшей советской общины и ее иммигрантов.[97] Соответственно, силен мотив обвинять других в обмане, чрезмерной выгоде и подделке, считать их враждебными и вооружаться против таких угроз. Лев Гудков в своем исследовании «Антисемитизм и ксенофобия в постсоветской России» отметил, что лица, питающие выраженную антипатию к определенным этническим группам, обычно также имеют ту или иную ксенофобную установку. По-видимому, на фоне этих антипатий существует общий страх отклонения от простой установленной нормы, позволяющий легко разграничивать принадлежность и различать друга и врага. Здесь также присутствует конструкция «негативной идентичности», призванная компенсировать потребность в позитивной идентичности: тот, кто не может сказать, чего он придерживается и кто он, тот может сказать, кто он и к кому он не относится.

2.5 Профессиональная идентичность

Согласно марксистской антропологии, работа в советском социализме выступала центральной категорией не только в теории функционального общества, но и в построении социалистического смысла жизни. Человек нашел смысл своей жизнедеятельности как «работающее существо» и, наконец, как «социальное работающее существо», чей индивидуальный вклад может быть понят только через общественную цель, через свой вклад в социальное обеспечение и развитие. Этот нормативный факт марксистской антропологии, значимый для советского социализма, подчиняющий себе прямо или косвенно все сферы жизни, несмотря на сложный кризис всех социальных ценностей, не полностью отрицался на последнем этапе советского периода; он продолжает существовать дальше на горизонте постсоветского пространства, однако разрушен и утратил солидарность капиталистической теории восстановления продуктивности и конкурентное мышление, ориентированное на максимальные прибыли. Перемена советского общества солидарности к постсоветскому «бесцеремонному обществу» явно выявила этот перелом.[98] Постсоветской «индивид» внезапно превратился в борца-одиночку, и сегодня удивительно,

---

[97] Ср. Моммсен 1995, с. 143.

[98] Политолог и теоретик трансформации Вольфганг Меркель предсказал такое развитие посткоммунистического общества в 1994 году как феномен раннекапиталистического общества и обосновал на этом основании теоретический фундамент универсального эгоизма согласно теории Г. Гегеля: «В посткоммунистическом обществе Восточной Европы гражданское общество в раннекапиталистической форме представляет угрозу возникновения для буржуазного общества 18 и 19 веков, то есть в том варианте, в котором Гегель обозначил в своей философии права как сферу универсального эгоизма (Гегель 1972, с. 168 и далее по тексту). Иначе говоря: В Восточной Европе в ближайшем будущем существует угроза возникновения социально не управляемого беспощадного государства.» (Меркель 1994, с. 471)

как мало осталось командного духа и навыков работы в команде за полувековую жизнь при социализме – если он, конечно, был. С другой стороны, постсоветские компании теперь учатся жить без пожеланий комфортного обеспечения рабочими местами со стороны государственных компаний и поощрять предпринимательские поступки. В этой связи в российской молодежной политике с 2008 года началось активное развитие предприни-мательского духа («самопредприниматель»/индивидуальный предприниматель), навыков проектного менеджмента и профессионального самоуправления; получили финансирование региональные молодежные образовательные форумы и предоставлены средства для реализации новых проектов. Внедрив собственную бизнес-идею «открыть самого себя» и при этом развивать общество и, таким образом, поддержать общее благосостояние, общество получило новую пропагандистскую цель.[99] Эта реформа в виде политической инициативы и ее публичность, несомненно, повлияли на молодое поколение, по крайней мере, на то, что их взгляды касаются профессионального прогресса.

Результаты исследования, описанного *Игорем Ардашкиным* и другими в этой книге, посвящены профессиональной идентичности начинающих инженеров и показывают двуличность социалистически-капиталистического взгляда на смысл труда как, с одной стороны, общественную производительность и, с другой стороны, приписанную для личной прибыли добавленную стоимость. Ценности и добродетели, перечисляемые студентами, формируют как «общественную взаимосвязь реализации» (обеспечение общества, решение экономических проблем), так и личные цели, которые должны быть достигнуты трудом (материальное благосостояние, потребление, экзистенциальная безопасность, приобретение статуса). Для первых можно установить следующее: это все еще те добродетели труда, распад которых можно было наблюдать в советское время на протяжении нескольких десятилетий. Следует ли интерпретировать этот феномен как возрождение или вообще как реставрацию ценностей социалистического труда? Или это все-таки адаптация к капиталистической идеологии труда экономически прогрессивных стран Запада? В качестве условия успешной трудовой жизни студенты принимают тот факт, что нужно быть готовым исключительно много работать, внедрять свой творческий потенциал в труд, понимать свою ответственность перед обществом и соответствовать корпоративным целям. Таким образом, часть профессиональной идентичности – это, во-первых, высоко-профессиональная личность, во-вторых, отождествление себя с предприятием. Будет легче объяснить переход к новому пониманию личной прибыли через труд, если в основе находятся известные капиталистические потребительские ценности, представленные здесь и, вероятно, совсем не отличающиеся от тех, которые можно было найти в социализме. Материальный успех через труд, безопасность существования для себя и своей семьи, потребления и свободного времени, статусной выгоды и престижа – это заманчивые характеристики ответственной трудовой жизни.

Таким образом, для профессиональной идентичности постсоветского человека и его базовых ценностей присуще сочетание традиционных ценностей солидарности и материалистического личностно связанного утилитаризма

---

[99]Ср. Кравацек 2017, с. 4.

капиталистического мышления. Характерное для коммунистически-революционной идеологии фундаментальное противоречие между эти двумя ориентациями кажется забытым или преодоленным, а социалистическая формула примирения путем «управляемого плюрализма» кажется утратившей силу. Однако новое поколение людей, как описывает в этой книге автор *Яна Чаплинская*, воспринимает эту комбинацию как признак нарушенного порядка, как утрату внутреннего единства и как феномен «отчуждения» от собственной «сущности». Она воспринимает «лоскутную идентичность», которую ожидает современное общество от своих граждан, как разрыв между базовыми ценностями и самооценкой людей. Чаплинская изучает, с одной стороны, ожидания современной трудовой жизни в России как вызывающий плохое самочувствие фактор жизнедеятельности, а с другой стороны, как слабо выраженную и социально едва ли признаваемую способность граждан, внимательно наблюдать за собственных благополучием. Чтобы предотвратить чрезмерные нагрузки в работе, современный человек должен научиться самостоятельно наблюдать за собой и заботиться о себе, так пишет Чаплинская. В данных условиях считается целесообразным по-новому определить идентичность, мета-идентичность по ту сторону лоскутной идентичности, которая отражает общественные требования к профессии как собственное чувство удовлетворения, восстанавливает баланс и наполняет смыслом профессиональную жизнь. В этом понимании сохраняется существовавшее когда-то лидерство солидарного труда, но ему противопоставляется – как следствию капиталистической трудовой эксплуатации – ограничивающая власть саморефлексии, самовнимания и самоконтроля индивидуума. Речь идет о «глубинных ценностях», о «собственном потенциале» и «собственном ядре», о «призвании», о «самостоятельном поиске» и «помощи самому себе», словом, о терминах, документирующих гуманистически-индивидуалистическое мышление. На этом основываются новые надежды на гармоничное существование в условиях неопределенности и пережитого хаоса. Приобретение новой, всегда гибкой идентичности через практику самосозерцания, которое позволит вновь отыскать свою „золотую середину"– за счет баланса, ограничений и обязательства – отражает концепцию самостоятельности индивида, личностного менеджмента и ответственности по отношению к самому себе, в соответствии с гуманистическим идеалом нравственно интегрированного соотношения между личностью и обществом.

3. Постсоветская идентичность – постсоветские идентичности

Для создания идеального типа «постсоветской идентичности» нельзя набросать простой эскиз. Если мы хотим ограничиться тем, что объединяет и коллективные и социальные признаки идентичности на постсоветском пространстве за пределами стран, поколений и этнических границ, то останется не много задач и стеснения, чтобы создать проект будущего. Самым большим общим знаменателем во всех этих ощущениях является, пожалуй, проблема нерешенности этого вопроса понимания, создания некоей «положительной идентичности».

Что, напротив, касается причин неразрешимости этого вопроса, то есть ряд других общих черт, которые почти все легко вычислить из разрушения иллюзии и коллективной «поучительной истории» советского периода, особенности последних десятилетий этого периода. Если согласиться со словами Александра Солженицына, то большевики вытеснили из русского народа (и других также) не только способность к сопереживанию и милосердию, к отзывчивости и братству, но и творческий потенциал, самостоятельность и чувство ответственности.[100] В действительности анализы наших докладов в этой книге подтверждают негативные последствия советской инкультурации для людей в странах на постсоветском пространстве до сегодняшних дней. Психология советского человека сила надолго запечатлелась в коллективной памяти постсоветского народа. Недоверие к имеющему отклонение от нормы, скептицизм по отношению ко всему официальному, низкий уровень готовности к соблюдении правил и законов, оппортунизм и коммуникативные стратегии преодоления, готовность к коррупции (несмотря на отрицание коррупции),[101] недоверие и цинизм по отношению к любому проявлению чувств с одной стороны, отсутствие доверия к будущему, парализующая ностальгия, авторитаризм и государственный центризм, фатализм и политическая пассивность, традиционализм, этноцентризм (при одновременной открытости против других народов) и национализм, с другой стороны, – это признаки коллективной идентичности, наблюдаемые фактические во всех постсоветских и многих посткоммунистических странах на Востоке.[102] Конечно, их значение не везде одинаково и установление альтернатив обнаружилось в разных странах с различной степенью интенсивности. И сами альтернативы создаются из различных областей культуры, из политических, мировоззренческих и религиозных. Значимость и формы этих признаков также существенно отличаются между различными поколениями. На последнее отличие мы должны обратить особое внимание, потому что молодежи принадлежит надежда и смысл всех событий.

Постсоветская идентичность также всегда содержит позицию по отношению к советскому, т.е. по отношению к прошлому. При обращении к советскому прошлому ситуация для разных поколений оказывается очень различной. Старшее поколение (старше 56-ти лет) с рождения выросло в условиях советского государства и в большинстве советских стран почти не знало ничего, кроме идеологии советской системы, ее лозунгов и пропаганды и социальных условий, которые установила система. Советское государство, казалось, всегда было рядом, оно было своим, привычным и незыблемым. Большинство представителей этих поколений в России еще в 2013 году с убеждением говорят о том, что социалистическая система представляет собой наилучшую форму общества, и менее трети смотрят на капитализм как на более совершенную

---

[100] Солженицын 1994.

[101] Ср. Шрёдер 2012, с. 110. Шрёдер показывает, что отрицание коррупции согласно данным исследования WVS в 2008 году выше чем в Германии, однако в действительности этот критерий играет незначительную роль.

[102] Эти признаки в значительной мере соответствуют собственному взгляду населения России, подтверждением этого является результат опроса общественного мнения, проведенного ВЦИОМ в 2006 году (ср. Шрёдер 2012, с. 107).

систему.[103] 69% из них рассматривают распад Советского Союза как катастрофу, хорошим и необходимым событием признают его только 5% населения. Среднее поколение, родившееся в семидесятые и восьмидесятые годы, с одной стороны, еще проводило свою молодость в советской идеологии, так как ее еще распространяло государство, система образования и средства массовой информации, а с другой – переживали распад советского общества, его культуры и морали, его экономических структур и административной функциональности. Поэтому они выросли в условиях «ценностной аномии», в социальной реальности, где им остался только прагматизм в управлении повседневной жизнью, использование неформальных сетей, коррупция, циничное отношение к оскорбленным ценностям, идеалам и идеологиям. В лучшем случае они смогли служить образцом для подражания последующему поколению с точки зрения этого прагматизма, так сказать, как «герои быта», но не как образцы живого идеала.

Молодые люди, родившиеся в 90-х годах или в первые годы третьего тысячелетия, пожалуй, слышали от своих родителей то об одном, то о другом «пережитке» советской культуры, но прежде всего они испытали последствия распада Советского Союза по рассказам и утверждениям своих родителей и сначала «погрузились» в повседневную жизнь родительского поколения, а также в их культуру воспоминаний, которая больше несла отпечаток Отечественной войны, чем конструктивного обсуждения этапа трансформации и ее предыстории. Российская политика антиреформы по-прежнему усердно несет с собой эти приоритеты восприятия жизни и использует их наряду с романтизацией советского времени для признания их авторитарного стиля руководства. В 2013 году 23% молодых людей в России по-прежнему оценивают распад Советского Союза как катастрофу, но только 14% расценивают его как необходимое и положительное событие (большинство воздерживается от какой-либо оценки).[104] Восприятие старших поколений все еще пользуется уважением у молодежи, даже если оно для многих уже не понятно.[105] Однако: достичь нового они могут только тогда, когда они избавятся от этой социализации и ее последствий.

Это, как правило, требует поиска новых ориентаций и соответствующей им приверженности. Поэтому часть молодежи в России все больше и больше ускользает от идеологического государственного влияния, насколько это возможно; русская молодежь в большинстве своем «деполитизирована».[106] Учитывая шокирующее разочарование после распада Советского Союза, доминирующим политическим чувством является чувство смущения, любой взгляд в будущее и каждый воображаемый мотив кажется подозрительным, и

---

[103] Горшков/Шереги 2013, с. 9.

[104] Здесь же.

[105] Кешишиан/Арутюнян пришли к выводу о подобном соотношении и для армянской молодежи в 2013 году. Элементы ностальгии по-прежнему объединяют все поколения, даже если причиной этому служат различные эмоциональные установки. Аналитический обзор интервью молодежи из Беларуси и Молдавии, проведенный под руководством Бостан/Малафай в 2019 году, показывает, что и в этих странах у молодежи еще очень распространен советский менталитет и ностальгия.

[106] Ср. Тузиков и др. 2017, с. 1252.

большинство молодых людей разделяют выжидающую пассивность старших поколений, а с другой стороны, держатся в стороне от официальной государственной политики. Молодежные организации, созданные и поддерживаемые на протяжении длительного времени государством в начале 2000-х годов, сегодня развенчаны в общественном сознании как государственные пропагандистские органы и едва ли играют определенную роль в социализации современной молодежи.[107] Однако молодежь в России и, вероятно, в некоторых других странах на постсоветском пространстве находится в состоянии раскола между доминирующей правительственной, материалистически националистической группой (консервативные традиционалисты и либеральные националисты) и довольно малочисленной либеральной, группой, настроенной критически по отношению к правительству, представляющей демократические ценности и мультикультурализм в западном понимании.[108] В то же время, помимо этого порядка, существует определенная однородность подростков в отношении общей готовности к изменениям и в оценке взрослых поколений, которых они считают мало преданными, отсталыми и конформистскими. Вместе с тем, опыт бессилия и отсутствие перспективы ставит молодежь в позицию циничного отрицания политической реальности и оппортунизма своих родителей. Такое мнение формируется, например, в недавнем исследовании Немировского и Немировской о социокультурном контексте конкурентоспособности молодых людей и о нравственных и ценностных признаках среди молодежи Красноярского края в Сибири.[109] Согласно исследованию 60% молодежи придерживаются мнения, что все взрослые хотят жить «как все» и продолжать свою жизнь через своих детей, 40% опрошенных видят в качестве приоритета стремление жить в свое удовольствие, обеспечить свою безопасность, а более 1/3 опрошенных молодых людей оценивают взрослых в своем окружении как «живущих одним днем». В отличие от этого мнения, самооценка взрослых по этим показателям составляет только 50%.[110] Это указывает на критическую оценку молодежи образа жизни и ценностей людей старшего поколения и позволяет выдвинуть предположение, что молодые люди хотят нести большую ответственность за формирование своего будущего и будущего общества.

Исследование ЦиОС, проведенное среди российских граждан в возрасте от 16 до 34 лет в 15 областных центрах в 2018 году, показывает, что самое важное ожидание молодых людей от государства заключается в повышении уровня жизни (56 %), но уже на втором месте борьба с коррупцией (24 %). Недоверие по отношению к региональным властям, полиции, судам, в целом, к государственным организациям и СМИ распространено повсюду.[111] Упомянутые молодежью основные проблемы российского общества[112] вскрывают не только объективные показатели, но и показывают, что с одной стороны, появилось

---

[107] Ср. Кравацек 2017, с. 4.
[108] ZoiS 2018, с. 16.
[109] Немировский/Немировская 2020.
[110] Здесь же, с. 2-6.
[111] ZoiS 2018, с. 13.
[112] Ср. Елизова в этой книге: «Коррупция и воровство, бедность и несправедливость, бюрократия и самоуправство чиновников, а также алкоголизм и наркомания».

сознание социальной несправедливости, а с другой стороны – отвращение по отношению к распространенным формам злоупотребления наркотическими веществами. Встречающееся повсюду среди молодежи возмущение авторитарным стилем руководства, злоупотребление верховенством права, коррупция, злоупотребление служебным положением и личное обогащение можно рассматривать как указание на понятие ценностей социальной справедливости, которые больше исходят не из безоговорочной солидарности общества, а из критериев равных шансов и соответствия. Межпоколенческий раскол ценностного сознания общества на постсоветском пространстве может, вероятно, коренным образом заключаться в таком различии: Пока старшее поколение училось рассматривать значимую солидарность в качестве ключевого представления социальных ценностей и, несмотря на противоречивый опыт, сформировало это как ценность, эта позиция ууже утратила всякую достоверность и связь с настоящим для молодого поколения и должна быть заменена на новую позицию с установкой на личность и ее права с учетом социальной справедливости. Это предположение может быть подтверждено наблюдением, что такие ценности как равноправие шансов среди подростков и молодежи приобретают большее значение.

Существуют многочисленные признаки того, что, прежде всего, в тех странах постсоветского пространства, в которых часть населения обрела определенный уровень благосостояния, молодые люди связывают ожидания со своими шансами на самоосуществление, исходя из либеральных буржуазных интересов, а не из того, что было еще характерно для предыдущего поколения. Так, они не только требуют свободного выбора учебных предметов, но и возможность менять профиль подготовки без особых потерь.[113] Они рассматривают свою учебу не просто как профессиональную квалификацию, но и как фазу нахождения самого себя. *Сона Манусян* рассказывает в своем докладе в этой книге об одном армянском исследовании проведенном под руководством Хачатрян в 2013 году, которое позволяет установить, что ценности самовыражения и самоуправления, а также оценки права на свободу мнения и действия в молодежной среде по отношению к предыдущему поколению приобретают все большее значение[114]. Это только два признака возрастающего значения личности, которые фиксируют открытое обсуждение социального отклонения и разнообразия и ростки демократического гражданского сознания, и сигнализируют увеличивающуюся удачную смену связи с прошлым и тем самым отмечают различие со старшими поколениями. С этой сменой прошлого связывается оценка качества жизни до и после постсоветского периода: В то время как подавляющая часть населения России (64%) в 2016 году оценивала качество жизни в советский период выше, чем в настоящее время, практически такое же количество молодежи оценивает качество жизни в настоящий период времени по сравнению с советским прошлым как более высокое. *Елена Елизова* в этой книге интерпретирует «ностальгическое» преобразование прошлого [115]

[113] Ср. Цимер 2018.

[114] Ср. Хачатрян и др. 2014, с. 102.

[115] Основное внимание постсоветской ностальгии сосредоточено на «золотых семидесятых» Брежневской эпохи и поэтому находит своих сторонников, в первую очередь, среди 50-70-летних людей (ср. Бёле 2011).

старших поколений как выражение ценностных связей, проявляемых в советское время в большей степени, чем в настоящее время, главным образом как проявление утраты прежних социальных ценностей. Конечно, результаты представленных тогда актуальных исследований показывают, что изменение социальных ценностей в сторону от социалистического курса солидарности и равенства (в положительном смысле равноправия, так и в отрицательном смысле исключения неравных) до ценностей социальной справедливости не является результатом нравственной эволюции с позиции социалистического мышления, а обязано исключительно обратному и оппозиционному импульсу молодежи, преимущественно ориентированному на западную демократическую систему ценностей. Те, кто полагают, что в последующем развитии социалистической традиции ценностей могла бы, наконец, появиться плюралистическая и терпимая к разнообразию демократия, сталкиваются с внутренними противоречиями между этим видением и марксистской антропологией, в которой личность возможна только как «сочетание общественных отношений»[116] и поэтому неизбежно утратила в гомогенном коммунистическом обществе всякий фундамент своего разнообразия.[117] Марксистская, классово-теоретически обоснованная солидарная нравственность советской пропаганды оккупировала нравственное и социальное сознание старшего (и среднего) поколений – далеко без альтернативы и поэтому без остатка[118] – и задушила в корне появление толерантности или даже оценку противозаконных отклонений. Это позволяет выдвинуть предположение, что представления о ценностях для старших поколений значительно ограничены сферой социальных ценностей, введенных для них в социалистическом каноне ценностей, и другие ценностные сферы, с которыми встретилось молодое поколение благодаря их более сильным медиально-глобальным связям, людям старшего поколения мало

---

[116] К. Маркс 1845, с. 534.

[117] Даже кажущееся признание «разнообразия» в советских странах, например, у выдающихся спортсменов, художников, общественных лидеров, экспертов в разных областях и др. имеет свою первопричину не в восхищении личностью относительно своих особых способностей, а понимается как выдающееся выражение производительности коммунистического общества в демонстрации отдельных личностей. Здесь выступает не личность со своими талантами, а блестящий уровень развития общества (см. также экскурс к личности в нашей статье о переоценке ценностей в этой книге).

[118] В какой степени могли сохраниться кроме социалистической идеологии и другие системы ценностей досоветского периода, было вопросом, прежде всего, соотношения московских войн, которые предоставляли в той или иной степени автономию некоторым странам в этом вопросе, впрочем, как и в вопросе о сбалансированном расширении религий и культурной традиции в советский период. В то время как страны Кавказа и Прибалтики, как и некоторые центрально-азиатские страны с преимущественно мусульманским населением, могли в некоторой степени сохранять вероисповедание, религиозные обряды русской православной церкви до 1941 года были почти полностью запрещены и нарушение преследовалось со всей жестокостью, в 1946 году была распущена украинская греко-католическая церковь и представители высшего духовенства были арестованы. Правда, продолжали существовать подпольные религиозные объединения в России, Белоруссии и Украине. Но их действие на общественное нравственное сознание могло быть не таким значительным.

знакомы или совсем не понятны. Особенно спорным на предмет осуществления является более или менее скрытый или явный в социальных средствах возврат к ценностям инакомыслия личности в смысле западного гуманизма, в то время как этот возврат к ценностям становится для молодого поколения все более и более четкой точкой отсчета их ценностного сознания и формирования индивидуальной идентичности.

Через десять лет истории трансформации Инглехарт в 2000 году приходит к выводу: «Плохая новость заключается в том, что демократия – это не то, чего можно легко достичь, просто приняв правильные законы. Она, скорее всего, будет процветать в определенных социальных и культурных условиях – и сегодня эти условия не распространены в России, Беларуси, Украине, Армении и Молдове».[119] Значительные изменения в ценностных ориентациях молодых людей на постсоветском пространстве не следует ожидать с помощью того, что западные, демократически ориентированные законы будут приняты в конституции и будут работать демократические организации; в большей степени здесь необходима определенная экономическая безопасность и уверенность в стабильности и процветании, ориентированная на социальную справедливость формирование умственных способностей, с одной стороны, а с другой стороны – последовательная направленность государственного управленческого аппарата на конституцию и контроль административных органов за соблюдением конституции в деятельности[120] и, наконец, на огромную производительность в (меж)культурном диалоге о стоящих за этими законами и организациями понятий ценностей, установками и общественными убеждениями, и, пожалуй, продолжающегося десятилетиями опыта граждан с последовательной деятельностью этих организаций в условиях неограниченной прозрачности и видимости руководящих принципов, прежде чем можно будет принять, что смысл демократических законов и организаций понят и превратился в ощутимый компонент повседневного мышления и общественного мнения. Было бы смелостью предположить, что менталитет и нравственность людей на постсоветском Востоке будут просто развиваться на почве принятых законов и установок, т.к. им принадлежит правовое значение. Опыт последних 20-30 лет показал, что законы, принятие которых вызвано необходимостью сотрудничества с Западом и инициировано европейскими странами и США, не могут изменить многое, даже если они хотели бы; их в большей степени обходят стороной, игнорируют, в худшем случае, отменяют, если экономическая цель уже достигнута.

Если с учетом восприятия Запада может так случиться, что с созданием новых порядков в процессе трансформации постсоветских стран будет воссоз-

---

[119] Инглехарт 2000, с. 228.

[120] Необходимость равновесия между конституционным государством и административным государством подчеркивает, например, Саква в 2012 году в отношении преобладания произвольного использования права государственных органов в России и неформальных практик управляющих органов и коррупционных элит, обходящих стороной конституционно-правовое регулирование. Только решительный возврат к конституционной государственности и обязательные реформы и контроль управляющего аппарата могут повлиять на государство, чтобы оно смогло преодолеть стагнацию общественного и экономического положения.

дан или включен правопорядок западных ценностей, то и через 30 лет после распада Советского Союза становится ясно, что это для большинства постсоветских стран было ложным и необдуманным предположением, и трансформация в западный мир ценностей состоялась здесь только выборочно и отдельно освещена в конфликтных ситуациях, в то время как все еще сохранился советский бег «рысцой» в поведении и настроениях, и стабильно осталась советская «ментальность» в восприятии повседневности и масштабах оценки. Скрытое направленное содержание понятия трансформации заключается в представлении, что уже предрешено, в каком направлении будет трансформирована система. В приставке «транс», в предлоге «через» скрывается высокомерие речи трансформации, которая притворяется, что знает, что после фазы распада и разрушения должна последовать не только фаза обновления и консолидации, но и уже будет ясна цель этого развития. Возможно, необходимо понимать постсоветские запросы более открыто, как задачи переосмысления, задачи с неизвестными, которые, однако, необходимо решать, чтобы создать предпосылки для появления успешного нового мира только ему присущими средствами.

Список литературы

Akkermann, Siegfried (2015): Moskauer Notizen. Über ein Weltimperium am Vorabend seines Untergangs. Hildesheim/Zürich/NY: Olms.

Alexander, Rustam (2018): Sex Education and the Depiction of Homosexuality Under Khrushchev. In: The Palgrave Handbook of Women and Gender in Twentieth-Century Russia and the Soviet Union, London, pp. 349-364.

Alexander, Rustam (2019): Soviet and Post-Soviet Sexualities. Routledge.

Attwood, Lynne (1990): The New Soviet Man and Woman. Basingstoke: Macmillan in association with the Centre for Russian and East European Studies, University of Birmingham.

Baer, Brian James (2009): Other Russians. Homosexuality and the Crisis of Post-Soviet Identity. NY: Palgrave McMillan.

Berelovwitsch, Alexis (2017): Idealtyp und analytische Kategorie. Überlegungen zum „Sowjetmenschen". In: Sapper, Manfred/Weichsel, Volker (Hrsg.), S. 295-300.

Beyer, Jürgen (2001): Jenseits von Gradualismus und Schocktherapie – Die Sequenzierung der Reformen als Erfolgsfaktor. In: Wiesenthal, Helmut (Hrsg.): Gelegenheit und Entscheidung: Politics und policies erfolgreicher Transformationssteuerung. Opladen, S. 169–190.

Boele, Otto (2011): Remembering Brezhnev in the New Millenium. Post-Soviet Nostalgia and Local Identity in the City of Novorossiysk. *The Soviet and Post-Soviet Review* 38 (2011), pp. 3–29.

Boehnke, Klaus (2003): Werthaltungen Jugendlicher im interkulturellen Vergleich. In: Merkens, Hans/Zinnecker, Jürgen (Hrsg.)(2003): Jahrbuch Jugendforschung 2003. Leske + Budrich, S. 201-224.

Borenstein, Eliot (2006): Nation im Ausverkauf. Prostitution und Chauvinismus in Russland. Aus dem Amerikanischen von Axel Henrici. *Osteuropa*, 56. Jg., 6/2006, S. 99–121.

Bostan, Olga/Malafei, Ilya (2019): "The Soviet Union is Inside Me": Post-Soviet Youth in Transition. *Journal for Undergraduate Ethnography*, 9, October 2019, pp. 50-64.

Brusis, Martin/Thiery, Peter (2003): Schlüsselfaktoren der Demokratisierung. Mittel-/Osteuropa und Lateinamerika im Vergleich. *Internationale Politik* 8/2003. Internet:

https://www.boell.de/sites/default/files/assets/boell.de/images/download_de/demokratie/Schluesselfaktoren_der_Demokratisierung_Brusis_Thiery_2003_dt.pdf

Бульвінський А.Г. (2017): Європейські та Російські культурно-історичні цінності як чинник трансформації пострадянського простору. Istoriko-polititschni studi 2 (8) 2017, Kiev, pp. 17-30.

Buyantueva, Radzhana (2018): LGBT-Bewegung und Homophobie in Russland. Aus dem Englischen von Hartmut Schröder. *Russland-Analysen* 349, 16.02.2018, S. 2-4.

Capitsyn, V. M. (2014). Identities: The nature, composition, dynamics (the discourse and experience of visualization). *Polit Book*, 1, pp. 8-31.

Carothers, Thomas (2002): The End of the Transition Paradigm. *Journal of Democracy,* 13/5, pp. 5-21.

Caunenco, Irina (2018): Ethnic Identity and Cultural Value Orientations of Moldavian Youth in Transitional Society. In: Lebedeva, Nadeshda/Dimitrova, Radosveta/Berry, John (Eds.): Changing Values and Identities in Post-Communist World. Cham: Springer International, pp. 259-280.

Claßen, G./Boehnke, K. (1993): Internationale Jugendstudie. Bericht über den Stand der Untersuchung in Berlin und erste Ergebnisse. In: Schmidt, F. (Hrsg.): Die Lebensbedingungen Jugendlicher in der Umbruchsituation einzelner europäischer Staaten. Berichte aus einem kulturvergleichenden Projekt. Berlin: Freie Universität Berlin und Zentrum für Europäische Bildungsforschung, S. 71-77.

ECRI-Report (2019): Ecri Report on the Russian Federation (fifth monitoring cycle). European Commission against Racism and Intolerance/Council of Europe. Internet: https://rm.coe.int/fifth-report-on-the-russian-federation/1680934a91

Engström, Manuela (2019): Recycling der Gegenkultur. Die neue Ästhetik der „Zweiten Welt". *Osteuropa,* Jg. 69, 5/2019, S. 55-72.

Etkind, Aleksandr (2011): Internal Colonization: Russia's Imperial Experience. (Библиотека журнала "Неприкосновенный запас"). Cambridge: Polity Press.

Федотова Н. Н. (2011): Жизненные стили и плюрализация идентичности как проблема политической социологии. В: Семененко, И.С./Фадеева, И.А./Лапкин, В.В./Панов, П.В. (Ред.) 2011, с. 57-61.

Fields, Deborah (2007): Private Life and Communist Morality in Khrushev's Russia. New York.

Fitzpatrick, Sheila (2005): Tear off the Masks! Identity and Imposture in Twentieth-Century Russia. Princeton: Princeton University Press.

Furman, Dimitrij (2007): The origins and elements of imitation democracies. Political developments in the post-soviet space. *Osteuropa*, web special, pp. 1-20. Internet: https://www.zeitschrift-osteuropa.de/site/assets/files/4062/2007-10-09-furman-en.pdf (copy of eurozine)

Geiges, Adrian/Suworowa, Tatjana (1989): Liebe stand nicht auf dem Plan. Sexualität in der Sowjetunion heute. Frankfurt/M.: Wolfgang Krüger Verlag.

Gestwa, Klaus (2018): Der Sowjetmensch. Geschichte eines Kollektivsingulars. *Osteuropa,* 68. Jg., 1-2/2018, S. 55–82.

Gipson, J./Duch, R. (1994): Postmaterialism and the emerging Soviet democrazy. *Political Research Quarterly* 1, pp. 5-39.

Götz, Roland (2014): Visionen ohne Vergangenheitsbewältigung. Die Lehren der postsowjetischen Marxisten. *Osteuropa*, 64. Jg., 7/2014, S. 69–84.

Горшков М. К./Шереги Ф. Э (2013): Молодежь России: ретроспектива и перспектива. URL: http://www.civisbook.ru/files/File/molodeg_perspektivy.pdf

Громыко А. (2010): Русский мир: понятие, принципы, ценности, структура, 26.03.2010. Режим доступу:
http://www.russkiymir.ru/russkiymir/ru/ analytics/article/news0007.html

Gudkov, Lev (2007a): Der Sowjetische Mensch in der Soziologie Juri Levadas („Sovetskij Čelovek“ v sociologii Jurija Levady). *Obščestvennye nauki i sovremennost'* № 6/2007, c. 16-30.
Gudkov, Lev (2007b): Russlands Systemkrise. Negative Mobilisierung und kollektiver Zynismus. *Osteuropa*, 57. Jg., 1/2017, S. 3-14 (wieder abgedruckt in Sapper, Manfed/Weichsel, Volker (Hrsg.)(2017), S. 221-236).
Gudkov, Lev (2014): Wahres Denken. Analysen, Diagnosen, Interventionen. Hrsg. V. Manfred Sapper und Volker Weichsel. Norderstedt: Books on Demand.
Gudkov, Lev (2017): Der Sowjetmensch. Genese und Reproduktion eines anthropologischen Typus. In: Sapper, Manfred/Weichsel, Volker (Hrsg.), S. 7-34.
Gumppenberg, Marie-Carin/Steinbach, Udo (2004)(Hrsg.): Zentralasien. Geschichte – Politik – Wirtschaft. Ein Lexikon. München: C.H. Beck.
Haerpfer, Christian/Kizilova, Kseniya (2020): Values and Transformation in Central Asia. In: Mihr, Anja (Ed.): Transformation and Development. Studies in the Organization for Security and Cooperation in Europe (OSCE) Member States. OSCE Academy Bishkek, Kyrgysztan, pp. 7-28.
Haerpfer, Christian W./Kizilova, Kseniya (2019): Post-Soviet Eurasia. In: Haerpfer, Christian/Bernhagen, Patrick/Welzel, Christian/Inglehart, Ronald F. (Eds.): Democratization. 2nd edition. Oxford, United Kingdom: Oxford Press, pp. 341-363.
Haley, Dan (2008): “Untraditional Sex” and the “Simple Russian”. Nostalgia for Sovjet Innocence in the Polemics of Dilia Enikeeva. In: Lahusen, Thomas/Solomon, Peter H. Jr. (eds.); What is Sovjet now? Identities, Legacies, Memories. Berlin: Lit, pp. 173-191.
Hankel, Natalia (2011): Rechtsextremer Osten? Zur Lage in Russland, der Ukraine und Polen. Marburg: Tectum-Verlag.
Huseynova, Sevil (2015): Baku zwischen Orient und Okzident. Der Islam in der postsowjetischen Stadt. *Osteuropa*, 65. Jg., 7-10/2015, S. 569–586.
Ignatow, Assen (1997). Nabelschau auf allerhöchste Anweisung: Der Wettbewerb um die 'neue russische nationale Idee' tritt in die zweite Phase ein. *Aktuelle Analysen* / BIOst, 18/1997 (Bundesinstitut für ostwissenschaftliche und internationale Studien). Internet: https://nbn-resolving.org/urn:nbn:de:0168-ssoar-46884
Ilic, Melanie (Ed.)(2018): The Palgrave Handbook of Women and Gender in Twentieth-Century Russia and the Soviet Union. London.
Inglehart, Ronald (2000): Globalization and Postmodern Values. *The Washington Quarterly*, 23, 1, pp. 215-228.
Isaacs, Rico/Polese, Abel (2015): Between “imagined” and “real” nation building: identities and nationhood in post-Soviet Central Asia. *Nationalities Papers: The Journal of Nationalism and Ethnicitiy* 43 (3), pp. 371-382.
Keshishian, Flora/Harutyunyan, Lilit (2013): Culture and Post-Soviet Transitions: A Pilot Study in the Republic of Armenian. December 2013. International Journal of Politics Culture and Society 26(4) DOI: 10.1007/s10767-013-9162-7.
Khachatryan, Narine/Manusyan, Sona/Serobyan, Astghik/Grigoryan, Nvard/Hakobjanyan, Anna (2014): Culture, Values, Beliefs: Behaviour Guidelines in Changing Armenian Society. Ed. By Academic Swiss Caucasus Net (ASCN) and Yerevan YSU.
Khukhlaev, Oleg Y./Shorokhowa, Valeria A./Grishina, Elena A./Pavlova, Olga S. (2018): Values and Religious Identity of Russian Students from Different Religions. In: Lebedeva, Nadeshda/Dimitrova, Radosveta/Berry, John (Eds.): Changing Values and Identities in Post-communist World. Cham: Springer International, pp. 175-190.
Хунагов Р.Д. (2015): Этносоциальные процессы юга России Управлять или направлять? Этносоциальные процессы и риски на юга России. Материалы Всероссийской научно-практической конференции, посвященной 75-летию АГУ. 25-26 сентября 2015 г., г. Майкоп. Майкоп: АГУ, с. 11-15.

Klicperova-Baker, Martina/Kostal, Jaroslav (2018): Democratic Values in the Post-Communist Region: The Incidence of Traditionalists, Skeptics, Democrats, and Radicals. In: Lebedeva, Nadeshda/Dimitrova, Radosveta/Berry, John (Eds.): Changing Values and Identities in Post-communist World. Cham: Springer International, pp. 27-52.

Klimeniouk, Nikolai (2018): Nationalismus und Rassismus bei "Russlanddeutschen"? *bpb* Bundeszentrale für politische Bildung vom 18.01.2018. Internet: https://www.bpb.de/politik/extremismus/rechtsextremismus/260496/nationalismus-und-rassismus-bei-russlanddeutschen

Kollmorgen, Ray (2007): Transformation als Modernisierung. Eine meta- und gesellschaftstheoretische Nachlese. Arbeitspapier N. 47 des Instituts für Soziologie der Otto-von-Guericke Universität Magdeburg.

Kon, Igor S. (1993): Identity Crisis and Postcommunist Psychology. *Symbolic Interaction* 16 (4), pp. 395-410.

Kon, Igor S. (2013): Lackmustest. Homophobie und Demokratie in Russland. *Osteuropa*, 63. Jg., 10/2013, S. 49-67 (Ursprünglich erschienen in Вестник общественного мнения 4/2007, S. 59-69).

Kondakov, Alexander (2014): The Silenced Citizens of Russia: Exclusion of Non-heterosexual Subjects from Rights-Based Citizenship. *Social and Legal Studies* 23, Nr. 2, pp. 151–174.

Кондаков, Евгений (2008): Русская сексуальная революция. Москва: Октопус.

Кочетов, Всеволод Анисимович (1969): Чего же ты хочешь? Журнал «Октябрь» № 9-11, 1969.

Kozlova, Maria/Simonova, Olga (2018): Identity and Work Ethic of Peasants in the Context of the Post-Soviet Socio-economic Transformation. In: Lebedeva, Nadezhda/Dimitrova, Radosveta/Berry, John (Eds.): Changing Values and Identities in Post-communist World. Cham: Springer International, pp. 405-420.

Krawatzek, Félix (2017): Russische Jugend zwischen Rebellion und Integration. *Russland-Analysen* 341, 16.10.2017, S. 7-9. Internet: https://www.laender-analysen.de/russland/pdf/RusslandAnalysen341.pdf

Крупкин, П.Л. (2014): Политические коллективные идентичности в постсоветской Российской Федерации. *PolitBook* 2014, 1, c. 61-87.

Kunin, Wladimir (1991): Intergirl. Frankfurt am Main.

Lebedeva, Nadezhda/Radosveta, Dimitrova/Berry, John/Boehnke, Klaus (2018): Introduction. In: Lebedeva, Nadezhda/Radosveta, Dimitrova/Berry, John (eds.): Changing Values and Identities in Post-Communist World. Springer, pp.4-22.

Levada, Jurij (Hrsg.)(1993): Sovetskij prostoj čelovek. Moskva 1993. Zuerst deutsch: Die Sowjetmenschen 1989–1991. Soziogramm eines Zerfalls. Berlin 1992.

LEVADA-Zentrum (2001): 23 fevralja 2001 goda. In: Levada-Zentrum (23.02.2001). Internet: http://www.levada.ru/23-02-2001/23-fevralya-2001-goda

LEVADA-Zentrum (2010): Gomoseksual'nost' v rossijskom obščestvennom mnenii. In: Levada-Zentrum (06.08.2010). Internet: http://www.levada.ru/06-08-2010/gomoseksualnost-vrossiiskom-obshchestvennom-mnenii

LEVADA-Zentrum (2013): Obščestvennoe mnenie o gomoseksualistach. In: Levada-Zentrum (17.05.2013). Internet: http://www.levada.ru/17-05-2013/obshchestvennoe-mnenie-ogomoseksualistakh

Macków, Jerzy (2009): Die posttotalitären Autoritarismen: Die Entwickungen und Varianten. In: Macków, Jerzy (Hrsg.): Autoritarismus in Mittel- und Osteuropa. Wiesbaden: VS, S. 325-349.

Makulavičienė, Algė (2008): Trust. A Still Deficient Cultural Ressource in Post-Communist Lithuania. In: Blasko, Andrew/Janušausikienė, Diana (eds.): Political Transformation and

Changing Identities in Central and Eastern Europe. Lithuanian Philosophical Studies IV, Washington D.C., pp. 343-373.
Малинова Ольга (2015): Политика идентичности в постсоветской России. 30. Августа 2015. https://postnauka.ru/video/51378
Marx, Karl (1845): Thesen über Feuerbach. In: MEW Bd.3, S. 534.
Mehnert, Klaus (1958): *Der Sowjetmensch.* Versuch eines Porträts nach zwölf Reisen in die Sowjetunion 1929-1957. 11. Aufl. Stuttgart: Deutsche Verlags-Anstalt.
Menzel, Birgit (2013): Analyse: Russischer Glamour und die Ära Putin. *Bundeszentrale für politische Bildung* (Bpp), 3.6.2103. Internet: https://www.bpb.de/internationales/europa/russland/analysen/162348/analyse-russischer-glamour-und-die-aera-putin
Merkel, Wolfgang (1994): Restriktionen und Chancen demokratischer Konsolidierung in postkommunistischen Gesellschaften: Ostmitteleuropa im Vergleich. *Berliner Journal für Soziologie*, (Wiesbaden: VS), 4/4, S. 463-484.
Merkel, Wolfgang/Puhle, Hans-Jürgen (1999): Von der Diktatur zur Demokratie. Transformationen, Erfolgsbedingungen, Entwicklungspfade. Opladen: Springer VS.
Merkens, Hans (1996): Jugend in einer pädagogischen Perspektive. Baltmannsweiler: Schneider Hohengehren.
Mommsen, Margareta (1995): Funktion von Nationalismen im Systemwandel Osteuropas. In: Lehmbruch, Gerhard (Hrsg.): Einigung und Zerfall: Deutschland und Europa nach dem Ende des Ost-West-Konflikts. 19. Wissenschaftlicher Kongreß der Deutschen Vereinigung für Politische Wissenschaften. Opladen: Leske + Budrich, S. 139-149.
Motika, Raoul (2008): Religionen – Identitätsstiftende Momente. In: Gumppenberg, Marie-Carin; Steinbach, Udo (Hrsg.): Der Kaukasus: Geschichte – Kultur – Politik. Verlag: Beck, S. 202-216.
Mukomel, Vladimir (2013): Xenophobia and Migrantphobia in Russia: origins and challenges. CARIM East Explanatory Note 13/97. Migration Policy Centre: Consortium for applied research on international migration.
Nemirovskiy, V.G./Nemirovskaya, A.V. (2020): Der soziokulturelle Kontext der Konkurrenzfähigkeit junger Menschen in einer großen Region in Sibirien. *Russland-Analysen* 383, S. 2-6. (Originalversion: Nemirovskiy, V.G., Nemirovskaya, A.V.: Social competitiveness of the youth and their perceptions of the socio-cultural environment (based on research in a large Siberian Region). *Journal of Siberian Federal University. Humanities & Social Sciences*, 12.2019, Nr. 2, pp. 206-216.)
Ногойбаевой Эльмира (2017): Центральная Азия: пространство «шелковой демократии». Ислам и государство. Под редакцией. Алматы, 2017. Internet: https://drive.google.com/file/d/0B_Or2oBlCdPVQmRtU1NQOU4xcEU/view . Bericht: https://forbes.kz/process/expertise/ostanetsya_li_tsentralnaya_aziya_svetskoy
Novikova, Kateryna (2015): Informal Networking as Effective Resource and Sociocultural Traditions of Homo Sovieticus. *Zeszyty Naukowe Uniwersytetu Przyrodniczo-Humanistycznego w Siedlcach Seria: Administracja i Zarządzanie* (Wissenschaftliche Zeitschriften der Universität für Natur- und Geisteswissenschaften in Siedlce/Polen: Reihe "Verwaltung und Management") 105, 1 Januar 2015.
Osin, Evgeny N./Gulevich, Olga A./Isaenko, Nadezhda A./Brainis, Lilia M. (2018): Scrutinizing homophobia: A model of perception of homosexuals in Russia. *Journal of Homosexuality,* 65 (13), March 2018. Internet: https://www.researchgate.net/publication/320319330_Scrutinizing_Homophobia_A_Model_of_Perception_of_Homosexuals_in_Russia
Petrowa, Nadeschda (2012): Russen konsumieren lieber statt zu sparen. Internet: *Russia Beyond the Headlines* (*RBTH*). *Wirtschaft.* Internet: http://de.rbth.com/articles/2012/07/12/russen_konsumieren_lieber_statt_zu_sparen_14679

Poznanski, Kazimierz Z. (2002: Trust in Transition (Chapter 4). In: Bönker, Frank/Müller, Klaus/Pickel, Andreas (eds.): Postcommunist transformation and the social sciences: cross-disciplinary approaches. Oxford: Rowman & Littlefield.

Rosinskij, Arsenij (2017): Fragmentierte Erinnerung. Stalin und der Stalinismus im heutigen Russland. *Osteuropa*, 67. Jg., 11-12/2017, S. 81–88.

Saarniit, J. (1995): Changes in the value orientations in youth and their social context. In: Tomasi, L. (Ed.): Values and post-Soviet youth. The problem of transition. Milano: Franco Angeli, pp. 141-152.

Sakwa, Richard (2012): Anatomie einer Blockade. Stillstand im Doppelstaat Russland. Aus dem Englischen von Klaus Binder. *Osteuropa,* 62. Jg., 6-8/2012, S. 45-54.

Sapper, Manfred/Weichsel, Volker (Hrsg.)(2017): Lev Gudkov. Wahres Denken. Analysen, Diagnosen, Interventionen. Berlin: Edition Osteuropa. Norderstedt: Books on Demand.

Scherrer, Jutta (2014): Russland verstehen? Das postsowjetische Selbstverständnis im Wandel. *Aus Politik und Zeitgeschichte* 11.11.2014. Internet: https://www.bpb.de/apuz/194818/russland-verstehen

Scholz, Katharina. (2015). Rassismus gegenüber tadschikischen Migrant*innen im postsowjetischen Russland. Internet: https://www.researchgate.net/publication/305304574_Rassismus_gegenuber_tadschikischen_Migrantinnen_im_postsowjetischen_Russland

Schröder, Hans-Henning (2012): Russland und Deutschland im Wertevergleich. *Osteuropa,* 62. Jg., 6-8/2012, S. 101-124.

Семененко, И.С./Фадеева, И.А./Лапкин, В.В./Панов, П.В. (Ред.)(2011): Идентичность как предмет политического анализа. Сборник статей по итогам Всероссийской научно-теоретической конференции (ИМЭМО РАН, 21-22 октября 2010 г., Москва).

Shevshenko, Olga (2002): 'Between the holes': Emerging Identities and Hybrid Patterns of Consumption in Post-socialist Russia. *Europe-Asia Studies,* 54 (6), 2002, pp. 841-866.

Sineaeva-Pankowska, Natalia (2010): Multiple Identities as a Basis for Construction of (Post)Modern Moldovan Identity. In: Burbick, Joan/Glass, William (eds.): Beyond Imagined Uniqueness: Nationalisms in Contemporary Perspectives. New Castle upon Tyne: Cambridge Scholars Publishing, pp. 261-290.

Solscheniyzn, Alexander (1994): Die russische Frage am Ende des 20ten Jahrhunderts. München: Piper.

SOVA Center for Information and Analysis – Racism and Xenophobia. December 2014 and Preliminary Year in Review. Veröffentlicht am 05.01.2015. Internet: www.sovacenter.ru/en/xenophobia/news-releases/2015/01/d30982/. Stand: 26.02.2015

Spahn, Susanne (2014): Gelenkte Xenophobie: Migration und nationale Frage in Russland. *Osteuropa,* Jg. 64, 7/2014, S. 55-67.

Stern, Mikhail/Stern, August (1980): Sex in the USSR. Edited and translated from the French by Mark Howson and Cary Ryan. New York.

Stricker, Gerd (1993): Religion in Rußland. Gütersloh.

Stykow, Petra (2010): "Bunte Revolutionen" – Durchbruch zur Demokratie oder Modus der autoritären Systemreproduktion? Politische Vierteljahresschrift 51/1, S. 137-162.

Sreda Institut, August 2012, zit. nach: https://monde-diplomatique.de/artikel/!5482230#fn6

Судаков Гурий Васильевич (1996): Шесть принципов русскости. *Российская газета,* 17.9.1996.

Titarenko, Larissa (2004): "Gender Attitudes Towards Religion in Six Post-Soviet States". In: European Values at the Turn of the Millennium, edited by Wil Arts and Loek Halman, pp. 363-385. Leiden/Boston: Brill.

Tomić, Dorđe (2014): From 'Yugoslavism' to (post)Yugoslav nationalisms: understanding Yugoslav "identities". In: Vogt, Roland/ Cristaudo, Wayne/ Leutzsch, Andreas (eds.):

European National Identities: Elements, Transitions, Conflicts. Transaction Publishers, pp. 271-292.

Trotzki, Leo (1968): Literatur und Revolution. Berlin (Original 1924).

Tuzikov, Andrej R./Zinurova, Raushaniia I./Gayazova, Elvira B./Alexeyev, Sergey A./ Nezhmetdinova, Farida T./Sharypova Nailya (2017): Plural Character and Versions of Configuration of Russian Youth Identity: Theoretical Framework and Empirical Studies. Eurasian J Anal Chem 2017; 12, pp. 1249–1256.

Umland, Andreas (2008): Das postsowjetische Russland zwischen Demokratie und Autoritarismus. *Eurasisches Magazin,* Internet: https://www.eurasischesmagazin.de/artikel/Das-postsowjetische-Russland-zwischen-Demokratie-und-Autoritarismus/20081105

Urteil des Europäischen Gerichtshofes für Menschenrechte (The European Court of Human Rights) vom 13. November 2017; Case of Bayev and Others v. Russia. Strasbourg. https://hudoc.echr.coe.int/eng#{%22itemid%22:[%22001-174422%22]}

Vartanova, Irina (2014): Tolerance for Homosexuality and its Dynamics in Post-Soviet Countries. Vortrag in der WVS Global Conference April, 29th, 2014 Doha, Qatar. Internet: http://www.worldvaluessurvey.org/WVSPublicationsPresentations.jsp (F00003624-10_Irina_Vartanova.pdf) metamodernism. In: *Journal of Aesthetics & Culture*, 1/2010, DOI: 10.3402/jac.v2i0.5677.

Verdery, Katherine (1996): What Was Socialism, and What Comes Next? Princeton, UK: Princeton University Press.

Welsch, Wolfgang (2005): Auf dem Weg zu transkulturellen Gesellschaften. In: Al-lolio-Näcke, Lars et al. (Hrsg.): Differenzen anders denken. Bausteine zu einer Kulturtheorie der Transdifferenz. Frankfurt: Campus, S. 314-341.

WJC-Index (2018): Xenophobia, Racism and Antisemitism Parameters in Present-day Russia. Report on the Sociological Research conducted by the Levada Center as Commissioned by the RJC, August 2018. Moskau. Internet: https://www.ohchr.org/Documents/Issues/Religion/Submissions/WJC-Annex3.pdf

Yegyan, Nshan (2018): Cultural Dimensions of Armenians Based on Hofstede's Theory. BA-Thesis. American University of Armenia, Yerevan. Internet: https://dspace.aua.am/xmlui/bitstream/handle/123456789/1553/Nshan%20Yegyan_Thesis.pdf?sequence=1&isAllowed=y

Yudina, Natalia (2020): In the Absence of the Familiar Article. The State Against the Incitement of Hatred and the Political Participation of Nationalists in Russia in 2019. In: SOVA Internet: https://www.sova-center.ru/en/xenophobia/reports-analyses/2020/03/d42196/

Ziemer, Ulrike (2018): Opportunities for Self-Realisation? Young Women's Experiences of Higher Education in Russia. In: The Palgrave Handbook of Women and Gender in Twentieth-Century Russia and the Soviet Union. London, pp. 479-493.

Autor*innen – Авторы

Ardashkin, Igor B. (Tomsk, Russland) – Игорь Б. Ардашкин (Томск, Россия*)*, Доктор философских наук, доцент, Национальный исследовательский Томский политехнический университет, Школа базовой инженерной подготовки, Профессор отделения социально-гуманитарных наук. Преподавательская деятельность: Социальная философия, философия образования, религиоведение. – Professor Doktor phil., Dozent, Nationale Forschungsuniversität Tomsk, Polytechnische Universität, School of Basic Engineering Training, Professor am Institut für Sozial- und Geisteswissenschaften. Lehrgebiete: Sozialphilosophie, Bildungsphilosophie, Religionswissenschaft. *Email*: ibardashkin@mail.ru

Begagić, Elma (Zenica, Bosnien-Herzegowina) – Эльма Бегагич (Зеница, Босния-Герцеговина), Доктор соц. наук, младший профессор, доцент, Университет Зеницы, исламской педагогики факультет, кафедра социальной педагогики. Преподавательская деятельность: Социальная педагогика, специальное образование и качественное социальное исследование. – Doktor rer. soc., Junior Professor, Dozentin, Universität Zenica, Islamisch-pädagogische Fakultät, Lehrstuhl für Sozialpädagogik, Lehrgebiete: Sozialpädagogik, Heilpädagogik und Qualitative Sozialforschung. Email: elmamusabasic@yahoo.de

Chaplinskaya, Yana I. (Tomsk, Russland) – Яна И. Чаплинская (Томск, Россия), Доктор, Томский государственный университет, Факультет: Инновационных технологий, Председатель: Шидловский Станислав Викторович. Преподавательская деятельность: Организационная психология, философия. – Staatliche Universität Tomsk, Fakultät für Innovative Technologien, Lehrstuhl Shidlovsky Stanislav Viktorovich, Lehrgebiete: Organisationspsychologie, Philosophie. *Email:* Yana16071992@yandex.ru

Chmykhalo, Alexander J. (Tomsk, Russland) – Александр Ю. Чмыхало (Томск, Россия), Кандидат философских наук, доцент, адъюнкт-профессор, Национальный исследовательский Томский политехнический университет, Школа базового инженерного образования, Доцент отделения социально-гуманитарных наук. Преподавательская деятельность: Философия науки и техники, история науки, современные проблемы философии. – Doktor phil., Dozent, Nationale Forschungsuniversität Tomsk, Polytechnische Universtität, Lehrstuhl für Grundlagen der Ingenieurausbildung, Lehrgebiete: Philosophie der Wissenschaft und Technik, Wissenschaftsgeschichte, moderne Probleme der Philosophie. *Email:* sanichtom@inbox.ru

Elisowa, Elena I. (Schadrinsk, Russland) – Елена И. Елизова (Шадринск, Россия), Кандидат педагогических наук, доцент, Шадринский государственный педагогический университет, Гуманитарный Факультет, Кафедра: Филологии и социогуманитарных дисциплин. Преподавательская деятельность: Немецкий язык как иностранный, Английский язык как иностранный, Русский язык как иностранный. – Doktor päd., Dozentin, Schadrinsker staatliche pädagogische Universität, Fakultät für Geisteswissenschaften, Lehrstuhl für Philologie, Sozial- und Geisteswissenschaften. Lehrgebiete: Deutsch als Fremdsprache, Englisch als Fremdsprache, Russisch als Fremdsprache. *Email:* elisowa@yandex.ru

Krieger, Wolfgang (Ludwigshafen am Rhein, Deutschland) – Вольфганг Кригер (Людвигсхафен на Рейне, Германия), Профессор Доктор философских наук, доцент, Университет экономики и общества, факультет социального обеспечения и здравоохранения наук. Преподавательская деятельность: Образовательные науки, системная социальная работа, методы исследований. – Professor Dr. phil., Dozent, Hochschule für Wirtschaft und Gesellschaft, Ludwigshafen am Rhein, Fachbereich für Sozial- und Gesundheitswesen, Lehrgebiete: Erziehungswissenschaften, Systemische Soziale Arbeit, Forschungsmethoden. *Email:* wolfgang.krieger@hwg-lu.de

Makienko, Marina A. (Tomsk, Russland) – Марина А. Макиенко, (Томск, Россия), Кандидат философских наук, доцент, Национальный исследовательский Томский политехнический университет, Школа базовой инженерной подготовки, Доцент Отделения социально-гуманитарных нук. Преподавательская деятельность: философия науки, философская техники, познания, философия образования. – Doktor phil., Dozentin, Nationale Forschungsuniversität Tomsk, Polytechnische Universität, School of Basic Engineering Training, außerordentliche Professorin für das Fachgebiet Sozial- und Geisteswissenschaften. Lehrgebiete: Philosophie der Wissenschaft, Philosophie der Technik, Bildungsphilosophie. *Email:* mma1252@gmail.com

Maltabarov, Bakitbek A. (Bischkek, Kirgisistan) – Бакытбек А. Малтабаров (Бишкек, Кыргызстан), Кандидат соц. наук, доцент, Бишкекский государственный университет им. К. Карасаева, Бишкекский университет гуманитарных наук, факультет социальной психологии, кафедра социальной работы и практической психологии, Вице президент Социологической ассоциации Кыргызстана (SAK). Преподавательская деятельность: Социология религии, политическая социология, социология спорта. – Doktor rer. soc., Dozent, Staatl. Karasaev-Universität Bischkek, Humanwissenschaftliche Universität Bischkek, Fakultät für Sozialpsychologie, Lehrstuhl für Soziale Arbeit und praktische Psychologie, Vizepräsident der Soziologischen Gesellschaft Kirgisistans. Lehrgebiete: Religionssoziologie, politische Soziologie, Sportsoziologie. *Email:* b.maltabarov@mail.ru

Manusyan, Sona (Eriwan, Armenien) – Сона Манусян (Ереван, Армения), Кандидат наук, Ереванский Государственный Университет, факультет: Философии и психологии. Председатель: Психология личности. Преподавательская деятельность: Качественные методы исследования (в психологии), Теории личности, Культурная психология. – Doktor, Dozentin, Staatliche Universität Eriwan, Fakultät für Philosophie und Psychologie, Lehrstuhl Persönlichkeitspsychologie, Lehrgebiete: Qualitative Forschungsmethoden in der Psychologie, Persönlichkeitstheorien, Kulturpsychologie.
Email: manusyan@gmail.com

Mkrtchyan, Artur E. (Eriwan, Armenien) – Артур Е. Мкртчян (Ереван, Армения), Доктор, профессор, Ереванский государственный университет, социологический факультет, Кафедра: Теории и истории социологии. Преподавательская деятельность: Социологические теории, социология знания. – Professor Doktor, Dozent, Staatliche Universität Eriwan, Fakultät für Soziologie, Lehrstuhl für Theorie und Geschichte der Soziologie, Lehrgebiete: Soziologische Theorie, Wissenssoziologie. *Email*: amkrtchyan@ysu.am

Sindaravičienė, Nomeda (Vilnius, Litauen) – Номеда Синдаравичене (Вильнюс, Литва), Лектор, Вильнюс-Колегия, факультет искусств и творческих технологий, кафедра менеджмента культуры, учебные направления: Художественная психология, театральная индустрия, организация мероприятий. – Lektorin, Vilnius Kolegija, University of Applied Scieces, Fakultät für Kunst und kreative Technologien (Faculty of Arts and Creative Technologies), Lehrstuhl Kulturmanagement, Lehrgebiete: Kunstpsychologie, Theaterindustrie, Eventsmanagement. *Email:* n.sindaraviciene@mtf.viko.lt

Vejo, Edina (Zenica, Bosnien-Herzegowina) – Эдина Вехо (Зеница, Босния-Герцеговина), действительный профессор, доцент, Университет Зеницы, исламской педагогики факультет, кафедра педагогики. Преподавательская деятельность: Общее образование, религиозное образование, дошкольное образование. – Ordent. Professorin, Dozentin, Universität Zenica, Islamisch-pädagogische Fakultät, Lehrstuhl für Pädagogik. Lehrgebiete: Allgemeine Pädagogik, Religionspädagogik, Vorschulpädagogik. *Email:* edina.vejo@gmail.com

Ymeraj, Arlinda (Tirana, Albanien) – Арлинда Ймерай (Тирана, Албания), адъюнкт-профессор, Доктор, Европейский университет Тираны, факультет экономики, бизнеса и развития, начальник отдела менеджмента и маркетинга. Преподавательская деятельность: Стратегическое управление, оценка государственной политики, управление и оценка проекта. – Associated Professor Doctor, European University of Tirana, Faculty of Economics, Business and Development, Chief of management and marketing department: Teaching areas: Strategic Management, Evaluation of Public Policies, Management and Evaluation of Project. *Email:* Arlinda.ymeraj@uet.edu.al